O martelo das feiticeiras

Heinrich Kramer e James Sprenger

O martelo das feiticeiras
Malleus maleficarum

Edição de Rose Marie Muraro

Tradução de
Paulo Fróes

Revisão técnica de
Renate Gierus

32ª edição

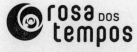

Rio de Janeiro
2023

Copyright da edição © Editora Record, 2020

Título original: *Malleus maleficarum*

CIP-BRASIL. CATALOGAÇÃO NA PUBLICAÇÃO
SINDICATO NACIONAL DOS EDITORES DE LIVROS, RJ

K91m
32ª ed.

Kramer, Heinrich, 1430-1505
O martelo das feiticeiras / Heinrich Kramer, James Sprenger; tradução de Paulo Fróes; edição de Rose Marie Muraro; revisão técnica de Renate Gierus. – 32ª ed. – Rio de Janeiro: Rosa dos Tempos, 2023.

Tradução de: Malleus maleficarum
ISBN 978-85-01-11727-4

1. Inquisição – Obras anteriores a 1800. 2. Feitiçaria – Obras anteriores a 1800. 3. 4. Processos (Feitiçaria) – Obras anteriores a 1800. I. Sprenger, James. II. Fróes, Paulo. III. Muraro, Rose Marie. IV. Gierus, Renate. V. Título.

19-61423

CDD: 272.2
CDU: 272-745.4

Vanessa Mafra Xavier Salgado – Bibliotecária – CRB-7/6644

Todos os direitos reservados. É proibido reproduzir, armazenar ou transmitir partes deste livro, através de quaisquer meios, sem prévia autorização por escrito.

Texto revisado segundo o novo Acordo Ortográfico da Língua Portuguesa.

Direitos desta edição adquiridos pela
EDITORA ROSA DOS TEMPOS
Um selo da
EDITORA RECORD LTDA.
Rua Argentina, 171 – Rio de Janeiro, RJ – 20921-380 – Tel.: (21) 2585-2000.

Seja um leitor preferencial Record.
Cadastre-se no site www.record.com.br
e receba informações sobre nossos lançamentos e nossas promoções.

Atendimento e venda direta ao leitor:
sac@record.com.br

Impresso no Brasil
2023

SUMÁRIO

Breve introdução histórica, por Rose Marie Muraro   15
Prefácio, por Carlos Amadeu B. Byington   33

A bula de Inocêncio VIII: Inocente, bispo, servo dos servos
de Deus, para a lembrança eterna   63

PRIMEIRA PARTE

DAS TRÊS CONDIÇÕES NECESSÁRIAS PARA A BRUXARIA: O DIABO, A BRUXA E A PERMISSÃO DE DEUS TODO-PODEROSO   67

QUESTÃO I

Se crer em bruxas é tão essencial à fé católica que sustentar
obstinadamente opinião contrária há de ter vivo sabor
da heresia   69

Se há de ser heresia sustentar que as bruxas existem   81

QUESTÃO II

Se está de acordo com a fé católica sustentar que os demônios
cooperam intimamente com as bruxas para realizarem
certos atos de magia, ou se uns sem os outros — ou seja,
os demônios sem as bruxas ou vice-versa — são capazes
de realizá-los   89

QUESTÃO III

Se crianças podem ser geradas por íncubos e súcubos   109

QUESTÃO IV

Quais demônios praticam os atos dos íncubos e dos súcubos? 123

QUESTÃO V

Qual a causa do crescimento dos atos de bruxaria? Por que
tem aumentado tanto a prática da bruxaria? 131
A bruxaria não é causada pelas forças que movem os astros 141
Bruxaria não se faz tão só pela malícia humana 143
Que a bruxaria não é exercida por expressões e palavras
proferidas sob a influência favorável dos astros 146

QUESTÃO VI

Sobre as bruxas que copulam com demônios. Por que
principalmente as mulheres se entregam às superstições
diabólicas? 153
Por que a superstição é encontrada principalmente em
mulheres? 154
Qual o tipo de mulher que se entrega, mais que todas as
outras, à superstição e à bruxaria? 165

QUESTÃO VII

Se as bruxas são capazes de desviar o intelecto dos homens
para o amor ou para o ódio 167
Do método de pregar às pessoas sobre o amor desvairado 174
Resolução dos argumentos 177

QUESTÃO VIII

Se as bruxas são capazes de obstruir as forças generativas ou
de impedir o ato venéreo 181
Esclarecendo algumas dúvidas incidentais a respeito da
copulação impedida pelos encantamentos malignos 184

QUESTÃO IX

Se as bruxas são capazes de algum ilusionismo pelo qual
pareça que o órgão masculino tenha sido arrancado
ou esteja inteiramente separado do corpo ... 191
De como um encantamento pode ser distinguido de um
fenômeno natural ... 196
Soluções dos argumentos ... 197

QUESTÃO X

Se as bruxas são capazes de transformar os seres humanos em bestas 199
Solução dos argumentos ... 204
Dos lobos que arrebatam crianças do berço e adultos
e os devoram: se é também magia causada por bruxas ... 206

QUESTÃO XI

Que as bruxas parteiras matam, de várias maneiras, o concebido
no útero e provocam o aborto; e quando não o fazem,
ofertam as crianças recém-nascidas aos demônios ... 209

QUESTÃO XII

Se a permissão de Deus Todo-Poderoso é acompanhamento
constante de toda bruxaria ... 211
Da permissão Divina: Deus não faria uma criatura
naturalmente sem pecado ... 217

QUESTÃO XIII

Das duas justíssimas permissões Divinas: o diabo, autor de
todo o mal, havia de pecar, e nossos primeiros ancestrais
haviam de cair — pelo que se justifica todo o sofrimento
decorrente das obras das bruxas ... 221
Soluções dos argumentos ... 224

QUESTÃO XIV

A monstruosidade dos crimes de bruxaria, onde se mostra a
necessidade de trazer a lume a verdade sobre toda a matéria   227
Que, de todos os criminosos do mundo, são as bruxas as que
merecem a mais severa punição   234

QUESTÃO XV

Por causa dos pecados das bruxas, pessoas inocentes são muitas
vezes enfeitiçadas   237

QUESTÃO XVI

Eis as verdades estabelecidas pela comparação das obras das
bruxas com as outras superstições maléficas   243

QUESTÃO XVII

Uma comparação entre seus crimes e os cometidos pelos
demônios de toda espécie   249
As soluções dos argumentos tornam a declarar a verdade
por comparação   251

QUESTÃO XVIII

Da pregação contra os cinco argumentos das pessoas laicas e das
lúbricas, que professam que Deus não concede ao diabo e às
bruxas os poderes necessários para realizarem as obras de
bruxaria   253

SEGUNDA PARTE

Dos métodos pelos quais se infligem os malefícios E DE QUE MODO PODEM SER CURADOS

QUESTÃO I

Daqueles contra quem as bruxas não têm qualquer poder   265

QUESTÃO II

Dos métodos para destruir e curar a bruxaria. Introdução,
na qual se estabelece a dificuldade desta questão   399

TERCEIRA PARTE

QUE TRATA DAS MEDIDAS JUDICIAIS NO TRIBUNAL ECLESIÁSTICO
E NO CIVIL A SEREM TOMADAS CONTRA AS BRUXAS E TAMBÉM
CONTRA TODOS OS HEREGES

QUE CONTÉM TRINTA E CINCO QUESTÕES NAS QUAIS SÃO
CLARISSIMAMENTE DEFINIDAS AS NORMAS PARA A INSTAURAÇÃO DOS
PROCESSOS E ONDE SÃO EXPLICADOS OS MODOS PELOS QUAIS DEVEM
SER CONDUZIDOS, E OS MÉTODOS PARA LAVRAR AS SENTENÇAS

Considerações gerais: À guisa de introdução   477

O PRIMEIRO TÓPICO

QUESTÃO I

Do método para dar início a um processo   503

QUESTÃO II

Do número de testemunhas   509

QUESTÃO III

Do juramento solene e dos interrogatórios subsequentes
das testemunhas   513

QUESTÃO IV

Da qualidade e da condição das testemunhas   515

QUESTÃO V

Se pessoas inimigas mortais podem ser admitidas como
testemunhas   517

O SEGUNDO TÓPICO

QUESTÃO VI

De como se há de proceder ao julgamento e dar-lhe prosseguimento
De como são interrogadas as testemunhas (em presença
de outras quatro pessoas)
E dos dois modos de interrogar a acusada   521
Exame das testemunhas   522
O exame geral de uma bruxa ou feiticeira: A primeira ação   524
Do exame particular da acusada   526

QUESTÃO VII

Em que são dirimidas várias dúvidas a respeito das questões
precedentes e das respostas negativas
Se a acusada deve ficar presa, e quando há de ser considerada
manifestamente indiciada no crime hediondo de bruxaria
e de heresia
A segunda ação   529

QUESTÃO VIII

Que decorre da questão precedente
Se deve a bruxa ser aprisionada, e do método para capturá-la
Eis a terceira ação do juiz   533

QUESTÃO IX

Que trata do que há de ser feito depois da captura, e se a
acusada deve ter conhecimento do nome das testemunhas
Eis a quarta ação   537

QUESTÃO X

Que trata da espécie de defesa que se pode permitir, e da
indicação de um advogado
Eis a quinta ação   541

QUESTÃO XI

Que procedimentos o advogado deverá adotar quando o nome
das testemunhas não lhe for revelado
A sexta ação   545

QUESTÃO XII

Que trata do mesmo assunto, no qual se especifica de que modo
a questão da inimizade pessoal deve ser investigada
A sétima ação   551

QUESTÃO XIII

Dos pontos a serem observados pelo juiz antes do exame formal
no local de detenção e de tortura
Eis a oitava ação   557

QUESTÃO XIV

Do método de sentenciar a acusada ao interrogatório e como
deve ser interrogada no primeiro dia; e se o juiz pode
prometer-lhe a vida
A nona ação   561

QUESTÃO XV

Do prosseguimento da tortura e dos meios e sinais pelos quais
o juiz é capaz de identificar uma bruxa; e da maneira
pela qual poderá se proteger de seus malefícios
E também de que modo devem ser raspados os pelos daquelas
partes em que costumam ocultar as máscaras e os símbolos

do demônio, além do devido estabelecimento dos vários
meios de vencer-lhes a obstinação em manter o silêncio
e a recusa da confissão
Eis a décima ação 565

QUESTÃO XVI

Do momento oportuno e do método para o segundo exame
E essa é a décima primeira ação, que trata das precauções
finais a serem observadas pelo juiz 573

O TERCEIRO TÓPICO

A ÚLTIMA PARTE DA OBRA: DE COMO O PROCESSO HÁ DE SER CONCLUÍDO COM O PRONUNCIAMENTO DE UMA SENTENÇA DEFINITIVA E JUSTA

QUESTÃO XVII

Da purgação comum, e sobretudo da prova pelo ferro em
brasa a que as bruxas apelam 579

QUESTÃO XVIII

Da maneira de pronunciar a sentença final e definitiva 585

QUESTÃO XIX

Dos vários graus de suspeita manifesta que tornam a acusada
sujeita a pena 589

QUESTÃO XX

Do primeiro método de pronunciar a sentença 597

QUESTÃO XXI

Do segundo método de pronunciar a sentença, quando a
acusada só é difamada 601

QUESTÃO XXII

Do terceiro método de pronunciar a sentença, quando a acusada
foi difamada e deverá ser submetida a interrogatório — 605

QUESTÃO XXIII

Do quarto método de pronunciar a sentença, no caso de
acusação por leve suspeita — 611

QUESTÃO XXIV

Do quinto método de pronunciar a sentença, no caso de
forte suspeita de crime de heresia — 615

QUESTÃO XXV

Do sexto método de pronunciar a sentença, nos casos de grave
suspeita de heresia — 621

QUESTÃO XXVI

Do método de pronunciar a sentença contra as pessoas que são
tanto suspeitas quanto difamadas — 627

QUESTÃO XXVII

Do método de pronunciar a sentença contra as pessoas que
confessaram a heresia, mas que não são penitentes — 631

QUESTÃO XXVIII

Do método de pronunciar a sentença contra as pessoas que
confessaram a heresia, mas que nela reincidiram,
não obstante agora penitentes — 635

QUESTÃO XXIX

Do método de pronunciar a sentença contra as pessoas que confessaram a heresia, mas são impenitentes, embora não reincidentes — 641

QUESTÃO XXX

Daquela pessoa que confessou a heresia, é reincidente e também
é impenitente 645

QUESTÃO XXXI

Da pessoa que é apanhada e condenada, mas que a tudo nega 649

QUESTÃO XXXII

Da pessoa que é culpada, mas que fugiu ou que se ausenta
de forma contumaz 655

QUESTÃO XXXIII

Do método de pronunciar a sentença para as que foram acusadas
por outra bruxa, que foi ou que será queimada na estaca 663

QUESTÃO XXXIV

Do método de pronunciar a sentença contra bruxas que
anulam malefícios causados por bruxaria; e contra as
bruxas parteiras e os magos arqueiros 671

QUESTÃO XXXV

Finalmente, do método para pronunciar a sentença contra as
bruxas que entram ou fazem com que se entre com
apelação ou recurso, seja frívolo ou legítimo e justo 679

Certificado de aprovação do *Malleus maleficarum* pela faculdade
de Teologia da Universidade de Colônia 687

Notas sobre a bibliografia de O martelo das feiticeiras.
Malleus maleficarum 695

BREVE INTRODUÇÃO HISTÓRICA

ROSE MARIE MURARO*

Para compreendermos a importância do *Malleus maleficarum* é preciso ter uma visão ao menos mínima da história da mulher no interior da história humana em geral. Segundo a maioria dos antropólogos, o ser humano habita este planeta há mais de 2 milhões de anos. Mais de três quartos desse tempo a nossa espécie passou nas culturas de coleta e caça aos pequenos animais. Nessas sociedades não havia necessidade de força física para a sobrevivência, e nelas as mulheres possuíam um lugar central.

Em nosso tempo ainda existem remanescentes dessas culturas, tais como o povo Maori (Nova Zelândia), os povos pigmeus (África, Ásia, Oceania) e bosquímanos (África Central). Esses são os povos mais originários que existem e ainda sobrevivem da coleta dos frutos da terra e da pequena caça ou pesca. Nesses grupos, a mulher ainda é considerada um ser sagrado, porque pode dar a vida e, portanto, ajudar a fertilidade da terra e dos animais. Nesses povos, os princípios masculino e feminino governam o mundo juntos. Havia divisão de trabalho entre os sexos, mas não havia desigualdade. A vida corria mansa e paradisíaca.

---

* Rose Marie Muraro nasceu no Rio de Janeiro em 1930. Ativista do movimento feminista por mais de 60 anos, escreveu mais de 40 livros em que analisa a situação da mulher no Brasil. Foi editora da Vozes e fundadora da Rosa dos Tempos, a primeira editora feminista brasileira. Entre outros prêmios recebidos, foi reconhecida em 2005, pelo Congresso Nacional e pelo governo brasileiro, como Patrona do Feminismo Nacional. Faleceu no Rio de Janeiro em 2014. [*N. da E.*]

Nas sociedades de caça aos grandes animais (que sucedem àquelas mais ancestrais), em que a força física é essencial, é que se inicia a supremacia masculina. Mas nem nas sociedades de coleta nem nas de caça se conhecia a função masculina na procriação. Também nas sociedades de caça a mulher era considerada um ser sagrado, que possuía o privilégio dado pelos deuses de reproduzir a espécie. Os homens se sentiam marginalizados nesse processo e invejavam as mulheres. Essa primeva "inveja do útero" dos homens é a antepassada da moderna "inveja do pênis" atribuída às mulheres nas culturas patriarcais mais recentes.

A inveja do útero dava origem a dois ritos universalmente encontrados nas sociedades de caça pelas antropólogas e pelos antropólogos e observados em partes opostas do mundo, como Brasil e Oceania. O primeiro é o fenômeno da *couvade*, em que a mulher começa a trabalhar dois dias depois de parir e o homem fica de resguardo com a criança recém-nascida, recebendo visitas e presentes. O segundo é a iniciação dos homens. Na adolescência, a mulher tem sinais exteriores que marcam o limiar da sua entrada no mundo adulto. A menstruação a torna apta à maternidade e representa um novo patamar em sua vida. Mas os adolescentes homens não apresentam esse sinal tão óbvio. Por isso, na puberdade, eles são arrancados de suas mães pelos homens adultos para serem iniciados na "casa dos homens". Em quase todas essas iniciações, o ritual é semelhante: é a imitação cerimonial do parto com objetos de madeira e instrumentos musicais. E nenhuma mulher ou criança pode se aproximar da casa dos homens, sob pena de morte. Desse dia em diante o homem pode "parir" ritualmente e, portanto, tomar seu lugar na cadeia das gerações.

Ao contrário da mulher, que possuía o "poder biológico", o homem foi desenvolvendo o "poder cultural" à medida que a tecnologia foi avançando. Enquanto as sociedades eram de coleta, as mulheres mantinham uma espécie de poder, mas diferente das culturas patriarcais. Essas culturas originárias tinham de ser cooperativas para poder sobreviver em condições hostis, e portanto não havia coerção ou centralização, mas rodízio de lideranças, e as relações entre homens e mulheres eram mais fluidas do que viriam a ser nas futuras sociedades patriarcais.

BREVE INTRODUÇÃO HISTÓRICA

Nos grupos matricêntricos, as formas de associação entre homens e mulheres não incluíam nem a transmissão do poder nem a da herança, por isso a liberdade em termos sexuais era maior. Por outro lado, quase não existia guerra, pois não havia pressão populacional pela conquista de novos territórios.

É só nas regiões em que a coleta é escassa, ou onde vão se esgotando os recursos naturais vegetais e os pequenos animais, que se inicia a caça sistemática aos grandes animais. E aí começam a se instalar a supremacia masculina e a competitividade entre os povos na busca de novos territórios. Então, para sobreviver, as sociedades têm de competir entre si por um alimento escasso. As guerras se tornam constantes e passam a ser mitificadas. Os homens mais valorizados são os heróis guerreiros. Começa a se romper a harmonia que ligava a espécie humana à natureza. Mas ainda não se instala definitivamente a lei de quem é mais forte. O homem ainda não conhece com precisão a sua função reprodutora e crê que a mulher fica grávida das divindades. Por isso ela ainda conserva poder de decisão. Nas culturas que vivem da caça, já existe estratificação social e sexual, mas ela não é completa como nas sociedades que se lhes seguem.

É no decorrer do Neolítico que, em algum momento, o homem começa a dominar a sua função biológica reprodutora, e, podendo controlá-la, pode também controlar a sexualidade feminina. Aparece então o casamento como o conhecemos hoje, em que a mulher é propriedade do homem e a herança se transmite através da descendência masculina. Já acontecia assim, por exemplo, nas sociedades pastoris descritas na Bíblia. Nessa época, o homem já tinha aprendido a fundir metais. Essa descoberta acontece por volta de 10.000 ou 8.000 a.C. E, à medida que essa tecnologia se aperfeiçoa, começam a ser fabricadas não só armas mais sofisticadas como também instrumentos que permitem cultivar melhor a terra (o arado, por exemplo).

Hoje há consenso entre as antropólogas e os antropólogos de que os primeiros seres humanos a descobrir os ciclos da natureza foram as mulheres, porque podiam compará-los com o ciclo do próprio corpo. As mulheres também devem ter sido as primeiras plantadoras e as primeiras ceramistas, mas foram os homens que, a partir da invenção do arado, sistematizaram as atividades agrícolas, iniciando uma nova era, a era agrária, e, com ela, a história em que vivemos hoje.

Para poder arar a terra, os grupamentos de seres humanos deixam de ser nômades. São obrigados a se tornar sedentários. Dividem a terra e formam as primeiras plantações. Começam a se estabelecer as primeiras aldeias, depois as cidades, as cidades-Estado, os primeiros Estados e os impérios, no sentido antigo do termo. As sociedades, então, se tornam patriarcais, isto é, os portadores dos valores e responsáveis por sua transmissão são os homens. Já não são mais os princípios feminino e masculino que governam juntos o mundo, mas, sim, a lei de quem é mais forte. A comida era primeiro para o dono da terra, sua família, suas escravas, seus escravos e seus soldados. Até estar escravizado era privilégio, pois só quem era pária nômade, sem-terra, é que perecia no primeiro inverno ou na primeira escassez.

Nesse contexto, quanto mais filhos, mais soldados e mais mão de obra barata para arar a terra. As mulheres tinham a sua sexualidade rigidamente controlada pelos homens. O casamento era monogâmico, e a mulher era obrigada a sair virgem das mãos do pai para as mãos do marido. Qualquer ruptura dessa norma podia significar a morte. Assim também o adultério: um filho de outro homem viria ameaçar a transmissão da herança que se fazia através da descendência da mulher. A mulher fica, então, reduzida ao âmbito doméstico. Perde qualquer capacidade de decisão no domínio público, que fica inteiramente reservado ao homem. A dicotomia entre o privado e o público torna-se, então, a origem da dependência econômica da mulher, e essa dependência, por sua vez, gera, no decorrer das gerações, uma submissão psicológica que dura até hoje.

É nesse contexto que transcorre todo o período histórico até os dias de hoje. De matricêntrica, a cultura humana passa a patriarcal.

E O VERBO VEIO DEPOIS

"No princípio era a Mãe, o Verbo veio depois." É assim que Marilyn French, uma das maiores pensadoras feministas estadunidenses, começa

BREVE INTRODUÇÃO HISTÓRICA

o seu livro *Beyond Power*.[1] E não é sem razão, pois podemos retraçar os caminhos da espécie através da sucessão dos seus mitos. Um mitólogo estadunidense, em seu livro *The Masks of God: Occidental Mythology*,[2] citado por French, divide em quatro grupos todos os mitos conhecidos da criação. E, surpreendentemente, esses grupos correspondem às etapas cronológicas da história humana ocidental.

Na primeira etapa, o mundo é criado por uma deusa mãe sem o auxílio de ninguém. Na segunda, ele é criado por um deus andrógino ou um casal criador. Na terceira, um deus macho toma o poder da deusa ou cria o mundo sobre o corpo da deusa primordial. Finalmente, na quarta etapa, um deus macho cria o mundo sozinho.

Essas quatro etapas, que se sucedem também cronologicamente, são testemunhas eternas da transição da etapa matricêntrica da humanidade para sua fase patriarcal, e é essa sucessão que dá veracidade à frase já citada de Marilyn French.

Alguns exemplos nos farão entender as diversas etapas e a frase de French. O primeiro e mais importante exemplo da primeira etapa em que a Grande Mãe cria o universo sozinha é o próprio mito grego. Nele, a criadora primária é Geia, a Mãe Terra. Dela nascem todos os protodeuses: Urano, os Titãs e as protodeusas, entre as quais Reia, que virá a ser a mãe do futuro dominador do Olimpo, Zeus. Há também o caso do mito nagô, que vem dar origem ao candomblé. Nesse mito africano, é Nanã Buruquê que dá à luz todos os orixás, sem auxílio de ninguém.

Exemplos do segundo caso são o deus andrógino que gera todas as divindades, no hinduísmo, e o *yin* e o *yang*, os princípios feminino e masculino, que governam juntos na mitologia chinesa.

Exemplos do terceiro caso são as mitologias nas quais reinam em primeiro lugar deusas mulheres, que são, depois, destronadas por deuses

---

1. Marilyn French, *Beyond Power: On Women, Men and Morals* [Além do poder: Sobre mulheres, homens e morais], Nova York, Summit Books, 1985.
2. Joseph Campbell, *The Masks of God: Occidental Mythology*, Nova York, Penguin, 1970, v. 3. [Ed. bras.: As máscaras de Deus: Mitologia Ocidental, v. 3, São Paulo, Palas Athena, 2004.]

masculinos. Entre essas mitologias está a sumeriana, em que primeiramente a deusa Siduri reinava num jardim de delícias e cujo poder foi usurpado por um deus solar. Mais tarde, na epopeia de Gilgamesh, ela é descrita como simples serva. Ainda, os mitos ancestrais dos povos astecas falam de um mundo perdido, de um jardim paradisíaco governado por Xochiquetzal, a Mãe Terra. Dela nasceram os Huitzuhuahua, que são os Titãs e os Quatrocentos Habitantes do Sul (as estrelas). Mais tarde, seus filhos se revoltam contra ela, e ela dá à luz o deus que iria governar a todos, Huitzilopochtli.

A partir do segundo milênio a.C., contudo, raramente se registram mitos em que a divindade primária seja mulher. Em muitos deles, esta é substituída por um deus macho que cria o mundo a partir de si mesmo, tais como os mitos persa, meda e, principalmente e acima de todos, o nosso mito cristão, que é o que será enfocado aqui.

Javé é deus único todo-poderoso, onipresente, e controla todos os seres humanos em todos os momentos da vida. Cria sozinho o mundo em sete dias e, no final, cria o homem. E só depois cria a mulher, assim mesmo a partir do homem. E coloca ambos no Jardim das Delícias, onde o alimento é abundante e colhido sem trabalho. Mas, graças à sedução da mulher, o homem cede à tentação da serpente, e o casal é expulso do paraíso.

Antes de prosseguir, procuremos analisar o que já se tem até aqui em relação à mulher. Em primeiro lugar, ao contrário das culturas primevas, Javé é deus único, centralizador, dita rígidas regras de comportamento cuja transgressão é sempre punida. Nas mitologias antigas, ao contrário, a Grande Mãe é permissiva, amorosa e não coercitiva. E como todos os mitos fundantes das grandes culturas tendem a sacralizar os seus principais valores, Javé representa bem a transformação do matricentrismo em patriarcado.

O Jardim das Delícias é a lembrança arquetípica da antiga harmonia entre o ser humano e a natureza. Nas culturas de coleta não se trabalhava sistematicamente. Por isso os controles eram frouxos e era possível viver mais prazerosamente. Quando o ser humano começa a dominar a

BREVE INTRODUÇÃO HISTÓRICA

natureza, ele começa a se separar dessa mesma natureza em que então vivia imerso.

Como o trabalho é penoso, ele necessita agora de poder central que imponha controles mais rígidos e punição para a transgressão. É preciso usar a coerção e a violência para que os seres humanos sejam obrigados a trabalhar, e essa coerção é localizada no corpo, na repressão da sexualidade e do prazer. Por isso o pecado original, a culpa máxima, na Bíblia, é colocado no ato sexual (é assim que, desde milênios, popularmente se interpreta a transgressão dos primeiros seres humanos).

É por isso que a árvore do conhecimento é também a árvore do bem e do mal. O progresso do conhecimento gera o trabalho, e por isso o corpo tem de ser amaldiçoado, porque o trabalho é bom. Mas é interessante notar que o homem só consegue conhecimento do bem e do mal transgredindo a lei do Pai. O sexo (o prazer) doravante é mau e, portanto, proibido. Praticá-lo é transgredir a lei. Ele é, portanto, limitado apenas às funções procriativas, e mesmo assim é uma culpa.

Daí a divisão entre sexo e afeto, entre corpo e alma, apanágio das civilizações agrárias e fonte de todas as divisões e fragmentações do homem e da mulher, da razão e da emoção, das classes [...]

Tomam aí sentido as punições de Javé. Uma vez adquirido o conhecimento, o homem tem que sofrer. O trabalho o escraviza. E por isso o homem escraviza a mulher. A relação homem-mulher-natureza não é mais de integração e, sim, de dominação. O desejo dominante agora é o do homem. O desejo da mulher será para sempre carência, e é esta paixão que será o seu castigo. Daí em diante, ela será definida por sua sexualidade, e o homem, pelo seu trabalho.

Mas o interessante é que os primeiros capítulos do Gênesis podem ser mais bem entendidos à luz das modernas teorias psicológicas, especialmente a psicanálise. Em cada menino nascido no sistema patriarcal repete-se, em nível simbólico, a tragédia primordial. Nos primeiros tempos de sua vida, eles estão imersos no Jardim das Delícias, em que todos os seus desejos são satisfeitos. E isso lhes faz buscar o prazer que lhes dá o contato com a mãe, a única mulher a que têm acesso. Mas a lei do pai proíbe ao menino a posse da mãe. E o menino é expulso do mundo do amor, para assumir a sua autonomia e, com ela, a sua maturidade. Principalmente, a sua nudez, a sua fraqueza, os seus limites. É à medida que o homem se cinde do Jardim das Delícias proporcionadas pela mulher-mãe que ele assume a sua condição masculina.

E para que possa se tornar homem em termos simbólicos, ele precisa passar pela punição maior que é a ameaça de morte pelo pai. Como Adão, o menino quer matar o pai e este o pune, deixando-o só.

Assim, aquilo que se verifica no decorrer dos séculos, isto é, a transição das culturas de coleta para a civilização agrária, é relembrado simbolicamente na vida de cada um dos homens do mundo de hoje. Mas duas observações devem ser feitas. A primeira é que o pivô das duas tragédias, a individual e a coletiva, é a mulher; e a segunda, que o conhecimento condenado não é o conhecimento dissociado e abstrato que daí por diante será o conhecimento dominante, mas sim o conhecimento do bem e do mal, que vem da experiência concreta do prazer e da sexualidade, o conhecimento totalizante que integra inteligência e emoção, corpo e alma, enfim, aquele conhecimento que é, especificamente na cultura patriarcal, o conhecimento feminino por excelência.

Freud dizia que a natureza tinha sido madrasta para a mulher porque ela não era capaz de simbolizar tão perfeitamente como o homem. De fato, para podermos entender a misoginia que daí por diante caracterizará a cultura patriarcal, é preciso analisar a maneira como as ciências psicológicas mais atuais apontam para uma estrutura psíquica feminina bem diferente da masculina.

Na mesma idade em que o menino conhece a tragédia da castração imaginária, a menina resolve de outra maneira o conflito que a conduzirá à maturidade. Porque já vem castrada, isto é, porque não tem pênis (o símbolo do poder e do prazer, no patriarcado), quando seu desejo a leva para o pai, ela não entra em conflito com a mãe de maneira tão trágica e aguda como o menino entra com o pai por causa da mãe. Porque já vem castrada, não tem nada a perder. E a sua identificação com a mãe se resolve sem grandes traumas. Ela não se desliga inteiramente das

BREVE INTRODUÇÃO HISTÓRICA

fontes arcaicas do prazer (o corpo da mãe). Por isso, também, não se divide de si mesma como se divide o homem, nem de suas emoções. Para o resto da sua vida, conhecimento e prazer, emoção e inteligência são mais integrados na mulher do que no homem e, por isso, são perigosos e desestabilizadores de um sistema que repousa inteiramente no controle, no poder e, portanto, no conhecimento dissociado da emoção e, por isso mesmo, abstrato.

A partir daí, poder, competitividade, conhecimento, controle, manipulação, abstração e violência vêm juntos. O amor, a integração com o meio ambiente e com as próprias emoções são os elementos mais desestabilizadores da ordem vigente. Por isso é preciso precaver-se de todas as maneiras contra a mulher, impedi-la de interferir nos processos decisórios, fazer com que ela introjete uma ideologia que a convença de sua própria inferioridade em relação ao homem.

E não espanta que na própria Bíblia encontremos o primeiro indício dessa desigualdade entre homens e mulheres. Quando Deus cria o homem, Ele o cria só e apenas depois tira a companheira da costela dele. Em outras palavras: o primeiro homem dá à luz (pare) a primeira mulher. Esse fenômeno psicológico de deslocamento é um mecanismo de defesa conhecido por todas as pessoas que lidam com a psique humana, e serve para revelar escondendo. Tirar da costela é menos violento do que tirar do próprio ventre, mas, em outras palavras, aponta para a mesma direção. Agora, parir é ato que não está mais ligado ao sagrado e é, antes, uma vulnerabilidade do que uma força. A mulher se inferioriza pelo próprio fato de parir, que outrora lhe assegurava a grandeza. A grandeza agora pertence ao homem, que trabalha e domina a natureza.

Já não é mais o homem que inveja a mulher. Agora é a mulher que inveja o homem e é dependente dele. Carente, vulnerável, seu desejo é o centro da sua punição. Ela passa a se ver com os olhos do homem, isto é, sua identidade não está mais nela mesma e sim em outro. O homem é autônomo e a mulher é reflexa. Daqui em diante, como a pessoa pobre se vê com os olhos de pessoa rica, a mulher se vê pelo homem.

Da época em que foi escrito o Gênesis até os nossos dias, isto é, de alguns milênios para cá, essa narrativa básica da nossa cultura patriarcal tem servido ininterruptamente para manter a mulher em seu suposto devido lugar. E, aliás, com muita eficiência. A partir desse texto, a mulher é vista como a tentadora do homem, aquela que perturba a sua relação com a transcendência e também aquela que conflita as relações entre os homens. Ela é ligada à natureza, à carne, ao sexo e ao prazer, domínios que têm de ser rigorosamente normatizados: a serpente, que nas eras matricêntricas era o símbolo da fertilidade e tida na mais alta estima como símbolo máximo da sabedoria, transforma-se no demônio, no tentador, na fonte de todo pecado. E ao demônio é alocado o pecado por excelência, o pecado da carne. Coloca-se no sexo o pecado supremo e, assim, o poder fica imune à crítica. Apenas nos tempos modernos está se tentando deslocar o pecado da sexualidade para o poder. Isto é, até hoje não só o homem como também as classes dominantes tiveram seu *status* sacralizado porque a mulher e a sexualidade foram penalizadas como causa máxima da degradação humana.

O *MALLEUS* COMO CONTINUAÇÃO DO GÊNESIS

Enquanto se escrevia o Gênesis no Oriente Médio, as grandes culturas patriarcais iam se sucedendo. Na Grécia, o *status* da mulher foi extremamente degradado. A homossexualidade era prática comum entre os homens, e as mulheres ficavam exclusivamente reduzidas às suas funções de mãe, prostituta ou cortesã. Em Roma, embora durante certo período tivessem bastante liberdade sexual, jamais chegaram a ter poder de decisão no império. Quando o cristianismo se torna a religião oficial dos romanos no século IV, tem início a Idade Média. Algo novo acontece. E aqui nos deteremos porque é o período que mais nos interessa.

Do terceiro ao décimo séculos, alonga-se um período em que o cristianismo se sedimenta entre os povos bárbaros da Europa. Nesse período de conflito de valores, é muito confusa a situação da mulher. Contudo,

BREVE INTRODUÇÃO HISTÓRICA

ela tende a ocupar lugar de destaque no mundo das decisões, porque os homens se ausentavam muito e morriam nos períodos de guerra. Em poucas palavras: as mulheres eram jogadas para o domínio público quando havia escassez de homens e voltavam para o domínio privado quando os homens reassumiam o seu lugar na cultura.

Na alta Idade Média, a condição das mulheres floresce. Elas têm acesso às artes, às ciências, à literatura. Uma monja, por exemplo, Hrosvitha de Gandersheim, foi o único poeta da Europa durante cinco séculos. Isso acontece durante as cruzadas, período em que não só a Igreja alcança seu maior poder temporal como também o mundo se prepara para as grandes transformações que viriam séculos mais tarde, com a Renascença.

E é logo depois dessa época, no período que vai do fim do século XIV até meados do século XVIII, que aconteceu o fenômeno generalizado em toda a Europa: a repressão sistemática de mulheres. Estamos nos referindo aos quatro séculos de "caça às bruxas".

Deirdre English e Barbara Ehrenreich, em seu livro *Witches, Nurses and Midwives*,[3] nos dão estatísticas aterradoras do que foi a queima de mulheres feiticeiras em fogueiras durante esses quatro séculos.

A extensão da caça às bruxas é espantosa. No fim do século XV e no começo do século XVI, houve milhares e milhares de execuções — usualmente eram queimadas vivas na fogueira — na Alemanha, na Itália e em outros países. A partir de meados do século XVI, o terror se espalhou por toda a Europa, começando pela França e pela Inglaterra. Um escritor estimou o número de execuções em seiscentas por ano para certas cidades, uma média de duas por dia, "exceto aos domingos". Novecentas bruxas foram executadas num único ano na área de Wertzberg e cerca de mil na diocese de Como. Em Toulouse, quatrocentas foram assassinadas num único

---

3. Deirdre English e Barbara Ehrenreich, *Witches, Nurses and Midwives: A History of Women Healers* [Bruxas, enfermeiras e parteiras: Uma história de mulheres curadoras], Nova York, The Feminist Press, 1973.

dia; no arcebispado de Trier, em 1585, duas aldeias foram deixadas apenas com duas mulheres moradoras cada uma. Muitos escritores estimaram que o número total de mulheres executadas subia à casa dos milhões, e as mulheres constituíam 85% de todos os bruxos e bruxas que foram executados.

Outros cálculos levantados por Marilyn French, em seu já citado livro, mostram que o número mínimo de mulheres queimadas vivas é de cem mil.

E POR QUE TUDO ISSO?

Desde a mais remota antiguidade, as mulheres eram as curadoras populares, as parteiras, enfim, detinham saber próprio, que lhes era transmitido de geração em geração. Em muitos povos ancestrais eram elas as xamãs. Na Idade Média, seu saber se intensifica e aprofunda. As mulheres camponesas pobres não tinham como cuidar da saúde, a não ser com outras mulheres tão camponesas e tão pobres quanto elas. As curadoras eram as cultivadoras ancestrais das ervas que devolviam a saúde e eram também as melhores anatomistas do seu tempo. As parteiras viajavam de casa em casa, de aldeia em aldeia, eram as médicas populares para todas as doenças.

Mais tarde elas vieram a representar uma ameaça. Em primeiro lugar, ao poder médico, que vinha tomando corpo através das universidades no interior do sistema feudal. Em segundo, porque organizavam comunidades pontuais que, ao se juntarem, formavam vastas confrarias, as quais trocavam entre si os segredos da cura do corpo e muitas vezes da alma. Mais tarde, ainda, essas mulheres vieram a participar das revoltas camponesas que precederam a centralização dos feudos, os quais, posteriormente, dariam origem às futuras nações.

O poder disperso e frouxo do sistema feudal para sobreviver é obrigado, a partir do fim do século XIII, a centralizar, a hierarquizar e a se

BREVE INTRODUÇÃO HISTÓRICA

organizar com métodos políticos e ideológicos mais modernos. A noção de pátria aparece, mesmo nessa época (Clausewitz).[4]

A religião católica e, mais tarde, a protestante contribuem de maneira decisiva para essa centralização do poder. E o fizeram através dos tribunais da Inquisição que varreram a Europa de norte a sul, leste e oeste, torturando e assassinando em massa aquelas pessoas que eram julgadas heréticas ou bruxas.

Esse "expurgo" visava a recolocar dentro de regras de comportamento dominante as massas camponesas, submetidas muitas vezes aos mais ferozes excessos dos seus senhores, expostas à fome, à peste e à guerra, que se rebelavam. E principalmente as mulheres.

Era essencial para o sistema capitalista que estava sendo forjado no seio mesmo do feudalismo um controle estrito sobre o corpo e a sexualidade, conforme constata a obra de Michel Foucault, *História da sexualidade*.[5] Começa a se construir ali o corpo dócil do futuro trabalhador que vai ser alienado do seu trabalho e não se rebelará. A partir do século XVII, os controles atingem profundidade e obsessão tais que os menores, os mínimos detalhes e gestos são normatizados. Todos, homens e mulheres, passam a ser, então, os próprios controladores de si mesmos a partir do mais íntimo de sua mente. É assim que se instala o puritanismo, do qual se origina, segundo Tawney e Max Weber, o capitalismo avançado anglo-saxão. Mas, até chegar a esse ponto, foi preciso usar de muita violência. Até meados da Idade Média, as regras morais do cristianismo ainda não tinham penetrado a fundo nas massas populares. Ainda existiam muitos núcleos de "paganismo" e, mesmo entre as pessoas cristãs, os controles eram frouxos.

As regras convencionais só eram válidas para as mulheres e os homens das classes dominantes através dos quais se transmitiam o poder

---

4. Carl von Clausewitz, *Da guerra*, trad. Maria Teresa Ramos, São Paulo, WMF Martins Fontes, 2010. [*N. da E.*]

5. Michel Foucault, História da sexualidade, 4 v., São Paulo/Rio de Janeiro, Paz e Terra, 2020. [*N. da E.*]

e a herança. Assim, os quatro séculos de perseguição às bruxas e às pessoas heréticas nada tinham de histeria coletiva, mas, ao contrário, foram uma perseguição muito bem calculada e planejada pelas classes dominantes, para chegar a maior centralização e poder.

Num mundo teocrático, a transgressão da fé era também transgressão política. Mais ainda, a transgressão sexual que grassava solta entre as massas populares. Assim, os inquisidores tiveram a sabedoria de ligar a transgressão sexual à transgressão da fé. E punir as mulheres por tudo isso. As grandes teses que permitiram esse expurgo do feminino e que são as teses centrais do *Malleus maleficarum* são as seguintes:

1. O demônio, com a permissão de Deus, procura fazer o máximo de mal aos seres humanos, a fim de apropriar-se do maior número possível de almas.

2. E esse mal é feito prioritariamente através do corpo, único "lugar" onde o demônio pode entrar, pois "o espírito [do ser humano] é governado por Deus, a vontade, por um anjo e o corpo, pelas estrelas" (primeira parte, questão I). E porque as estrelas são inferiores aos espíritos e o demônio é um espírito superior, só lhe resta o corpo para dominar.

3. E esse domínio lhe vem através do controle e da manipulação dos atos sexuais. Pela sexualidade, o demônio pode apropriar-se do corpo e da alma dos seres humanos. Foi pela sexualidade que o primeiro ser humano pecou e, portanto, a sexualidade é o ponto mais vulnerável de todos os seres humanos.

4. E como as mulheres estão essencialmente ligadas à sexualidade, elas se tornam as agentes por excelência do demônio (as feiticeiras). E as mulheres têm mais convivência com o demônio porque Eva nasceu de uma costela torta de Adão, portanto nenhuma mulher pode ser reta (primeira parte, questão VI).

5. A primeira e maior característica, aquela que dá todo o poder às feiticeiras, é copular com o demônio. Satã é, portanto, o senhor do prazer.

BREVE INTRODUÇÃO HISTÓRICA

6. Uma vez obtida a intimidade com o demônio, as feiticeiras são capazes de desencadear todos os males, especialmente a impotência masculina, a impossibilidade de livrar-se de paixões desordenadas, os abortos, as oferendas de crianças a Satanás, o estrago das colheitas, as doenças nos animais, e assim por diante.

7. E esses pecados eram mais hediondos do que os próprios pecados de Lúcifer quando da rebelião dos anjos e da primeira mãe e do primeiro pai por ocasião da queda, porque agora as bruxas pecam contra Deus e o Redentor (Cristo), e portanto esse crime é imperdoável e por isso só pode ser resgatado com a tortura e a morte.

Vemos assim que na mesma época em que o mundo está entrando na Renascença, que virá a dar na Idade das Luzes, processa-se a mais delirante perseguição às mulheres e ao prazer. Tudo aquilo que já estava em embrião no segundo capítulo do Gênesis torna-se agora sinistramente concreto. Se nas culturas de coleta as mulheres eram quase sagradas por poderem ser férteis e, portanto, eram as grandes estimuladoras da fecundidade da natureza, agora elas são, por sua capacidade orgástica, as causadoras de todos os flagelos a essa mesma natureza. Sim, porque as feiticeiras se encontram apenas entre as mulheres orgásticas e ambiciosas (primeira parte, questão VI), isto é, aquelas que não tinham a sexualidade ainda "normatizada" e procuravam impor-se no domínio público, exclusivo dos homens.

Assim, o *Malleus maleficarum*, por ser a continuação popular do segundo capítulo do Gênesis, torna-se a testemunha mais importante da estrutura do patriarcado e de como essa estrutura funciona concretamente sobre a repressão da mulher e do prazer.

De doadora da vida, símbolo da fertilidade para as colheitas e os animais, agora a situação se inverte: a mulher é a primeira e a maior pecadora, a origem de todas as ações nocivas ao homem, à natureza e aos animais.

Durante três séculos o *Malleus* foi a bíblia dos inquisidores e esteve na banca de todos os julgamentos. Quando cessou a caça às bruxas, no século XVIII, houve grande transformação na condição feminina. A sexualidade se normatiza e as mulheres se tornam frígidas, pois orgasmo era coisa do diabo e, portanto, passível de punição. Reduzem-se exclusivamente ao âmbito doméstico, pois sua ambição também era passível de castigo. O saber feminino popular cai na clandestinidade, quando não é usurpado como próprio pelo poder médico masculino já solidificado. As mulheres não têm mais acesso ao estudo como na Idade Média e passam a transmitir voluntariamente a suas filhas e a seus filhos valores patriarcais já então totalmente introjetados por elas.

É com a caça às bruxas que se normatiza o comportamento de homens e mulheres europeus, tanto na área pública quanto no domínio do privado.

E assim se passam os séculos.

A sociedade de classes que já está construída nos fins do século XVIII é composta de trabalhadoras e trabalhadores dóceis que não questionam o sistema.

AS BRUXAS DO SÉCULO XX

Agora, mais de dois séculos após o término da caça às bruxas, é que podemos ter uma noção das suas dimensões. Neste final de século e de milênio, o que se nos apresenta como avaliação da sociedade industrial? Dois terços da humanidade passam fome para o terço restante superalimentar-se; além disso, há a possibilidade concreta da destruição instantânea do planeta pelo arsenal nuclear já colocado e, principalmente, a destruição lenta mas contínua do meio ambiente, já chegando ao ponto do não retorno. A aceleração tecnológica mostra-se, portanto, muito mais louca do que o mais louco dos inquisidores.

Ainda neste fim de século outro fenômeno está acontecendo: na mesma jovem rompem-se dois tabus que causaram a morte das feiticeiras: a

BREVE INTRODUÇÃO HISTÓRICA

inserção no mundo público e a procura do prazer sem repressão. A mulher jovem hoje liberta-se porque o controle da sexualidade e a reclusão ao domínio privado formam também os dois pilares da opressão feminina.

Assim, hoje as bruxas são legião no século XX. E são bruxas que não podem ser queimadas vivas, pois são elas que estão trazendo pela primeira vez na história do patriarcado, para o mundo masculino, os valores femininos. Essa reinserção do feminino na história, resgatando o prazer, a solidariedade, a não competição, a união com a natureza, talvez seja a única chance que a nossa espécie tenha de continuar viva.

Creio que com isso as nossas bruxinhas da Idade Média podem se considerar vingadas!

PREFÁCIO

O *martelo das feiticeiras: Malleus maleficarum* à luz de uma teoria simbólica da história

CARLOS AMADEU B. BYINGTON*

O século XX entra em sua última década perplexo diante do desmoronamento da ideologia materialista que o empolgou, guiou e revolucionou. A civilização industrial se dá conta, por seus próprios descaminhos, de uma grande falta de valores para orientar seu desenvolvimento. Das profundezas geladas dessa desidealização, reativam-se os arquétipos expressos nos mitos portadores dos símbolos históricos que orientaram o desenvolvimento das culturas. A civilização industrial e as ciências modernas surgidas no Renascimento europeu, ao retornarem às suas raízes míticas, reencontram o mito cristão que lhes moldou os caminhos. Em sua bagagem, elas incluem dois séculos de psicologia para vivenciá-lo de forma diferente. Com menos fervor e fanatismo, talvez, mas certamente com maior capacidade de separar a mensagem fecunda dos símbolos do mito das suas deformações históricas.

A importância do papel civilizatório do mito cristão no terceiro milênio deverá incluir a continuação da elaboração dos seus símbolos que ainda não

---

* Médico psiquiatra e analista junguiano. Nascido em São Paulo em 1933, cresceu no Rio de Janeiro, onde se formou em Medicina. Especializou-se em Psiquiatria e Psicanálise, e, em 1965, graduou-se pelo Instituto Jung, em Zurique. Retornou ao Brasil e fundou, com outros colegas, a Sociedade Brasileira de Psicologia Analítica (SBPA) e a Sociedade Moitará, para o estudo de símbolos da cultura brasileira, mais tarde incorporada à SBPA. Faleceu em 2019 em São Paulo. [*N. da E.*]

O MARTELO DAS FEITICEIRAS

puderam ser devidamente integrados pela cultura. Nesse sentido, o estudo dos pontos históricos estratégicos de estrangulamento da mensagem do mito formarão um capítulo importante da sua continuidade.

À medida que a mídia do processo civilizatório integrar os idiomas hispano-ibéricos no mundo moderno, a língua portuguesa adquirirá outra importância da que tem hoje. Dentro dessa perspectiva, a Editora Rosa dos Tempos justifica seu nome e o pioneirismo da personalidade das suas quatro fundadoras, ao traduzir para o português e inaugurar suas atividades com esta obra.

O Martelo das feiticeiras — Malleus maleficarum é uma das páginas mais terríveis do cristianismo. É difícil imaginar que, durante três séculos, ele foi a Bíblia do inquisidor. Tentarei demonstrar que não foi por acaso que ele foi escrito no esplendor do Renascimento e se transformou no apogeu ideológico e pragmático da Inquisição contra a bruxaria, atingindo intensamente as mulheres. Como a leitora e o leitor poderão verificar sobejamente por conta própria, ele é um manual de ódio, de tortura e de morte, no qual o maior crime é o cometido pelo próprio legislador ao redigir a lei. Suas vítimas não nos deixaram testemunho. É a própria sanha dos legisladores, cuja loucura os levou a expor orgulhosamente seus crimes para a posteridade, que nos faz imaginar o terrível sofrimento passado pelos milhares de pessoas, em sua maioria mulheres, que foram por eles torturadas e condenadas à prisão perpétua ou à morte.

O livro é diabólico na sua concepção e redação. Dividido em três partes, a primeira cuida de enaltecer o demônio com poderes Divinos extremos e ligar suas ações com a bruxaria. Isso é ardilosamente articulado com a ideologia repressiva da Inquisição, declarando-se herética qualquer descrença nesses postulados. Na segunda parte, ensina-se a reconhecer e a neutralizar a bruxaria nas vivências do dia a dia da população. Uma pessoa de conduta diferente, uma briga entre vizinhos, uma vaca que dá mais ou menos leite, uma criança que adoece, uma tempestade ou a diminuição da potência sexual, qualquer ocorrência pode ser atribuída à bruxaria. Trata-se de uma verdadeira religião do

PREFÁCIO

diabo para explicar todos os males da vida individual e comunitária. É difícil imaginar que qualquer bruxo ou bruxa, por maior formação em ciência jurídica que tivesse, conseguisse legislar sobre os poderes do demônio com tanta prodigalidade. Na terceira parte, descrevem-se o julgamento e as sentenças. Aí compreende-se como o livro é ardiloso. Em realidade, as duas primeiras partes são escolasticamente racionalizadas para justificar toda sorte de aberrações e crueldades mandadas executar na terceira parte, um verdadeiro escoadouro da patologia cultural acumulada no milênio da Idade Média.

Ainda que delirante, sádico e puritano, não está aí a essência da patologia do *Malleus*. Ela advém fundamentalmente de o texto ter o objetivo de defender e de enaltecer Cristo, o que o transforma, loucamente, num código penal redigido por criminosos eruditos, doutamente referenciados no que havia de melhor na teologia cristã. Abençoados e protegidos por bula papal, os inquisidores Sprenger e Kramer, que escreveram o *Malleus*, são um sintoma da Inquisição, o grande câncer, a deformação psicótica do mito cristão. Durante sua institucionalização, o mito se subdividiu. Uma parte preservou a essência da mensagem cristã e transformou a relação Eu/Outro do padrão patriarcal em um padrão de igualdade e interação criativa. Outra deformou o mito através da Inquisição e criou uma enorme dissociação cultural expressa nas polaridades Cristo/demônio e Santa Madre Igreja/bruxa. Uma história simbólica do cristianismo nos mostra como a demonologia e o ódio às mulheres cresceram às expensas da despotencialização do papel cultural revolucionário dos símbolos de Cristo e da Igreja.

Esse poderosíssimo mito de salvação pelo amor foi a principal matriz estruturante da chamada civilização ocidental, dentro da qual se desenvolveu a ciência moderna e se forjou a identidade das nações europeias e americanas. A essência do mito está em dois mandamentos:

> "*Amarás ao Senhor teu Deus de todo o teu coração, de toda a tua alma e de todo o teu espírito.* [...] *Amarás o teu próximo como a ti mesmo.*" (Mateus, 22:37-39)

O MARTELO DAS FEITICEIRAS

"Não vos deixarei órfãos./ Eu virei a vós./ Ainda um pouco e o mundo não mais me verá./ Mas vós me vereis/ porque eu vivo e vós viveis./ Nesse dia/ compreendereis que estou em meu Pai/ e vós em mim e eu em vós./ Quem tem meus mandamentos e os observa/ é que me ama;/ e quem me ama será amado por meu Pai. Eu o amarei e me manifestarei." (João, 14:18-21)

A tarefa deste prefácio é explicar como esse mito de solidariedade humana pôde ser tão deformado a ponto de produzir a Inquisição e o *Malleus*.[1] Buscarei essa compreensão em uma teoria simbólica da história e da cultura. Parece-me que somente uma perspectiva simbólica do desenvolvimento normal e patológico da cultura pode tornar compreensível tamanha aberração.

Do ponto de vista da psicopatologia simbólica coletiva, o paralelo comumente feito entre a Inquisição e o nazismo é importante para ilustrar o que é a psicose paranoide cultural. Afora a duração de uma ser medida em algumas décadas e da outra em muitos séculos, essa comparação necessita delimitar uma grande diferença, que é a patologia do caráter coletivo que acompanhou a Inquisição. Os nazistas assassinavam suas vítimas porque se julgavam puros e elas, impuras. Ao aniquilá-las, buscavam formar uma nova humanidade racialmente aprimorada. Sua psicose expressava a projeção de sua sombra (seus complexos inconscientes), mas não incluía, num mesmo grau de comprometimento, a patologia coletiva do caráter. Assim, não necessitaram distorcer o humanismo ocidental para justificar seus crimes. Ao endeusar sua megalomania paranoide, repudiaram toda a fundamentação humanista da cultura ocidental. Daí sua identificação ideológica maciça com a psicose anticristã e antissemita de Nietzsche.

A Inquisição também se julgava, de modo megalomaníaco, purificadora e projetava de forma paranoide sua própria sombra (os complexos

---

1. *Malleus maleficarum* (1484), tradução inglesa do reverendo Montague Summers, Londres, Hogarth Press, 1928.

PREFÁCIO

culturais inconscientes) nas pessoas hereges que torturava e matava. No entanto, não só não repudiava o humanismo cristão como se fundamentava teologicamente nele para perpetrar seus crimes. Ao torturar e matar, os inquisidores diziam lutar contra o demônio para salvar a alma de volta para Cristo. Tudo isso faziam como especialistas no estudo dos Evangelhos e no seu conteúdo humanista. Dessa maneira, junto com a projeção psicótica, a Inquisição apresentava uma patologia coletiva do caráter (psicopática) através da qual distorcia o pensamento dos maiores santos e doutores da Igreja, como, por exemplo, Santo Agostinho e São Tomás de Aquino, para racionalizar sua própria conduta patológica, motivada inconscientemente pelas deformações psicológicas oriundas de séculos de repressão. É através do estudo da distorção progressiva dos símbolos do mito cristão que podemos compreender essas deformações e avaliar devidamente o grau de comprometimento patológico cultural que expressaram.

Entendo por história simbólica aquela que percebe os acontecimentos históricos como símbolos da transformação do *self* cultural. Jung concebeu o *self* como a interação das forças conscientes e inconscientes na psique. Vejo também o *self* ou ser cultural como a interação das forças conscientes e inconscientes nas instituições, nos costumes, nas leis, na imprensa, em tudo, enfim. Cada parte, por menor que seja, é sempre a expressão desse todo. Podemos perceber os eventos históricos, expressando a vida e a transformação desse todo, e, assim, conceber uma teoria simbólica da história.[2] Como no *self* individual, a sombra do *self* cultural é formada por símbolos e complexos (conjunto de símbolos) que não foram devidamente elaborados e permaneceram inconscientes durante a história de cada indivíduo e de cada cultura.

Os arquétipos são as matrizes do funcionamento dos símbolos que expressam a normalidade e a patologia. Da mesma forma que cada mineral tem seu ângulo de cristalização, que o caracteriza, e os vegetais têm

---

2. Carlos Amadeu B. Byington (1981), "Uma teoria simbólica da história", *Revista de Cultura Vozes*, n. 8, ano 76, outubro/82, pp. 599-610.

O MARTELO DAS FEITICEIRAS

formas especiais de crescimento e reprodução, os animais têm padrões típicos de comportamento para cada espécie. A psique humana tem arquétipos que são matrizes que coordenam a maneira como ela forma suas imagens e organiza seu funcionamento. Os principais arquétipos organizam até mesmo a maneira como o Eu se relaciona com o Outro na consciência, ou seja, como a consciência lida com os símbolos.[3] O arquétipo do Herói, por exemplo, coordena uma série de símbolos de forma característica para expressar a realização de grandes feitos. A vida dos profetas, e dentre eles Jesus, expressou muitos feitos que são símbolos desse arquétipo. Isto é válido tanto para a psique individual quanto para a psique grupal, como são em grau crescente a instituição, a cultura e, num nível mais abrangente ainda, a psique planetária. Na história da personalidade e da cultura, certos padrões de funcionamento da consciência que são arquetípicos se tornam dominantes e depois cedem sua dominância a outros. É o que veremos acontecer na história simbólica do cristianismo.

Apesar de somente oficializada pelas bulas papais do século XII em diante, a Inquisição tem suas origens remotas na época em que se fez a redação final do Novo Testamento, marcada pela censura e pelo reducionismo patriarcais. Os Evangelhos de Tomé, de Filipe e de Maria, desenterrados junto com outros escritos gnósticos no Egito em 1945, e que ficaram conhecidos como a *Biblioteca de Nag Hamadi*,[4] atribuem um papel muito relevante às mulheres na mensagem de Cristo, especialmente Maria Madalena. Segundo os Evangelhos de Filipe e de Maria, ela seria uma apóstola iniciada por Jesus, sendo mesmo a sua preferida.

> Pedro respondeu [a Maria]... "Ele realmente falou particularmente assim a uma mulher e não abertamente a nós? Ele preferiu ela a nós?"

---

3. Idem (1987), *O desenvolvimento da personalidade. Símbolos e arquétipos*, São Paulo, Editora Ática, Série Princípios, n. 123.

4. *The Nag Hammadi Library* (1978), Nova York, Harper & Row, 1981.

PREFÁCIO

Maria chorou e disse a Pedro: "Pedro, meu irmão, o que pensas? Acreditas por acaso que inventei estas histórias em meu coração e minto sobre o Salvador?" Levi respondeu a Pedro: "Pedro, você sempre foi impetuoso. Agora vejo você atacando a mulher como a um adversário. Mas se o Salvador a valorizou, quem é você para rejeitá-la? Certamente, o Salvador a conhece muito bem. Por isso é que ele a amou mais do que a nós."[5]

Esses escritos descrevem, também, uma série de rituais dionisíacos, ligados à mulher, à natureza e ao corpo, inclusive à dança, que seriam praticados pelos apóstolos. Essa seria uma das tendências das seguidoras e dos seguidores de Cristo. Uma outra tendência, rival a essa e liderada por Pedro, reprimia a mulher no apostolado e tornou-se, com o tempo, a doutrina oficial da Igreja. "Simão Pedro disse a eles: 'Que Maria nos deixe porque as mulheres não são dignas do espírito'."[6]

O desenvolvimento do cristianismo se deu através do Império Romano, eminentemente patriarcal. A conversão do Império não se fez de baixo para cima, mas de cima para baixo, e, por isso, a estrutura patriarcal do Império pouco mudou com a sua conversão. Ela continuou com uma grande base patriarcal, apesar de, daí por diante, denominar-se cristã. Sua conversão real com a integração dos símbolos propostos no mito cristão continuou através dos séculos e, até hoje, está longe de se concluir. Isso não é surpreendente porque na raiz desse mito está o arquétipo da Alteridade, e, como sabemos, um arquétipo, por mais que transforme a consciência, nunca a domina totalmente, pois sempre compete com muitos outros arquétipos, principalmente com dois grandes arquétipos básicos da psique.[7]

---

5. Idem, *O Evangelho de Maria*.
6. Idem, *O Evangelho de Tomás*.
7. Carlos Amadeu B. Byington (1983). "Uma teoria simbólica da História. O mito cristão como o principal símbolo estruturante do padrão de alteridade na cultura ocidental", *Junguiana, Revista da Sociedade Brasileira de Psicologia Analítica*, Petrópolis, Vozes, n. 1, pp. 120-177.

A Grande Mãe e o Pai são os dois arquétipos básicos da psique. Eles têm um poder psicológico tão grande que a dominância de um tende a desequilibrar o *self* individual ou cultural às expensas das características do outro. O dinamismo matriarcal (arquétipo da Grande Mãe) é regido pelo princípio do prazer, da sensualidade e da fertilidade. Por isso, nas culturas, ele é geralmente representado pelas deusas e deuses das forças da natureza. Por outro lado, o dinamismo do *pater famílias* (arquétipo do Pai) é regido pelo princípio da ordem, do dever e do cumprimento das tarefas. O poder, com o qual se impõe, divide a vida em polaridades altamente desiguais e exclusivamente opostas como bom e mau, certo e errado, justo e injusto, forte e fraco, bonito e feio, sucesso e fracasso. Essas polaridades estão reunidas em sistemas lógicos e racionais. Seus deuses, deusas e ideais são conquistadores e legisladores. Foi esse dinamismo que codificou os papéis sociais rígidos do homem e da mulher, atribuindo a ela uma condição inferior junto com a maioria das funções matriarcais. Esse dinamismo é característico das guerras de conquista, das sociedades de classe com acentuada hierarquia social e rígida codificação ideológica da conduta.

Os arquétipos da Alteridade que coordenam os símbolos do mito cristão são os arquétipos da *Anima* na personalidade do homem e do *Animus* na personalidade da mulher. Os arquétipos da Alteridade propiciam a diferenciação e o encontro igualitário do Eu com o Outro dentro do todo, respeitando suas diferenças. Esses são os arquétipos do amor conjugal, da democracia e da ciência, pois neles a relação Eu/ Outro necessita de liberdade de expressão e de igualdade de direitos dentro da qual se vivenciam as diferenças.

O padrão de alteridade é o padrão arquetípico central do mito cristão, no qual é expresso por uma mensagem de amor. Pelo fato de ser arquetípico, esse padrão existe nas culturas expresso de forma variável e mais ou menos intensa, dependendo da época histórica que atravessam. Por que teria sido ele tão intensificado na época de Jesus a ponto de ter dominado de forma messiânica a sua pregação heroica? Ou seja, por

PREFÁCIO

que naquele momento da história da humanidade ele foi correlacionado com a salvação da espécie?

A corrente messiânica no misticismo judaico foi sempre muito importante, geralmente orientada pelo nacionalismo cultural histórico patriarcal, expresso por Davi e Salomão. Outras correntes místicas como aquelas centralizadas nos mistérios da Cabala cultivavam o feminino místico, interagindo igualitariamente com o masculino, e eram, assim, regidas pelo padrão de alteridade. No mito cristão, esse padrão surge como mensagem de salvação da alma a ser buscada individual e socialmente através do amor.

Reprimidos pelos exércitos romanos, os judeus se preparavam para uma grande sublevação da qual tinham pouca chance de sobrevivência. A vivência cultural de genocídio era, por isso, muito intensa.

Tanto a cultura judaica quanto a romana, apesar de possuírem, como as demais culturas, acentuados componentes matriarcais, de alteridade e cósmicos, estavam, naquela situação histórica, intensamente dominadas pelo dinamismo patriarcal, no qual a relação do Eu com o Outro é fortemente assimétrica. Em nível de poder social, esse é um dinamismo guerreiro e centralizador que leva forçosamente a uma relação de opressão, submissão e revolta que, nesse caso, equivaleria a genocídio, uma vez que lutar contra Roma equivaleria ao massacre dos judeus, o que aconteceu efetivamente no ano 70. Acredito ter sido esse componente tão importante que uma corrente da tradição messiânica judaica encarnou naquele momento histórico uma proposta heroica de mudança de dominância de padrão arquetípico. Assim, paralelamente ao messianismo patriarcal guerreiro, surgiu, nessa crise cultural, o messianismo de alteridade encarnado historicamente na vida e no corpo de Jesus. Essa mudança de padrão arquetípico no confronto entre nações, que aconteceu no Oriente Médio há quase dois milênios, possivelmente devido à importância das civilizações judaica e romana, foi um marco para todo o futuro da humanidade. De fato, o que comprovamos de forma crescente atualmente é que cada vez se torna mais difícil o confronto das nações através do embate dominador/dominado

O MARTELO DAS FEITICEIRAS

característico do dinamismo patriarcal. Com o aumento do poderio tecnológico bélico, brevemente ele se tornará impossível, sem que o conflito inclua o genocídio e comprometa a vida no planeta. O caminho da alteridade é cada dia mais o caminho da sobrevivência da espécie e daí, a meu ver, a fortíssima conotação messiânica e de transformação social do mito cristão. É importante perceber esse alto conteúdo revolucionário da alteridade na vigência da dominância patriarcal para compreendermos as defesas reacionárias, que se formaram junto com a implantação cultural do mito, a principal das quais foi a obra terrível da Inquisição. Ela exemplifica uma característica básica da psique. Seja na dimensão individual ou coletiva, suas maiores deformações patológicas se originam no ferimento da própria força criativa e transformadora de seus grandes arquétipos.

Os arquétipos da Alteridade se diferenciam dos arquétipos Parentais pela maneira como vivenciam os símbolos. Tornam-se libertadores por dois motivos. O primeiro é por necessitarem da liberdade para vivenciarem a plenitude do encontro do Eu com o Outro. O segundo é por resgatarem os símbolos da dominância matriarcal ou patriarcal que, em qualquer época ou circunstância, estejam reduzindo a vivência simbólica. Nessas duas instâncias os arquétipos da Alteridade colidem com os padrões ou dinamismos parentais.

Devido à dominância do arquétipo do Pai na cultura, foi com ele que os arquétipos de Alteridade mais colidiram durante a institucionalização do mito cristão. O trabalho excepcional no Sabá, a proteção da prostituta apedrejada, a defesa das pessoas fracas e oprimidas, o desapego à propriedade privada, o virar a outra face, a substituição do poder pelo amor na interação Eu/Outro, e principalmente o relacionamento da alteridade com a vida eterna, ilustrado pela ressurreição de Lázaro e do próprio Messias, foram características introduzidas pela mensagem cristã que colidiram frontalmente com o dinamismo patriarcal. Os milagres da multiplicação dos pães e dos peixes podem ser relacionados com o resgate do dinamismo matriarcal oprimido. Os milagres da transformação da água em vinho nas bodas de Canaã

PREFÁCIO

e da ressurreição e o amor a Deus, ou seja, a totalidade, acima de tudo relacionadas com o amor ao próximo como a si mesmo, são os símbolos que mais situam o padrão de relação Eu/Outro no dinamismo de alteridade propriamente. É que esse padrão não pode ser limitado à relação igualitária Eu/Outro simplesmente, mas necessita que essa relação se faça em função do todo.

A história simbólica do cristianismo é, assim, demarcada pelo conflito entre a implantação do padrão de alteridade no *self* cultural e sua repatriarcalização reacionária oriunda das tradições culturais judaicas e romanas e da obra uniformizadora e repressiva da Inquisição.

Abordarei pela perspectiva simbólica alguns aspectos importantes para ilustrar a deformação histórica que o mito sofreu durante a sua institucionalização, delimitada, por um lado, pela abrangência institucional na Inquisição e, por outro, pelo crescimento do símbolo do demônio e da bruxaria como sua consequência mais direta e nefasta. Manifestamente, a Inquisição perseguia o demônio e as bruxas. Na dinâmica simbólica do mito, porém, ela os fortalecia, progressivamente, às expensas da mutilação crescente do herói messiânico de alteridade e da criatividade institucional da Igreja. Aparentemente, a Inquisição protegia Cristo e sua Igreja. Realmente, no entanto, ela os despotencializava como símbolos transformadores, pela patriarcalização reacionária. É esse caminho simbólico que nos permitirá compreender as origens e as consequências das monstruosidades do *Malleus*, concebidas, aperfeiçoadas e praticadas em nome de Cristo e da Igreja.

A extraordinária dominância patriarcal do Império Romano contribuiu desde sua conversão para a patriarcalização reacionária do mito. Nunca é pouco lembrarmos que os mesmos centuriões que conduziram pessoas cristãs para a arena passaram a perseguir hereges. A própria visão lendária de Constantino, que teria se convertido ao cristianismo ao ver a cruz de fogo no céu, ilustra a submissão da cruz à espada patriarcal dos exércitos romanos, deformando radicalmente a mensagem cristã desde o primeiro momento da sua institucionalização. É importante, também, percebermos a repatriarcalização metodológica por Constantino no

O MARTELO DAS FEITICEIRAS

primeiro concílio da Igreja, o Concílio de Nicéa, em 325.[8] Discutiam--se as ideias de Arius, sobre a diferença de natureza do Filho e do Pai na Trindade. A intervenção de Constantino não foi a favor nem contra, mas ele exigia que qualquer conclusão a que chegassem os bispos fosse uma só. A centralização e unificação ideológica, tão características do dinamismo patriarcal, fundamentaram a doutrina da Igreja e se tornaram o principal referencial no combate às heresias. Mas qual a função simbólica das heresias no *self* cultural?

Contrariamente à centralização dogmática patriarcal, o padrão de alteridade se caracteriza pela interação democrática de correntes diversas para transformar os símbolos e construir a cultura. *Haeresis*, do latim, significa escola de pensamento, religiosa ou filosófica. Para ser profundamente elaborado como requer um mito de tal envergadura, seriam necessárias muitas heresias, ou seja, muitas escolas de pensamento operando durante muitos séculos dentro das suas instituições. No entanto, a unificação ideológica patriarcal do Santo Ofício até hoje considera merecedora de repressão qualquer formulação herética sobre Cristo. É significativo que já no século IV (375) o herege espanhol Prisciliano foi condenado à morte pelo imperador Maximus. São Martinho, Santo Ambrósio e São Leo condenaram radicalmente o procedimento. São João Crisóstomo escreveu que "condenar um herege à morte era introduzir na terra um crime inexpiável". Contudo, o processo repressor estava em andamento junto com a repatriarcalização do mito e foi se aperfeiçoando com os séculos. O *Malleus* é um dos seus frutos mais amadurecidos. Ao nos darmos conta de que a repressão de início é contra atos e declarações e no decorrer dos séculos vai se dirigindo mais e mais contra estados de consciência, podemos perceber que a repatriarcalização ia se fazendo no mito, junto com as suas conquistas de alteridade mais valorosas, como uma serpente que fabrica seu veneno com o sangue de sua presa. Assim, a descoberta da importância da

---

8. Jean Daniélou e Henri Marrou (1973), *Nova História da Igreja. Tomo I — Dos Primórdios a São Gregório Magno*, Petrópolis, Vozes.

PREFÁCIO

imaginação na elaboração dos símbolos do mito servia como motivo para codificá-la e cerceá-la.

Salta aos olhos do bom senso que o *Malleus* é um compêndio que só pode ter sido produzido por mentes gravemente enfermas. Trata-se, porém, de uma patologia cultural que seria mutilante reduzir à problemática individual. O conteúdo lógico do seu texto, cuja psicopatologia oscila entre o dinamismo psicótico-paranoide-delirante e o dinamismo psicopático-perverso, apresenta uma forma de pensar, um verdadeiro fio de Ariadne guiado pelo raciocínio psicológico no labirinto da sua loucura. Para se compreender o enraizamento dessa patologia no *self* cultural do Ocidente, é preciso compreender a relação do mito cristão e a história do cristianismo com o desenvolvimento psicológico da personalidade e da cultura.

O cristianismo é uma religião baseada na salvação pelo amor. Mas na salvação de quê? Na salvação da alma afastada de Deus pelo pecado. Mas o que é o pecado? É estar afastado do amor de Deus em pensamento ou ação. Esse estar com Deus precisa, então, ser construído permanentemente. A própria inconsciência tem afinidade com o pecado, como ilustra o pecado original portado pelas crianças recém-nascidas. A diferenciação permanente da consciência individual e coletiva é, pois, inseparável da busca cristã de salvação.

Essa proposta de busca de salvação lançou pessoas cristãs num questionamento psicológico intenso para compreender, por um lado, o próprio mito e inserir nele a vida e a Paixão de Cristo e, por outro, o estado da alma de cada fiel, ou seja, sua avaliação psicológica em função do pecado, o que, em termos junguianos, chamamos a relação do ego com a sombra.

O exame de consciência se tornou, assim, a prática central do cristianismo, principalmente o católico. Seu auxílio e orientação por fiéis mais experimentados instituíram a prática da confissão. A alma preparada pela elaboração dos seus pecados é encaminhada para a comunhão com Cristo no ritual da missa, no qual se opera o milagre da transformação do pão no corpo e do vinho no sangue do Salvador, como ele próprio instruíra.

A criatividade desse processo exige uma dedicação enorme à reflexão psicológica, e foi por isso que o fenômeno do monacato acompanhou a institucionalização do mito. É na reflexão introvertida dos monastérios que se formou e se avolumou durante séculos um enorme conhecimento psicológico como já nos ilustra a figura de Santo Agostinho no século V. O Eu individual e a consciência coletiva adquiriram profunda experiência na elaboração de símbolos oriundos das vivências humanas as mais diversas. Durante o milênio que foi a Idade Média (400-1400), o mito exerceu seu processo civilizatório com um enorme crescimento e diferenciação da dimensão subjetiva. Só faz sentido denominar a Idade Média de "idade das trevas" se quisermos dizer que é na escuridão que se fabrica a luz. De fato, essa introversão monástica foi a raiz da exuberante explosão extrovertida do Renascimento que frutificou no humanismo moderno. Quando abrimos plenamente nossa visão para a dimensão simbólica do mito e sua influência na história ocidental, podemos relacionar tanto a Idade Média com o milênio na elaboração da morte sacrificial do Messias quanto o Renascimento com a glória da sua Ressurreição, para o cristianismo.

Como explicar, porém, que é no ano de 1484, portanto no apogeu do Renascimento, que o papa Inocêncio VIII dá plenos poderes, chamando-lhes meus queridos filhos, aos inquisidores dominicanos e professores de Teologia Kramer e Sprenger, que escreveram o *Malleus*? É na luta entre as forças criativas do arquétipo da Alteridade e as forças patriarcais reacionárias da Inquisição que encontramos a resposta, pois quanto mais crescia uma, mais a outra se intensificava, num confronto terrivelmente estressante e patologizador do *self* cultural.

O século XIII é muito ilustrativo desse conflito de arquétipos, verdadeira luta de gigantes na alma coletiva europeia e dentro da própria Igreja. Ele é marcado pela erudição de São Tomás de Aquino e a síntese aristotélico-tomista que, ao reunir o imenso acervo de conhecimento psicológico acumulado pelo cristianismo à filosofia essencialmente extrovertida de Aristóteles, preparava a Europa para o Renascimento, o berço fecundo das artes e ciências modernas do ocidente. É no início

PREFÁCIO

desse século, em 1209, que se deu o famoso encontro, na Basílica de São Pedro, entre o papa Inocêncio III e São Francisco de Assis.

O crescimento da repressão às heresias acompanhou a ambição do poder temporal e a centralização e unificação dogmática do cristianismo. Essas três características, que compõem a repatriarcalização progressiva do mito, atingem um ápice no papado de Inocêncio III. O sermão que escolheu para sua sagração, "Eu vos estabeleci acima das nações e dos reinos" (Jeremias, 1:10), expressou sua ambição de dominar não só os céus mas também as "nações e os reinos". E conseguiu. Nada mais patriarcal do que essa ideologia. Foi durante o seu papado (1198-1216) que se estabeleceu definitivamente a pena de morte contra hereges. Sua dedicação militar determinou a cruzada que massacrou os albigenses no sul da França em 1209. As execuções em massa dessa cruzada superaram todas as medidas repressivas anteriores e estabeleceram a Inquisição oficialmente como a instituição cultural do terror em nome da fé.

A tensão interna crescente na Igreja e, por conseguinte, no *self* cultural europeu, é ilustrada pelo fato de, no mesmo ano de 1209 em que foram massacrados os albigenses, Inocêncio III ter reconhecido oficialmente, na Basílica de São Pedro, a São Francisco de Assis e a seus onze companheiros andrajosos como seguidores de Cristo. De um lado, a unificação ideológica, a ambição do poder político, a intolerância da contestação, baseadas na coação moral e física, apoiadas na excomunhão, no confisco de bens, na guerra de conquista, na tortura, na prisão perpétua e na pena de morte em nome de Cristo. Do outro, o despojamento total e a entrega social, física e espiritual pelo amor a Cristo. Que símbolo, com essa importância histórica, aguentaria sofrer tensões tão opostas durante a sua elaboração sem produzir graves dissociações psíquicas individuais e coletivas?

A elaboração dos símbolos no *self* individual e cultural é coordenada por arquétipos e vai aos poucos formando a identidade do Eu e do Outro na consciência. A elaboração simbólica é a atividade central da psique. Em qualquer momento, as psiques individual e coletiva apresentam um incontável número de símbolos em graus variáveis de elaboração.

O MARTELO DAS FEITICEIRAS

Esse processo tem duração também variável, dependendo da sua carga arquetípica. Os arquétipos como padrões de funcionamento nunca se esgotam, mas sua ativação para a elaboração de determinados símbolos tem uma duração proporcional à importância do símbolo e às dificuldades de sua elaboração. Assim, a elaboração de um símbolo pode durar momentos, dias, anos ou milênios, como é o caso do símbolo de Cristo e do seu processo de institucionalização.

Quando a elaboração de um determinado símbolo não recebe da consciência todo o engajamento de que necessita, ele é atuado parcialmente de forma inconsciente. Essa atuação inconsciente de partes simbólicas foi denominada de sombra, por Jung. A sombra normalmente expressa símbolos ou partes simbólicas de difícil aceitação moral ou que dão muito trabalho, ou que ainda não tivemos tempo de atender. Por isso, a atuação dos símbolos da sombra é inadequada e sempre nos cria problemas. Ao mesmo tempo, seu confronto é necessário porque seu conteúdo é imprescindível para a continuação do desenvolvimento psicológico individual e coletivo.

Há partes da sombra, no entanto, que são de acesso muito difícil para a consciência, pelo fato de conterem defesas à sua volta. Como descreveu Freud, as defesas impedem o acesso dos símbolos à consciência e geram resistências à sua aproximação. As defesas dissociam a psique e são a condição básica para a formação da doença mental. Assim, denominei a parte da sombra cercada por defesas de sombra patológica. A sombra patológica dos símbolos de Cristo e da Igreja formaram progressivamente os símbolos do demônio e de suas bruxas. A principal tese deste prefácio é que a formação progressiva da sombra patológica dos símbolos de Cristo e da Igreja alimentou o crescimento cada vez maior dos símbolos do demônio e das bruxas, patologizando progressivamente a implantação do mito cristão e o funcionamento do *self* cultural.

As dificuldades para a integração dos arquétipos da Alteridade são muito grandes, sobretudo na vigência de uma dominância patriarcal tão extensa como foi aquela encontrada pelo cristianismo nas tradições judaicas e nas instituições do Império Romano. Independentemente

PREFÁCIO

disso, porém, o padrão de alteridade é muito mais difícil de ser operado pelo Eu do que os padrões patriarcal e matriarcal devido à necessidade de despojamento. O apego ao poder matriarcal do prazer e o apego ao poder patriarcal tolhem o desprendimento do Eu necessário para a sua interação igualitária com o Outro a cada nova situação existencial. A criatividade necessária ao Eu para o desempenho da alteridade exige liberdade e abertura para o novo, para se confrontar o mistério do mundo e da vida, incompatíveis com os apegos matriarcal e patriarcal, que tendem a generalizar e a estereotipar a conduta. O padrão de alteridade elabora os símbolos com uma profundidade muito maior que os padrões matriarcal e patriarcal e, por isso, seu dispêndio de energia é muito mais intenso e sua formação de sombra muito menor. A abertura para o relacionamento democrático no padrão de alteridade estabelece um padrão quaternário de relacionamento do Eu com o Outro. Neste, o Eu se torna capaz de "virar a outra face", isto é, de confrontar sua própria sombra tanto quanto o Outro. Assim, na ciência se confronta o erro, na democracia, a sombra social, e no amor, a sombra individual.

Enquanto a repatriarcalização progressiva do mito reprimia a alteridade, grande quantidade de energia psíquica passava da consciência para a sombra coletiva, junto com inúmeras características do símbolo de Cristo e da Igreja. O padrão patriarcal, por ser muito menos diferenciado do que o padrão de alteridade, não confronta diretamente sua sombra e a projeta à sua volta, como vemos no fenômeno do bode expiatório. Esse animal não foi escolhido à toa para a projeção, mas devido às suas características simbólicas de grande fecundidade, ideal para representar o princípio de prazer e a fertilidade matriarcal, alvo predileto da codificação patriarcal. Não era por acaso que o grande deus Pã e seus sátiros, símbolos da fertilidade da grande mãe natureza, eram na Grécia frequentemente representados em forma de bode, como também em inúmeras culturas europeias. A polarização em que opera o dinamismo patriarcal exigiu um contrapolo para elaborar o símbolo de Cristo. Surgiu assim o fenômeno do demônio como Anticristo.

O MARTELO DAS FEITICEIRAS

Parece-me um grave erro confundir o Satã do Velho Testamento com o demônio do cristianismo. Seja como anjo rebelde, seja como emissário de Deus para tentar Jó, Satã é uma figura bem delimitada em face da divindade. Se o cristianismo houvesse se repatriarcalizado abertamente e Cristo fosse adorado como um deus guerreiro, como quis Constantino, os arquétipos da Alteridade teriam sido substituídos pelo arquétipo do Pai e não teria se formado a patologia que se formou.

A imagem do diabo e das bruxas foi se transformando na Idade Média e crescendo em poder, como em vasos comunicantes, paralelamente ao fato de características pujantes do símbolo de Cristo e da Igreja serem mal elaboradas e passarem a fazer parte da sombra cultural. O demônio não é meramente Satã, porque não é apenas um opositor de Cristo, um simples Anticristo. O demônio e as bruxas são a sombra patológica oriunda das distorções da mensagem de Cristo, na medida em que suas características mal elaboradas e dissociadas foram sendo reprimidas, distorcidas e cercadas por defesas. Os símbolos do diabo e da bruxa, como qualquer símbolo, apesar de arquetípicos, são únicos em cada cultura e, no cristianismo, não podem ser compreendidos independentemente das características deformadas dos símbolos de Cristo e da Igreja. É isso o que nos explica como a Inquisição foi aos poucos atribuindo ao demônio poderes cada vez maiores, a ponto de denominá-lo Lúcifer, aquele que faz a luz. Não era essa a principal função do Messias como portador de um novo padrão de consciência? Mas, uma vez que o Renascimento dava à luz o padrão de alteridade como raiz das ciências e das transformações sociopolíticas modernas, não eram seus expoentes perseguidos e sua criatividade cerceada pela Inquisição? Se a luz do novo humanismo era excluída de Cristo por sua própria Igreja, a quem seria ela atribuída? O *Malleus* engrandece tanto o demônio e as bruxas que declara textualmente ter sido ele criado especialmente por Deus para exercer o pecado através delas.

Dessa maneira, compreendemos que a característica central atribuída ao demônio era inicialmente a desobediência ao poder centralizador, na razão direta em que a pluralidade democrática da alteridade era

PREFÁCIO

patriarcalmente negada. Essa característica foi aos poucos mudando e passando para a sexualidade e para o conhecimento, à medida que o poder revolucionário cultural do herói messiânico foi sendo castrado, cerceando, em consequência, o seu poder criativo de elaboração simbólica da realidade.

A castração simbólica do Messias e a repressão da Igreja vão ocorrer de várias maneiras: na sua adoração exclusivamente como menino no colo de sua mãe ou como morto à espera do Juízo Final, na negação da importância e do significado da figura de Maria Madalena, inclusive na subavaliação da sua iniciação como apóstola, a única com capacidade espiritual para reconhecer imediatamente a ressurreição; na redução incestuosa do feminino no mito à função maternal; na negação da importância central do corpo no qual se expressa a Paixão; na codificação progressiva da confissão e do pecado como penitências patriarcais estereotipadas, o que contribuiu muito para asfixiar o conhecimento da psique e da vida pela introspecção e pela meditação; na hierarquização patriarcal da Igreja, nos votos patriarcais de pobreza, obediência e castidade para seus sacerdotes, na inferiorização patriarcal da mulher na vida institucional da Igreja, principalmente na sua impossibilidade de ministrar os sacramentos e ocupar cargos em igualdade de condições com os homens, na paralisia da transformação sociopolítica por concessões elitistas para assegurar a obtenção e manutenção do poder exercido dentro do dinamismo patriarcal e não no dinamismo de alteridade como propunha o mito. Não se trata de criticar ou invalidar características centrais no mito como a mãe virgem, a infância milagrosa, a morte sacrificial e a ressurreição que são inerentes ao mito do herói. Trata-se de demonstrar que o poder transformador do herói foi cerceado pela exaltação idealizada, defensiva, de certas partes do mito em detrimento de outras, como frequentemente acontece na formação da sombra dos quadros neuróticos e psicóticos na psique tanto individual quanto coletiva.

Toda essa energia criativa retirada do símbolo de Cristo e da Igreja foi transferida para o símbolo do demônio e das bruxas, cada vez mais atacadas em nome do próprio Cristo e da Igreja. Configurou-se, assim, um quadro dissociativo grave e crescente em função da própria pujança do mito. Deformado e cerceado, por um lado, o mito formou a Inquisição e sua demonologia. Por outro, foi conseguindo criativamente integrar o padrão de alteridade na consciência individual e coletiva, caminhando para o Renascimento e através deste para o humanismo científico e sociodemocrático moderno.

A MULHER COMO SÍMBOLO DO MAL

Ainda que a bula papal que investiu Sprenger e Kramer como inquisidores contra a bruxaria mencione bruxos e bruxas, o *Malleus* é dirigido principalmente às bruxas. Seu texto é alimentado pelo ódio à mulher, pela misoginia, em função da qual são atribuídas a ela características desabonadoras, amealhadas enciclopedicamente e interpretadas com conotações machistas, as mais pejorativas, na primeira parte do livro, para justificar as práticas terríveis prescritas na terceira parte:

> "A razão natural para isto é que ela é mais carnal que o homem, como fica claro pelas inúmeras abominações carnais que pratica. Deve-se notar que houve um defeito na fabricação da primeira mulher, pois ela foi formada por uma costela de peito de homem, que é torta. Devido a esse defeito, ela é um animal imperfeito que engana sempre." (*Malleus maleficarum*, primeira parte, questão VI)

Esse ódio à mulher misturou-se na Inquisição e no *Malleus* à atração mórbida por ela devido à sexualidade culturalmente reprimida e à sua desvalorização na Igreja. Isso fez com que a tortura para se obter confissões de bruxarias incluísse procedimentos tarados, ou seja, sexualmente perversos, que incluíam o voyeurismo e o sadismo. As mulheres eram despidas e seus cabelos e pelos raspados, à procura de objetos enfeitiçados escondidos em suas partes íntimas "que não devem ser mencionadas"

PREFÁCIO

(*Malleus Maleficarum*, terceira parte, questão XV). As torturas praticadas são difíceis de imaginar, mas o texto dá ideia de terem sido terríveis, sobretudo porque o processo recomendado pelo *Malleus* é um delírio francamente paranoide orientado para se obter confissões, e não para se verificar a culpabilidade.

> Se, ao ser devidamente torturada, ela se recusa a confessar a verdade, o próximo passo do juiz deve ser o de mandar trazer outros instrumentos de tortura diante dela e dizer-lhe que ela será submetida a eles caso não confesse. Se então ela não for induzida a confessar pelo terror, a tortura deve ser continuada no segundo e no terceiro dia. Ela não deve ser realizada, a menos que haja indicações novas do seu provável sucesso. (*Malleus maleficarum*, terceira parte, questão XIV)

A dissociação patológica da mente dos redatores do *Malleus* fica evidente na mistura de um sentido humanitário de justiça e proteção das vítimas com outro de extraordinária falsidade, covardia e crueldade, da mesma forma com que as aberrações sexuais eram cometidas em meio a uma acentuada hipocrisia puritana: o texto recomenda expressamente a depilação e a busca de objetos nas partes íntimas do corpo e faz questão de demonstrar grande pureza e inocência ao afirmar que o nome dos órgãos sexuais não deve ser mencionado (*Malleus maleficarum*, terceira parte, questão XV).

Do mesmo modo que a psicose paranoide reforça o poder das forças perseguidoras na proporção em que a doença mental progride, a Inquisição foi incrementando e codificando os poderes do diabo e das bruxas, a ponto de eles poderem ser responsabilizados por uma capacidade de exercer qualquer malefício humano e sobre-humano, inclusive com a produção de tempestades.

Esse poder crescente atribuído ao demônio era acompanhado do reconhecimento cada vez maior de casos de bruxaria, configurando um ataque crescente à mulher como sua consorte. É significativo, para compreendermos nossa tese, associarmos esses fatos ao culto crescente da Mariologia, o culto da Virgem Maria na Idade Média, que acompanhou a representação crescente do Messias como menino ou como morto, expresso nas Pietàs. O culto da função materna idealizada foi acompanhado da repressão do papel da feminilidade adulta no mito, assinalada pela supressão do significado do símbolo de Maria Madalena na Paixão. A idealização de Maria como supermãe que não deixa seu filho crescer foi projetada no poder filicida crescente das bruxas. Essa repressão da potência do Messias e de sua *anima* foi canalizada no ódio à mulher, transformada em bruxa e companheira do diabo, que o *Malleus* frisa repetidamente ser impotente sem ela. Paralelamente, as freiras, como esposas de Cristo, eram excluídas do poder institucional e sacramental. O aumento da importância do demônio e de suas amantes bruxas fabricado pela Inquisição acompanha, então, a diminuição do poder transformador do Messias e de suas sacerdotisas freiras. Essa dissociação tem como denominador comum a repressão do dinamismo matriarcal e de alteridade, cujo aspecto feminino era depositado na mulher e que fundamentava, ao mesmo tempo, a idealização defensiva da função materna e a repressão institucional das freiras, a repressão cultural da mulher e o ódio às bruxas. Ou seja, a mulher mãe era supervalorizada na Igreja às expensas do valor da mulher pessoa. A bruxa passava então a carregar a projeção da sombra da mãe terrível filicida e da mulher adulta reprimida, cuja sexualidade adquiria, por isso, poderes de sedução fantásticos.

A repressão da pujança do Messias, acompanhada do crescente poder sexual atribuído ao demônio, ocorre junto com a repressão do dinamismo matriarcal na cultura. É isso que explica como o poder de sedução foi unido intimamente às práticas extrassensoriais divinatórias e mágicas atribuídas à bruxaria. É preciso lembrar que o íncubo, forma masculina do súcubo, é o equivalente em latim do deus Pã, a maior expressão masculina matriarcal da mitologia grega. A importância dada pela Inquisição aos íncubos e súcubos, que, controlados pelas bruxas, exerciam a sexualidade do demônio, foi acompanhada do poder de fazer desaparecer o pênis, acusação frequente nos processos. Paralelamente

PREFÁCIO

ao crescimento da sexualidade do demônio e de suas bruxas, vemos diminuir o poder de Cristo, de suas esposas freiras e, agora também, dos seus seguidores homens.

Para se ter uma ideia do grotesco paranoide a que chegou o *Malleus*, é ilustrativo o fato de o poder atribuído às acusadas e a culpa persecutória dos juízes serem de tal ordem que elas deveriam ser apanhadas em redes a fim de que seus pés não tocassem o chão para provocar relâmpagos; deveriam também entrar na sala de acusação de costas, pois seu mero olhar seria capaz de controlar o raciocínio dos juízes e determinar sua liberdade (*Malleus maleficarum*, terceira parte, questão XV). Caso elas pedissem a prova de caminhar sobre brasas ou entrar em água fervendo, seu pedido deveria ser terminantemente negado, pois, em função da sua ligação com o demônio, tal façanha lhes seria fácil e iludiria os acusadores (*Malleus maleficarum*, terceira parte, questão XVII). O poder do dinamismo matriarcal reprimido projetado psicoticamente nas bruxas tornava-as deusas com poderes equivalentes à mãe Terra com todas as suas forças da natureza. A desonestidade do processo legal está ilustrada de forma contundente no fato de as pessoas acusadas não poderem escolher seus próprios advogados e quem as detratava não precisar ser uma pessoa de bem e ser aconselhada a não revelar seu nome, figurando como informante, e não como testemunha. Tudo isso novamente racionalizado e justificado pelo poder do demônio. A falsidade dos inquisidores como juízes atingia graus extremos, quando eles enganavam as pessoas acusadas em meio às torturas, prometendo-lhes a liberdade caso confessassem, sabendo que sua confissão as levaria à prisão perpétua ou à morte (*Malleus maleficarum*, terceira parte, questão XVI).

A tese segundo a qual a Inquisição e a demonologia expressaram a sombra patológica do cristianismo pela elaboração insuficiente e deformada dos símbolos de Cristo e da Igreja no *self* cultural é intensamente reforçada pela Missa Negra no Sabá.

A Missa Negra, celebrada na noite de sexta-feira, era uma réplica sombria da santa missa. Nela, o diabo seria explicitamente adorado como Cristo. Por um lado, podemos ver aqui uma forma de agressão marginal desrespeitosa aos poderes constituídos, uma reação delinquencial a uma sociedade repressora. Por outro, vemos a necessidade religiosa de cultivar de forma sombria, até mesmo psicótica, mas nem por isso destituída de significado simbólico, uma divindade cujos poderes extraordinários incluíam exuberantemente o dinamismo matriarcal do prazer, da música, da dança e da sexualidade, todos esses atributos das divindades da natureza. Durante o Sabá, o demônio, de acordo com a imaginação do inquisidor, reunia suas bruxas vindas voando de locais distantes. Ele era cultuado sob a forma de um bode, sendo beijado no traseiro em meio a cantos e danças frenéticas com grande permissividade sexual, homossexualidade acompanhada de antropofagia de crianças mortas, enquanto bruxas ministrariam a comunhão com hóstias roubadas. É importante assinalar que todas essas fantasias foram, em formas adequadas, incorporadas às reivindicações das minorias e dos costumes sociais e conquistas científicas no século XX, dentre as quais assinalam-se a legalização da homossexualidade e do aborto e a era da aviação.

O *MALLEUS*, A ALQUIMIA E A HISTERIA

A demonologia era um fenômeno da sombra patológica do *self* cultural patrocinado pela Inquisição, mas que de forma alguma a ela se restringia. Vivenciando a energia fecunda que emanava da dissociação do símbolo de Cristo e da Igreja, os símbolos do demônio e de suas bruxas a todos preocupavam, fascinavam e atraíam de forma crescente. É importante perceber que as heresias, ou variantes culturais reprimidas pelo Santo Ofício para a elaboração do símbolo de Cristo, eram permitidas na elaboração do símbolo do diabo e das bruxas. Dessa forma, desde os inquisidores mais ferrenhos até suas vítimas e o folclore do povo em geral, as pessoas participavam no grande caldeirão herético do demônio e suas bruxas, no vaso dos alquimistas onde, sob pressão crescente, cozinhou a sombra patológica do humanismo cristão, dando nascimento às grandes conquistas sociais e científicas.

PREFÁCIO

Nesse caldeirão, ferveram dentro dos símbolos do demônio e das bruxas, além de todas as heresias, passagens do Velho Testamento referentes a Satã, lendas de outras culturas e principalmente das culturas próprias de cada região antecedentes ao cristianismo e por ele reprimidas, superstições, conhecimentos novos trazidos pelos alquimistas e pensadores, crenças as mais variadas fabricadas no dia a dia da fértil imaginação popular, espicaçada pela ameaça de perseguição dos inquisidores e pela curiosidade do material reprimido. Tudo isso exaltava grandes áreas reprimidas da psique coletiva, como a agressividade, a sexualidade, a magia e a criatividade em geral. A popularização e atuação crescente dos símbolos do demônio e das bruxas, devido a essa criatividade proibida, justificavam e incrementavam a atividade repressora da Inquisição num sistema de retroalimentação (*feedback*) múltiplo que agravava cada vez mais a patologia do *self* cultural, passando seu dinamismo de neurótico (principalmente repressivo) a psicopático (corrupção moral da prática religiosa) e a psicótico (paranoide e delirante), até culminar numa primeira etapa na dissociação da Igreja na Reforma no século XVI, e, dois séculos depois, na grande dissociação subjetivo-objetivo, no final do século XVIII, que deu origem ao materialismo científico do século XIX e retirou da Igreja sua liderança civilizatória. O mito, contudo, não perdeu sua pujança; pelo contrário. Mesmo dentro de uma ideologia socialista patriarcalizada pela teoria da luta de classes que se acreditava ateísta, ele continuou a função civilizatória de implantação de alteridade através dos seus símbolos profundos de liberdade, igualdade e fraternidade.

A repressão da mulher e o ataque a ela como bruxa, devido à projeção nela dos arquétipos reprimidos da Grande Mãe e da *Anima*, necessitam ser compreendidos junto com a histeria, que é um quadro patológico formado basicamente pela disfunção dos arquétipos Matriarcal e de Alteridade. As características desses arquétipos de intimidade, fertilidade, sensualidade e exuberância do desejo, da imaginação, da clarividência esotérica e da expressividade emocional, quando feridas, dão margem ao entrincheiramento desses arquétipos numa luta de poder expressa pela magia destrutiva, pela dramatização e sugestibilidade descontroladas,

O MARTELO DAS FEITICEIRAS

pela fantasia mentirosa, pela agressividade vingativa desproporcional, pelo congelamento das reações afetivas, pelas reações emocionais através dos sintomas físicos e pela falsidade involuntária. Na dominância patriarcal, as funções matriarcais são pejorativamente projetadas nas mulheres na tríade cozinha-casa-igreja. O ferimento cultural desses arquétipos pela Inquisição e sua projeção maciça no Pã-demônio propiciou, pela sugestionabilidade histérica, a atuação de inúmeras mulheres como suas consortes. A atmosfera persecutória, dramática e animista medieval favoreceu a eclosão de quadros histéricos que eram identificados como bruxaria pelos vizinhos ou até mesmo familiares, como relata o *Malleus* em inúmeros exemplos. O dinamismo patriarcal patológico expresso pelo sadismo dos inquisidores torturadores, sexualmente reprimidos, que depilavam e vasculhavam corpos de mulheres, enfiando-lhes agulhas para procurar zonas anestesiadas que indicariam o pacto com o demônio, certamente exacerbou muitos quadros histéricos, pervertendo-os em relações sadomasoquistas psicóticas.[9]

No entanto, o símbolo máximo da sombra patológica como expressão da dissociação psicótica do *self* cultural do Ocidente durante sua cristianização foi a matança de hereges na fogueira e na forca. O delírio psicótico-paranoide, apesar de gravemente enfermo, ainda protege o Ego porque projeta no Outro as tendências ameaçadoras do *self*. Quando, porém, o próprio delírio projetado é também exercido francamente pelo Ego, a gravidade da patologia se torna extrema, pois é o sinal de que a defesa paranoide está fracassando e os conteúdos projetados estão dominando o Ego. Foi o que aconteceu com a Inquisição.

A história simbólica da Inquisição torna inegável sua própria expressão inconsciente do Anticristo e da bruxaria. A concupiscência do poder unificador, a intolerância, a repressão dos arquétipos Matriarcal e da Alteridade, a corrupção psicopática moral e ideológica dos arquétipos do Pai e da Alteridade, que deformou em tantos aspectos a mensagem cristã,

---

9. Anna Maggi PICCINI (1987), "Visão psicanalítica do imaginário dos inquisidores e das bruxas", *Revista Brasileira de Psicanálise*, v. 21, n. 3, pp. 367-401.

PREFÁCIO

representam a atuação da sombra patológica. A patologia cultural foi se agravando século a século, manifestada na projeção dos aspectos negados e reprimidos de Cristo sobre o demônio e suas bruxas e racionalizada pela devoção a Cristo e à Igreja. Tudo era feito em nome de Cristo e de sua Igreja, cujos símbolos, apesar de enfraquecidos, eram inicialmente mantidos na luz. Todos os males eram projetados no demônio e nas bruxas, cujos símbolos, embora cada vez mais fortalecidos, eram inicialmente mantidos nas trevas, como habitantes infernais. A partir do século XIII, porém, Inocêncio III, o mesmo papa que abençoa São Francisco, autoriza a pena de morte para hereges. O demônio passa a se chamar Lúcifer, aquele que traz a luz, e Cristo (o carneiro que se sacrificara pelos pecados do mundo, a serem confessados e absolvidos em sua Igreja) passa a ser invocado para empunhar a espada do genocídio dos albigenses e instituir a prevenção e a limpeza cultural da peste da heresia. As pessoas que confessavam e abjuravam a heresia eram acolhidas de volta à Igreja e condenadas à prisão perpétua. As que não confessavam eram entregues ao braço secular para a pena de morte. Devido às condições subumanas das prisões, a prisão perpétua em pouco tempo levava à morte, se é que não fosse antes interrompida pela pena capital:

> Nos casos de heresia simples, aqueles que são penitentes [confessaram] e abjuraram, como já foi dito, são admitidos à penitência e à prisão perpétua; todavia, nesta heresia, ainda que o juiz eclesiástico possa receber o prisioneiro em penitência, o poder civil pode, devido aos malefícios causados a pessoas, ao gado, e outros bens, puni-la com a morte [...] (*Malleus maleficarum*, terceira parte, questão XIX)

Ao aproximarem psicoticamente Cristo e sua Igreja do demônio e das bruxas, os inquisidores, frequentemente, tornaram inseparáveis uns e outros nas suas personalidades e na história da Igreja. A loucura se exacerbava ainda mais, se é que isso era possível, em situações nas quais hereges demoravam a morrer e a cerimônia era interrompida para

O MARTELO DAS FEITICEIRAS

procurar objetos deixados pelo demônio em suas vestes para torná-los resistentes ao fogo. A superposição dos símbolos de Cristo e do demônio era tal que, mesmo dentro das chamas, eles continuavam lutando como expressão da psicose coletiva.

O que poderia ser dito sobre um caso que ocorreu na Diocese de Ravensburg? Alguns hereges foram condenados por sua própria confissão, não somente como impenitentes, mas, também, como advogados dessa perfídia; e quando foram condenados à morte, aconteceu que eles resistiram ao fogo. Sua sentença foi então alterada para morte por afogamento, que também não surtiu efeito. Todos ficaram surpresos e alguns começaram até a dizer que a sua heresia era verdadeira; e o bispo, em grande ansiedade por seu rebanho, ordenou um jejum de três dias. Quando isso foi devotamente cumprido, alguém foi informado de que aqueles hereges tinham um encanto mágico costurado sob a pele embaixo do braço; quando este foi encontrado e removido, eles foram entregues às chamas e imediatamente queimaram (*Malleus maleficarum*, terceira parte, questão XV).

A importância da tradução e publicação completa desse texto em português não está só no conhecimento da história do cristianismo, mas também na continuação da elaboração do mito cristão, cujo papel civilizatório está se intensificando outra vez neste final de milênio.

Se muitas leitoras e muitos leitores concordarão que este livro e a Inquisição são uma aberração da mensagem cristã, é preciso saber que nem todas as pessoas pensam assim. O próprio tradutor do livro do latim para o inglês, o reverendo Montague Summers, assim se expressa sobre ele no final do prefácio que escreveu em 1946:

> O certo é que o *Malleus maleficarum* é o mais sólido e o mais importante trabalho em toda a vasta biblioteca escrita sobre bruxaria. Voltamos a ele sempre com edificação e interesse. Do ponto de vista da psicologia, da jurisprudência e da história, ele é supremo. Podemos mesmo dizer sem exagerar que os escritores que o sucederam, grandes como possam ser, fizeram pouco mais

PREFÁCIO

do que retirar desses poços de sabedoria, aparentemente inexauríveis, que os dois dominicanos Henrique Kramer e James Sprenger nos deram no *Malleus maleficarum* [...].

O que mais surpreende é a modernidade do livro. Praticamente não existe um problema, um complexo, uma dificuldade que eles não previram, discutiram e resolveram [...].

Aqui estão casos que ocorrem nas cortes de hoje, apresentados com a maior clareza, arguidos com lógica exemplar e julgados com imparcialidade escrupulosa. O *Malleus maleficarum* é um livro escrito sob a influência da eternidade.

Com essa ilustração final, vemos que a elaboração deste livro e da Inquisição e do que representam na alma humana individual e coletiva adentrará o próximo milênio junto com a continuação da elaboração do mito cristão.

A BULA DE INOCÊNCIO VIII

Inocente, bispo, servo dos servos de Deus,
para a lembrança eterna

Desejando, na mais sincera apreensão, como bem requer o nosso apostolado, que a fé católica, mormente em Nossos dias, cresça e floresça por todas as partes, e que toda a depravação herética seja varrida de todas as fronteiras e de todos os recantos dos fiéis, é com enorme satisfação que proclamamos e inclusive reafirmamos os meios e métodos particulares pelos quais Nosso desejo piedoso poderá surtir os efeitos almejados, já que quando todos os erros forem erradicados pela Nossa dissuasão diligente, como pela enxada do agricultor previdente, um maior zelo e uma observância mais regular de nossa santa fé venham a ficar mais firmemente impressos no coração dos fiéis.

De fato, chegou-nos recentemente aos ouvidos, não sem que nos afligíssemos na mais profunda amargura, que em certas regiões do norte da Alemanha, e também nas províncias, nas aldeias, nos territórios e nas dioceses de Mainz, de Colônia, de Trèves, de Salzburg e de Bremen, muitas pessoas de ambos os sexos, a negligenciar a própria salvação e a desgarrarem-se da fé católica, entregaram-se a demônios, a íncubos e a súcubos, e pelos seus encantamentos, pelos seus malefícios e pelas suas conjurações, e por outros encantos e feitiços amaldiçoados e por outras também amaldiçoadas monstruosidades e horrendas ofensas, têm assassinado crianças ainda no útero da mãe, além de novilhos, e têm arruinado os produtos da terra, as uvas das

O MARTELO DAS FEITICEIRAS

vinhas, os frutos das árvores, e mais ainda: têm destruído homens, mulheres, bestas de carga, rebanhos, animais de outras espécies, parreirais, pomares, prados, pastos, trigo e muitos outros cereais; essas pessoas miseráveis ainda afligem e atormentam homens e mulheres, animais de carga, rebanhos inteiros e muitos outros animais com dores terríveis e lastimáveis e com doenças atrozes, quer internas, quer externas; e impedem os homens de realizarem o ato sexual e as mulheres de conceberem, de tal forma que os maridos não vêm a conhecer as esposas e as esposas não vêm a conhecer os maridos; porém, acima de tudo isso, renunciam de forma blasfema à fé que lhes pertence pelo sacramento do batismo, e por instigação do inimigo da humanidade não se escusam de cometer e de perpetrar as mais sórdidas abominações e os excessos mais asquerosos para o mortal perigo de suas próprias almas, pelo que ultrajam a majestade Divina e são causa de escândalo e de perigo para muitas pessoas. E não obstante Nossos queridos filhos Henry Kramer e James Sprenger, professores de Teologia, da Ordem dos Monges Dominicanos, tenham sido por Cartas Apostólicas delegados como inquisidores de tais depravações heréticas, e ainda sejam inquisidores; o primeiro, nas regiões do norte da Alemanha, onde se incluem as mencionadas aldeias, os distritos, as dioceses e outras localidades especificadas, e o segundo, em certos territórios que ficam às margens do Reno, não poucos clérigos e pessoas leigas das regiões citadas, procurando curiosamente saber mais do que lhes compete — já que as Cartas mencionadas não citam nem fazem menção específica de tais províncias, aldeias, dioceses e distritos, e já que os dois delegados e as abominações que devem combater não foram mencionados de forma pormenorizada e particular — não se acanham em afirmar, na mais despudorada desfaçatez, que tais monstruosidades não são praticadas naquelas regiões, e que, consequentemente, os supracitados inquisidores não têm o direito legal de exercerem os poderes da Inquisição nas províncias, nas aldeias, nas dioceses e nos distritos enumerados, e também que os inquisidores não podem proceder com a punição, com a prisão e com a penalização

A BULA DE INOCÊNCIO VIII

das pessoas criminosas, culpadas das ofensas hediondas e das muitas perversidades que já se acham esclarecidas. Por conseguinte, nas supracitadas províncias, aldeias, dioceses e territórios, as abominações e atrocidades em questão permanecem sem punição, e não sem grave perigo para as muitas almas, e não sem o perigo da danação eterna.

Pelo que nós, no cumprimento de nossas obrigações, mostrando-nos absolutamente desejosos de remover todos os empecilhos e obstáculos que tornam morosa e difícil a boa obra dos inquisidores, e também desejosos de aplicar remédios potentes para prevenir a doença da heresia e de outras torpezas que difundem o seu veneno para a destruição de muitas almas inocentes, já que nosso zelo pela fé é o que nos incita especialmente, para que as províncias, as aldeias, as dioceses e os distritos e territórios da Alemanha, que já especificamos, não se vejam privados dos benefícios do Santo Ofício para esse fim firmado, pelo teor das presentes letras, em virtude de nossa autoridade apostólica, decretamos e estabelecemos que os mencionados inquisidores têm o poder de proceder, para a justa correção, aprisionamento e punição de quaisquer pessoas, sem qualquer impedimento, de todas as formas cabíveis, como se as províncias, as aldeias, as dioceses, os distritos e territórios, e ademais, como se inclusive as pessoas e os crimes dessa espécie tivessem sido indicados e especificamente mencionados em nossas Cartas. Além disso, para maior segurança, determinamos que o poder conferido por tais Cartas se estendem a todas as mencionadas províncias, dioceses, aldeias, distritos e territórios, a todas as pessoas e a todos os crimes acima indicados, e damos permissão aos supracitados inquisidores, a um separadamente ou a ambos, como também a Nosso filho John Gremper, pároco da diocese de Constança, mestre em ciências humanas, a seu notário, ou a qualquer outro notário público, que esteja com eles, ou com um deles, temporariamente designado para aquelas províncias, aldeias, dioceses, distritos e os supracitados territórios, para proceder conforme as normas da Inquisição contra quaisquer pessoas de qualquer classe ou condição social, corrigindo-as, multando-as, prendendo-as, punindo-as, na proporção de seus crimes — e às pessoas que forem consideradas culpadas

O MARTELO DAS FEITICEIRAS

que a pena seja proporcional à ofensa. Além disso, gozarão da plena faculdade de expor e de pregar a palavra de Deus a fiéis, tanto quanto for oportuno e quanto lhes aprouver, em cada uma das paróquias de tais províncias, e haverão de livre e licitamente realizar quaisquer ritos ou executar quaisquer atos que possam lhes parecer recomendáveis nos casos mencionados. Pela nossa autoridade suprema, conferimos-lhes poderes plenos e irrestritos.

Ao mesmo tempo, pelas Cartas Apostólicas, solicitamos ao nosso venerável irmão, o bispo de Estrasburgo, que ele próprio anuncie, ou através de outra ou de outras pessoas faça anunciar, os termos de nossa bula, que há de publicar de forma solene quando e sempre que julgar necessário, ou quando assim for solicitado a proceder pelos inquisidores ou por um deles. Nem haverá ele de padecer em desobediência ao teor da presente por ser molestado ou impedido por qualquer autoridade que seja: haverá de ameaçar a todas as pessoas que vierem a dificultar ou impedir a ação dos inquisidores, a todas as pessoas que se lhes opuserem, a todas as pessoas rebeldes, de qualquer categoria, estado, posição, proeminência, dignidade ou de qualquer condição que seja — não importando o privilégio de que disponha — haverá de ameaçá-las com a excomunhão, a suspensão, a interdição e inclusive com as mais terríveis penas, as piores censuras e os piores castigos, como bem lhe aprouver, e sem qualquer direito de apelação, e se assim o desejar, poderá, pela autoridade que lhe concedemos, agravar e renovar tais penas quantas vezes for necessário, recorrendo, se assim convier, ao auxílio do braço secular.

Non obstantibus... Que ninguém portanto... Mas se alguém assim ousar agir — que Deus o proíba —, saiba que sobre si recairá a ira de Deus Todo-Poderoso, e a dos bem-aventurados apóstolos Pedro e Paulo.

Roma, Basílica de São Pedro, 9 de dezembro do ano da encarnação de Nosso Senhor de 1484, no primeiro ano de nosso pontificado

PRIMEIRA PARTE

Das três condições necessárias para a bruxaria:
o diabo, a bruxa e a permissão de Deus Todo-Poderoso

QUESTÃO I

Se crer em bruxas é tão essencial à fé católica que sustentar obstinadamente opinião contrária há de ter vivo sabor da heresia

Há quem professe que a crença fervorosa em bruxas não é doutrina católica (ver capítulo 26, questão V, *Episcopi*): aquelas pessoas que acreditam ser possível criar ou transformar as criaturas em seres melhores ou piores, ou as transformar em outras, de outra espécie ou aspecto, salvo por determinação do Criador, revelam-se piores que os pagãos, piores que os hereges. Quando dizem, portanto, que semelhantes atos são realizados por bruxas, sua afirmação não é católica, mas simplesmente herética.

E há quem preconize que nenhuma operação de bruxaria pode ter efeito permanente sobre nós. Pois que, se assim o fosse, tal operação teria sido efetuada por demônios. Mas sustentar que os demônios têm poderes para transfigurar o corpo humano ou para lhe causar males duradouros não parece de acordo com os ensinamentos da Igreja. Porquanto se tais poderes tivessem, haveriam de conduzir o mundo à mais absoluta confusão e destruí-lo.

E há quem defenda também que toda transformação que se dá no corpo humano — o estado de saúde ou o de doença, por exemplo — pode ser reduzida à questão das causas naturais, conforme Aristóteles demonstrou no livro 7 da sua *Física*. E dessas causas a maior é a influência dos astros em cujo movimento os demônios não têm o poder de interferir: isso só Deus pode fazer. Essa é a opinião de [Pseudo-]

Dionísio[, o Aeropagita]* em sua epístola a São Policarpo. Querem assim demonstrar que os demônios são de fato incapazes de determinar qualquer transformação definitiva no corpo humano. Ou, em outras palavras, que não lhe podem causar real metamorfose. Pelo que nos vemos forçados a atribuir o aparecimento de qualquer mudança dessa natureza a alguma outra causa sinistra e oculta.

Outros sustentam que, como o poder de Deus é superior aos poderes do diabo, as obras Divinas são mais verdadeiras que as operações demoníacas. De sorte que, sendo o mal força poderosa neste mundo, todo o mal existente há de obrigatoriamente decorrer de um eterno conflito entre as obras do diabo e as obras de Deus, sem que contudo as primeiras venham a suplantar as segundas. E, pois, assim como é ilícito sustentar que as ações maléficas do diabo sejam aparentemente capazes de sobrepujar as ações de Deus, também ilícito é acreditar que as mais sublimes obras do Criador — os seres humanos e os animais — possam ser prejudicadas ou destruídas pelos poderes do diabo.

Há outros ainda que afirmam que tudo o que se acha sob a influência de certos objetos materiais não há de possuir poderes sobre outros objetos corpóreos. Como os demônios são subservientes a certas influências dos astros — pois que os magos observam o curso celeste de alguns deles para invocá-los —, não haverão de ter poderes para causar transformações noutros objetos corpóreos, de onde segue-se que as bruxas devem ter poderes ainda menores que os deles.

E há, enfim, quem afirme que os demônios não têm poder algum, salvo mediante certo engenho ou arte sutil, mas que esse engenho, como todas as artes ou engenhos humanos, é incapaz de gerar formas materiais verdadeiras e permanentes. Eis o que nos diz Santo Alberto Magno (*De Mineralibus*): "Os que escrevem sobre alquimia sabem não haver esperança alguma de se conseguir transmutação real." Logo, mesmo quando os demônios utilizam de toda a sua habilidade, não conseguem

---

* O texto refere-se a Pseudo-Dionísio, o Aeropagita — também conhecido como São Dionísio. Daqui em diante, será mantida apenas a forma original. [*N. da E.*]

PRIMEIRA PARTE

promover curas permanentes — e nem infligir doenças permanentes. E se tais estados de fato ocorrem, hão de ter, na verdade, alguma outra causa, talvez desconhecida, mas decerto independente da ação de demônios e de bruxas.

Porém, de acordo com o Código de Direito Canônico (33, questão 1), verdadeiros são os argumentos contrários às proposições apresentadas. "Se por bruxaria ou por qualquer espécie de magia, permitidas pela secreta, porém justíssima, vontade de Deus, e favorecidas pelos poderes do diabo [...]" É aí feita referência a qualquer ato de bruxaria que possa impedir a finalidade do casamento, e para que esse impedimento produza efeito, três podem ser as causas: a bruxaria, a ação do diabo e a permissão de Deus. Além disso, a mais forte tem o poder de influir sobre a mais fraca. E os poderes do diabo são superiores a quaisquer poderes humanos (Jó, 41:24): "Não há nada igual a ele na terra, pois foi feito para não ter medo de nada."

Resposta: As proposições enunciadas encerram três erros heréticos que precisam ser refutados. E, quando o forem, há de transparecer, claramente, a verdade. Primeiro: certos autores, alegando dar esteio à sua opinião nas palavras de São Tomás no *Comentário sobre as sentenças* (livro 4) — quando este se refere a certos obstáculos provocados pelos malefícios —, procuram sustentar que feitiçaria ou magia não existem, salvo na imaginação das pessoas que atribuem determinados fenômenos naturais, de causa desconhecida, à bruxaria ou a fórmulas mágicas. Segundo: outros autores, embora admitam a existência de bruxas, declaram que os efeitos da magia, dos feitiços e dos encantamentos são meramente imaginários ou fantásticos. Terceiro: outros ainda postulam que tal efeito é completamente ilusório, absolutamente irreal, embora reconheçam que o diabo talvez preste ajuda a certas bruxas. As deturpações feitas por cada uma dessas pessoas podem ser agora devidamente expostas e refutadas.

Em primeiro lugar, muitos escritores ortodoxos, em especial São Tomás de Aquino, na obra citada, demonstraram que suas opiniões são

O MARTELO DAS FEITICEIRAS

claramente hereges ao estabelecer que tal tese é totalmente contrária à autoridade dos santos e se fundam na mais absoluta infidelidade. Porque as Sagradas Escrituras, na Sua autoridade, dizem que os demônios têm poderes sobre o corpo e sobre a mente dos seres humanos, quando Deus lhes permite exercê-los, ao que se faz alusão explícita em muitas passagens. Enganam-se portanto as pessoas que afirmam não existirem a bruxaria ou a feitiçaria, ou as que professam-nas como imaginárias, ou a existência de demônios só na imaginação de ignorantes e de populares, e também as que declaram ser equívoco atribuir a demônios certos fenômenos naturais que acontecem aos seres humanos. Argumentam terem algumas pessoas imaginação tão extraordinariamente viva que creem ver vultos e fantasmas como se fossem aparição de espíritos maléficos ou de espectros de bruxas, embora tudo não passe de reflexos de seu próprio pensamento. Essa opinião, porém, vai de encontro à fé verdadeira. Esta ensina-nos que alguns anjos foram lançados do Céu e hoje são demônios. Assim, somos forçados a reconhecer que, dada a própria natureza desses anjos diabólicos, são eles capazes de realizar muitos prodígios de que nós não somos. E as pessoas que tentam induzir outras a realizar tais prodígios perversos são chamadas bruxas. E porque a infidelidade por parte de uma pessoa batizada é tecnicamente denominada heresia, segue-se que essas pessoas são hereges, claramente.

As pessoas que incidem nos outros dois erros mencionados são aquelas que, por assim dizer, não negam a existência de demônios e nem que os demônios possuem poderes naturais, mas divergem quanto aos possíveis efeitos da magia e da ação das bruxas: de um lado, estão as pessoas que sustentam serem as bruxas realmente capazes de causar certos efeitos maléficos, embora digam que tais efeitos não são reais e sim fantásticos; de outro, estão as que julgam ser possível infligir aos seres humanos males verdadeiros, embora afirmem estar a bruxa completamente enganada ao atribuir tais efeitos maléficos a seus próprios poderes. Pois temos que essas opiniões parecem fundar-se em duas passagens do Cânon *Episcopi*, 26, questão 5, nas quais se faz referência

PRIMEIRA PARTE

à condenação de certas mulheres por imaginarem que, durante a noite, saem a cavalgar em bestas com Diana ou Herodias. Contudo, porque semelhantes fenômenos acontecem muitas vezes por ilusão, quer dizer, se passam na imaginação simplesmente, não há de ser mera ilusão todo o efeito das bruxarias, não há de se dar na imaginação tão somente, e as pessoas que assim pensam estão muitíssimo enganadas. E enganadas estão as que creem estar só em Deus, Criador de todas as coisas, o poder de transformar as criaturas em melhores ou piores, ou de transformá-las em outra espécie ou aspecto. Pois são esses os infiéis, esses, sim, piores que os pagãos, porquanto professam que se tal transformação ocorreu, não há de ter sido por bruxaria, porque se o fosse, dizem, não havia de ser real, mas pura fantasia.

De sorte que, como tais deturpações trazem em si o estigma da heresia, por contradizerem o sentido evidente do Cânon, havemos de provar nossos argumentos através das Leis Divinas e, depois, através das leis eclesiásticas e civis, mas, antes de tudo, de maneira geral.

Para começar, é mister considerar com cautela as expressões canônicas (apesar de o sentido de tais expressões vir a ser mais claramente elucidado na questão seguinte). Pois a Lei Divina determina, em muitas passagens, que as bruxas não só devem ser evitadas mas também condenadas à morte, embora só devam receber essa punição extrema se tiverem de fato pactuado com o diabo a fim de causar males e injustiças verdadeiros. Entretanto, a pena de morte não pode ser prescrita senão por crimes graves e notórios; o que se faz no mais das vezes é infligir a pena de morte da alma — ora pela força de alguma ilusão fantástica, ora pela força opressiva das tentações. Essa é a opinião de São Tomás ao discutir se é ou não pecado recorrer ao auxílio de demônios (*Comentário sobre as sentenças*, 2.7). E em Deuteronômio, 18:11-12 fica estabelecido que todos os magos e feiticeiros devem ser destruídos. Da mesma forma, diz Levítico, 20:6: "Se alguma alma se dirigir aos magos e adivinhos para com eles fornicar, voltarei contra ela o meu rosto e a arrancarei do meio de meu povo." E, mais adiante (20:27): "Todo homem e toda mulher que evocarem espíritos

O MARTELO DAS FEITICEIRAS

divinatórios ou pitônicos serão mortos, e serão apedrejados, e levarão a sua culpa." Pitônicas são as pessoas nas quais o diabo opera efeitos extraordinários.

E não se há de esquecer que, em virtude desse pecado, Acazias adoeceu e morreu (II Reis, 1:16-17), e assim também Saul (I Crônicas, 10:13). Ainda contamos com a opinião autorizada dos Padres da Igreja que escreveram sobre as Escrituras e que extenso tratamento deram aos poderes dos demônios e das artes mágicas. Podem também ser consultados os textos de muitos doutores a respeito do livro 2 do *Comentário sobre as sentenças*, e comprovar-se-á que todos concordam com a existência de magos e de bruxas que, através dos poderes do diabo, conseguem efeitos concretos e extraordinários — de modo algum imaginários —, e Deus permite que assim seja. Passarei por muitas outras obras em que São Tomás analisa em pormenores operações dessa espécie, como a *Suma contra os gentios*, livro 3, capítulos 101 e 102, parte um, questão 114, artigo 4. E na *Secunda Secundae* da *Suma teológica*, as questões 92 e 93. Podemos ainda consultar os comentaristas e exegetas que escreveram a respeito dos profetas do Faraó (Êxodo, 7), e também o que diz Santo Agostinho no capítulo 17 do livro 18 de *A cidade de Deus*, e o que declara no segundo livro de *A Doutrina cristã*, além das obras de muitos outros doutores da Igreja que defendem a mesma opinião. Seria o cúmulo da estultice contradizê-los a todos: não se conseguiria ficar isento da culpa de heresia. Pois qualquer homem que erra gravemente na interpretação das Sagradas Escrituras é corretamente considerado herege. E quem quer que pense de outra forma a respeito de assuntos pertinentes à fé que não do modo defendido pela Santa Igreja Romana é herege. Eis a verdadeira fé!

A lei eclesiástica demonstra também que negar a existência de bruxas é contrário ao sentido óbvio do Cânon. Dispomos do Código de Direito Canônico (33, questão 1): "Se qualquer um, através de artes mágicas ou de bruxaria [...]" e da seção "Frígidos e afetados por bruxaria" do *Liber Extra* (capítulo 4.15), que falam de homens impotentes e enfeitiçados que, dado o obstáculo causado pela bruxaria, ficaram incapacitados de

PRIMEIRA PARTE

copular e tiveram seus contratos de casamento anulados: viram-se na impossibilidade de consumar o matrimônio. Dizem, e com eles concorda São Tomás, no *Comentário sobre as sentenças*, que, se a bruxaria produz efeito antes da relação carnal e se tal efeito é persistente, então o contrato de casamento fica anulado. E de modo algum há de se dizer que tal situação seja ilusória ou produto da imaginação.

A respeito desse ponto, ver o que Hostiensis tão magistralmente escreveu em *Summa Aurea*, e também o que escreveram Godofredo de Fontaines (*Summa super Titulus Decretalium*) e São Raimundo de Peñafort (*Summa*): discutem o assunto em claríssimos pormenores, sem questionar se tal condição física poderia ser considerada imaginária, mas tomando-a como fato real e comprovado e se deve ou não ser vista como enfermidade permanente ou temporária quando persiste por mais de três anos. E nenhum deles duvida de que possa ser causada por atos de bruxaria, não obstante algumas vezes esse estado venha a ser intermitente. Mas, sem sombra de dúvida, o fato é que a impotência pode ser determinada pelos poderes do diabo, seja através de uma bruxa por pacto com ele firmado, seja pelo próprio diabo sem a participação de qualquer bruxa, embora essa última eventualidade raramente ocorra entre os fiéis da Igreja, pois que o matrimônio é, dos santíssimos Sacramentos, um dos mais extraordinários. Entre os pagãos, porém, o fenômeno costuma acontecer de fato com mais frequência, porque sobre eles os espíritos do mal agem como se tivessem um certo domínio legítimo, conforme nos conta Pedro de Palude, no livro 4 do *Comentário sobre as sentenças*. Conta-nos esse autor de um jovem que, embora tivesse assumido compromisso matrimonial com um certo ídolo, acabou desposando uma jovem e logo se viu impossibilitado de com ela manter qualquer relação porque o diabo sempre intervinha, aparecendo-lhe de fato sob forma humana. Na Igreja, todavia, o diabo prefere operar por intermédio de bruxas e realizar tais prodígios em seu próprio proveito, ou seja, visando à danação das almas. E de que modo age e por que meios são questões discutidas um pouco mais adiante, quando tratarmos das sete formas de causar males aos homens por operações semelhantes. Das demais

O MARTELO DAS FEITICEIRAS

questões que teólogos e doutores em Direito Canônico levantaram com referência a esses pontos, uma é da maior relevância: como curar aquela espécie de impotência e se, para curá-la, é permissível lançar mão de outro feitiço, contrário ou neutralizante, e o que deve ser feito quando a bruxa que proferiu a maldição já morreu (circunstâncias mencionadas por Godofredo de Fontaines na *Summa*). Tais questões serão amplamente elucidadas na terceira parte desta obra.

Eis então por que os estudiosos do Direito Canônico elaboraram um catálogo de punições tão minucioso, fazendo a distinção entre a bruxaria (ou a adivinhação) feita em público ou em sigilo, levando em conta a variedade dessas superstições hediondas em número e em grau. De sorte que qualquer criatura que a elas se dedique há de não mais receber a Santa Comunhão. E quando praticadas secretamente, o culpado há de cumprir penitência durante quarenta dias. Se for clérigo, será suspenso e confinado em um mosteiro; se for leigo, será excomungado, pelo que todas essas pessoas abjetas hão de ser punidas, junto com todas as que a elas recorrerem, e não se há de permitir qualquer espécie de perdão.

As mesmas penas são também prescritas pela lei civil. Pelo que Azo de Bolonha, na *Summa* sobre o livro 9 do *Código de Justiniano*, sob o título "Bruxas" após a *Lex* Cornelia acerca dos assassinos e homicidas, estabelece: "Saiba-se que todos aqueles chamados de feiticeiros ou magos pelas pessoas comuns, e também os que praticam a arte da adivinhação, ficam sujeitos à pena de morte, como está na lei *'Nemo'*. As leis *'Culpa'* e *'Nulus'* igualmente impõem essa pena: 'Fica proibido a qualquer homem praticar a adivinhação; de outra forma, há de ter como recompensa a morte pela espada da vindicta.'" Ele acrescenta: "Outros existem que, por seus encantamentos, se empenham em levar a vida de criaturas inocentes e que transformam a paixão das mulheres em desejos lascivos de toda sorte, pelo que tais criminosos hão de ser atirados às feras, como prega a lei *'Multi'*." E as leis permitem que se admita qualquer testemunha como prova. Pois isso é o que os Cânones que tratam da defesa da fé explicitamente recomendam. E o mesmo procedimento é permissível como punição por heresia: "Quando se faz

PRIMEIRA PARTE

uma acusação dessa espécie, qualquer pessoa pode ser trazida como testemunha do crime, tal como em casos de lesa-majestade. Porque a bruxaria é alta traição contra a Majestade de Deus." E no mesmo livro do *Código de Justiniano* também se afirma que as pessoas acusadas estarão sujeitas à tortura para que confessem o seu crime. Qualquer pessoa, de qualquer classe, posição ou condição social, sob acusação dessa natureza, pode ser submetida à tortura, e a que for considerada culpada, mesmo tendo confessado o seu crime, há de ser supliciada, há de sofrer todas as outras torturas prescritas pela lei, a fim de que seja punida na proporção de suas ofensas. Observação: Nos tempos de ouro, esses criminosos sofriam dupla punição e eram muitas vezes atirados às feras para serem devorados. Hoje, são queimados vivos na fogueira, provavelmente porque na sua maioria são mulheres.

A lei civil proíbe também qualquer participação nessas práticas ou qualquer cumplicidade com seus praticantes. Assim, ainda segundo o livro 9 do *Código de Justiniano*: "é proibido a um adivinho até mesmo entrar na casa de outra pessoa; e determina-se que se queimem todas as suas posses e que não seja permitido a ninguém tratá-los com tolerância ou consultá-los; serão deportados para alguma ilha distante e deserta e todos os seus bens serão vendidos em leilão público. Além do mais, todas as pessoas que consultam ou recorrem a bruxas serão punidas com o exílio e terão confiscados todos os seus bens." Tais punições foram instituídas graças ao comum acordo de todas as nações e de todos os soberanos, e tal acordo muito tem contribuído para a eliminação da prática dessas artes proibidas.

Cumpre observar que a legislação muito louva as pessoas que procuram anular os feitiços das bruxas. E a lei *"Eorum"* do *Código de Justiniano* afirma que "as pessoas que se esforçam para que o trabalho do ser humano não seja prejudicado pela ação de chuvas e de tempestades de granizo são merecedoras de grande recompensa, nunca de punição". (Como podem semelhantes males ser prevenidos legalmente será analisado na íntegra adiante.) Assim, como se poderia negar ou frivolamente contradizer qualquer uma dessas proposições sem que se recebesse o estigma de alguma notável heresia? Que cada pessoa julgue por si, salvo, de fato, se a sua ignorância a escusar. Mas que espécie de ignorância é essa, capaz de escusá-la, explicaremos dentro em pouco.

Do que já se disse, tiramos a seguinte conclusão: a opinião mais certa e mais católica é a de que existem feiticeiros e bruxas que, com a ajuda do diabo, graças a um pacto com ele firmado, tornam-se capazes, se Deus assim permitir, de causar males e flagelos autênticos e concretos, o que não torna improvável serem também capazes de produzir ilusões, visionárias e fantásticas, por algum meio extraordinário e peculiar. O escopo da presente investigação, entretanto, só abrange a bruxaria, que difere muitíssimo de todas essas outras artes ocultas. Considerá-las, portanto, seria fora de propósito, já que as pessoas que as praticam podem ser chamadas com maior exatidão de adivinhos, de vaticinadores ou de charlatães, e não de bruxas ou feiticeiros.

Cumpre perceber, particularmente, que os dois últimos erros se baseiam em completo desentendimento das palavras do Cânon (não falarei do primeiro erro, que obviamente a si próprio se condena, por flagrantemente contrário aos ensinamentos das Sagradas Escrituras). E assim passemos à interpretação correta do Cânon. Em primeiro lugar, falaremos do primeiro erro herético, que dizem serem os meios pura ilusão, embora sejam realidade os dois extremos. É preciso aqui ressaltar que existem catorze espécies ou categorias distintas englobadas pelo gênero superstição, mas é desnecessário analisá-las pormenorizadamente, por questão de concisão, já que foram perfeitamente descritas por Santo Isidoro em sua *Etymologiae*, livro 8, e por São Tomás na *Secunda Secundae* da *Suma teológica*, questão 92. Além do mais, far-se-á menção explícita dessas categorias inferiores quando da análise de sua gravidade, nas últimas questões desta primeira parte. A categoria em que serão classificadas as mulheres desta classe se denomina de pitonisas — pessoas em quem e pelas quais o diabo ora fala, ora realiza operações assombrosas. É essa a primeira categoria. Já os feiticeiros têm categoria própria, distinta da primeira. E, como essas pessoas muito diferem entre si, incorreto seria incluí-las todas na mesma

PRIMEIRA PARTE

categoria em que tantas outras estão. O Cânon, apesar de fazer menção explícita a certas mulheres, não se pronuncia de forma tão extensa a respeito de bruxas; estão, portanto, completamente enganadas as pessoas que, por isso, veem no texto canônico referência apenas a viagens imaginárias e ao ir e vir no próprio corpo, e também as que reduzem toda a sorte de superstições a fenômenos ilusórios: assim como aquelas mulheres são transportadas em sua imaginação, as bruxas o são de fato — corporalmente. E as pessoas que insistem em inferir dessas passagens que os efeitos das bruxarias — certas doenças e enfermidades — são puramente imaginários estão completa e notoriamente erradas em sua interpretação.

Cumpre observar que ainda mais gravemente erram as pessoas que, embora admitam os dois extremos — ou seja, de um lado, alguma operação do diabo, e do outro, o seu efeito —, negam a existência de um instrumento intermediário; quer dizer, negam que uma bruxa possa ter participado dessa relação de causa e efeito. Eis aí o seu erro herético fundamental: em filosofia, o meio há de participar sempre da natureza dos dois extremos. Ademais, é inútil argumentar que todo efeito da bruxaria é fantástico ou irreal, pois não poderia ser realizado sem que se recorresse aos poderes do diabo: é necessário, para tal, que se faça um pacto com ele, pelo qual a bruxa de fato e verdadeiramente se torna sua serva e a ele se devota — o que não é feito em estado onírico ou ilusório, mas sim concretamente: a bruxa passa a cooperar com o diabo e a ele se une. Pois que aí reside toda a finalidade da bruxaria; se os malefícios são infligidos pelo toque, pelo olhar, por fórmulas mágicas ou por algum outro encantamento, tudo se faz através do diabo, o que há de ser esclarecido na questão seguinte.

De fato, aquele que lê com atenção as palavras do Cânon vai reparar, particularmente, em quatro pontos que são de obrigação de todos os Padres da Igreja e de todos os que tratam da cura das almas ensinar a seus fiéis. O primeiro é este: há somente um único Deus verdadeiro; não há nenhum outro no Céu ou na Terra a que se deva prestar adoração. Eis o segundo: embora essas mulheres que acreditam que cavalgam (como pensam e dizem que o fazem) ao lado de Diana ou de Herodias, estão elas, na realidade, a cavalgar com o diabo, que, tendo adotado um nome pagão, lhes faz recair todo o seu encanto. Considere-se o terceiro ponto: o ato de cavalgar só pode ser ilusório (segundo alguns), já que o diabo tem poderes extraordinários sobre a mente das pessoas que a ele se entregam, fazendo-as acreditarem que o imaginário lhes aconteça de fato e concretamente. E temos o quarto ponto: as bruxas firmam um pacto de obediência ao diabo em tudo o que fazem, daí o absurdo de querer incluir nas palavras do Cânon todos os atos de bruxaria: as bruxas fazem muito mais do que aquelas mulheres e, na realidade, são de espécie muito diferente.

Se as bruxas, através da magia, são de fato e materialmente transportadas de um lugar a outro, ou se isso acontece apenas na imaginação — como se dá com todas as pitonisas — é questão a ser tratada posteriormente nesta obra, onde também se discutirá de que modo são conduzidas. A essa altura, portanto, já vemos esclarecidos, pelo menos, dois erros heréticos, graças a uma compreensão mais clara do sentido do Cânon.

Ademais, há um terceiro erro — o das pessoas que afirmam que todas as artes mágicas não passam de ilusão — que pode ser demovido através das próprias palavras do Cânon. Referimo-nos, mais uma vez, às pessoas que creem que uma criatura pode ser criada ou transformada, para melhor ou para pior, ou metamorfoseada em outra que não pela vontade do próprio Criador de todas as coisas, é pior que um infiel. Essas três proposições são claramente contrárias ao que é afirmado nas Sagradas Escrituras e nos comentários dos doutores da Igreja. Pois que o texto canônico diz explicitamente ser possível a criação de seres pelas bruxas, embora as criaturas geradas devam ser muito imperfeitas e, provavelmente, de algum modo, disformes. Claro está que o sentido do Cânon não se afasta do que nos diz Santo Agostinho a respeito dos magos na corte do Faraó, ao transformarem seus bastões em serpentes, conforme se acha descrito em Êxodo, 7:11: "[...] e o Faraó mandou chamar os sábios e os magos [...]" Podemos também nos reportar aos comentários de Estrabão, quando diz que os demônios percorrem

PRIMEIRA PARTE

toda a terra, pois, através da sua magia, as bruxas deles se servem em operações várias, e coletam sementes (ou forças germinativas) capazes de fazer medrar e de espalhar diversas espécies. Podemos também nos referir a Santo Alberto Magno em seu *De Animalibus*, e também à obra de São Tomás, parte 1, questão 113, artigo 4. Por motivo de concisão, não os citaremos textualmente aqui, mas fica assentado que é possível a criação de seres por metamorfose.

Com referência ao segundo ponto — que as criaturas podem ser transformadas em outras, piores ou melhores —, cumpre entender que tal fenômeno só pode ser realizado com a permissão (e, de fato, pelo poder) de Deus. E mais: só com a finalidade de corrigir ou de punir. Embora Deus não raro permita aos demônios agirem como Seus ministros e Seus servos, "somente Ele é capaz de infligir males e somente Ele é capaz de curar", porque "Eu matarei e Eu deixarei viver" (Deuteronômio, 32:39). Assim, os anjos do mal podem realizar, e de fato realizam, a vontade de Deus. Santo Agostinho nos serve de testemunha ao dizer que "existem, com efeito, feitiços, malefícios e encantamentos diabólicos, que não só fazem adoecer as pessoas como também as matam." Precisamos ademais nos empenhar em compreender claramente o que de fato acontece quando, hoje em dia, pelos poderes do diabo, os magos e as bruxas são transformados em lobos e em outros animais selvagens. O Cânon fala de transformações corporais duradouras, mas não trata das coisas extraordinárias que podem ser feitas através da magia e das quais nos fala Santo Agostinho no livro 18, capítulo 17, de *A cidade de Deus*, no qual relata muitas histórias estranhas: a da famosa bruxa Circe, a dos companheiros de Diomedes e do pai de Prestantius. Essas questões serão tratadas em pormenores na segunda parte.

Se há de ser heresia sustentar que as bruxas existem

Eis a segunda parte de nossa investigação: se é heresia sustentar obstinadamente que as bruxas existem. Atente-se para a questão significativa:

devem as pessoas que não acreditam na existência de bruxas ser consideradas hereges ou gravemente suspeitas de sustentar opiniões heréticas? Parece ser correta a primeira proposição, por estar indubitavelmente de acordo com o escrito por Bernardo de Botone (*Sulle Decretali di Gregory IX*). E, no entanto, as pessoas que franca e obstinadamente perseveram em heresia devem ser acusadas de tal através de provas irrefutáveis. O canonista afirma que tais provas, em geral, são de três tipos: ou a pessoa pregou e professou abertamente doutrinas hereges; ou é considerada herege pela comprovação de testemunhas; ou, ainda, é considerada herege por sua livre e espontânea confissão. Há as pessoas que se opõem publicamente às autoridades ao declararem que bruxas não existem ou que estas são incapazes de infligir males ou de causar flagelos à humanidade. Portanto, as que, estritamente falando, estão convictas dessa doutrina diabólica devem, segundo a proposição de Bernardo, ser excomungadas, por se mostrarem aberta e inconfundivelmente convictas de falsa doutrina. O leitor pode consultar as obras de Bernardo para verificar que essa sentença é justa, correta e verdadeira (capítulos "*Excommunicamus*" e "*Super quibusdam*").

Entretanto, talvez pareça condenação muito severa, sobretudo em virtude da pena que se segue à da excomunhão: o Cânon prescreve que os clérigos sejam rebaixados e que pessoas leigas sejam entregues a tribunais seculares, advertidos para puni-las na medida das suas ofensas. Precisamos, ademais, levar em consideração o grande número de pessoas que, por mera ignorância, acabam sendo consideradas culpadas dessa heresia. E como esse erro herético é muito comum, o rigor da justiça talvez devesse ser moderado.

Resposta: Com efeito, é nossa intenção formular justificativas para as pessoas acusadas dessa heresia, sem as pronunciar contaminadas pela malícia herética. Convém então, como expresso no *Liber extra* (Seção "*Literas*"), "quando uma pessoa se acha sob forte suspeita de desposar opinião falsa, não o condenar imediatamente pelo grave crime de heresia". (Ver a glosa de Bernardo de Botone a respeito da palavra

PRIMEIRA PARTE

"condenado".) Pode-se na verdade instaurar processo contra pessoa sob grave suspeita, mas não se há de condená-la sem que se ouça o que tem a dizer. Não obstante, a suspeita pode ser gravíssima, e não havemos, por isso, de nos abster de levantar tal suspeita, quando suas afirmações frívolas parecem afrontar de forma indubitável a pureza da fé. Pois que existem três espécies de suspeita — a leve, a séria e a grave —, as quais são tratadas no capítulo sobre as acusações e no capítulo "Contumácia", livro 6, *Sobre heresia*. Tais casos são da alçada da corte arquidiocesana. Pode-se também fazer menção aos comentários de Giovanni d'Andrea e, em particular, às suas glosas a respeito dos termos "acusado"; "gravemente suspeito"; e à sua nota a respeito da pressuposição de heresia. Certo é também que os que estabelecem a lei sobre esse assunto não percebem muitas vezes que estão a sustentar falsas doutrinas e falsas crenças, pois muitos existem que não possuem conhecimento das Leis Canônicas — alguns, por mal informados e por insuficiente leitura, revelam-se por demasiado hesitantes em suas opiniões. Para uma pessoa ser acusada de heresia não basta vê-la defender simplesmente uma ideia: é preciso que a leve adiante, que a defenda obstinada e abertamente. Por isso, em casos semelhantes aos que acabamos de mencionar, as pessoas acusadas não deverão ser condenadas de imediato pelo crime de heresia. Mas que nenhuma pense poder escapar alegando ignorância. Pois as pessoas que erraram o caminho por ignorância podem se achar em pecado gravíssimo. Porque, embora existam vários graus de ignorância, os responsáveis pela cura das almas não podem pleitear ignorância absoluta, nem aquela ignorância particular à qual se referem os filósofos e que os professores de Direito Canônico e os teólogos chamam de ignorância do fato. O que há de ser censurado nessas pessoas é a ignorância universal, ou seja, a ignorância da Lei Divina, a qual, conforme determinou o papa Nicolau (*Decretum* 1), devem e deveriam conhecer. Pois ele nos diz: "ministrar os ensinamentos Divinos, eis o que a nós é confiado: recaia sobre nós a desgraça se não semearmos a boa semente, recaia sobre nós a desgraça se não ensinarmos bem o nosso rebanho." Portanto, os encarregados de cuidar das almas hão de ter conhecimento sólido da Sagrada Escritura. É verdade que, segundo Raimundo de Sabunde e São Tomás, os responsáveis pela cura das almas certamente não haverão de ser homens de um conhecimento extraordinário, mas hão de ter algum conhecimento e competência, quer dizer, um conhecimento suficiente, que lhes permita bem realizar as tarefas de sua condição.

E, no entanto, o que pode ser algum consolo para eles, a severidade teórica da lei é muitas vezes suavizada na prática; podem ficar sabendo que a ignorância da Lei Canônica, não obstante por vezes merecedora de culpa, é considerada de dois pontos de vista. Há, em primeiro lugar, as pessoas que não sabem, por não desejarem saber nem terem intenção de saber. Para tais pessoas não há desculpa: hão de ser condenadas. E sobre essas temos o Salmo (35:4): "Ele não entendia para que não pudesse fazer o bem." Em segundo lugar, há as pessoas ignorantes involuntárias, não pelo desejo de não saber, o que já diminui a gravidade do pecado. Este é o caso a que se refere São Paulo na Primeira Epístola a Timóteo (1:13): "Mas alcancei a misericórdia de Deus, porque, ainda sem fé, o fazia por ignorância." Afirma-se tecnicamente que é essa a verdadeira ignorância, a qual só indiretamente é da responsabilidade da pessoa, já que pelas muitas outras ocupações deixa de cuidar de assuntos que havia de saber e não se empenha em com eles se familiarizar. Essa ignorância não desculpa a pessoa acusada inteiramente, mas a desculpa em certa medida. Eis o que nos diz Santo Ambrósio, referindo-se àquela passagem da Epístola de São Paulo aos Romanos (2:4): "Não sabíeis que a bondade de Deus havia de conduzir-vos à penitência? Se não sabíeis de vossa própria falta, então vosso pecado é muito grande e lamentável." Ainda mais nestes dias, em que as almas são assediadas por tantos perigos, é nosso dever afastar toda a ignorância e sempre ter, perante nossos olhos, a punição severa que nos há de sobrevir se não usarmos, cada pessoa de acordo com suas possibilidades, do talento que nos foi dado. Dessa maneira nossa ignorância não irá se revestir da rudeza e da boçalidade a que metaforicamente são dadas as que não veem o que se acha bem diante dos seus olhos.

PRIMEIRA PARTE

E no *Flores Regularum Moralium*, o chanceler romano, ao comentar a segunda lei, diz: "A ignorância da Lei Divina, passível de culpa, não há de prejudicar necessariamente quem a ignora: o Espírito Santo é capaz de conceder a uma pessoa todo o conhecimento apenas através de sua capacidade intelectual natural sem qualquer auxílio."

A resposta ao primeiro argumento se encontra, então, no entendimento claro e correto do Cânon. Ao segundo argumento, Pedro de Tarentaise (Inocêncio V) responde: "Sem dúvida o diabo, pela malevolência que nutre contra a raça humana, a destruiria, se Deus assim o permitisse." O fato de que Deus às vezes o deixa praticar o mal, e de que noutras o impede, mais lhe fomenta o ódio, mais lhe estimula o desrespeito, já que em todas as coisas, para a manifestação da Sua glória, Deus está a usar do diabo, ainda que este não queira, como servo e como escravo. E em resposta ao terceiro argumento cumpre entender: infligir enfermidades e outros males há de ser sempre o resultado de esforços humanos, porquanto a bruxa submete sua vontade ao mal, como o faz qualquer malfeitor, e pela sua vontade passa a afligir uma outra pessoa, ou a causar males, ou a realizar atos vis. E quando se pergunta se o movimento de objetos materiais de um lugar para outro, pelos poderes do diabo, tem paralelo no movimento das esferas celestes ou é acompanhado por tal movimento, a resposta é uma só: não. Porque os objetos materiais não são movidos por força própria, natural e inerente, mas o são por uma certa obediência aos poderes do diabo, que, em virtude de sua própria natureza, possui domínio sobre os corpos e sobre as coisas materiais; o diabo possui tais poderes, reafirmo, mas não é capaz de modificar a forma ou a configuração dos objetos materiais criados, seja sua forma circunstancial ou substancial, sem misturá-los com outros objetos naturais criados. Mas como, pela vontade de Deus, é capaz de realmente mover objetos materiais de um lugar para outro, é capaz então, pela conjunção de vários objetos, de produzir doenças ou coisas semelhantes, à sua vontade. Donde os malefícios e os efeitos da bruxaria não serem governados pelo movimento das esferas celestes, nem o diabo estar subordinado a tal movimento, pois é ele que muitas vezes dele se utiliza para realizar seus propósitos.

O MARTELO DAS FEITICEIRAS

E eis a resposta ao quarto argumento: segundo o que acabamos de afirmar com referência ao poder e aos efeitos da bruxaria, vemos que as obras de Deus podem ser destruídas por obra do diabo. Mas como isso só é possível com a permissão de Deus, não se há de dizer que o diabo é mais forte que Deus. Tornamos a afirmar que ele não é capaz de usar de tanta violência quanto desejaria para prejudicar as obras do Criador: se tal lhe fosse permitido, acabaria por destruir todas elas completamente.

A resposta ao quinto argumento pode ser claramente enunciada da seguinte maneira: os corpos celestes não têm o poder de coagir e nem de obrigar demônios a realizar qualquer ação contra a sua vontade, não obstante, aparentemente, se mostrarem mais dispostos a aparecer quando invocados por magos sob a influência de certos astros. Parece que assim procedem por duas razões. Primeiro, porque sabem que o poder dos astros vai contribuir para o efeito que os magos desejam. Segundo, porque pretendem iludir as pessoas, fazendo-as pensar que os astros têm algum poder Divino, que são dotados de alguma influência Divina. Sabemos que, na antiguidade, essa veneração dos astros levou à mais infame idolatria.

Sobre o último argumento, que se funda na fabricação de ouro pelos alquimistas, podemos citar a opinião de São Tomás ao discutir os poderes do diabo e como ele opera (*Comentário sobre as sentenças*, livro 2, capítulo 7): não obstante certas formas com substância poderem ser produzidas pelo engenho humano e pela força de agentes naturais — do modo, por exemplo, como se produz o fogo na madeira —, nem sempre se consegue combinar os agentes apropriados nas devidas proporções para produzi-las, embora ainda assim se consiga criar algo semelhante. De sorte que os alquimistas conseguem produzir algo semelhante a ouro, isto é, no seu aspecto externo, mas não ouro genuíno, porquanto a substância áurea não é formada pelo calor do fogo que empregam, mas pelo calor do sol, ao agir e reagir em determinado lugar, onde se concentra e se acumula a força mineral. Portanto, embora o ouro produzido seja do mesmo aspecto que o natural, não é da mesma natureza deste. O mesmo argumento se aplica a todas as outras operações.

PRIMEIRA PARTE

Eis, então, nossa proposição: os demônios, pelo seu engenho, produzem efeitos maléficos através da bruxaria; entretanto, não conseguem criar qualquer forma sem o auxílio de algum outro agente, seja essa forma circunstancial ou substancial, e não sustentamos que consigam infligir danos físicos sem o auxílio de certos agentes. Mas, com a devida ajuda, conseguem provocar doenças e toda a sorte de sofrimento e de padecimento humanos, reais e verdadeiros. De que modo as bruxas (em cooperação com os demônios) empregam tais agentes e os tornam eficazes é questão a ser esclarecida nos capítulos seguintes.

QUESTÃO II

*Se está de acordo com a fé católica sustentar que os demônios
cooperam intimamente com as bruxas para realizarem certos atos
de magia, ou se uns sem os outros — ou seja, os demônios sem as
bruxas ou vice-versa — são capazes de realizá-los*

Eis a primeira proposição: os demônios são capazes de realizar magia
sem a cooperação de qualquer bruxa. É o que defende Santo Agostinho
(*Sobre oitenta e três questões diversas*). Todas as coisas que acontecem no
plano do visível podem ser (acredita-se) obra dos poderes inferiores do
ar, mas os males e as enfermidades do corpo não são decerto invisíveis:
são evidentes aos sentidos e, logo, podem ser causados por demônios. E
sabemos, pelas Sagradas Escrituras, dos desastres que recaíram sobre Jó —
de como o fogo vindo dos céus atingiu seu rebanho e seus servos e os
consumiu, e de como um violento vendaval derrubou os quatro cantos de
uma casa sobre as crianças que lá dentro se encontravam, matando-as. De
acordo com as Escrituras (Jó, 1:12-19), o diabo, por si só, sem a cooperação
de qualquer bruxa, tão somente com a permissão de Deus, foi capaz de
provocar todos esses desastres. Portanto, ele certamente é capaz de realizar
certos prodígios que muitas vezes são atribuídos à ação de bruxas. E isso
fica evidenciado pela história dos sete maridos da donzela Sara, mortos
pelo demônio (Tobias, 6:14-16). E o que quer que determinadas forças
superiores sejam capazes de fazer, o fazem sem recorrer a quaisquer outras
forças superiores e muito menos a outras forças inferiores. Não obstante,
as forças inferiores são capazes de provocar tempestades, de provocar
doenças, mesmo sem o auxílio de qualquer força superior. Pois que Santo

O MARTELO DAS FEITICEIRAS

Alberto Magno, em sua obra *Liber de causis proprietatum elementorum*, afirma que a sálvia em putrefação, quando jogada em água corrente, da forma como o autor explica, provoca as mais tenebrosas tempestades, as mais temíveis tormentas.

E pode-se dizer que o demônio se utiliza das bruxas, não porque precisa de semelhantes agentes, mas porque visa à sua perdição. Podemos reportar-nos ao que declara Aristóteles no terceiro livro de sua *Ética*: "o mal é um ato voluntário." Comprovado pelo fato de que ninguém o pratica pelo simples prazer de o praticar: um homem que pratica o estupro o faz por prazer, mas não pelo simples prazer de o praticar. Contudo, a lei pune os que praticam o mal como se tivessem praticado pela simples vontade de assim proceder. Assim, se o demônio age por meio de uma bruxa, está simplesmente a utilizá-la como instrumento; e como o uso de um instrumento depende da vontade de quem o emprega — já que instrumentos não agem por conta própria —, a culpa do ato não há de recair sobre a bruxa e, consequentemente, ela não haverá de ser punida.

Mas professam os de opinião contrária que o diabo é incapaz de tão facilmente, tão prontamente, causar males, por si só, à humanidade, pois que só os pode causar por intermédio das bruxas, não obstante serem elas suas servas. Para Aristóteles, "toda ação se dá através de contato" (*De generatione et corruptione*, livro 1). Mas para que o ato de alguém tenha efeito sobre outrem deve haver alguma espécie de contato, e como o diabo, por ser espírito, não pode ter essa espécie de contato com o corpo humano, pois nada há de comum entre ambos, passa a utilizar-se de outros seres humanos como instrumentos, outorgando--lhes o poder de causar o mal através do contato corporal. Para muitos essa é a opinião comprovada pelas Sagradas Escrituras, e também pela sua glosa, pois é o que diz São Paulo aos Gálatas. "Ó insensatos gálatas! Quem vos fascinou a vós para que deixásseis de obedecer à verdade?" (Gálatas, 3:1). E a glosa sobre essa passagem refere-se àquelas pessoas cujos olhos singularmente faiscantes e malignos conseguem, pelo mero olhar, causar o mal a outras criaturas, especialmente a crianças pequenas. Avicena é também da mesma opinião (*Naturalium*, livro

PRIMEIRA PARTE

3, último capítulo), ao dizer: "Muitíssimas vezes a alma consegue ter tanta influência sobre o corpo de outrem quanto a tem sobre o próprio corpo, pois essa é influência que qualquer pessoa tem sobre outra, ao atraí-la e ao fasciná-la pelo olhar." A mesma opinião é defendida pelo filósofo árabe Algazali, no quinto livro, décimo capítulo, de sua *Física*. Avicena também sugere, embora não tome a opinião como irrefutável, que o poder da imaginação é capaz de, na realidade ou na aparência, modificar o corpo de outras pessoas, quando esse poder da imaginação não é reprimido; portanto concluímos que o poder da imaginação não há de ser distinto dos demais poderes sensíveis do ser humano, por ser comum a todos os demais e abrangê-los a todos ao mesmo tempo. E essa é uma verdade, pois o poder da imaginação é capaz de alterar de fato os corpos adjacentes. Uma pessoa, por exemplo, é capaz de caminhar sobre um fio estreito estendido no meio da estrada; mas, quando esse mesmo fio é estendido sobre águas profundas, a mesma pessoa não arriscaria caminhar sobre ele, porque sua imaginação lhe imprimiria no pensamento, fortemente, a imagem da queda, e portanto o seu corpo e os seus membros obedeceriam à sua imaginação, e não à intenção contrária, ou seja, caminhar adiante e sem hesitação. Essa modificação pode ser comparada à influência exercida pelos olhos de uma pessoa que possua tal poder, de sorte a causar em outra uma alteração mental, embora não cause alteração corpórea real.

Ao argumentar-se que semelhante alteração é causada por um corpo vivo graças à influência do pensamento sobre outro corpo vivo, pode-se aceitar essa explicação. Na presença de seu assassino, o sangue flui das feridas do cadáver da pessoa assassinada. Portanto, sem qualquer poder mental os corpos são capazes de produzir efeitos maravilhosos, e quando uma pessoa viva passa perto do cadáver de outra assassinada, embora possa não perceber o morto, muitas vezes treme de medo.

Além disso, há alguns elementos na natureza que possuem certos poderes ocultos, cuja razão o ser humano desconhece; esse, por exemplo, é o caso da pedra-ímã, que atrai o aço e muitas outras coisas semelhantes, e que Santo Agostinho menciona no vigésimo livro de *A cidade de*

Deus. Similarmente, as mulheres, a fim de causar alterações no corpo de outras pessoas, às vezes se servem de certos elementos que ultrapassam nossa compreensão, mas sem a ajuda do diabo. E porque tais remédios são misteriosos, não lhes devemos atribuir aos poderes do diabo como havemos de atribuir às fórmulas malignas forjadas pelas bruxas.

Assim é que as bruxas usam certas imagens e outros estranhos amuletos, que costumam deixar debaixo das vergas das portas nas casas, ou nos prados onde se pastoreiam os rebanhos, ou mesmo onde se reúnem as pessoas, e então lançam seu feitiço sobre a vítima, a qual, bem se sabe, acaba muitas vezes morrendo. Mas, como tais efeitos extraordinários provêm de imagens e de amuletos, parece que sua influência é proporcional à influência dos astros sobre os corpos humanos, pois os corpos naturais são influenciados pelos corpos celestes, de modo que muitos corpos artificiais podem também ser influenciados de forma semelhante. Mas os corpos naturais podem se beneficiar de certas influências secretas, não obstante salutares. E, portanto, os corpos artificiais também podem receber tais influências. Logo, é certo que as pessoas que se dedicam à arte da cura bem a podem exercer através dessas influências salutares, que não têm absolutamente qualquer relação com poderes malignos.

E parece que a maioria dos eventos miraculosos e extraordinários consuma-se por obra dos poderes da natureza, pois fenômenos maravilhosos, terríveis e impressionantes acontecem por causa das forças naturais. É o que salienta São Gregório Magno em seu *Segundo diálogo* (*Dialogorum*, livro 4). "Os santos operam milagres, ora por meio de uma prece, ora por meio de seus poderes tão somente." Eis alguns exemplos: São Pedro (Atos dos Apóstolos, 9:36; 5:1-2), por meio da oração, trouxe de volta à vida Tabita, que já havia morrido. Ao censurar Ananias e Safira, que haviam mentido, matou-os a ambos sem qualquer prece. Pode, assim, um ser humano, pela sua força mental, transformar um corpo material em outro, ou o transpor da saúde para a doença e vice-versa.

E o corpo humano é mais nobre que qualquer outro corpo, mas como as paixões da mente humana se modificam e ora se inflamam, ora se

PRIMEIRA PARTE

esfriam — quando se sente raiva ou medo, por exemplo —, esse mesmo corpo pode sofrer modificações mais profundas, como os efeitos de doença ou da morte, os quais, pela sua força, podem muito transformar um corpo material.

Convém, porém, que se admitam certas objeções. A força da mente humana nada consegue imprimir sobre qualquer forma, exceto pela intervenção de algum agente, conforme já dissemos. E são estas as palavras de Santo Agostinho no livro por nós citado: "É impossível crer que anjos caídos do Céu sejam obedientes a qualquer outra coisa material, porquanto hão de obedecer a Deus tão somente." E as pessoas, por seu poder natural, pouco conseguem realizar em termos de efeitos extraordinários e malignos.

Resposta: Ainda hoje, há aquelas pessoas que erram fundamentalmente nesse ponto, fazendo a apologia de bruxas e atribuindo toda a culpa às habilidades do demônio, ou atribuindo as alterações por elas provocadas a fenômenos naturais. É possível esclarecer esses erros facilmente. Primeiro, pela descrição das bruxas feita por Santo Isidoro em seu *Etymologiae*, livro 8, capítulo 9: "as bruxas são assim chamadas pelo peso de sua culpa, quer dizer, seus atos são mais malignos que os de quaisquer outros malfeitores." E o autor continua: "elas incitam e confundem os elementos com a ajuda do demônio, causando terríveis temporais de granizo e outras tempestades." Mais: "enfeitiçam a mente dos seres humanos, levando-os à loucura, ao ódio insano e à lascívia desregrada." E, prossegue o autor, "pela força terrível de suas palavras mágicas, como por um gole de veneno, conseguem destruir a vida".

As palavras de Santo Agostinho em *A cidade de Deus* são muito relevantes, por nos dizerem quem realmente são os magos e as bruxas. "As bruxas, também chamadas de feiticeiras, são assim denominadas por causa da magnitude de seus atos maléficos. São as que, pela permissão de Deus, perturbam os elementos — as forças da natureza —, são as que confundem a mente das pessoas, conduzindo-as à descrença em Deus, e que, pela força terrível de seus encantamentos malignos, sem o uso

O MARTELO DAS FEITICEIRAS

de qualquer veneno, matam seres humanos. Como diz Lucas, "a mente que não foi corrompida por alguma bebida nociva acaba perecendo ao ser atingida por algum encantamento maligno". Havendo convocado demônios em seu auxílio, na realidade se atrevem a recobrir a humanidade de desgraças e males, chegando a destruir seus inimigos através de fórmulas mágicas."

E é certo que em operações dessa natureza a bruxa trabalha em íntima cooperação com o demônio.

Em segundo lugar, as penas são de quatro tipos: as benignas, as malignas, as forjadas por bruxaria e as naturais. As penas benignas ou benéficas são impostas pelo ministério de anjos bons, exatamente como o são as penas malignas ou maléficas pela intervenção de espíritos do mal. Moisés, pelo ministério de anjos bons, puniu o Egito com dez pragas, mas os magos, pelo auxílio do demônio, só conseguiram realizar três desses milagres. E a peste que assolou o povo de Israel durante três dias, por causa do pecado de Davi, que ordenara recensear a população (II Samuel, 24:11-15), e os 77 mil homens assassinados em uma só noite nas hostes de Senaqueribe (Reis, 19:35) foram milagres realizados por anjos do Senhor, ou seja, por anjos bons que temiam a Deus e sabiam que agiam sob o Seu comando.

As penas malévolas, no entanto, são executadas por anjos maus, cujas mãos afligiram tantas vezes as crianças de Israel no deserto. E os flagelos que são atos malévolos forjados por bruxaria são realizados pelo demônio, que opera por intermédio de feiticeiros e de bruxas. Existem também as penas naturais que de alguma forma dependem da conjunção dos corpos celestes, como a carestia e a fome, o estio, as tempestades e os fenômenos semelhantes da natureza.

É óbvio que há uma enorme diferença entre todas essas causas, todas essas circunstâncias e todos esses episódios. Pois, se Jó foi afligido por um mal causado pelo diabo, não quer dizer que tenha relação com o que estamos tratando. E se uma pessoa mais inteligente e mais curiosa indagar de que modo pode Jó ser assim afligido sem a participação de alguma bruxa ou de algum adivinho, saiba que a indagação é vazia e

PRIMEIRA PARTE

foge à realidade dos fatos. Pois que ao tempo de Jó não havia bruxas ou feiticeiras: tais abominações ainda não eram praticadas. Porém, quis a Divina Providência que pelo exemplo de Jó os poderes do diabo se manifestassem, mesmo sobre os bons homens, de sorte a aprendermos a nos guardar contra Satã, e que, pelo exemplo desse santo patriarca, a glória de Deus se manifestasse em seu esplendor, porquanto nada acontece sem a permissão do Todo-Poderoso.

A respeito da época em que essa superstição maligna, a bruxaria, surgiu, havemos primeiro de distinguir quem invoca os invocadores do demônio de quem meramente os idolatra. Vicente de Beauvais, em seu *Speculum Historiale*, citando muitos autores eruditos, professa ter sido Zaratustra o primeiro a praticar as artes mágicas e a astrologia, de quem também se diz ter um dia sido Cam, o filho de Noé. Segundo Santo Agostinho (em *A cidade de Deus*), Cam foi o primeiro homem a gargalhar, ao nascer, provando assim ser um servo do diabo, e, embora se tenha transformado em grande e poderoso rei, foi destronado por Ninus, o filho de Belus, que construiu Nínive e cujo reinado deu origem ao império da Assíria no tempo de Abraão.

Ninus, quando seu pai morreu e por causa da adoração insana que por ele cultuava, mandou construir-lhe uma estátua, e todo criminoso que nela se refugiasse via-se livre de qualquer pena ou castigo que tivesse contraído. Desde aquela época, os seres humanos passaram a adorar ídolos e estátuas como se fossem deuses; mas isso ocorreu após a primeira era, pois no princípio não havia idolatria: naquela época os seres humanos ainda guardavam lembrança da Criação do mundo, como afirma São Tomás (*Summa*, livro 2, questão 95, artigo 4). Ou talvez a idolatria se tenha iniciado com Nimrod, que obrigava as pessoas a cultuar o fogo. Assim, na segunda era da história do mundo surgiu a idolatria, primeira de todas as superstições, enquanto a segunda é a adivinhação, e a observação do tempo e das estações, a terceira.

A bruxaria se inclui no segundo tipo de superstição — no da adivinhação — porque nela se invoca o diabo, expressamente. Aí se encontram ainda três outros tipos de superstição: a necromancia, a astrologia (ou astromancia) e a oniromancia (a adivinhação por meio da interpretação dos sonhos).

Explico tais fatos nessa profundidade para que o leitor possa entender que as artes diabólicas não surgiram no mundo repentinamente: foram surgindo no decurso do tempo. Portanto, não é impertinente ressaltar que no tempo de Jó não havia bruxas. Mas, com o passar dos anos, conforme nos conta São Gregório Magno em *Moralia*, a sabedoria dos santos crescia e, na mesma proporção, cresciam as artes malignas do demônio. Diz o profeta Isaías (11:9): "Porque a terra estará cheia da sabedoria do Senhor". E assim, nesse crepúsculo sombrio da civilização, quando se vê o pecado a florescer por todos os lados e por todos os cantos, e a caridade a desaparecer, é que se percebe o prosperar da perversidade das bruxas e das suas iniquidades. Como Zaratustra se dedicava integralmente às artes mágicas, era o diabo tão somente que o inspirava a estudar e a observar os astros.

Desde há muito tempo magos e bruxas já pactuavam com o demônio e se tornavam seus cúmplices para infligir males sobre a humanidade. Essa afirmação é comprovada em Êxodo, 7, em que se diz que os magos do Faraó, pelos poderes do demônio, realizavam maravilhas extraordinárias, a imitar os flagelos que Moisés fez se abaterem sobre o Egito através dos poderes de anjos bons.

Daí provém o ensinamento católico a dizer que as bruxas, para realizarem seus malefícios, de fato cooperam com o diabo. Quaisquer objeções a esses argumentos podem ser, portanto, refutadas.

1. Em primeiro lugar, ninguém há de negar que certos flagelos e males que de fato e visivelmente se abatem sobre os seres humanos, os animais e os frutos da terra — e que não raro decorrem da influência dos corpos celestes — podem ser muitas vezes causados pelos demônios, conquanto Deus o permita. Diz-nos Santo Agostinho no terceiro livro de *A cidade de Deus*: "Os demônios poderão fazer uso do fogo e do ar, se assim Deus lhes permitir." Um comentarista ainda ressalta: "Deus pune pelo poder dos anjos do mal."

PRIMEIRA PARTE

2. Daí e da discussão prévia, temos, por evidente, a resposta a quaisquer objeções formuladas a Jó e a quaisquer objeções que se possam levantar à nossa explicação dos primórdios das artes mágicas na história do mundo.

3. Com relação ao fato de que a sálvia putrefata, ao ser lançada em água corrente, produz efeitos malignos mesmo sem o auxílio do diabo — embora talvez tais efeitos não estejam de todo desvinculados da influência de certos corpos celestes —, gostaríamos de frisar que não é nossa intenção discutir a influência benéfica ou maléfica dos astros e sim só a da bruxaria. Por isso essa questão não vem a propósito.

4. Com relação ao quarto argumento, é verdade que o diabo só se utiliza das bruxas para causar-lhes sua própria destruição. Deduzir-se daí, porém, que as bruxas não devem ser punidas, por serem meros instrumentos que não agem por sua própria vontade, mas sim pela vontade e pelo prazer do seu mandante principal, é conclusão a ser refutada; são instrumentos humanos e agentes livres: embora tenham firmado um pacto e um contrato com o diabo, continuam a gozar de liberdade absoluta. Conforme se depreende de suas próprias revelações (e estou a me referir a mulheres que foram condenadas e queimadas vivas na fogueira, e que foram compelidas a dar livre curso à cólera e à maldade do diabo caso desejassem escapar dos castigos e golpes infligidos por ele): essas mulheres cooperaram com o demônio tendo a ele se entregado, a princípio, por sua livre e espontânea vontade.

Com relação aos demais argumentos que buscam demonstrar que certas mulheres velhas e possuidoras de um certo conhecimento oculto conseguem realizar façanhas extraordinárias e infligir males de fato, sem a ajuda do diabo, é preciso deixar claro: chegar a essa conclusão geral, universal, a partir de argumentos particulares é caminho contrário ao da boa lógica. Uma vez que, como parece, na totalidade das Sagradas

O MARTELO DAS FEITICEIRAS

Escrituras não se encontra um só exemplo desses casos — salvo no que se refere ao mau-olhado e encantamentos praticados por velhas mulheres —, não havemos de por essa exceção concluir que sempre é esse o caso. As autoridades, ademais, ao comentarem sobre tais passagens, deixam a questão em aberto — quer dizer, se tais maus-olhados e encantamentos teriam ou não de fato eficácia sem a colaboração do diabo. Tais encantamentos podem ser classificados em três tipos. Em primeiro lugar, há o da ilusão dos sentidos — que realmente pode ser produzida por magia, ou seja, pelos poderes do diabo, se Deus assim permitir. Os sentidos podem também ser iluminados pelos poderes de anjos do bem. Em segundo lugar, há o da fascinação pelo encanto e pela sedução, a exemplo do que nos diz o apóstolo: "Ó insensatos gálatas! Quem vos fascinou a vós?" (Gálatas, 3: 1). Em terceiro lugar, há o do feitiço lançado pelo olhar sobre outra pessoa, que pode ser prejudicial e maligno.

É desse tipo de fascinação que falavam Avicena e Algazali. São Tomás também lhe faz menção, na *Summa* (parte I, questão 117). Diz ele que a mente de um ser humano pode ser influenciada pela de outra pessoa, e que a influência exercida sobre outrem muitas vezes provém do olhar, porque no olhar se pode concentrar uma certa força sutil. O olhar pode ser fixado em determinado objeto sem que se atente para os demais objetos ao redor e, embora a visão se encontre perfeitamente clara, à vista de alguma impureza, o olhar a contrai — como ocorre às mulheres durante seus períodos menstruais. Isso é o que nos diz Aristóteles em sua obra *Do sono e da vigília*. Assim, se o espírito de qualquer pessoa se inflama e se enche de malícia e de cólera, como, muitas vezes, costuma acontecer a mulheres idosas, tal espírito perturbado se deixa transparecer no olhar: sua fisionomia adquire os traços mais malignos e os mais prejudiciais e saem, muitas vezes, a aterrorizar criancinhas, que nos primeiros anos de vida são muitíssimo impressionáveis. Pode-se afirmar que, muitas vezes, esse fenômeno é natural, permitido por Deus; por outro lado, pode ser também que esses olhares malévolos sejam inspirados pela malícia do diabo, com quem essas velhas bruxas terão firmado um pacto secreto.

PRIMEIRA PARTE

A questão seguinte diz respeito à influência dos corpos celestes, e aí encontramos três erros muito comuns, mas que serão refutados no decorrer da explicação sobre outros assuntos.

Com relação aos atos de bruxaria, verificamos serem alguns decorrentes da influência mental sobre outras pessoas e que, por vezes, tal influência poderia ser benéfica, mas que se torna maléfica em virtude de seu motivo.

Para melhor compreensão das resoluções, algumas questões serão levantadas para que a verdade se faça clara em suas soluções. O primeiro principal argumento contra aquelas pessoas que negam a existência de bruxas ou de bruxaria é que esta pode ser realizada durante a conjunção de certos corpos celestes e que, pela malícia dos seres humanos, permite a concretização do mal, através da modelagem de imagens, do uso de fórmulas ou de palavras mágicas e da inscrição de sinais misteriosos. Todos os teólogos e filósofos concordam em que todos os corpos celestes são guiados ou governados por certos meios espirituais, mas tais meios espirituais são superiores à nossa mente e à nossa alma, da mesma forma que os corpos celestes são superiores a todos os demais corpos, e, portanto, são capazes de exercer influência sobre a mente e o corpo das pessoas — as quais são assim persuadidas e dirigidas para a realização de certos atos humanos. Porém, para que se tente elucidar em maior profundidade essa questão, devemos considerar certas dificuldades a partir de cuja discussão se há de chegar com mais clareza à verdade. Em primeiro lugar, as substâncias espirituais não podem mudar o corpo em outras formas naturais sem a intermediação de algum agente. Portanto, por mais forte que seja a influência mental, não terá ela qualquer efeito transformador sobre a mente ou a fisionomia de um ser humano.

Há, ainda, um artigo, que é condenado por diversas universidades, sobretudo pela de Paris. De acordo com ele, um mago é capaz de, só com um simples olhar, jogar um camelo no fundo de um fosso. Por isso é que se há de condenar a afirmação de que os corpos físicos obedecem às influências espirituais; obediência essa, vale frisar, no sentido de se

O MARTELO DAS FEITICEIRAS

modificarem ou de se transformarem de fato. Cumpre insistir: só há obediência absoluta com relação a Deus, não por menos o referido artigo é condenado. Com esses pontos em mente, podemos agora ver de que modo é possível exercer a fascinação pelo olhar de que falávamos, e em que medida tal é possível. Não é possível que a pessoa, apenas pelo olhar e sem intermédio de seu próprio corpo ou de algum outro agente, consiga infligir mal a outra pessoa. Nem é possível que a pessoa, através dos poderes naturais da sua mente, consiga causar transformações no corpo de outra pessoa, através de um simples olhar sobre ele, apenas pela sua vontade e pelo seu prazer.

Portanto, por nenhum desses meios pode o ser humano influenciar e fascinar seu semelhante — pois não há pessoa que através dos poderes naturais de sua mente consiga exercer tal extraordinária influência. Querer assim provar que os efeitos do mal podem ser gerados por alguma força natural é afirmar que essa força natural é a força do demônio, o que se acha, de fato, bem distante da verdade.

Entretanto, podemos esclarecer com maior nitidez de que modo é possível fazer mal através do olhar. Pode acontecer de um homem ou uma mulher olhar fixamente uma criança e esta, devido à sua suscetibilidade visual e à força de sua imaginação, sofrer impressão considerável e direta. Uma impressão desse tipo muitas vezes se acompanha de alteração corpórea, por serem as crianças muito propensas a tal, já que os olhos são um dos mais sensíveis órgãos do corpo. Pode acontecer, assim, de os olhos receberem impressão maléfica, sofrendo grave transfiguração, pois muitíssimas vezes os pensamentos e os movimentos do corpo são influenciados e revelados pelo olhar. É possível, portanto, a certos maus-olhados, coléricos e malignos, deixar marca profunda na memória e na imaginação de uma criança, de forma a refletir-se em seu próprio olhar. Podem daí decorrer efeitos reais: a criança poderá perder o apetite, deixar de se alimentar e acabar adoecendo gravemente. Notamos, às vezes, que o olhar de uma pessoa que sofre de alguma moléstia dos olhos é capaz de ofuscar e debilitar os olhos das que a fitam, embora tal fenômeno, em grande medida, não passe do mais puro efeito da imaginação. Mui-

PRIMEIRA PARTE

tos outros exemplos semelhantes poderiam ser aqui aditados, mas, por questão de concisão, não os discutiremos em maiores detalhes.

Tudo isso é confirmado pelos comentaristas do Salmo "*Qui timent te uidebunt me*" ("Aqueles que vos temem alegram-se ao me ver." Salmos, 118:74). Reside nos olhos poderosa força, que se manifesta até mesmo em certos fenômenos naturais. Quando um lobo vê um ser humano primeiro, deixa-o subitamente mudo. Quando um basilisco vê um ser humano primeiro, seu olhar lhe é fatal, mas, quando acontece de o ser humano vê-lo primeiro, também é capaz de matá-lo pela vista; o basilisco é capaz de fulminar o ser humano pelo olhar porque, ao vê-lo, dado o seu impulso colérico, põe em movimento pelo corpo um terrível veneno que, lançado pelos olhos, impregna a atmosfera com sua substância mortífera. O ser humano, ao respirar naquela atmosfera, fica entorpecido e cai fulminado. Mas quando é o ser humano que vai ao encontro da fera guarnecido de espelhos — com o intuito de matá-la, por exemplo —, o resultado é diverso: o monstro, vendo-se refletido nos espelhos, lança o veneno contra seu próprio reflexo: o veneno é repelido, retorna sobre ele e o mata. Ainda não está esclarecido por que o ser humano que assim mata o basilisco também não morre. Há de ser por alguma razão desconhecida.

Até aqui firmamos nossas opiniões absolutamente sem preconceitos e abstendo-nos de juízos apressados ou irrefletidos, sem nos afastarmos dos ensinamentos e dos escritos dos santos. Concluímos, portanto, que esta é a verdade católica: para realizar perversidades, tema de nossa discussão, as bruxas e o diabo trabalham em conjunto e, dentro do que nos é dado conhecer, nada é feito por um sem o auxílio do outro.

Tratamos do problema do fascínio maléfico exercido pelo olhar. Passemos agora ao segundo ponto, a saber, o cadáver da pessoa assassinada sempre sangra na presença do seu assassino. Segundo o *Speculum Naturale* de Vicente de Beauvais (capítulo 13), a ferida no morto é, por assim dizer, influenciada pela mente do assassino: a ferida é envolta por uma certa atmosfera marcada e permeada pela sua violência e seu ódio: estando próximo o assassino, o sangue se acumula e passa a verter do cadáver. Parece ser essa atmosfera, causada pelo assassino, que penetra na ferida e faz persistir o sangramento no corpo do morto: em presença do assassino tal atmosfera se perturba e adquire movimento, que se transmite ao sangue do cadáver. Para alguns, a causa do fenômeno é outra: dizem que no jorro de sangue se encontra a voz do morto, que, das entranhas da terra, fica a clamar contra o assassino presente — e isso por causa da maldição proferida contra o primeiro assassino, Caim. Já o pavor experimentado por uma pessoa ao passar por perto do corpo de um ser humano assassinado, mesmo sem ter ciência da proximidade do cadáver, é de natureza psíquica: infecta a atmosfera e transmite à mente o frêmito do medo. Todas essas explicações, cumpre ressaltar, não afetam a verdade no tocante às perversidades executadas pelas bruxas, já que são perfeitamente naturais e têm sua origem em causas naturais.

Em terceiro lugar, conforme mencionamos antes, estão as operações e os rituais de bruxaria — colocados na segunda categoria das superstições, chamada de adivinhação. São as adivinhações de três tipos, embora os argumentos não sejam válidos no que se refere ao terceiro deles, que pertence a uma espécie diferente, pois a bruxaria não se trata de uma adivinhação qualquer, mas aquela cujas operações ensejam exprimir e explicitar as invocações do diabo, o que pode ser feito por vários meios: por necromancia, por geomancia [adivinhação pela terra], por hidromancia [adivinhação pela água], e assim sucessivamente.

Essa espécie de adivinhação, portanto, usada na elaboração de suas fórmulas mágicas, há de ser considerada o auge da iniquidade criminal, embora haja quem procure considerá-la sob outro ponto de vista. Argumentam essas pessoas que, como desconhecemos as forças ocultas da natureza, talvez estejam as bruxas simplesmente a empregar ou a tentar empregar tais forças: certamente, se estão a se utilizar da força natural de elementos naturais para produzir efeitos naturais, o ato é perfeitamente legítimo, como é óbvio. Admitamos, até mesmo, que se utilizem de elementos naturais e que, ao inscreverem caracteres rúnicos ou enigmáticos, na sua superstição, estejam empenhadas em restabelecer a saúde de determinada pessoa, em fomentar a amizade ou em concretizar algum objetivo

PRIMEIRA PARTE

útil, sem que haja invocação expressa de demônios; pois mesmo assim não há possibilidade de utilizarem tais fórmulas mágicas sem invocação diabólica tácita. Por isso, somos forçados a considerar todos esses atos de feitiçaria como absolutamente ilegítimos.

É possível, ademais, colocar esses e muitos outros encantamentos na terceira categoria das superstições — a da observação inútil e vã do tempo e das estações —, embora também aí não se tenha argumento relevante em favor das bruxas. Nessa categoria, contam-se quatro espécies distintas: a das observações que visam a dar ao ser humano um certo conhecimento; a das observações que visam a lhe informar sobre os dias ou eventos afortunados ou aziagos; a das que, usadas em conjunto com palavras sagradas e orações, se prestam a algum encantamento sem referência a seu significado; e das que têm por objeto produzir alguma transformação benéfica em algum corpo. Sobre todas essas questões, São Tomás tratou amplamente no livro (*Summa*, questão 96) onde indaga da legitimidade de tais observações, sobretudo quando se visa a algum efeito benéfico sobre o corpo, ou seja, quando se almeja restaurar a saúde de uma pessoa. Mas quando as bruxas observam o tempo e as estações, devem ter essa atividade considerada nas superstições da segunda categoria. Portanto, no que lhes diz respeito, considerar, nessa terceira categoria, questões dessa natureza é totalmente impertinente.

Passemos, então, a uma quarta proposição. A partir das observações a que acabamos de nos referir, são construídos certos mapas, certas cartas e certas imagens, de dois tipos completamente distintos entre si: os astronômicos e os necromânticos. Na necromancia há sempre a invocação expressa e particular de demônios, pois é atividade que implica pacto e contrato expresso com tais criaturas. Prossigamos, portanto, considerando somente a astrologia. Na astrologia não há pactos ou invocações: só por casualidade há algum tipo de invocação tácita, já que figuras diabólicas e seus nomes por vezes aparecem em mapas astrológicos. Por outro lado, os sinais necromânticos são escritos sob a influência de certos astros com a finalidade de se opor aos efeitos de outros corpos celestes — e tais sinais e caracteres são de fato inscritos

O MARTELO DAS FEITICEIRAS

não raro em anéis, em gemas ou em metais preciosos. Já os caracteres mágicos são inscritos ou gravados sem nenhuma referência à influência dos corpos celestes e, muitas vezes, em qualquer substância. Mais ainda: em substâncias desprezíveis e sórdidas que, quando enterradas em certos lugares, acabam por provocar males, flagelos e doenças. Estamos, porém discutindo os mapas elaborados com referência aos astros. Como as imagens e os mapas necromânticos não se referem a corpos celestes, não são levados em conta em nossa análise.

Muitas das imagens construídas mediante rituais supersticiosos não têm qualquer eficácia, ou melhor, não têm nenhuma eficácia no tocante à sua conformação, embora talvez o material de que são feitas possua uma certa força intrínseca — o que não quer dizer que tal força decorra de sua feitura sob a influência de certos corpos celestes. Para muitas pessoas, entretanto, é ilícito, em qualquer caso, fazer uso de imagens como essas. Já as imagens feitas por bruxas não possuem qualquer força natural (e nem o material de que são feitas). Mas como são construídas sob o comando do diabo, podem, por assim dizer, simular a obra do Criador, provocando-lhe a Sua ira e fazendo com que Ele, a título de punição pelo seu crime, venha a lançar flagelos sobre a terra. E para ainda mais aumentar a sua culpa, as bruxas experimentam especial deleite em construir tais imagens nas épocas mais solenes do ano.

Com relação ao quinto ponto mencionado, cumpre frisar que São Gregório Magno fala dos poderes da graça e não dos poderes da natureza. E como, segundo São João (1:12), somos filhas e filhos de Deus, não admira que como Suas filhas e Seus filhos gozemos de poderes extraordinários.

Com relação ao último ponto, queremos ressaltar que a mera semelhança é irrelevante: a influência da mente sobre o próprio corpo é diversa da influência sobre o corpo de outra pessoa. Já que a mente se encontra unida ao corpo, como se este representasse sua forma material, e já que as emoções são produto do corpo, embora dele distintas, podem estas ser influenciadas pela mente sempre que ocorrer qualquer alteração corporal — seu resfriamento, seu aquecimento ou até mesmo a sua morte. Mas para transformar o corpo não basta uma ação mental, por si só, salvo por

PRIMEIRA PARTE

uma intervenção no próprio corpo, que o modifique. Portanto, as bruxas, não pelo exercício de seus poderes naturais, mas tão somente pelo intermédio do diabo, é que são capazes de executar efeitos maléficos. E os próprios demônios só os podem praticar através de objetos materiais, em forma de instrumentos — ossos, cabelos, madeira, ferro, e toda a sorte de objetos, sobre cuja operação trataremos com mais detalhes um pouco mais adiante.

Passemos agora a analisar a origem das bruxas e de que modo nos últimos anos seus atos começaram a se multiplicar entre nós — questão a que se refere a bula anexa do santíssimo padre, o papa Inocêncio VIII. É preciso ter em mente que, para tal acontecer, concorrem três elementos: o diabo, a bruxa e a permissão de Deus Todo-Poderoso. Diz-nos Santo Agostinho (em *A doutrina cristã*) que a abominação da bruxaria surgiu da ligação hedionda entre o humano e o diabo. Portanto, claro está que a origem e a disseminação dessa heresia reside nessa ligação hedionda, com o que concordam muitos autores.

É preciso observar especialmente que essa heresia — a da bruxaria — difere de todas as demais porque nela não se faz apenas um pacto tácito com o diabo, e sim um pacto perfeitamente definido e explícito que ultraja o Criador e que tem por meta profaná-lo ao extremo e atingir Suas criaturas. Pois que em todas as demais heresias não há pacto com o demônio, seja tácito ou explícito, embora seus erros e suas falsas doutrinas sejam diretamente atribuídos ao pai dos erros e das mentiras. Ademais, a bruxaria difere de todas as outras artes maléficas e misteriosas pelo fato de que, de todas as superstições, é a mais vil, a mais maléfica, a mais hedionda — de onde seu nome latino é oriundo; *maleficere*: praticar o mal e blasfemar contra a fé verdadeira. (*Maleficae dictae, a Maleficiendo, seu a mate de fide sentiendo*.[Foram chamados de povo maléfico, do malefício, por seus companheiros de fé.])

Atentemos, em particular, para o fato de que para a prática desse mal abominável são necessários quatro principais elementos. Em primeiro lugar, é necessário, do modo mais profano, renunciar à fé católica, ou negar de qualquer maneira certos Dogmas da fé; em segundo lugar, é

O MARTELO DAS FEITICEIRAS

preciso dedicar-se de corpo e alma à prática do mal; em terceiro lugar, há de ofertar-se crianças não batizadas a Satã; em quarto, é necessário entregar-se a toda sorte de atos carnais com íncubos e súcubos e a toda sorte de prazeres obscenos.

Quiséramos que fosse tudo isso irreal e meramente fantasioso para que livrássemos nossa Santa Madre Igreja da lepra dessas abominações. Infelizmente, o julgamento da Sé Apostólica, única Soberana e Mentora de toda a verdade, expresso na bula de nosso santo padre, assegura-nos e nos torna cientes do florescimento entre nós de tais crimes e malefícios, e não haveremos de nos abster de prosseguir com a inquisição, para que não ponhamos em risco nossa própria salvação. Precisamos, portanto, analisar em profundidade a origem e o crescimento dessas abominações; apesar do enorme trabalho na elaboração dessa análise, sentimo-nos confiantes de que as pessoas que nos leem hão de levar na devida conta todos os pormenores apresentados — nada há, em nosso texto, que se oponha ao são raciocínio, nada há que se afaste das palavras das Escrituras e da tradição dos padres da Igreja.

Atualmente estão a ocorrer dois fatos comuníssimos: a relação das bruxas com íncubos e súcubos e o sacrifício hediondo de criancinhas. Havemos, portanto, de tratar em particular desses assuntos. Em primeiro lugar, discutiremos a natureza desses demônios. Em segundo lugar, analisaremos as bruxas e seus atos. Em terceiro lugar, indagaremos por que tais coisas são permitidas. Esses demônios operam através de sua influência sobre a mente e sobre o livre-arbítrio do homem e preferem copular sob a influência de certos astros, pois parece que em determinadas ocasiões o seu sêmen é capaz de gerar e de procriar mais facilmente. Consequentemente, precisamos descobrir por que os demônios agem durante a conjunção de certos corpos celestes, e quando isso se dá.

São três os pontos principais a serem discutidos. Primeiro, se tais heresias abomináveis podem vir a se espalhar pelo mundo por aquelas pessoas que se entregam aos íncubos e aos súcubos. Segundo, se sua ação não há de ter certa força extraordinária quando realizada sob a influência de certos astros. Terceiro, se essa heresia abominável não é

PRIMEIRA PARTE

disseminada largamente pelos que sacrificam crianças a Satã. Além disso, após discutirmos o segundo ponto, e antes de passarmos ao terceiro, vamos considerar a influência dos astros e qual o poder que exercem nos atos de bruxaria.

Com relação à primeira questão, três dificuldades requerem elucidação. A primeira é a da consideração geral dos demônios chamados íncubos. A segunda é mais específica: de que modo os íncubos realizam o ato humano da copulação? A terceira também tem caráter mais particular: de que modo as bruxas se relacionam e copulam com tais demônios?

QUESTÃO III

Se crianças podem ser geradas por íncubos e súcubos

A princípio, pode verdadeiramente parecer que não está de acordo com a fé católica dizer que crianças podem ser geradas por demônios, ou seja, por íncubos e súcubos: o Próprio Deus, antes de surgir o pecado no mundo, instituiu a procriação humana; pois criou a mulher da costela do homem para que este tivesse companheira, e lhes disse: "Crescei e multiplicai-vos", Gênesis, 1:28. E a Adão disse: "E já não são mais que uma só carne." Gênesis, 2:24. De forma similar, já depois de ter surgido o pecado no mundo, foi dito a Noé: "Crescei e multiplicai-vos", Gênesis, 9:1. Na época do Novo Testamento, Cristo também confirma essa união: "Não lestes que o Criador, no começo, fez o homem e a mulher?", Mateus, 19:4. Logo, os seres humanos só podem ser gerados dessa forma.

Mas pode-se argumentar que os demônios participam nessa geração não como causa essencial, e sim como causa secundária e artificial, já que tratam de interferir com o processo normal de copulação e de concepção, ao obterem sêmen humano e transferirem-no.

Objeção: O diabo é capaz de realizar tal ato não só no estado matrimonial como também no não matrimonial. Ou é capaz de realizá-lo num só estado. Não há de ser no primeiro, porquanto nesse caso o ato do demônio seria mais poderoso que o ato de Deus, que instituiu e confirmou esse Sacramento — pois que se trata de estado de continência e de união conjugal. Mas também não há de ser no segundo: não há nas Escrituras passagem a dizer que crianças podem ser criadas num estado e não em outro.

Ademais, a concepção é ato do corpo vivente, e os demônios não são capazes de dar vida aos corpos em que se apresentam: a vida, formalmente, só procede da alma: o ato da concepção é ato dos órgãos físicos que possuem vida corpórea (Aristóteles, *De Anima*, livro 2). Logo, as formas corpóreas dos demônios não são capazes de conceber ou de dar à luz. No entanto, pode-se afirmar que os demônios adquirem determinada forma corpórea não para lhe dar vida, mas para através dela preservar o sêmen humano e assim transferi-lo a outro corpo.

Objeção: Assim como nas ações dos anjos, sejam bons ou maus, nada há de supérfluo e inútil, nada há na natureza de supérfluo e inútil. Mas o diabo, através de seus poderes naturais, que são bem maiores do que os poderes de qualquer corpo humano, é capaz de realizar todo tipo de ação espiritual, embora não seja dado ao ser humano discernir quando o diabo de tal ação participa, mesmo que seja repetida várias e várias vezes. Pois todos os elementos corpóreos e materiais se acham em escala inferior à das inteligências puras e espirituais. Os anjos, porém, sejam bons ou sejam maus, são inteligências puras e espirituais. Capazes, portanto, de controlar o que lhes é subordinado ou inferior. Logo, o diabo é capaz de colher e de fazer o uso que bem lhe convier do sêmen humano, que pertence ao corpo.

No entanto, para colher o sêmen humano de uma pessoa e transferi-lo a outra, há necessidade de certas ações locais. Os demônios, todavia, não são capazes de transportar corpos de um lugar para outro. Eis o cerne da objeção à tese defendida. Se a alma é pura essência espiritual, também o é o demônio: a alma não é capaz de mover corpos de um lugar para outro, exceto o corpo em que habita e ao qual dá vida: qualquer membro do corpo, ao perecer, morre e se torna imóvel. Assim, o diabo não é capaz de transportar corpos de um lugar para outro, exceto aqueles aos quais dá vida. Foi demonstrado, contudo, e é sabido, que os demônios não possuem o dom de dar a vida a qualquer corpo e, por isso, não são capazes de levar o sêmen humano de um lugar para outro, de transferi-lo de um corpo a outro.

PRIMEIRA PARTE

Ademais, toda ação é feita por contato (Aristóteles, *Física*, livro 7), mas não entre o demônio e os corpos humanos, pois não há ponto real de contato entre eles. Logo, o demônio não é capaz de injetar sêmen num corpo humano, pois para tal é preciso uma certa atividade corpórea — pelo menos é isso o que parece.

A par disso, os demônios não têm o poder de mover os corpos dos quais, numa ordem natural, estão mais próximos — como os corpos celestes —, e por isso não têm também o poder de mover aqueles dos quais se acham mais distantes e dos quais são mais distintos. A premissa maior é provada por Aristóteles na sua *Física* (livro 7), pois, segundo ele, a força que move e o movimento são exatamente uma mesma coisa. Conclui-se, então, que os demônios que movem os corpos celestes somente no espaço celeste podem estar, o que é uma inverdade absoluta, não só em nossa opinião como na dos platônicos.

Além disso, Santo Agostinho (*De Trinitate*, livro 3) afirma que, com efeito, os demônios colhem sêmen humano, através do qual são capazes de produzir efeitos corpóreos. Isso, porém, não sem algum movimento local. Não obstante, os demônios são capazes de transportar o sêmen que colheram e injetá-lo no corpo de outra pessoa. Mas, como nos conta Estrabão em seu comentário à passagem do Êxodo 7:11: "E o Faraó mandou chamar os sábios e os magos: os demônios saem a percorrer a terra colhendo toda sorte de sementes e, modificando-as, são capazes de espalhar várias espécies." Ver também a glosa sobre as palavras "o Faraó mandou chamar" e aquela a respeito da passagem do Gênesis, 6:2: "E os filhos de Deus se uniam às filhas dos seres humanos." Na glosa, são feitos dois comentários. Primeiro: por filhos de Deus entendam-se os filhos de Set, e por filhas dos seres humanos, as filhas de Caim. Segundo: os gigantes foram criados não por algum ato incrível dos homens, mas por certos demônios que não tiveram qualquer pudor com relação às mulheres. Diz a Bíblia: "Naquele tempo viviam gigantes na terra" (Gênesis, 6:4). Além do mais, mesmo depois do Dilúvio, os corpos não só dos homens, mas também os das mulheres eram extraordinária e incrivelmente belos.

O MARTELO DAS FEITICEIRAS

Resposta: Por concisão, vamos deixar de lado muitos pormenores a respeito dos poderes do diabo e das suas obras, no tocante aos efeitos das bruxarias. Cabe a quem lê com devoção ou os aceitar como comprovados ou, se assim o desejar, elucidar mais a questão consultando o *Comentário sobre as Sentenças,* livro 5. Verá que os demônios realizam todos os seus atos de forma consciente e voluntária: sua natureza celestial não foi modificada. Consultar Dionísio (*Corpus Aeropagiticum,* livro 3 — *Os nomes Divinos,* capítulo 4) sobre o assunto: sua natureza celestial permaneceu extraordinariamente preservada, embora não a possam empregar para finalidade benéfica alguma. Quanto à sua inteligência, descobrirá o leitor que eles se destacam em três pontos de conhecimento: na sutileza de seu caráter, na sua experiência secular e na revelação dos espíritos superiores. Há de constatar também que aprendem, pela influência dos astros, a dominar as características dos seres humanos, descobrindo assim que alguns têm mais propensão à prática da bruxaria que outros — que passam a ser os mais molestados para o exercício dessa atividade.

Quanto à sua vontade, há de verificar o leitor que esta envereda invariavelmente pelo caminho do mal e que continuamente estão a cometer os pecados do orgulho, da inveja e da cobiça desmedida; e que Deus, para Sua Própria glória, permite que ajam contra a Sua vontade. Vai entender também de que modo, por meio dessas duas qualidades — a da inteligência e a da vontade —, os demônios realizam prodígios de sorte a não haver poder no mundo que ao deles se compare: Jó, 41:24: "Não há nada igual a eles na Terra pois foram criados para não terem medo de nada." Mas sobre esse ponto diz a glosa: "Embora o diabo nada tema, se acha, mesmo assim, subordinado às virtudes dos Santos."

Verá, ademais, o leitor de que modo o diabo fica sabendo dos pensamentos que emergem do fundo do nosso coração; de que modo, com o auxílio de certos agentes, é ele capaz de realizar, substancial e sinistramente, a metamorfose dos corpos; de que modo é capaz de mover os corpos de um local para outro; e de alterar os sentimentos internos e externos com a intensidade em que bem lhe apraz; e de que modo, não obstante indiretamente, é capaz de mudar o intelecto e a vontade das

PRIMEIRA PARTE

pessoas. Embora tudo isso seja pertinente à nossa presente investigação, só queremos tirar daí algumas conclusões sobre a natureza dos demônios para então prosseguirmos com a análise de nossa questão.

Os teólogos atribuem aos demônios certas qualidades, por serem espíritos impuros, embora não impuros exatamente por sua natureza. Segundo Dionísio, há neles uma insanidade natural, uma concupiscência cega, uma imaginação devassa que se depreendem de seus pecados espirituais, o do orgulho, o da inveja e o da ira. É por isso que são inimigos da raça humana: racionais no intelecto, mas com um raciocínio sem palavras; sutis na perversidade, mas ávidos por praticar o mal; sempre hábeis na ilusão e na burla, a embaçar os sentidos e a conspurcar as emoções dos seres humanos, a confundir o mais vigilante e a atormentá-lo durante o sono, em sonhos; causam doenças, provocam tempestades, disfarçam-se de anjos de luz, a trazer o inferno sempre junto de si; das bruxas usurpam, para si próprios, a adoração de Deus — e é dessa forma que se elaboram as fórmulas mágicas; tentando adquirir a supremacia sobre os bons, molestam-nos com todas as suas forças; e às pessoas eleitas se oferecem como tentação, estando sempre à espera da destruição dos seres humanos.

E não obstante conhecerem um sem-número de formas para realizar seus atos malévolos e tentar, desde a sua queda, provocar o cisma na Igreja, desfazer a caridade, contaminar com o fel da inveja a doçura dos atos dos santos, e de todos os modos subverter e perturbar a raça humana, mesmo assim o seu poder se confina às partes íntimas e ao umbigo (ver Jó, 41). É através da lascívia da carne que exercem seu poder sobre os seres humanos; e nos homens a fonte da lascívia se localiza nas partes íntimas, já que é dali que sai o sêmen, assim como nas mulheres sai do umbigo.

Essas afirmações são dessa forma consideradas para que se possa entender devidamente a questão dos íncubos e dos súcubos. Cumpre frisar que, assim como é católico sustentar que os seres humanos podem, às vezes, ser gerados por íncubos e súcubos, é contrário às palavras dos santos e mesmo à tradição das Sagradas Escrituras defender opinião oposta. Provamos tal tese da seguinte maneira: Santo Agostinho, em certa passagem, levanta essa questão, mas não com referência às bruxas, e sim

O MARTELO DAS FEITICEIRAS

com relação às obras dos demônios e às fábulas dos poetas, deixando, no entanto, alguma dúvida a respeito; para só ser claro depois ao tratar das Sagradas Escrituras. Pois eis o que nos diz na sua obra *A cidade de Deus*, livro 3, capítulo 3: "Deixo em aberto a questão da possibilidade de Vênus ter dado à luz Eneias através do coito com Anquises." Questão semelhante aparece nas Sagradas Escrituras, onde se pergunta se os anjos do mal, tendo deitado com as filhas dos seres humanos, teriam assim povoado a terra de gigantes, ou seja, de seres humanos anormalmente fortes e grandes. Santo Agostinho, entretanto, esclarece a questão no livro 5, capítulo 23, do seguinte modo: "É crença generalizada, cuja verdade é testemunhada por muitas pessoas através da própria experiência, ou, ao menos, pelo testemunho de terceiros de indubitável honestidade e que passaram pela experiência, que sátiros e faunos — comumente chamados de íncubos — têm aparecido a mulheres devassas, a procurá-las e a manter o coito com elas. E que certos demônios — que os gauleses chamam de dúsios — tentam e conseguem, assiduamente, essa obscenidade, o que é testemunhado por pessoas absolutamente dignas de confiança, sendo portanto insolente negá-lo."

Mais adiante, no mesmo livro, Santo Agostinho esclarece a segunda controvérsia, a saber, a da passagem do Gênesis sobre os filhos de Deus (ou de Set) e as filhas dos seres humanos (ou de Caim) em que não se fala a respeito de íncubos, porque a existência de semelhantes criaturas não seria crível. Há, a propósito, a glosa à qual antes nos referimos. Diz-nos Santo Agostinho que não é desprovido de fundamento afirmar que os gigantes dos quais falam as Sagradas Escrituras não foram gerados por seres humanos e sim por anjos ou por certos demônios que teriam buscado aquelas mulheres. O mesmo se afirma na glosa sobre Isaías, 13:21, em que o profeta prevê a desolação da Babilônia, que será habitada por monstros. Diz a passagem: "As corujas aí habitarão, e os sátiros farão aí suas danças." Por sátiros designavam-se os demônios; diz-nos a glosa: "sátiros são criaturas selvagens e peludas que habitam as florestas e que na verdade são os demônios chamados de íncubos." Ainda em Isaías, 34, onde se faz a profecia da desolação da terra do povo idumeu por terem

PRIMEIRA PARTE

perseguido o povo judeu, ele diz: "E há de ser a habitação dos dragões e a morada das corujas. As feras reunir-se-ão também no deserto [...]" Na glosa, as feras são interpretadas como monstros e demônios. E na mesma passagem, São Gregório Magno explica serem esses deuses da floresta, sob essa outra designação, não os Pãs do povo grego, ou os íncubos do povo latino.

De modo semelhante, Santo Isidoro, no último capítulo de seu oitavo livro (de *Etymologiae*), afirma que os sátiros são chamados de Pãs pelo povo grego e de íncubos pelo povo latino. E são chamados de íncubos, do verbo "*incubare*", por se deitarem sobre algo — a entregarem-se a orgias. Pois, não raro, anseiam lubricamente pelas mulheres e com elas copulam; e os povos gauleses chamam-nos de dúsios, por serem diligentes nessas bestialidades. O demônio, porém, que a gente comum chama de íncubo, denominavam-no o povo romano de fauno das figueiras e de quem nos fala Horácio: "Ó Fauno, amante das ninfas fugidias, caminha suavemente pelas minhas terras e pelos meus campos ensolarados" (*Odes*, III.18).

Além disso, há a passagem da primeira epístola de São Paulo aos Coríntios (I Coríntios, 11:10), onde se diz: "Por isso a mulher deve trazer o sinal da submissão sobre sua cabeça, por causa dos anjos." Muitas pessoas católicas creem que "por causa dos anjos" se refere aos íncubos. Da mesma opinião é o Venerável Beda em sua *Historia ecclesiastica gentis Anglorum*. E também Guilherme de Paris em seu livro *De Universo*, na última parte do sexto tratado. A respeito também nos fala São Tomás (*Summa*, I.15 e *Comentário sobre as sentenças*, II.8) e noutros passos, também em Isaías, 12 e 14: fala-nos que é opinião irrefletida negar tais coisas. Pois o que parece verdadeiro para muitas pessoas não há de ser absolutamente falso, de acordo com Aristóteles (ao fim de seu *Do sono e da vigília*, e no segundo tomo da sua *Ética*). Nada menciono das minhas histórias autênticas, narradas por pessoas católicas e pagãs, em que se afirma abertamente a existência de íncubos.

A razão, porém, por que os demônios se transformam em íncubos ou em súcubos não está no prazer, já que, como espíritos, não possuem nem carne nem sangue; mas é sobretudo com essa intenção — através do vício da luxúria — que conseguem infligir aos seres humanos duplicado mal, ou seja, ao corpo e à alma, de sorte que os seres humanos possam se entregar mais a todos os demais vícios. E não há dúvida de que sabem qual a melhor disposição dos corpos celestes em que o sêmen é mais vigoroso, já que os seres humanos assim concebidos serão sempre pervertidos pela bruxaria.

Quando Deus Todo-Poderoso enumerou os muitos vícios de luxúria, tão abundantes entre pessoas descrentes e hereges, e dos quais queria livrar o Seu povo, declarou (Levítico, 18:24-25): "Não vos contamineis com nenhuma dessas coisas, porque é assim que se contaminaram as nações que vou expulsar diante de vós. A terra está contaminada; punirei suas indignidades e a terra vomitará seus habitantes." A glosa explica que o vocábulo "nações" se refere a demônios que, dada a sua multiplicidade, são chamados de nações do mundo, e que se regozijam em todo o pecado, especialmente na fornicação e na idolatria, porque através delas corrompem o corpo e a alma, ou seja, a totalidade do ser que é chamado "terra". Pois todo pecado é cometido pelo ser humano fora de seu corpo, mas o que se dedica à fornicação peca em seu próprio corpo. As pessoas que mais se interessarem pelo estudo dos íncubos e dos súcubos devem consultar a obra do Venerável Beda, já citada, a de Guilherme de Paris, também já citada, e, por fim, a de Tomás de Brabante, *Sobre Besa*.

Retornemos à nossa discussão inicial. O ato natural da procriação entre o homem e a mulher, instituído por Deus e legitimado pelo sacramento do matrimônio, pode ser invalidado por obra do diabo, através da bruxaria, conforme já se demonstrou. E com muito mais propriedade se pode dizer o mesmo de qualquer outro ato venéreo entre o homem e a mulher.

Mas por que o demônio há de conjurar contra o ato venéreo e não contra qualquer outro ato humano tem muitas razões, firmadas pelos doutores da Igreja e que serão discutidas depois, na parte que trata da permissão Divina. Por ora, a razão antes mencionada há de bastar, ou seja, a de que a força do diabo se encontra nas partes íntimas dos seres humanos. Porque de todos os embates é este o mais duro, por ser cons-

PRIMEIRA PARTE

tante e por ser rara a vitória. E é incorreto argumentar que nesse caso a obra do diabo deve ser mais forte do que a obra de Deus, só porque o ato matrimonial, instituído por Deus, pode ser invalidado: o diabo o invalida pela violência, porque não possui poder algum para tal, salvo o permitido por Deus. Logo, o melhor a concluir é que o diabo é absolutamente impotente.

Em segundo lugar, é verdadeiro que o ato da procriação é ato do corpo vivente. E é verdade que os demônios não podem dar vida à matéria, porque o que vivifica o corpo é a alma; mas a vida, na sua corporalidade, advém do sêmen — e os íncubos, com a permissão de Deus, são capazes de tal ato, por meio do coito. Mas o sêmen não provém do íncubo, já que para esse fim ele o terá recebido de outro homem (ver São Tomás, *Summa*, livro 1, questão 51, artigo 3). Pois o demônio é súcubo para o homem e se torna íncubo para a mulher. Exatamente da mesma forma que absorve os germes primordiais de outras coisas para gerá-las, conforme nos diz Santo Agostinho em seu *De Trinitate*, livro 3. Pode-se agora perguntar de quem é filha a criança assim gerada. Está claro que não o é do diabo, mas do homem cujo sêmen foi utilizado. E tem-se isso como certo ao advertir-se que, assim como nas obras da natureza não há superfluidades, também não as há na obra dos anjos; e também é verdade que o diabo é capaz de receber e de transmitir o sêmen, de modo invisível; embora prefira fazê-lo visivelmente, sob a forma de súcubo ou de íncubo, já que através dessa obscenidade pode contaminar o corpo e a alma de toda a humanidade, ou seja, dos homens e das mulheres, como se tivesse havido contato corpóreo real.

Ademais, os demônios são capazes de realizar mais atos malévolos na invisibilidade do que no plano do visível; assim, embora desejassem o contrário, lhes é permitido que ajam na invisibilidade, seja para a provação das pessoas boas, seja para o castigo das iníquas. Acontece, por fim, que outro demônio pode tomar o lugar do súcubo, recebendo-lhe o sêmen e transformando-se em íncubo; e isso, talvez, por tríplice razão. Porque o demônio incorporado em uma mulher deva receber o sêmen de outro demônio incorporado em um homem, estando ambos

O MARTELO DAS FEITICEIRAS

autorizados, pelo Príncipe dos Demônios, a praticar alguma forma de bruxaria — tendo sido cada um deles escolhido dentre os piores; em razão da obscenidade que algum outro demônio abominaria cometer — pois em muitas investigações inquisitórias fica claro que certos demônios, por preservarem em seu caráter ainda alguma nobreza, relutam em praticar tais atos obscenos; ou porque o íncubo, em vez de introduzir o sêmen do homem, possa injetar invisivelmente o seu próprio, ou seja, aquele que recebeu, invisivelmente — interpondo-se ele próprio sobre a mulher. Pois não é estranho à sua natureza e nem está fora de seus poderes realizar tal interposição, já que em forma física ele é capaz de se interpor, invisivelmente e sem contato físico, conforme demonstrado no caso do jovem que assumira compromisso de casamento com um ídolo.

Em terceiro lugar, diz-se que o poder dos anjos pertence, em grau infinito, às criaturas superiores; em outras palavras: seu poder não pode ser abrangido pelas ordens inferiores: é a elas sempre superior, não se limitando assim a um só efeito. Pois os poderes superiores detêm influência ilimitada sobre a Criação. Mas, embora sejam infinitamente superiores, não se quer com isso dizer que sejam irrestritos, a permitir aos anjos realizar qualquer ato ou ação propostos; pelo que se há de dizer que os anjos são igual e infinitamente superiores e inferiores.

Deve haver alguma comensurabilidade entre o agente e o paciente — embora não exista qualquer proporcionalidade entre as substâncias puramente espirituais e as puramente materiais. Logo, nem mesmo os demônios têm o poder de causar qualquer efeito, senão que através de algum outro meio ativo. E é por isso que se utilizam dos germes primordiais das coisas e das criaturas para obterem os efeitos almejados, de acordo com Santo Agostinho (*De Trinitate*, livro 3). De onde retornamos ao argumento precedente, embora um não reforce o outro, exceto se alguém desejar ver na explicação de Santo Agostinho o porquê de considerar as inteligências com poderes infinitos de grau superior e não de grau inferior, os quais lhes são dados na ordem hierárquica das coisas materiais e dos corpos celestes e que são capazes de produzir muitos, infinitos efeitos. Mas isso não se dá por causa da debilidade dos poderes

PRIMEIRA PARTE

inferiores. Os demônios, mesmo na sua imaterialidade, são capazes de produzir transmutações no sêmen; e, não obstante, tal assertiva não é objeção ao presente enunciado, a respeito de íncubos e de súcubos, que para serem capazes de realizar certos atos precîsam adquirir forma material, conforme consideramos há pouco.

Tratemos do quarto argumento, que diz serem os demônios incapazes de mover os corpos ou o sêmen de um lugar para outro, o que é consubstanciado por analogia aos poderes da alma. Cumpre ressaltar que é diferente falar da substância espiritual dos anjos ou dos demônios na sua realidade e falar da substância da alma. A alma só é capaz de dar movimento a um corpo se antes lhe der a vida, ou então o movimento desse corpo não vivo há de lhe ser transmitido por contato com outro corpo vivo. Eis o motivo: a alma ocupa o grau hierárquico mais inferior na ordem dos seres espirituais e, portanto, deverá existir uma relação de proporcionalidade entre ela e o corpo em questão para conseguir movê-lo por contato. Mas isso não ocorre dessa forma com os demônios porque os seus poderes, na totalidade, ultrapassam os poderes corpóreos.

Em quinto lugar, é preciso esclarecer que o contato de um demônio com um corpo criatural, seja através do sêmen ou de alguma outra forma, não é um contato material e sim virtual, e se dá dentro de uma relação de proporcionalidade entre o que move e o que é movido; desde que o corpo movido não suplante, em proporção, o poder do diabo da maneira como os corpos celestes e a terra e seus elementos fazem. E sobre isso, podemos dizer, assim como nos fala São Tomás, com sua autoridade, nas questões em que trata do pecado (*Suma teológica*, "De Daemonibus", questão 10). E tal se dá ou por causa da essência de sua natureza, ou por causa da condenação do pecado. Porquanto há uma ordem reta, direta, entre os elementos materiais, segundo sua própria natureza e seu movimento. E na mesma medida em que os corpos celestes superiores são movidos pelas substâncias espirituais superiores — como os anjos do bem —, os corpos materiais inferiores são movidos pelas substâncias espirituais inferiores — como os demônios. E se essa limitação dos poderes dos demônios se deve à essência de

O MARTELO DAS FEITICEIRAS

sua natureza é porque, segundo alguns, os demônios não pertencem à mesma ordem hierárquica dos anjos superiores, mas à ordem terrestre, criada por Deus; essa é a opinião dos filósofos. E se tal se dá por causa da condenação pelo pecado, conforme é defendido pelos teólogos, é porque eles foram então lançados das regiões altas do céu na atmosfera inferior como forma de punição, não sendo mais capazes de mover os corpos celestes e a terra.

Discutem-se essas questões para que sejam explicados dois argumentos muito difundidos:

O primeiro diz respeito aos corpos celestes. Os demônios seriam capazes de movê-los, caso fossem capazes de mover a matéria inferior de um lugar para outro, já que os astros lhes estão mais próximos, naturalmente, conforme também se alega no último argumento. No entanto, entendemos que esse enunciado não é válido; se a primeira opinião é de fato verdadeira, os corpos celestes superam, em proporção, os poderes do diabo; se a segunda é verdadeira, novamente os demônios são incapazes de movê-los, em razão do castigo pelo pecado.

O segundo argumento defende que o movimento do todo e da parte são uma mesma coisa, exatamente como fala Aristóteles no quarto livro da sua *Física*, exemplificando com o caso da totalidade da terra e do pedaço de solo; assim, se os demônios são capazes de mover uma parte da terra, são também capazes de movê-la inteira. Mas tal afirmativa também não é válida: fica claro ao que examina e faz a distinção. Pois que colher o germe primordial das coisas materiais e aplicá-lo na obtenção de certos efeitos não há de exceder os seus poderes naturais, o que se dá com a permissão de Deus. E isso é claro e por demais óbvio.

Em conclusão, apesar da alegação de que os demônios em forma corpórea não são capazes de procriar e de que por "filhos de Deus" se indicam os filhos de Set, e não os íncubos, assim como por "filhas dos seres humanos" se indicam as filhas de Caim, sem dúvida, o contrário é claramente afirmado por muitas pessoas. E o que parece verdadeiro a muitas não há de ser absolutamente falso, de acordo com Aristóteles no sexto livro da sua *Ética* e no final do livro *Do sono e da vigília*. E hoje,

PRIMEIRA PARTE

nos tempos modernos, temos perfeitamente comprovados os atos e as palavras de bruxas que, na verdade e concretamente, testemunham o contrário.

Enunciaremos, por fim, três proposições. Em primeiro lugar, que os atos venéreos mais obscenos são praticados por esses demônios não por mero deleite, mas para a perdição das almas e dos corpos de quem deles participam como súcubos ou íncubos. Em segundo lugar, que, através desses atos, as mulheres podem de fato conceber e gerar, na medida em que os demônios sejam capazes de depositar-lhes o sêmen humano (em seu útero), onde já há uma substância correspondente. Da mesma maneira, são capazes de colher os germes primordiais de outras coisas para realizarem outros efeitos. Em terceiro lugar, que na concepção dessas crianças só o movimento local há de ser atribuído aos demônios, o qual não advém dos poderes do diabo ou do corpo em que se instalam, e sim do homem a quem pertencia o sêmen; donde a criança gerada não é filha do diabo, mas de algum homem.

E desses fatos fica clara a resposta às pessoas que alegam que, por duas razões, os demônios são incapazes de gerar crianças. Em primeiro lugar, sendo a concepção resultado da força germinativa existente no sêmen oriundo de um corpo vivo e sendo o corpo assumido pelo demônio de gênero diverso, e assim sucessivamente. A refutação é clara: o demônio deposita naturalmente o sêmen germinativo no local apropriado, e assim sucessivamente. Em segundo lugar, há as pessoas que argumentam que o sêmen perde a força germinativa, salvo quando nele se preserva o calor da vida, o qual, porém, é perdido quando o sêmen é transportado por longas distâncias. A resposta é que os demônios são capazes de armazenar o sêmen com segurança, de sorte a não perder o calor vital; ou inclusive porque o sêmen não se evapore tão facilmente em virtude da enorme velocidade com que se movem — e isso por causa da superioridade do que move sobre o que é movido.

QUESTÃO IV

Quais demônios praticam os atos dos íncubos e dos súcubos?

Seria católico afirmar que os atos dos íncubos e dos súcubos são praticados indiferente e igualmente por todos os espíritos impuros? Parece que sim: sustentar o contrário implicaria afirmar que haveria entre eles uma ordem hierárquica, típica entre os espíritos bons. Postula-se que, assim como a enumeração dos bons há graus e ordens diversos (ver Santo Agostinho, *A natureza do bem*), a enumeração dos maus baseia-se na falta de ordem, ou seja, na confusão. Nada entre os anjos do bem ocorre sem uma boa ordem, enquanto entre os anjos do mal tudo é desordem e, portanto, todos, indiferentemente, praticam tais atos. Ver Jó, 10: "Tenebroso país das sombras da morte, opaca e sombria região, reino de sombra e caos, onde a noite faz as vezes de claridade."

Além disso, se todos não praticam tais atos indiferentemente, essa sua distinção qualitativa há de vir ou da sua própria natureza, ou do pecado, ou mesmo do castigo pelo pecado. Não há de vir da natureza, já que todos, sem distinção, entregam-se ao pecado, conforme estabelecido na questão precedente. Pois, por natureza, são espíritos impuros, embora não ao ponto de pejorarem suas partes ainda boas; sutis na perversidade, ávidos por praticar o mal, inchados de orgulho, e assim sucessivamente. Logo, praticam aqueles atos ou pelo pecado, ou pela punição deste. E, como quanto maior o pecado, maior a punição, os anjos mais superiores terão que se submeter à prática dos atos mais obscenos. Se não é por essa razão, há outra, a ser revelada, que explica por que não praticam tais atos de forma indistinta.

O MARTELO DAS FEITICEIRAS

E, mais uma vez, argumenta-se que onde não há disciplina ou obediência todos trabalham sem qualquer distinção; alega-se que entre os demônios não há disciplina, não há obediência e nem acordo. Provérbios, 13:10: "Entre os orgulhosos, há sempre a discórdia."

Argumenta-se, mais uma vez, que por causa do pecado serão eles igualmente atirados ao inferno depois do Dia do Juízo Final, e antes, portanto, ficam aprisionados às brumas inferiores em razão dos trabalhos de que estão incumbidos. Não há referência à igualdade a propósito da emancipação, e portanto não há de existir igualdade na questão das tarefas e das tentações.

Porém, contra tais argumentos se pronuncia a primeira glosa sobre I Coríntios, 15: "Enquanto perdurar o mundo, os anjos se sujeitarão aos anjos, os seres humanos aos seres humanos, e os demônios aos demônios." Também em Jó, 41 se fala das escalas do Leviatã, que significam os membros do diabo, pois um se agarra ao outro. Portanto, há entre os demônios diversidade, quanto à ordem hierárquica e quanto aos atos praticados.

Surge, então, outra questão: saber se os demônios podem ou não ser contidos pelos anjos do bem e impedidos de se entregarem a essas práticas obscenas. É preciso dizer que os anjos a cujo comando as influências adversas se acham subordinadas são chamados anjos de poder, como nos diz São Gregório Magno (*Homilia sobre os Evangelhos*), e também Santo Agostinho (*De Trinitate*, livro 3). Os espíritos vitais rebeldes e cheios de pecado estão subordinados aos espíritos vitais obedientes, piedosos e justos. E as criaturas que são mais perfeitas e que estão mais próximas de Deus têm autoridade sobre as demais: porque a ordem total das preferências começa originalmente em Deus e é partilhada pelas suas criaturas de acordo com a sua proximidade a Ele. Portanto, os anjos, que pelo seu gozo em Deus mais próximos Dele estão, têm a precedência sobre os demônios — demovidos que estão do convívio com Deus — e por isso os governam.

E quando se declara que os demônios causam muitos males sem se utilizarem de qualquer instrumento, ou que para tal não encontram obstáculos — por não estarem subordinados aos anjos do bem, que seriam

PRIMEIRA PARTE

capazes de impedi-los —, ou quando se diz que causam os males por negligência por parte dos anjos aos quais estão subordinados, cumpre refutar que os anjos são ministros da sabedoria Divina: a sabedoria Divina permite que o mal seja praticado pelos anjos maus e pelos seres humanos, tendo em vista o bem que Ele extrai disso. E também por esse motivo os anjos do bem nem sempre hão de impedir os seres humanos perversos e os demônios de praticarem o mal.

Resposta: É católico sustentar que há certa ordem entre as ações ou atos interiores e exteriores e que há, em certa medida, uma hierarquia entre os demônios. Donde se conclui que certas abominações serão cometidas por aqueles da ordem hierárquica mais inferior e das quais se abstêm os de ordem hierárquica superior, dada a maior nobreza de seu caráter natural. E isso, pelo geral, decorre de uma tríplice congruência: tais atos se harmonizam com relação à sua natureza, à sabedoria Divina e à sua própria perversidade.

Tratemos mais particularmente da natureza essencial dos demônios. Concorda-se que desde o princípio da Criação sempre existiam criaturas de superior natureza, por diferirem entre si quanto à forma: não há dois anjos iguais em forma. Essa afirmativa se coaduna à opinião mais geral que condiz com as palavras dos filósofos. Estabelece Dionísio, no décimo capítulo da sua obra *A hierarquia celeste*, que numa mesma ordem existem três graus distintos; havemos de concordar com tal assertiva, já que os corpos celestiais são imateriais e incorpóreos. Ver também São Tomás (*Comentário sobre as sentenças*, livro 2). Pois o pecado não lhes tira a sua natureza, e os demônios, depois da queda, não perderam os seus dons naturais, conforme dissemos antes; já os atos praticados acompanham também suas condições naturais. Portanto, tanto em sua natureza quanto em seus atos, revelam variedade e multiplicidade.

E isso também se harmoniza com a sabedoria Divina; pois o que é ordenado, o é por Deus (Romanos, 13:1). E como os demônios foram incumbidos por Deus para tentarem os seres humanos e castigarem os amaldiçoados, agem sobre a humanidade de muitas e várias maneiras.

O MARTELO DAS FEITICEIRAS

E isso também se harmoniza com a sua própria perversidade. Pois como se encontram em guerra com a raça humana, combatem-na de forma ordenada; julgam assim prejudicar mais os seres humanos e, com efeito, o conseguem. Donde se conclui que não partilham com igualdade, pelo geral, das suas abominações inomináveis.

Prova-se tal enunciado da seguinte maneira. Já que, conforme se disse, o ato ou a operação acompanha a natureza da criatura que o pratica, conclui-se que os que por natureza são subordinados, subordinados também são na prática de seus atos, exatamente como se dá entre os corpos criaturais. Pois como os corpos inferiores estão, pela hierarquia natural, abaixo dos corpos celestiais, suas ações e movimentos hão de estar subordinados às ações e aos movimentos dos corpos celestiais; e como os demônios, conforme já se afirmou, diferem hierarquicamente entre si, também diferem entre si nas suas ações naturais, sejam extrínsecas ou intrínsecas, sobretudo na prática das abominações em questão.

Do que se conclui que como a prática de tais abominações é, em grande medida, alheia à nobreza do seu caráter angelical, assim também os atos mais obscenos e mais bestiais devem ser considerados em si próprios, e não em relação às responsabilidades inerentes à natureza humana e à procriação.

Por fim, segundo alguns acreditam, como os demônios provêm das mais diversas ordens hierárquicas celestiais, não é fora de propósito afirmar que os oriundos das hierarquias mais inferiores sejam os incumbidos de realizar toda a sorte de abominações.

Cumpre também chamar a atenção para o fato de que, embora as Escrituras falem de íncubos e súcubos que anseiam as mulheres, em nenhum lugar se lê que tais demônios incidem nos vícios contra a natureza. Não falamos apenas da sodomia, mas de todos os outros pecados em que o ato sexual é praticado fora do canal correto. E a enorme gravidade em pecar dessa maneira é demonstrada pelo fato de que todos os demônios, igualmente e de qualquer ordem hierárquica, abominam e se envergonham de cometer tais atos. Parece ser o que afirma a glosa sobre Ezequiel, 16:27: "Eu vos colocarei nas mãos das filhas dos filisteus,

PRIMEIRA PARTE

dos demônios que haverão de envergonhar-se das vossas iniquidades, ou seja, dos pecados contra a natureza." Pois não há pecado que Deus tenha tantas vezes punido quanto esse, através da morte vergonhosa pela mão das multidões.

De fato, muitos afirmam, e verdadeiramente se acredita, que ninguém há de perseverar sem risco na prática desses vícios por período superior ao da vida mortal de Cristo, que durou 33 anos, salvo por alguma graça especial do Redentor. E isso é provado pelo fato de que, muitas vezes, octogenários e centenários são por eles seduzidos, embora até então seguissem a vida dentro da disciplina de Cristo; mas tendo Dele se afastado, encontram enorme dificuldade em se libertarem e renunciarem a tais vícios.

Ademais, os nomes dos demônios indicam a ordem hierárquica existente entre eles e que ofício é atribuído a cada um. Pois que, embora as Escrituras usem em geral uma única denominação para referir-se ao espírito do mal, ou seja, a de diabo, dadas as suas várias qualidades, ensinam-nos também que alguns demônios estão acima dessas ações obscenas, da mesma forma alguns vícios são mais graves do que outros. Pois é comum, nas Escrituras e nos discursos, fazer referência a todos os espíritos impuros pela designação "*diabolus*", de "*dia*", ou seja, "dois", e de "*bolus*", ou seja, "pedaços": pois que o diabo mata dois pedaços: o corpo e a alma. E esse ensinamento está de acordo com a etimologia, embora *diabolus* em grego signifique "confinado na prisão", o que também é apropriado, já que não lhe é permitido infligir todo o mal que lhe aprazaria. Ou, então, *diabolus* pode significar "fluxo descendente", já que ele fluiu para baixo, específica e localmente. É também chamado demônio, que, é sabido, indica ânsia por sangue, que ele procura pelo pecado com tríplice sabedoria, a do poder sutil de sua natureza, a da sua experiência secular e a demonstrada na revelação dos espíritos bons. É também denominado Belial, que significa "sem jugo" ou "sem soberano", por ser capaz de lutar contra Aquele a quem devia ser submisso. Também é chamado de Belzebu, que significa "senhor das moscas", ou seja, das almas das pessoas pecadoras que abandonaram a fé verdadeira em Cristo.

E também Satã, que significa "adversário", como em I Pedro, 5:8; "Pois o teu adversário, o diabo" e assim sucessivamente. É ainda denominado Beemot, ou seja, a Besta, porque torna os seres humanos bestiais.

Não obstante, o verdadeiro diabo da fornicação, o soberano daquela abominação, é Asmodeus, que significa "criatura do Juízo", porque, em virtude desse pecado, uma terrível catástrofe abateu-se sobre Sodoma e quatro outras cidades. De forma semelhante, o diabo do orgulho é o Leviatã, que significa condecoração; porque quando Lúcifer tentou nossos primeiros ancestrais, prometeu condecorar-lhes, para seu orgulho, com a marca da Divindade. A seu respeito o Senhor disse, por meio de Isaías (27:1): "Hei de me impor a Leviatã, a velha e sinuosa serpente." E o demônio que personifica a avareza e a riqueza é chamado Mamon, também mencionado por Cristo no Evangelho (Mateus, 6:24): "[...] Não podeis servir a Deus e à riqueza."

Passemos aos argumentos.

Em primeiro lugar, o bem pode ser encontrado sem o mal, mas o mal nunca é encontrado sem o bem; pois é próprio das criaturas possuírem em si o bem. Logo, os demônios foram ordenados hierarquicamente por possuírem o bem em sua natureza.

Em segundo lugar, de acordo com Jó, 10, pode-se afirmar que os demônios incumbidos de várias tarefas não se acham no inferno, mas nas brumas inferiores. E aí apresentam entre si uma ordem hierárquica que não prevalecerá no inferno. Donde se pode afirmar que essa ordem não havia entre eles quando ainda se achavam no limiar da bem-aventurança, surgindo só depois de terem caído dessa categoria hierárquica. Pode-se também afirmar que mesmo no inferno haverá, entre eles, uma gradação de poderes e de castigos, já que alguns, mas não todos, serão encarregados de atormentar as almas. Mas essa gradação advirá de Deus, e não deles próprios, assim como os seus tormentos.

Em terceiro lugar, quando se diz que os demônios superiores, por terem pecado mais, são os mais castigados e, portanto, devem ser os principais responsáveis por esses atos obscenos, responde-se que o pecado guarda relação com o castigo, e não com os atos ou ações da

PRIMEIRA PARTE

natureza; portanto, é graças à sua nobreza natural que tais demônios se abstêm dessas obscenidades, o que nada tem a ver com seu pecado ou com sua punição. E não obstante todos serem espíritos impuros, ávidos por praticar o mal, uns são mais do que outros, na proporção em que sua natureza mais e mais é lançada nas sombras.

Em quarto lugar, diz-se que há concórdia entre os demônios, mas não na amizade e sim na perversidade, pois que odeiam a humanidade e empenham-se ao máximo contra a justiça. Pois que esse acordo se faz entre os perversos, que se unem e obrigam aqueles, cujo talento parece mais adequado, a entregarem-se a certas iniquidades.

Em quinto lugar, embora o confinamento seja decretado igualmente a todos, agora na atmosfera inferior e, depois, no inferno, não lhes são impostas punições e tarefas com a mesma equidade; pois que quanto mais nobres são e quanto mais poderosos, mais pesados os tormentos a que são submetidos. Consultar Sabedoria, 6:8: "Os poderosos hão de sofrer os piores tormentos."

QUESTÃO V

Qual a causa do crescimento dos atos de bruxaria? Por que tem aumentado tanto a prática da bruxaria?

Qual a opinião verdadeiramente católica? Afirmar que a causa do crescimento dos trabalhos de bruxaria reside na influência dos corpos celestiais? Ou afirmar que vem da perversidade dos seres humanos e não das abominações dos íncubos e dos súcubos? Parece ter sua origem na própria perversidade do ser humano. Pois Santo Agostinho nos diz, no livro *Oitenta e três questões diversas*, estar a causa da depravação do ser humano na sua própria vontade, porque assim lhe apraz ou por sugestão de outrem. As bruxas depravam-se através do pecado, logo, a causa de sua depravação não há de residir no diabo e sim na vontade humana. No mesmo texto o autor fala do livre-arbítrio; todo ser humano é a causa de sua própria perversidade. Assim raciocina: o pecado do ser humano provém do livre-arbítrio. Mas o diabo não é capaz de destruir o livre-arbítrio, pois tal ato militaria contra a liberdade: portanto, não reside no diabo a causa desse ou de qualquer outro pecado. Além disso, no livro sobre o Dogma Eclesiástico, Santo Agostinho afirma: "Nem todos os nossos pensamentos malévolos são determinados pelo diabo: alguns surgem durante a operação de nosso próprio julgamento."

E alega-se que a verdadeira fonte da bruxaria se acha na influência dos corpos celestes, e não nos demônios. Assim como todo múltiplo é reduzido à unidade, tudo o que é multiforme é reduzido a um princípio uniforme. Mas os atos humanos, no vício ou na virtude, são vários e multiformes e, logo, talvez possam ser reduzidos a alguns princípios que uniformemente se movem e são movidos. Mas tais princípios só podem ser vinculados ao movimento dos astros — logo, os corpos celestes são a causa de tais atos.

Mais ainda, se os astros não são a causa das ações humanas boas ou más, as pessoas que lidam com astrologia não com tanta frequência conseguiriam antever corretamente o resultado das guerras e de outras ações humanas: logo, é nos astros que, de alguma forma, reside a causa.

Os astros, ademais, são capazes de influenciar os demônios na execução de certos malefícios; e, portanto, são capazes, sem dúvida, de influenciar os seres humanos, para o que se aditam três provas. Primeira: certos seres humanos, chamados lunáticos, são molestados pelos demônios mais em uma época do que em outra; mas os demônios não teriam esse comportamento e os molestariam sempre, se eles próprios não sofressem forte influência de certas fases da lua. Como prova, apela-se ao fato de que necromantes observam certas constelações para invocar os demônios, o que não fariam se não soubessem que os demônios são subservientes a certos corpos celestes.

Ademais, adita-se também como prova o que diz Santo Agostinho em *A cidade de Deus*, livro 10: os demônios utilizam nas suas operações materiais inferiores — ervas, pedras, animais e mesmo certos sons, vozes e figuras. Mas como os corpos celestes têm maior poder que os corpos inferiores, têm aqueles muito maior influência do que esses. E as bruxas encontram-se em submissão de maior grau porque seus atos emanam da influência daqueles corpos, e não do auxílio de espíritos malignos. O argumento acha esteio em I Samuel, 16:23, em que Saul, ao ser exasperado pelo espírito mau, só se acalmava quando Davi tomava a harpa e a tocava, fazendo com que o demônio o deixasse.

Argumentos contrários: Não é possível que se tenha efeito sem causa: os atos das bruxas são de natureza tal que não podem ser realizados sem o auxílio de demônios, conforme nos mostra Santo Isidoro ao descrever as bruxas em seu *Etymologiae*, livro 8. As bruxas são assim chamadas por causa da atrocidade de seus malefícios; perturbam os elementos e

PRIMEIRA PARTE

confundem a mente das pessoas sem se utilizarem de qualquer poção venenosa, apenas pela força de seus encantamentos — a destruir almas e a provocar toda sorte de efeitos que não podem ser causados pela influência dos corpos celestes com a mera intermediação de um ser humano.

Diz-nos, ainda, Aristóteles, em sua *Ética*, que é difícil conhecer a origem do pensamento humano: há de residir em algum princípio extrínseco. Pois que para tudo o que tem começo deve haver uma causa, desde o princípio. Uma pessoa começa a fazer algo que lhe apraz, de acordo com a sua vontade; já a sua vontade principia em alguma sugestão prévia: mas se há essa sugestão precedente, terá de proceder ou do infinito ou de algum princípio extrínseco, que a terá transmitido ao ser humano. Com efeito, para alguns isso se dá por ação do acaso, donde se conclui serem fortuitas todas as ações humanas, o que é absurdo. Portanto, nos seres humanos bons, o princípio do bem está em Deus (Deus não é causa do pecado). Nos seres humanos perversos, porém, o princípio do mal — quando o ser humano começa a voltar-se para o pecado e a querer praticá-lo — deve também ser encontrado em alguma causa extrínseca, que não poderia ser outra senão o diabo; sobretudo no caso das bruxas, conforme demonstramos antes, já que os astros não têm ascendência sobre seus atos. Clara está, portanto, a verdade.

Além disso, aquele que tem poder sobre o motivo possui também poder sobre o resultado pelo motivo causado. O motivo da vontade se encontra no que é percebido, ora pelos sentidos, ora pelo intelecto, ambos subordinados aos poderes do diabo. Pois nos diz Santo Agostinho no livro *Oitenta e três questões diversas*: "Este mal, que provém do diabo, adentra-nos furtivamente por todas as portas dos sentidos: aparece em figuras, mescla-se a cores, mistura-se a sons, insinua-se pela palavra irada e injusta, reside nos perfumes — a impregnar com sabores e a obstruir com certos aromas todos os canais do entendimento."

Logo, vê-se que reside no poder do diabo o princípio influenciador da vontade, que é, diretamente, a causa do pecado.

Para que um ser humano se decida entre dois caminhos é sempre necessário, antes de optar por um dos dois, que exista algum fator a

O MARTELO DAS FEITICEIRAS

determinar sua decisão. E o ser humano, pelo seu livre-arbítrio, pode escolher entre o bem e o mal. Portanto, quando se entrega ao pecado, terá necessariamente sofrido a influência de um princípio determinante que o fez enveredar por esse caminho. Parece que tal influência é exercida mormente pelo diabo, sobretudo pelas ações das bruxas, cuja vontade está a serviço do mal. Parece assim que a vontade maligna do diabo é a causa da vontade maligna no ser humano, e, especialmente, nas bruxas. Podemos ainda consubstanciar esse argumento: assim como os anjos do bem se voltam para os atos benévolos, os anjos do mal se voltam para os malévolos, e enquanto os primeiros conduzem o ser humano à bondade, os segundos conduzem-no à perversidade. Pois, como diz Dionísio (em *A hierarquia celeste*), a lei férrea e imutável da divindade determina que os inferiores têm sempre a sua causa nos superiores.

Resposta: Os que afirmam ter a bruxaria sua origem na influência dos corpos celestes sobre as bruxas incidem em três erros fundamentais.

Em primeiro lugar, não é possível que tal influência original seja encontrada em videntes, em astrólogos e em adivinhos. Quando se indaga se o vício humano da bruxaria é causado pela influência dos astros, é preciso fazer uma distinção (em consideração à multiplicidade de caráter dos seres humanos e em defesa da fé verdadeira), a saber, entre os dois modos pelos quais se pode entender a influência dos corpos celestes sobre as características humanas. Ou esta se dá, completamente, por necessidade ou fatalidade, ou se dá casualmente, por contingência ou eventualidade. E diga-se que, quanto à primeira hipótese, não só é falsa como também herética e contrária à religião cristã, e não é possível às pessoas de fé verdadeira persistir nesse erro. Por esse motivo, aquela que professa que tudo provém necessariamente dos astros se exime de todo o mérito e, logo, de toda a culpabilidade — afastando-se também da graça e, portanto, da glória. Pois a probidade do caráter é prejudicada por tal erro, já que a culpa de quem peca remonta aos astros, tornando lícito pecar sem culpabilidade, obrigando o ser humano, portanto, ao culto e à adoração dos astros.

PRIMEIRA PARTE

Quanto à afirmação de que o caráter do ser humano é influenciado eventualmente pela disposição dos astros, tanto é verdade que não chega a opor-se à razão ou à fé verdadeira. Pois é óbvio que a disposição contingencial de um corpo causa grande variabilidade no humor e no caráter da alma; pelo geral, a alma reproduz as várias compleições do corpo, conforme dito nos Seis Princípios. Donde pessoas coléricas revelam a ira; as cordiais, a afabilidade; as invejosas, a cobiça; e as fleumáticas, a indolência. Não porém em termos absolutos: a alma é a soberana de seu corpo, mormente quando ajudada pela graça. Vemos, assim, a cordialidade em muitas pessoas coléricas e a bondade em muitas invejosas. Portanto, quando o poder dos astros interfere na formação e na qualidade do espírito de uma pessoa, conclui-se que eles têm alguma influência sobre o seu caráter, não obstante muito remota; pois o poder dos elementos próximos, inferiores, tem maior efeito sobre a disposição do espírito que o poder dos astros distantes. Pelo que Santo Agostinho (*A cidade de Deus*, livro 5), ao tratar de uma questão sobre a cura simultânea de dois irmãos que tinham adoecido, aprova o raciocínio de Hipócrates e desaprova o de um astrólogo. Para Hipócrates, a cura se deu em virtude da semelhança entre seus humores; para o astrólogo, em decorrência da identidade de seus horóscopos. Mas a explicação do médico foi melhor, já que a ela conduziu a causa mais poderosa e mais imediata. Cumpre portanto dizer que a influência dos astros conduz, em certa medida, à perversidade das bruxas quando se admite existir tal influência sobre seu corpo, a predispô-las a essa forma de abominação, e não a qualquer outra espécie de atividade perversa ou virtuosa; no entanto, não se há de dizer que tal predisposição seja necessária, imediata e suficiente, mas apenas remota e contingente.

Tampouco é válida a objeção baseada no livro do filósofo sobre as propriedades dos elementos que diz ficarem os reinos desabitados e as terras despovoadas quando da conjunção de Júpiter com Saturno; donde argumenta-se que tais fenômenos transcendem o livre-arbítrio do ser humano e, por isso, a influência dos astros sobreleva-se ao livre-arbítrio. Não quer o filósofo dizer com isso que o ser humano não consiga resistir à influência dessa contingência astrológica favorável às dissensões,

O MARTELO DAS FEITICEIRAS

mas que simplesmente não se mostra disposta a tal. Pois Ptolomeu, no *Almagesto*, diz: "os sábios dominarão os astros". E como Saturno exerce influência soturna e negativa e Júpiter, influência muito positiva, a sua conjunção predispõe as pessoas a brigas e discórdias; no entanto, graças ao seu livre-arbítrio, são capazes de resistir a essa predisposição e com grande facilidade, com o auxílio da graça do Senhor!

Também não é válida a objeção baseada nas palavras de São João Damasceno quando afirma que os cometas muitas vezes prenunciam a morte dos reis (*A fé ortodoxa*, livro 2, capítulo 6). Pois se verá que a opinião desse autor, conforme se depreende da leitura do texto, é contrária à opinião do caminho filosófico e não representa prova da inevitabilidade das ações humanas. São João Damasceno afirma que os cometas não são criação natural, nem são astros encontrados no firmamento; e portanto nem seu significado nem sua influência seriam naturais. Diz-nos ele que os cometas não são astros criados desde o princípio, mas sim criados para uma ocasião particular, depois se dissolvendo por ordem Divina. Essa a opinião de São João Damasceno. Deus, porém, através desses sinais, prenuncia a morte de reis e não de outros seres humanos não só porque os reis são pessoas públicas, mas também porque da sua morte pode sobrevir a confusão em seus reinos. E os anjos são mais diligentes na sua atenção com os reis para o bem geral. Pois que os reis nascem e morrem sob o ministério dos anjos.

Não há dificuldade em entender a opinião dos filósofos. Segundo eles, os cometas são um conglomerado de vapor quente e seco, gerados na parte superior do espaço junto ao fogo celeste, e que tal globo de vapor quente e seco adquire a semelhança de um astro. Mas as partes não incorporadas ao globo estendem-se numa espécie de ano a ele ligadas, como uma longa cauda. Segundo esse ponto de vista, não de *per si*, mas por acaso, os cometas prenunciam a morte por enfermidades quentes e secas. E como, em grande medida, as pessoas ricas se alimentam de refeições de natureza quente e seca, nessas ocasiões muitas delas morrem; e, dentre as que morrem, as mais notáveis são os reis e os príncipes. Tal maneira de ver não se distancia muito da de São João Damasceno, quando

136

PRIMEIRA PARTE

cuidadosamente considerada, exceto quanto à operação e cooperação dos anjos, que nem mesmo os filósofos podem ignorar. Com efeito, mesmo que os vapores, secos e quentes, nada tenham a ver com a formação dos cometas, pelas razões já mencionadas, os cometas podem ser formados pela vontade dos anjos. Nesse sentido, a estrela que prenunciou a morte do sábio São Tomás não foi uma das encontradas no firmamento, mas outra, formada por um anjo, de alguma substância conveniente, que, depois de realizar seu propósito, a fez dissolver-se.

Assim, vemos que não importa qual dessas opiniões sigamos, os astros não têm influência inerente sobre o livre-arbítrio e, consequentemente, sobre a malevolência e o caráter das pessoas.

É preciso reparar também que os astrólogos não raro anteveem a verdade e que seus julgamentos são, pelo geral, efetivos sobre uma província ou uma nação. Porque formulam seus juízos baseados nos astros que, segundo o ponto de vista mais provável, têm maior, porém não inevitável, influência sobre as ações da humanidade em geral — ou seja, sobre a população de uma nação ou de uma província — do que sobre uma pessoa em particular; e isso porque a maior parte de uma nação obedece mais fielmente à disposição natural dos corpos que uma pessoa sozinha. Mencionamos esse fato, porém, incidentalmente.

A segunda das três maneiras pelas quais defendemos o ponto de vista católico é refutando o erro herético dos astrólogos e dos matemáticos adivinhos que rendem culto à deusa da Fortuna. Destes, Santo Isidoro (*Etymologiae*, capítulo 8, questão 9) diz que assim se chamam por examinarem os astros para a feitura de seus horóscopos (sendo também chamados matemáticos); e no mesmo livro, capítulo 2, diz que a Fortuna ganha seu nome do vocábulo "fortuito" — uma espécie de deusa que escarnece dos afazeres humanos através de acontecimentos inesperados ou fortuitos. Além disso, é considerada cega, já que vagueia para ali e para acolá sem levar em conta o merecimento: atinge indiferentemente pessoas boas e más. Assim pensa Santo Isidoro. Mas acreditar na existência dessa deusa, ou que os flagelos que atingem os corpos criaturais, atribuídos à bruxaria, na realidade procedam daí é notória idolatria; e

O MARTELO DAS FEITICEIRAS

afirmar também que as bruxas já nasceram com o seu destino traçado — o de realizar atos de bruxaria pelo mundo — é igualmente alheio à verdadeira Fé. E mesmo ao ensinamento geral dos filósofos. Quem quiser verificar o que estamos afirmando basta consultar São Tomás no terceiro livro da *Suma contra os gentios*, questão 87 e as seguintes.

No entanto, cumpre não omitir um ponto, para auxiliar as pessoas que talvez não disponham de maior biblioteca. São três os atos humanos governados pelas causas celestiais: os atos da vontade, os atos do intelecto e os atos do corpo. Os primeiros são governados direta e exclusivamente por Deus; os segundos, pelos anjos; e os terceiros, pelos corpos celestes. A escolha e a vontade são, para as boas obras, diretamente governadas por Deus, conforme nos diz a Escritura (Provérbios, 21:1): "O coração do rei está nas mãos do Senhor, ele o inclina para qualquer parte que quiser." "O coração do rei" é expressão usada para dizer que se os poderosos não se podem opor à Sua vontade, muito menos os despossuídos o poderão. Diz-nos também São Paulo (Filipenses, 2:13): "Deus é quem nos faz desejar e realizar as boas obras."

O entendimento humano é governado por Deus pela intermediação dos anjos. E os atos corpóreos, naturais ao ser humano, sejam exteriores, sejam interiores, são também regidos por Deus, mas pela intermediação dos anjos e dos corpos celestes. Pois nos diz Dionísio (*Dos nomes Divinos*, livro 4) que os corpos celestes são a causa daquilo que acontece neste mundo, sem que isso, porém, implique fatalidade.

E como o ser humano é governado, como corpo, pelos corpos celestes; como intelecto, pelos anjos; e como vontade, por Deus, pode acontecer de ele rejeitar a inspiração de Deus para a bondade, de rejeitar a orientação de seus anjos bons, e de ser, assim, conduzido pelos seus atributos corporais para onde lhes aponta a influência dos astros, a enredar na malícia e no erro a sua vontade e o seu entendimento.

Não há a possibilidade, entretanto, de alguém incidir, por influência dos astros, no tipo de erro para o qual as bruxas são atraídas — a carnificina, os roubos, os assaltos, as piores obscenidades —, e isso também vale para outros fenômenos naturais.

PRIMEIRA PARTE

Ademais, conforme declara Guilherme de Paris em seu *De Universo*, está provado pela experiência que, quando uma prostituta planta uma oliveira, esta não dá frutos, embora dê frutos quando plantada por mulher casta. E os médicos na cura, os lavradores no plantio e os soldados na guerra podem mais conseguir quando auxiliados pela influência dos astros do que outros de mesmo ofício e com a mesma habilidade.

A terceira forma pela qual defendemos o ponto de vista católico é pela refutação da crença do destino. Há de notar-se que a crença no destino, em certo sentido, é razoavelmente católica, mas em outro é completamente herética. Pois o destino pode ser entendido no sentido que lhe emprestam certos gentios e certos matemáticos adivinhos ao afirmarem que os diferentes atributos naturais do ser humano foram inevitavelmente causados pela força da posição dos astros, de sorte a serem os magos predestinados — mesmo os de caráter bom —, porque a disposição dos astros, no momento de sua concepção ou de seu nascimento, assim preestabelecera. Dão a essa força a designação de destino.

Mas essa opinião não só é falsa como herética e absolutamente execrável por acarretar a anulação da culpabilidade, conforme se mostrou antes, a refutação do primeiro erro citado. Pelo que removeria todas as justificativas por merecimento ou por culpa, por graça e por glória: Deus se transformaria em autor de todo o nosso mal, e muitas outras incongruências. Essa concepção de destino, portanto, precisa ser rejeitada por ser simplesmente inexistente. E aborda essa crença São Gregório Magno ao declarar em sua "Homilia sobre a Epifania" (em *Quarenta homilias sobre o Evangelho*): "Que fique longe do coração dos fiéis a afirmação de que existe qualquer destino."

E, contudo, por causa da mesma incongruência percebida em ambas, essa opinião lembra, por similar, a outra a respeito dos astrólogos. No entanto, são divergentes no que tange à força dos astros e ao influxo dos sete planetas.

O destino, porém, pode ser considerado uma espécie de disposição secundária, ou uma espécie de ordenação das causas secundárias para a produção dos efeitos Divinos antevistos. Nesse sentido, há, verdadei-

O MARTELO DAS FEITICEIRAS

ramente, um destino. Pois que a Providência Divina realiza Suas obras através de causas intermediárias — exatamente as obras sujeitas a causas secundárias; há obras, porém, que não se acham assim subordinadas — como a criação das almas, a glorificação e a aquisição da graça.

Também os anjos podem cooperar na infusão da graça pela iluminação e pela orientação do entendimento e da capacidade da vontade; portanto, é possível dizer que o arranjo final dos resultados seria ao mesmo tempo e univocamente determinado pela Providência e, até mesmo, pelo destino. Há em Deus uma qualidade que pode ser chamada Providência — ou se pode dizer que Ele ordenou causas intermediárias para a realização de alguns de Seus propósitos; e nessa medida o destino é um fato racional. É nesse sentido que Boécio fala sobre o destino (*A consolação da Filosofia*, livro 4): "O destino é uma disposição inerente dos corpos em movimento pelo que a Providência cinge as coisas por Ela ordenadas." E contudo os instruídos santos recusam-se a usar esse nome, em razão das pessoas que desvirtuam o seu significado vinculando-o à força da posição dos astros. Pelo que Santo Agostinho (*A cidade de Deus*, livro 5) declara: "Se alguém atribuir as coisas humanas ao destino, por destino entendendo a vontade e o poder de Deus, deixai-o ter a sua opinião, mas que corrija a sua língua."

Está claro, então, que o que foi dito oferece resposta suficiente à questão antes formulada, qual seja, se os atos de bruxaria estão ou não subordinados ao destino. Pois se por destino se entende o ordenamento das causas secundárias dos resultados Divinos previstos — ao desejar Deus realizar seus propósitos através de causas secundárias —, então tais atos acham-se sujeitos às causas secundárias por Ele ordenadas — sendo a força dos astros uma delas. As coisas, no entanto, que provêm diretamente de Deus — a criação dos elementos substanciais ou espirituais, a glorificação de tais elementos e outras coisas semelhantes — não se acham subordinadas ao destino. Boécio, na obra citada, sustenta esse ponto de vista ao afirmar que as coisas que se acham próximas à deidade primal estão além da influência dos decretos do destino. Logo, as obras das bruxas, por estarem fora do curso comum e da ordem da natureza, não se acham subordinadas a tais causas secundárias. Em outras palavras: quanto à sua origem, não estão subordinadas à fatalidade do destino, mas a outros fatores.

A bruxaria não é causada pelas forças que movem os astros

Logo, assim como a bruxaria não é causada da maneira como havia sido sugerido, não é também determinada pelas essências independentes que compõem as forças moventes dos astros. Não obstante, era essa a opinião defendida por Avicena e sua escola (em *Livro da alma*). Argumentavam que as essências eram de poder superior ao de nossas almas; e a própria alma é capaz, por vezes, graças à força da imaginação (ou meramente por medo), de promover mudança no seu próprio corpo e, vez ou outra, até mesmo no corpo de outra pessoa. Quando uma pessoa, por exemplo, caminha sobre uma prancha colocada a grande altura, cai facilmente. Pelo medo que invade seu pensamento, imagina que vai cair; se, no entanto, a prancha fosse colocada no chão, não cairia, pois não teria motivo para temer a queda. Por mera apreensão da alma, portanto, o corpo se inflama, no caso da pessoa concupiscente e da colérica, e se esfria, no caso da medrosa. O corpo, ademais, por recear e imaginar fortemente tais coisas, pode acabar acometido de enfermidades, como a febre e a lepra. Assim, a alma, na mesma medida em que exerce influência sobre o corpo onde habita, é capaz de exercer influência idêntica sobre o corpo de outrem, no sentido da saúde ou da doença; e a esse fenômeno se atribui a causa do encantamento maléfico, sobre a qual já havíamos comentado.

E como, de acordo com esse ponto de vista, os feitos das bruxas têm de ser atribuídos às forças que movem os astros — e não precisamente aos próprios astros —, cumpre que aditemos ao que já havíamos falado a respeito de ser isso também impossível. Pois as forças que movem os astros são as essências, boas e inteligentes, não apenas por sua própria natureza, mas também por sua própria vontade, em conformidade com as suas obras que são para o bem de todo o universo. Mas a criatura pela qual são praticados os atos de bruxaria, mesmo que benévola em essência por natureza, não há de ser benévola pela sua vontade. Logo, é impossível defender o mesmo juízo a respeito das essências independentes e dessa essência criatural das bruxas.

Prova-se que a essência criatural referida não pode ser de bondade em relação à vontade. Pois que não faz parte da inteligência perfeitamente ordenada estender o seu domínio às pessoas que agem contra a virtude; e contra a virtude agem as bruxas. Porque se vai mostrar, na segunda parte deste livro, que as bruxas cometem assassinato, praticam a fornicação e fazem o sacrifício de crianças e de animais — e são chamadas bruxas pela natureza maligna de seus atos. Logo, a inteligência por cujo auxílio se realiza a bruxaria não há de ser a que se volta a favor da virtude; embora pudesse ser benévola em sua forma original, como tudo o mais, conforme fica evidente para quem medita a respeito. Também não há de estar a inteligência benévola no espírito íntimo de pessoas criminosas, estendendo a elas seu apoio em detrimento das virtuosas. Pois são as criminosas que se servem da bruxaria e que se tornam conhecidas por tais atos. Além disso, a função natural das essências que movem os astros é a de influenciar as criaturas para o bem, embora elas muitas vezes se corrompam por algum acidente. As essências, portanto, não são a causa original das bruxarias.

A par disso, compete aos bons espíritos conduzir os seres humanos para aquilo que é bom na natureza humana e para o que traz a boa reputação; instigar os seres humanos para o mal, portanto, e abandoná-los aos efeitos malignos são atitudes vinculadas aos espíritos com predisposição para o mal. E pela astúcia de um tal espírito, os seres humanos não progridem no sentido das obras meritórias — nas ciências, nas virtudes —, mas no das obras perversas — no roubo e em milhares de outros crimes. A origem de tais atos, portanto, não se encontra nas essências, mas em alguma força do mal que se volta contra a virtude.

Além disso, não é possível conceber a invocação de espíritos benignos para ajudar na consecução de crimes. E é isso o que se faz nos atos de bruxaria, pois que as bruxas abjuram a Fé e sacrificam crianças inocen-

PRIMEIRA PARTE

tes. As essências que movem os astros, pela sua bondade, não ajudam nesses atos de bruxaria.

Em conclusão: os atos de bruxaria não têm a sua origem nas forças que movem os astros e nem nos próprios astros. Devem ter sua origem em alguma força aliada a alguma criatura, e tal força não há de ser boa na sua vontade, embora pudesse sê-lo originalmente. Como os próprios demônios correspondem a essa descrição, é pela força de seus poderes que tais atos são realizados.

Alguém poderia levantar a fútil objeção de que a bruxaria tem sua origem na malícia humana — que seria realizada através de maldições ou pragas e da disposição de imagens em certos lugares, estando os astros em posição favorável. Por exemplo, se uma bruxa pega de uma imagem e diz a uma mulher: "Eu a tornarei cega" ou "Eu a tornarei coxa", e assim acontece, tal se dá, porém, porque a mulher, desde o seu nascimento, havia de estar predestinada, pela disposição dos astros, a tal desgraça; e se palavras tivessem sido proferidas contra qualquer outra pessoa não teriam surtido efeito. Pois objetaremos a esses argumentos pormenorizadamente. Em primeiro lugar, esses atos de bruxaria não podem ser causados pela malícia humana; em segundo lugar, não podem ser causados por palavras mágicas ou por imagens, sejam quais forem os astros em conjunção.

A bruxaria não se faz tão só pela malícia humana

Cumpre provar primeiro que os atos de bruxaria não decorrem apenas da malícia humana, por maior que esta seja. Pois que a malícia de uma pessoa pode ser habitual — quando esta, pela prática frequente, adquire um hábito que a induz ao pecado (e não por ignorância, mas por riqueza, caso em que peca pela sua perversidade). Ou pode ser malícia real, pelo que se faz menção à opção deliberada pelo mal, que é pecado contra o Espírito Santo. Mas em nenhuma dessas instâncias o ser humano é capaz, sem o auxílio de alguma força superior, de promover, através de fórmulas mágicas, a mutação dos elementos, ou prejudicar o corpo físico

O MARTELO DAS FEITICEIRAS

das pessoas e dos animais. E provemos isso primeiro quanto às causas, e segundo quanto aos efeitos das bruxarias.

Os seres humanos não são capazes de realizar tais atos sem malícia, ou seja, sem o enfraquecimento de sua própria natureza, e muito menos quando sua natureza já se encontrava enfraquecida; o que está claro, uma vez que sua virtude ativa já se encontrava diminuída. Mas os seres humanos, através de toda a sorte de pecados e de perversidades, tornam--se enfraquecidos na sua bondade natural. É declaração provada pela razão e pela autoridade. Pois que nos diz Dionísio (*Dos nomes Divinos*, capítulo 4): "O pecado é o resultado natural do hábito." Fala-nos aí do pecado da culpa. Pelo que ninguém que esteja cônscio de seu pecado torne a cometê-lo, salvo por revolta deliberada.

Resposta: O pecado da culpa guarda a mesma relação com o bem natural quanto o bem da graça guarda relação com o pecado natural. Mas, pela graça, se reduz o pecado natural. Portanto, muito mais é o bem natural diminuído pela culpa. E não é válido objetar que o encantamento às vezes seja provocado por mau-olhado de mulheres velhas sobre crianças, enfeitiçando-as e transformando-as. Pois, conforme já se mostrou, isso só acontece às crianças pela sua delicada compleição. Falamos aqui dos corpos de quaisquer seres humanos e dos animais e até mesmo dos elementos e das tempestades de granizo. Para quem desejar tomar maior conhecimento sobre o assunto, recomendamos São Tomás nas questões que tratam do mal (*Suma*, livro 2), para averiguar se o pecado é capaz de corromper o bem natural na sua totalidade.

Passemos aos efeitos das bruxarias, pois a partir dos efeitos chegamos ao conhecimento das causas. Tais efeitos, no que nos concerne, estão fora da ordem da natureza criada, conforme nos é dado saber, e são produzidos pela força de alguma criatura que nos é desconhecida. Não obstante, não são milagres, ou seja, fenômenos fora da ordem da totalidade da natureza criada. Os milagres são causados pelo poder Daquele que está acima da totalidade das ordens da criação natural, ou seja, pelo poder do Deus Abençoado; porque foi dito: "Só a Deus cabe operar milagres" (Salmos, 135:4). Portanto, também as ordens das bruxas são consideradas mira-

PRIMEIRA PARTE

culosas, enquanto causadas por fatores desconhecidos de nós, e fora da ordem da natureza criada, conforme nos é dado saber. Donde se conclui que a virtude corpórea de um ser humano não pode se estender à causa de tais obras; pois, no caso do ser humano, a causa com seu efeito natural é reconhecida naturalmente e sem milagre.

E claro está que as obras das bruxas podem ser, em certo sentido, chamadas miraculosas, enquanto excedem o conhecimento humano, pela sua própria natureza; porque não são feitas naturalmente. Também é mostrado por todos os doutores da Igreja, mormente por Santo Agostinho no *livro Oitenta e três questões diversas*, que pelas artes mágicas muitos milagres são operados de forma semelhante aos operados pelos servos de Deus. No mesmo livro ele declara que os magos operam milagres por contratos particulares, as boas pessoas cristãs o fazem por justiça pública, e as más, através de símbolos da justiça pública. E tudo isso é explicado da seguinte maneira: há a justiça Divina em todo o universo, assim como há a legislação pública no Estado. Mas a virtude de qualquer criatura guarda relação com o universo, assim como a da pessoa, individualmente, guarda relação com o Estado. Portanto, na mesma medida em que as boas pessoas cristãs operam milagres pela justiça Divina, diz-se que as más os operam pela justiça pública. Mas o mago o faz, diz-se, por contrato privado, pois que os opera por meio do diabo que, pelos seus poderes naturais, é capaz de atuar fora de ordem da natureza criada que é de nós conhecida, embora através de uma criatura que nos é desconhecida; e, por isso, tal efeito nos parecerá um milagre, embora não o seja exatamente, já que não lhe é permitido operar fora da ordem da totalidade da natureza criada, e nem através de todas as virtudes das criaturas que nos são desconhecidas. Pelo que se diz só Deus ser capaz de operar milagres, de acordo com o que foi dito: "Apenas Vós, Senhor Deus, sois capaz de operar milagres." Mas as más pessoas cristãs operam-nos mediante símbolos da justiça pública, invocando o nome de Cristo, ou exibindo certos Sacramentos. Ver São Tomás, primeira parte da *Suma*, questão 3, artigo 4, e também as conclusões na segunda parte desta obra, capítulo VI.

O MARTELO DAS FEITICEIRAS

Que a bruxaria não é exercida por expressões e palavras proferidas sob a influência favorável dos astros

Não procede a bruxaria de palavras proferidas sobre imagens por ocasião de conjunções astrais favoráveis. Pois que o intelecto de um ser humano é de natureza tal que seu conhecimento advém das questões materiais, e as imagens fantasiosas precisam ser racionalmente examinadas. Não é de sua natureza, por simples pensamento ou por operação intrínseca de seu intelecto, fazer com que coisas aconteçam pelo mero pronunciar de palavras. Se assim fosse, os seres humanos dotados desse poder não seriam da mesma natureza que nós, e só por equívoco seriam chamados seres humanos.

Também diz-se que operam tais prodígios quando os astros, dadas as suas posições em seu nascimento, lhes são favoráveis; do que se conclui que seriam capazes de operar maravilhas pela força de palavras tão somente, em certas condições, com o auxílio da posição dos astros no nascimento da sua vítima. Tem-se, porém, que esse enunciado é absolutamente falso pelo que já se considerou a propósito dos astrólogos e dos adivinhos.

Não só isso: as palavras exprimem a concepção do pensamento; e os astros não têm o poder de influenciar o entendimento humano, nem as forças que os movem, mesmo que assim desejassem, por si próprias, independentemente do movimento dos astros, no sentido de iluminar o entendimento; tal só se daria com relação às boas obras, pois que o entendimento humano se ensombrece — e não se ilumina — para a realização das obras do mal; tal é função não de espíritos benignos, mas de espíritos malignos. Fica claro, portanto, que, se há alguma eficácia em suas palavras, não há de ser por causa dos astros, e sim por causa de alguma inteligência que, embora possa ser benévola por sua própria natureza, não há de ser com relação à vontade, já que sempre atua para a consecução do mal; e tal inteligência é o próprio diabo, conforme antes demonstramos.

E pode-se também dizer que os seres humanos não são capazes de realizar tais efeitos através do uso de imagens influenciadas, por assim

146

PRIMEIRA PARTE

dizer, pelos astros. Pois tais imagens, marcadas por caracteres e por figuras vários, são o resultado de obra humana. Embora os astros causem efeitos naturais, tal raciocínio não se aplica aos efeitos causados pela ação de bruxas malignas, que, para desgraça das criaturas, agem em desacordo com a ordem habitual da natureza. Pelo que tal argumento é irrelevante.

Já demonstramos antes existirem dois tipos de imagens. As dos astrólogos e dos magos não se destinam à corrupção dos seres, mas à conquista de algum bem em particular. As imagens das bruxas, contudo, são bem diversas: são sempre secretamente colocadas em determinados lugares para que, pelo comando do diabo, prejudiquem as criaturas; e, conforme nos confessam as próprias bruxas, as pessoas que caminham ou dormem sobre elas são sempre prejudicadas. Pelo que, qualquer que seja o efeito produzido, o é por meio de demônios, e nunca pela influência dos astros.

Aos argumentos: Cumpre, primeiro, que entendamos as palavras de Santo Agostinho ao dizer que a causa da depravação do ser humano reside na sua própria vontade. Está, nessa passagem, a se referir à causa que produz o efeito; e que, oportunamente, é assim chamada causa. Mas não quer com isso dizer que seja essa a causa que permite o efeito — ou que o condiciona, o sugere ou o fomenta —, esta, nesse sentido, se encontra no diabo, que, assim, passa a ser a causa do pecado e da depravação; só Deus permitindo que o bem possa proceder do mal. Assim diz Santo Agostinho (*Enchiridion*, livro 2): "O diabo dá a sugestão interior, e persuade o ser humano, tanto interna quanto externamente, por estimulação mais ativa." Mas instrui os seres humanos que se acham inteiramente sob seu poder, como é o caso das bruxas, para quem é desnecessário tentar pelo interior, mas tão só pelo exterior.

E chegamos assim ao segundo argumento. Está em cada um de nós, pelo direto entendimento, a causa de nossa própria perversidade. Cumpre dizer que, embora fosse contrário à doutrina do livre-arbítrio sustentar que o ser humano pudesse ser influenciado por comando direto, não o é sustentar que possa ser influenciado pela sugestão.

O MARTELO DAS FEITICEIRAS

Em terceiro lugar, os impulsos para o bem ou para o mal podem ser sugeridos pela influência dos astros — os impulsos seriam assim recebidos como uma inclinação para a virtude ou para os vícios humanos. Mas as obras das bruxas estão fora da ordem comum da natureza e, portanto, não estão submetidas a tais influências.

O quarto argumento é igualmente claro. Pois que embora os astros sejam a causa dos atos humanos, a bruxaria não é propriamente um ato humano.

No quinto argumento, temos que as forças que movem os astros são capazes de influenciar as almas. Quando se entende tal enunciado como ato direto, tal influência se há de fazer por iluminação no sentido da bondade, nunca por bruxaria, conforme se demonstrou antes. Quando, porém, se entende tal enunciado como ato mediado, teríamos, então, que é através dos astros que as bruxas exercem uma influência indireta e sugestiva.

Em sexto lugar, são duas as razões por que os demônios molestam os seres humanos em certas fases da lua. Primeiro, são capazes de desprestigiar os corpos criados por Deus, como a Lua, conforme nos dizem São Jerônimo ("Comentário sobre Mateus, 4:24") e São João Crisóstomo ("Homilia sobre Mateus, 57:13"). Segundo, porque não são capazes de operar, conforme se disse antes, sem o intermédio das forças naturais. Passam, portanto, a estudar as aptidões dos corpos para receberem impressões; e portanto, conforme diz Aristóteles (*Partes dos animais*, livro 2) e todos os filósofos da natureza, o cérebro é das partes do corpo a mais úmida, e, por isso, é a parte mais propensa às influências da lua, que, de *per si*, tem o poder de incitar os humores. Não apenas isso: as forças animais são aperfeiçoadas no cérebro e, portanto, os demônios perturbam, com certas influências, a imaginação das pessoas de acordo com certas fases da lua, quando o cérebro se acha mais propenso para recebê-las.

São também duas as razões por que os demônios se apresentam quando conjurados durante certas configurações astrais. Primeiro, para levar os seres humanos a acreditarem erroneamente na existência de alguma

PRIMEIRA PARTE

divindade nas estrelas. Segundo, porque observam que, sob a influência de certas configurações celestes, a matéria corpórea seja mais propensa aos atos em razão dos quais foram conjurados.

Diz-nos Santo Agostinho em *A cidade de Deus* (livro 21): "Os demônios são atraídos por vários tipos de pedras, de ervas, de madeira, de canções e de instrumentos musicais, não como são atraídos os animais por alimento, mas como os espíritos por sinais, como se tais objetos lhes fossem exibidos em sinal da honra divina pela qual anseiam."

Mas, não raro, objeta-se que os demônios são impedidos de molestar as pessoas através de ervas e de música; e em defesa desse ponto de vista se menciona a passagem, nas Escrituras (I Samuel, 16:14-23), de Saul e do efeito da música da harpa. Procura-se destarte argumentar que algumas pessoas são capazes de realizar bruxaria através de certas ervas e de certos fatores ocultos, sem o auxílio de demônios, tão somente com o recurso dos astros, os quais exerceriam poder mais direto sobre os corpos materiais (para a promoção de efeitos corpóreos) do que sobre os demônios (para a produção dos efeitos da bruxaria).

Convém responder tal objeção de forma mais abrangente. Cumpre atentar que as ervas e a música não são capazes, por sua própria virtude natural, de neutralizar inteiramente os males que os demônios infligem aos seres humanos, com a permissão de Deus e dos anjos do bem. São capazes, todavia, de mitigar tais males, os quais podem ser de natureza tão leve que chegam a eliminá-los completamente. Mas se têm tal efeito, não há de ser por combate direto ao demônio — já que esse é de uma substância espiritual distinta contra a qual nada de natureza material é capaz de ter efeito —, mas por combate à pessoa acometida pelo demônio. Pois toda causa que tem poder limitado é capaz de produzir efeito mais intenso sobre uma substância apropriada do que sobre uma substância inapropriada, e de acordo com tal está Aristóteles, em *De Anima* (livro 2, questão 2). As ervas e os demais elementos que se mostram eficazes só o são em paciente predisposto a tal. Um demônio é um agente de poderes limitados, e, portanto, capaz de infligir perturbação mais violenta em um ser humano inclinado a essa influência do que em um ser humano com

O MARTELO DAS FEITICEIRAS

inclinação oposta. O diabo é capaz, por exemplo, de induzir o sentimento mais profundo de inveja em um ser humano com esse tipo de inclinação do que em um ser humano com inclinação contrária.

E mais: certo é que as ervas e a música são capazes de modificar a inclinação dos corpos criaturais e, consequentemente, de mudar as emoções. Isso é evidente no caso das ervas, já que algumas deixam as pessoas alegres, outras as deixam tristes, e assim muitas outras. É isso evidente também no caso da música, como nos mostra Aristóteles (*Política*, livro 8), ao declarar que diferentes harmonias produzem diferentes sentimentos no ser humano. Boécio também fala desse fenômeno em seu *De institutione musica*. E também disso nos fala o autor de *O nascer do conhecimento*, ao mencionar a utilidade da música na cura ou no alívio de várias enfermidades. Assim, embora inalterados os demais fatores, pode a música ajudar a mitigar o sofrimento.

Entretanto não vejo de que modo as ervas e a música seriam capazes de criar disposição tal que de nenhuma forma o ser humano fosse molestado por demônios. Mesmo que isso fosse permitido, o diabo, movendo-se apenas no vapor local do espírito, seria capaz de afligi-lo gravemente no plano do sobrenatural. As ervas e as harmonias musicais não são capazes, no entanto, por virtude natural, de criar no ser humano semelhante disposição, de forma a prevenir a comoção almejada pelo diabo. Acontece, porém, que, às vezes, é permitido ao diabo só infligir mal de pequena monta, de tal sorte que, graças a uma forte predisposição contrária, possa ser totalmente neutralizado; temos então que algumas ervas ou certas harmonias musicais são capazes de conferir ao corpo humano predisposição contrária, de sorte a remover por completo o mal infligido: o diabo, por exemplo, pode exasperar a pessoa com a tristeza; mas de maneira tão tênue que ervas e harmonias musicais, capazes de enlevar e soerguer o espírito, num efeito contrário ao do sentimento de tristeza, consigam removê-la totalmente.

Não só isso: Santo Agostinho, em seu *A doutrina cristã* (livro 2), condena os amuletos e outros objetos, por atribuir sua virtude às artes mágicas, declarando não possuírem, em si próprios, qualquer poder

PRIMEIRA PARTE

natural. É bem claro ao dizê-lo: "a essa categoria pertencem todos os amuletos e encantamentos condenados pela Escola dos Médicos". Temos, aí, muito claramente a condenação de seu uso por não terem eficácia por suas próprias virtudes.

Quanto à passagem bíblica em que Saul, exasperado por demônios, é aliviado pela harpa de Davi (I Samuel, 16), cumpre esclarecer que é verdade ter sido a aflição de Saul mitigada, em grande medida, pela virtude natural da harmonia ao soar da harpa: a música acalmou seu ânimo pelo sentido da audição e, já calmo, menos propenso ficou àquela exasperação. Mas o motivo pelo qual o espírito do mal se afastou não estava no poder do som da harpa, mas no poder da cruz, o que é claramente demonstrado pela glosa, onde diz: "Davi tinha instrução musical, conhecia com habilidade as diferentes notas e as modulações harmônicas. Demonstrava a unidade essencial ao tocar a cada dia em vários modos. Contudo, repeliu o espírito do mal pela harpa não porque dela emanasse tamanha virtude, mas porque o instrumento tinha a configuração de uma cruz: uma cruz de madeira por onde, transversalmente, se estendiam as cordas. Já naquele tempo os demônios fugiam da cruz."

QUESTÃO VI

Sobre as bruxas que copulam com demônios. Por que principalmente as mulheres se entregam às superstições diabólicas?

Também a respeito das bruxas que copulam com demônios há muitas dificuldades ao considerarem-se os métodos pelos quais tal abominação é consumada. Primeiro, da parte do demônio: de qual dos elementos que compõem o corpo ele se utiliza; segundo, se o ato é sempre acompanhado da introdução do sêmen recebido de outro homem; terceiro, quanto ao momento e ao lugar, ou seja, se pratica o ato mais frequentemente em determinado momento do que em outro; quarto, se o ato é visível às pessoas que estão perto. Da parte das mulheres, cumpre indagar se apenas as que foram concebidas dessa forma obscena são frequentemente visitadas pelos demônios; ou se o são apenas aquelas oferecidas aos demônios pelas parteiras por ocasião de seu nascimento; e, por fim, se o deleite com o ato venéreo é menor no caso de tais mulheres. Não poderemos aqui responder a todas essas questões por estarmos empenhados tão somente num estudo geral e porque, na segunda parte desta obra, todas serão explicadas separadamente (no quarto capítulo, onde se faz menção a cada método em separado). Vamos deter-nos, por ora, no problema das mulheres; e, em primeiro lugar, tentaremos explicar por que essa perfídia ocorre em um sexo tão frágil, mais que em homens. Nossa primeira indagação será de caráter geral — quanto às condições gerais das mulheres —; a segunda será particular — quanto ao tipo de mulher que se entrega à superstição e à bruxaria —; e, por fim, a terceira, específica às parteiras, que superam todas as demais em perversidade.

O MARTELO DAS FEITICEIRAS

Por que a superstição é encontrada principalmente em mulheres?

É um fato que há maior número de praticantes de bruxaria do sexo feminino. Fútil é contradizê-lo: afirmamo-lo com respaldo na experiência real, no testemunho verbal de pessoas merecedoras de crédito. E sem de modo algum aviltar o sexo a quem Deus confiou a glória magna de espalhar largamente o Seu poder, dizemos que diversos homens têm identificado para esse fenômeno várias razões, que, no entanto, são, em princípio, consoantes. Pelo que é de bom alvitre, a título de advertência às mulheres, falar do assunto; tem-se provado pela experiência que são elas as que mais anseiam por ouvir a respeito, desde que se lhes fale com discrição.

Alguns homens instruídos propõem o seguinte motivo. Existem três elementos na natureza — a língua, o eclesiástico e a mulher — que, seja na bondade, seja no vício, não conhecem moderação; e quando ultrapassam os limites de sua condição, atingem as maiores alturas na bondade e as mais fundas profundezas no vício. Quando governados por espíritos do bem, atingem o auge da virtude, mas, quando governados por espíritos do mal, se comprazem nos piores vícios possíveis.

Isso está claro no caso da língua, já que pelo seu ministério a grande maioria dos reinos foi convertida à fé cristã; e o Espírito Santo apareceu sobre os apóstolos de Cristo em línguas de fogo (Atos dos Apóstolos, 2:3). Outros sábios pregadores as têm como se fossem línguas de cães, a lamberem as feridas e as úlceras de Lázaro moribundo (Lucas, 16:21). Pois está escrito: "Com as línguas dos cães salvastes as vossas almas do inimigo" (Salmos, 67:24). Por essa razão São Domingos de Gusmão, o líder e fundador da Ordem dos Dominicanos, é representado pela figura de um cão que ladra com uma tocha acesa na boca que, pelo seu latido, é capaz mesmo ainda hoje de manter afastados os lobos hereges do rebanho das ovelhas de Cristo.

Também é experiência comum que a língua de um ser humano prudente é capaz de apaziguar os ânimos altercados de uma multidão. Pelo que, não injustamente, canta Salomão em louvor de graças (Provérbios,

PRIMEIRA PARTE

10): "Nos lábios do sábio encontra-se a sabedoria." E, mais adiante (Provérbios, 10:20): "A língua do justo é prata finíssima; o coração dos maus, porém, para nada serve." E ainda mais adiante (Provérbios, 10:21): "Os lábios dos justos nutrem a muitos, mas os néscios perecem por falta de inteligência." Para essa causa adita ainda (Provérbios, 16:1): "Cabe ao ser humano formular projetos em seu coração, mas do Senhor vem a resposta da língua."

Mas sobre as línguas maldosas cabe mencionar a passagem do Eclesiástico, 28:16-17: "A língua de um terceiro abalou muitos deles, e os afugentou de uma nação a outra; destruiu as cidades fortes dos ricos, e arrasou as casas dos poderosos." Por "língua de um terceiro" se faz referência a um terceiro que temerária ou maldosamente interfere na contenda entre duas partes.

Em segundo lugar, sobre os eclesiásticos, ou seja, os clérigos e religiosos de ambos os sexos, São João Crisóstomo diz: "Ele expulsou do templo aqueles que vendiam e compravam." Do sacerdócio provém tudo de benévolo e tudo de malévolo. São Jerônimo, em sua "Epístola aos nepotistas", diz: "Foge de um padre comerciante como foges da peste, daquele que da pobreza chegou à riqueza, do que de baixa condição social atingiu condição social elevada." E São Bernardo, em sua 23ª homília sobre o cântico dos cânticos, diz dos clérigos: "Se aparecer algum francamente herege, que seja expulso e posto em silêncio; se for inimigo violento, permiti que todas as boas pessoas dele se afastem. Mas de que modo saberemos quem expulsar e de quem fugir? Pois que são eles ambiguamente amigáveis e hostis, pacíficos e briguentos, amáveis e absolutamente egoístas."

E em outra passagem: "Nossos bispos transformaram-se em soldados e nossos pastores, em carrascos." Por bispos, referia-se aos abades que impunham pesadas tarefas aos seus inferiores, mas que eles próprios não moveriam um dedo para realizar. E diz-nos São Gregório Magno em seu *Regra pastoral*: "Não há quem mais mal faça à Igreja do que aqueles que, tendo recebido a ordem da santidade, vivem no pecado; porquanto ninguém se atreve a acusá-los de pecadores e, portanto, o pecado se dissemina, já que o pecador é honrado pela santidade de sua ordem." Santo Agostinho fala também dos monges em carta a Vicente, o Donatista: "confesso-lhe livremente, perante o Senhor nosso Deus, que é testemunha de minha alma desde o tempo em que comecei a servi-lo, da enorme dificuldade que experimentei no fato de haver-me sido impossível encontrar homens piores ou melhores do que aqueles que dignificam ou desgraçam os mosteiros."

Da perversidade das mulheres fala-se no Eclesiástico, 25:22-23: "Não há veneno pior que o das serpentes; não há cólera que vença a da mulher. É melhor viver com um leão e um dragão que morar com uma mulher maldosa." E entre o muito que, nessa passagem das Escrituras (25:26), se diz da malícia da mulher, há uma conclusão: "Toda a malícia é leve, comparada com a malícia de uma mulher." Pelo que São João Crisóstomo comenta sobre a passagem "é melhor não se casar" (Mateus, 19:10): "Que há de ser a mulher senão uma adversária da amizade, um castigo inevitável, um mal necessário, uma tentação natural, uma calamidade desejável, um perigo domés- tico, um deleite nocivo, um mal da natureza, pintado de lindas cores. Portanto, sendo pecado divorciar-se dela, conviver com ela passa a ser tortura necessária: ou cometemos o adultério, repudiando-a, ou somos obrigados a suportar as brigas diárias (*Homilia sobre o Evangelho de São Mateus*)."

Diz Cícero, no segundo livro da sua *Retórica*: "A lascívia multímoda dos homens leva-os a um só pecado, mas a lascívia unívoca das mulheres as conduz a todos os pecados; pois que a raiz de todos os vícios da mulher é a cobiça." E diz Sêneca no seu *Tragédias*: "A mulher ou ama ou odeia. Não há meio termo. E as suas lágrimas são falazes, porque ou brotam de verdadeiro pesar, ou não passam de embuste. A mulher que solitária medita, medita no mal."

Mas para as mulheres de boa índole são muitíssimos os louvores, e lemos que têm trazido a beatitude aos homens e têm salvado nações, terras e cidades; como claro está no caso de Judite, de Débora e de Ester. Ver também I Coríntios, 7:13-14: "Se uma mulher desposou um marido

PRIMEIRA PARTE

pagão e este consente em coabitar com ela, que não o repudie. Porque o marido que não tem a fé é santificado por sua mulher." E o Eclesiástico, 26:1: "Abençoado o homem que tem uma boa mulher, pois se duplicará o número de seus anos." E por todo o capítulo muito se louva a excelência da mulher virtuosa; o mesmo constatando-se também no último capítulo dos Provérbios.

E tudo isso fica claro também no Novo Testamento ao tratar das mulheres, das virgens e de outras santas que converteram reinos e nações idólatras à religião cristã. Basta consultar Vicente de Beauvais (*Speculum Historiale*, livro 25, capítulo 9) para verificar as maravilhas a respeito da conversão do povo húngaro por Gisela, a cristã, e do povo franco por Clotilde, a esposa de Clóvis. No entanto, em muitas vituperações que lemos contra as mulheres, o vocábulo "mulher" é usado para indicar a lascívia da carne. Conforme é dito em Eclesiastes, 7:27: "Descobri que a mulher é mais amarga que a morte e que uma boa mulher é subordinada ao desejo carnal."

Outros têm ainda proposto muitas outras razões para explicar o maior número de mulheres supersticiosas do que de homens. E a primeira está em sua maior credulidade; e, já que o principal objetivo do diabo é corromper a fé, prefere então atacá-las. Ver Eclesiástico, 19:4: "Aquele que é crédulo demais tem um coração leviano e sofrerá prejuízo."

A segunda razão é que as mulheres são, por natureza, mais impressionáveis e mais propensas a receberem a influência dos espíritos desencarnados; e, quando se utilizam bem dessa qualidade, tornam-se virtuosíssimas, mas quando a utilizam para o mal, tornam-se absolutamente malignas.

A terceira razão é que, possuidoras de língua traiçoeira, não se abstêm de contar às suas amigas tudo o que aprendem através das artes do mal; e, por serem fracas, encontram modo fácil e secreto de se justificarem através da bruxaria. Ver a passagem do Eclesiástico já mencionada: "É melhor viver com um leão e um dragão que morar com uma mulher maldosa" (25:23) e "Toda a malícia é leve, comparada com a malícia de uma mulher" (25:26). E podemos aí aditar que agem em conformidade

O MARTELO DAS FEITICEIRAS

com o fato de serem muitíssimo impressionáveis, e podem mais facilmente oferecer crianças aos demônios, o que de fato fazem.

Há ainda quem traga à baila outras explicações. Os pregadores devem ficar muito atentos para a forma como as utilizar. É verdade que no Antigo Testamento as Escrituras têm muito a dizer sobre a malevolência das mulheres, e isso em virtude da primeira pecadora, Eva, e de suas imitadoras; depois, contudo, no Novo Testamento há uma mudança do nome de Eva para Ave (conforme nos diz São Jerônimo), e todo o pecado de Eva é expungido pela bem-aventurança de Maria. Portanto, cabe aos pregadores muito louvá-las sempre que possível.

Porém, como nos nossos tempos essa perfídia é mais encontrada em mulheres do que em homens, conforme nos ensina a experiência, para as pessoas ainda mais curiosas a respeito da razão do fenômeno, acrescentamos o que já foi mencionado: por serem mais fracas na mente e no corpo, não surpreende que se entreguem com mais frequência aos atos de bruxaria.

Pois no que tange ao intelecto, ou ao entendimento das coisas espirituais, parecem ser de natureza diversa da do homem; fato que é defendido pela lógica das autoridades respaldadas em vários exemplos das Escrituras. Diz-nos Terêncio (em *Hecyra*): "As mulheres, intelectualmente, são como crianças." E declara-nos Lactâncio (*Divinae Institutiones*, livro 3): "Nenhuma mulher chegou a compreender a filosofia, exceto Têmis." E em Provérbios, 11:22 há esta passagem a descrever uma mulher: "Um anel de ouro no focinho de um porco, tal é a mulher formosa e insensata."

Mas a razão natural está em que a mulher é mais carnal do que o homem, o que se evidencia pelas suas muitas abominações carnais. E convém observar que houve uma falha na formação da primeira mulher, por ter sido ela criada a partir de uma costela recurva, ou seja, uma costela do peito, cuja curvatura é, por assim dizer, contrária à retidão do homem. E como, em virtude dessa falha, a mulher é animal imperfeito, sempre decepciona e mente. Pois está nos *Cathonis Disticha*: "Quando uma mulher chora, está a urdir uma armadilha."

PRIMEIRA PARTE

E prossegue: "Quando uma mulher chora, trabalha para enganar um homem." O que é demonstrado pelo caso da mulher de Sansão, que o persuadiu a contar-lhe o segredo de sua força para depois dizê-lo ao povo filisteu, assim, enganando-o. E claro está que a primeira mulher tinha pouca fé; porque quando a serpente lhe perguntou por que não comia de todas as frutas do Paraíso, ela respondeu: "Podemos comer do fruto das árvores do jardim mas... para que não morrais" (Gênesis, 3:2-3), demonstrando assim que duvidava e que pouca fé tinha na palavra de Deus. E tal é o que indica a etimologia da palavra que lhe designa o sexo, pois "*femina*" (a palavra latina para "mulher") vem de "*fe*" e de "*minus*" ("menos"), por ser a mulher sempre mais fraca em manter e em preservar a sua fé. E isso decorre de sua própria natureza; embora a graça e a fé natural nunca tenham faltado à Virgem Santíssima, mesmo por ocasião da Paixão de Cristo, quando carecia a todos os seres humanos. Portanto, a mulher perversa é, por natureza, mais propensa a hesitar na sua fé e, consequentemente, mais propensa a abjurá-la — fenômeno que conforma a raiz da bruxaria.

E a respeito de sua outra qualidade mental, qual seja a sua vontade natural, cumpre dizer que, ao odiar alguém que antes amava, passa a agitar com ira e impaciência toda a sua alma, exatamente como a força da maré a ondular e a agitar os mares. Muitas autoridades fazem alusão a essa causa. Eclesiástico, 25:23: "Não há cólera que vença a da mulher." E Sêneca ("Medeia", in: *Tragédias*): "Nem labaredas sinistras nem ventos assoladores nem armas mortíferas: nada há de mais temível que a lascívia e o ódio de uma mulher repudiada do leito matrimonial."

E isso é também comprovado pelo caso da mulher que, em falso testemunho, acusou José e causou-lhe a prisão por não ter consentido em praticar, com ela, o crime de adultério (Gênesis, 39). A causa mais poderosa a contribuir para o crescimento da bruxaria reside na rivalidade deplorável entre pessoas casadas e solteiras, homens e mulheres. Se isso já ocorre entre as mulheres devotas e santas, que dizer entre as demais? Basta consultar o Gênesis. Qual não foi a impaciência e a inveja de Sara por Agar quando esta concebeu (21:9-

O MARTELO DAS FEITICEIRAS

-21); como enciumada de Lia ficou Raquel porque não tivera filhos (Gênesis, 30); e a inveja de Ana, que era estéril, da fértil Fenena (I Samuel, 1); e de como Míriam (Números, 12), por ter falado mal de Moisés, acabou por contrair lepra; e de como Marta tinha ciúmes de Maria Madalena, porque, enquanto trabalhava, Maria ficava sentada (Lucas, 10:38-42). Sobre esse ponto, diz o Eclesiástico, 37: "Não vás consultar uma mulher sobre sua rival", querendo com isso dizer ser inútil consultá-la, porque sempre haverá rivalidade, ou seja, inveja, na mulher perversa. E se entre si assim se comportam as mulheres, muito pior será com relação aos homens.

Valério Máximo conta-nos (em *Ad Rufinum*) que quando Forônio, o rei dos gregos, estava à morte, disse a seu irmão Leôncio que nada lhe teria faltado para completar sua felicidade, se sempre lhe tivesse faltado uma esposa. E quando Leôncio perguntou-lhe de que modo poderia uma mulher obstar o caminho da felicidade, respondeu-lhe Forônio que todos os homens casados sabiam perfeitamente a resposta. E quando perguntaram ao filósofo Sócrates se casar se faz necessário, ele respondeu: "Se não nos casamos, tornamo-nos solitários, extinguimos nossa família, e nossa herança vai para a mão de um estranho; quando nos casamos, porém, padecemos de perpétua ansiedade, de queixas lamuriosas, da censura do cônjuge, do intenso desprazer nas relações, da garrulice da sogra, da infidelidade e da incerteza da vinda de um herdeiro."

E fez essa declaração porque bem conhecia o problema. Pois como nos conta São Jerônimo, em seu *Adversus Jovinianus*, que este Sócrates teve duas esposas e, embora as suportasse com muita paciência, não conseguia livrar-se de suas contumélias e de suas vituperações clamorosas. Assim, certo dia, quando ambas dele se aproximaram a queixarem-se, saiu e sentou-se diante da casa para escapar daquela amolação; mas as mulheres acabaram jogando-lhe por cima água suja. O filósofo, contudo, não se deixou abalar, dizendo: "Eu sabia que depois do trovão viria a tempestade."

PRIMEIRA PARTE

Há também a história de um homem que, tendo a esposa afogada num rio, começou a procurar pelo corpo para retirá-lo da água, caminhando, porém, em sentido contrário ao da correnteza. E quando indagado por que assim procedia, já que os corpos pesados sempre são arrastados pela correnteza, respondeu: "Quando viva, esta mulher, por palavras e por atos, sempre foi contrária às minhas ordens. Portanto, procuro-a na direção contrária porque, mesmo morta, talvez ainda conserve sua disposição contrária."

E, com efeito, assim como, em virtude da deficiência original em sua inteligência, são mais propensas a abjurarem a fé, por causa da falha secundária em seus afetos e paixões desordenados, também almejam, fomentam e infligem vinganças várias, seja por bruxaria, seja por outros meios. Pelo que não surpreende que tantas bruxas sejam desse sexo.

As mulheres possuem também memória fraca; e nelas a indisciplina é um vício natural: limitam-se a seguir seus impulsos sem qualquer senso do que é devido; isso é tudo o que sabem, e o único que conservam na memória. Assim diz Teofrasto (citado em *Ad Rufinum*): "Quando entregamos a tutela de nossa casa para a mulher, reservando, porém, para nossa própria decisão algum ínfimo pormenor, julga estarmos manifestando para com ela grave falta de consideração e de confiança, julga estarmos incitando briga; a menos que rapidamente nos aconselhemos, resolvendo o problema, ela nos vai preparar veneno, vai consultar videntes e feiticeiros e acabar transformando-se numa bruxa."

Quanto ao domínio exercido pelas mulheres, ouçamos o que nos diz Cícero em *Paradoxa Stoicorum*: "Pode ser chamado de homem livre aquele cuja esposa o governa, cuja esposa lhe impõe leis, lhe ordena e o proíbe de fazer o que deseja; de sorte a não poder negar qualquer coisa que ela lhe peça? Eu o chamaria não apenas de escravo, mas de o mais desprezível dos escravos, mesmo quando descendente de família nobre."

E Sêneca, na descrição do caráter de Medeia (em "Medeia", *Tragédias*), diz: "Por que deixas de seguir o teu ímpeto de felicidade? De que tamanho é a vingança em que te regozijas?", onde adita muitas provas de que a mulher não se controlará e seguirá os seus impulsos até a própria destruição. Da mesma forma, lemos a respeito das muitas mulheres que se mataram por amor ou por pesar, por não serem capazes de elaborar a sua vingança.

São Jerônimo, em seu *Comentário sobre Daniel*, conta-nos a história de Laódice, esposa de Antióquio, rei da Síria, que, enciumada, e para que seu esposo não amasse sua outra mulher, Berenice, mais do que a amava, fez com que, primeiro, ele, Antióquio, assassinasse Berenice e sua filha para, depois, se envenenar. E por quê? Porque, não conseguindo refrear-se, acabou cedendo a seus próprios impulsos. Portanto, diz-nos São João Crisóstomo, não sem razão: "Ó! Mal pior que todos os males, o da mulher perversa, seja rica ou seja pobre. Pois se é mulher de um homem rico, não cessa, noite e dia, de excitá-lo com picardias, usando de adulações maléficas e de importunações violentas. Mas se é mulher de homem pobre, não cessa de instigá-lo ao ódio e à briga. E se é viúva, aonde vai fica a desprezar a todos, inflamada em sua astúcia pelo espírito do orgulho."

Se perquirirmos devidamente, veremos que quase todos os reinos do mundo foram derrubados por mulheres. Troia, cidade próspera, foi, pelo rapto de uma mulher, Helena, destruída e, assim, assassinados milhares de gregos. O reino do povo judeu padeceu de muitos flagelos e de muita destruição por causa de Jezebel, a maldita, e de sua filha Atália, rainha de Judá, que causou a morte dos filhos de seu filho para que pudesse reinar; mas ambas as mulheres foram assassinadas. O império romano sofreu penosamente nas mãos de Cleópatra, a rainha do Egito, a pior de todas as mulheres. E assim com muitas outras. Portanto, não admira que hoje o mundo padeça em sofrimentos pela malícia das mulheres.

Passemos a examinar agora os desejos carnais do próprio corpo, de onde provêm inúmeros males da vida humana. Concordamos com Catão de Útica, quando diz que se pudéssemos livrar o mundo das mulheres, nos aproximaríamos de Deus. Pois que, verdadeiramente, sem a perversidade das mulheres, para não falar da bruxaria, o mundo ainda permaneceria à prova de inumeráveis perigos. Na carta *Ad Rufinum,*

PRIMEIRA PARTE

Valério diz: "Tu não sabes que a mulher é a quimera, embora fosse bom que o soubesses; pois aquele monstro apresentava três formas: a cabeça, nobre e radiante, era a de um leão; o ventre obsceno era o de uma cabra; e a cauda virulenta era a de uma víbora." Queria assim dizer que a mulher, embora seja bela aos nossos olhos, deprava ao nosso tato e é fatal ao nosso convívio.

Consideremos outra de suas propriedades — a voz. Mentirosas por natureza, o seu discurso a um só tempo nos aguilhoa e nos deleita. Pelo que sua voz é como o canto das sereias, que com sua doce melodia seduzem os que se lhes aproximam e os matam. E os matam esvaziando as suas bolsas, consumindo as suas forças e fazendo-os renunciarem a Deus. Torna a dizer Valério em *Ad Rufinum*: "A mulher, ao falar, provoca um deleite com sabor de pecado; a flor do amor é a rosa, porque sob o seu botão se escondem muitos espinhos." Ver Provérbios, 5:3-4: "Porque os lábios da mulher alheia destilam o mel, seu paladar é mais oleoso que o azeite. No fim, porém, é amarga como o absinto." (Sua garganta é mais suave que o azeite. Mas as suas partes inferiores são tão amargas quanto o absinto.)

Consideremos também o seu andar, a sua postura e o seu hábito, onde reside a vaidade das vaidades. Não há homem no mundo que tanto se dedique aos seus estudos para agradar a Deus quanto uma mulher se dedica a suas vaidades para agradar aos homens. Exemplo disso é encontrado na vida de Pelagia, uma mulher mundana que se aproximou de Antióquio enfeitada e adornada da forma mais extravagante. Um santo padre, chamado Nono, viu-a e começou a chorar dizendo a seus companheiros que nunca, em toda a sua vida, se empenhara com tanta diligência em agradar a Deus; e, por fim, ela foi convertida por suas orações. Esta é a mulher mencionada no Eclesiastes, 7:26, e que hoje a Igreja lamenta, em virtude do grande número de bruxas. "E eu encontrei uma mulher mais amarga que a morte, como a armadilha do caçador: o seu coração é uma rede e as suas mãos são algemas. Os que agradarem a Deus dela haverão de escapar; mas os pecadores serão por ela apanhados." Mais amarga que a morte, ou seja, que o diabo: Apocalipse, 6:8: "e o seu cavaleiro tinha por nome Morte". Pois embora o diabo haja tentado Eva com o pecado, foi Eva quem seduziu Adão. E como o pecado de Eva não teria trazido a morte para a nossa alma e para o nosso corpo se não tivesse sido também cometido por Adão, que foi tentado por Eva e não pelo demônio, é ela mais amarga que a morte.

Mais amarga que a morte, mais uma vez, porque a morte é natural e destrói somente o corpo; mas o pecado que veio da mulher destrói a alma por privá-la da graça, e entrega o corpo à punição pelo pecado. Mais amarga que a morte, sim, porque embora a morte corpórea seja inimigo terrível e visível, a mulher é inimigo secreto e enganador.

E ao falar-se que é mais perigosa que uma armadilha, não se está a pensar na armadilha dos caçadores, mas na armadilha dos demônios. Pois que os homens não são apanhados apenas pelo desejo carnal quando veem e ouvem as mulheres. E de acordo com São Bernardo, o seu rosto é como vento cáustico e a sua voz é como o silvo das serpentes: lançam conjuros perversos sobre um número incontável de homens e de animais. E ao falar-se que o seu coração é uma rede, se está a referir à malícia inescrutável que reina em seus corações. E suas mãos são como algemas para prender: quando botam as mãos numa criatura, conseguem enfeitiçá-la com o auxílio do diabo.

Em conclusão, toda bruxaria tem origem na cobiça carnal, insaciável nas mulheres. Ver Provérbios, 30: "Há três coisas insaciáveis, quatro, mesmo, que nunca dizem: Basta!" A quarta é o útero estéril. Pelo que, para saciarem a sua lascívia, se unem até mesmo com demônios. Poderíamos ainda aditar outras razões, mas já nos parece suficientemente claro que não admira ser maior o número de mulheres contaminadas pela heresia da bruxaria. E por esse motivo convém referir-se a tal heresia culposa como a heresia das bruxas e não a dos magos, dado ser maior o contingente de mulheres que se entregam a essa prática. E abençoado seja o Altíssimo, que até agora tem preservado o sexo masculino de crime tão hediondo: como Ele veio ao mundo e sofreu por nós, deu-nos a nós, homens, esse privilégio.

PRIMEIRA PARTE

Qual tipo de mulher se entrega, mais que todas as outras, à superstição e à bruxaria?

Cumpre dizer, conforme se demonstrou na questão precedente, que três parecem ser os vícios que exercem um domínio especial sobre as mulheres perversas, quais sejam: a infidelidade, a ambição e a luxúria. São estas, portanto, mais inclinadas que as outras à bruxaria, por mais se entregarem a tais vícios. Como desses três vícios predomina o último, por serem as mulheres insaciáveis, e assim sucessivamente, conclui-se que, dentre as mulheres ambiciosas, as mais profundamente contaminadas são as que mais ardentemente tentam saciar a sua lascívia obscena: as adúlteras, as fornicadoras e as concubinas dos poderosos.

Existem, conforme se lê na bula papal, sete métodos pelos quais elas contaminam, através da bruxaria, o ato venéreo e a concepção; primeiro: fomentando no pensamento dos homens a paixão desregrada; segundo: obstruindo a sua força geradora; terceiro, removendo-lhes o membro que serve ao ato; quarto, transformando-os em animais pela sua magia; quinto, destruindo a força geradora das mulheres; sexto, provocando o aborto; sétimo, oferecendo, em sacrifício, crianças aos demônios, além de outros animais e frutas da terra, com o que causam enormes males. Cada um desses métodos será considerado ulteriormente; concentremo-nos por ora nos males causados aos homens.

Consideremos primeiro os que são enfeitiçados pelo amor ou pelo ódio desmedido, embora seja tema de difícil análise antes de estudarmos a inteligência geral. Tomemo-lo, porém, como fato estabelecido. Pois que São Tomás (*Comentário sobre as sentenças*, livro 4, capítulo 34), ao tratar das obstruções causadas pelas bruxas, mostra que Deus concede ao demônio maior poder contra o ato venéreo dos seres humanos do que contra qualquer outro de seus atos; e dá como razão o fato de estarem as bruxas entre as mulheres com mais propensão a tais atos. Diz-nos ainda que, pelo fato de o primeiro pecado que tornou o ser humano escravo do demônio ter sido o do ato carnal, logo maior o poder conferido por

165

O MARTELO DAS FEITICEIRAS

Deus ao diabo com relação a esse ato e não com relação aos demais. Não apenas isso: o poder das bruxas é mais aparente nas serpentes do que em outros animais, porque foi através da serpente que o demônio tentou a mulher. Por essa razão também, conforme é mostrado depois, o matrimônio, embora seja obra de Deus, por ter sido por Ele instituído, é, por vezes, arruinado pelo diabo: não por viva força — já que se poderia supô-lo mais forte que Deus —, mas, com a permissão de Deus, por algum impedimento temporário ou permanente no ato conjugal.

E podemos mencionar, a propósito, o que nos é dado saber pela experiência; tais mulheres saciam os seus desejos obscenos não apenas consigo mesmas mas com aqueles que se acham no vigor da idade, de qualquer classe ou condição, causando-lhes, através de bruxarias de toda espécie, a morte da alma, pelo fascínio desmedido do amor carnal, de uma tal forma a não haver persuasão ou vergonha que os faça abster-se de tais atos. E desses homens, já que as bruxas não permitem que lhes aconteça qualquer mal por se acharem sob seu domínio, surge o maior perigo de todos os tempos, qual seja, o do extermínio da fé. E assim crescem em número as bruxas, dia a dia.

Oxalá tal não fosse verdadeiro. Mas, com efeito, pela bruxaria se desperta o ódio nas pessoas unidas pelo Sacramento do matrimônio e se esfriam as forças generativas, a deixar os homens impossibilitados de consumarem o ato para a geração de crianças. E como na alma coexistem o amor e o ódio e nela nem mesmo o demônio pode entrar, torna-se necessário perscrutar essa questão, para que tais coisas não pareçam inverossímeis para quem quer que seja; e, de argumento em argumento, tentaremos elucidar a matéria.

QUESTÃO VII

*Se as bruxas são capazes de desviar o intelecto dos homens
para o amor ou para o ódio*

Indaga-se se os demônios, por intermédio das bruxas, são capazes de incitar a mente dos seres humanos para o amor ou para o ódio desmedidos; segundo as conclusões prévias, argumenta-se não serem disso capazes. Pois que no ser humano existem três elementos: a vontade, o intelecto e o corpo. O primeiro é governado diretamente pelo Próprio Deus ("pois o coração do rei está nas mãos do Senhor" — Provérbios, 21:1); Ele também ilumina o segundo por meio de um anjo; e o terceiro, o corpo, pelo movimento dos astros. Mas como os demônios não são capazes de causar mudanças no corpo, muito menos são capazes de incitar o amor ou o ódio na alma. O corolário é evidente; apesar de terem maior poder sobre as coisas corpóreas do que sobre as espirituais, não são nem ao menos capazes de modificar o corpo, conforme se tem provado muitas vezes. Já que são incapazes de criar formas substanciais ou acidentais, exceto pelo auxílio de algum outro agente, que agiria como seu artífice. Faz-se a citação, a propósito, do enunciado já antes mencionado (*Episcopi*, capítulo 26, questão 5): "Aqueles que acreditam ser possível criar ou transformar as criaturas em seres melhores ou piores, ou transformá-las em outras, de outra espécie ou aspecto, salvo por determinação do Criador, que fez todas as coisas e de quem tudo foi feito, revelam-se piores que os hereges."

Ademais, tudo o que age com desígnio conhece o seu próprio efeito. Se, portanto, o demônio é capaz de fazer pender a mente dos seres humanos para o ódio ou para o amor, haveria de ser também capaz de ver

O MARTELO DAS FEITICEIRAS

o pensamento interior no coração do ser humano; mas tal enunciado é contrário ao que é dito no livro sobre o Dogma Eclesiástico: "O demônio é incapaz de ver nossos pensamentos íntimos." E adiante: "Nem todos os pensamentos maléficos têm sua origem no demônio; por vezes, nascem de nossa própria vontade."

Não só isso: o amor e o ódio dizem respeito à vontade, que se acha enraizada na alma; por conseguinte, não há maneira de serem causados pelo diabo. Vem a conclusão (Santo Agostinho, *De natura et origine animae*, capítulo 27): "Só Ele, que a criou, é capaz de penetrar na alma."

Mais ainda: pelo fato de o demônio ser capaz de influenciar as emoções interiores, não é válido argumentar que seja capaz de governar a vontade. Pois as emoções são mais fortes do que as forças físicas; e o demônio nada pode fazer no plano físico, como, por exemplo, formar carne e sangue; e, logo, nada pode realizar no plano das emoções.

Mas, em contraponto a tal argumento, temos que o diabo tenta o ser humano não apenas no plano visível como também no invisível; o que, entretanto, não haveria de ser verdadeiro caso não pudesse exercer alguma influência sobre a mente interior. Ademais, São João Damasceno, em *A fé ortodoxa*, diz: "Todo mal e toda obscenidade são concebidos pelo demônio." E Dionísio, em *Dos nomes Divinos,* capítulo 4, declara: "A multidão de demônios é a causa de todo infortúnio, tanto para eles quanto para os outros."

Resposta: Em primeiro lugar, é preciso distinguir as causas de uma e de outra espécie; em segundo lugar, havemos de mostrar de que modo o demônio é capaz de interferir na força interior da mente humana, vale dizer, nas emoções do ser humano; e, em terceiro lugar, havemos de extrair a conclusão correta.

Cumpre entender que a causa de qualquer coisa pode ser compreendida de duas maneiras: ou é causa direta ou é indireta. Pois que quando determinado fator predispõe a algum efeito, fala-se em causa ocasional e indireta daquele efeito. Nesse sentido, é possível afirmar que no lenhador, que com seu machado corta a madeira, reside a causa do fogo real.

PRIMEIRA PARTE

De maneira análoga, podemos dizer que no demônio reside a causa de todos os nossos pecados — já que foi ele a incitar o primeiro ser humano a pecar: o pecado original foi assim herdado por toda a raça humana, predispondo-a a todos os pecados. É nesse sentido que se deve entender as palavras de São João Damasceno e de Dionísio.

Mas a causa direta é a que determina, diretamente, o efeito. Nesse sentido, o demônio não é a causa de todo pecado. Pois nem todos os pecados são cometidos por instigação do demônio: alguns o são por nossa própria opção. Pois nos diz Orígenes (*De princippis*): mesmo que não existisse o diabo, o ser humano ainda ansiaria por alimento, por atos venéreos e por tudo que é semelhante a isso. E desses vícios descomedidos muitos podem ser os resultados, salvo se se refrearem os apetites. E refrear os apetites descontrolados compete ao livre-arbítrio do ser humano, sobre o qual o diabo tem menor poder.

Mas como tal distinção é ainda insuficiente para explicar de que maneira o demônio, por vezes, promove uma frenética fascinação de amor, convém atentar que, embora não lhe seja dado instigar diretamente a vontade do ser humano para o amor desmesurado, ele é capaz de fazê-lo por vários meios de persuasão. E isso também de duas maneiras: de forma visível e de forma invisível. De forma visível, ao aparecer para as bruxas em forma de homem: falando-lhes perceptivelmente e persuadindo-as ao pecado. Dessa maneira tentou nossos primeiros ancestrais no Paraíso na forma de uma serpente; e assim tentou Cristo no deserto, aparecendo--lhe em forma visível.

Mas não se vá pensar ser essa a única maneira pela qual ele influencia o ser humano. Se assim fosse, nenhum pecado haveria de proceder das instruções do demônio, salvo quando por ele sugerido em forma visível. Cumpre, portanto, esclarecer que o diabo o instiga a pecar também na invisibilidade. E o faz de duas maneiras: ora por persuasão, ora por disposição. Por persuasão, quando instiga o pecado revelando ao entendimento humano alguma coisa como boa ou benévola. E faz isso de três formas: revelando-a ao intelecto, ou às percepções (ou sentidos) interiores, ou às percepções exteriores. No primeiro caso, o intelecto humano pode ser ajudado por algum anjo bom a entender por iluminação, conforme diz Dionísio (*Dos nomes Divinos*); e, segundo Aristóteles (*De Anima*), "entender algo" significa passar por ele ou vivenciá-lo; assim, o demônio é capaz de imprimir alguma forma representativa no intelecto de sorte a desencadear o ato do entendimento.

Poder-se-ia dizer que o demônio é capaz de tal realização por seus poderes naturais, que não se acham diminuídos, conforme já se demonstrou. Cumpre dizer, porém, que não o faz por iluminação, mas por persuasão. Pois que o intelecto do ser humano é de natureza tal que, quanto mais iluminado, mais conhece a verdade, e mais é capaz de defender-se do embuste. E como o demônio pretende que o seu embuste seja perene, a persuasão de que se utiliza não pode ser chamada de iluminação. Poderia, no entanto, ser designada de revelação: pela persuasão invisível o demônio planta alguma coisa nos sentidos exteriores ou interiores. E destarte o intelecto racional, é persuadido a realizar determinada ação.

Vejamos de que modo é possível ao demônio criar determinada impressão nos sentidos internos. Cumpre reparar que os corpos naturais possuem uma propriedade inata: a de serem movidos localmente pelas substâncias espirituais. Claro isso está no caso de nosso próprio corpo, que é movido pela nossa alma. Caso análogo é o dos astros. Os corpos naturais, porém, não possuem propriedade inata que os torne diretamente sujeitos a certas influências (e nos referimos aqui às influências externas, não às influências das quais estejamos informados). Pelo que se torna necessária a cooperação de algum agente corpóreo, conforme é provado no sétimo livro da *Metafísica* de Aristóteles. Os corpos naturais obedecem, nos seus movimentos locais, aos anjos bons e aos anjos maus. É por causa disso que os demônios são capazes, através de movimento localizado, de colher o sêmen e empregá-lo na produção de resultados prodigiosos. É assim que os magos do Faraó produziam serpentes e animais reais, ao juntarem os correspondentes agentes ativos e passivos (Êxodo, 8:9). Por conseguinte, nada há que impeça os demônios de promoverem o movimento localizado dos corpos materiais (exceto quando Deus não permite).

PRIMEIRA PARTE

Passemos agora a examinar de que modo o diabo é capaz de excitar, através do movimento localizado, a fantasia e as percepções sensitivas interiores dos seres humanos, por aparições e por ações impulsivas. Convém lembrar a que causa atribui Aristóteles (*Do sono e da vigília*) as aparições em sonhos. Quando um animal dorme, o sangue flui para a sede mais profunda dos sentidos de onde emanam impulsos moventes ou impressões, originárias das impressões pregressas retidas na mente, ou seja, na fantasia ou na imaginação, que, segundo São Tomás, são uma mesma coisa, como veremos. Por fantasia ou imaginação designamos uma espécie de repositório das ideias recebidas pelos sentidos. E é através daí que os demônios excitam ou estimulam as percepções internas, ou seja, as imagens conservadas nesse repositório, parecendo que naquele momento são percepções novas recebidas do exterior.

A verdade é que nem todos estão de acordo com esse ponto; a quem interessar ocupar-se com essa questão cumpre atentar para o número e a função de cada uma das percepções interiores. Segundo Avicena, em seu *Livro da alma*, são em número de cinco: bom senso, fantasia, imaginação, pensamento e memória. Mas São Tomás, na *Prima Secundae* da *Suma teológica*, questão 79, afirma serem apenas quatro, já que a fantasia e a imaginação são uma mesma coisa. Para evitarmos maior prolixidade, preterimos o muito que ainda se comenta a respeito desse assunto.

Basta lembrar que a fantasia é o repositório das ideias. Alguns Algumas pessoas podem crer que a memória também o é. A distinção está em que, enquanto a fantasia é o lugar ou repositório das ideias recebidas pelos sentidos, a memória é o repositório das ideias que não são recebidas pelos sentidos. Assim, quando um ser humano vê um lobo e foge, não o faz por causa de sua cor ou de seu aspecto ameaçador (que são ideias recebidas pelos sentidos exteriores e conservadas na sua fantasia), mas sim porque o lobo é seu inimigo natural. E isso o ser humano sabe, seja por instinto, seja por medo, elementos diversos do pensamento, que reconhece o lobo como hostil e o cão como amigo. No entanto, o repositório dos instintos é a memória, porque a recepção e a retenção são duas coisas distintas nos corpos; pois os de humor ou

O MARTELO DAS FEITICEIRAS

disposição úmido recebem prontamente, mas retêm com dificuldade; o contrário se dá nos de humor seco.

Voltando à questão. As aparições que vêm ao ser humano em sonhos procedem das ideias retidas no repositório da sua mente, através de um movimento local natural causado pelo fluxo de sangue para a sede primordial e mais profunda das suas faculdades perceptivas; falamos assim de um movimento local intrínseco na cabeça e nos compartimentos da cabeça. O mesmo pode acontecer através de um movimento local similar criado pelos demônios. E tais fenômenos podem acontecer não só a quem esteja dormindo, mas também a quem esteja desperto. Pois nesses casos os demônios são também capazes de estimular e excitar as percepções e os humores internos: as ideias retidas no repositório da mente são dali retiradas e se desvelam à fantasia e à imaginação: aos seres humanos, parecem ser tais imagens verdadeiras. E a isso dá-se o nome de tentação interior.

Não admira que o diabo possa gerar esse fenômeno por sua própria força natural; já que qualquer ser humano, por si mesmo — estando desperto e usando de sua razão —, é capaz, voluntariamente, de recolher de seus repositórios as imagens lá retidas; dessa forma, é capaz de evocar qualquer imagem que desejar. E sendo esse fenômeno verdadeiro, é fácil entender a excessiva fascinação no amor.

São duas as maneiras pelas quais os demônios, como já se disse, evocam no ser humano imagens dessa espécie. Por vezes, fazem-no sem subjugar a razão humana, como no caso da tentação e no exemplo da imaginação voluntária. Noutras ocasiões, porém, agrilhoam por completo o uso da razão; é o caso das pessoas com deficiência por natureza, das pessoas loucas e ébrias. Não é de causar espanto, assim, serem capazes os demônios de aprisionar, com a permissão de Deus, a razão humana; e a esses seres humanos se lhes qualifica de delirantes, porque os sentidos lhes foram arrancados pelo demônio, de duas formas: com ou sem o auxílio das bruxas. Pois que Aristóteles, na obra citada, declara serem eles movidos apenas por ínfima centelha, como o que ama pela imagem mais remota de seu amor, e o que odeia

PRIMEIRA PARTE

pela imagem mais remota de seu ódio. Portanto, tendo os demônios aprendido, pela observação dos atos humanos, a que paixões estão os seres humanos mais propensos, incitam-nos ao amor e ao ódio desmedidos, imprimindo-lhes na imaginação o seu propósito, da forma mais forte e mais eficaz. E isso lhes é muito fácil, pois à pessoa amante é fácil recordar a imagem da amada, retendo-a prazerosamente em seus pensamentos.

Mas é por bruxaria que realizam tais obras quando para tal se utilizam de bruxas, por virtude do pacto com elas firmado. Não nos é possível, porém, tratar desse assunto em muitos pormenores, em decorrência do enorme número de casos dessa espécie entre clérigos e entre pessoas leigas. Quantos adúlteros já não repeliram a mais linda das esposas para se entregarem lascivamente à mais perversa das mulheres!

Sabemos do caso de uma velha mulher que, segundo o relato dos irmãos de um certo mosteiro, dessa forma não só enfeitiçou sucessivamente três abades como os matou e, da mesma maneira, fez enlouquecer a um quarto. Pois confessou ela publicamente e sem medo: "Assim fiz e assim faço, e não me podem resistir pelo muito que comeram do meu estrume", disse ela, pondo à mostra a quantidade referida ao esticar seu braço. Devo admitir que, como não dispúnhamos de argumentos evidentes para processá-la ou para trazê-la a julgamento, ainda está viva até hoje.

Cumpre lembrar o que já foi dito: o demônio invisivelmente induz o ser humano ao pecado, não só persuadindo-o, mas predispondo-o. Embora não seja muito pertinente no momento, diga-se que, por admoestação semelhante da disposição e dos humores humanos, o demônio torna o ser humano mais predisposto ao ódio, à concupiscência e às paixões. Quando tais emoções são despertadas, mais facilmente a elas sucumbe. Claro está que o ser humano, com um corpo assim predisposto, mais propenso está para a elas render-se. Mas como é difícil citar precedentes, há de encontrar-se maneira mais simples de demonstrá-los para advertência aos fiéis. Na segunda parte deste livro tratamos dos remédios que permitem libertar as pessoas enfeitiçadas.

O MARTELO DAS FEITICEIRAS

Do método de pregar às pessoas sobre o amor desvairado

A respeito do que dissemos nos parágrafos precedentes, cabe ao pregador indagar se é do ponto de vista católico sustentar serem as bruxas capazes de contaminar a mente dos homens pela paixão desenfreada por mulheres desconhecidas — inflamando de tal forma o coração deles, ao ponto de persistirem nesse amor, a despeito da vergonha ou do castigo, das palavras ou dos atos; cabe indagar se é católico fomentar de tal forma o ódio nos casais a ponto de não conseguirem procriar; e de, no silêncio profundo da noite, os maridos passarem a percorrer grandes distâncias na busca de amantes e de parceiras ilícitas.

O pregador vai encontrar, a propósito, alguns argumentos na questão precedente. Por outro lado, basta dizer que há certas dificuldades nessas questões a respeito do amor e do ódio. Porque essas paixões invadem a vontade, que por si só havia de agir sempre na liberdade, e de não ser coagida por qualquer outra criatura, exceto por Deus, único capaz de governá-la. Pelo que fica claro que nem o demônio nem a bruxa a seu serviço podem forçar a vontade do ser humano ao amor ou ao ódio. Pois bem: a vontade, assim como o entendimento, existe subjetivamente na alma, e só Deus é capaz de nela penetrar por tê-la criado, a questão se acha permeada de dificuldades a impedirem o desvelamento da verdade. Apesar dessas dificuldades, cumpre considerar, primeiro, a paixão intensa e o ódio, e, segundo, os encantamentos cometidos pelas bruxas contra o poder da procriação.

Embora o demônio não seja capaz de interferir diretamente no entendimento e na vontade do ser humano, é capaz, segundo todos os teólogos no segundo livro do *Comentário sobre as sentenças* (que trata dos poderes do demônio), de atuar sobre o corpo ou sobre as faculdades que ao corpo pertencem ou a ele estão vinculadas, sejam elas as percepções internas, sejam as externas. Tal é comprovado, com toda a razão e toda a autoridade, na questão precedente, caso se dê a devida atenção ao ponto; caso contrário, há ainda a autoridade de Jó, 2:6: "O Senhor disse a Satanás: 'Pois bem, ele está em teu poder, poupa-lhe apenas a vida'."

PRIMEIRA PARTE

O poder sobre Jó era exercido apenas sobre o corpo, não sobre a alma (poupa-lhe apenas a vida). Mas o poder que Deus outorgou a Satanás sobre o corpo de Jó estendia-se também a todas as faculdades ligadas ao corpo, ou seja, às quatro ou cinco percepções internas e externas: o bom senso, a fantasia ou imaginação, o pensamento e a memória.

Tomemos o exemplo dos porcos e das ovelhas. Pois os porcos retornam por instinto à sua casa. E por instinto natural as ovelhas distinguem um lobo de um cão, vendo no primeiro o seu inimigo e no segundo o amigo de sua natureza.

Consequentemente, como todo o nosso conhecimento racional vem dos nossos sentidos (pois que Aristóteles diz, em seu *De Anima*, livro 2, que o ser humano inteligente há de estar ciente das fantasias que o assombram), o demônio é capaz de interferir em nossa fantasia interior, ensombrecendo nosso entendimento. Não se quer com isso dizer, porém, que só o faça diretamente sobre o intelecto, mas também por intermédio de imagens fantásticas. Porque, ademais, nada é amado até que se conheça.

Outros exemplos poderiam ser aditados: o do ouro que a pessoa avara ama porque conhece o seu poder, entre outros. Logo, ao ser obscurecido o entendimento, também o é a vontade nos seus afetos. Mais: o demônio é capaz de promover esse efeito com ou sem o auxílio das bruxas; e tais coisas podem acontecer por mera falta de previsão. Havemos de dar, porém, exemplos de vários tipos. Pois que foi dito (Tiago, 1:14-15): "Todo ser humano é tentado quando se afasta de seu próprio desejo, e é seduzido. Quando o desejo lascivo é concebido, traz o pecado; e o pecado, quando consumado, traz a morte." Está escrito (Gênesis, 34:1-3): "Diná, a filha que Lia tinha dado a Jacó, saiu para ver as filhas da região. Tendo-a visto Siquém, filho de Hamor, o heveu, príncipe daquela terra, raptou-a e dormiu com ela, violentando-a. Seu coração prendeu-se a Diná, filha de Jacó: ele amou a jovem e soube falar-lhe ao coração." E segundo a glosa: "Quando a mente enferma renuncia a seus próprios interesses e passa a dar atenção, como Diná, aos interesses alheios, é desviada do bom caminho e torna-se uma com os pecadores."

O desejo lascivo pode surgir de modo independente da bruxaria — pela simples tentação do demônio, como se mostra a seguir. Pois lemos em II Samuel, 13:1-2, que Amnon se enamorou desesperadamente de sua própria irmã Tamar e se consumia de tal modo por ela que adoeceu de paixão. Mas ninguém havia de incidir em tamanho e em tão hediondo crime sem que fosse totalmente corrupto e gravemente tentado pelo demônio. Pelo que diz a glosa: "Eis nesse passo uma advertência: é-nos permitido, por Deus, que sempre em guarda estejamos para não sermos dominados pelo vício e pelo príncipe do pecado, que aos desatentos promete falsa tranquilidade, e da distração se aproveita para matá-los."

Sobre essa espécie de paixão, o *Livro dos santos padres* tem diversas passagens, defendendo que por mais que se distanciem dos pecados carnais, são por vezes tentados pela paixão das mulheres mais do que seria possível imaginar. Pelo que diz o Apóstolo em II Coríntios, 12:7: "Foi-me dado um espinho na carne, um anjo de Satanás, para me esbofetear e me livrar do perigo da vaidade." Sobre o que diz a glosa: "Foi-me dada a tentação pela luxúria. Mas o que é tentado e não cede à tentação não é pecador, apesar da provação ao exercício da virtude." E por tentação entenda-se a tentação pelo diabo e não pela carne, que é sempre pequena e venial. O pregador há de encontrar, a propósito, muitos exemplos.

O terceiro ponto — que o amor desmedido procede das obras maléficas do demônio — foi discutido acima; falemos dessa tentação.

Pode-se indagar da possibilidade de a paixão desenfreada ser causada não pelo diabo, mas tão somente pela bruxa. A essa indagação se pode responder de várias maneiras. Primeiro, se o homem tentado tem uma esposa bela e honesta, ou o contrário no caso da mulher, entre outros. Em segundo lugar, se o juízo da razão se acha de tal forma agrilhoado que, seja por atos, seja por palavras, seja mesmo por culpa, lhe é impossível resistir ao desejo lascivo. E em terceiro lugar, sobretudo, quando não consegue conter-se e se vê forçado, apesar da dificuldade da jornada, a transpor grandes distâncias, de dia ou à noite, para consumar seu desejo lascivo (conforme se depreende das confissões desses homens). Pois São João Crisóstomo diz, a respeito de Mateus, 20:2-7 (que trata do

PRIMEIRA PARTE

jumento montado por Jesus), que quando o demônio possui a vontade do ser humano pelo pecado, ele o transporta para onde quiser. Também dá o exemplo do navio no mar sem timão, que o vento conduz para onde quiser; e do ser humano firmemente sentado num cavalo; e do rei que tem domínio sobre um tirano. E, em quarto lugar, é demonstrada pelo fato de que, às vezes, são súbita e inesperadamente levados para longe, noutras, transformados, de sorte a nada o impedir. É também demonstrada pela hediondez do aspecto da própria mulher.

Antes de prosseguir à questão seguinte — a respeito do efeito da bruxaria sobre o poder da procriação —, precisamos esclarecer tais argumentos.

Resolução dos argumentos

No primeiro, diz-se que a vontade do ser humano é governada por Deus, assim como o entendimento o é por um anjo bom. Clara é a explicação. O intelecto é iluminado tão só por anjos bons para o conhecimento da verdade, donde procede o amor daquilo que é bom, pois a verdade e o real são uma mesma coisa. Pode também o intelecto ser obscurecido pelos anjos do mal no conhecimento do que parece ser verdadeiro: pelo embaralhamento das ideias e imagens recebidas e armazenadas através das percepções — de onde vem a paixão desmedida por algo aparentemente bom, como o prazer corpóreo, pelo qual tanto se empenham as pessoas.

Com o segundo argumento se advoga serem os demônio incapazes de promover alterações físicas nos corpos; e isso, em parte, é verdadeiro, em parte não — mormente com relação a três espécies de mutação. Pois que eles não conseguem transformar os corpos na totalidade da sua forma e da sua compleição (o que seria mais bem designado como criação, e não como transformação), sem o recurso de algum outro agente, ou sem a permissão de Deus. Ao falarmos, porém, de transformação qualitativa — para a saúde ou para a doença, por exemplo —, como já se mostrou

177

O MARTELO DAS FEITICEIRAS

antes, vemos serem os demônios capazes de infligir ao corpo diversas enfermidades, inclusive a da perda do juízo, e serem capazes, portanto, de causar amor e ódio desmesurados.

Convém aditar uma terceira espécie de mutação: a do corpo invadido por anjo do bem ou do mal — de forma análoga à penetração de Deus na alma, ou seja, na essência da vida. Quando, porém, falamos de um anjo, sobretudo de um anjo mau, a penetrar no corpo, como no caso da obsessão, vemos que ele não penetra além dos limites da essência do corpo; porque nessa outra esfera só Deus, o Criador, é capaz de ingressar — pois foi Ele que a criou como essência intrínseca da vida. Diz-se, porém, que o demônio penetra no corpo quando nele promove algum efeito, porque ele opera onde se encontra, como declara São João Damasceno (*A fé ortodoxa*). Assim, ele opera nos limites da matéria corpórea, mas não no interior da essência mesma do corpo criatural.

Donde se conclui que o corpo deve ter duas propriedades, a material e a espiritual, análogas às que distinguem o real do aparente. Portanto, quando o diabo entra no corpo, instala-se nas forças vinculadas aos seus órgãos, sendo capaz de nelas criar impressões. E através dessas operações e impressões projeta-se um espectro perante o entendimento — como no caso da visão de certas cores, conforme é dito no terceiro livro *De Anima*. Tais impressões penetram também na vontade. Pois que a vontade forma a sua concepção do que de bom provém do intelecto, desde que o intelecto interprete a percepção como boa, seja na realidade, seja na aparência.

No terceiro argumento, diz-se que o conhecimento das ideias provindas do coração pode dar-se de duas maneiras: ora se vendo os seus efeitos, ora as lendo, realmente, no intelecto. No primeiro caso, não só podem vir a ser conhecidas por um anjo, mas também por um ser humano, embora se venha a demonstrar que os anjos são mais habilidosos nessa questão. Pois que, vez ou outra, se tornam os pensamentos manifestos, não apenas por alguma ação externa, mas também por alguma modificação do semblante. Os médicos, por exemplo, são capazes de discernir certos estados emotivos do ser humano tomando-lhe o pulso. Donde nos diz Santo Agostinho (*Dos nomes Divinos*): que, algumas vezes, é

PRIMEIRA PARTE

facílimo descobrir a disposição anímica de um ser humano, não só pelas suas palavras, mas pelos seus próprios pensamentos, que não passam de sinais da alma expressos pelo corpo. Não obstante nas suas *Retractationes* declare não existir uma regra definida que estabeleça de que modo isso possa ser feito; em minha opinião, ele reluta em admitir ser o demônio capaz de conhecer nossos pensamentos íntimos.

De outro ponto de vista, os pensamentos do intelecto e os pendores da vontade só podem ser conhecidos por Deus. Porque a vontade das criaturas racionais se acha subordinada a Deus tão somente: nela só Ele pode intervir, é Ele a sua causa primeira e a sua finalidade última. Portanto, o que se encontra na vontade ou o que dela depende só há de ser conhecido por Deus. Não só isso: é manifesto o que só da vontade depende, quando se consideram as coisas pelas suas ações resultantes. Pois quando o ser humano tem a faculdade do conhecimento, e o entendimento que daí advém, a usa conforme a sua vontade.

Provado está, por conseguinte, pelo que foi dito, que aos espíritos não é permitido penetrar na alma; logo, não lhes é dado, naturalmente, conhecer o que se passa na mente humana, mormente o que se passa nas profundezas da alma. Pelo que, quando se afirma ser o demônio incapaz de ver o íntimo do coração das pessoas e, portanto, incapaz de mover o coração das pessoas para o amor ou para o ódio, sabemos, contudo, que ele toma conhecimento dos seus pensamentos através de seus efeitos visíveis — e é nessa matéria mais habilidoso do que os seres humanos. Destarte, por algum modo sutil, ele é capaz de inclinar as pessoas para o amor ou para o ódio, criando espectros e obscurecendo-lhes o intelecto.

Cumpre, no entanto, declarar, à guisa de consolo, para atenuar as apreensões das pessoas virtuosas: quando a alteração corpórea sensível e exterior que acompanha o pensamento humano é tão vaga e indeterminada que o diabo não a consegue deslindar — sobretudo quando a pessoa virtuosa está desocupada do estudo e das boas obras —, passa a molestá-la principalmente pelos sonhos, conforme nos é dado saber pela experiência. Mas quando o efeito físico do pensamento é forte e determinado, o diabo é capaz de saber, pela fisionomia da pes-

O MARTELO DAS FEITICEIRAS

soa, se os seus pensamentos se acham voltados para a inveja ou para a luxúria. Cumpre, porém, deixarmos a questão em aberto quanto à possibilidade de dessa maneira o demônio ter conhecimento de todas as circunstâncias, entre outras coisas; não obstante, o certo é que é capaz de tomar conhecimento de tais circunstâncias pelos seus resultados subsequentes.

Pelo quarto argumento, temos que, embora só a Deus seja possível adentrar em nossa alma, é possível aos anjos do bem ou do mal adentrarem em nosso corpo, da maneira já revelada. E destarte são capazes de promover em nós o ódio ou o amor.

Quanto ao outro argumento — de que os poderes do espírito são superiores aos poderes físicos, os quais não seriam modificados pelo demônio, já que, na carne e no osso, podem ser acelerados ou retardados. Mas o demônio promove tais fenômenos não com a finalidade de neutralizar ou de estimular percepções interiores ou exteriores, mas sim para seu próprio proveito; pelo que tira maior proveito ao enganar os sentidos e ao iludir o intelecto.

QUESTÃO VIII

Se as bruxas são capazes de obstruir as forças generativas ou de impedir o ato venéreo

O fato de as meretrizes e as prostitutas adúlteras mais se entregarem à bruxaria é consubstanciado pelas fórmulas mágicas professadas pelas bruxas contra o ato da procriação. E para melhor elucidar a verdade, vamos considerar os argumentos das pessoas que não partilham de nosso ponto de vista a respeito.

Afirma-se, em primeiro lugar, que encantamentos dessa natureza não são possíveis, pois se o fossem seriam igualmente aplicados às pessoas casadas; mas, como o matrimônio é obra de Deus e a bruxaria, obra do diabo, então as obras do diabo seriam mais poderosas que as de Deus. No entanto, admitindo-se que só sejam aplicadas a quem fornica e a pessoas solteiras, vemo-nos a confirmar o ponto de vista das que afirmam não existir realmente a bruxaria, salvo na imaginação dos seres humanos; opinião, aliás, refutada na primeira questão. Ou então teremos de aventar outra hipótese para explicar por que os encantamentos só atingem as pessoas solteiras e não as casadas; e a única explicação possível estaria em dizer que o matrimônio é obra do Senhor. E como, de acordo com os teólogos (*Comentário sobre as sentenças*, livro 4), tal explicação não é válida, persiste o argumento de que as obras do diabo devem ser mais fortes do que as de Deus, mas como é impróprio sustentar tal afirmação, impróprio também há de ser sustentar que os atos venéreos possam ser impedidos pela bruxaria.

O diabo, afirma-se mais uma vez, não é capaz de interferir nas ações naturais — tais como comer, caminhar, ter uma ereção —, porque se o fosse, destruiria todo o mundo.

Não apenas isso: como o ato venéreo é comum a todas as mulheres, se fosse obstruído, haveria de sê-lo com relação a todas elas; mas isso não é verdadeiro, e, logo, também não o é o primeiro argumento. Porque os fatos provam que não é assim, pois quando um homem diz estar enfeitiçado, continua sendo muito capaz em relação a outras mulheres, embora não com aquela, com a qual lhe é impossível copular; e a razão é que não o deseja e, portanto, nada pode fazer a respeito.

Do outro lado — o lado verdadeiro — está o que declara o Código de Direito Canônico ("se por sortilégio, entre outros"), assim como o que declaram teólogos e canonistas, ao tratarem do obstáculo ao matrimônio causado pelas bruxarias.

Há também uma outra razão: como o demônio é mais poderoso que o ser humano, e o ser humano é capaz de anular as forças generativas através de ervas frígidas ou de tudo o mais que se possa imaginar, portanto muito mais será o diabo capaz de fazer, por seu maior conhecimento e sua maior astúcia.

Resposta: A verdade se torna suficientemente evidente a partir de dois pontos já discutidos, embora ainda não se tenha explicitado o método de obstrução ao ato venéreo. Pois já se demonstrou que a bruxaria não existe apenas na imaginação das pessoas e sim de fato; com efeito, podem acontecer incontáveis encantamentos reais com a permissão de Deus. Demonstrou-se também que é mais notória a permissão de Deus para o encantamento do ato venéreo (ou das forças generativas), pela sua maior corruptibilidade do que dos demais atos humanos. Mas a respeito do método que possibilita tal impedimento, cumpre observar que não só interfere com as forças generativas, mas também com a força da imaginação ou da fantasia.

Pedro de Palude (*Comentário sobre as sentenças*, livro 3, questão 34) aponta cinco métodos. Diz esse autor que o demônio, por ser espírito,

PRIMEIRA PARTE

tem poder sobre os corpos criaturais, promovendo ou impedindo o seu movimento local. É portanto capaz de impedir que os corpos aproximem-se um do outro, direta ou indiretamente, interpondo--se sob alguma forma corpórea. Foi o que se deu com o jovem que, embora tivesse se casado com sua donzela, já havia se comprometido com um falso deus e, consequentemente, não conseguiu copular com a donzela. Em segundo lugar, o demônio é capaz de ora excitar, ora esfriar os homens no seu desejo, através de elementos secretos cujo poder ele bem conhece. Em terceiro lugar, é capaz de perturbar de tal forma a percepção e a imaginação dos homens de sorte a fazer com que as mulheres lhes pareçam repulsivas: já que ele pode, como foi dito, influenciar a imaginação. Em quarto lugar, é capaz de impedir a ereção do membro viril, quando posicionado para a frutificação, assim como é capaz de impedir qualquer movimento local. Em quinto lugar, é capaz de impedir o fluxo da essência vital para os membros em que reside a força motriz — como a ocluir os canais seminíferos, impedindo que a essência vital escoe ou seja projetada ou fazendo com que volte pelos canais germinativos, causando-lhes uma disfunção que pode se dar de várias formas.

Pedro de Palude, ademais, continua em concordância com o que já foi antes mencionado e defendido por outros doutores da Igreja. Porque Deus confere ao demônio mais amplitude de ação contra esse ato do que contra os demais, porque foi através dele que o pecado original se disseminou. De forma semelhante, as serpentes são mais subordinadas às fórmulas mágicas que os outros animais. E diz-nos um pouco mais adiante: "O mesmo se dá no caso das mulheres, pois que o diabo é capaz de anuviar-lhes de tal forma o entendimento que chegam a considerar o marido tão repugnante que não lhe permite, em hipótese alguma, deitar-se com elas."

Mais adiante, esse autor tenta descobrir a razão pela qual é maior o número de homens enfeitiçados com relação a tal ato; declara então que a obstrução, pelo geral, ocorre no canal seminal, ou então o encantamento impede a ereção, o que mais facilmente acontece aos homens; por isso é

O MARTELO DAS FEITICEIRAS

maior o número de homens enfeitiçados que o de mulheres. Poder-se-ia afirmar também que, sendo as bruxas em sua maioria mulheres, anseiam mais aos homens do que às mulheres para copular. Agem também afrontando mulheres casadas, aproveitando-se de todas as oportunidades para o adultério, quando então o homem passa a ser capaz de copular com outras mulheres mas não com a sua própria; de forma semelhante, as esposas passam a procurar outros amantes.

O autor ainda acrescenta que Deus permite que o demônio aflija mais amargamente a quem peca do que a quem é justo. Pelo que o anjo disse a Tobias (6:17): "Ele confere poder ao demônio sobre os que se entregam à luxúria." Embora tenha, por vezes, também poder sobre pessoas justas, como no caso de Jó, mas não com relação às funções genitais. Pelo que devem se devotar à confissão e a outras boas obras, para que o ferro não permaneça na ferida e seja em vão o tratamento. São essas as ponderações de Pedro. Entretanto, o método para a eliminação de tais efeitos será indicado na segunda parte desta obra.

Esclarecendo algumas dúvidas incidentais a respeito da copulação impedida pelos encantamentos malignos

Sucintamente, indaga-se por que há o bloqueio dessa função com relação a algumas mulheres e não com relação a outras. Damos a resposta de Boaventura. Ou a bruxa aflige as pessoas escolhidas pelo demônio, ou é porque Deus não permite que sejam afligidas as outras pessoas. Pois que o propósito secreto de Deus nesses casos é obscuro, conforme é revelado pelo caso da esposa de Tobias (Tobias, 6:16-17). E acrescenta que se for perguntado de que modo o demônio promove esse efeito, há de responder-se que por obstrução da força genital, não de forma intrínseca, pela lesão do órgão, mas de forma extrínseca, inutilizando-o. Logo, por ser obstrução artificial e não natural, é capaz de tornar o homem impotente em face de determinada mulher mas não em face de outras; ao remover a inflamação de seu desejo lascivo por ela, mas não pelas outras — seja

PRIMEIRA PARTE

através de seus próprios poderes, seja através de alguma erva ou pedra, ou ainda através de algum meio natural oculto. Tal assertiva está em concordância com a de Pedro de Palude.

Não apenas isso: como a impotência, vez ou outra, é causada por frieza natural ou por outra falha natural, pergunta-se de que modo seria possível distinguir entre a determinada por bruxaria e a de outra natureza. Hostiensis dá a resposta em sua *Summa* (embora esta não deva ser pregada publicamente): "Quando o membro não fica ereto de forma alguma, e não é capaz de realizar o coito, tem-se então o sinal de frigidez natural; todavia, quando se excita e fica ereto mas, mesmo assim, não consegue realizá-lo, tem-se então o sinal de impotência por bruxaria."

Cumpre atentar que a impotência do membro não é o único encantamento maléfico; às vezes, as mulheres tornam-se incapazes de conceber, ou abortam.

Repare-se, ademais, que, segundo os preceitos do Cânon, toda pessoa que por desejo de vingança ou por ódio faz qualquer coisa contra o homem ou a mulher que os impeça de procriar ou de conceber é considerado homicida (*Liber Extra*, seção "Homicídio"). Notar também que, nessa seção, o Cânon se refere ademais às pessoas imorais que, para poupar amantes da vergonha, usam contraceptivos — ou seja, poções ou ervas que violam a natureza, e isso sem qualquer auxílio dos demônios. E tais penitentes devem ser punidos como homicidas. As bruxas, porém, que realizam tais perversidades por bruxaria, são pela lei passíveis da penalidade extrema, conforme se mencionou ainda na primeira questão.

Aos argumentos: Quando se objeta que tais fenômenos não acontecem às pessoas unidas pelo matrimônio, cumpre atentar que, mesmo que não se tenha esclarecido plenamente a verdade nessa questão, tais fatos realmente ocorrem — tanto em pessoas casadas quanto em pessoas solteiras. E o leitor prudente, com biblioteca farta, há de consultar os teólogos e os doutores em Direito Canônico nos textos em que abor-

O MARTELO DAS FEITICEIRAS

dam o problema da impotência e da bruxaria (especialmente na seção "Frígidos e afetados por bruxaria" do *Liber Extra* e no livro 4 do *Comentário sobre as sentenças*), e verá que estão acordes ao condenarem dois erros, sobretudo o das pessoas casadas que julgam estarem imunes a esse encantamento por causa do laço do matrimônio, alegando que os demônios não são capazes de destruir as obras de Deus.

O primeiro erro que condenam é o das pessoas que afirmam não existir bruxaria no mundo, salvo na imaginação dos seres humanos, os quais, pela sua ignorância das causas ocultas que ainda ninguém compreende, atribuem certos efeitos naturais à bruxaria. No entanto, tais efeitos foram, por certo, não efetuados por causas ocultas, mas por demônios operando por conta própria ou com o auxílio das bruxas. E não obstante todos os doutores condenem esse erro como pura falsidade, São Tomás impugna-o mais vigorosamente e o estigmatiza como verdadeira heresia, ao afirmar que tal erro procede da raiz da infidelidade. E já que a infidelidade na pessoa cristã é considerada heresia, devem portanto ser considerados suspeitos de heresia culposa. Esse assunto foi considerado na primeira questão, mas não tão claramente. Pois aquela pessoa que considerar outras passagens da obra de São Tomás verá por que ele afirma tal erro proceder da raiz da infidelidade.

A *Suma teológica* trata do pecado (onde considera os demônios), e a primeira questão — se os demônios possuem corpos que lhes pertencem naturalmente —, entre muitas outras ponderações, faz menção daqueles que atribuem aos astros todos os efeitos físicos; aos quais dizem estarem subordinadas todas as causas ocultas dos fenômenos terrestres. E ele nos diz: "Deve-se considerar que os peripatéticos, os seguidores de Aristóteles, sustentavam que os demônios não existem realmente; diziam que os fenômenos atribuídos aos demônios decorrem da força natural dos astros e de outras forças naturais." Pelo que Santo Agostinho declara (*A cidade de Deus*, livro 10) que, segundo a opinião de Porfírio, a partir de ervas e animais, de certos sons e certas vozes, e de certas figuras e certas fantasias observadas no movimento dos

PRIMEIRA PARTE

astros, eram fabricadas na terra forças correspondentes a esses corpos celestes a fim de explicar vários fenômenos naturais. E é patente o erro dos que assim pensam, já que atribuem a tudo causas ocultas nos astros, defendendo que os demônios não passam de seres fabricados pela imaginação das pessoas.

Mas essa opinião é claramente demonstrada como falsa por São Tomás na mesma obra, porque são observadas algumas ações dos demônios que de forma alguma poderiam ser explicadas por causas naturais. Por exemplo, a pessoa possuída por um demônio falar uma língua desconhecida; e encontram-se muitas outras obras dos demônios tanto nas artes proféticas quanto nas necromânticas, que podem apenas proceder de alguma inteligência, que, embora possa ser benévola por natureza, é maligna em sua intenção. E por isso, outros filósofos foram obrigados a admitir a existência de demônios. Não obstante terem depois incidido em vários erros, alguns acreditando que a alma das pessoas, quando deixam o corpo, tornam-se demônios. Por essa razão muitos adivinhos têm matado crianças, para que disponham de sua alma como colaboradoras; são também observados muitos outros erros.

Por isso não é sem razão que o santo doutor diz estar essa opinião na raiz da infidelidade. E quem desejar pode ler em Santo Agostinho (livros 8 e 9 de *A cidade de Deus*) a respeito dos vários erros de pessoas infiéis no que concerne à natureza dos demônios. Com efeito, a opinião comum de todos os doutores, encontrada na obra citada, contra as pessoas que erram ao declararem não existirem as bruxas, é de grande peso em seu significado, mesmo quando expressa em poucas palavras. Afirmam que as pessoas que professam não existir bruxaria no mundo são contrárias à opinião de todos os doutores e da Sagrada Escritura; e declaram que existem os demônios, e que os demônios têm poderes sobre o corpo e a imaginação das pessoas, com a permissão de Deus. Pelo que aquelas que são instrumentos nas mãos dos demônios (a pedido de quem os demônios, por vezes, causam injúrias às demais criaturas) são chamadas bruxas.

O MARTELO DAS FEITICEIRAS

Na condenação do primeiro erro, os doutores nada dizem a respeito das pessoas unidas pelo laço do matrimônio; referem-se a estas só na condenação do segundo erro. Afirmam que outras pessoas incidem no erro de acreditar que, embora a bruxaria exista e esteja espalhada por todo o mundo, não há encantamento permanente, mesmo contra a copulação carnal, e, por isso, não há encanto algum que venha a anular o matrimônio depois de já contraído. Refutam essa opinião errônea professando-a contrária a todos os precedentes e a todas as leis, antigas e modernas. Pelo que os doutores católicos distinguem a impotência causada pela bruxaria em duas formas, a temporária e a permanente. E se é temporária, não anula o casamento. Ademais, presume-se que seja temporária se for possível a cura no prazo de três anos desde a sua coabitação, havendo se submetido tais pessoas a todas as penas possíveis, seja através dos sacramentos da Igreja, seja através de outros remédios, para serem curadas. Caso contrário, será considerada permanente. E nesse caso ou precede o contrato e a consumação do matrimônio, impedindo tal contrato ou anulando o ainda não contraído; ou então se dá depois do contrato de casamento, mas precede a sua consumação, quando então, segundo alguns, também o anula. (Porque é dito no livro 33, questão 1, capítulo 1 que a confirmação do matrimônio está em seu ofício carnal.) Ou é, enfim, ulterior à consumação do matrimônio, quando então o contrato matrimonial não se anula. Há mais notas a respeito dessa passagem (*Extra*, "Sobre os frígidos e outras coisas") por Hostiensis, por Gregório IX, pelos doutores e pelos teólogos.

Aos argumentos: Quanto ao primeiro, já está suficientemente esclarecido pelo que se disse. Às pessoas que dizem que as obras de Deus podem ser destruídas pelas obras do demônio, já que a bruxaria tem poderes contra as pessoas casadas, refutamo-las fazendo ver que seu argumento não tem força; a opinião oposta é que parece verdadeira, já que o demônio nada pode fazer sem a permissão de Deus. Pois que ele não destrói pela força viva como um tirano, mas sim através de alguma

PRIMEIRA PARTE

arte extrínseca, como se demonstrou. O segundo argumento — que explica por que Deus permite maior obstáculo ao ato venéreo que aos demais atos humanos — também está perfeitamente esclarecido. Embora o diabo tenha poderes também sobre outros atos quando Deus assim permite. Pelo que não convém argumentar que ele conseguiria destruir todo o mundo. Pelo que se apresentou, ademais, conseguimos elucidar de forma semelhante a terceira objeção.

QUESTÃO IX

*Se as bruxas são capazes de algum ilusionismo pelo qual
pareça que o órgão masculino tenha sido arrancado ou
esteja inteiramente separado do corpo*

Vamos aqui estabelecer a verdade a respeito das operações diabólicas relacionadas ao órgão masculino. Para que elucidemos os fatos a respeito, convém indagar se as bruxas são de fato capazes de remover, com a ajuda dos demônios, o membro, ou se o fazem apenas aparentemente, por encantamento ou ilusão. Que são capazes de removê-lo realmente argumentamos *a fortiori*, pois já que os demônios são capazes de prodígios muito maiores — como o de matar pessoas ou transportá-las de um lugar para outro (como se mostrou antes com os casos de Jó e de Tobias) —, são, de forma análoga, capazes de remover verdadeiramente o membro dos homens.

Toma-se aqui, outra vez, um argumento da glosa sobre as visitas dos anjos do mal nos Salmos (77:49): "Deus pune pelas mãos dos anjos do mal", como Ele muitas vezes puniu o povo de Israel com várias doenças, através da visita em seus corpos pelos anjos. Pelo que o membro se acha igualmente sujeito a tais visitas.

Pode-se afirmar que tal é feito com a permissão Divina. E assim como se disse que Deus confere à bruxaria maiores poderes sobre as funções genitais, em razão da primeira corrupção do pecado que se abateu sobre nós pelo ato da procriação, Ele também confere maiores poderes sobre todo o órgão genital, permitindo inclusive a sua completa remoção.

O MARTELO DAS FEITICEIRAS

Transformar a esposa de Lot em estátua de sal foi, decerto, prodígio muito maior que retirar o órgão masculino (Gênesis, 19:26), tendo ali ocorrido de fato uma real metamorfose, não um efeito aparente (pois diz-se que a estátua de sal ainda pode ser vista). E esse prodígio foi realizado pelo anjo do mal, assim como os anjos do bem tornaram cegos os homens de Sodoma, para que não encontrassem a porta de casa. E isso igualmente se deu com os outros castigos infligidos aos homens de Gomorra. A glosa, com efeito, afirma que a própria esposa de Lot fora contaminada por aquele vício e por isso punida.

Quem quer que seja capaz de criar alguma forma natural também é capaz de eliminá-la. E os demônios têm criado muitas formas naturais, como fica patente no caso dos magos do Faraó, que com o auxílio dos demônios criaram rãs e serpentes. Ademais, Santo Agostinho, no livro *Oitenta e três questões diversas*, diz que "aquilo que é feito visivelmente pelas forças inferiores do ar não pode ser considerado mera ilusão; mesmo os homens são capazes, por uma incisão habilidosa, de remover o seu órgão; já os demônios são capazes de fazer no plano invisível o que outros só fazem no plano visível."

Mas, por outro lado, Santo Agostinho (*A cidade de Deus*, livro 18, capítulo 18) diz que "não é crível que, através da arte ou dos poderes dos demônios, o corpo do homem possa ser mudado no de um animal", logo, é igualmente impossível que o órgão essencial à verdade do corpo humano possa ser removido. Diz, ademais (*De Trinitate*, livro 3, capítulo 8), que "é preciso não crer que essa substância da matéria visível esteja sujeita à vontade dos anjos caídos; pois que só a Deus está sujeita."

Resposta: Não há dúvida de que certas bruxas são capazes de operar feitos prodigiosos nos órgãos masculinos, enunciado coerente com o que é visto e ouvido por muitas pessoas, e com o que se percebe com relação ao membro em função dos sentidos da visão e do tato. Mas de que modo é isso possível? Afirma-se que pode ser feito de duas maneiras, ou seja, realmente e de fato, conforme se aludiu no primeiro argumento, e através de algum ilusionismo ou encantamento. Mas quando realizado por

PRIMEIRA PARTE

bruxas não passa de ilusionismo; embora não seja ilusão na opinião de quem sofre. Porque em sua imaginação é capaz de crer de fato que algo não se encontra presente, já que por nenhum de seus sentidos exteriores, seja o da visão, seja o do tato, consegue identificar-lhe a presença.

Portanto, pode-se dizer que tenha ocorrido uma abstração verdadeira do membro na imaginação, embora não de fato; e cumpre atentar para vários fatores quanto ao modo de esse fenômeno ocorrer. Não admira que o demônio seja capaz de iludir nossos sentidos exteriores, já que, como se viu antes, é capaz de iludir nossos sentidos interiores, trazendo à consciência as ideias perceptivas reais armazenadas na imaginação. Não apenas isso: o demônio consegue iludir o ser humano nas suas funções naturais, fazendo com que o visível se torne invisível, que o tangível se torne intangível, o audível, inaudível, e assim com os demais sentidos. Tais fenômenos, porém, não são fatos reais e verdadeiros, pois são provocados por alguma falha extrínseca dos sentidos — dos olhos, dos ouvidos, do tato — pela qual se ilude o juízo humano.

Podemos ilustrar o problema com alguns fenômenos naturais. O vinho doce parece amargo na língua da pessoa febril: o seu paladar é comprometido não pelo fato real, mas pela sua enfermidade. Assim também, no caso em consideração, a ilusão não ocorre na realidade, pois que o membro ainda se encontra em seu devido lugar; trata-se apenas de uma ilusão dos sentidos.

Como se falou antes a respeito das forças generativas, o demônio é capaz de reprimi-las interpondo entre a visão e o tato, por sobre o corpo de quem sofre, um corpo liso, de mesma cor e de mesma compleição, mas sem o relevo de qualquer órgão genital, de modo absolutamente imperceptível. Ver o que diz São Tomás (*Comentário sobre as sentenças*, livro 2, distinção 8, artigo 5) a respeito dos encantamentos e das ilusões, e também na *Secunda Secundae*, questão 95.3, e nas suas questões sobre o pecado (na *Suma teológica*), em que frequentemente cita Santo Agostinho no segundo livro de *Oitenta e três questões diversas*: "O mal diabólico se insinua por todas as vias sensoriais: faz-se conhecer em formas, recobre-se de cores, manifesta-se em sons, embosca-se em perfumes, infunde-se em sabores."

O MARTELO DAS FEITICEIRAS

Mais: há de considerar-se que tal ilusão visual e tátil pode não apenas ser causada pela interposição de algum corpo liso e sem membros, mas também pela evocação, na fantasia ou na imaginação, de certas formas e ideias latentes — de modo a perceber-se o que é imaginado como que pela primeira vez. Pois, conforme se deixou claro em questão precedente, os demônios são capazes, graças a seus próprios poderes, de mudar os corpos localizadamente; e assim como a disposição anímica e o humor podem ser modificados, da mesma forma, as funções naturais. Refiro-me ao que parece natural à imaginação ou aos sentidos. Pois que nos diz Aristóteles em seu *Do sono e da vigília*, ao explicar a causa das aparições espectrais em sonhos, que durante o sono, nos animais, o sangue flui para a consciência interior e faz brotar ideias ou impressões das experiências pregressas reais retidas na memória. Já definimos de que modo certas aparições conduzem à impressão de uma nova experiência. E como esse fenômeno pode ocorrer naturalmente, muito mais consegue o demônio: é capaz de fazer surgir, na imaginação, a impressão da existência real de um corpo liso desprovido de membro viril.

Em segundo lugar, cumpre atentar para outros métodos mais fáceis de serem entendidos e explicados. Pois, segundo Santo Isidoro (*Etymologiae*, livro 8, capítulo 9), o encantamento nada mais é que uma certa ilusão sensitiva, mormente visual. E, por essa razão, o chama prestígio, de *"prestringo"*, já que a visão se acha de tal forma agrilhoada que as coisas não mais parecem o que são. Alexandre de Hales, na segunda parte de sua obra *Summa Universae Theologiae*, diz que os prestígios, quando perfeitamente compreendidos, são ilusões diabólicas, causadas não por alterações materiais, mas sim por alterações das percepções, quer interiores, quer exteriores, da pessoa iludida.

Podemos assim dizer que, mesmo na arte humana da prestidigitação, os fenômenos ilusivos se dão de três modos. Em primeiro lugar, podem ser efetuados sem o auxílio dos demônios, já que podem ser feitos por pessoas que, pela ligeireza de movimentos, fazem as coisas aparecer e desaparecer — como no caso dos mágicos, entre outros. O segundo modo também se dá sem o auxílio demoníaco: quando as pessoas conseguem

PRIMEIRA PARTE

utilizar da virtude natural de corpos naturais ou minerais de sorte a transformá-los em outros, de aspecto bem diverso do original. Pelo que, segundo São Tomás (parte 1, questão 114, artigo 4) e vários outros autores, as pessoas, pelo fumo de certas ervas queimadas em fogo lento ou flamejante, são capazes de transformar bastões em serpentes.

O terceiro método para gerar fenômenos ilusivos é efetuado com o recurso diabólico, havendo Deus permitido. É certo que os demônios possuem, pela sua natureza, alguma força sobre determinadas matérias terrenas e a exercem, quando Deus o permite, fazendo assim com que tais coisas deixem de parecer o que são.

A esse respeito, cumpre notar que o diabo dispõe de cinco maneiras pelas quais é capaz de iludir as pessoas — fazendo-as pensar que certas coisas são o que não são. Em primeiro lugar, por um truque artificial, como já se disse; pois o que uma pessoa com habilidosa arte consegue fazer, o demônio o faz muito melhor. Em segundo lugar, por método natural: pela aplicação e interposição de alguma substância que esconda o corpo verdadeiro, a confundir a fantasia da pessoa. Em terceiro lugar, pela incorporação em alguma coisa, apresentando-a como algo que não é. Damos como testemunho a história que São Gregório Magno nos conta sobre certa monja no primeiro livro de seu *Diálogos*: ela havia comido uma alface. Esta, no entanto, conforme confessou o próprio demônio, não era uma simples alface: era o demônio em forma de alface (ou o próprio demônio incorporado). Outro exemplo é o da aparição do demônio a Santo Antônio, como um monte de ouro por ele descoberto no deserto. Outro, ainda, é quando, ao tocar numa pessoa real, a transforma em animal violento, como será resumidamente explicado mais adiante. Em quarto lugar, pela ilusão do sentido visual, quando o que é claro parece nebuloso, ou vice-versa; ou quando uma anciã parece ser uma menina. Pois mesmo após as lágrimas a luz parece diferente do que era antes. Em quinto lugar, pela interferência na força imaginativa, alterando os humores, transmutando a forma percebida pelos sentidos, como já se mencionou antes, de sorte a perceberem-se tais formas como novas ou recentes. E, consequentemente, pelos últimos três métodos e mesmo pelo segundo, o demônio é

O MARTELO DAS FEITICEIRAS

capaz de enfeitiçar os sentidos do homem. Pelo que não há dificuldade em ocultar-lhe o membro viril através de algum prestígio ou encantamento. E um bom exemplo disso, em nossa atividade inquisitorial, será aditado posteriormente, na segunda parte deste tratado.

De como um encantamento pode ser distinguido de um fenômeno natural

Surge uma questão incidental, junto a outras dificuldades. O membro de Pedro foi arrancado e ele não sabe se por bruxaria ou por algum outro meio, pelos poderes do demônio e com a permissão de Deus. Como distinguir entre esses dois casos? É possível responder da seguinte maneira. Em primeiro lugar, os que mais padecem desse sofrimento costumam ser os adúlteros ou os fornicadores. Porque ao deixarem de responder à demanda de sua amante, ao tentarem abandoná-las, trocando-as por outras mulheres, fazem com que ela, por vingança, através de alguma força, remova o seu membro viril. Em segundo lugar, quando o membro não desaparece por bruxaria, o desaparecimento não é permanente: o membro é restituído algum tempo depois.

Mas surge aqui uma outra dúvida: se não seria fenômeno temporário pela própria natureza temporária da bruxaria. Convém dizer que pode ser permanente, perdurando até a morte, exatamente da mesma forma que se referem os canonistas e os teólogos ao impedimento sobrenatural do matrimônio: o temporário pode se tornar permanente. Pois que Gregório IX diz na *Summa* (livro 4, capítulo 15): "Os encantamentos nem sempre podem ser removidos por quem os causou, ora porque morreram, ora porque não sabem como removê-lo, ora ainda porque perderam a fórmula mágica." Pelo que podemos dizer, do mesmo modo, que o feitiço que se abateu sobre Pedro será permanente se a bruxa que o fez não for mais capaz de curá-lo.

Pois que existem bruxas de três categorias ou graus. Algumas curam e injuriam; outras injuriam, mas não curam; e outras ainda são capazes

PRIMEIRA PARTE

de curar tão somente, ou seja, de remover as injúrias físicas provocadas, como veremos mais adiante. Tivemos a oportunidade de presenciar o diálogo entre duas bruxas. Enquanto altercavam e se insultavam, uma disse: "Não sou tão perversa quanto tu, porque sei curar os que injurio."

O encantamento será permanente também se, antes de curar, a bruxa tiver partido, por mudança de domicílio ou por ter morrido. Pois São Tomás diz (parte 1, capítulo 4, questão 34): "Qualquer encantamento pode ser permanente se para curá-lo não houver remédio humano; ou se, havendo tal remédio, não é conhecido pelas pessoas ou é ilícito; não obstante, Deus pode encontrar o remédio por meio de algum anjo santo capaz de reprimir o demônio e talvez a bruxa."

No entanto, o principal remédio contra as bruxarias é o Sacramento da penitência (*Extra*, "Sobre os frígidos e outras coisas"). Porque os males corpóreos não raro provêm do pecado (*Extra*, seção "Penitências"). E de que modo os feitiços diabólicos podem ser removidos será mostrado na segunda parte deste tratado, e na segunda questão, capítulo 6, onde se trata de outras matérias e de questões diversas.

Soluções dos argumentos

Quanto ao primeiro, está claro que não restou dúvida: com a permissão de Deus, os demônios não só matam os homens como também são capazes de arrancar-lhes o membro viril, além de outros órgãos. Quanto ao segundo argumento, a resposta também clara está. Cumpre ressaltar: Deus confere mais poder à bruxaria sobre as forças genitais, permitindo assim que o membro viril possa ser de fato e verdadeiramente arrancado. Mas tal fenômeno não é sempre permanente. As bruxas muitas vezes têm o poder de restaurá-lo e muitas vezes sabem de que modo fazê-lo. Logo, claro está que o membro não é realmente removido, mas sim o é por algum feitiço. Quanto ao terceiro, a respeito da metamorfose da esposa de Lot, podemos afirmar que não se tratou de mero encantamento: foi um fato real. Quanto ao quarto, que os demônios são capazes de criar

O MARTELO DAS FEITICEIRAS

certas formas substanciais e portanto também são capazes de removê-las, cumpre dizer: os magos do Faraó criaram serpentes verdadeiras; mas os demônios são capazes de produzir, com o auxílio de algum outro agente, certos efeitos sobre criaturas imperfeitas, os quais não se produzem nos homens que são os protegidos de Deus. Já foi dito: "Deus dá atenção aos bois?" (I Coríntios, 9:9). Os demônios, porém, são capazes de, com a permissão do Senhor, causar aos seres humanos injúrias reais e verdadeiras, além de criarem a ilusão da injúria. E assim se responde ao último argumento.

QUESTÃO X

Se as bruxas são capazes de transformar
os seres humanos em bestas

Vamos aqui elucidar a verdade a respeito deste assunto: se as bruxas são de fato capazes de transformar os seres humanos em bestas e de que modo. Argumenta-se que isso não é possível, por causa da seguinte passagem do Cânon *Episcopi* (capítulo 26, questão 5): "As pessoas que acreditam ser possível criar ou transformar as criaturas em seres melhores ou piores, ou as transformar em outras, de outra espécie ou aspecto, salvo por determinação do próprio Criador, que fez todas as coisas e de quem tudo foi feito, revelam-se piores que os hereges."

Citaremos, a propósito, os argumentos de São Tomás no *Comentário sobre as sentenças*, livro 3: "Se os demônios são ou não capazes de interferir nos sentidos do corpo através de encantamento ou de ilusão." Primeiro, ele argumenta não serem capazes. Pois, como a forma de uma besta deve estar em algum lugar, não pode só existir nos sentidos; já que os sentidos não percebem forma que não seja oriunda de matéria real, não existe a besta de fato nesses casos, adita a seguir a autoridade do Cânon. E o que parece ser, na realidade, não é; como quando uma mulher é vista como uma besta. Mas duas formas substanciais não podem coexistir numa mesma matéria. Logo, como a forma da besta não existe em lugar algum, não há de existir qualquer ilusão ou encantamento nos olhos de quem sofre; porque a vista precisa se deparar com algum objeto para vê-lo.

Não é possível também a existência de alguma forma na atmosfera circundante; não apenas porque a atmosfera não é capaz de adquirir

O MARTELO DAS FEITICEIRAS

qualquer forma, mas também porque o ar ao redor de uma pessoa não é sempre constante, dada a sua natureza fluida, especialmente quando em movimento. Ademais, se isso fosse verdadeiro, a transformação seria visível a todas as pessoas; mas não o é, já que os demônios parecem incapazes de iludir a visão dos homens santos.

Não só isso: o sentido da visão é passivo e, como todas as faculdades passivas, é posto em movimento pelo agente ativo que a ele corresponde. Ora, o agente ativo correspondente à visão é dúplice: o primeiro está na origem do ato, ou seja, no objeto; o segundo está no elemento veiculador, ou seja, no meio. Mas a forma aparente não há de ser o objeto do sentido, nem o meio pelo qual o objeto é veiculado. Não pode ser o objeto, já que não há como segurá-lo, conforme se demonstrou no argumento precedente, pois que não existe nos estímulos recebidos de um objeto; nem está no objeto real, nem mesmo no ar, o meio veiculador, conforme se mostrou antes, no terceiro argumento.

Além disso, se o demônio é capaz de mover a consciência interior, move-a projetando-se na faculdade de reconhecimento, ou a move alterando-a. Mas não há de movê-la projetando-se na faculdade de reconhecimento: para tal, teria de adquirir forma corpórea e, mesmo assim, não conseguiria penetrar no órgão da imaginação; porque dois corpos não podem ocupar ao mesmo tempo o mesmo lugar; ou então tomaria a forma de um corpo espectral, o que também seria impossível, pois que não há corpo espectral sem qualquer substância.

De forma análoga, o demônio também não é capaz de ativar a consciência interior alterando a faculdade de reconhecimento: para alterá-la, são necessárias qualidades ativas que os demônios não possuem. No entanto, talvez pudesse alterá-la por transformação ou por movimento local; mas tal não parece exequível por dois motivos. Primeiro, porque a transformação de um órgão não é efetuada sem a participação do sentido da dor. Segundo, porque nesse caso o demônio só faria aparecer coisas de forma conhecida; Santo Agostinho diz (*De natura et origine animae*, 28), porém, que ele é capaz de criar formas conhecidas e desconhecidas. Portanto, parece não haver maneira de os demônios iludirem a imaginação ou os sentidos dos seres humanos.

PRIMEIRA PARTE

Mas em contraposição a esses argumentos, diz-nos Santo Agostinho (*A cidade de Deus*, livro 18) que a transformação de seres humanos em animais disformes, atribuída à arte dos demônios, não é real, e sim apenas aparente. Isso, no entanto, não havia de ser possível sem que os demônios fossem capazes de transformar os sentidos humanos. A autoridade de Santo Agostinho corrobora este ponto também no livro *Oitenta e três questões diversas*, já citado: "O mal diabólico se insinua por todas as vias sensitivas, e assim sucessivamente."

Resposta: Se interessa ao leitor perquirir mais sobre o método da transmutação, ele deve reportar-se à segunda parte desta obra, capítulo 8, que trata dos vários métodos. Prossigamos, porém, em nosso enfoque escolástico. Afirmamos, em concordância com a opinião dos doutores da Igreja, que o diabo é capaz de iludir a fantasia humana fazendo com que um ser humano se pareça com um animal. De todas as opiniões, a de São Tomás é a mais sutil. A primeira é a de Santo Antonino, na primeira parte da *Summa*, seção 2, capítulo 6, parágrafo 5, em que declara que o diabo, por vezes, consegue iludir a fantasia humana, sobretudo pela ilusão dos sentidos; prova-o racionalmente — pela autoridade do Cânon e por um grande número de exemplos.

A princípio, esse autor argumenta do seguinte modo: os corpos estão naturalmente subordinados à natureza dos anjos em termos de movimento e localização, e a ela obedecem. Os anjos do mal, porém, não obstante terem perdido a sua graça, conservaram seus poderes naturais, como já se frisou muitas vezes antes. Como a faculdade da fantasia ou da imaginação é corpórea — vinculada a um órgão físico —, também se acha subordinada à vontade dos anjos do mal, que são assim capazes de transmutá-la: provocam o aparecimento de várias fantasias, pelo fluxo de pensamentos e de percepções ligadas à imagem original, antes recebida. Assim declara Santo Antonino, aditando como prova o seguinte trecho do texto canônico (*Episcopi*, 26, questão 5): "Não se há de omitir que certas mulheres perversas, pervertidas por Satanás e seduzidas pelas ilusões e aparições espectrais dos demônios, acreditam e professam cavalgarem durante a noite em certas bestas ao lado de Diana, a deusa pagã, ou de Herodias, e ao lado também de um número incontável de outras mulheres, e, no silêncio escuro da noite, percorrem grandes distâncias de terra."

E mais adiante: "Pelo que os pregadores hão de pregar ao povo de Deus para que este saiba da falsidade desse fenômeno: quando essas visões fantásticas afligem a mente do da pessoa fiel, saiba ela que não provêm de Deus, mas de um espírito do mal. Pois que o próprio Satanás adquire a forma e a aparência de distintas pessoas e, em sonhos, iludindo o pensamento cativo, o conduz a caminhos errantes."

Com efeito, o significado desse trecho canônico foi considerado na primeira questão (sobre os quatro elementos a serem pregados). Mas se equivocam na sua interpretação as pessoas que sustentam não serem as bruxas transportadas, quando desejam e quando Deus não as impede; e, muitas vezes, seres humanos normais são involuntariamente transportados por grandes distâncias, corporalmente.

Que tais transmutações podem ser efetuadas de ambas as maneiras é mostrado pela *Summa* antes mencionada, e no capítulo em que Santo Agostinho conta do que se lê no livro dos gentios: uma certa adivinha, chamada Circe, transformou os companheiros de Ulisses em bestas; mas o fez através de algum encantamento ou ilusão, não no plano real, mas alterando a fantasia dos homens; e isso é claramente provado por vários exemplos.

Lemos na *Vida dos Padres* que certa menina não consentira em cometer um ato obsceno com o jovem que a cortejara. O jovem, porém, inflamando-se de raiva, pediu a uma judia que a enfeitiçasse, e assim foi feito, e a menina transformou-se numa potranca. Mas essa metamorfose não se deu na realidade e sim por ilusão do demônio: ele alterou a fantasia e os sentidos da própria menina e das pessoas que a viam, fazendo com que em lugar da menina vissem a potranca. Mas quando ela foi trazida a São Macário, o demônio não conseguiu iludir-lhe os sentidos por causa da sua santidade; e ele a via como menina e não como potranca. E ao cabo de suas orações, ela viu-se liberta daquela ilusão. O santo explicou-lhe que aquilo acontecera porque ela não meditava em coisas sagradas, ou

PRIMEIRA PARTE

porque não cumpria os Sacramentos como devia; daí o poder do demônio sobre ela, embora sob outros aspectos ela fosse honesta.

Portanto, o demônio é capaz, pela alteração das percepções e dos humores interiores, de provocar mudanças nas ações e nas faculdades físicas, mentais e emocionais, operando através de qualquer órgão físico; isso segundo São Tomás, parte 1, questão 3. Parece-nos que foram dessa espécie os atos de Simão Mago nos encantamentos por ele narrados. O diabo, porém, nada pode fazer sem a permissão de Deus, que com os Seus anjos bons muitas vezes lhe reprime a perversidade com que nos tenta injuriar. Pelo que nos diz Santo Agostinho, ao falar de bruxas: "São as que, com a permissão de Deus, provocam os elementos e confundem o pensamento das pessoas que não creem em Deus" (26, questão 5).

Os demônios são também capazes, através da bruxaria, de tornar o homem incapaz de enxergar corretamente sua mulher e vice-versa. Esse fenômeno provém da alteração da fantasia: aos seus olhos, a mulher adquire forma horrível e repugnante. O diabo evoca também a imagem de coisas repulsivas, durante a vigília e durante o sono, para nos enganar e nos conduzir ao pecado. Mas como o pecado não parece ser fruto da imaginação e sim da vontade, não há pecado portanto nessas fantasias sugeridas pelo demônio, e nessas várias transformações, salvo quando o homem por sua própria vontade se entrega ao pecado.

A segunda opinião dos modernos doutores da Igreja converge à primeira ao explicarem o que são os encantamentos e de que modo o diabo é capaz de causar ilusões. Referimo-nos aqui ao que já se disse a respeito dos argumentos de Santo Antonino, não sendo necessário repetir.

A terceira opinião é a de São Tomás (livro 2, questão 8). Está na sua resposta à pergunta: "Onde está a existência das formas bestiais observadas; nos sentidos, na realidade ou na atmosfera circundante?" E, na sua opinião, a forma criatural de uma besta só existe nas percepções interiores, que, pela força da imaginação, veem-na como se fosse um objeto exterior. Pois que o demônio dispõe de duas maneiras para obter esse resultado. Podemos, primeiro, dizer que, por ação do demônio, as formas dos animais conservadas no repositório da imaginação passam para os órgãos dos sentidos interiores, de forma análoga ao que se dá nos sonhos, como já vimos. Assim, quando essas formas são impressas nos órgãos dos sentidos externos, como no da visão, apresentam-se como se fossem objetos do mundo exterior, e podem até ser tocadas.

Em segundo lugar, o diabo é capaz de alterar os órgãos internos da percepção, pelo que confunde nosso juízo; é o caso de quem tem o paladar corrompido de sorte a tudo o que é doce parecer amargo; método, aliás, não muito diverso do primeiro. Ademais, esse fenômeno os seres humanos normais podem obter através de certos elementos naturais, como quando, sob os vapores de um certo fumo, as vigas de uma casa parecem serpentes; são encontrados muitos outros desses casos, conforme já se mencionou.

Solução dos argumentos

O texto apresentado como primeiro argumento é muitas vezes citado, mas sempre incorretamente compreendido. Ao falar da transformação em outra forma ou espécie, deixa claro de que modo isso pode ser feito pelas artes da prestidigitação. E quando diz que nenhuma criatura pode ser feita pelo poder do diabo, está manifestamente correto se por "feita" entendermos "criada". Mas se a palavra "feita" se refere à produção natural, é certo que os demônios podem gerar muitas criaturas imperfeitas. E São Tomás (primeira parte, questão 114) revela de que modo isso pode ser feito. Diz que todas as transmutações das substâncias corpóreas capazes de serem realizadas pelas forças da natureza, cujo elemento essencial é o sêmen encontrado em todas as coisas do mundo — na terra ou na água (onde serpentes, sapos e animais semelhantes depositam o seu sêmen) —, podem também ser realizadas por obra dos demônios que tiverem adquirido o sêmen correspondente. Assim também com tudo o que pode ser transformado em sapos e em serpentes, os quais podem ser gerados por putrefação.

Por outro lado, as transformações das substâncias materiais que não são realizadas pelas forças da natureza não podem ser verdadeiramente

PRIMEIRA PARTE

realizadas pela obra dos demônios. Quando, então, o corpo de um ser humano é transformado no de uma besta, ou quando o corpo de uma pessoa morta é ressuscitado, o fenômeno é só aparente: trata-se de encantamento ou de ilusão. O mesmo se pode dizer quando o diabo aparece em forma corpórea a um ser humano.

Tais argumentos precisam ser consubstanciados. No livro *De animalibus*, ao indagar se os demônios, ou mesmo as bruxas, são capazes de produzir animais, Santo Alberto Magno diz que às bruxas e aos demônios é permitido por Deus criarem animais imperfeitos. Embora não os possam criar instantaneamente, como Deus é capaz, e sim através de um certo movimento, não obstante brusco, como está claro no caso das bruxas. E ao referir-se à passagem do Êxodo em que o Faraó chamou os sábios (Êxodo, 7:11), diz: "Os demônios saem a percorrer o mundo e a colher sêmen, usando-o na geração de várias espécies." E prossegue a glosa: "Quando as bruxas tentam fazer qualquer malefício pela invocação dos demônios, também saem a percorrer o mundo e a coletar o sêmen das coisas que lhes interessam, e através dele, com a permissão de Deus, produzem novas espécies." A esse respeito, porém, já nos referimos antes.

Talvez haja uma outra dificuldade: a de considerar-se as obras dos demônios miraculosas. A resposta a essa questão fica esclarecida pelos argumentos precedentes: mesmo os demônios são capazes de operar certos milagres para os quais se acham adaptados os seus poderes naturais. E embora tais prodígios sejam, de fato, verdadeiros, não são feitos com o fito do conhecimento da verdade; e por isso as obras do Anticristo podem ser consideradas ilusões, porque são feitas tendo em mira a sedução dos seres humanos.

Clara está também a resposta ao outro argumento, a respeito das formas criaturais. A forma criatural de uma besta, que é por nós vista, não se encontra no ar, nem no plano concreto, conforme se demonstrou: apenas na percepção dos sentidos, como se provou pela opinião de São Tomás.

O certo é que todo ente passivo é posto em movimento pelo ente ativo correspondente. Considere-se esse argumento verdadeiro. Mas quando se infere que a forma observada não é o objeto original que põe o ente em movimento, ou seja, que ativa o fenômeno visual, cumpre entender: não surge dos sentidos, e sim de alguma imagem sensível conservada na imaginação, que o demônio evoca e apresenta à percepção, conforme se demonstrou antes.

Quanto ao último argumento, cumpre esclarecer que o demônio não altera, como se viu, os poderes perceptivos e imaginativos, neles se projetando: o que faz é transformá-los. Não os altera de fato, só no que concerne ao seu movimento local. Pois não lhe é dada a faculdade de criar novas percepções, como se disse. O que altera são as imagens preexistentes, por transmutação, vale dizer, por alteração do movimento local. E faz isso sem dividir a substância do órgão da percepção, já que tal divisão causaria dor, e sim pelo movimento das percepções e dos humores.

Pode-se ainda objetar que, segundo esse ponto de vista, o demônio não será capaz de apresentar-se a um ser humano com aspecto de ser criatural totalmente novo. Convém dizer que os elementos novos podem ser entendidos de duas maneiras. Em primeiro lugar, podem ser novos em si e em princípio; nesse sentido, o diabo nada é capaz de apresentar de novo ao sentido humano da visão; pois não é capaz de fazer com que a pessoa cega por nascimento imagine cores, ou que a pessoa surda por nascimento imagine sons. Em segundo lugar, porém, podem ser novos quanto à composição de sua totalidade; pode-se, nesse veio de raciocínio, dizer que determinada coisa é imaginariamente nova: por exemplo, quando alguém imagina visualizar montanhas de ouro que nunca viu; por já ter visto o ouro, e por já ter visto montanhas, é capaz de imaginar, por alguma operação natural, o espectro de uma montanha de ouro. Pois é nesse sentido que o diabo é capaz de apresentar algo novo à imaginação.

Dos lobos que arrebatam crianças do berço e adultos e os devoram: se é também magia causada por bruxas

Há, incidentalmente, uma questão sobre os lobos que, por vezes, apanham adultos e crianças afastadas de casa e os devoram, fugindo com tal astúcia

PRIMEIRA PARTE

que não há ninguém hábil ou forte o suficiente para capturá-los. Para esse fenômeno, temos, vez ou outra, uma causa natural. Noutras ocasiões, porém, se deve à magia operada por bruxas. Santo Alberto Magno, em seu livro *De animalibus*, diz existirem cinco causas naturais. Às vezes, atacam-nos por causa da sua fome desmesurada, quando veados e outros animais se aproximam das pessoas. Noutras, por causa de sua ferocidade, como no caso dos cães selvagens nas regiões frias. Mas tais causas não vêm ao caso; para nós esse comportamento é causado por ilusão diabólica, quando Deus pune uma nação pelo pecado. Ver Levítico, 26:22: "Mas se não me escutardes e não guardardes os meus mandamentos, mandarei contra vós as feras do campo, que devorarão as vossas crianças, matarão vossos animais e vos reduzirão a um pequeno número." E Deuteronômio, 32:24: "Incitarei contra eles os dentes das feras."

Já quanto à outra questão, se são ou não lobos verdadeiros ou demônios em forma de lobo, parece-nos serem de fato lobos verdadeiros possuídos pelos demônios; e são possuídos de duas maneiras.

Podem ser possuídos sem o intermédio das bruxas: é o caso dos 42 meninos devorados por dois ursos saídos da floresta, por terem escarnecido do profeta Eliseu (II Reis, 2:23). É também o caso do leão que matou o profeta por este não ter obedecido ao mandamento de Deus (I Reis, 13:24). Conta-se ainda que um bispo de Viena ordenou que fossem entoadas as ladainhas menores, solenemente, em certos dias antes da Festa da Ascensão, porque os lobos andavam adentrando a cidade e devorando publicamente as pessoas.

Podem, por outro lado, ser possuídos pelo intermédio das bruxas. Guilherme de Paris (*De Universo*, livro 2, capítulo 3) conta-nos de um certo homem que julgava transformar-se em lobo na ocasião em que se escondia em cavernas. Certa vez, tendo lá se ocultado, percebeu que, apesar de ter permanecido no mesmo lugar, estacionário, via-se como um lobo que saía a devorar crianças; e, apesar de ter sido o demônio que, tendo possuído um lobo, saíra a devorar crianças, ele se julgava o lobo que durante o sono saía na sua ronda, atrás de sua presa. E permaneceu durante tanto tempo fora de seu juízo normal que acabou encontrado

O MARTELO DAS FEITICEIRAS

na floresta, deitado e uivando. O diabo se deleita com esses eventos e é o responsável pela convicção ilusória de pessoas pagãs que dizem serem os homens e as velhas transformados em bestas. Desse relato depreende-se que tais coisas só acontecem com a permissão de Deus e por intermédio dos demônios — não ocorrem como fenômeno natural. Pois que não há engenho ou habilidade capazes de capturar ou ferir essas feras. Vicente de Beauvais *(In Speculum Historiale*, livro 5, capítulo 40) conta-nos, a propósito, que na Gália, antes da Encarnação de Cristo, e antes da guerra púnica, um lobo arrebatou da bainha a espada de um sentinela.

QUESTÃO XI

Que as bruxas parteiras matam, de várias maneiras, o concebido no útero e provocam o aborto; e quando não o fazem, ofertam as crianças recém-nascidas aos demônios

Vamos aqui estabelecer a verdade a respeito de quatro crimes hediondos que os demônios cometem contra as crianças pequenas — tanto no útero da mãe quanto depois do nascimento. E por cometerem tais crimes pelo intermédio de mulheres, não de homens, essa espécie de homicídio acha-se mais vinculada ao sexo feminino que ao masculino. Apresentamos, a seguir, os métodos pelos quais tais crimes são praticados.

Os doutores em Direito Canônico tratam dos obstáculos ao ato venéreo com maior profundidade que os teólogos; dizem que se comete bruxaria não só quando alguém é impossibilitado de praticar o ato carnal, mas também quando a mulher é impossibilitada de conceber ou aborta após ter concebido. O terceiro e quarto crimes dessa espécie, praticados como bruxaria, são os de, tendo malogrado a tentativa de aborto, devorar a criança ou oferecê-la ao diabo.

Não há dúvida a respeito dos dois primeiros métodos, pois que, sem o auxílio de demônios, qualquer homem é capaz, por meios naturais — pelo uso de ervas ou de outros emenagogos —, de impedir a concepção da mulher, como já se mencionou antes. Mas com os outros dois métodos é diferente; são praticados por bruxas. Não há necessidade de apontar os argumentos: basta mostrar exemplos evidentíssimos que fazem aflorar mais prontamente a verdade a respeito.

O MARTELO DAS FEITICEIRAS

A primeira dessas duas abominações é a do hábito de certas bruxas, que vai contra o instinto da natureza humana, e até mesmo contra o instinto da natureza de todas as feras, com a possível exceção dos lobos, de devorarem, como canibais, as crianças recém-nascidas. O Inquisidor de Como, a propósito, já mencionado antes, nos conta: foi intimado pelos habitantes do condado de Barby a conduzir um processo inquisitório por causa de um homem que, vendo ter desaparecido seu filho do berço, saiu a procurá-lo. Acabou por encontrá-lo num congresso de mulheres durante a noite, no qual, segundo declarou em juramento, as viu matarem-no, para depois beberem-lhe o sangue e devorarem-no. Conta-nos ainda que num só ano quarenta e uma bruxas foram queimadas, e que outras debandaram, em revoada, para as terras do senhor arquiduque da Áustria, Sigismundo. Essa história é confirmada por Johannes Nider em seu *Formicarius*, cuja lembrança, como a dos demais eventos de que nos fala, ainda se acha fresca na memória das pessoas; pelo que tais fatos só podem ser verídicos. Cumpre aditar que as bruxas parteiras são as que maiores males nos trazem, pelo que nos contam outras bruxas penitentes: "Não há quem mais malefícios cause à fé católica do que as parteiras." Pois quando não matam as crianças, para atenderem a outros propósitos, tiram-nas do recinto em que se encontram, elevam-nas nos braços e oferecem-nas aos demônios. Mas o método de que se utilizam para a prática de crimes dessa natureza será mostrado na segunda parte, à qual logo chegaremos. E preciso indagar primeiro, porém, da permissão Divina. Pois dissemos no princípio que três elementos se fazem necessários à prática da bruxaria: o diabo, a bruxa e a permissão de Deus.

QUESTÃO XII

*Se a permissão de Deus Todo-Poderoso é acompanhamento
constante de toda bruxaria*

Vamos considerar a permissão Divina em si, formulando desde já quatro
perguntas. Primeiro, se é necessário que a permissão Divina acompanhe
os atos de bruxaria. Segundo, se Deus com toda a Sua justiça permite a
uma criatura naturalmente perversa perpetrar atos de bruxaria e outros
crimes tenebrosos pressupondo-se os dois outros concomitantes necessários. Terceiro, se o crime de bruxaria supera em perversidade todos
os demais crimes permitidos por Deus. Quarto, de que modo pregar à
comunidade de fiéis sobre esse tema.

A respeito do terceiro postulado dessa primeira parte, ou seja, o postulado da permissão Divina, cabe perguntar: seria tão católico afirmar
a existência da permissão Divina nas obras de bruxaria quanto herético
seria contradizê-lo? Professa-se ser católico sustentar que Deus não
confere tamanho poder ao diabo nesse tipo de bruxaria. Pois há de ser
católico, e não herético, refutar esses crimes por se afigurarem como
detração ao Criador. E há de ser católico sustentar que tal poder não é
conferido ao diabo, pois que a afirmação oposta soa como menoscabo ao
Criador. Logo, nessa linha de raciocínio, nem tudo há de estar submetido
à Providência Divina, já que o sapientíssimo Senhor Deus trata de manter
a falha e todo o mal o mais afastado possível das criaturas que protege.
Assim, se as obras de bruxaria são permitidas por Deus, não são de nós
afastadas pela Sua vontade: Deus não é mais, destarte, o sábio Provedor —

O MARTELO DAS FEITICEIRAS

e todas as coisas não mais estão submetidas à Sua Providência. Como falsa é essa conclusão, falso há de ser que Deus permite a bruxaria.

Afirma-se ainda que, para permitir que uma coisa aconteça, pressupõe-se que quem o permite seja capaz de preveni-la, caso queira, ou não o seja, mesmo que o queira; nenhuma dessas hipóteses aplica-se ao caso de Deus. No primeiro caso, o homem seria considerado maldoso, e no segundo, impotente. Pergunta-se então, incidentalmente: quanto ao encantamento que aconteceu a Pedro, caso Deus pudesse tê-lo prevenido, mas não o fez, não quer isso dizer que Deus é maldoso e não se importa em absoluto com a vítima? E se Ele quisesse prevenir, mas não lhe foi possível, não deixaria Ele de ser onipotente? Como não é possível sustentar a opinião que aponta para o descaso por parte de Deus e também a outra, logo a bruxaria não é praticada com a permissão de Deus.

Não só isso: quem é responsável por si mesmo e senhor de seus atos não está sujeito à permissão ou à providência de qualquer governador. Mas os seres humanos foram tornados responsáveis por si mesmos por Deus, segundo o Eclesiástico, 15:14: "No princípio Deus criou o ser humano, e o entregou ao seu próprio juízo." Em particular, os pecados que os seres humanos cometem são entregues a seu próprio juízo, de acordo com o texto (Salmos, 80:13): "Ele deu ao ser humano o direito de escolher o que seu coração desejar." Portanto, nem todos os males estão subordinados à permissão Divina.

Diz ainda Santo Agostinho no *Enchiridion*, assim como Aristóteles no livro 12, capítulo 9 da *Metafísica*: "O melhor é desconhecer certas coisas desprezíveis do que as conhecer, não obstante todas as boas obras serem atribuídas a Deus." Logo, Deus não impede que se pratiquem as obras perversas de bruxaria, permita Ele ou não. Ver também São Paulo em I Coríntios, 9:9: "Acaso Deus tem dó dos bois?" A indagação é válida para os outros animais irracionais. Pelo que a Deus pouco importa se estão os animais enfeitiçados ou não, já que não se acham subordinados à Sua vontade, que advém da Sua Providência.

Além disso, o que acontece como resultado da necessidade não carece de permissão da providência ou de prudência. Isso é categoricamente de-

PRIMEIRA PARTE

monstrado por Aristóteles na sua *Ética*, livro 6: "Prudência é um raciocínio correto a respeito das coisas que acontecem e que dependem do juízo e da escolha." Mas diversos efeitos da bruxaria acontecem por necessidade, de forma análoga ao aparecimento das doenças, por alguma razão ou por influência dos astros, e as outras coisas consideradas fruto de bruxaria. Portanto, tais coisas nunca se acham sujeitas à permissão Divina.

Mais ainda: se os seres humanos são enfeitiçados com a permissão Divina, cabe indagar: por que isso acontece mais a uns do que a outros? Se é dito ser por causa do pecado, que mais abunda em uns do que em outros, a premissa não parece válida; já que os maiores pecadores haviam de ser os mais enfeitiçados, o que manifestadamente não acontece, por serem justamente os menos punidos neste mundo. Está escrito (Jeremias, 12:1): "E é bem que mintam os mentirosos." Mas se fosse bom esse argumento, também não seriam aqueles os enfeitiçados. E é, por fim, evidente pelo fato de se encontrarem entre os que mais padecem dos atos de bruxaria as crianças inocentes e outras pessoas justas.

Mas temos contra tais argumentos o seguinte. Afirma-se que Deus permite que o mal seja praticado, embora não o deseje; e procede assim para o aperfeiçoamento do universo. Ver Dionísio, *Dos nomes Divinos*, livro 4: "O mal existirá em todos os tempos, para o aperfeiçoamento do universo." E diz Santo Agostinho no *Enchiridion*: "A admirável beleza do universo está em todas as coisas, boas e más." Assim é que o mal está bem ordenado, e o bem, louvado em alto grau, está no seu devido lugar; porquanto as boas obras são mais agradáveis e louváveis que as más. São Tomás também refuta a opinião das pessoas que dizem que, embora Deus não deseje o mal (por não haver criatura que pelo mal procure — seja em seu apetite natural, animal ou intelectual, ou seja, na sua vontade, cujo objeto é bom), quer Ele que o mal exista e seja praticado. Diz-nos este autor que tal opinião é falsa: Deus não quer que o mal seja praticado, nem que não seja praticado, mas permite que o seja, e isso é bom para o aperfeiçoamento do universo.

E eis a razão por que é errôneo afirmar que Deus deseja que o mal seja praticado para o bem do universo. Nada há de ser julgado bom salvo quando bom é em si e não por acidente. Pois o ser humano virtuoso é julgado bom pela sua natureza intelectual, não pela sua natureza animal. O mal, porém, não é de per si ordenado para o bem: acontece por acidente. Pois contra a intenção das pessoas que praticam o mal ressurge o bem resultante. Dessa forma, contra a intenção das bruxas, ou contra a intenção de pessoas tiranas, viu-se resplandecer claramente a paciência de quem é mártir, em decorrência de sua perseguição.

Resposta: Essa questão é tão difícil de entender quanto proveitoso é elucidá-la. Há, em meio aos argumentos, não só das pessoas leigas como também das sábias, um elemento em comum: não creem que tão pavorosa bruxaria, como se mostrou, seja permitida por Deus; a mostrarem-se ignorantes das causas da permissão Divina. E por causa dessa ignorância, já que as bruxas não são esmagadas pela vingança que lhes é devida, parece que agora estão a despovoar toda a cristandade. Portanto, para que a pessoa culta e a inculta sejam atendidas na sua medida, de acordo com a opinião dos teólogos, desenvolveremos nossa resposta pela discussão de duas dificuldades. Primeiro: o mundo é de tal forma subordinado à Providência Divina que é o próprio Deus Quem a todos os seres provê. Segundo: Deus na Sua justiça permite a prevalência do pecado — que consiste na culpa, no castigo, e na perda — em virtude de Suas permissões primeiras: a queda dos anjos e a dos nossos primeiros ancestrais. Pelo que há de ficar claro: desacreditar obstinadamente dessas premissas recende a heresia, pois que o descrente compromete a si próprio nos erros da comunidade de infiéis.

Quanto à primeira, é de reparar-se que devemos sustentar estarem todas as coisas subordinadas à Providência Divina e que é Deus o provedor imediato de todas as coisas — pois tudo à Providência Divina pertence (Sabedoria, 14:3: "Mas sois vós, Pai, que tudo governais pela vossa Providência"). Para deixarmos claro esse ponto, refutemos primeiro o erro contrário. Pois, tomando como referência a passagem de Jó, 22:14, "As nuvens formam um véu que o impede de ver; Ele passeia pela abóbada do céu", alguns têm achado que a doutrina de São Tomás (parte

PRIMEIRA PARTE

1, questão 22) significa tão só que as coisas corruptíveis estão sujeitas à Providência Divina, como as essências distintas, e as estrelas, a par das coisas de espécie inferior, também incorruptíveis; advogam, porém, que os seres das espécies, sendo corruptíveis, não lhe estão subordinados. Pelo que, afirmam que todas as coisas mundanas inferiores estão sujeitas à Providência Divina no sentido universal, mas não no sentido individual ou particular. A outros, no entanto, essa opinião afigura-se indefensável, já que Deus cuida dos outros animais assim como cuida dos seres humanos. Logo, o rabino Moisés (*O guia para os perplexos*, parte 3), buscando um meio-termo, concordava com essa opinião, professando serem todas as coisas corruptíveis não de todo individualmente sujeitas ao governo Divino, mas apenas no sentido universal, como se frisou antes; excluía ele, porém, ser humano da generalidade das coisas corruptíveis, dada a esplêndida natureza de seu intelecto, comparável à das essências distintas. Pois bem: em conformidade com sua opinião, toda bruxaria que acontece aos seres humanos há de depender da permissão Divina; não, porém, como acontece aos animais ou aos outros frutos da terra.

Ora, não obstante essa opinião estar mais próxima da verdade do que a que nega a presença da Providência de Deus nas coisas mundanas e que advoga ter sido o mundo obra do acaso — como defendiam Demócrito e os Epicuristas —, não o faz sem uma grande falácia. Faz-se mister dizer que tudo está subordinado à Providência Divina — não só no sentido geral, como também no particular; e que o encantamento não só dos seres humanos, mas também dos animais e dos frutos da terra, depende da permissão Divina e providente. Aí reside a verdade plena; a Providência e a ordem das coisas, para um determinado fim, estendem-se uma vez que se estende a sua própria causalidade. Tomemos como exemplo as coisas que se acham subordinadas a um ser superior: acham-se subordinadas à sua Providência uma vez que se encontram sob seu controle. Mas a causalidade, que é de Deus, é o agente original, que se estende a todos os seres, não só no sentido geral mas também no particular, e não apenas às coisas incorruptíveis. Logo, como todas as

O MARTELO DAS FEITICEIRAS

coisas devem ser de Deus, todas hão de ser por Ele cuidadas, vale dizer, por Ele ordenadas para um fim.

A esse ponto se refere São Paulo em Romanos, 13:1: "Todas as coisas que instituídas foram por Deus, por Ele foram ordenadas." Em outras palavras: assim como todas as coisas provêm de Deus, são por Ele ordenadas e acham-se, consequentemente, à Providência Divina subordinadas. Pois se há de entender a Providência Divina como nada além da razão, ou seja, nada além da ordem das coisas para o atendimento de um propósito. Assim, uma vez que as coisas atendem a uma finalidade, atendem, de forma análoga, à Providência Divina e a ela estão subordinadas. Deus conhece todas as coisas, não só na sua generalidade mas também na sua particularidade. Pois bem: o conhecimento que Deus possui das coisas criadas é comparável ao do artesão a respeito de seu trabalho. Logo, assim como todo trabalho se acha subordinado à ordem e à providência do artesão, de forma análoga todas as coisas se acham subordinadas à ordem e à Providência do Criador.

Todavia, não se tem aí uma explicação satisfatória para a permissão de Deus, na Sua justiça, para a prática do mal e da bruxaria no mundo, não obstante ser Ele o provedor e governador de todas as coisas; pareceria, admitindo-se tal proposição, que Deus devesse afastar o mal daquelas pessoas a quem provê. Pois que observamos, entre os seres humanos, que o provedor sábio faz tudo o que está ao seu alcance para livrar os seres que provê de danos e prejuízos; por que, então, não afasta Deus, de forma análoga, todo o mal de quem protege? Cumpre atentar que provedor universal e provedor particular são coisas muito distintas. Ao provedor particular cabe afastar necessariamente todo o mal que puder, por não ser capaz de extrair do mal o bem. Deus, contudo, é o provedor universal do mundo inteiro e é capaz, dessa forma, de dos males particulares extrair um grande bem; pois que através da perseguição das pessoas tiranas surgiu a paciência de mártires e através das obras das bruxas surgem a purgação e a provação da fé de pessoas justas, conforme será demonstrado. Não é propósito de Deus, portanto, prevenir todo o mal, para que o mundo assim não careça da causa de tantos bens. Pelo

PRIMEIRA PARTE

que diz Santo Agostinho no *Enchiridion*: "Tão misericordioso é o Deus Todo-Poderoso que não permitiria que o mal atingisse as suas obras se não fosse tão onipotente e tão bom ao ponto de até mesmo do mal extrair o bem."

E disso encontramos exemplo nos processos das coisas naturais. Embora as corrupções e as falhas que ocorrem às coisas naturais sejam contrárias ao propósito das coisas particulares (como quando um ladrão é enforcado, ou quando animais são mortos para que se sacie a fome humana), estão ainda em conformidade com o propósito universal da natureza (para que a vida e a propriedade do ser humano sejam preservadas); e destarte preserva-se o bem universal. Pois que é necessário para a conservação das espécies que a morte de um ser represente a preservação de outros seres. Assim é que os leões são mantidos vivos para a carnificina de outros animais.

Da permissão Divina: Deus não faria uma criatura naturalmente sem pecado

Em segundo lugar, Deus, na Sua Justiça, permite a prevalência do mal, a do pecado e a do sofrimento, mormente agora que o mundo se vai esfriando e aproximando-se do seu fim; havemos de provar tal assertiva postulando duas proposições fundamentais. Primeira: é impossível que, humanamente falando, qualquer criatura, humana ou angelical, seja de natureza tal que não cometa pecado. Segunda: é justo, e permitido pela ótica de Deus ao ser humano pecar ou ser tentado. Certas são essas duas proposições. E como está de acordo com a Providência Divina que cada criatura seja entregue à sua própria natureza, cumpre declarar: de acordo com nossas premissas, é impossível que Deus não permita a prática da bruxaria com o auxílio dos demônios.

E que não é possível outorgar a uma criatura a imunidade natural contra o pecado é mostrado por São Tomás (*Comentário sobre as sentenças*, livro 2, questão 23, artigo 1). Porque se essa qualidade fosse transmissível a qualquer criatura, Deus a teria transmitido; pois Ele tem transmitido todas as graças e perfeições transmissíveis às Suas criaturas. Tal é a união pessoal das duas naturezas no Cristo, a maternidade e a virgindade de Maria Imaculada, a franca camaradagem de viajantes, o abençoado companheirismo da pessoa eleita, e muitas outras coisas. Lemos, porém, que essa qualidade não foi transmitida a nenhuma criatura, nem aos seres humanos, nem aos anjos; pois que está escrito (Jó, 4:18): "Mesmo em Seus anjos Ele encontra o pecado." Portanto, o certo é que Deus não transmite aos seres humanos a incapacidade natural para o pecado, embora eles possam adquiri-la por intermédio da graça.

Uma vez mais cabe dizer: fosse tal qualidade transmissível, mas não transmitida, o universo não seria perfeito: a sua perfeição está no fato de todas as boas qualidades transmissíveis serem transmitidas às criaturas. Tampouco válido é argumentar que Deus, sendo onipotente, e tendo feito os anjos e os seres humanos à Sua imagem e semelhança, poderia tornar todas as Suas criaturas sem pecado: ou nem mesmo que poderia tornar esse estado de graça a causa da confirmação na bondade, parte essencial da natureza dos seres humanos e dos anjos, de sorte a estarem naturalmente confirmados na bondade e serem incapazes de pecar.

O primeiro argumento não resiste às evidências. Pois que, embora Deus seja Todo-Poderoso, não nos outorga a qualidade da impecabilidade; não por alguma imperfeição de Sua força, mas sim por causa da imperfeição das criaturas; e essa imperfeição reside mormente no fato de que não há criatura, ser humano ou anjo, capaz de receber tal qualidade. E pela seguinte razão: os seres criaturais, para a sua existência, dependem do seu Criador, assim como o efeito depende da causa para a sua existência. E criar é do nada fazer alguma coisa; e o criado, se abandonado à sua própria sorte, perece; porém, perdura enquanto preserva a influência de sua causa. Considere-se o exemplo da vela que só queima enquanto existir a cera. Assim, é de notar-se que Deus criou o ser humano e deixou-o entregue a seu próprio juízo (Eclesiástico, 15:14). E no princípio da Criação, também criou os anjos. E isso foi feito

PRIMEIRA PARTE

por amor ao livre-arbítrio, cuja propriedade é a da livre opção: fazer ou deixar de fazer, desistir ou não desistir da sua causa. Como desistir de Deus e do livre-arbítrio é pecar, foi impossível aos seres humanos e aos anjos receberem uma qualidade tal que os permitisse, a um só tempo, possuir o livre-arbítrio e a imunidade ao pecado.

Outra imperfeição pela qual essa qualidade não pode ser transmitida aos seres humanos e aos anjos está em que implica uma contradição; como as contradições são, por natureza, impossíveis, dizemos que Deus não as pratica. Ou que Suas criaturas são incapazes de receber predicados contraditórios. Por exemplo, não é possível que um ser esteja ao mesmo tempo vivo e morto. Temos então a seguinte contradição: a de a pessoa ser dotada do livre-arbítrio — que a permite afastar-se do Criador — e a de ser dotada também da imunidade ao pecado. Se no entanto ela fosse incapaz de pecar, incapaz seria de afastar-se do Criador. Eis o pecado: desdenhar do bem incomutável e apegar-se às coisas comutáveis. Desdenhar ou não desdenhar, no entanto, é opção que depende do livre-arbítrio.

O segundo argumento também não é válido. Pois que se a confirmação da graça fosse parte tão essencial da Criação original a ponto de tornar a impecabilidade predicado natural das criaturas, tal qualidade não surgiria de qualquer causa exterior ou da graça, mas da própria natureza dos seres, que então passariam a ser o próprio Deus, o que é absurdo. São Tomás trata desse assunto na sua solução do último argumento. Diz o seguinte: sempre que a alguma criatura sucede alguma coisa que só poderia ter sido causada por influência superior, cumpre entender: não é dado à natureza inferior produzir tal efeito sem a cooperação da natureza superior. O gás entra em combustão pelo contato com o fogo: dada a sua natureza, não queimaria por conta própria sem aquele contato.

Declaro, portanto, que como a confirmação da criatura racional se dá tão só pela graça, espécie de luz espiritual ou de imagem da luz da Criação, é impossível a qualquer criatura ter, por sua própria natureza, tal confirmação, a menos que seja de natureza Divina; vale dizer, a menos

O MARTELO DAS FEITICEIRAS

que seja da mesma natureza de Deus, o que é absolutamente impossível. Concluímos dizendo que a incapacidade para não pecar pertence, por natureza, tão somente a Deus. Porque Ele não se afasta da sua própria natureza. E nem pode afastar-se da Sua própria bondade. Todos os demais seres que possuem o predicado de não pecar conquistaram-no pela confirmação da bondade através da graça; pela qual as filhas e os filhos de Deus e todas aquelas pessoas que de alguma forma se unem à natureza Divina se livram do pecado.

QUESTÃO XIII

Das duas justíssimas permissões Divinas: o diabo, autor de todo o mal, havia de pecar, e nossos primeiros ancestrais haviam de cair — pelo que se justifica todo o sofrimento decorrente das obras das bruxas

A segunda questão ou proposição é a de que Deus, na Sua justiça, tenha permitido a certos anjos pecarem de fato — e que não o teria permitido se não fossem capazes de pecar; e que, de forma semelhante, Ele tenha preservado certas criaturas pela graça, sem terem previamente sofrido tentação; e que Ele tenha permitido ao ser humano ser tentado e pecar. Tais declarações são elucidadas a seguir.

Pois que é próprio da Divina Providência deixar cada coisa entregue à sua própria natureza e não a impedir de realizar suas obras naturais. Porque, como declara Dionísio (*Dos nomes Divinos*, capítulo 4), "a Providência não é destruidora, e sim preservadora da natureza". Assim, claro está que, na medida em que o bem de toda a raça é melhor do que o bem de um só indivíduo (Aristóteles, *Ética*, livro 1), de forma análoga, o bem do universo há de preceder o bem de qualquer criatura em particular. Cumpre aduzir, portanto, que se fosse dos seres humanos afastado o pecado, muitas etapas seriam suprimidas na marcha em direção à perfeição. Pois que se removeria destarte um predicado natural do ser humano: o poder de pecar ou de não pecar.

Resposta: Se não houvesse pecado e tão só a confirmação imediata, nunca se saberia qual a parcela de graça das boas obras que se deve a

O MARTELO DAS FEITICEIRAS

Deus e qual o potencial pecaminoso que se teria realizado, a par de muitas outras coisas sem as quais o universo sofreria grande perda. Pois que Satã havia de pecar não por alguma sugestão externa, mas por achar em si mesmo a ocasião para o pecado. E assim procedeu quando quis se igualar a Deus. É preciso que se entenda isso com alguma reserva, e não simples e diretamente, em conformidade com o que diz Isaías, 14:14: "Subirei sobre as nuvens mais altas e me tornarei igual ao Altíssimo." Cumpre não entender a assertiva diretamente: o demônio nesse caso teria uma compreensão limitada e equívoca ao almejar alguma coisa fora de seu alcance. Sabia que se tratava de ser criado por Deus e que lhe era impossível tornar-se igual ao Altíssimo, seu Criador. Não se há, também, de entendê-la indiretamente; pois que assim como toda a bondade de um anjo e de uma criatura reside em sua sujeição a Deus, toda a transparência do ar está na sua sujeição aos raios do sol; portanto, nada que fosse contrário à bondade de sua própria natureza poderia ser almejado por um anjo. No entanto, Satã buscou a igualdade com Deus não absoluta mas relativa, como veremos. A natureza de Deus guarda dois predicados, o da bem-aventurança e o da bondade, enquanto toda a bem-aventurança e toda a bondade de Suas criaturas Dele emanam. Portanto, percebendo que a dignidade de sua própria natureza transcendia a de outras criaturas, desejou e suplicou que toda a bem-aventurança e toda a bondade das criaturas inferiores de si proviessem. E saiu em busca disso por conta própria, para que, assim como fora ele o primeiro a ser dotado desses predicados por natureza, também as outras criaturas os recebessem pela sua própria nobreza. E tentou conseguir isso de Deus, submetendo-se a Ele com perfeita dedicação até que lhe fosse outorgado o poder almejado. Portanto, o demônio não quis se igualar a Deus em termos absolutos, mas tão somente em termos relativos.

Cumpre ainda observar que o demônio, ao tentar realizar o seu desejo, repentinamente tornou-o conhecido de outros; e a compreensão dos demais anjos de seu desejo, e o seu perverso consentimento, deu-se também de modo súbito. Logo, o pecado do primeiro anjo excedeu e

PRIMEIRA PARTE

precedeu os pecados dos demais em relação à magnitude da sua culpa e à causalidade, mas não mais em relação à sua duração. Ver Apocalipse, 12:3-4: "Um grande dragão vermelho, com sete cabeças e dez chifres, e nas cabeças sete coroas. Varria com sua cauda uma terça parte das estrelas do céu." E esse dragão vive na forma de Leviatã e reina sobre todas as filhas e todos os filhos do orgulho. E, segundo Aristóteles (*Metafísica*, livro 5), é chamado o rei dos príncipes, pois que manobra as pessoas que lhe estão subordinadas de acordo com a sua vontade e o seu comando. Portanto, o seu pecado está em ocasionar o pecado em outros seres, porquanto, sem ser tentado por qualquer força exterior, transformou-se na tentação exterior de outros seres.

E que tudo isso aconteceu instantaneamente pode ser exemplificado pelos fenômenos físicos; pois que a ignição do gás, a visualização da chama e a impressão causada pelo fenômeno são elementos que acontecem a um só tempo, simultaneamente.

Expliquei o assunto com alguma profundidade: pois quando se admite aquela estupenda permissão Divina no caso de as criaturas mais nobres se mostrarem ambiciosas, mais fácil será aceitar a permissão no caso da obra das bruxas, não obstante ser em algumas circunstâncias um pecado bem maior. Pois em certas circunstâncias os pecados das bruxas são maiores que o do primeiro anjo e o de nossas e nossos primeiros ancestrais, como se verá na questão seguinte.

Claro está que a Providência Divina permitiu à primeira pessoa ser tentada a pecar — pelo que se disse a respeito da transgressão dos anjos. Tanto os seres humanos quanto os anjos foram criados com o mesmo fim e dotados do livre-arbítrio para que, por mérito, pudessem receber a recompensa da bem-aventurança. Logo, assim como os anjos não foram preservados da queda — para que o poder do pecado, de um lado, e o poder da confirmação da graça, de outro, pudessem operar juntos para a glória do universo —, há de considerar-se da mesma forma no caso dos seres humanos. Pelo que São Tomás (*Comentário sobre as sentenças*, livro 2, capítulo 23, art. 2) diz: "Não se há de obstar o que vem do interior para glorificar a Deus. Deus, no entanto, é glorificado no pecado, quando perdoa na misericórdia e quando pune na justiça; portanto não lhe cabe opor-se ao pecado."

Retornemos então à nossa proposição, qual seja, a de que pela Providência Divina é permitido ao ser humano o pecado por várias razões. Primeira: o poder de Deus pode ser demonstrado: só Ele é imutável quando todas as demais criaturas não o são. Segunda: a sabedoria de Deus pode ser constatada: Ele é capaz de tirar do mal o bem — o que não aconteceria se Deus não tivesse permitido o pecado do ser humano. Terceira: a misericórdia de Deus pode se manifestar: Cristo pela Sua morte libertou os seres humanos que se perderam. Quarta: a justiça Divina pode ser mostrada: Deus não só recompensa a pessoa justa como pune a perversa. Quinta: a condição do ser humano não há de ser pior que a de outras criaturas: Deus a todos governa e permite que ajam segundo sua própria natureza, pelo que cabe a Ele deixar o ser humano entregue a seu próprio juízo. Sexta: para a glória das pessoas justas que poderiam transgredir as leis mas não o fazem. E sétima: para o aperfeiçoamento do universo; pois, assim como há no pecado três formas do mal — a de culpa, a de sofrimento e a de perda —, assim é o universo aperfeiçoado pelas correspondentes três formas do bem — a de honestidade, a de prazer e a de utilidade. A honestidade é aperfeiçoada pela culpa; o prazer, pelo sofrimento; e toda a utilidade, pela perda. E fica assim perfeitamente explicada a resposta aos argumentos antes apresentados.

Soluções dos argumentos

De acordo com o primeiro argumento, é heresia sustentar que o demônio tem o poder de injuriar os seres humanos. Mas verdadeira parece ser a proposição contrária; pois que é heresia afirmar que Deus não permite ao ser humano, pelo seu livre-arbítrio, pecar quando quiser. E Deus permite o pecado, por causa de Seu poder de injuriar os seres humanos na punição das pessoas perversas para o aperfeiçoamento do universo.

PRIMEIRA PARTE

Pois é dito por Santo Agostinho nos *Solilóquios*: "Vós, Senhor, decretastes que a vergonha da culpa nunca há de vir sem a glória do castigo."

O argumento do sábio legislador, que afasta de seus subordinados, na medida do possível, todos os defeitos e todo o mal, não é prova válida. Pois que Deus no Seu cuidado universal difere em muito dos seres humanos nos seus cuidados particulares. Porque Deus, no Seu cuidado, é universal, é capaz de extrair do mal o bem, conforme já demonstramos.

O segundo argumento deixa claro: o poder de Deus, bem como a sua bondade e justiça, manifesta-se pela Sua permissão do pecado. Quando, portanto, se diz ser Deus capaz de prevenir o mal, cumpre considerar: pelas razões já apresentadas, não Lhe cabe assim proceder. Nem válido é objetar que, assim, Deus está a desejar o mal, por ser capaz de preveni-lo mas não o fazer; pois, conforme já se demonstrou, Deus não é capaz de desejar o mal. Não deseja que o mal aconteça e nem que não aconteça — apenas permite que ocorra para o aperfeiçoamento do universo.

No terceiro argumento, são citados Santo Agostinho e Aristóteles. Dizem eles que o melhor é o ser humano abster-se de conhecer o mal e as vilanias por dois motivos; primeiro, porque terá menos oportunidade de pensar no mal, já que não é capaz de entender muitas coisas ao mesmo tempo. Segundo, porque o conhecimento do mal, por vezes, perverte a vontade para a prática do mal. Mas tais argumentos não dizem respeito a Deus, Que entende todos os atos dos seres humanos e das bruxas.

No quarto argumento se fez menção a São Paulo, que exclui os bois dos cuidados de Deus, para mostrar que, graças ao livre-arbítrio, as criaturas racionais têm o comando dos seus atos, conforme já se disse. Portanto, Deus tem um cuidado especial pelos seres humanos — a quem se pode imputar a culpa ou o mérito e a quem se pode punir ou compensar —, mas não pelas feras — não cuida delas dessa mesma maneira.

Mas querer dizer, por isso, que as criaturas irracionais não participam da Providência Divina é heresia; seria o mesmo que dizer não estarem todas as coisas subordinadas a ela — ou seja, seria contrário ao louvor à sabedoria Divina de que se fala na Sagrada Escritura (Sabedoria, 8:1) —, que se estende de uma extremidade a outra e dispõe de todas as coisas

O MARTELO DAS FEITICEIRAS

sem distinção; e seria o erro do rabino Moisés, conforme demonstrado nos argumentos para a verdade.

De acordo com o quinto argumento, o ser humano não instituiu a natureza, mas submeteu as obras da natureza ao melhor de sua habilidade e à maior das suas forças. Portanto, a Providência Divina não se estende aos fenômenos naturais inevitáveis — como o do nascer do sol toda manhã. Mas a Providência Divina não se estende a tais fenômenos, porque Ele é o criador da natureza. Pelo que também os defeitos na natureza, mesmo quando surgem da evolução natural dos elementos, estão subordinados à Providência Divina. Portanto, erraram Demócrito e outros filósofos ao atribuírem ao acaso tudo o que sucedia às criaturas inferiores.

Pelo último argumento, embora contra o pecado Deus imponha o castigo aos seres humanos, nem sempre os maiores pecadores são afligidos pela bruxaria. E isso porque o demônio talvez não queira afligir e tentar as pessoas que já lhe pertencem ou talvez não queira que elas tornem a voltar-se para Deus. Está escrito: "Seus flagelos se multiplicaram e eles voltaram-se para Deus." (Salmos, 15:4). E que toda a punição é infligida por Deus contra o pecado é demonstrado por São Jerônimo quando diz que qualquer que seja o nosso sofrimento, o merecemos por nossos pecados.

Cumpre declarar que os pecados das bruxas são mais graves que os pecados dos anjos maus e dos nossos primeiros ancestrais. Pelo que, assim como as pessoas inocentes são punidas pelos pecados da mãe e do pai, muitas são as pessoas amaldiçoadas e enfeitiçadas pelos pecados das bruxas.

QUESTÃO XIV

A monstruosidade dos crimes de bruxaria, onde se mostra a necessidade de trazer a lume a verdade sobre toda a matéria

Indaga-se se os crimes de bruxaria superam, em culpa, sofrimento e perda, todos os males por Deus permitidos, desde o princípio da Criação até agora. Parece que não, mormente no que diz respeito à culpa. Porque o pecado que uma pessoa comete quando podia facilmente evitá-lo é maior do que o pecado que uma pessoa comete quando não o podia evitar. Isso é demonstrado por Santo Agostinho, em *A cidade de Deus* (livro 14, capítulo 15): "Há grande perversidade em pecar quando fácil é não pecar." Adão, porém, e outros que pecaram em estado de perfeição ou de graça podiam tê-lo evitado mais facilmente pelo auxílio da graça — sobretudo Adão, que foi criado em estado de graça — do que muitas bruxas que não partilharam desse dom. Portanto, o pecado daqueles nesse estado é maior do que todos os crimes de bruxaria.

E, uma vez mais, cabe declarar: o maior castigo cabe a quem tem a maior culpa. E o pecado de Adão foi o mais severamente punido: a sua culpa e a sua punição se transmitiram a toda a sua posteridade pela herança do pecado original. Portanto, seu pecado foi maior que todos os outros.

Não só isso: defende-se a perda com argumento análogo. Pois segundo Santo Agostinho (*A cidade de Deus*, livro 14, capítulo 15): "O mal é o que está afastado do bem"; portanto, quanto maior a perda do bem, maior o mal realizado antes. O pecado, no entanto, de nosso primeiro ancestral foi o que maior perda causou, em termos de natureza e de graça, já que

O MARTELO DAS FEITICEIRAS

nos privou da inocência e da imortalidade; e nenhum outro pecado já acarretou tamanha perda. E assim sucessivamente.

Por outro lado, maior o mal quanto maior em número as suas causas — como no caso dos pecados das bruxas. Elas são capazes, com a permissão de Deus, de infligir todas as espécies de males às pessoas boas por natureza e por forma, conforme foi declarado na bula papal. Ademais, Adão só pecou num de dois sentidos possíveis: pecou porque lhe era proibido, mas não porque seu ato continha o erro em si mesmo. As bruxas, porém, e outros pecadores pecam nos dois sentidos — porque é crime o que fazem e porque é proibido: os assassinatos, por exemplo, e outros atos proibidos. Portanto, seus pecados são mais sérios que outros.

A par disso, temos que o pecado cometido por malícia, voluntariamente, é maior que o pecado cometido por ignorância. Mas as bruxas, pela sua enorme malícia, desprezam a fé e os Sacramentos da fé, conforme muitas delas já confessaram.

Resposta: Os males perpetrados pelas bruxas modernas excedem todos os pecados já permitidos por Deus, conforme está implícito no título desta questão. Pode-se demonstrar essa assertiva de três modos, na medida em que são pecados que envolvem perversidade de caráter, não obstante seja diferente com os pecados que se contrapõem às outras virtudes teológicas. Primeiro, de um modo geral, comparando as suas obras indiferentemente com outros crimes mundanos. Segundo, de modo particular, considerando as espécies de superstição a que são dadas e o pacto que firmam com o demônio. E terceiro, comparando os seus pecados com os dos anjos do mal e mesmo com os dos nossos primeiros ancestrais.

Pois que o pecado é tríplice, envolve a culpa, o castigo e a perda. O bem, de forma análoga, tríplice é também, envolve a honestidade, o prazer e a utilidade. E a honestidade corresponde à culpa; a felicidade ou prazer, ao castigo; e a utilidade, à perda.

Que a culpabilidade das bruxas ultrapassa a de todas as outras pessoas pecadoras é assim demonstrado. Segundo o ensinamento de São

PRIMEIRA PARTE

Tomás (*Comentário sobre as sentenças*, livro 2, capítulo 22, artigo 2), há no pecado muitos elementos que permitem indicar-lhe a maior ou menor gravidade; e o mesmo pecado pode ser de maior gravidade num pecador e de menor gravidade noutro. Podemos, por exemplo, dizer que ao praticar a fornicação o jovem é pecador, mas o velho é insano. Entretanto, os pecados mais graves são os que não só se acompanham das circunstâncias mais extensas e mais poderosas como também os que por sua natureza e quantidade são de uma espécie essencialmente mais séria.

E assim podemos dizer que o pecado de Adão tenha sido em certos aspectos mais grave que todos os outros pecados, porque cedeu à instigação de uma tentação menor, sendo tentado apenas por algo exterior; e também porque ele podia mais facilmente ter resistido, dada a justiça original em que fora criado: não obstante, na forma e na quantidade, os pecados das bruxas ultrapassam todos os demais — porque em muitos aspectos esses pecados são a causa de outros ainda mais graves. E isso será esclarecido de duas maneiras.

Diz-se que um pecado é maior que outro num dos seguintes modos: na sua causalidade, como foi o caso do pecado de Lúcifer; na sua generalidade, como foi o caso do de Adão; na sua hediondez, como no caso do de Judas; na dificuldade de perdoá-lo, como é o pecado contra o Espírito Santo; na sua periculosidade, como no caso da ignorância; na sua inseparabilidade, como no caso da cobiça; na sua inclinação, como no caso do pecado da carne; na ofensa à Majestade Divina, como no caso do pecado da idolatria e da falta de fé; ou na dificuldade de combatê-lo, como no caso do pecado do orgulho; na cegueira do intelecto, como no caso do pecado do ódio. Consequentemente, depois do pecado de Lúcifer, as obras das bruxas excedem todos os outros pecados, em hediondez, quando renunciam à cruz, na inclinação, já que cometem a obscenidade da carne com demônios, na cegueira do intelecto, já que no mais puro espírito de malignidade fomentam o ódio e causam toda sorte de injúrias às almas e aos corpos dos seres humanos e dos animais, conforme se demonstrou antes.

O MARTELO DAS FEITICEIRAS

E tal é, com efeito, denunciado, segundo Santo Isidoro, pelo vocábulo "bruxas" no seu étimo latino *"maleficae"*, que indica a atrocidade de seus crimes, conforme já frisado.

Nossa alegação também é deduzida do seguinte. São duas as gradações do pecado, a do afastamento de Deus e a da mudança do estado anímico. Ver o que diz Santo Agostinho (*Sobre o livre-arbítrio*, capítulo 1, questão 2): "Pecar é rejeitar o bem incomutável e apegar-se às coisas mundanas perecíveis." E o afastar-se de Deus é, por assim dizer, formal, como o cambiar anímico é como que material. Portanto, quanto mais um ser humano se afasta de Deus por causa do pecado, mais grave o pecado é. E como a falta de fé é a principal causa do afastamento de Deus, essa incredulidade avulta como o mais grave dos pecados. E a tal incredulidade se dá a designação de heresia, que é a apostasia da fé: e, nesse sentido, as bruxas pecam por toda a sua vida.

Porque o pecado da incredulidade consiste em opor-se à fé, o que acontece de duas maneiras: por oposição à fé que ainda não se adquiriu, ou por oposição à fé que já se recebeu. Da primeira espécie temos a incredulidade das pessoas pagãs ou dos gentios. Da segunda espécie temos a das pessoas cristãs, que negam a fé cristã de duas formas: ou negando as profecias a seu respeito, ou negando a manifestação da verdade. E na primeira forma temos a incredulidade do povo judeu, e na segunda, a incredulidade de hereges.

Claro está, pelo que se disse, que a heresia das bruxas é o mais abominável dos três graus de incredulidade; o que se prova pela razão e pela autoridade. Porquanto está escrito (II São Pedro, 2:21): "Melhor fora não terem conhecido o caminho da justiça do que, depois de o terem conhecido, tornar atrás, abandonando a lei santa que lhes foi ensinada." É razoável supor que, assim como aquela pessoa que não cumpre o que prometeu comete maior pecado do que aquela que não realiza o que nunca prometeu, de forma análoga, a incredulidade de hereges — que, ao mesmo tempo em que professam a fé no Evangelho, lutam contra ele, corrompendo-o — é maior pecado do que a do povo judeu e a dos pagãos das pessoas pagãs.

PRIMEIRA PARTE

E, uma vez mais, maior é o pecado do povo judeu que o das pessoas pagãs; porque sabiam da profecia do advento de Cristo pelo Antigo Testamento, o qual corromperam — interpretando-o equivocadamente —, caso em que não se acham as pessoas pagãs. Portanto, a sua incredulidade é maior pecado que o cometido pelas pessoas gentias, que nunca receberam a fé do Evangelho. E a respeito da apostasia, São Tomás, na *Secunda Secundae*, questão 12, afirma significar o afastamento de Deus e da religião. O que se dá de diferentes modos segundo os diferentes tipos de união entre o ser humano e Deus. Ora o ser humano se une a Deus pela fé, ora pela submissão às Suas leis e à Sua vontade, ora ainda pela religião e pelas ordens religiosas. São Raimundo (*Summa*, 1) e Hostiensis (*Summa*, 5) dizem que a apostasia é um afastamento temerário da fé, da obediência ou da religião. Ora, se o que precede é removido, o que se segue também o é; mas a proposição inversa não é verdadeira. Logo, a apostasia da fé é maior pecado que as outras duas formas de incredulidade, porque no seu caso a religião precedente foi removida.

Segundo São Raimundo, porém, não se há de julgar uma pessoa apóstata ou desertora, não importa quão desgarrada, a menos que demonstre, pela sua vida subsequente, que não considerou a possibilidade de à fé retornar (ver compêndio "Sobre a guerra", lei *"Desertorem"*, no *Código de Justiniano*). Demonstra-se isso pelo caso do clérigo que resolve casar-se, ou comete crime semelhante. Da mesma forma, é uma apostasia de desobediência quando uma pessoa intencionalmente rejeita o ensinamento da Igreja e dos bispos. Pessoa dessa laia deve ser condenada pela sua infâmia e excomungada.

Quando, porém, falamos da apostasia das bruxas, referimo-nos à apostasia da infidelidade incredulidade; o que é muito mais hediondo porque emerge de pacto firmado com o inimigo da fé e do caminho da salvação. Pois que as bruxas são instadas a firmarem esse pacto — pelo inimigo é requerido, em parte ou no todo. Nós, inquisidores, temos encontrado bruxas que negam todos os artigos da fé e outras que só negam um certo número deles; mas são todas obrigadas a negar a confissão verdadeira e sacramental. E assim, mesmo a infidelidade incredulidade

O MARTELO DAS FEITICEIRAS

de Juliano, o Apóstata não parece ter sido tão importante, embora noutros aspectos tenha causado muitos males à Igreja; não falaremos porém aqui a esse respeito.

Poder-se-ia objetar, incidentalmente, ser possível a eles preservarem a Fé no coração, já que lá só Deus, e nem mesmo um anjo, é capaz de ver; só obedecendo e reverenciando ao demônio superficialmente. No entanto, parece existir dois graus de apostasia ou de falta de fé. Um consiste nos atos externos de incredulidade, sem que se firme qualquer pacto com o demônio, quando, por exemplo, se vive em terra pagã e quando se conforma a vida à dos povos muçulmanos. O outro consiste no pacto firmado com o demônio, quando se vive em terras cristãs. No primeiro caso, as pessoas que preservam a fé no coração mas a negam em atos, apesar de não serem apóstatas ou hereges, são culpadas de pecado mortal. Foi desse modo que Salomão fez reverência aos deuses de suas esposas (I Reis, 11:1-13). E não há como desculpar as pessoas que assim procedem por medo; pois nos diz Santo Agostinho (*Summa*, capítulo 32, questão 4): "É melhor morrer de fome do que ser alimentado por idólatras." No entanto, é possível que muitas bruxas ainda conservem a fé no corações, embora a neguem com os lábios. Apesar disso, ainda serão consideradas apóstatas por terem feito um tratado com a morte e um pacto com o inferno. Pelo que São Tomás (II, 4), falando das obras de bruxaria, e das pessoas que recorrem de um modo ou de outro ao auxílio do demônio, declara: "São todos apóstatas da fé, pelo pacto que firmaram com o diabo, seja por palavras — quando empregam alguma invocação —, seja por atos — mesmo quando não lhe oferecem qualquer sacrifício." (Mateus, 6:24). Pois que não há pessoa que possa servir a dois mestres (*Comentário sobre as sentenças*, livro 2, último artigo).

De forma análoga escreve Santo Alberto Magno, ao indagar se o pecado dos magos e dos astrólogos é uma apostasia da fé. E responde (livro 2, capítulo 7, questão 12): "Nestes há sempre a apostasia, ou pelas palavras, ou pelos atos. Pois se são feitas invocações, se está a pactuar com o demônio, o que é manifesta apostasia. Mas se a sua mágica é simplesmente praticada por atos, nos atos é que reside a apostasia. E como

PRIMEIRA PARTE

em todos eles há o abuso da fé, por recorrerem ao diabo quando deviam recorrer a Deus, serão sempre tidos como apóstatas".

Vê-se assim que, claramente, os autores estabelecem dois graus de apostasia, aos quais se adita ainda um terceiro, a apostasia por pensamento. E mesmo à falta desse último, as bruxas são sempre consideradas apóstatas pelas suas palavras e pelos seus atos. Portanto, conforme será demonstrado, precisam ser submetidas às penas impostas a hereges e apóstatas.

E nelas há ainda um terceiro crime monstruoso, que excede todas as outras heresias. Pois Santo Agostinho (*Decretum* "Causa", 28, questão 1, parágrafo 2) diz-nos que a vida inteira das pessoas infiéis é um pecado; e na glosa sobre Romanos, 14:23, "Tudo que não provém da fé é pecado", indaga sobre o que dizer então de toda a vida das bruxas, de todos os seus atos que não têm por fim agradar ao demônio — o de jejuar, de ir à igreja, de comungar? Pois em todos esses atos estão a cometer pecado mortal, como explicaremos a seguir. Foram tão longe com o seu pecado, por causa de sua homenagem prestada ao demônio, que todas as suas obras, mesmo as que parecem boas, são de caráter essencialmente maligno, a não ser que sejam absolvidas. Pois que não perderam de todo o poder da reparação — já que o pecado não lhes corrompe toda a bondade do ser: nelas ainda permanece uma luz natural. Com as demais pessoas infiéis não parece ser esse o caso.

Pois, segundo São Tomás, na *Secunda Secundae,* questão 10, mesmo os bons atos das pessoas infiéis — jejuar, dar esmolas, entre outras coisas — não têm qualquer mérito em virtude de sua incredulidade, que é pecado gravíssimo. No entanto, o pecado não corrompe todo o bem existente em seu ser: nele se acha preservada ainda uma luz natural. Portanto, nem todos os seus atos constituem pecado mortal: só os que procedem de sua incredulidade, ou que a ela se relacionam. Quando, por exemplo, um sarraceno observa a lei de Maomé quanto ao jejum e um judeu celebra seus dias sagrados, estão ambos a cometer pecado mortal. E nesse sentido é que se deve entender o que antes citamos de Santo Agostinho, ou seja, que as pessoas infiéis na sua vida toda cometem pecado.

O MARTELO DAS FEITICEIRAS

Que, de todos os criminosos do mundo, são as bruxas as que merecem a mais severa punição

Os crimes das bruxas, então, superam os pecados de todas as outras pessoas; e vamos declarar que punição merecem, seja como hereges, seja como apóstatas. Os As pessoas hereges, segundo São Raimundo (*Summa*, livro 1), são punidas de várias maneiras — pela excomunhão, pela deposição, pelo confisco de seus bens e pela morte. O leitor pode informar-se plenamente a respeito dessas penas consultando a lei relacionada à "Sentença de Excomunhão", "*Noverit*" para a primeira, em "*Qui contra pacem*" (24, questão 1) para a segunda, em "*Quo jure*" (dist. 8, capítulo 1) e "*Quicumque*" e "*Si de rebus*" (23, questão 7) para a terceira, e na mesma seção ("Hereges"), o primeiro e segundo capítulos "*Excommunicamus*" para a quarta.

Com efeito, mesmo os seus seguidores, seus protetores, seus patrões e defensores incorrem em grave crime passível da mais rigorosa punição. Pois, além da pena da excomunhão do herege, há que afastar-se da Igreja os seus benfeitores, os seus protetores e defensores, e as suas crianças, até a segunda geração por parte de pai e a primeira por parte de mãe (*Summa*, livro 6, capítulo "*Quicumque*" e capítulo "*Statum*"). E se um herege tem filhos católicos, pela hediondez de seu crime, serão eles privados da herança paterna. E se uma pessoa é condenada e se recusa a se converter e a abjurar a sua heresia, deve ser imediatamente queimada, se for leiga. Pois se as pessoas que falsificam dinheiro devem ser sumariamente condenadas à morte, o que dizer das que falsificam a fé? Mas se a pessoa herege é um clérigo, depois de destituído formalmente de seu cargo ou posto eclesiástico, é enviado à Corte secular para receber a pena de morte. Mas se retornar à fé, será apenas condenado à prisão perpétua ("Hereges", no primeiro e no segundo capítulo "*Excommunicamus*"). Na prática, porém, são tratados com mais condescendência após a retratação do que seriam segundo o rigor do julgamento dos bispos e da Inquisição, conforme se vai mostrar na terceira parte, onde se trata dos vários métodos para sentenciá-los; referimo-nos aos que foram presos, condenados e que se retrataram de seu crime.

PRIMEIRA PARTE

Mas punir as bruxas dessa forma não parece suficiente, porque não são simples hereges, e sim apóstatas. Mais do que isso: na sua apostasia, elas negam a fé por qualquer prazer da carne e por qualquer receio dos seres humanos; mas, independentemente de sua abnegação, chegam a homenagear os demônios oferecendo-lhes o seu corpo e a sua alma. Fica claro portanto que, não importa o quanto sejam penitentes e que retornem ao caminho da fé, não se lhes pode punir como aos outros hereges com a prisão perpétua: é preciso que sofram a penalidade extrema. E por causa das injúrias temporais que causam aos seres humanos e aos animais, de várias maneiras, é que a lei lhes impõe tal pena (leis *"Nullus"*, *"Nemo"* e *"Culpa"*, no capítulo "Bruxas" do *Código de Justiniano*). Sobre os adivinhos, diz a lei que é igualmente passível de culpa quem aprende e quem ensina tais iniquidades. E enfaticamente é afirmado que as bruxas têm como penalidade o confisco de seus bens e a decapitação. As leis também são claras a respeito das pessoas que, por bruxaria, induzem uma mulher a praticar atos lascivos ou, ao contrário, a coabitarem com feras. Esses problemas, no entanto, foram tratados na primeira questão.

QUESTÃO XV

Por causa dos pecados das bruxas, pessoas inocentes são
muitas vezes enfeitiçadas

É um fato que, pela permissão Divina, muitas pessoas inocentes sofrem da perda da graça e são punidas com os flagelos antes mencionados, não por seus próprios pecados, mas pelos das bruxas. E para que tal não se afigure como um paradoxo, cumpre atentar ao que diz São Tomás na *Secunda Secundae*, questão 108, ao declarar que tal é justo em Deus. E divide os castigos dessa vida em três categorias.

Em primeiro lugar, o ser humano ao ser humano pertence; portanto, se uma pessoa é punida em suas posses, pode ser que outra pessoa venha a sofrer da mesma punição. Pois que, em termos materiais, as crianças são propriedade do pai e as pessoas escravizadas e os animais são propriedade de seus amos; e assim as crianças são muitas vezes punidas pelos feitos de seu pai e de sua mãe. Assim, vemos que o filho de Davi nascido por adultério rapidamente morreu (II Samuel, 12:7-23); e os animais do povo amalequita foram punidos com a morte (I Samuel, 15:2-3). No entanto, a razão desses fenômenos continua a ser um mistério.

Em segundo lugar, o pecado de uma pessoa pode ser transmitido à outra de três maneiras. Por imitação, quando os filhos as crianças imitam os pecados de suas mães e de seus pais, e as pessoas escravizadas e subordinadas, os de seus patrões. Nesse sentido, as crianças herdam os ganhos ilícitos e os escravos partilham dos furtos e dos feudos ilegais, pelo que muitas vezes são mortos. E pessoas subordinadas aos governantes pecam ainda mais impudentemente quando os veem pecar, mesmo que não cometam os mesmos pecados; pelo que hão de ser justamente castigadas.

Os pecados são também transmitidos de uma pessoa a outra por merecimento. Como exemplo temos o do povo subordinado a um mau governante: merece o mau governante pelos pecados cometidos. Ver Jó, 34:30: "Ele faz os hipócritas reinarem por causa dos pecados do povo."

O pecado, e consequentemente a punição, pode também ser transmitido por alguma espécie de consentimento ou dissimulação. Quando as autoridades negligenciam na reprovação do pecado, não raro as pessoas boas são punidas junto com as perversas, conforme diz Santo Agostinho no primeiro livro de *A cidade de Deus*. Chegou ao nosso conhecimento, como inquisidores, um exemplo interessante. Uma cidade, algum tempo atrás, vinha sendo quase totalmente despovoada pela morte de seus cidadãos; e corria um rumor entre quem lá morava: uma certa mulher, que fora queimada, vinha comendo gradualmente o manto com o qual fora queimada, e a peste não cessaria enquanto ela não comesse todo o manto e o absorvesse em seu estômago. Reuniu-se um conselho. O potentado e o governador da cidade decidiram abrir o túmulo. E verificaram que a bruxa morta engolia o manto, o qual, passando pela boca e pela garganta, descia até o estômago, onde era absorvido. Diante do quadro pavoroso, o potentado sacou de sua espada e decapitou o cadáver, retirando a cabeça do túmulo. Pois que de imediato a peste foi debelada. Os males provocados por aquela mulher, por permissão Divina, haviam se abatido sobre pessoas inocentes do lugar em virtude da dissimulação do que antes se sucedia. Pois por ocasião da Inquisição descobriu-se que há muito tempo a mulher já vinha praticando bruxaria. Exemplo semelhante é o do flagelo que se abateu sobre o povo de Israel por causa do recenseamento feito por Davi (II Samuel, 24:15).

Em terceiro lugar, o pecado é comunicado pela permissão Divina para a condenação da unidade da sociedade humana, a fim de que o ser humano cuide de seu próximo para que esse se abstenha do pecado; e também a fim de que o pecado pareça ainda mais detestável, pois que o

PRIMEIRA PARTE

pecado de um redunda sobre todos, como se todos fossem um só corpo. Como exemplo, lembramos o pecado de Acã (Josué, 7).

Podemos a esses aditar mais dois outros métodos: as pessoas perversas são às vezes punidas pelas boas, noutras, por outras pessoas perversas. Pois como diz Graciano (*Comentário sobre a Causa*, 23, questão 5, parágrafo 8), por vezes Deus pune as pessoas perversas pelas mãos das que exercem o poder legítimo sob Seu comando; e esse exercício se dá de duas maneiras: ora pelo mérito por parte de quem pune — a exemplo do castigo pelos pecados do povo de Canaã (Deuteronômio, 7:1-5) —, ora sem esse mérito, mas para sua própria punição — a exemplo do castigo da tribo de Benjamin, da qual sobraram apenas alguns homens (Juízes, 20). E outras vezes Ele pune através do levante das Suas nações, por Sua ordem ou permissão, mas que o fazem não com a intenção de obedecer-lhes, e sim com a de atender às suas próprias ambições e, portanto, para sua própria nação; como hoje Ele castiga a Sua gente pelas mãos dos povos turcos, e como o fez tantas vezes pelas mãos de nações estrangeiras no Velho Testamento.

É preciso, porém, observar que qualquer que seja a causa do castigo de um ser humano, se ele não suportar pacientemente as suas dores, o castigo será tão só de vingança e não mais de correção. Ver *Deuteronômio*, 32:22: "Sim, acendeu-se o fogo da minha cólera" (ou seja, da minha punição, porque em Deus não há outro tipo de cólera), "que arde até o mais profundo da habitação dos mortos" (ou seja, a vingança há de iniciar aqui e de arder até a última das danações, conforme São Gregório Magno (*Moralia*, 18, 22) explica (isto está contido no *Decretum* "Penitência", dist. 4, capítulo 43, parágrafo "*Authoritas*"). Mas quando o ser humano pacientemente suporta o seu castigo, este adquire o caráter da correção, conforme diz São Tomás no *Comentário sobre as sentenças*, livro 4. E essa é a verdade, mesmo quando o castigo é infligido em razão de bruxaria, em maior ou em menor grau, segundo a devoção de quem sofre e a natureza de seu crime.

Mas a morte natural do corpo, sendo o último dos terrores, não é de natureza corretiva, já que, dada a sua natureza, participa do castigo pelo

O MARTELO DAS FEITICEIRAS

pecado original. Entretanto, no dizer de Escoto (*Sentenças*, livro 4), quando a morte é aguardada com resignação e devoção, e oferecida na sua amargura a Deus, pode adquirir de algum modo um caráter corretivo. A morte violenta, porém, de quem a merece ou não, é sempre corretiva, quando suportada com paciência e na graça. Tanto mais para os castigos infligidos por causa dos pecados de outras pessoas.

Deus, no entanto, também castiga os seres humanos durante a vida por seus próprios pecados, mormente no caso da bruxaria. Ver Tobias, 6:17: "O demônio tem poder sobre as pessoas que se entregam à sua paixão como o cavalo e o burro." O que está claro pelo que já mencionamos a respeito do membro viril e das forças genitais, que Deus permite que sejam os mais passíveis de serem enfeitiçados.

No entanto, para o propósito da pregação em público, há que se notar: apesar dos castigos citados que Deus aos seres humanos inflige pelos seus próprios pecados e pelos de outras pessoas, o pregador deve seguir na sua pregação, como princípio fundamental, o seguinte: "Ninguém há de ser punido sem ter culpa, salvo haja alguma outra causa para assim proceder." (*Liber Extra*, "Regras da lei", livro 5, seção 12, regra 23) Esse princípio tem validade na Corte Celestial, ou seja, na Corte do Senhor Deus, assim como nas Cortes da Justiça Humana, sejam seculares, sejam eclesiásticas.

O pregador pode basear esse princípio no análogo da Corte Celestial. Pois que o castigo Divino é de dois tipos, espiritual e temporal. No primeiro, nunca há punição sem culpa notória. No segundo, por vezes a punição se faz sem que haja culpa, mas nunca sem que haja uma causa. O castigo primeiro, o espiritual, é de três tipos: no primeiro tipo tem-se a privação da graça e a obstinação no pecado, que nunca é infligido exceto pela culpa de quem sofre; no segundo tem-se a privação da glória, que em pessoas adultas nunca é infligida sem a culpa pessoal ou sem a culpa contraída pelas crianças em virtude do pecado de suas mães e de seus pais; no terceiro tem-se o castigo da dor, ou seja, a tortura do fogo do inferno, infligida claramente pela culpa sentida. Pelo que, quando se diz no Êxodo, 20:5: "Eu sou o Senhor, teu Deus, um Deus zeloso que vingo a

PRIMEIRA PARTE

iniquidade dos pais nos filhos, nos netos e nos bisnetos daqueles que me odeiam", subentende-se nos filhos e nos netos e nos bisnetos a imitação dos crimes de sua mãe e de seu pai, conforme explica Graciano no livro 1, questão 4; e onde também aduz outras explicações.

Já o segundo tipo de castigo Divino, o temporal, ora é infligido pelo pecado de outrem, ora sem que tenha havido qualquer pecado, pessoal ou de outra pessoa, mas pela existência de uma outra causa, ora ainda pela existência de culpa pessoal, sem a participação do pecado de outra pessoa. Mas se o leitor quiser saber das causas por que Deus castiga, mesmo sem que haja culpa em quem sofre ou em qualquer outro ser humano, convém consultar o Mestre (Pedro Lombardo), no *Comentário*, livro 4, dist. 15, capítulo 2, onde se acham expostas todas elas, cinco no total, embora só se devam considerar as três primeiras, pois que as duas últimas se referem à culpa pessoal.

Entende-se então que são por cinco causas que Deus castiga os seres humanos durante a sua vida. A primeira é para a glória de Deus; percebe--se que é para Sua glória quando o castigo infligido é miraculosamente removido, como no caso do cego de nascença (São João, 9:1-6) ou no da ressurreição de Lázaro (São João, 11:38-44).

A segunda, não existindo a primeira, é para que se adquira o mérito pelo exercício da paciência e também para que a virtude oculta se manifeste a outras pessoas. Exemplos temos em Jó, 1, e em Tobias, 2:11.

A terceira é para que a virtude possa ser preservada mediante a humilhação pelo castigo. São Paulo nos dá um exemplo em II Coríntios 12:7: "Foi-me dado um espinho na carne, um anjo de Satanás, para me esbofetear e me livrar do perigo da vaidade." E, segundo Remígio, esse espinho era a enfermidade do desejo carnal. Eis aí as três causas que justificam o castigo sem que haja culpa.

A quarta é para que a danação eterna já comece nessa vida: para que se dê uma mostra do que se há de sofrer no inferno. Exemplos são o de Herodes (Atos dos Apóstolos, 12:23) e o de Antíoco (II Macabeus, 9:5).

A quinta é para que o ser humano possa ser purificado, pela expulsão e neutralização da sua culpa através do castigo. Temos como exemplo o

O MARTELO DAS FEITICEIRAS

caso de Miriam, a irmã de Aarão, que foi acometida de lepra (Números, 12:10), e o caso do povo israelita a vagar pelo deserto, de acordo com São Jerônimo (23, questão 5, "*Quid ergo*"). Ou talvez seja para a correção do pecado, conforme exemplifica o caso de Davi, que, depois de perdoado por seu adultério, foi destronado de seu reino, como se relata em II Samuel, 12:15, e é comentado por São Gregório Magno no seu discurso sobre o pecado. Com efeito, é possível dizer que todo castigo que sofremos decorre de nossos pecados, ou pelo menos do pecado original em que nascemos e que, em si mesmo, é a causa de todas as causas.

Mas quanto ao castigo da privação da glória — e que se refere à futura danação eterna — não há qualquer dúvida: todas as pessoas condenadas hão de ser torturadas com as dores mais excruciantes. Pois assim como a graça se segue da visão bendita do Reino dos Céus, o pecado mortal se segue do castigo no inferno. E assim como os graus de bem-aventurança nos Céus são medidos pelos graus de caridade e de graça alcançados durante a vida, o castigo do inferno há de ser proporcional aos crimes aqui cometidos. Ver Deuteronômio, 25:2: "E o fará açoitar com um número de golpes proporcional ao seu delito." E o mesmo há de dizer-se dos demais pecados, mormente os das bruxas. Ver Hebreus, 10:29: "Quanto pior castigo julgais que merece quem calcar aos pés o Filho de Deus, profanar o sangue da aliança, em que foi santificado, e ultrajar o Espírito Santo, autor da graça?"

Pois que dessa natureza são os pecados das bruxas, que negam a fé, e que operam inúmeros malefícios através do Santíssimo Sacramento, como há de ser mostrado na segunda parte.

QUESTÃO XVI

Eis as verdades estabelecidas pela comparação das obras das bruxas com as outras superstições maléficas

Provamos agora a atrocidade dos crimes das bruxas comparando-os com as obras maléficas dos magos e dos adivinhos

Pois que existem quatorze espécies de magia que emanam dos três tipos de adivinhação. No primeiro tipo de adivinhação está a invocação explícita dos demônios. No segundo não se faz mais que a observação, em silêncio, da disposição e do movimento de certos elementos — dos astros, dos dias, das horas, entre outros. No terceiro temos a observação de algum ato humano cuja finalidade é descobrir algo que está oculto e a que se dá o nome de sortilégio.

No primeiro tipo de prática divinatória, em que se invoca abertamente o demônio, encontram-se: a magia prestidigitatória, a oniromancia, a necromancia, a consulta oracular, a geomancia, a hidromancia, a aeromancia, a piromancia e a aruspicação (ver São Tomás, *Secunda Secundae*, questão 95, e 26, questão 4, *"Igtur"*, e questão 5, *"Nec mirum"*). No segundo tipo estão: a horoscopia, a astrologia, a ornitomancia, a onomatomancia, a quiromancia e a espatulomancia.

No terceiro tipo acham-se as artes englobadas pela designação de sortilégio, em que se tenta a revelação e a descoberta do que está oculto pela consideração de objetos como agulhas, galhos, ou mesmo manchas e pela consideração de desenhos feitos em chumbo derretido para a adivinhação do futuro. São Tomás nos fala dessas artes divinatórias na passagem já citada.

O MARTELO DAS FEITICEIRAS

Os pecados das bruxas vão além dos pecados daquelas pessoas que praticam todos esses crimes, o que havemos de provar.

Consideremos primeiro os casos de simples magia prestidigitatória ou mero encantamento. Através dessa arte os sentidos humanos são iludidos por certas aparições: os elementos materiais mostram-se diferentes à visão e ao tato do que de fato o são — de forma análoga à que aludimos quando tratamos dos métodos para iludir os seres humanos. As bruxas, pelo geral, não se satisfazem em fazer desaparecer, por prestidigitação, o membro viril (embora não se dê o seu desaparecimento na realidade); não raro removem inclusive a força procriadora, de sorte a não permitirem que a mulher conceba e que o homem não consiga consumar o ato carnal, mesmo quando ainda conserva seu membro. E sem qualquer fenômeno ilusório, são também capazes de causar o aborto após a concepção, que muitas vezes se acompanha de muitos outros males. Chegam mesmo a aparecer aos homens sob a forma de várias feras, conforme já se mostrou antes.

A necromancia consiste na invocação e no diálogo com as pessoas mortas, como indica a etimologia do vocábulo: deriva da palavra grega *nekrós*, cadáver, e *manteía*, que significa adivinhação. E a praticam operando algum malefício sobre o sangue de uma pessoa ou de um animal, sabendo que o diabo se deleita com esse pecado, pois adora o sangue e o derramamento de sangue. Pelo que, embora julguem conseguir chamar as pessoas mortas do inferno para responder às suas perguntas, estão na realidade a consultar demônios que tomam a forma das pessoas mortas chamadas e lhes respondem. Dessa natureza era a arte da grande pitonisa, mencionada em I Samuel, 28:7, que evocou Samuel a pedido de Saul.

Mas não se venha pensar que tais práticas sejam lícitas porque as Escrituras falam da alma do justo Profeta, invocado do mundo dos mortos para dizer a Saul o que fazer em vista do ataque do povo filisteu, pela mulher que era, na realidade, uma bruxa. Pois que, diz Santo Agostinho a Simpliciano que não é absurdo crer que tenha sido permitido, por algum ato da Providência, e não pela força de qualquer arte mágica, mas sim por algum ato da Providência desconhecido à pitonisa ou a Saul, ao

PRIMEIRA PARTE

espírito daquele homem justo aparecer perante o rei para transmitir-lhe a sentença Divina. Ou então não foi invocado de fato o espírito de Samuel do seu repouso, mas sim algum outro espectro ilusório e diabólico causado pelas maquinações do diabo; e a Escritura fala então daquele espectro como se fosse de fato Samuel, assim como as imagens das coisas são chamadas pelos nomes das coisas que representam. Diz essas palavras Santo Agostinho ao responder se a adivinhação pela invocação de demônios é ato lícito (*Secunda Secundae*, questão 95, art. 4). Na mesma *Summa* o leitor vai encontrar a resposta à questão que trata da existência de graus diversos de profecia entre os santos (questão 174). Também pode-se reportar a Santo Agostinho (*Summa*, questão 5, "*Nec mirum*"). Tais passagens no entanto guardam pouca relação com os verdadeiros atos das bruxas, que não conservam em si qualquer vestígio de piedade, o que se depreende facilmente ao apreciarmos suas obras; pois que não cessam de derramar sangue de inocentes, de trazerem coisas ocultas à luz pela orientação dos demônios, e de destruir as almas sem poupar o corpo, nem dos vivos de pessoas vivas, nem de pessoas mortas dos mortos.

A oniromancia pode ser praticada de duas maneiras. A primeira delas é quando a pessoa se utiliza dos sonhos para mergulhar no oculto, com a ajuda da revelação dos demônios por ela invocados e com quem firmou pacto explícito. A segunda maneira é quando o homem ser humano se utiliza dos sonhos para predizer o futuro, na medida em que há certa virtude nos sonhos que emana da revelação Divina, de uma causa natural intrínseca, ou de uma causa natural extrínseca; e tal adivinhação não seria ilícita. Assim diz São Tomás (*Secunda Secundae*, questão 95, artigo 6).

E para que os pregadores possam ter ao menos noção essencial desse importante assunto, precisamos primeiro falar a respeito dos anjos. Estes têm poderes limitados — são mais capazes de revelar o futuro quando o intelecto já está adaptado a tais revelações do que quando não está. Ora, o intelecto se mostra mais propenso para tal quando está mais distante dos movimentos exteriores e interiores — quando as noites são silenciosas e as emanações do movimento se aquietaram; e essas condições são preenchidas por volta do alvorecer, quando a digestão já se completou.

O MARTELO DAS FEITICEIRAS

Refiro-me a nós, pessoas pecadoras, a quem os anjos, na sua Divina piedade e na execução de seu ofício, vêm revelar certos fenômenos — assim é que, ao estudarmos por ocasião do alvorecer, adquirimos a compreensão de certos elementos ocultos por meio da leitura das Escrituras. Pois que, naquele momento, um anjo está a presidir nosso entendimento, assim como Deus preside a nossa vontade e os astros o nosso corpo. Aos seres humanos mais perfeitos, porém, os anjos são capazes de revelar tais fenômenos ocultos a qualquer hora, estejam despertos ou dormindo. No entanto, segundo Aristóteles, em *Do sono e da vigília*, mesmo estes seres humanos são mais propensos a receberem as revelações em certos momentos do que em outros. É esse o caso em todos os fenômenos mágicos.

Em segundo lugar, é preciso notar que, mediante os cuidados e o governo que a natureza tem para com o corpo, certos eventos futuros têm sua causa natural nos sonhos dos seres humanos. Mas tais sonhos ou visões não são a causa, como se disse no caso dos anjos, mas tão somente sinais do que está por vir no futuro — em termos de saúde, de doença ou de perigo. Essa é a opinião de Aristóteles. Porque nos sonhos do espírito a natureza projeta a disposição do coração, pelo que se antecipa ao espírito do ser humano alguma enfermidade ou algum outro fenômeno que há de lhe acontecer. Pois se uma pessoa sonha com fogo, é sinal de disposição colérica; se sonha com água ou outro líquido, é sinal de disposição fleumática; e se sonha com assuntos terrenos, é sinal de disposição melancólica. Por isso os médicos, não raro, são ajudados pelos sonhos nos seus diagnósticos (conforme nos diz Aristóteles no mesmo livro).

Mas esses assuntos são leves quando comparados aos sonhos iníquos das bruxas. Pois que quando não querem ser transportadas de um lugar para outro, mas apenas saber o que suas companheiras estão fazendo, têm por hábito deitarem-se sobre o seu lado esquerdo em seu próprio nome e em nome do demônio, e por sonhos ficam sabendo o que desejam. E quando querem descobrir algum segredo, para si ou para outras, descobrem-no em sonhos por meio de um pacto explícito, mas não tácito, com o demônio. Não se trata de um pacto simbólico, firmado pelo sacrifício de algum animal, ou de algum ato sacrílego ou entregando-se com

PRIMEIRA PARTE

devoção a algum culto secreto; mas sim de um pacto real: oferecem-se a si próprias, em corpo e em alma, ao diabo, pela negação propositada, voluntária, blasfema e sacrílega da fé. E, não satisfeitas só com isso, acabam por matar, em oferenda aos demônios, os seus próprios filhos e os de outras mulheres.

Outra espécie de adivinhação é aquela praticada pelas pitonisas, assim chamadas por causa de Apolo, o Píton, a quem se atribui a origem dessa forma de adivinhação, segundo Santo Isidoro (*Etymologiae*, livro 8). Tal adivinhação não se faz através de sonhos ou da conversa com pessoas mortas, mas por meio de pessoas vivas, como no caso das que são incitadas a um arrebatamento frenético pelo demônio, voluntária ou involuntariamente, só com o fito de predizerem o futuro, e não para a perpetração de quaisquer outras atrocidades. Dessa natureza foi o que se deu com a menina mencionada nos Atos dos Apóstolos, 16:16-18, que, pondo-se a seguir os Apóstolos, gritava: "Estes homens são servos de Deus Altíssimo." E ficou a repetir isso por vários dias, fazendo com que Paulo, encolerizado, ordenasse que o espírito saísse dela. E na mesma hora ele saiu. Mas está claro não haver grau de comparação entre esses fatores e os atos das bruxas, que, segundo Santo Isidoro, são assim chamadas pela magnitude de seus pecados e pela monstruosidade de seus crimes.

Logo, por concisão, não há necessidade de prosseguirmos com este argumento, relacionado às formas menores da arte divinatória, já que está comprovada a sua pouca importância perante as artes divinatórias maiores. E o pregador pode aplicar o mesmo raciocínio às demais artes divinatórias: à geomancia, que se funda na adivinhação a partir de elementos terrosos como o ferro ou as pedras polidas; à hidromancia, que se baseia na adivinhação pelos cristais e pela água; à aeromancia, que se baseia no ar; à piromancia, que consiste na adivinhação pelo fogo; e à aruspicação, que se relaciona à adivinhação pelas entranhas de animais sacrificados em altares para homenagear o diabo. Pois que, embora todas essas artes sejam feitas pela invocação do demônio, não podem ser comparadas aos atos das bruxas, já que não são praticadas com o propósito de prejudicar os seres humanos e os animais ou os frutos da terra, mas apenas para

O MARTELO DAS FEITICEIRAS

o ser humano conhecer o futuro. Os outros tipos de arte divinatória praticados mediante invocação tácita, mas não explícita, do demônio são a horoscopia ou Astrologia, assim chamada pela necessidade da observação da posição dos astros ao nascimento; a ornitomancia ou arte dos áugures, em que se utilizam o voo e o canto das aves para predizer o futuro; a onomatomancia, em que se utilizam as letras do nome das pessoas; e a quiromancia e a espatulomancia, em que se observam as linhas das mãos das pessoas ou os ossos dos animais para o mesmo fim. Quem estiver mais interessado pode consultar a obra *Praeceptorium* (no segundo Preceito) de Nider, onde esse autor esclarece quando tais práticas são lícitas e quando não o são. Cumpre ressaltar que os atos de bruxaria nunca são lícitos.

QUESTÃO XVII

Uma comparação entre seus crimes e os cometidos pelos demônios de toda espécie

Tão hediondos são os crimes das bruxas que chegam a superar, em perversidade, os pecados e a queda dos anjos maus; e se isso é verdade quanto à sua culpa, não haveria de ser também verdade quanto aos seus castigos no inferno? Pois não é difícil prová-lo: vários são os argumentos a apontar para a sua culpa.

Em primeiro lugar, não obstante seja o pecado de Satanás imperdoável, não o é por causa da magnitude de seu crime, e sim por causa da natureza dos anjos que, segundo opinião de importantes mestres, foram criados tão somente em estado natural, e não em estado de graça. E como o bem da graça ultrapassa o bem natural, o pecado de quem descaiu do estado de graça — que é o das bruxas, por negarem a fé que receberam ao batismo — vai além do pecado dos anjos. E mesmo que digamos que os anjos, embora não tenham sido confirmados na graça, tenham sido nela criados, o mesmo podemos dizer das bruxas: embora não tenham sido criadas na graça, por sua própria vontade afastaram-se dela — exatamente como Satanás, que pecou por sua própria vontade.

Em segundo lugar, afirma-se que o pecado de Satanás é imperdoável por várias outras razões. Pois que, diz Santo Agostinho (*A cidade de Deus*), ele pecou sem que ninguém o instigasse, e por isso não há quem possa justamente remediar o seu pecado. E São João Damasceno (em *A fé ortodoxa*) diz que Satanás pecou no seu entendimento contra o caráter de Deus; e que seu pecado foi maior pela nobreza de seu en-

O MARTELO DAS FEITICEIRAS

tendimento. Porque o servo que conhece a vontade do mestre, e assim por diante. A mesma autoridade declara que, já que Satanás é incapaz de arrependimento, é portanto incapaz de receber o perdão; e isso por causa de sua própria natureza, que, sendo espiritual, só poderia ser mudada uma vez, quando a mudou para sempre; com os seres humanos, porém, as coisas não se passam assim, visto que a carne está sempre em guerra com o espírito. Ou então porque ele pecou no alto dos Céus, enquanto os seres humanos estão a pecar na Terra. Mas, apesar disso tudo, seu pecado é, sob muitos aspectos, pequeno em comparação aos crimes das bruxas.

Em primeiro lugar, conforme Santo Anselmo mostrou em um de seus *Sermões*, ele pecou por orgulho quando não havia ainda castigo para o pecado. No entanto, as bruxas continuam a pecar mesmo depois de severos castigos serem infligidos contra outras bruxas e mesmo depois de a Igreja lhes ter ensinado que os castigos são cominados em consequência do diabo e de sua queda; e disso não fazem caso e apressam-se em cometer não os menos mortais dos pecados — como fazem outras pessoas pecadoras que pecam por mera enfermidade ou perversidade e não por malícia habitual —, e sim os crimes mais horrorosos inspirados na malícia profunda do coração.

Em segundo lugar, ainda que o anjo do mal tenha descaído da inocência para a culpa — e daí para a desgraça e para o castigo —, só descaiu da inocência uma vez, de sorte a nunca mais lhe ter sido ela restituída. Ora, a pessoa pecadora que tem a inocência restituída pelo batismo e torna a perdê-la incorre em pecado seriíssimo. E isso é particularmente verdadeiro no caso das bruxas, tendo em vista a gravidade de seus crimes.

Em terceiro lugar, ele pecou contra o Criador; já nós, e especialmente as bruxas, pecamos contra o Criador e contra o Redentor.

Em quarto lugar, ele renunciou a Deus, que lhe permitiu pecar mas não lhe teve misericórdia; nós, porém, e sobretudo as bruxas, afastamo-nos de Deus por nossos pecados e, a despeito de Sua permissão para pecarmos, Ele nos é todo misericordioso e nos dá a oportunidade de precavermo-nos do pecado através de Seus incontáveis benefícios.

PRIMEIRA PARTE

Em quinto lugar, quando ele pecou, Deus rejeitou-o sem lhe restituir o estado de graça; a nós, porém, Deus está a chamar constantemente, mesmo quando desgraçadamente tornamos a nos entregar ao pecado.

Em sexto lugar, o demônio mantém o coração insensível para com quem o pune; nós o mantemos para com o nosso persuasor misericordioso; ambos pecamos contra Deus; mas ele peca contra o Deus Majestade, e nós, contra o Deus que também morreu por nós, Aquele que, como já dissemos, as bruxas perversas mais ofendem.

As soluções dos argumentos tornam a declarar a verdade por comparação

A resposta ao primeiro argumento já transparece pelo que dissemos no princípio desta mesma questão. Alegamos que um pecado há de ser mais grave do que outro; e que os pecados das bruxas são, de todos, os mais graves em relação à culpabilidade, mas não no que diz respeito à punição que acarretam. Ora, a punição de Adão, bem como a sua culpa podem ser consideradas de duas maneiras. Ou o atingem pessoalmente, ou atingem a toda a raça humana, ou seja, a toda a sua posteridade. Quanto à primeira, maiores pecados foram cometidos depois do de Adão; porque ele pecou por fazer o que era tão somente proibido, não pecou por sua própria natureza; no entanto, a fornicação, o adultério e o assassinato são pecados em si, e porque são proibidos. Logo, tais pecados merecem castigo maior.

Quanto à segunda, é verdade que maior castigo resultou do pecado original; mas isso só indiretamente é verdade, porquanto através de Adão toda a sua posteridade foi contaminada pelo pecado original, que só o Filho de Deus foi capaz de reparar pelo poder que Lhe foi concedido. Não apenas isso: o próprio Adão, por intermédio da graça Divina, arrependeu-se e, depois, foi salvo pelo sacrifício de Cristo. Ora, os pecados das bruxas são incomparavelmente maiores, já que, não se satisfazendo com seus próprios pecados e com a sua perdição, arrastam consigo muitas e muitas pessoas inocentes.

O MARTELO DAS FEITICEIRAS

Em terceiro lugar, conclui-se do que se disse que só por um infeliz acidente é que o pecado de Adão adquiriu maiores proporções. Porque àquele tempo a natureza ainda não se corrompera. Logo, ao pecar o primeiro homem, a sua corrupção foi inevitável, e não se deu à revelia da vontade de Adão; portanto, o seu pecado não há de ser maior do que os outros. E, uma vez mais, a humanidade teria cometido o mesmo pecado se tivesse encontrado a natureza no mesmo estado de pureza. De forma análoga, aquele a pessoa que não conquista a graça não comete pecado tão mortal quanto aquela que a conquista e a perde. Eis aí a solução apresentada por São Tomás (*Comentário sobre as sentenças*, livro 2, dist. 21, artigo 2), ao resolver o segundo argumento. A quem interessar um aprofundamento dessa questão recomendamos levar em conta o seguinte: mesmo que Adão tivesse conservado sua inocência original, não a teria comunicado à sua posteridade; pois, como diz Santo Anselmo (*Sermões*, 62), qualquer um que viesse depois dele poderia cometer o mesmo pecado. Ver também São Tomás, dist. 20, ao considerar se as crianças recém-nascidas deviam ou não ser confirmadas na graça; e no dist. 101, se as pessoas que hoje são salvas o seriam se Adão não tivesse pecado.

QUESTÃO XVIII

Da pregação contra os cinco argumentos das pessoas laicas e das lúbricas, que professam que Deus não concede ao diabo e às bruxas os poderes necessários para realizarem as obras de bruxaria

Enfim, que o pregador esteja muito contra certos argumentos das pessoas laicas, e mesmo contra os de alguns letrados, que negam, até certo ponto, a existência de bruxas. Pois, embora admitam a participação da malícia e do poder do diabo na realização de tais atos maléficos, negam que a permissão Divina lhes seja outorgada: não admitem que Deus permita semelhantes abominações. E posto não terem um método na sua argumentação, tateando às cegas, ora aqui, ora acolá, é mister, mesmo assim, reduzir suas assertivas a cinco argumentos donde emanam todos os seus sofismas.

Em primeiro lugar declaram que Deus não permite ao demônio atacar a raça humana com tamanhos poderes.

Põe-se a questão: seria necessário que cada inflição causada pelo diabo por meio de uma bruxa se fizesse acompanhar da permissão de Deus? Trazem à baila cinco argumentos pelos quais alegam provar que Deus não o permite e, como não o permite, não há bruxaria no mundo. O primeiro argumento funda-se nos castigos naturais que Deus normalmente já impõe aos seres humanos; o segundo funda-se nos alegados poderes do diabo; o terceiro esteia-se nas bruxas; o quarto, na origem dos males atribuídos às bruxas; e o quinto, enfim, no risco de vida dos pregadores e dos juízes que têm perseguido e castigado as bruxas.

Desenvolve-se o primeiro argumento da seguinte maneira. Deus é capaz de punir os seres humanos pelos seus pecados, e os pune pela

O MARTELO DAS FEITICEIRAS

espada, pela fome e pela peste; e também por várias outras e incontáveis enfermidades a que o ser humano está sujeito. Logo, não havendo motivo para aduzir ainda outros castigos, o Todo-Poderoso não permite a existência da bruxaria.

No segundo argumento, parte-se do seguinte: se o que se diz do demônio é verdade — ou seja, que é capaz de neutralizar as forças procriadoras, impedindo as mulheres de conceberem; e de fazer abortar as que concebem; e de matar as crianças das que chegam a parir —, então, nesse caso, ele seria capaz de eliminar toda a humanidade. Poder-se-ia ainda acrescentar que as obras do diabo seriam assim mais poderosas que as de Deus, visto ser o sacramento do matrimônio uma obra de Deus.

Em terceiro lugar, há o argumento que se funda na própria natureza do ser humano e que diz: se houvesse bruxaria neste mundo, algumas pessoas seriam mais enfeitiçadas que outras. Dizer que as pessoas são enfeitiçadas para castigo de seus pecados é falso argumento, como, portanto, também falso é afirmar que existe bruxaria no mundo. Eis a prova: se tal fosse verdadeiro, as pessoas que mais pecam haviam de receber os maiores castigos, o que não é absolutamente o caso; porque, às vezes, quem peca é menos punido do que quem é justo, como é o caso das crianças inocentes consideradas, não raro, terem sido enfeitiçadas.

O quarto argumento pode ser adicionado aos que remetem a Deus. O que o ser humano é capaz de prevenir mas não previne, e deixa que seja feito, há de proceder da sua vontade. Mas como Deus é Todo Bondade, não Lhe é dado desejar o mal e, portanto, não há de permitir o mal que é capaz de prevenir.

E, prosseguindo nesse argumento, alegam que os males atribuídos às bruxas são similares aos males e enfermidades naturais, podendo, por conseguinte, ser determinados por causas naturais. Pois é possível que uma pessoa venha a se tornar coxa, cega, ou louca por alguma causa natural; e que por alguma causa natural venha até a morrer; pelo que tais males não podem ser atribuídos com segurança às bruxas.

PRIMEIRA PARTE

Por fim, afirmam que certos pregadores e juízes vêm combatendo a bruxaria com tal veemência que sua vida correria grave perigo pelo ódio que nela já teria fomentado.

Pois bem: os argumentos contrários podem ser extraídos de nossa resposta à primeira questão. De que modo haveria Deus de permitir que o mal se concretize, se não o deseja? Ora, se o permite, há de ser para o admirável aperfeiçoamento do universo: as boas obras são mais recomendáveis, mais agradáveis e ainda mais louváveis quando se lhes comparam às más; e temos a nos apoiar nesse argumento a autoridade dos doutores da Igreja. E mais: de que outra maneira pôr à mostra a sabedoria, a justiça e a bondade Divina na sua total plenitude senão dessa forma?

Para um melhor esclarecimento dessa questão existem diversos tratados que consideram o assunto. Segundo essas fontes, Deus na Sua justiça permitiu duas quedas: a dos anjos e a dos nossos primeiros ancestrais; e como foram essas as maiores de todas as quedas, não é de admirar que outras menores tenham sido permitidas. Mas foram nas suas consequências que as duas quedas se mostraram maiores, não nas suas circunstâncias. É nesse sentido, conforme mostramos ao fim da última questão, que os pecados das bruxas ultrapassam em perversidade os dos anjos e os dos nossos primeiros ancestrais. Essas fontes de consulta revelam também de que modo Deus permitiu aquelas duas primeiras quedas, e nelas se podem encontrar todas as explicações que se façam necessárias a esse respeito.

É mister, contudo, que respondamos a seus argumentos. Ao primeiro, que afirma que Deus já castiga o suficiente pela espada, pela fome e pelas doenças naturais, damos uma tríplice resposta.

Em primeiro lugar, Deus não limita os Seus poderes aos processos naturais ou às influências dos astros, de sorte a não poder ir além de tais limites; pois que muitas vezes os ultrapassou na punição dos pecados, enviando flagelos e pestes muito além da influência possível dos corpos celestes; como quando puniu o povo de Israel pelo pecado de Davi que, por orgulho, decidiu fazer o recenseamento (II Samuel, 24:15).

O MARTELO DAS FEITICEIRAS

Em segundo lugar, está de acordo com a sabedoria Divina deixar às criaturas sob o Seu governo a liberdade de agir segundo sua própria vontade. Consequentemente, não é seu propósito evitar a malícia do diabo, mas sim permitir que ela se concretize à medida que venha a colaborar para o bem último do universo; não obstante, é verdade que o demônio é continuamente cerceado pelos anjos do bem, de sorte a não lhe ser permitido praticar todo o mal que gostaria. De forma similar, Deus não se propõe a restringir os pecados humanos possíveis à pessoa graças ao seu livre-arbítrio, como a abnegação da fé e a devoção ao diabo. A partir dessas duas premissas, conclui-se que, quando Deus é ofendido ao extremo, permite aos demônios exercerem os seus poderes ao extremo, donde a sua capacidade de infligir males aos seres humanos, aos animais e aos frutos da terra.

Em terceiro lugar, Deus, na Sua justiça, permite os males que indiretamente vão causar as maiores aflições e tormentos ao diabo; tais males são os praticados pelas bruxas através dos poderes dos demônios. Pois que o diabo é indiretamente atormentado, e muitíssimo, ao ver que, contra a sua vontade, Deus usa de todo o mal para a glória do Seu nome, para a louvação da fé, para a purgação da pessoa eleita e para a aquisição do mérito. Pois é certo que nada há de mais exasperante ao orgulho do diabo, que é sempre cultivado contra Deus — pois está escrito: "O orgulho dos que Te odeiam está sempre a crescer" (Salmos, 73:23) —, do que ver todas as suas maquinações malignas convertidas para Sua própria glória. E, portanto, Deus permite que assim seja.

Ao seu segundo argumento já respondemos antes; há, no entanto, dois pontos que precisam ser esclarecidos detalhadamente. Em primeiro lugar, longe está de ser verdade que o diabo (ou sua obra) seja mais poderoso que Deus: seus poderes são pequenos, pois nada é capaz de fazer sem a permissão Divina. Pode-se então afirmar que os poderes do diabo são pequenos em comparação aos poderes de Deus, não obstante serem muito grandes em comparação aos poderes terrenos, aos quais naturalmente superam, em conformidade com passagem bíblica tantas vezes citada, Jó, 41:24: "Não há poder na Terra que ao dele se compare."

PRIMEIRA PARTE

Em segundo lugar, é mister esclarecer por que Deus permite que a bruxaria venha a afetar mais as funções procriadoras que as demais funções do organismo. Disso já tratamos antes, sob a rubrica: "Se as bruxas são capazes de obstruir as forças generativas ou de impedir o ato venéreo." Pois é em virtude do descaro daquele ato e do pecado original, pela culpa que nossos primeiros ancestrais herdaram (e nos comunicaram) ao praticarem aquele ato. O ato é simbolizado também pela serpente, que foi o primeiro instrumento do diabo.

Ao terceiro argumento respondemos que ao diabo apraz mais tentar as pessoas boas do que as perversas; embora, na realidade, venha a tentar mais as perversas do que as boas, já que aquelas têm mais propensão a responder às tentações do que as últimas. De forma análoga, embora deseje mais afligir as boas do que as más, lhe é mais fácil atingir com malefícios as últimas. E a razão disso, segundo São Gregório Magno (*Magna Moralia*, 13.18), é que, quanto mais uma pessoa cede ao demônio, mais difícil lhe é lutar contra ele. Pois como são as pessoas perversas as que mais se entregam ao diabo, as suas tentações são as mais difíceis e as mais frequentes, por não possuírem o escudo da fé para se protegerem. Desse escudo nos fala São Paulo, em *Efésios*, 6:16: "Sobretudo, embraçai o escudo da fé, com que possais apagar todos os dardos inflamados do Maligno." Por outro lado, ele assalta a pessoa boa mais amargamente que as más. Porque já possui as más, mas não as boas: tenta muito mais arrastar para seu poder, pelas suas tribulações, as pessoas justas, que não são suas, do que as más, que já o são. De forma idêntica, um príncipe terreno mais severamente castiga as pessoas que desobedecem às suas leis do que as que não se rebelam contra ele.

Em resposta ao quarto argumento, em acréscimo ao que já se escreveu sobre o assunto, cumpre esclarecer: o pregador pode expor a verdade da permissão Divina para o mal, embora não o deseje, pelos cinco sinais da vontade Divina: o preceito, a proibição, o conselho, a ação e a permissão. Ver São Tomás, sobretudo na primeira parte da *Suma Teológica*, questão 19, artigo 12, onde esclarece plenamente esse ponto. Pois embora haja uma só vontade de Deus, que é o próprio Deus,

O MARTELO DAS FEITICEIRAS

e assim como só há em Deus uma essência, essa Sua vontade a nós se revela de várias maneiras, como diz o Salmo (110:2): "Os milagres do Senhor são realizados de acordo com a Sua vontade." Pelo que há de se fazer uma distinção entre a vontade essencial de Deus e os seus efeitos visíveis; pois a vontade real, propriamente, é a boa vontade do ser humano, mas a vontade em sentido metafórico é expressa por sinais exteriores. E é por sinais e por metáforas que Deus nos revela a Sua.

À guisa de exemplo, podemos mencionar o caso do padre que, embora seja possuidor de uma só vontade, a expressa de cinco formas diversas, ora por si mesmo, ora através de outra pessoa. Por si mesmo a revela de duas maneiras, direta ou indiretamente. Revela-a diretamente fazendo por si mesmo o que quer, por uma ação. Revela-a indiretamente quando não impede outrem de o fazer (ver Aristóteles, *Física*, livro 4: Proibição é causa indireta), por uma permissão. E o padre revela a sua vontade pela mediação de outra pessoa de três modos. Ou a ordena fazer o que quer (por preceito) ou a proíbe de fazê-lo (por proibição); ou ainda a persuade e a aconselha a fazê-lo (por conselho). E assim como a vontade humana é expressa por essas cinco formas, do mesmo modo é expressa a vontade Divina. Que a vontade de Deus é revelada pelo preceito, pela proibição e pelo conselho é indicado claramente em Mateus, 6:10: "Seja feita a vossa vontade, assim na terra como no céu." Em outras palavras: que na terra sejam atendidos os Seus preceitos, sejam cumpridas as Suas proibições e sejam seguidos os Seus conselhos. De modo semelhante, Santo Agostinho mostra que a permissão e a ação são sinais da vontade de Deus, ao declarar, no *Enchiridion*, 95: "Nada é feito sem que Deus queira que seja feito, seja permitindo-o, seja fazendo-o por Si mesmo."

Retornemos ao argumento. Está perfeitamente correto afirmar que, quando um ser humano é capaz de prevenir determinada coisa e não o faz, está a revelar a sua vontade. Como correto está dizer que Deus, sendo Todo-Bondade, não é capaz de desejar o mal, com relação à Sua boa vontade essencial e também com relação a quatro dos cinco sinais pelos quais exprime a Sua vontade; porquanto é desnecessário dizer que Ele é incapaz de operar o mal, de ordenar que seja feito o mal, ou de ao

258

PRIMEIRA PARTE

mal se opor ou de aconselhá-lo; no entanto, Deus é capaz de permitir que o mal seja feito.

E quando se indaga de que modo é possível distinguir entre os males causados por bruxaria e os males de causa natural, cumpre responder que existem vários métodos para tal.

O primeiro é através do julgamento dos médicos. Ver as palavras de Santo Agostinho em *Sobre a doutrina cristã*: "A essa classe de superstições pertencem todos os encantamentos e todo o uso de amuletos junto ao corpo da pessoa, que a Escola de Medicina despreza." Por exemplo, os médicos podem perceber, pelas circunstâncias do caso, quer pela idade do paciente, quer pela sua compleição física, quer ainda pela reação de seus olhos, que a enfermidade não decorre de qualquer anormalidade no sangue, ou no estômago, ou em qualquer outro órgão; julgam-na ser causada não por algum fator natural mas por algum elemento extrínseco. E como as causas extrínsecas não são encontradas nas infecções tóxicas — que se acompanhariam de alteração dos humores do sangue e do estômago —, têm eles aí razão suficiente para atribuírem aquele mal à bruxaria.

O segundo método é quando se vê que a doença é incurável: não há remédio que a alivie; todos parecem agravá-la.

O terceiro método está na rapidez de instalação do mal, ou seja, quando é tão repentino que só pode ser atribuído à bruxaria. Chegou ao nosso conhecimento um desses casos. Um cidadão de Espira, bem-nascido, casara-se com uma mulher muito obstinada e impertinente. Embora tentasse agradá-la de todas as maneiras, quase sempre a mulher se recusava a atender-lhe as vontades, e estava sempre a afligi-lo com insultos abusivos. Certo dia, já de volta ao lar e com a mulher atormentando-o, a xingar-lhe com o seu palavreado infamante, sentiu forte desejo de sair de casa para escapar daquela amolação. Mas, assim que se voltou em direção à porta, a mulher correu na sua frente e trancou-a a chave; e aos gritos jurou que dali não arredava pé, só se ele a espancasse, pois que nele não havia honestidade e nem fidelidade. Ao ouvir a acusação infame, estendeu a mão espalmada em direção à mulher e, sem querer

O MARTELO DAS FEITICEIRAS

machucá-la, bateu-lhe de leve nas nádegas. Mas então, subitamente, caiu ao chão e perdeu todos os sentidos ficando de cama por muitas semanas, acometido da mais séria enfermidade. Ora, é óbvio que não se tratava de uma enfermidade natural, e sim de um mal causado por alguma bruxaria feita pela mulher. Têm chegado a nosso conhecimento muitos e muitos casos semelhantes.

Há alguns que para distinguirem essas enfermidades lançam mão do seguinte expediente. Sobre a pessoa doente seguram chumbo derretido e a seguir o derramam numa tigela com água. Se o chumbo se condensar formando alguma imagem, a enfermidade é atribuída à bruxaria. E para quem quiser saber se a imagem é assim formada por obra dos demônios ou por alguma causa natural, explicam: se deve à força de Saturno sobre o chumbo, cuja influência sobre esse metal, em alguns aspectos, é maléfica, de forma semelhante à influência exercida pela força do sol sobre o ouro. Mas se essa prática é lícita ou não é questão a ser discutida na segunda parte deste tratado. Pois os doutores em Direito Canônico afirmam ser lícito destruir uma vaidade com outra vaidade; mas os teólogos defendem postura diametralmente oposta, dizendo ser incorreto praticar o mal para alcançarmos o bem.

No seu último argumento, trazem à baila diversas objeções. Primeiro, por que as bruxas não ficam ricas? Segundo, por que, já que contam com os favores dos príncipes, não cooperam na destruição de todos os seus inimigos? Terceiro, por que são incapazes de prejudicar os pregadores e todos os que as perseguem?

Ao primeiro respondemos dizendo que as bruxas não ficam ricas porque os demônios gostam de mostrar o seu desprezo pelo Criador comprando as bruxas pelo mais baixo preço possível. E também para que não se exponham pelas suas riquezas.

Refutamos o segundo dizendo que, se não fazem mal a príncipes, há de ser porque querem contar, o mais que possam, com a sua amizade. E se se perguntar então por que não prejudicam os inimigos destes, devemos responder que um anjo bom, agindo do outro lado, impede os seus malefícios. Comparar com a passagem em Daniel, 10:13: "O

PRIMEIRA PARTE

chefe do reino persa resistiu-me durante 21 dias." Consultar São Tomás no segundo livro do *Comentário sobre as sentenças*, onde discute se há qualquer espécie de disputa entre os anjos do bem, e de que tipo.

Sobre o terceiro basta dizer que, se elas são incapazes de fazer mal aos inquisidores e a outros oficiais de justiça, é porque estes são os encarregados de fazer a justiça pública. Muitos exemplos podem ser aqui aditados para prová-lo, mas o tempo exíguo não nos permite.

SEGUNDA PARTE

*Dos métodos pelos quais se infligem os malefícios
e de que modo podem ser curados*

QUESTÃO I

Daqueles contra quem as bruxas não têm qualquer poder

Nesta segunda parte, trataremos dos métodos de atuação das bruxas para a consecução de seus malefícios; mas, em virtude de duas dificuldades primordiais, convém separá-los em dezoito categorias. A primeira dificuldade, considerada no princípio, diz respeito aos dois remédios preventivos que tornam o ser humano imune às bruxarias; a segunda, considerada no final, diz respeito aos vários remédios curativos pelos quais as pessoas amaldiçoadas podem ser curadas. Pois, conforme esclarece Aristóteles (*Física*, livro 4), a prevenção e a cura têm íntima relação entre si: ambas se vinculam, incidentalmente, à causa dos males. E assim é que havemos de elucidar os fundamentos dessa pavorosa heresia.

Nas duas primeiras subdivisões, vamos insistir em alguns pontos cardinais. Primeiro, na iniciação das bruxas e na sua confissão sacrílega de fé. Segundo, no evoluir dos seus métodos de trabalho e na ignomínia da sua prática. Terceiro, nos remédios preventivos contra as bruxarias. Cabe aqui frisar, entretanto, que os argumentos e sua análise formal relacionados a certas questões morais e de conduta não mais serão discutidos, por já o terem sido nas questões precedentes. Rogamos a Deus que o leitor não saia em busca de tais provas em todos os casos, pois que nos limitaremos agora a aditar exemplos testemunhados por pessoas da maior credibilidade.

No primeiro dos pontos cardinais mencionados faz-se mister examinar dois elementos: primeiro, os vários métodos de sedução e tentação adotados pelo próprio diabo; segundo, as várias maneiras pelas quais as bruxas professam a sua heresia.

O MARTELO DAS FEITICEIRAS

No segundo dos pontos referidos, seis são os elementos a serem analisados em sucessão — e relacionados aos malefícios e à sua cura: primeiro, a conduta das bruxas com relação a si próprias e a seu corpo; segundo, a sua conduta para com as outras pessoas; terceiro, as questões relacionadas às feras; quarto, o mal que causam aos frutos da terra; quinto, os tipos de bruxaria que só são praticados por homens; sexto, o problema da neutralização da bruxaria e de que modo curar as pessoas enfeitiçadas.

A primeira questão, portanto, acha-se assim subdividida em dezoito partes, em virtude da multiplicidade de práticas de bruxaria.

Pergunta-se se o ser humano seria capaz de precaver-se de qualquer sorte de bruxaria por alguma bênção concedida pelos anjos do bem. Parece que não, pois já foi provado que mesmo as pessoas justas e as inocentes são muitas vezes afligidas pelos demônios, como no caso de Jó; e muitas crianças inocentes, a par de um número incontável de homens justos, são amaldiçoadas na mesma medida em que outras tantas pessoas pecadoras; não que sejam afligidas pela perdição de sua alma: são-no apenas pela perda de seus bens mundanos e de seu corpo. No entanto, as confissões das bruxas apontam para uma versão contrária porque alegam não serem capazes de injuriar qualquer pessoa, mas só as que persuadem e ensinam a repudiar o auxílio Divino, mediante a participação dos demônios.

Resposta: Há três classes de homens abençoados por Deus a quem essa abominável raça não tem o poder de injuriar com suas bruxarias. Na primeira estão os que administram a justiça pública contra suas obras e as levam a julgamento pelos seus crimes. Na segunda estão os que, de acordo com rituais tradicionais e santos da Igreja, fazem o uso lícito dos poderes e das virtudes que a Igreja lhes concede, no exorcismo das bruxas: pela aspersão de água benta, pela ingestão do sal sagrado, pela condução das velas bentas no Dia da Purificação de Nossa Senhora e das folhas de palma no Domingo de Ramos. E os homens que assim agem veem diminuídos os poderes do demônio. Na terceira categoria estão os que são de vários modos abençoados pelos anjos do Senhor.

SEGUNDA PARTE

O motivo dessa proteção, nos casos encerrados pela primeira classe, será mostrado e provado através de vários exemplos. Pois que, como diz São Paulo (Romanos, 13:4), se todo o poder emana de Deus e de Deus é a espada para a vingança das pessoas injustiçadas e para o castigo das perversas, não admira que os demônios se sintam acuados quando se faz justiça para vingar tais crimes horríveis. A propósito disso, alertam os doutores serem cinco os modos pelos quais se sustam os poderes do diabo, no todo ou em parte. Primeiro, pelo limite que lhes foi fixado por Deus, como se depreende de Jó, 1:12 e 2:6. Outro exemplo é o caso do homem de que lemos no *Formicarius* de Nider. Esse homem confessou a um juiz que invocara o demônio para que conseguisse matar um seu inimigo, ou para que lhe causasse algum mal físico, ou ainda para que o fulminasse com um raio. E concluiu dizendo: "Quando invoquei o diabo para que, com a sua ajuda, pudesse realizar meu intento, ele me respondeu não ser capaz de nada fazer do que eu lhe pedia. Porque o tal homem era pessoa de fé e se defendia diligentemente com o sinal da cruz. Não seria assim possível atingi-lo em seu corpo: o máximo que poderia fazer era destruir a undécima parte dos frutos das suas terras."

Segundo, neutralizam-se os poderes do diabo pela aplicação de alguma força exterior, como no caso da jumenta de Balaão, Números, 22. Terceiro, pela operação de algum poderoso milagre. Há homens que são abençoados por privilégios únicos, como se verá nos que se enquadram nos casos da terceira categoria. Quarto, pela Providência Divina, que de tudo dispõe separadamente e faz com que um anjo do bem se poste no caminho do diabo, à semelhança do caso de Asmodeus, que, embora matasse os sete maridos da virgem Sara, não matou Tobias. Quinto, em razão, vez ou outra, do próprio demônio, que não deseja por ora causar mal, para que depois o mal advindo seja ainda pior. Pois que podia molestar a pessoa excomungada mas não o faz para que esta venha a debilitar ainda mais a fé na Igreja, dada a força dessa punição. Como o caso de um dos fiéis de Corinto que foi excomungado (I *Coríntios*, 5:5). Portanto, podemos acrescentar, de forma análoga, que, mesmo que os

O MARTELO DAS FEITICEIRAS

administradores da justiça pública não fossem protegidos pela força Divina, os demônios muitas vezes haviam de retirar de comum acordo o seu apoio e a sua guarda às bruxas, ora por temerem a sua conversão, ora por ansiarem pela sua condenação eterna.

Esses fenômenos são provados por fatos reais. O doutor já citado afirma darem as bruxas o seu testemunho pessoal de que pelo simples fato de serem levadas pelos oficiais de justiça já perdem, de imediato, todos os seus poderes. Um juiz chamado Pedro, do qual já falamos antes, ordenou a seus oficiais que prendessem um certo mago chamado Stadlin, mas, quando os oficiais dele se aproximaram, tal foi o tremor que se apoderou de suas mãos e tal o odor fétido que chegou às suas narinas que não ousaram tocá-lo de forma alguma. O juiz, porém, retorquiu: "Podem prendê-lo sem temer, porque, quando ele for tocado pelas mãos da justiça pública, perderá todos os poderes de sua iniquidade." E assim se deu; o mago foi preso e queimado na fogueira pelos muitos malefícios que perpetrara.

Muitas outras experiências semelhantes já nos aconteceram no exercício de nosso ofício inquisitorial, e surpreenderíamos o leitor se aqui as contássemos todas. Mas como o elogio de si mesmo é expediente indigno e sórdido, convém não o fazermos para que não nos recaia o estigma da jactância e da bazófia. No entanto, é preciso que daí excetuemos os casos que, por tão notoriamente conhecidos, não há pois que não contar.

Há não muito tempo, na cidade de Ravensburg, os magistrados condenaram algumas bruxas à fogueira. Indagados por que os inquisidores nunca eram afligidos pelas bruxarias como as demais pessoas, responderam: "Embora muitas vezes tenham tentado, as bruxas nunca foram capazes de nos fazer mal." E esclareceram: "Apesar de não sabermos exatamente o motivo, talvez seja porque os demônios as tenham aconselhado a não o fazer." E ainda acrescentaram: "Pois que seria impossível enumerar as muitas vezes que já nos importunaram, de dia e de noite, ora na forma de macacos, ora na de cães ou de bodes, perturbando-nos com seus gritos e insultos; tirando-nos da cama com suas preces blasfemas e colocando-nos ao pé da janela de sua prisão —

SEGUNDA PARTE

tão alta que só podia ser alcançada com a mais longa das escadas; e então pareciam fincar na cabeça, com violência, os alfinetes com que prendiam as suas toucas. E foi assim que as encontramos quando lá subimos — como se quisessem tê-los fincados nossa própria cabeça. Mas, louvado seja Deus Todo-Poderoso que na Sua piedade, e por nenhum mérito nosso, nos preservou como servos públicos indignos da justiça da fé."

A causa da proteção concedida aos homens que pertencem à segunda categoria é evidente por si mesma. O exorcismo da Igreja atende a esse propósito precípuo e nele se tem remédio eficacíssimo para a proteção contra os malefícios das bruxas. E a quem quiser saber de que modo deve o homem usar de tais proteções é preciso esclarecer que o são de duas maneiras: primeiro, sem pronunciar palavras sagradas; depois, com a invocação real do texto sacro. Pois que, em primeiro lugar, é lícito aspergir água benta em qualquer habitação decente, de pessoas e de animais, para sua segurança e proteção — com a invocação da Santíssima Trindade e a oração do pai-nosso. Pois que é dito no Ofício do Exorcismo: "Onde quer que se derrame a água benta, toda a impureza será retirada, todo o mal será repelido e lá não habitará nenhum espírito pernicioso", e assim por diante. Porque o Senhor salva a ambos, às pessoas e aos animais, segundo o Profeta (Salmos, 35:7), a cada qual na sua medida.

Em segundo lugar, assim como basta aspergir a água benta para a purificação das casas, basta acender uma vela benta para ter-se o mesmo efeito purificador. E a cera da vela pode também ser aspergida com o mesmo propósito.

Em terceiro lugar, é útil colocar ou queimar ervas consagradas nos recintos onde possam ser mais bem consumidas. Aconteceu na cidade de Espira, no mesmo ano em que começávamos a escrever este livro, de uma devota ter entabulado conversa com uma suposta bruxa. E, como costuma acontecer às mulheres, acabaram por trocar insultos entre si. À noite, quando a devota ia colocar o seu filhinho pequeno no berço para dormir, lembrou-se do encontro que tivera com a suposta bruxa. Temendo que algum mal se abatesse sobre a

O MARTELO DAS FEITICEIRAS

criança, colocou ervas consagradas sob o berço do menino, aspergiu--lhe água benta, colocou sal consagrado em seus lábios, protegeu-o com o sinal da cruz e prendeu diligentemente o bercinho. Mais ou menos no meio da noite, ouviu o choro de seu filho e, como fazem as mulheres, resolveu trazer o filhinho para junto de seus braços, para que dormisse consigo, na sua cama. Mas, ao chegar ao berço, viu que seu filhinho não se encontrava nele. A pobre mulher, aterrorizada, já a chorar amarguradamente pela perda de seu filho, acendeu então uma vela. E encontrou seu filhinho em um canto, debaixo de uma cadeira, chorando mas são e salvo.

É aí que se vê a virtude dos exorcismos da Igreja contra as armadilhas do demônio. É evidente que Deus Todo-Poderoso, na Sua misericórdia e sabedoria, que se estende do princípio ao fim, vela pelos atos das pessoas iníquas; e que conduz suavemente os malefícios dos demônios, para que, ao tentarem diminuir e debilitar a fé, estejam, na realidade, a reforçá-la e a enraizá-la ainda mais no coração de muitas pessoas. E dos malefícios muito proveito é capaz de tirar a pessoa fiel: quando, através dos malefícios, a fé é reforçada, a misericórdia de Deus é percebida, a Sua força se manifesta e as pessoas são reconduzidas à veneração da Paixão de Cristo e são iluminadas pelas cerimônias da Igreja.

Há algum tempo, o prefeito de uma certa vila, chamada Wiesental, depois de enfeitiçado passou a sofrer das mais terríveis dores e das piores deformações corporais; mas descobriu, não através de outras bruxas, mas por si mesmo, de que modo lhe haviam enfeitiçado. Contou que tinha o hábito de se fortalecer, todos os domingos, com sal consagrado e com água benta, mas que num certo domingo, por ocasião da cerimônia de casamento de alguém, negligenciara o seu hábito e, no mesmo dia, foi enfeitiçado.

Em Ravensburg, um homem vinha sendo tentado pelo demônio em forma de mulher para copular com ela, e começou a ficar desesperado quando viu que o demônio não desistia. Veio-lhe, porém, a ideia de comer sal consagrado para se defender, conforme já ouvira num sermão. E assim fez: antes de entrar no quarto, comeu do sal, e a mulher, olhando-o

SEGUNDA PARTE

ameaçadoramente, amaldiçoou-o com todas as imprecações que o diabo lhe ensinara e, subitamente, desapareceu. Pois, com a permissão de Deus, o diabo é capaz de se apresentar em forma de bruxa ou de possuir o corpo de uma bruxa real.

Há também a história dos três companheiros que caminhavam por uma estrada quando dois deles foram subitamente fulminados por um raio. O terceiro ficou apavorado ao ouvir vozes no ar, a dizer: "Vamos fulminá-lo também." Em seguida, ouviu outra voz retorquir: "Não podemos, pois que hoje ele ouviu a sentença: 'O Verbo se fez Carne.'" Compreendeu então que fora salvo porque naquele dia assistira à missa e, ao final dela, as palavras de São João (1:1), no Evangelho: "No princípio era o Verbo" e assim por diante.

Ademais, palavras sagradas junto ao corpo conferem uma proteção maravilhosa, quando se observam as sete condições para o seu uso. Mas só serão mencionadas na última questão dessa segunda parte, onde falamos das medidas curativas. Aqui só estamos a tratar das medidas preventivas. No entanto, cabe dizer que as palavras sagradas servem não só para proteger como também para curar as pessoas enfeitiçadas.

A proteção mais segura, contudo, para os lugares, para os seres humanos e para os animais são as palavras que compõem o título triunfal de nosso Salvador, quando escritas em quatro lugares separados, a formar uma cruz: IESUS + NAZARENUS + REX + IUDAEORUM [Jesus + de Nazaré + Rei + dos judeus]. A elas também se pode aduzir o nome da Virgem MARIA ou o dos Evangelistas, ou as palavras de São João: "O Verbo se fez Carne."

No entanto, a mais extraordinária é a terceira categoria dos que se mostram imunes aos malefícios das bruxas: são protegidos por uma tutela angelical especial, no seu interior e no seu exterior. No interior, pela infusão da graça; no exterior, pela força dos astros, ou melhor, por ação das forças que movem os astros. E essa classe ainda se subdivide em dois ramos: o dos que são protegidos contra todo tipo de bruxaria, de modo a não serem atormentados de forma alguma; e o dos que são tornados particularmente castos pelos anjos do bem; assim como os espíritos malignos inflamam o desejo de alguns homens perversos para com determinada mulher e o esfriam para com outra.

Explica-se sua proteção interior e exterior pela graça e pela influência dos astros, do seguinte modo. Embora seja o próprio Deus quem infunde a graça em nossas almas e nenhuma criatura tenha tanto poder para tal, pois está escrito: "O Senhor concederá a graça e a glória" (Salmos, 83:12), quando Deus quer conceder alguma graça especial o faz outorgando um certo pendor para tal, pela ação de um anjo bom, conforme nos ensina São Tomás no terceiro livro do *Comentário sobre as sentenças*.

E é essa a doutrina defendida por Dionísio no quarto capítulo do seu *Os nomes Divinos*: "Eis a lei constante e imutável da divindade: o superior chega ao inferior por algum meio: qualquer que seja o bem que a nós emane da fonte de toda a bondade, há de vir pelo ministério dos anjos do bem." Isso é provado por alguns exemplos e por argumentação. Pois que embora só o poder Divino tenha sido a causa da Concepção do Verbo de Deus na Virgem Santíssima, pelo que o Deus se fez humano, o intelecto da Virgem já fora muito estimulado pelo ministério de um anjo (pela Saudação) e pelo fortalecimento e pela boa informação de seu entendimento, predispondo-a assim à bondade. Essa verdade pode também ser explicada da seguinte maneira: na opinião do doutor mencionado, são três as propriedades do ser humano — a vontade, o entendimento e as forças internas e externas que pertencem aos membros e aos órgãos de seu corpo. A primeira, ou seja, a vontade, só pode ser influenciada por Deus, porque "o coração de um rei está nas mãos do Senhor" (Provérbios, 21:1). A segunda, o entendimento, já pode ser influenciada por um anjo bom no sentido do mais claro conhecimento da verdade e do bem, além de ser também iluminada pelo próprio Deus. Quanto à terceira qualidade, porém, temos o seguinte: os anjos do bem são capazes de conceder aos seres humanos bons predicados, e os do mal, com a permissão de Deus, são capazes de afligi-los com as tentações malignas. No entanto, cabe à livre vontade humana aceitar tais influências malignas ou rejeitá-las; e isso o ser humano sempre há de ser capaz, desde que invoque a graça do Senhor.

SEGUNDA PARTE

Quanto à proteção exterior que advém do Senhor Deus por intermédio das forças que movem os astros, a tradição é larga e conforma igualmente com as Sagradas Escrituras e com a filosofia natural. Porque todos os corpos celestes são movidos por forças angelicais chamadas por Cristo de motrizes dos astros e, pela Igreja, de forças dos céus; consequentemente, todas as substâncias corpóreas deste mundo são governadas pelas forças celestiais, conforme testemunha Aristóteles (*Metafísica*, livro 1). Podemos afirmar, portanto, que embora a Providência Divina vigie cada um de Seus eleitos, sujeita alguns aos males desta vida para sua correção, enquanto a outros dá completa proteção. E esse dom algumas pessoas recebem dos anjos do bem, delegados por Deus para sua proteção, ou da influência dos corpos celestes ou das forças que os movem.

Há de notar-se que algumas pessoas são protegidas contra todas as bruxarias, e outras o são contra apenas algumas delas. Pois alguns homens são particularmente purificados pelos anjos do bem nas suas funções genitais — e as bruxas jamais conseguem enfeitiçá-los nessas funções. Num certo sentido, é necessário falar a respeito desses homens: os que se veem enfeitiçados nas suas funções genitais mostram-se, por vezes, tão privados da proteção dos anjos que ou se encontram sempre em pecado mortal, ou praticam as obscenidades com um deleite excessivamente lúbrico. A propósito, demonstramos já na primeira parte desta obra que Deus confere maiores poderes às bruxas sobre essas funções, não tanto por causa de sua obscenidade e sujeira, mas por ter sido este o ato que corrompeu nossos primeiros ancestrais e, pelo seu contágio, legou-nos a herança do pecado original, que atinge toda a raça humana.

Vejamos, porém, alguns exemplos de como os anjos do bem, por vezes, abençoam as pessoas justas e as santas, mormente em relação ao instinto genital. Transcrevemos a seguir o caso do abade São Sereno, contado por São João Cassiano na primeira das suas *Conferências dos Padres*.

São Sereno muito lutou para conquistar a castidade interior, do coração e da alma, pelas orações durante a noite e durante o

O MARTELO DAS FEITICEIRAS

dia, pelo jejum e pela vigília. Por fim percebeu que, pela graça Divina, conseguira extinguir todos os surtos da concupiscência carnal. Finalmente, movido pelo zelo ainda maior da castidade, lançou mão de todos os recursos sagrados para rogar ao Todo-Poderoso que lhe permitisse que a castidade que sentia em seu coração fosse também visivelmente concedida ao corpo. Dirigiu-se então a ele um anjo do Senhor numa visão durante a noite e pareceu abrir-lhe o ventre e retirar de suas entranhas um tumor ardente de carne, repondo-lhe depois os intestinos; e disse: "Vê! Foi extirpada a provocação da tua carne. Contas doravante com a pureza perpétua em teu corpo, de acordo com as tuas preces: nunca mais serás aguilhoado pelo desejo natural que é até mesmo despertado em crianças de peito."

De forma análoga, São Gregório, no quarto livro dos seus *Diálogos*, conta-nos o caso do abade Santo Equitius.

Este homem, durante a sua juventude, fora muito atormentado pelas tentações da carne; mas foi o sofrimento causado pelas tentações que o fez se aplicar ainda mais às suas orações. E enquanto rogava a Deus por um remédio contra aquela aflição, apareceu-lhe um anjo durante a noite que o tornou eunuco e, na sua visão, pareceu-lhe que extraiu todo o desejo de seus órgãos genitais; e desde então viu-se tão alheio às tentações que era como se não houvesse o sexo em seu corpo.

Reparai no benefício advindo dessa purificação; pois que o abade viu-se tão pleno de virtude que, assim como antes gozava de preeminência entre os homens, passou a gozar dessa mesma preeminência entre as mulheres.

Na *Vida dos Padres*, obra compilada por São Heráclides, conta-nos esse autor, no livro que intitula *Paraíso*, do caso de um santo monge chamado Elias. Esse homem, movido pela piedade, reuniu sob seu comando trinta mulheres em um mosteiro. Mas depois de dois anos,

SEGUNDA PARTE

quando contava 30 anos, viu-se forçado a renunciar à tentação da carne refugiando-se num eremitério. Depois de jejuar por dois dias, rogou a Deus: "Ó Senhor Deus, matai-me ou livrai-me dessa tentação." E, ao anoitecer, teve um sonho no qual três anjos dele se aproximavam e lhe perguntaram por que fugira do mosteiro das virgens. Mas como não se atrevesse a responder, por vergonha, os anjos disseram: "Se fores liberto da tentação da carne, voltarás a cuidar daquelas mulheres?" Respondeu-lhes Elias que era esse o seu desejo. Fizeram-no então jurar que cumpriria o prometido e o tornaram eunuco. Pois que enquanto um parecia segurar-lhe as mãos e o outro os pés, o terceiro arrancou-lhe os testículos com uma faca; não obstante, isso não se deu na realidade, mas tão só na aparência. Perguntaram-lhe então se ele se sentia curado, ao que respondeu: "Estou completamente livre da tentação." E assim, ao quinto dia, retornou ao convívio das aflitas mulheres, com quem passou os quarenta anos restantes de sua vida, sem nunca mais ter sentido um resquício que fosse da primeira tentação.

Bênção não menos importante foi concedida a São Tomás, doutor da nossa Ordem, à qual ingressou à revelia da família. Para impedi-lo, seus irmãos chegaram a confiná-lo ao cárcere. E ademais, desejando tentá-lo, levaram até ele uma prostituta sedutora, suntuosamente vestida. Mas quando Tomás a viu, pegou de uma tocha acesa e com o fogo material expulsou de sua cela o instrumento do fogo da luxúria; e prostrando--se então em oração de graças pelo dom da castidade, acabou adormecendo. Em sonho, apareceram-lhe dois anjos do Senhor, dizendo: "Atentai! Por ordem do Senhor Deus vamos cingi-lo com o cinturão da castidade, e nenhuma outra tentação há de desprendê-lo; pois que não pode ser adquirido pelos méritos da virtude humana, porque é dado como dom pelo Senhor Deus tão somente." E assim sentiu-se Tomás protegido e, percebendo que usava um cinto, acordou com um grito. E foi-lhe concedido um dom de castidade de tal magnitude que passou, desde então, a abominar todos os prazeres da carne, que passou a só falar com alguma mulher por necessidade, mostrando-se forte na sua castidade perfeita. Essa história encontramos no *Formicarius* de Nider.

O MARTELO DAS FEITICEIRAS

Com a exceção, portanto, dessas três classes de homens, todas as demais não estão protegidas das bruxas. Todas as demais estão sujeitas aos malefícios ou às tentações causadas por bruxaria, por um dos dezoito modos que serão agora analisados. Precisamos, pois, primeiro descrever esses métodos na sua ordem, para que depois possamos discutir com maior pormenor os remédios que permitem mitigar o sofrimento das pessoas enfeitiçadas. E, para que os métodos sejam mais bem elucidados, serão apresentados em diversos capítulos. Primeiro, vamos revelar os vários métodos de iniciação das bruxas, e de que modo elas incitam meninas inocentes a engrossar as fileiras da sua pérfida hoste. Segundo, de que modo as bruxas professam o seu sacrilégio e como fazem o juramento de aliança com o diabo. Terceiro, de que modo são transportadas de um lugar a outro, seja no corpo, seja no espírito. Quarto, de que modo copulam com os íncubos. Quinto, o seu método geral de praticar a bruxaria através dos sacramentos da Igreja e, em particular, de que modo, com a permissão de Deus, conseguem afligir todos os seres criaturais, salvo os corpos celestes. Sexto, o seu método de obstaculizar a função procriadora. Sétimo, de que modo são capazes de arrancar o membro viril. Oitavo, como transmutam os homens em feras. Nono, de que modo os demônios penetram no intelecto das pessoas sem o prejudicar. Décimo, de que modo os demônios, por meio da operação das bruxas, às vezes se incorporam, substancialmente, nas pessoas. Décimo primeiro, de que modo são capazes de causar toda a sorte de enfermidades, numa perspectiva geral. Décimo segundo, como causam certas enfermidades em particular. Décimo terceiro, de que modo as bruxas parteiras causam o mal maior, ou seja, o de matar crianças ou o de oferecê-las aos demônios. Décimo quarto, de que modo causam várias pestes que se abatem sobre os animais. Décimo quinto, como provocam tormentas, tempestades, raios e trovões que se abatem sobre os seres humanos e os animais. Décimo sexto, décimo sétimo e décimo oitavo, das três maneiras pelas quais só os homens, e não as mulheres, se entregam à bruxaria. Prosseguimos depois com os métodos pelos quais todos esses tipos de malefícios podem ser neutralizados.

SEGUNDA PARTE

Mas que ninguém pense que, por termos enumerado e analisado todos esses métodos, terá adquirido um conhecimento completo dessas práticas; pois que tal conhecimento teria pouca utilidade e talvez possa até ser prejudicial. Os livros proibidos de necromancia não estão aqui incluídos, porque a bruxaria não se ensina em livros, nem é praticada por pessoas instruídas, é ofício tão somente das pessoas iletradas; e tem apenas o fundamento da prática sem a qual a ninguém será dado atuar como mago ou bruxa.

Não só isso: os métodos são aqui enumerados para que não se dê a falsa impressão de que os atos de bruxaria sejam prodígios incríveis, gerando grande prejuízo para a verdadeira fé e aumento das bruxas. Pois que o ser humano que atribui tais prodígios à predestinação dos astros, e que a essa predestinação atribui a imunidade ou a subordinação à bruxaria, não está entendendo corretamente o verdadeiro sentido do que declaram os doutores da Igreja.

Em primeiro lugar, por serem os três predicados humanos subordinados a três fatores celestiais, quais sejam, o da vontade, o do entendimento e os das ações corporais. O da vontade é governado diretamente por Deus; o do entendimento, por um anjo; o das ações corporais, pelos corpos celestes.

Em segundo lugar, claro está que o livre-arbítrio e a vontade acham-se subordinados diretamente a Deus, como declara São Paulo: "Está em Deus a causa de nossa vontade e de nossos atos, que os fazemos segundo a Sua vontade; e o entendimento do intelecto humano é determinado por Deus pela mediação de um anjo" (Filipenses, 2:13). Consequentemente, todas as coisas corporais, sejam interiores — como os poderes e o conhecimento adquiridos pelas faculdades corpóreas internas —, sejam exteriores — como a saúde e a doença —, são governadas pelos corpos celestes, através da mediação dos anjos. Quando Dionísio, no quarto capítulo de *Os nomes Divinos*, diz que os corpos celestes são a causa do que ocorre no mundo, há de entender-se a que se refere: tão só à saúde e à doença. No entanto, as enfermidades que estamos a considerar são de ordem sobrenatural, já que são infligidas pelos poderes

O MARTELO DAS FEITICEIRAS

do demônio e com a permissão de Deus. Logo, não se há de dizer que é por causa da influência dos astros que as pessoas são enfeitiçadas: da mesma forma que se pode dizer, verdadeiramente, que a impossibilidade de as pessoas serem afetadas por causa de bruxaria é o resultado das influências dos astros.

Mas à objeção de que esses dois efeitos opostos devem manar de uma mesma causa, e de que o pêndulo há de oscilar para um lado e para o outro, convém responder: quando, pela força dos astros, o ser humano é preservado desses males sobrenaturais, não há de ser tão somente pela influência celestial, mas por alguma força angelical, capaz de reforçar aquela influência de sorte a debilitar a malícia do inimigo; e a força angelical pode ser comunicada aos seres humanos pelos corpos celestes. O ser humano no fim da vida, já moribundo, pode ter sua sorte alterada pela força de Deus, indiretamente, fazendo-o vencer a enfermidade que o dominava através de algum poder de preservação. Consequentemente podemos dizer que o ser humano sujeito à bruxaria pode ser dela preservado por intermédio de um anjo incumbido de protegê-lo, pois que de todos os meios de proteção o principal está na vigília dos anjos

E quando se diz em Jeremias, 22:30: "Inscrevei este homem entre os que não deixaram descendência, entre aqueles que coisa alguma lograram na vida!", cumpre entender que a passagem se refere às escolhas da vontade: há as pessoas que prosperam e há as que não prosperam, o que também se pode atribuir à influência dos astros. Por exemplo, pela influência dos astros um homem pode fazer uma escolha proveitosa e ingressar para uma Ordem religiosa. E quando o seu entendimento é iluminado e ele considera esse passo a dar na vida, e, pela Operação Divina a sua vontade se inclina no sentido de concretizá-lo, há de dizer-se desse homem que está entre os que alguma coisa lograrão na vida. O exemplo também se dá com o homem que se inclinasse aos negócios, ou a qualquer atividade proveitosa. Por outro lado, ele estaria entre os que coisa alguma lograram se por ocasião da sua escolha se tivesse inclinado, por determinação das forças superiores, a atividade não lucrativas.

SEGUNDA PARTE

São Tomás, no terceiro livro da *Suma contra os gentios* e em várias outras passagens, fala-nos desses pontos e de muitos outros, ao discutir onde está a diferença entre as pessoas bem-nascidas e as desafortunadas, entre as de boa sorte e as de má sorte, entre as bem orientadas e as mal orientadas, entre as protegidas e as desprotegidas. Pois segundo a disposição peculiar dos astros no momento de seu nascimento, aquela pessoa terá sido bem-nascida ou malnascida e, assim, afortunada ou desafortunada; e se for iluminada por um anjo e se orientar por aquela iluminação ou deixar de se orientar por ela, há de ser protegida ou desprotegida. E se receber a orientação de Deus para o bem e segui-la, será bem orientada. Mas tais escolhas fogem ao cerne do nosso assunto, que é o da preservação contra as bruxarias; e já falamos muito, por ora, sobre o tema. Prossigamos no estudo dos rituais maléficos, começando pelo modo como as bruxas seduzem pessoas inocentes e as arrastam para seu convívio em suas perfídias.

CAPÍTULO I

Dos métodos pelos quais os demônios, por intermédio das bruxas, aliciam inocentes para engrossar as fileiras de suas hostes abomináveis

São três os métodos principais pelos quais os demônios, agenciados pelas bruxas, subvertem pessoas inocentes e pelas quais fazem crescer aquela perfídia, dia a dia. O primeiro é através da fadiga, do cansaço, fazendo-as sofrerem grandes perdas em seus bens temporais. Pois como diz São Gregório: "O diabo, por vezes, deseja que lhe cedamos pelo cansaço." E é mister entender que está ao alcance da vontade humana resistir a essa espécie de tentação. E Deus a permite para que nos sirva de aviso, para que não cedamos à preguiça. E é nesse sentido que se deve entender o trecho de Juízes, 2 e 3:1, em que se conta que Deus não destruiu aquelas nações para a provação do povo de Israel; e faz menção também às nações vizinhas do povo cananeu, do povo jebuseu e de outros povos.

O MARTELO DAS FEITICEIRAS

Mais recentemente temos o caso do movimento hussita e de outros povos hereges que não foram destruídos para que nos servissem de provação. Os demônios, portanto, por meio das bruxas, assim afligem seus vizinhos inocentes com a perda de bens temporais, para que sejam, por assim dizer, compelidos a suplicarem, primeiro, pelo sufrágio das bruxas e, ao cabo, a se submeterem aos seus conselhos, como nos têm ensinado diversos episódios.

Sabemos do caso de um estrangeiro na diocese de Augsburgo que antes de completar 44 anos perdeu, sucessivamente, todos os seus cavalos por causa de bruxaria. Sua esposa, fatigada e aflita com o que lhes sucedeu, decidiu consultar-se com certas bruxas e, depois de seguir os seus conselhos, como sempre, perniciosos, viu que todos os cavalos desde então adquiridos (seu marido fazia o transporte de cargas) não mais foram molestados pelas bruxarias.

E quantas mulheres já vieram se queixar a nós, como inquisidores, de que, quando suas vacas deixam de dar leite por alguma causa ou mal desconhecido, são obrigadas a consultar mulheres suspeitas, possivelmente bruxas, de quem até chegam a ganhar remédios, e quando lhes indagam o que têm de lhes prometer em troca, as bruxas respondem que algo sem muita importância: basta executarem as instruções do mestre com relação a certos momentos durante os Ofícios Sagrados da Igreja ou então se mostrarem mais reservadas e guardarem-se de certas confissões aos padres.

Convém aqui observar um ponto a que já fizemos alusão: no princípio, essa iniquidade se faz por atitudes esparsas sem maior importância, como, por exemplo, a de, no momento da elevação do Corpo de Cristo, cuspir no chão, ou fechar os olhos, ou balbuciar palavras vãs. Sabemos do caso de uma mulher que ainda está viva, protegida pela lei secular, e que, quando o padre, durante a celebração da missa, abençoa o povo com o *Dominus uobiscum* [O Senhor esteja convosco], sempre aduz as seguintes palavras em linguagem vulgar: *"Kehr mir die Zung im Arss umb"* [Passe a sua língua na minha bunda]. Noutras ocasiões dizem algo semelhante após terem recebido a absolvição, e noutras

SEGUNDA PARTE

ainda não confessam todos os pecados, sobretudo os mortais. Assim, passo a passo, vão sendo levadas à abnegação total da fé, e à afirmação abominável do sacrilégio.

Esse método, ou algum semelhante, é o que as bruxas utilizam contra as matronas honestas que, embora pouco dadas aos vícios carnais, se acham preocupadas com os vícios mundanos. Por outro lado, contra as jovens, mais chegadas à lascívia e aos prazeres do corpo, seguem método diverso, operando através de seus desejos sexuais e dos prazeres da carne.

Ora, o diabo é mais ávido por tentar a pessoa boa do que a injusta, embora na realidade acabe tentando mais a última, já que a propensão para ser tentada é nesta mais encontradiça do que na primeira. Portanto, o príncipe das trevas tenta de todas as maneiras seduzir as virgens e as meninas mais puras; e há um motivo para isso, além de muitos exemplos.

Pois como já possui a pessoa perversa, mas não a justa, esforça-se de todos os modos para seduzir estas, as que ainda não possui. De forma análoga, todo príncipe terreno ergue armas contra as pessoas que não assentem às suas ordens, nunca contra as que não se lhe opõem.

Eis aqui um exemplo. Duas bruxas, de quem falaremos depois, ao tratarmos de seus métodos para desencadearem tempestades, foram queimadas em Ravensburg. Uma delas confessou, entre outras coisas, o seguinte: padecera de muitos males de origem demoníaca em decorrência de um estranho episódio. Existia uma certa virgem devota a quem, por ordem do diabo, deveria seduzir. Essa virgem era filha de um homem muito rico, embora seja desnecessário mencionar o seu nome porque hoje está morta, à disposição da misericórdia Divina, e também não gostaríamos que os seus pensamentos fossem pervertidos pelo mal; e a feiticeira, assim, foi instruída para convidá-la à sua casa num dia de festa, para que o próprio demônio, na forma de um jovem, pudesse falar diretamente com ela. Embora tivesse tentado fazer-lhe o convite diversas vezes, sempre que a ela se dirigia, a moça se protegia com o sinal da cruz. E não há dúvida de que assim procedia por inspiração de um santo anjo, para repelir as intenções do diabo.

O MARTELO DAS FEITICEIRAS

Outra virgem, que vivia na diocese de Estrasburgo, confessou a um de nós que, num certo domingo, quando se achava sozinha na casa do pai, foi procurada por uma bruxa: "Em meio à sua conversa obscena, a bruxa me propôs que, se eu quisesse, ela poderia me levar a um lugar onde se encontravam alguns jovens desconhecidos de todos na cidade. Acabei consentindo e a acompanhei até sua casa. Lá chegando, a velha mulher me disse: 'Olhe, vamos lá para o quarto de cima, onde eles estão, mas preste atenção para não fazeres o sinal da cruz ao entrar.'

"Prometi-lhe que não o faria. Mas, enquanto ela me conduzia pela escada até o quarto, eu o fiz, secretamente. Ao chegarmos no alto da escada, a velha voltou-se para mim e com a fisionomia transfigurada de ódio, olhando-me bem nos olhos, vociferou: 'Maldita! Por que fizeste o sinal da cruz? Vai-te daqui! Vai embora em nome do diabo!' E foi assim que consegui voltar para casa sã e salva."

Pode-se ver por esses relatos com que astúcia o maligno trabalha pela sedução das almas. Pois foi dessa maneira que a bruxa mencionada no primeiro caso confessou como fora seduzida por outra velha bruxa. Método diferente foi, no entanto, empregado no caso de sua companheira. Essa outra encontrou o diabo em forma humana na estrada quando se dirigia à casa do amante para com ele fornicar. E quando o íncubo a viu e perguntou-lhe se o reconhecia, respondeu-lhe que não. Ao que o demônio retorquiu: "Eu sou o diabo; se quiseres, estarei sempre pronto para satisfazer os teus desejos e nunca te deixarei passar por qualquer necessidade." A moça assentiu à vontade do demônio e com ele continuou praticando todas as obscenidades diabólicas durante dezoito anos, até o fim da vida. Durante esse período, foi obrigada à mais absoluta negação da fé como condição necessária.

Mas a tentação também se faz por outra forma: através da tristeza e da pobreza. Depois de as moças serem corrompidas e abandonadas pelos amantes — tendo com eles ousadamente copulado depois de acreditarem nas promessas de casamento —, e vendo-se na mais completa desesperança, desprezadas por todos, voltam-se para os demônios, em busca de auxílio e proteção. Veem-se então forçadas a ora enfeitiçar os

SEGUNDA PARTE

amantes ou as mulheres com quem eles se casaram, ora a se entregar a toda a sorte de libidinagem. Ai de nós! A experiência mostra-nos que são incontáveis os casos dessa espécie e, portanto, incontáveis também as bruxas que provêm dessa classe. Consideremos alguns dentre os muitos exemplos existentes.

Há um lugarejo na diocese de Brixen onde um jovem deu o seguinte depoimento a respeito do feitiço que se abateu sobre sua mulher: "Quando eu ainda era bem jovem, tive um caso de amor com uma moça. Vivia insistindo para que me casasse com ela. Mas recusei e acabei me casando com uma jovem de outra região. No entanto, em consideração à amizade que restou entre nós, convidei-a para a cerimônia de nosso casamento. Ela assegurou-me de que viria. Contudo, durante a cerimônia, enquanto as outras mulheres honestas nos desejavam felicidades e nos davam presentes, ela ergueu a mão em direção à minha noiva e, ali mesmo, diante de todas as pessoas convidadas, avisou: 'De hoje em diante, terás poucos dias ainda com saúde.'

"Minha noiva ficou muito assustada, pois não a conhecia (como disse, era de outra região). Perguntou às pessoas presentes quem era a mulher que nos havia ameaçado desse modo. Informaram-lhe tratar-se de uma mulher sem cuidados e vagabunda. Pois bem, aconteceu exatamente o que a mulher vaticinara. Alguns dias depois, minha esposa viu-se inutilizada nos quatro membros e mesmo hoje, dez anos depois, os efeitos da bruxaria ainda são vistos em seu corpo."

Se fôssemos reunir todos os casos semelhantes daquela diocese, teríamos material para um livro inteiro. Tais casos foram transcritos e se acham preservados na casa do bispo de Brixen, que ainda vive para atestar-lhes a verdade, por serem inéditos e estarrecedores.

Não podemos, contudo, passar por cima de tantos episódios em silêncio. Um certo conde bem-nascido, do distrito de Westrich, da diocese de Estrasburgo, casou-se com uma nobre moça, de família igualmente rica; mas, logo depois de celebrado o matrimônio, viu-se o conde impossibilitado de conhecê-la carnalmente, e nessa condição ficou durante três anos. Provou-se depois tratar-se de um malefício que sobre ele re-

O MARTELO DAS FEITICEIRAS

caíra. Muito ansioso, sem saber o que fazer, apelou esse homem em voz alta aos santos do Senhor. Aconteceu então de ir a negócios à cidade de Metz. Enquanto passeava pelas ruas e praças, acompanhado da criadagem, por acaso deu com uma mulher que, em tempos já remotos, fora sua amante. Ao vê-la, absolutamente esquecido do mal que lhe vinha acontecendo, cumprimentou-a com delicadeza, em consideração à velha amizade. Perguntou-lhe como passava. Ao vê-lo tão cordial, a mulher indagou-lhe muito particularmente como ele ia de saúde e de negócios. Ao que o conde não hesitou: tudo prosperava, tudo ia muito bem. A mulher, atônita, permaneceu calada por alguns instantes. O conde, ao perceber a sua perplexidade, resolveu manter a cordialidade e a conversa. A mulher tornou a insistir: "E como tem passado sua esposa?" "Melhor impossível", assegurou-lhe o conde. "Vocês têm crianças?" "Temos. A cada ano de casados tivemos uma. Mas por que, minha cara, me fazes todas essas perguntas? Estou certo de que te congratulas com a minha felicidade." "Decerto que congratulo", confirmou a mulher, "mas maldita seja aquela velha que me disse que não serias capaz de ter relações com a tua mulher! Coloquei um pote com certos objetos enfeitiçados naquele poço bem no meio do teu quintal. Lá o coloquei para que, enquanto lá permanecesse, não te fosse possível manter relações com ela. Mas vê só! Foi tudo em vão, e fico muito feliz com isso..."

Ao voltar para casa, o conde ordenou sem demora que drenassem o poço e, encontrando o pote, queimou-o, junto com o que havia dentro dele. E assim recuperou imediatamente a virilidade perdida. Depois disso, tornou a convidar toda a nobreza para nova celebração do casamento, já que a condessa era agora de fato a senhora daquele castelo e daquele estado, depois de ter permanecido virgem por tanto tempo. Em consideração à reputação do conde, não convém mencionar o nome do castelo e nem o do estado; no entanto, contamos a história para que a verdade sobre tal assunto seja conhecida e para que se submeta tão hediondo crime à execração pública.

Vemos assim que as bruxas lançam mão de vários expedientes para aumentar suas hostes. Pois a mulher mencionada nos parágrafos ante-

SEGUNDA PARTE

riores, ao ver seu lugar ocupado pela esposa do conde, lançou-lhe um malefício com a ajuda de outra feiticeira; e dessa forma a bruxaria arrasta consigo tantas outras pessoas.

CAPÍTULO II

De como se faz um pacto normal com o diabo

A maneira de as bruxas proferirem o seu sacrilégio — através de pacto explícito de fidelidade aos demônios — varia segundo os diversos ritos de bruxaria. Para entendermos isso, é preciso lembrar que, conforme mostramos na primeira parte deste tratado, existem três tipos de feiticeiras: as que injuriam mas não curam; as que curam mas, através de algum estranho pacto com o diabo, não injuriam; e as que injuriam e curam. Entre as primeiras, há uma classe particularmente proeminente: a das que são capazes de fazer toda a sorte de bruxaria e de encantamento, abrangendo tudo o que todas as demais só são capazes de fazer individualmente. Pelo que, se descrevermos o método de afirmação sacrílega em seu caso, estaremos esclarecendo já suficientemente o método usado por todas as outras. E essa classe compõe-se daquelas que, agindo contra o instinto da natureza e animal, têm por hábito matar e devorar crianças de sua própria espécie.

É a classe de bruxas mais poderosa e que, ademais, se dedica à prática de muitos outros malefícios. Pois desencadeiam tempestades danosas com raios e trovões; causam a esterilidade de seres humanos e de animais; fazem oferenda de crianças aos demônios, as quais acabam matando e devorando (nesse caso, apenas as crianças que não renasceram pelo batismo na pia batismal; quando devoram as batizadas, é somente com a permissão de Deus, como será explicado). São capazes também, sem que ninguém veja, de jogar as crianças que brincam pelas ribanceiras dentro da água (mesmo à vista das mães e dos pais); de fazer cavalos enlouquecerem sob as rédeas dos próprios cavaleiros; de se transportar

O MARTELO DAS FEITICEIRAS

de um lugar a outro, em corpo físico ou na imaginação; de interferir na ação de juízes e de magistrados, impedindo-os de puni-las; de manter, a si próprias e a outras pessoas, em silêncio, sob tortura; de causar grande pavor nos que as capturam, os quais se veem acometidos de violentos tremores nas mãos; de revelar a outras pessoas coisas ocultas e de predizer eventos futuros, através do que lhes é comunicado pelos demônios, embora tal fenômeno possa, de vez em quando, ter causa natural (ver a questão "Se os demônios são capazes de predizer o futuro", no segundo livro do *Comentário sobre as Sentenças*); são capazes também de ver o que está ausente; de virar a cabeça das pessoas para o amor ou para o ódio desmedidos; de, por vezes, atingir a quem lhes aprouver com raios; e de, até mesmo, fulminar com raios seres humanos e animais; de deixar sem efeito os desejos procriadores, e até mesmo a força da cópula, e de causar o aborto e a morte do feto no útero materno a um simples toque no ventre; de, por vezes, enfeitiçar homens e mulheres por mero olhar, sem os tocar, e de causar-lhes, dessa forma, a morte; de dedicar as próprias crianças aos demônios; e, em suma, como já foi dito antes, de causar todos os flagelos que as demais bruxas só conseguem provocar em certa medida, desde que a Justiça Divina assim o permita. Todas essas coisas, tal classe de feiticeiras — de todas as classes, a mais poderosa — é capaz de fazer, mas não de desfazer.

Ora, uma prática comum a todas as bruxas é a cópula carnal com os demônios; portanto, se mostrarmos o método usado por essa classe principal na sua afirmação sacrílega, qualquer um há de entender facilmente o método empregado pelas demais classes.

Há trinta anos existiam bruxas dessa espécie na comarca de Savoy, próxima do estado de Berna, segundo nos conta Nider em seu *Formicarius*. Hoje existem algumas na Lombardia, nos domínios do duque da Áustria — onde o inquisidor de Como, conforme dissemos na primeira parte, levou à fogueira 41 bruxas em um ano; conta ele hoje 55 anos de idade e ainda trabalha na Inquisição.

Pois bem: dúplice é o método de juramento sacrílego. Numa de suas modalidades, é feito em cerimônia solene. Na outra, é feito ao diabo

SEGUNDA PARTE

em qualquer hora e em sigilo. A cerimônia solene é realizada em conclave, com data marcada. Nela, o diabo aparece às bruxas em forma de homem, reclamando-lhes a fidelidade que será firmada em voto solene. Em troca, promete-lhes prosperidade mundana e longevidade. Depois, as feiticeiras recomendam-lhe uma iniciante — uma noviça — para seu acolhimento e aprovação, a quem o diabo então pergunta: "Juras repudiar a fé e renunciar à santa religião cristã e à adoração da Mulher Anômala?", porque assim chamam a Santíssima Virgem Maria. "Juras nunca mais venerar os sacramentos?"

Se então parece-lhe que a nova discípula está disposta a assentir com o que lhe é pedido, estende-lhe a mão, ao que ela responde fazendo o mesmo e, de braço estendido, firma o juramento e sela o próprio destino. Feito isso, o diabo prossegue: "Ainda não basta." "E o que mais há para ser feito?", indaga a discípula. "É preciso que te entregues a mim de corpo e alma, para todo o sempre, e que te esforces ao extremo para trazer-me outros discípulos e discípulas, homens e mulheres." E assim prossegue na preleção, explicando-lhe como fazer a pomada especial dos ossos e dos membros de crianças, sobretudo de crianças não batizadas; e por tudo isso, e com a sua ajuda, ela se verá atendida em todos os seus desejos.

Nós, inquisidores, sabemos de um caso verossímil dessa cerimônia na cidade de Breisach, da diocese da Basileia. A história nos foi contada por uma jovem bruxa que acabou por converter-se, e cuja tia fora queimada na diocese de Estrasburgo. Confessou-nos que se tornara bruxa atraída pela tia.

Certo dia, sua tia ordenou-lhe que subisse com ela ao andar de cima da casa e que entrasse no quarto onde se encontravam quinze jovens, todos vestidos de verde, como se fossem cavaleiros alemães. Disse-lhe então a tia: "Escolhe um dentre estes jovens. Eu o darei a ti e ele te tomará como esposa."

Ao responder que não desejava nenhum deles, foi severamente espancada e teve de consentir. Foi assim iniciada na bruxaria segundo a cerimônia antes descrita. Contou-nos ainda que costumava ser trans-

O MARTELO DAS FEITICEIRAS

portada à noite junto com a tia por longas distâncias, até mesmo de Estrasburgo a Colônia.

Essa moça é a que nos levou a indagar, na primeira parte, se as bruxas são de fato transportadas, corporalmente, pelos demônios de um lugar para outro. E isso em virtude das palavras do Cânon (26, questão 5, *Episcopi*), que parecem dizer que só o são na imaginação; no entanto, são às vezes realmente transportadas em corpo físico.

Pois quando indagada se voavam só na imaginação, só na fantasia, por alguma ilusão diabólica, respondeu-nos ela que o faziam de ambas as maneiras: essa é a verdade que havemos de elucidar depois, quando tratarmos do modo pelo qual são transportadas de um lugar a outro. Contou-nos ainda que os piores males eram infligidos pelas bruxas parteiras, porque eram obrigadas a matar ou a oferecer aos demônios o maior número possível de crianças recém-nascidas; e que certa vez fora espancada pela tia porque abrira um pote secreto onde estavam guardadas cabeças de muitas crianças. E muito mais nos contou, tendo primeiro, como de praxe, feito o juramento de só dizer a verdade.

Seu relato de como as bruxas professam a sua fé no diabo está indubitavelmente de acordo com o que foi dito pelo eminentíssimo doutor Johannes Nider, cuja obra, mesmo em nossos tempos, é por demais esclarecedora. É digna de menção a história que esse autor ouviu do inquisidor de Autun, responsável por numerosos processos inquisitoriais naquela diocese e que levou muitas bruxas à fogueira.

Contou-lhe aquele inquisidor que no ducado de Lausanne algumas feiticeiras cozinhavam e comiam as próprias crianças pequenas, seguindo um rito, descrito a seguir, para a iniciação de novas discípulas. Depois de reunidas, convocavam, mediante palavras mágicas, o demônio em forma de homem, a quem a noviça era obrigada, sob juramento, a negar a religião cristã, a renegar a eucaristia e a prometer pisotear na cruz sempre que pudesse fazê-lo sem ser vista.

Damos aqui outro exemplo dessa mesma fonte. Fez-se há pouco tempo um relatório geral que chegou ao conhecimento de Pedro, o juiz de Boltingen. Nele afirmava-se que treze crianças recém-nascidas haviam sido

SEGUNDA PARTE

devoradas no estado de Berna. A justiça pública veio a exigir a punição de quem as assassinou. Quando Pedro indagou a uma das bruxas capturadas de que modo haviam devorado as crianças, ela respondeu: "Armamos nossas armadilhas principalmente contra as crianças não batizadas, embora também contra as que já foram batizadas, especialmente quando não se acham sob a proteção do sinal da cruz e das orações." (Repare o leitor que elas capturam principalmente as não batizadas, por mando do diabo, para que se vejam privadas desse sacramento.)

A bruxa prosseguiu: "São mortas através de nossos malefícios e de nossas palavras mágicas nos próprios berços ou quando estão dormindo junto à mãe e ao pai. De sorte a parecer que morreram asfixiadas pelo próprio peso ou por alguma outra causa natural. Depois as desenterramos sigilosamente e as cozinhamos num caldeirão, até que toda a carne se desprenda dos ossos e se transforme num caldo, fácil de ser bebido. Da matéria mais sólida fazemos uma pomada que nos é de grande valia em nossos ritos, em nossos prazeres e em nossos voos; com o líquido, enchemos um cantil ou odre. Quem dele bebe, durante certos ritos, adquire imediatamente profundo conhecimento de nossa seita e se transforma numa de nossas líderes."

Eis aqui outro exemplo claríssimo. Um jovem e a esposa, ambos feiticeiros, foram aprisionados em Berna; ele, trancado numa torre e separado da mulher, declarou: "Se pudesse obter o perdão dos meus pecados, contaria tudo o que sei a respeito de bruxaria; pois acho que devo morrer."

E quando os doutos que lá se encontravam disseram-lhe que poderia obter o completo perdão se se arrependesse verdadeiramente, o jovem, com grande alegria, resignou-se à morte e revelou o método pelo qual fora, a princípio, contaminado por aquela heresia. "Fui assim seduzido. Primeiro era necessário que, num domingo, antes da consagração da água benta, o noviço entrasse na igreja com seus mestres. Lá então, na presença destes, tinha que negar Cristo, a fé, o batismo e toda a Igreja. Depois era obrigado a prestar homenagem ao Pequeno Mestre", pois era assim que se referiam ao diabo.

O MARTELO DAS FEITICEIRAS

Ora, o método condiz com os que já foram descritos por outras pessoas. Ademais, é irrelevante se o diabo está ou não presente quando se lhe presta homenagem. Pois, astuto que é, não vai se mostrar ao noviço percebendo-lhe o temperamento: sua presença poderia assustá-lo e fazê-lo desdizer-se em seus votos; é sempre mais facilmente persuadido pelos que lhe são conhecidos. Portanto, na ausência do diabo, chamam-no de Pequeno Mestre, para que, através de uma aparente depreciação de sua força, o noviço tenha menos receio.

E o bruxo prosseguiu: "Bebem então do odre, já mencionado, e quem o faz imediatamente adquire o conhecimento de todas as nossas artes e um entendimento de todos os nossos ritos e de nossas cerimônias. E assim é que fui seduzido. Creio porém que minha esposa é tão obstinada que há de preferir ir direto para a fogueira do que confessar a menor parcela da verdade; mas, ai de mim!, nós dois somos culpados."

E, conforme disse o moço, assim aconteceu de fato. O jovem se confessou e foi visto morrer no mais pungente estado de contrição; a mulher, porém, embora declarada culpada por testemunhas, nada confessou da verdade, nem sob tortura, nem à própria morte; quando porém a fogueira foi preparada pelo carcereiro, insultou-o com as mais tenebrosas palavras e acabou por morrer queimada, vociferando palavrões e impropérios. Mediante tais relatos, portanto, revelamos como é feita a iniciação de principiantes em solene conclave.

A outra forma de iniciação, a secreta, é realizada de várias maneiras. Às vezes, quando homens e mulheres são atingidos por alguma aflição corpórea ou temporal, o diabo lhes aparece, por vezes, em pessoa, noutras, lhes fala pela boca de outro ser humano; e promete-lhes, se assentirem a seus conselhos, que por eles fará tudo o que estiver ao seu alcance. Mas nesse caso começa pedindo-lhes pequenos favores e prossegue, gradualmente, para exigências cada vez maiores. Poderíamos mencionar muitos exemplos que chegaram a nosso conhecimento na Inquisição, mas, como o assunto não apresenta dificuldades, pode ser resumidamente incluído com o tema precedente.

SEGUNDA PARTE

De alguns pormenores a respeito de seu juramento de fidelidade

Ora, existem certos pontos a serem observados a respeito da fidelidade exigida pelo diabo: por que motivo e de que maneira diversa há de ser conduzida? É óbvio que o principal motivo está em causar maior ofensa à Majestade Divina ao usurpar-lhe uma criatura que a Ela era devotada, garantindo destarte, mais certamente, a futura danação do discípulo, sua meta primordial. No entanto, muitas vezes descobrimos que o juramento só tem validade por um período determinado de anos, período fixado no momento da declaração da perfídia; e, às vezes, o diabo só exige essa declaração, adiando a homenagem para algum outro dia.

Cumpre esclarecer: a afirmação sacrílega consiste na negação, total ou parcial, da fé: é total quando a fé é completamente repudiada; é parcial quando o pacto original só obriga a bruxa a contrariar, em certas cerimônias, o que determina a Igreja: jejuar aos domingos, comer carne às sextas-feiras, ocultar certos crimes durante a confissão, e outras coisas profanas. Entretanto, no culto de homenagem ao diabo há necessidade de entregar-lhe o corpo e a alma.

E são quatro as razões por que o diabo faz tal exigência. Mostramos, na primeira parte de nosso tratado, ao examinarmos se os demônios seriam ou não capazes de induzir o intelecto de um ser humano para o amor ou para o ódio, que não são eles capazes de penetrar no íntimo do coração: este só a Deus pertence. Mas o diabo pode vir a saber o que pensa um ser humano por conjeturas, conforme mostraremos mais adiante. Portanto, se o ardiloso inimigo percebe que a principiante vai oferecer resistência à persuasão, dela se aproxima sorrateiramente, fazendo-lhe tão somente pequenas exigências, para só mais tarde impor-lhe as maiores.

Em segundo lugar, é preciso lembrar que há uma certa diversidade entre as pessoas que negam a fé, já que algumas a negam com os lábios e não com o coração, enquanto outras a negam das duas maneiras: com os lábios e com o coração. Logo, o diabo, desejoso de saber se a afirmação

O MARTELO DAS FEITICEIRAS

de fidelidade é sincera, concede-lhes um determinado prazo, para ver se de fato, pelas ações e pelos pensamentos, as iniciadas lhe são fiéis.

Em terceiro lugar, se depois de transcorrido aquele lapso de tempo ele vê que a principiante não se mostra tão disposta a fazer o que lhe foi pedido, e a ele está ligada só pela palavra mas não pelo coração, presume que a Misericórdia Divina deu-lhe a guarda de um anjo bom, cujo poder, pelo que lhe é dado saber, é bem maior. O diabo então desdenha dela e tenta expô-la a aflições temporais, para que possa de alguma forma lucrar com o seu desespero.

Clara é a verdade dessas declarações. Por que algumas bruxas não confessam a verdade mesmo sob as maiores torturas, enquanto outras prontamente confessam seus crimes tão logo são interrogadas? (Algumas, após o terem confessado, chegam a tentar enforcar-se.) A razão é a seguinte. Pode-se dizer, verdadeiramente, que quando não é por algum impulso Divino — conduzido por um santo anjo — que a bruxa confessa a verdade e abandona o período de silêncio, há de ser então por causa do diabo que ela ou vai se manter em silêncio ou vai confessar seus crimes. Ficarão em silêncio quando ele sabe que negaram a fé com seus lábios e com seu coração, e que também lhe prestaram sua homenagem; pois ele tem certeza de sua fidelidade. No último caso, ele retira a sua proteção, já que sabe que elas não lhe trarão mais nenhum lucro.

Pelo que temos ouvido nas confissões das que levamos à fogueira, sabemos não serem elas agentes voluntárias da bruxaria. E dizem-nos isso não na esperança de escaparem da danação, porque a verdade é testemunhada pelos murros e açoites desferidos pelos demônios, quando não se mostram dispostas a obedecerem às suas ordens. Não raro, temos visto o rosto delas inchado e lívido. De modo semelhante, depois de terem confessado os seus crimes sob tortura, sempre tentam se enforcar; e isso sabemos pelo fato de que, depois da confissão de seus crimes, os guardas ficam incumbidos de vigiá-las todo o tempo, mas, mesmo assim, por alguma negligência por parte deles, acabam se enforcando com o cadarço dos sapatos ou com as próprias roupas.

SEGUNDA PARTE

E é o diabo que as leva a agir assim, para que não possam obter o perdão, pela contrição ou pela confissão sacramental; e aquelas cujo coração ele não consegue seduzir, por graça do Senhor Deus, tenta levar ao desespero, através de perdas materiais e de morte dolorosa. No entanto, pela graça do Senhor, como convém piamente acreditar, elas podem obter o perdão pela contrição verdadeira e pela confissão sincera, quando não foram participantes voluntárias dessas práticas hediondas e obscenas.

Isso é exemplificado por certos acontecimentos que ocorreram há cerca de três anos, nas dioceses de Estrasburgo e de Constança, e nas cidades de Hagenau e de Ravensburg. Na cidade de Hagenau, uma bruxa se enforcou com a própria roupa de tecido bem fino. Uma outra, chamada Walpurgis, era notável por sua capacidade de permanecer em silêncio e ensinava as outras mulheres de que modo obter aquela resistência: bastava para tal cozinhar o próprio primogênito num forno. Temos à mão muitos desses exemplos, dentre os quais alguns serão relatados.

Há uma quarta razão por que o diabo exige homenagem em graus variáveis. Em alguns casos, o período de homenagem é relativamente exíguo porque, sendo ele mais habilidoso que os astrônomos, conhece a duração da vida humana e, assim, fixa o prazo que sabe que será precedido pela morte da pessoa, ou então lhe antecipa a morte natural com algum acidente.

Tudo isso pode ser demonstrado, em suma, pelas ações e pelo comportamento das bruxas. Havemos primeiro de deduzir a astúcia do demônio por tais ações e comportamento. Segundo Santo Agostinho no *De Natura Daemonis* [Sobre a natureza dos demônios], são sete as razões por que os demônios conseguem prever eventos futuros prováveis, embora não os saibam afirmar com certeza.

A primeira é que possuem uma certa sutileza natural em seu entendimento, pelo que chegam ao conhecimento de tais eventos sem necessidade do processo de raciocínio que nos é peculiar.

A segunda, pela sua longa experiência e pela revelação dos espíritos superiores, sabem mais do que nós. Pois nos diz Santo Isidoro

(*Etymologiae*, livro 8): "Segundo os doutores da Igreja, muitas vezes os demônios obtêm a sua extraordinária astúcia de três fontes: de seu sutil entendimento natural, de sua longa experiência e da revelação dos espíritos celestiais."

A terceira razão está na sua rapidez de movimento, pela qual são capazes de, com miraculosa velocidade, antecipar e prever no Ocidente o que está acontecendo no Oriente.

Em quarto lugar, temos que à medida que são capazes de, com a permissão de Deus, causar doenças e flagelos, são também capazes de predizê-los.

Em quinto lugar, são capazes de com maior sagacidade ler os sinais da morte do que um médico quando examina a urina ou toma o pulso. Pois assim como o médico vê sinais numa pessoa doente que uma pessoa leiga em medicina não percebe, de forma análoga os demônios veem aquilo que os seres humanos naturalmente não enxergam.

Em sexto lugar, são capazes de prever mais astutamente que a mais sábia das pessoas o que se passa e o que se passará no pensamento de uma pessoa, pelos sinais que do intelecto humano procedem. Pois sabem quais os impulsos e, logo, quais as ações que daí decorrerão.

Em sétimo lugar, entendem melhor do que os seres humanos os atos e os escritos dos profetas e, como desses muito depende o futuro, são capazes de muito mais predizer o que irá ocorrer. Não admira, portanto, que sejam capazes de saber qual há de ser a duração da vida de uma pessoa. Embora seja diverso no caso da duração acidental quando uma bruxa é queimada. Nesse caso, o diabo acaba por causá-la, ao descobrir que a bruxa é relutante e receia pela sua conversão; ao passo que protege até mesmo pela morte natural as outras que ele sabe serem seus agentes voluntários.

Vamos dar alguns exemplos de ambos os casos que chegaram até nosso conhecimento. Havia, na diocese da Basileia, numa cidade chamada Oberweiler, às margens do Reno, um honesto pároco que, credulamente, defendia a opinião — ou talvez o erro — de que não existiam bruxas neste mundo, que essas só existiam na imaginação das pessoas que atribuíam

SEGUNDA PARTE

certos fenômenos à bruxaria. Mas Deus desejou expurgá-lo de seu erro fazendo-o saber, inclusive, que os demônios têm por hábito estipular certo prazo para a vida das bruxas nesta Terra. Certo dia, estando muito atrasado para um compromisso, saiu de casa às pressas. Tal era a sua pressa que, ao cruzar a ponte, esbarrou numa velha que por ali passava, derrubando-a nas águas lodosas do rio. Indignada, a velha despejou-lhe uma torrente de insultos e finalizou: "Padre! Não cruzarás a ponte com impunidade!"

Embora pouca importância tenha dado àquelas palavras, na mesma noite, ao precisar levantar-se da cama, viu-se enfeitiçado da cintura para baixo e, desde então, passou a necessitar do apoio de outro homem sempre que desejava ir à igreja; e nesse estado permaneceu durante três anos, sob os cuidados de sua própria mãe. Transcorrido esse tempo, aconteceu de a velha que jogara no rio e de quem já suspeitava que o tivesse enfeitiçado ficar muito doente. Não tardou que viessem pedir-lhe para que a ouvisse em confissão. Embora na sua primeira reação tenha vociferado para que ela fosse se confessar com o diabo, o mestre dela, a mãe do padre interveio e, a seu pedido, ele consentiu em ir visitar a mulher, ajudado por dois criados. Lá chegando, sentou-se à cabeceira da cama onde se encontrava deitada a velha e ouviu-a em confissão. Os dois criados a tudo escutaram pelo lado de fora da janela, curiosos que estavam em saber se ela iria lhe contar a verdade. E não obstante a princípio não tivesse feito menção de ter sido ela a causadora do mal, depois de terminada a confissão disse: "Padre, o senhor sabe quem o enfeitiçou?" "Não", respondeu-lhe o padre delicadamente, ao que ela retorquiu: "Ora, Padre, o senhor suspeita de mim e com razão. Pois saiba que lhe causei esse malefício pelo seguinte motivo", e então relembrou-lhe do episódio da ponte. Depois que o pároco pediu-lhe para ser liberado, ela ainda disse: "Olhe! O tempo estipulado acabou e eu devo morrer; morrerei dentro de alguns dias e depois de minha morte o senhor estará curado."

E assim aconteceu. A velha morreu no prazo estabelecido pelo demônio e certa noite, trinta dias depois, o padre viu-se completamente curado. O nome do padre é Heflin, e ele ainda vive na diocese de Estrasburgo.

O MARTELO DAS FEITICEIRAS

Caso semelhante deu-se na diocese de Basileia, num vilarejo chamado Bühl, próximo à cidade de Guebwiller. Lá existiu uma certa mulher que durante seis anos copulou com um íncubo, mesmo quando deitada ao lado de seu marido. Com o demônio copulava três vezes por semana: aos domingos, às terças e às quintas. E também em certas noites mais sagradas. Mas o juramento que ela fizera ao demônio fora o de a ele entregar-se de corpo e alma para sempre, depois de um período inicial de sete anos. No entanto, Deus foi misericordioso: a mulher foi capturada no sexto ano e condenada à fogueira. E como tivesse de fato e verdadeiramente confessado o seu crime, acredita-se que tenha conseguido o perdão de Deus. Pois foi para a morte com maior alegria no coração, dizendo-se feliz em sofrer mesmo a punição mais terrível, pois que através dela havia de se livrar e de escapar do poder do diabo.

CAPÍTULO III

De que modo são as bruxas transportadas de um lugar a outro

Vamos agora considerar as cerimônias e de que modo realizam as operações maléficas, primeiro com relação a si próprias, depois com relação às outras pessoas. Entre as principais operações, duas são de maior vulto: o seu transporte de um lugar a outro e a relação carnal que mantêm com íncubos, de que trataremos separadamente, começando pelo seu traslado corpóreo. Cabe aqui, no entanto, apontar que a sua veiculação pelo ar oferece uma dificuldade, que já mencionamos e que advém de uma só autoridade ao declarar (*Episcopi*, 26, questão 5):

> Não se pode omitir que certas mulheres perversas, pervertidas por Satanás e seduzidas pelas ilusões e aparições espectrais dos demônios, acreditam e professam cavalgarem durante a noite em certas bestas ao lado de Diana, a deusa pagã, ou de Herodias e ao lado também de um número incontável de outras

SEGUNDA PARTE

mulheres, e, no silêncio escuro da noite, percorrem grandes distâncias de terra e assim consecutivamente.

E mais adiante:

> Pelo que os pregadores hão de pregar ao povo de Deus para que este saiba da falsidade desse fenômeno: quando essas visões fantásticas afligem a mente da pessoa fiel, saiba ela que não provêm de Deus, mas de um espírito do mal. Pois que o próprio Satanás adquire a forma e a aparência de distintas pessoas e, em sonhos, iludindo o pensamento cativo, o conduz a caminhos errantes, entre outros.

Há ainda os que, tomando o exemplo de São Germano e de outros homens que vigiam as suas filhas para ver se isso é verdade, por vezes pregam que isso é algo totalmente impossível; e que é insensato atribuir tais levitações às bruxas e às suas operações, tanto como é imprudente atribuir-lhes os males que se abatem sobre os seres humanos e sobre os frutos da terra; pois assim como são vítimas da fantasia nos seus voos noturnos, dela são também vítimas ao acreditarem-se capazes de causar danos às criaturas vivas.

No entanto, essa opinião foi refutada como herética na primeira questão; porque exclui a permissão Divina para com os poderes do diabo, e que abrangem fenômenos bem maiores do que este; e porque é contrária ao significado das Sagradas Escrituras e tem causado um mal intolerável à Santa Igreja: há muitos anos, graças a essa doutrina pestífera, as bruxas têm ficado sem punição: as cortes seculares perderam o poder para puni-las. Portanto, o leitor diligente há de considerar o que foi estabelecido para eliminar tal ponto de vista e vai, por ora, atentar para o modo pelo qual as bruxas são transportadas, de que modo isso é possível, para o que aditaremos alguns exemplos.

Várias maneiras pelas quais elas são capazes de serem transportadas corporalmente são demonstradas; em primeiro lugar, através da opera-

O MARTELO DAS FEITICEIRAS

ção de mágicos. Pois se não pudessem ser transportadas, não o seriam porque Deus não permite, ou porque o diabo é incapaz de fazê-lo, por tal ato ser contrário à sua natureza. Não há de ser pelo primeiro motivo, porquanto fenômenos maiores e menores podem ser realizados com a permissão de Deus; e fenômenos bem mais vultosos são feitos em crianças e em pessoas adultas, mesmo em pessoas justas confirmadas na graça.

Quando se indaga se a substituição de crianças pode ser feita por obra do diabo, e se uma pessoa pode ser transportada de um lugar a outro contra a vontade, cabe responder que sim, quanto à primeira pergunta. Pois Guilherme de Paris nos conta na última parte do seu *De Universo*:

> A substituição de crianças é, com a permissão de Deus, possível: o diabo é capaz de passar-se pela criança ou mesmo transportá-la. Tais crianças são sempre miseráveis e chorosas. Embora quatro ou cinco amas talvez conseguissem amamentá-las, nunca engordam, apesar de serem mais pesadas que as crianças comuns.

Isso, no entanto, nunca há de ser afirmado ou negado às mulheres, por nelas poder incutir muito medo. Devem ser instruídas a consultar a opinião de homens instruídos. Pois que Deus assim permite por causa dos pecados da mãe e do pai, pelo que, por vezes, os homens insultam sua mulher, dizendo. "Talvez carregues na barriga um demônio!", ou frases semelhantes. Da mesma forma, algumas mulheres impacientes proferem sentenças dessa espécie. E muitos outros exemplos têm sido contados por outros homens, alguns por homens devotos.

Pois Vicente de Beauvais (*Speculum Historiale*, livro 26, capítulo 43) relata a história contada por São Pedro Damião a respeito do filho de um nobre que pela primeira vez morava num mosteiro; o menino, de 5 anos, certa noite foi transportado do mosteiro a um moinho fechado, onde foi encontrado pela manhã. Ao ser interrogado como aquilo acontecera, disse que fora levado por alguns homens a uma grande festa onde lhe ofereceram comida; depois disso foi, pelo teto, colocado dentro do moinho.

SEGUNDA PARTE

E o que dizer daqueles magos, em geral chamados necromantes, que são muitas vezes transportados no ar pelos demônios por longas distâncias? Às vezes persuadem outros a acompanhá-los num cavalo, que não é de fato um cavalo, mas um demônio naquela forma e, como eles mesmos contam, recomendam a seus companheiros para não fazerem o sinal da cruz.

Um de nós conheceu muito bem alguns desses homens. Havia um, antes um erudito professor, hoje pároco na diocese de Freising, que costumava contar que, certa vez, fora transportado corporalmente pelo ar por um demônio e levado às regiões mais distantes.

Há outro padre, em Oberdorf, cidade próxima a Landshut, amigo de um de nós, que contou ter visto com seus próprios olhos o voo de um homem: com os braços estendidos, foi levado a grande altura, aos gritos mas sem chorar. E a causa, pelo seu relato, foi a seguinte. Alguns amigos, entre eles o tal homem, haviam se reunido para beber cerveja. Concordaram que aquele que a fosse buscar nada pagaria. De imediato apresentou-se o primeiro disposto a trazer a cerveja. Ao abrir a porta, porém, deparou-se com espessa nuvem diante da soleira e, retornando aterrorizado, foi logo dizendo aos amigos por que desistira de trazer a bebida. Então apresentou-se um segundo, falando com raiva: "Mesmo que o diabo lá esteja, eu hei de buscar a bebida!" E, ao sair, foi arrastado para o alto nos ares, à vista de todos os companheiros.

É preciso confessar que tais coisas não só acontecem às pessoas que estão despertas mas também às que estão dormindo; ou seja, podem ser transladadas corporalmente pelo ar durante sono profundo. Não há dúvida de que isso se dá com certas pessoas que durante o sono caminham pelo teto das casas e pelos prédios mais altos, sem que ninguém possa barrar-lhes o caminho. E, quando chamadas pelos circunstantes, caem de imediato ao chão, com estrondo.

Muitas pessoas pensam, não sem razão, que isso é obra do diabo. Pois os demônios são de muitos tipos diferentes, e alguns, que caíram do coro inferior dos anjos, são torturados por pecados menores e por castigos mais leves, a par da danação que hão de sofrer eternamente. E estes não

O MARTELO DAS FEITICEIRAS

são capazes de machucar ninguém, pelo menos não gravemente, só o que conseguem fazer são brincadeiras malévolas. Outros, os íncubos e os súcubos, punem as pessoas à noite, corrompendo-as com o pecado da luxúria. Não admira que sejam também dados a brincadeiras rudes como essa que acabamos de contar.

A verdade pode ser deduzida das palavras de São João Cassiano (primeira *Conferência*), que afirma não haver dúvida de que há tantos espíritos impuros quanto há diferentes desejos nas pessoas. É sabido que alguns deles, a que a gente comum chama faunos, e a que chamamos trolls, existentes em grande número na Noruega, são estranhos fanfarrões, verdadeiros bufões, que assombram certos lugarejos e certas estradas, sem serem capazes de infligir qualquer mal: contentam-se em escarnecer e iludir quem passa, apenas aborrecendo as pessoas, mas sem as machucar. E alguns deles só atormentam as pessoas em pesadelos. Outros, porém, são furiosos e truculentos e não se contentam com a destruição atroz dos corpos que insuflam, mas também se precipitam do alto com violência e atingem inocentes passantes com os mais cruéis golpes. Nosso autor quer com isso dizer que não só os demônios possuem as pessoas, como também as torturam, terrivelmente, como o fizeram os descritos em Mateus, 8:28-34.

Com base nesses fatos, podemos concluir que, primeiro, não se há de dizer que as bruxas não possam ser trasladadas de um lugar a outro porque Deus não permite. Pois se Ele permite no caso da pessoa justa e da inocente, por que não haveria de permitir no caso das que são totalmente devotadas ao diabo? E declaramos com toda a reverência: o demônio não ergueu o Nosso Salvador, e não O levou a um lugar bem alto, conforme atesta o Evangelho (Lucas, 4)?

Não há também como aceitar o segundo argumento de nossos oponentes: o de que o demônio é incapaz de realizar tais prodígios. Porquanto já se demonstrou que ele tem tamanho poder natural, acima de todos os poderes corpóreos, que não há poder terreno que ao dele se compare. Está escrito: "Não há nada igual a ele na Terra" e assim consecutivamente (Jó, 41:24). De fato, a força ou poder natural que existe em Lúcifer é tão

300

SEGUNDA PARTE

grande que não há nada superior entre os anjos bons do céu. Pois assim como excedeu a todos os anjos quanto à sua natureza — com a Queda só prejudicou a sua graça, e não a sua força natural —, essa mesma natureza ainda preserva aquela força original, embora seja obscura e confinada. Pelo que diz a glosa a respeito da passagem "Não há nada igual a Ele na Terra": "Embora exceda todas as coisas em poder, ainda se acha subordinado aos méritos dos santos."

Duas outras objeções que poderiam ser trazidas à baila também não são válidas. A primeira: a alma do ser humano poderia resistir-lhe, já que o texto fala de um demônio em particular e a ele se refere no singular: Lúcifer. E como foi ele quem tentou Cristo no deserto e também quem seduziu o primeiro humano, há de encontrar-se hoje confinado em ferros. A segunda: os outros anjos não devem ser tão poderosos, já que ele os excede em poder, a todos. Logo, os demais espíritos não podem ser capazes de transportar pessoas perversas pelo ar de um lugar a outro.

Tais argumentos não têm força. Pois, para considerar primeiro o dos anjos, mesmo o mais débil dos anjos do Senhor tem poder incomparavelmente superior aos poderes corpóreos e, portanto, o poder de um anjo, e mesmo o da alma, é superior ao poder do corpo. Em segundo lugar, quanto ao argumento da alma: toda forma corpórea deve sua individualidade à matéria e, no caso dos seres humanos, ao fato de que a alma a conforma; mas as formas imateriais são inteligências absolutas e, portanto, possuem poderes absolutos e mais universais. Por essa razão, a alma, quando ligada ao corpo, não é capaz de, repentinamente, transferir o corpo de lugar para outro ou de o suspender no ar; embora pudesse fazê-lo facilmente, com a permissão de Deus, se fosse separada do corpo. Isso é muito mais possível a um espírito absolutamente imaterial, como um anjo bom ou mau. Pois que um anjo bom transportou Habacuque (Daniel, 14:38) num só fôlego da Judeia à Caldeia. Por esse motivo conclui-se que aquelas pessoas que à noite são transportadas durante o sono pelo alto dos prédios não o são pela força de sua alma, nem pela influência dos astros, mas por alguma força mais poderosa, como se mostrou anteriormente.

O MARTELO DAS FEITICEIRAS

Em terceiro lugar, faz parte da natureza do corpo o movimento de um lugar a outro, graças diretamente a uma força espiritual; pois diz Aristóteles, na sua *Física*, livro 8: "O movimento local é o primeiro dos movimentos: o mais perfeito dos movimentos do corpo." E prova-o dizendo que o movimento local não se acha intrinsecamente na força de qualquer corpo, mas se deve a alguma força exterior. Pelo que se conclui, não tanto pelo que dizem os santos doutores da Igreja, mas pelo que dizem os filósofos: os corpos mais elevados, quais sejam, os astros luminosos, são movidos pelas essências espirituais e pelas inteligências separadas que são boas, por natureza e por intenção. Assim vemos que a alma é força motriz e causa principal do movimento local do corpo.

Cumpre declarar, portanto, que nem na sua capacidade física nem na sua capacidade anímica é capaz o corpo humano de resistir subitamente ao seu transporte de um lugar a outro, com a permissão de Deus, por alguma essência espiritual, boa por intenção e por natureza, quando então, as pessoas boas, confirmadas na graça, hão de ser transportadas; e nem de resistir ao transporte por alguma essência boa por natureza, mas não por intenção, quando então são as pessoas perversas transportadas. O leitor que assim o desejar pode reportar-se a São Tomás em três artigos, na parte 1, questão 90, depois no segundo livro do *Comentário sobre as sentenças*, dist. 7, a respeito dos poderes dos demônios sobre os efeitos corporais.

Eis, enfim, o seu método de transporte pelo ar. De posse da pomada, que, como dissemos, tem sua fórmula definida pelas instruções do diabo e é feita dos membros das crianças, sobretudo daquelas mortas antes do batismo, ungem com ela uma cadeira ou um cabo de vassoura; depois do que são imediatamente elevadas aos ares, de dia ou de noite, na visibilidade ou, se desejarem, na invisibilidade; pois o diabo é capaz de ocultar um corpo pela interposição de alguma outra substância, conforme mostramos na primeira parte deste tratado, onde falávamos dos encantamentos e das ilusões diabólicas. E não obstante o diabo realize tal prodígio em grande parte através da pomada — para que as crianças se vejam privadas da graça do batismo e da salvação —, parece que

SEGUNDA PARTE

também consegue o mesmo resultado sem o seu emprego. Já que, vez ou outra, transporta as bruxas em animais, que não são de fato animais, mas demônios naquela forma; e noutras ocasiões, mesmo sem qualquer auxílio exterior, elas são transportadas exclusivamente pela força dos demônios, que agem enquanto invisíveis.

Contamos aqui o caso de um voo visível, feito à luz do dia. Na cidade de Waldshut, às margens do Reno, na diocese de Constança, havia uma certa bruxa tão detestada pelos habitantes da cidade que não a convidaram para a celebração de um casamento, ao qual, no entanto, esperava-se o comparecimento de todas as pessoas moradoras da região. Indignada e desejosa de vingança, chamou à sua presença um demônio. Tendo-lhe explicado o motivo de seu aborrecimento, pediu-lhe que desencadeasse uma tempestade de granizo para dispersar todas as pessoas convidadas da festa; o demônio concordou e, elevando-a no ar, levou-a até uma colina, nas proximidades da cidade, à vista de alguns pastores. Pôs-se então a cavar um pequeno fosso que deveria encher de água para poder desencadear a tempestade (pois que é esse o método que usam para provocar chuvas de granizo). Como ali não dispusesse de água, encheu o fosso com a própria urina e começou a revolvê-la com o dedo — conforme manda o ritual —, com o demônio a postos, a observá-la. Então, repentinamente, o demônio fez todo o líquido subir pelos ares, desabando uma violenta chuva de enormes pedras de gelo apenas sobre as pessoas convidadas e os dançarinos da festa. Depois de terem se dispersado e ficarem a se perguntar qual teria sido a causa do temporal, viram que chegava a bruxa na cidade, o que levantou forte suspeita sobre ela. No entanto, depois que os pastores contaram o que viram, a sua suspeita transformou-se em certeza, pelo que a mulher foi presa. E confessou que assim procedera porque não fora convidada para o casamento. E, por esse motivo, e pelas muitas outras bruxarias que já perpetrara, acabou queimada na fogueira.

E como os relatos acerca dos voos das bruxas são cada vez mais comentados e públicos, mesmo entre as pessoas comuns, é desnecessário aqui aditar outras provas. Esperamos que esses exemplos sejam suficientes

O MARTELO DAS FEITICEIRAS

para esclarecer as pessoas que ainda negam a existência desse fenômeno, ou as pessoas que tentam sustentar que são fenômenos meramente imaginários ou fantásticos. De fato, teria pouca importância deixar essas pessoas incorrerem nesse erro, não fosse a sua crença tão danosa à fé. Pois que, não contentes em sustentar o erro, ainda persistem em sustentar e publicar muitos outros que contribuem para o aumento do número de bruxas e para o detrimento da fé. Porque afirmam que toda a bruxaria só pode ser atribuída à imaginação e à ilusão de algumas pessoas, como se se tratasse de algo inócuo, tão inócuo quanto o seu voo, mera fantasia. Pois é por esse motivo que muitas bruxas continuam sem punição, para um desapreço cada vez maior do Criador e para o crescimento cada vez maior de suas hostes.

Não se pode aceitar os argumentos em que esteiam a sua falácia. Mencionam primeiro aquele capítulo do Cânon (*Episcopi*, 26, questão 5) onde é afirmado que as bruxas só são transportadas na imaginação das pessoas. Ora, quem seria tão tolo a ponto de concluir que por isso elas não podem ser transportadas corporalmente? De maneira análoga, ao fim daquele capítulo está escrito que a pessoa que acredita na metamorfose deve ser considerada a pior das infiéis e das pagãs; mas quem poderia afirmar, baseado tão somente nessa passagem, que os seres humanos não são, vez ou outra, transformados em feras por magia, ou que da saúde não são levados à doença? As pessoas que se limitam a interpretar na superficialidade as palavras do Cânon defendem assim opinião contrária à que professam todos os santos doutores da Igreja e, de fato, à que se acha exposta nas Sagradas Escrituras.

Pois a opinião contrária é abundantemente comprovada pelo que já se frisou em várias passagens da primeira parte deste tratado. É mister estudar o significado mais profundo do texto canônico. Esse exame percuciente ocorreu na primeira questão da primeira parte do livro, ao refutarmos o segundo de três erros heréticos, onde os condenamos e ensinamos o que se há de pregar ao povo. As bruxas são transportadas pelo ar em corpo e em espírito, conforme se prova pelas confissões não só das que foram queimadas, mas também das que retornaram à penitência e à fé.

SEGUNDA PARTE

A mulher da cidade de Breisach, a quem perguntamos se só eram transportadas na imaginação ou só em corpo físico, ajudou a esclarecer a questão. Disse-nos que são das duas maneiras. Contou-nos, ademais, que, quando não querem ser transportadas corporalmente mas desejam saber o que está se passando num encontro de bruxas, seguem o seguinte procedimento. Em nome de todos os demônios, deitam-se sobre o lado esquerdo e põem-se a dormir. Começa a sair por sua boca, então, uma espécie de vapor azulado através do qual conseguem ver exatamente o que está acontecendo. Quando, porém, querem ser até lá transportadas, precisam observar o método a que já nos referimos.

Além disso, mesmo que se entendam as palavras do Cânon literalmente, sem qualquer outra explicação, quem haveria de ser tão obtuso ao ponto de dizer que toda bruxaria e seus efeitos maléficos são puramente imaginários? Quando exatamente o contrário é evidente aos sentidos de qualquer pessoa? Sobretudo quando se leva em conta que são várias as formas de superstição, catorze, especificamente; e que, dessas, as mais maléficas são as praticadas pelas bruxas e pelas pitonisas, as quais só são capazes de transporte pelo ar na imaginação.

Não aceitamos também que o erro possa ser consubstanciado pela lenda de São Germano e de outros santos. Pois que foi possível aos demônios se deitarem com as mulheres ao lado do marido, que dormiam, enquanto o santo observava o comportamento das mulheres e nada aconteceu: tudo se passou como se elas estivessem dormindo de fato. Não diremos que isso tenha ocorrido por consideração para com o santo; de qualquer modo, não se há de dizer que o contrário do que se conta na lenda seja impossível.

De forma análoga se pode responder a todas as demais objeções. Algumas bruxas só são transportadas na imaginação, mas, segundo os textos de muitos doutores da Igreja, são-no também em corpo físico. A leitora ou o leitor interessado pode consultar o livro de Tomás de Brabante, *Sobre Besa*, lá encontrando muitos prodígios extraordinários a respeito do traslado imaginário e corpóreo dos seres humanos.

CAPÍTULO IV

De como as bruxas copulam com os demônios conhecidos como íncubos

Quanto a forma de as feiticeiras copularem com íncubos, cumpre ressaltar seis pontos. Primeiro: quanto ao demônio e à forma que assume — de que elemento é composta. Segundo: quanto ao ato, se é sempre acompanhado da injeção de sêmen recebido de algum outro homem. Terceiro: quanto aos momentos e ao lugar, se há momentos mais propícios do que outros para o ato. Quarto: se o ato é visível para as mulheres ou se só as geradas desse modo é que são visitadas pelos demônios. Quinto: se o ato só é praticado pelas que foram oferecidas pelas parteiras aos demônios por ocasião do nascimento. Sexto: se o prazer venéreo alcançado é mais ou menos intenso. Comecemos pela consideração da forma criatural assumida pelo demônio e de que é composta.

Ora, não há dúvida de que o demônio assume uma forma em parte etérea e em parte material, na medida em que possui, por condensação, uma propriedade terrosa. E isso se explica do seguinte modo. O ar não pode adquirir qualquer forma definida, exceto a de um outro corpo que o contenha. Nesse caso, ele não se acha confinado a seus próprios limites, mas aos limites de alguma outra coisa, pelo que se continua e se estende aos espaços contíguos. Portanto, o demônio não pode se apresentar na forma de um corpo aéreo, simplesmente.

Saiba o leitor, ademais, que o ar é de todos os elementos o mais instável e o mais fluido. Prova disso é que não somos capazes de cortar ou perfurar o corpo assumido por um demônio com uma espada: as partes divididas do ar tornam a se juntar de imediato. Assim, vemos que o ar é elemento muito adequado a esse propósito, mas que só adquire forma definida quando a ele se agregam outros elementos terrenos. Portanto, é necessário que o ar que compõe o corpo assumido pelo demônio seja condensado, aproximando-se da

SEGUNDA PARTE

materialidade da terra, de uma parte, mas de outra preservando sua propriedade essencial, fluida e instável. Os demônios e os espíritos incorpóreos conseguem tal condensação através de espessos vapores oriundos da terra, conformando-se no ser criatural que vão habitar — não com a sua força profanadora, mas com a sua força motriz, a dar àquela forma a aparência de um ser vivo. Exatamente como a alma confere a forma viva ao corpo a que se une. Passam a ser, ademais, nessas formas corpóreas que assumem, como um marinheiro num barco que o vento conduz.

De que forma, então, há de ser o corpo assumido pelos demônios? No princípio da materialização é ar, tão somente; ao cabo, é ar condensado, a partilhar de algumas das propriedades dos elementos terrenos materiais. E tudo isso conseguem fazer os demônios por sua própria natureza, com a permissão de Deus. Pois que a natureza espiritual é superior à material ou corpórea. Portanto, a natureza corpórea há de obedecer aos demônios com relação aos movimentos locais, embora não com relação às formas naturais — sejam acidentais ou substanciais —, exceto no caso de algumas criaturas (e mesmo assim só com a participação de algum outro agente, como ressaltamos antes). Quanto ao movimento local, contudo, não há forma criatural fora de seus poderes: são capazes de se mover como desejarem e em quaisquer circunstâncias.

Poder-se-ia aqui indagar, a propósito, sobre o caso dos anjos, bons ou maus, que realizam certas funções vitais através de corpos naturais verdadeiros, e não através de corpos de ar. Como, por exemplo, no caso do jumento de Balaão, através do qual o anjo falou, ou então no caso dos corpos humanos possuídos por demônios. É preciso dizer que esses corpos não foram conformados pela materialização do ar, mas sim literalmente ocupados pelos demônios. Consultar São Tomás, *Comentário sobre as sentenças*, livro 2, dist. 8, "Se os anjos assumem forma corpórea". Voltemos, porém, à nossa argumentação.

De que modo os demônios conversam com as bruxas, as veem, as ouvem, de que modo com elas comem e com elas copulam? Eis aí a segunda parte de nossa primeira dificuldade.

O MARTELO DAS FEITICEIRAS

Para falar com as bruxas são necessários três elementos: primeiro, pulmões, para impelir o ar, e não apenas para produzir os sons, mas também para esfriar o coração; pois que até as pessoas mudas possuem essa qualidade necessária; segundo, percussão de algum corpo no ar, pois que o som será mais ou menos intenso quando, no ar, se percute um pedaço de pau ou um sino, por exemplo. Quando um elemento sonoro é percutido pelo instrumento adequado, emite um som proporcional a seu tamanho, que chega ao ar e que é multiplicado aos ouvidos humanos: se quem ouve está distante do elemento sonoro, o som parece provir do espaço. Em terceiro lugar, é necessária a voz. Cumpre frisar que o que nos corpos inanimados se denomina som, nos corpos vivos se denomina voz. E aqui a língua interfere nas respirações movendo--se de encontro a um instrumento ou órgão natural, dado por Deus. O que daí emana não é um som, como o de um sino, mas a voz humana. Esclarecemos esse assunto aqui para que os pregadores disponham de elementos suficientes para expor o assunto à comunidade de fiéis.

Em quarto lugar, é necessário que a voz exprima algum conceito oriundo do intelecto a alguma outra pessoa e que aquela pessoa que fala entenda o que está dizendo. Ao articular a voz, a língua, em movimentos sucessivos, toca nos dentes e os lábios se abrem e se fecham, de sorte que os sons emitidos pelo interlocutor são ouvidos e entendidos pelo ouvinte.

Ora, os demônios não possuem pulmões e nem língua, embora possam exibi-la, além de dentes e de lábios, artificialmente feitos segundo a condição de seu corpo; portanto, não são capazes de falar no sentido próprio do termo. Mas, como possuem o entendimento e, quando querem expressar o que desejam, o fazem, cumpre explicar: por alguma alteração do ar de seu corpo, emitem sons semelhantes a vozes, mas não vozes propriamente — porque o ar não entra e sai de seu corpo como no caso dos seres humanos: tais sons são articulados no ar exterior e chegam até os ouvidos dos ouvintes. Não há dúvida de que um som semelhante à voz pode ser produzido sem respiração: há animais que não respiram mas que emitem sons, assim

SEGUNDA PARTE

como certos instrumentos, como explica Aristóteles em *De Anima*. Há certos peixes que, quando apanhados, antes de morrer, gritam e gemem fora da água.

Tudo que dissemos se aplica ao que vamos desenvolver a seguir, embora só no que diz respeito à questão em que tratamos da função geradora, não no que diz respeito aos anjos do bem.

O leitor interessado em saber como falam os demônios através dos corpos possuídos deve consultar São Tomás, no segundo livro do *Comentário sobre as sentenças*, dist. 8, artigo 5. No caso aí referido, os demônios se utilizam dos órgãos da pessoa possuída. Pois ocupam tais corpos nos seus próprios limites materiais quantitativos, mas não nos limites de sua essência, seja da essência do corpo ou da alma. Cabe observar aí a distinção entre substância e quantidade, ou acidente. Mas isso já está fora de nosso propósito.

Pois bem: é preciso também que os demônios vejam e ouçam de alguma maneira. Ora, a visão é de dois tipos — espiritual e corpórea — sendo que a primeira excede infinitamente a segunda; pois que é capaz de penetrar na matéria e não ser dificultada pela distância, dada a faculdade luminosa de que se utiliza. Portanto, os anjos, bons ou maus, nunca veem com os olhos do corpo assumido, nem se utilizam de qualquer das propriedades do corpo humano possuído, como fazem no caso da fala — quando se utilizam do ar e de sua vibração para produzir o som que chega até os ouvintes. Pelo que seus olhos são olhos pintados.

E assim se mostram aos seres humanos: embora manifestem semelhança quanto às suas propriedades naturais, conversam com eles espiritualmente apenas. Pois é com esse propósito que os santos anjos têm muitas vezes aparecido aos padres, a comando de Deus e com a sua permissão. E os anjos do mal assim se manifestam às pessoas perversas, para que nelas reconhecendo as suas qualidades possam a eles se associar, agora no pecado, depois no castigo.

Dionísio, ao fim da sua *Hierarquia celeste*, diz: "Em todas as partes do corpo humano os anjos nos ensinam a considerar-lhes as propriedades." Como a visão humana é uma operação do corpo vivo que se faz através

O MARTELO DAS FEITICEIRAS

de um determinado órgão, que os demônios não possuem, nas formas criaturais que assumem, assim como lhes dão membros de forma humana, conferem-lhes a mesma semelhança em suas funções.

Podemos falar de forma análoga da audição dos demônios, que é bem mais desenvolvida do que no corpo humano; já que é capaz de ouvir os pensamentos e as conversas da alma de forma mais sutil que os seres humanos através da palavra falada. Ver São Tomás, segundo livro do *Comentário sobre as sentenças*, dist. 8. Pois se os desejos secretos de uma pessoa são lidos no seu rosto, e se os médicos são capazes de desvendar os segredos do coração pelos seus batimentos e pelo exame do pulso, muito mais há de ser conhecido pelos demônios.

Quanto ao ato de comer, o que podemos dizer é que dele participam quatro processos: a mastigação, na boca, a deglutição até o estômago, a digestão nesse órgão e, por fim, o metabolismo dos nutrientes necessários e a ejeção dos elementos supérfluos. Todos os anjos são capazes de realizar os dois primeiros processos nos corpos assumidos, nas não o terceiro e o quarto; em vez de digerir e eliminar os restos de alimento, têm eles o poder de repentinamente dissolver esse alimento na matéria circundante. Em Cristo, o processo digestivo era completo em todos os aspectos, pois que Ele possuía os poderes nutritivo e metabólico; não é preciso que se diga nada a respeito da conversão do alimento em seu próprio corpo, pois que tal poder conversor achava-se, como todo o seu corpo, glorificado; o alimento que Cristo ingeria era repentinamente dissolvido em Seu Próprio corpo; o efeito era o de quem joga água no fogo.

De como as bruxas nos tempos modernos praticam o ato carnal com íncubos, e de como se multiplicam por meio dele

Ora, pelo que já explicamos, não vamos encontrar maior dificuldade em esclarecer o assunto principal, qual seja, o do ato carnal praticado pelos íncubos, na sua forma criatural, com as bruxas. Salvo se o leitor duvidar

310

SEGUNDA PARTE

de que as bruxas de nossos tempos pratiquem tal coito abominável e que sejam geradas por meio dessa monstruosidade.

Havemos de contar, para esclarecer essas duas dúvidas, algo a respeito da atividade das bruxas que viveram em tempos mais remotos, por volta de 1.400 anos antes da Encarnação de Nosso Senhor Jesus Cristo. Não se sabe, por exemplo, se eram dadas a essas práticas obscenas como o são as bruxas modernas desde então; a história, ao que sabemos, nada revela a respeito desse assunto. Mas ninguém há de duvidar de que sempre tenham existido as bruxas e que, pelas suas obras maléficas, muitos males já tenham causado aos seres humanos, aos animais e aos frutos da terra. E mais: que tenham sempre existido os íncubos e os súcubos. Pois que a tradição canônica e a tradição dos doutores da Igreja têm-nos legado muitas informações a seu respeito, durante centenas de anos. No entanto, há uma diferença importante: nos tempos mais remotos, os íncubos costumavam molestar as mulheres contra a sua vontade, conforme nos faz saber Nider em seu *Formicarius*, e Tomás de Brabante, no seu livro *Sobre Besa*.

Mas a teoria de que as bruxas modernas se acham contaminadas por essa espécie de lascívia diabólica não está consubstanciada apenas em nossa opinião; tal crédito há que ser atribuído ao testemunho abalizado das próprias bruxas. Hoje, pelo que nos contam, entregam-se a essas práticas não mais involuntariamente, como em épocas distantes, mas sim voluntariamente, revelando a servidão mais abjeta e miserável. Quantas mulheres não deixamos de punir pelas leis seculares em várias dioceses, mormente em Constança e na cidade de Ravensburg, onde as bruxas se entregavam a tais abominações, algumas desde os 20 anos, outras desde os 12 ou 13 anos, e sempre com uma negação, total ou parcial, da fé? Todas as pessoas que habitam esses lugares são testemunhas desse fato. Pois sem contar as que se arrependeram em sigilo e as que retornaram ao caminho da fé, não menos que 48 foram queimadas em cinco anos. E não há por que duvidar da veracidade de suas histórias, pois que livremente mostraram-se arrependidas. Todas concordam num ponto: foram levadas a entregarem-se a tais práticas obscenas para engrossar as fileiras daquelas hostes perversas.

O MARTELO DAS FEITICEIRAS

Trataremos no entanto de cada caso individualmente, na segunda parte deste trabalho, descrevendo em particular cada um de seus atos. Omitiremos apenas os casos que chegaram ao conhecimento do inquisidor de Como, no condado de Bormio, e que, no espaço de um ano — o ano da graça de 1485 — levou à fogueira 41 bruxas. Todas as bruxas afirmaram publicamente que praticavam tais abominações com demônios. Portanto, a matéria se acha perfeitamente consubstanciada por testemunhas oculares e também por outras testemunhas dignas de todo crédito.

Quanto à segunda dúvida — se as bruxas são geradas durante a prática dessas abominações —, podemos acompanhar o que diz Santo Agostinho (*A doutrina cristã*, livro 1): "Não há dúvida de que todas as artes supersticiosas tiveram sua origem no vínculo carnal pestilento entre seres humanos e demônios. Todas as práticas dessa natureza, sejam inócuas, sejam nocivas, originaram-se da união pestífera entre seres humanos e demônios, como se entre eles se tivesse firmado um pacto de amizade infiel e pérfida, pelo que todos hão de ser completamente repudiados."

Explicita o autor nessa passagem já a existência de várias espécies de superstições ou de artes mágicas, e várias sociedades de pessoas que as praticam; e como, dentre as catorze espécies, a pior é a das bruxas — pois que têm firmado um pacto tácito e explícito com o demônio e, mais do que isso, têm se entregado a uma espécie de adoração do diabo ao abjurarem a fé —, conclui-se que as bruxas mantêm o vínculo de pior espécie com os demônios, mormente pelo seu comportamento como mulheres que, como todas as outras, se deleitam com coisas fúteis e vãs.

Reparar também na passagem do segundo livro do *Comentário sobre as Sentenças* (dist. 4, artigo 4), em que São Tomás, ao dar a solução de um argumento, indaga se as bruxas que se entregam dessa forma aos demônios não seriam mais poderosas do que os seres humanos. Pois responde que essa é a verdade. Esteia o seu ponto de vista no texto das Escrituras (Gênesis, 6:4): "Naquele tempo viviam gigantes na Terra." E esteia-o também no seguinte motivo. Os demônios sabem de que modo avaliar as virtudes do sêmen: primeiro, pelo temperamento de quem o sêmen é obtido; segundo, sabendo qual mulher é mais adequada

SEGUNDA PARTE

para recebê-lo; terceiro, sabendo qual a constelação astral ideal para o efeito corpóreo almejado; e podemos acrescentar, em quarto lugar, que os gerados pelos demônios são os de melhor disposição para as obras diabólicas. Ao concorrerem todas essas causas, concluímos que os seres humanos assim concebidos são fortes e de corpo avantajado.

Portanto, voltando à pergunta sobre a origem das bruxas, devemos dizer que tal origem se encontra na mútua associação pestífera com os demônios, como já ficou claro pelo que dissemos. Mas ninguém pode afirmar com certeza que não aumentam em número e se multiplicam através dessas práticas abjetas, embora os demônios cometam tais atos não por prazer, mas para a perdição das almas. Eis como se dá tal processo, sucessivamente. Um súcubo recolhe o sêmen de um homem perverso e, se for ele o demônio próprio daquele homem e não desejar transformar-se em íncubo para uma bruxa, passa o sêmen para outro demônio delegado a uma mulher ou bruxa; este, então, sob os auspícios de uma constelação que favoreça os seus propósitos — de gerar um homem ou uma mulher vigorosos na prática da bruxaria —, transforma-se no íncubo para uma outra bruxa.

Dizer que os gigantes dos primeiros tempos não eram dedicados à bruxaria não se constitui objeção aos nossos argumentos: as bruxarias não eram realizadas àquela época dada a lembrança recente da Criação do Mundo, que não deixava margem para a idolatria. Mas à medida que crescia a perversidade no seio da humanidade, o diabo ia encontrando mais oportunidades para disseminar essa espécie de perfídia. No entanto, os que naquele tempo eram chamados de prodigiosos e de poderosos não necessariamente o eram por causa de suas boas virtudes.

Se as relações de um íncubo com uma bruxa sempre se acompanham da injeção de sêmen

O diabo dispõe de mil maneiras e de mil recursos para infligir males ao ser humano e, desde a época da sua primeira Queda, vem tentan-

O MARTELO DAS FEITICEIRAS

do destruir a unidade da Igreja e subverter, de todos os meios, a raça humana. Embora não haja uma regra infalível para esclarecermos esse assunto, cumpre fazermos uma distinção provável: ou a bruxa é velha e estéril, ou não é. Sendo estéril, o demônio com ela copula sem injetar-lhe o sêmen, pois que não teria qualquer utilidade, e o diabo evita, ao extremo, a superfluidade nas suas operações. Não sendo estéril, o demônio dela se aproxima para dar-lhe o prazer carnal que é conseguido pela bruxa. E caso ela esteja em momento propício para engravidar, o demônio, convenientemente, é capaz de possuir o sêmen extraído de algum homem e, sem demora, o há de injetar para contaminar-lhe a progênie.

Mas se ele é capaz de colher o sêmen emitido pelas ejaculações noturnas, que ocorrem durante o sono, da mesma forma que recolhe o emitido durante os atos carnais, o que se sabe é que provavelmente não o faz. Não obstante, outros autores têm opinião contrária. É preciso ressaltar que os demônios dão muita atenção à força ou virtude procriadora do sêmen, e tal virtude é mais abundante e mais bem preservada no sêmen colhido durante o ato carnal. Pois que é tal virtude desperdiçada no sêmen emitido durante as ejaculações noturnas, já que este tem sua origem na superfluidade dos humores e não é emitido com grande força procriadora. Portanto, admite-se que os demônios não façam uso desse sêmen para a geração de sua prole, a menos que saibam da existência da força necessária nessa ou naquela ejaculação.

Mas uma coisa não pode ser negada: mesmo no caso da bruxa casada e engravidada pelo marido, o demônio é capaz, pela mistura de outro sêmen, de contaminar o concepto.

Se o íncubo opera mais em certas ocasiões do que em outras e, de forma análoga, se o faz mais em determinados lugares

Cabe declarar que o íncubo — independentemente da observação de certas horas e de certas constelações para gerar um concepto que melhor

SEGUNDA PARTE

atenda a seus propósitos — também observa certos dias quando quer apenas causar maior prazer venéreo às bruxas. E os dias em que estas se mostram mais propensas ao prazer são os mais sagrados do ano: o Natal, a Páscoa, o dia de Pentecostes e outros dias santos.

Pois que os demônios assim procedem por três razões. Primeiro, porque dessa forma as bruxas não só se impregnam do vício da perfídia através da apostasia da fé mas também do vício do sacrilégio, para que maior ofensa perpetrem contra o Criador e para que ainda mais penosa danação recaia sobre as suas almas.

Segundo, porque ao ofenderem a Deus desse modo, maior poder nocivo lhes é concedido, inclusive o de causar males a homens inocentes, como castigo, seja nas suas atividades, seja nos seus corpos. Pois onde está escrito: "O filho não há de responder pelas iniquidades dos pais" etc. (Ezequiel, 18:20), cumpre atentar que isso se refere apenas ao castigo eterno, pois que muito frequentemente as pessoas inocentes são punidas por aflições temporais por causa do pecado de outras. Pelo que diz Nosso Senhor em outra passagem (Êxodo: 20,5): "Eu sou o Senhor, teu Deus, um Deus zeloso que vingo a iniquidade dos pais nos filhos, nos netos e nos bisnetos daqueles que me odeiam." Tal castigo é exemplificado pela punição dos filhos dos homens de Sodoma, que foram destruídos pelos pecados de seu pai e sua mãe.

Terceiro, porque têm maior oportunidade de observar várias pessoas, sobretudo as jovens, que nos dias santos estão na ociosidade e cheias de curiosidade, revelando-se mais propensas, nessas ocasiões, à sedução pelas velhas bruxas. Contamos a seguir um fato que ocorreu no país de origem de um de nós, inquisidores.

Num dia santo, uma jovem, virgem devota, foi chamada por uma bruxa velha a acompanhá-la até sua casa. Num dos quartos do andar de cima estavam reunidos alguns belos jovens. A bruxa insistiu para que ela subisse. A virgem consentiu. E, enquanto subiam as escadas, a velha, que ia à frente, advertiu-lhe para que não fizesse o sinal da cruz. Embora a moça concordasse, benzeu-se sem que a velha visse. Pois que ao entrarem no quarto, ninguém havia: os demônios que lá se encontra-

O MARTELO DAS FEITICEIRAS

vam eram incapazes de se mostrar nas suas formas criaturais. A velha voltou-se então para ela, repreendendo-a: "Vai embora em nome de todos os demônios! Por que te benzeste?" Este foi o relato que obtive daquela boa e honesta donzela.

Poder-se-ia ainda aduzir uma quarta razão: a de assim serem mais capazes de seduzir também os homens, fazendo-os pensar da seguinte forma: se Deus permite tais atos nos dias santos, não há de ser tão grave pecado assim. Só se Ele não permitisse.

Quanto à escolha do melhor lugar, é preciso que se diga: pelas palavras e pelas ações das bruxas, elas são incapazes de cometer tais abominações em locais sagrados. E nisso é que se vê a eficácia dos anjos da guarda, pela forma que protegem tais lugares. Além do mais, as bruxas declaram que só têm sossego no momento do Serviço Divino, quando se encontram na igreja; logo, são as primeiras a entrar e as últimas a sair. No entanto, são obrigadas a observar outras cerimônias abomináveis por ordem dos demônios, como cuspir no chão durante a elevação da hóstia consagrada, ou pronunciar, verbal ou mentalmente, toda a sorte de obscenidades como: "Espero que vás para tal e tal lugar." Desse assunto ainda trataremos devidamente.

Se os íncubos e os súcubos praticam o ato venéreo à vista das próprias bruxas, ou dos circunstantes

Se os demônios cometem tais abominações na visibilidade ou na invisibilidade, é preciso que se diga: em todos os casos de que tivemos conhecimento, eles sempre agiram de forma visível à bruxa: não há necessidade de aproximarem-se dela na invisibilidade, tendo em vista o pacto de fidelidade já firmado. No entanto, com relação às pessoas circunstantes, quase sempre operam na invisibilidade: as bruxas têm sido vistas muitas vezes deitadas de costas, nos campos e nos bosques, nuas até o umbigo; e, pela disposição de seus órgãos próprios ao ato venéreo e ao orgasmo, e também pela agitação das pernas e das coxas, é óbvio que

SEGUNDA PARTE

estão a copular com um íncubo. Em raras ocasiões, ao término do ato, sobe ao ar, como a desprender-se da bruxa, um denso vapor negro, cujas dimensões equivalem à estatura de um homem. Pois que Lúcifer sabe que dessa forma é capaz de seduzir ou de perverter a mente das moças e dos homens que assistem à cena. Mas desse assunto e de como têm tais atos sido praticados em tantos lugares — na cidade de Ravensburg, no estado dos nobres de Roppelstein, e ainda em outros países — trataremos na segunda parte.

Certo é que têm acontecido também outros fatos. Alguns maridos têm visto íncubos copulando com suas esposas, embora por vezes julguem não ser íncubos e sim homens. Mas, ao apanharem suas armas para expulsá-los, os demônios repentinamente desaparecem, como que se tornando invisíveis. E depois as mulheres vêm se jogar em seus braços, por vezes machucadas. Algumas, no entanto, reclamam, escarnecendo-lhes e perguntando se por acaso não enxergam ou se estão possuídos por algum demônio.

Que o íncubo não só contamina as mulheres concebidas pelos seus atos obscenos ou as que lhe foram oferecidas pelas parteiras, mas a todas, indiferentemente, com maior ou menor deleite venéreo

Podemos dizer, em conclusão, que os íncubos não só tentam contaminar as mulheres geradas por tais abominações, ou as que lhes foram oferecidas pelas parteiras, mas tentam a todas, ao extremo, por intermédio de prostitutas e de devassas, visando a seduzir as donzelas devotas e castas em todo aquele distrito e em toda aquela cidade. O que já é consabido, pela constante experiência dos magistrados locais. Na cidade de Ravensburg, quando certas bruxas foram queimadas, as prostitutas afirmaram que haviam sido ordenadas por seus mestres a usarem de todo o seu empenho para subverterem as donzelas e as viúvas piedosas.

O MARTELO DAS FEITICEIRAS

Cabe perguntar: seria maior o prazer venéreo das mulheres ao copula-rem com íncubos em formas criaturais ou seria maior em circunstâncias semelhantes com homens em forma corpórea verdadeira? Embora o prazer deva ser maior quando semelhantes se divertem com semelhantes, parece que o astuto inimigo é capaz de reunir de tal forma os elementos ativos e passivos — não de forma natural, mas com uma tal qualidade de calor e de disposição — que é capaz de despertar a concupiscência em grau não menos intenso. Mas este assunto será discutido um pouco mais adiante, ao analisarmos as qualidades do sexo feminino.[1]

CAPÍTULO V

As bruxas costumam realizar os malefícios através dos sacramentos da Igreja. Mas de que modo comprometem as forças procriadoras e causam outros males a todas as criaturas de Deus? Excetuamos, porém, aqui, a questão da influência dos astros

Há muito a ser observado a respeito dos métodos por elas empregados para causar males sobre outras criaturas de ambos os sexos. Primeiro, com relação aos seres humanos, depois, com relação aos animais e, por fim, com relação aos frutos da terra.

Quanto aos seres humanos, primeiro, de que modo obstruem as forças procriadoras e mesmo o ato venéreo, de sorte que ora é a mulher que não consegue conceber, ora o homem que não consegue realizar o ato. Em segundo lugar, de que modo conseguem impedir a procriação ou o ato venéreo com uma mulher mas não com outra. Em terceiro

---

1 Ao contrário do que o texto indica, o assunto não aparece novamente neste livro. Christopher S. Mackay, em nota à sua tradução *The Hammer of Witches*, informa que "o assunto ('a condição da mulher') que parece mais naturalmente equivaler é parte I, questão 6. Essa aparentemente falsa referência pode ser relacionada à ideia de que o que se materializa no capítulo 4 foi deslocado da parte I." [*N. da E.*]

SEGUNDA PARTE

lugar, de que forma conseguem retirar do homem o membro viril, como se o tivessem arrancado por completo do corpo. Em quarto lugar, se é possível saber se os males acima mencionados foram causados pelo demônio, por conta própria, ou se o foram por intermédio das bruxas. Em quinto lugar, de que jeito as bruxas transformam homens e mulheres em animais, seja por meio de arte prestidigitatória ou de encantamento. Em sexto lugar, de que modo as parteiras matam os conceptos ainda no útero materno e como, quando não o fazem, oferecem as crianças recém-nascidas aos demônios. Para que tais afirmações não pareçam inverossímeis, convém ao leitor consultar as provas na primeira parte do livro, firmadas por meio de perguntas e respostas junto à refutação dos vários argumentos contrários. Recomendamos à leitora e ao leitor incrédulo, se necessário, voltar àquela parte para esclarecer a verdade.

Por ora, só estamos interessados em aditar exemplos e fatos reais — sejam dos casos encontrados por nós em nosso trabalho, sejam dos casos apontados por outras pessoas à guisa de execração de tão tenebroso crime —, para consubstanciar os primeiros argumentos, caso o leitor tenha encontrado dificuldade em entendê-los, e para trazer de volta à fé e afastar do erro as pessoas que julgam não existirem bruxas e que não são feitas bruxarias neste mundo.

Com relação à primeira classe de males, é preciso notar que, não obstante a forma pela qual prejudicam as criaturas, são seis os expedientes empregados para tal fim. O primeiro está na indução do amor malévolo de um homem por uma mulher ou vice-versa. O segundo está em plantar o ódio ou o ciúme no coração das pessoas. O terceiro é enfeitiçar os homens para que não consigam realizar o ato carnal com as mulheres; ou enfeitiçar as mulheres para que não concebam ou para provocar-lhes o aborto. O quarto está em causar doenças em qualquer órgão dos seres humanos. O quinto está em tirar a vida de homens e mulheres. O sexto consiste em privá-los e privá-las da razão.

Convém dizer, nesse contexto, que, à exceção da influência dos astros luminosos, os demônios são capazes, por sua própria força natural, de

O MARTELO DAS FEITICEIRAS

causar males e enfermidades reais, pois sua força espiritual é superior a qualquer força corpórea. Porquanto não há uma enfermidade que seja igual à outra, podendo-se dizer o mesmo das anormalidades ou defeitos naturais em que não há doença física. Assim, as bruxas seguem, em cada caso, um método diferente para causar tal enfermidade ou tal defeito. Desses males daremos exemplos no corpo desta obra sempre que se fizerem necessários.

Mas, primeiro, é mister não deixar qualquer dúvida ao leitor: os demônios não têm o poder de alterar a influência dos astros por três motivos. Primeiro, porque os astros se acham acima deles, acima mesmo da região das punições, que é a região das brumas inferiores; pois aí está a razão das tarefas que lhes são atribuídas. Consultar a primeira parte, questão 6, onde tratamos dos íncubos e súcubos. Segundo, porque os astros luminosos são governados pelos anjos do bem. Há muitas referências a respeito das forças que os movem, sobretudo em São Tomás (primeira parte do *Comentário sobre as sentenças*, questão 90). Nesse ponto os filósofos concordam com os teólogos. Terceiro, porque se fosse permitido aos espíritos malignos alterar a influência dos corpos celestes sobre o universo, a ordem geral e o bem comum sofreriam sério prejuízo. Pelo que as alterações astrais miraculosas encontradas no Antigo e no Novo Testamento foram causadas por Deus por intermédio de anjos do bem; por exemplo, quando o sol ficou parado para Josué (Josué, 10:13), ou quando retrocedeu para Ezequias (II Reis, 20:11), ou quando foi encoberto, de forma sobrenatural, na Paixão de Cristo (Mateus, 27:45). Mas, em todos os demais fenômenos, os demônios são capazes de interferir, com a permissão de Deus, seja por conta própria, seja por intermédio das bruxas; e, com efeito, é evidente que assim o fazem.

Em segundo lugar, é preciso notar que para todos os seus atos maléficos eles quase sempre dispõem das bruxas como seus instrumentos, quer por meio dos sacramentos, quer das coisas sacramentais da Igreja, quer ainda dos elementos consagrados a Deus. Às vezes colocam uma imagem de cera sob a toalha do altar, ou usam algum outro elemento sacro dessa forma. Há três motivos para tais procedimentos.

SEGUNDA PARTE

Por razões semelhantes, as bruxarias são praticadas nos dias mais sagrados do ano, sobretudo no dia do Advento de Nosso Senhor e no dia de Natal. Primeiro, porque tornam os seres humanos culpados não só de perfídia, mas de cometerem sacrilégio, por contaminarem o que possuem de mais Divino; e porque assim ofendem mais profundamente ao Deus, seu Criador, mas danam a própria alma e fazem com que muitos outros caiam no pecado.

Em segundo lugar, porque Deus, assim ofendido pelos seres humanos, pode conceder ao diabo maiores poderes para atormentá-los. Pois São Gregório diz que em Sua ira por vezes atende às pessoas perversas nas suas súplicas e solicitações, que misericordiosamente a outras nega atender.

Em terceiro lugar, porque, pela aparência superficial de bondade, o diabo é mais capaz de iludir as pessoas simples, que julgam terem praticado um ato piedoso e obtido a graça do Senhor, quando na realidade o que fizeram foi só pecar mais gravemente.

Em quarto lugar, pode-se acrescentar também que tem por motivo as estações mais sagradas e o Ano-Novo. Pois, segundo Santo Agostinho (Sermão 9), existem outros pecados mortais além do adultério pelos quais se infringem os costumes dos dias santos. A superstição, ademais, e a bruxaria, originárias das operações mais aduladoras do diabo, são contrárias ao respeito que, nesses dias, se deve ter para com Deus. Portanto, como já foi dito, o diabo faz com que o pecador mais ofenda a Deus e peque ainda mais profundamente.

Do Ano-Novo podemos dizer que, segundo Santo Isidoro (*Etymologiae*, livro 8, capítulo 2), Jano foi ídolo de duas faces (de Jano vem o nome do primeiro mês do ano, janeiro, que começa no dia da Circuncisão) — como se a um só tempo fosse o fim do ano que passou e o princípio do ano que se inicia — e por isso protetor e autor auspicioso do ano vindouro. E em sua honra — ou em honra do diabo na forma daquele ídolo — as pessoas pagãs faziam tumultuosas festanças, entregando-se às folias, às festas e às danças. E a respeito dessas festas Agostinho faz menção em várias passagens, dando uma ampla descrição delas no 26º livro.

O MARTELO DAS FEITICEIRAS

Hoje, pessoas cristãs maldosas imitam aquelas pagãs corruptas, entregando-se à libidinagem por ocasião do carnaval, a usar máscaras, a gracejar e a entregar-se a toda sorte de superstições. De forma semelhante, as bruxas se utilizam dessas festas diabólicas para seu próprio proveito e, por ocasião do Ano-Novo, fazem as suas bruxarias em função dos ofícios e cultos divinos; e também nos dias de Santo André e de Natal.

E assim vemos que operam os seus malefícios através dos sacramentos e, depois, através dos objetos sacramentais. Vamos contar alguns casos que descobrimos na Inquisição.

Numa certa cidade, cujo nome convém não mencionar, uma bruxa, ao receber o Corpo de Nosso Senhor, repentinamente abaixou a cabeça (hábito detestável de muitas mulheres) e retirou o Corpo do Senhor de sua boca, envolvendo-o em seu lenço. Depois, por sugestão do demônio, colocou-o num jarro, onde já colocara um sapo, e escondeu-o no chão, junto ao paiol de mantimentos, nas proximidades de sua casa. Ainda escondeu no mesmo lugar vários outros objetos pelos quais faria a sua bruxaria. Mas graças à misericórdia Divina o seu crime hediondo foi descoberto e trazido à luz do dia. No dia seguinte, passava por ali um homem em direção ao trabalho e ouviu um ruído como se fosse o de uma criança chorando; ao aproximar-se da pedra sobre a qual se escondera o pote, o choro pareceu-lhe bem mais forte, fazendo-o pensar que talvez a mulher tivesse ali enterrado uma criança. Foi às pressas então avisar ao magistrado local o que fora feito pela suposta infanticida. O magistrado mandou de imediato os seus subordinados para que fossem verificar a história contada pelo homem. Mas, em vez de logo exumarem o corpo da criança, acharam melhor ficar de tocaia para ver se do local se aproximaria alguma mulher, já que não sabiam que era o Corpo do Senhor de Deus que lá estava enterrado. Pois aconteceu de a mesma bruxa voltar ao local, desenterrar o pote e escondê-lo por debaixo da roupa. Depois de capturada e interrogada, ela revelou o crime: o Corpo de Cristo fora enterrado junto com o sapo para que, mediante o seu pó, lhe fosse possível causar males, como bem lhe aprouvesse, aos seres humanos e às demais criaturas.

SEGUNDA PARTE

Ademais, quando as bruxas comungam, têm por costume receber a hóstia por debaixo da língua, nunca sobre ela, para que nunca recebam qualquer remédio que possa neutralizar o seu repúdio à fé, seja pela confissão, seja pelo sacramento da eucaristia; e para que lhes seja mais fácil retirar da boca o Corpo do Senhor a fim de usá-lo para outros fins, para maior ofensa ao Criador.

Por essa razão, todos os superiores da Igreja e todos os párocos que dão a comunhão à comunidade de fiéis são instruídos para que, ao ministrarem a comunhão às mulheres, cuidem que a recebam com a boca bem aberta e com a língua bem estendida para fora, com roupas e lenços afastados do rosto. Quanto mais cuidado se toma a esse respeito, mais bruxas são assim descobertas.

Muitíssimas outras superstições são praticadas por meio dos objetos sacramentais. Às vezes, colocam uma imagem de cera ou alguma substância aromática debaixo da toalha do altar, para depois colocá-las sob a soleira da porta, a fim de que a pessoa a quem se destina seja enfeitiçada ao passar por ali. Inúmeros outros exemplos poderiam ser aqui contados, mas estes malefícios menores ficam provados pelos de maior vulto.

CAPÍTULO VI

De como as bruxas neutralizam a força da procriação

Para um maior esclarecimento a respeito do expediente pelo qual as bruxas criam obstáculo à função procriadora em seres humanos e em animais, recomendamos ao leitor a questão anterior, onde já tratamos do assunto, nos seus argumentos e no método, sem maiores detalhes, pelo qual, com a permissão de Deus, causam tal malefício.

Aqui cumpre ressaltar, primeiro, que tal neutralização se dá de forma ora intrínseca, ora extrínseca. São dois os modos de causá-la de forma intrínseca. Primeiro, quando as bruxas impedem, diretamente, a ereção do membro próprio à frutificação. E tal não há de parecer impossível, quando considerarmos que elas são capazes de viciar e de perverter o uso natural de qualquer membro. Segundo, quando impedem o fluxo das essências vitais aos órgãos onde reside a força motriz, ocluindo as vias seminais de sorte a não se comunicarem com os vasos procriadores, ora impossibilitando a ejaculação, ora tornando-a infrutífera.

De forma extrínseca, podem causá-la, às vezes, por meio de imagens, noutras, pela ingestão de ervas, noutras ainda, por expedientes externos — como através de testículos de galo. Mas não se vá pensar que é por causa dessas coisas que um homem se torna impotente: é através da força oculta das ilusões demoníacas que as bruxas conseguem causá-la, seja no homem — impedindo-o de copular —, seja na mulher — impedindo-a de conceber.

E a razão disso está em que Deus lhes concede maior poder sobre o ato venéreo, ato disseminador do pecado original, do que sobre qualquer outro ato humano. De forma similar, têm elas maiores poderes sobre as serpentes, que são as mais propensas à força dos encantos do que todos os outros animais. Pelo que muitas vezes verificamos, e também outros inquisidores, que foi através de serpentes que perpetraram males dessa natureza.

Certo mago, já capturado, confessou que durante muitos anos, através de bruxaria, causou ele a infertilidade de pessoas e de animais que habitavam uma determinada casa. Ademais, em *Formicarius*, Nider conta-nos de Stadlin, o mago, que foi preso na diocese de Lausanne e que fez a seguinte confissão. Na casa onde moravam um homem e sua esposa, ele matara, sucessivamente, com bruxaria, sete crianças ainda no útero da mãe, de modo que durante vários anos a mulher sempre abortara. Durante o mesmo período, de todos os animais e de todo o gado daquela casa, nunca nasceu uma só cria viva. E quando indagado sobre como conseguira fazer tal malefício e que espécie de ônus havia de ser a ele atribuído, ele revelou o crime: "Coloquei debaixo da soleira da porta

SEGUNDA PARTE

de fora da casa uma serpente. Se de lá ela for removida, a fecundidade retornará às pessoas que ali moram."

E tal foi o que aconteceu. Embora a serpente não tenha sido mais encontrada, já que depois de tanto tempo ficara reduzida a pó, após a remoção de todo um pedaço do chão do local indicado, a fecundidade voltou à esposa do infeliz e a todos os animais.

Outro caso aconteceu há cerca de uns quatro anos, em Reichshoffen. Lá existiu uma bruxa das mais notáveis: por um simples toque ela enfeitiçava as mulheres e causava-lhes o aborto. Ora, sucedeu de a esposa de um certo nobre do lugar ficar grávida. Para dela cuidar, foi contratada uma parteira. A mulher foi então aconselhada pela parteira a não mais se afastar do castelo e, acima de tudo, não entabular conversa alguma com a afamada bruxa. Depois de algumas semanas, esquecida do aviso da parteira, numa ocasião festiva, a mulher resolveu ir ao encontro de algumas amigas. No caminho, resolveu sentar-se um pouco para descansar. Dela aproximou-se então a tal bruxa, e, como que com o propósito de cumprimentá-la, colocou ambas as mãos em sua barriga. Repentinamente, ela sentiu a criança mover-se em dores. Assustada, voltou para o castelo e contou à parteira o que acontecera. Ao que a parteira exclamou: "Ai de ti! Pois já perdestes a tua criança."

E assim aconteceu. Ao chegar a sua hora, deu à luz não uma criança morta e inteira. Mas uma criança que saiu aos pedaços: primeiro, a cabeça, depois, os pés, depois, as mãos. E essa grande aflição foi permitida por Deus para castigo de seu marido, cuja tarefa era a de trazer bruxas à justiça e vingar-lhes as ofensas ao Criador.

Houve também o caso de um jovem na cidade de Meersburg, da diocese de Constança, bastante peculiar. Recaiu sobre ele um malefício que o impossibilitava de manter relações carnais com qualquer mulher, exceto com uma. Muitas pessoas ouviram-no dizer que, muitas vezes, quisera recusar aquela mulher e fugir para outras terras. Mas até então não conseguira: era obrigado a levantar-se na noite e a voltar para ela rapidamente, às vezes, por terra, noutras, pelo ar, como que voando.

O MARTELO DAS FEITICEIRAS

CAPÍTULO VII

De como as bruxas, por assim dizer, privam
um homem de seu membro viril

Já demonstramos que elas são capazes de remover o órgão masculino, não de fato arrancando-o do corpo humano, mas ocultando-o por meio de algum encanto, do modo como já descrevemos. Contaremos aqui alguns exemplos desses casos.

Na cidade de Ravensburg vivia um jovem que, depois de uma briga com uma certa jovem, desejando abandoná-la, ficou sem o membro. Foi-lhe, digamos, lançado algum encanto de forma que em seu corpo ele nada via ou tocava — era perfeitamente liso. Preocupado com o que lhe ocorrera, foi a uma taberna beber vinho. Depois de lá sentado por alguns momentos, entabulou conversa com uma das mulheres da taberna e acabou contando-lhe toda a sua tristeza, explicando-lhe tudo, e mostrando a ela como seu corpo ficara. A mulher, astuta, perguntou se ele não suspeitava de ninguém que o tivesse encantado. Ele então falou-lhe da tal jovem, revelando à mulher toda a história, ao que ela o aconselhou. "Se não bastar a persuasão, é melhor que uses de alguma violência para fazê-la restaurar a tua saúde."

E assim, naquela mesma noite, o jovem ficou a postos no caminho por onde a bruxa costumava passar. Quando ela se aproximou, interpôs-se-lhe no caminho e suplicou-lhe que restituísse a saúde de seu corpo. A moça sustentou que era inocente e que nada sabia a respeito. Ele então jogou--se em cima dela e, enlaçando-a pelo pescoço com um lenço, avisou: "A menos que me devolvas a minha saúde, hás de morrer nas minhas mãos."

A bruxa, impossibilitada de gritar, e com o rosto já inchado e lívido, balbuciou: "Deixa-me ir que vou te curar." O jovem afrouxou a toalha e a bruxa imediatamente tocou-o com a mão entre as coxas, dizendo: "Agora tens de volta o que desejas." O jovem contou depois que, mesmo antes de olhar ou palpar, sentiu que o membro lhe fora restituído pelo mero toque da bruxa.

SEGUNDA PARTE

Experiência semelhante é narrada por certo padre venerável da Casa Dominicana de Espira, muito conhecido na Ordem pela honestidade de sua vida e pela sua instrução. "Certo dia", disse ele, "estava eu no confessionário e aproximou-se um jovem que, em meio à sua confissão, pesarosamente, contou que perdera o membro. Atônito, e não querendo dar-lhe crédito com facilidade, pois que é prova de imprudência, segundo os sábios, acreditar em tudo o que ouvimos, pedi-lhe uma prova do que me dizia. O jovem então tirou as roupas e pude ver que nada havia em seu corpo. Perguntei-lhe portanto se suspeitava de alguém que o tivesse enfeitiçado; ao que ele respondeu: 'Sim. Mas por uma moça que estava ausente e vivia em Worms.' 'Aconselho-o então', disse-lhe eu, 'a procurá-la o mais depressa possível e tentar convencê-la, mesmo com palavras amáveis e com promessas, a desfazer esse encanto.' E assim ele fez. Depois de alguns dias retornou e me agradeceu. Estava completamente recuperado. Embora acreditasse em suas palavras, tive a prova, mais uma vez, pelos meus próprios olhos."

Ora, para maior clareza do que já relatamos a respeito desse assunto, é preciso reparar em alguns pontos. Primeiro, não se há de acreditar que o membro é de fato arrancado do corpo. Ele é apenas ocultado por alguma arte prestidigitatória do diabo, de sorte a não ser visto e nem sentido. O fenômeno é provado pelas autoridades e por argumentos; disso tratamos antes. Convém relembrar que Alexandre de Hales (*Summa Universae Theologiae*, parte 2) afirma que a fascinação, em seu verdadeiro sentido, é uma ilusão diabólica nunca causada por qualquer alteração material: só existe na percepção da pessoa iludida, seja em seus sentidos interiores, seja em seus sentidos exteriores.

Com referência a essas palavras, é preciso ressaltar que, no caso em consideração, dois dos sentidos exteriores — o da visão e o do tato — foram iludidos. A ilusão não se deu nos sentidos interiores — no senso comum, na fantasia, na imaginação, no pensamento e na memória. (Lembre o leitor que São Tomás diz serem esses só quatro, ao considerar como um só a fantasia e a imaginação. E não sem razão: pois pouca diferença há entre imaginar e fantasiar. Consultar São Tomás, *Summa*, parte

O MARTELO DAS FEITICEIRAS

1, questão 79.) Os sentidos interiores são iludidos quando se quer não ocultar algo de uma pessoa, mas fazer com que ela veja algum espectro, esteja dormindo ou acordada.

Quando uma pessoa acordada vê coisas que sob outros aspectos não são o que parecem — como ver alguém devorar um cavalo e o cavaleiro, uma pessoa transformada em fera, ou então se julgar transformada numa fera e sentir necessidade de juntar-se a outras feras —, os sentidos exteriores são empregados pelos sentidos interiores. Pois pelos poderes dos demônios, com a permissão de Deus, as imagens há muito retidas nesse repositório de lembranças que é a memória são de lá retiradas e apresentadas à faculdade da imaginação. Cumpre aditar que tais imagens não são retiradas do entendimento intelectual, mas sim da memória, que se situa na parte anterior da cabeça. São assim de tal forma revividas na imaginação que a pessoa recebe o impulso inevitável de imaginar, por exemplo, uma fera ou um cavalo, quando estas são as imagens de lá retiradas pelos demônios. E se vê forçada a pensar que de fato está a enxergar aquela fera ou aquele cavalo. E isso parece ocorrer por causa da força impulsiva do diabo que opera por meio de imagens.

Não é de admirar que os demônios sejam capazes de tais prodígios, quando certos fenômenos naturais anormais apontam para o mesmo resultado, como no caso das pessoas loucas desvairadas, das maníacas e de algumas bêbadas, incapazes de discernir entre o sonho e a realidade. As pessoas loucas julgam ver coisas horríveis, tais como bestas e outras feras tenebrosas, quando na realidade nada estão a ver. Consultar a questão "Se as bruxas são capazes de desviar o intelecto dos seres humanos para o amor ou para o ódio" (primeira parte, questão 7), onde muito se falou a respeito.

E por fim, a razão é evidente por si mesma. Como o diabo exerce o seu poder sobre as coisas inferiores, à exceção da alma, é capaz de nelas causar certas alterações, quando Deus o permite, de sorte a que pareçam o que não são. E tal efeito é por ele conseguido ao confundir ou ao iludir o órgão da visão, fazendo com que um objeto claro fique turvo — como depois do choro, quando a luminosidade, em virtude dos humores re-

SEGUNDA PARTE

colhidos, parece diversa de antes. Ou então ao agir sobre a faculdade da imaginação através da transmutação das imagens mentais, conforme já se explicou. Ou ainda ao ativar vários humores de sorte a fazer com que elementos telúricos e secos pareçam ígneos e aquosos — como alguém que despe todas as pessoas dentro de casa sob a impressão de estarem a nadar, dentro da água.

Cabe ainda indagar, com referência a tais métodos demoníacos, se essa espécie de ilusão pode indiferentemente acontecer às pessoas boas e às más, já que certas enfermidades do corpo, conforme se há de mostrar mais adiante, são causadas pelas bruxas mesmo nas que se encontram em estado de graça. Cumpre declarar que não, acompanhando as palavras de Cassiano na segunda *Conferência* sobre o abade Sereno. É necessário concluir que todas as pessoas assim iludidas cometem, presumivelmente, um pecado mortal. Pois que esse autor diz, "conforme se depreende das palavras de Santo Antônio, o diabo não penetra de forma alguma no intelecto ou no corpo de qualquer ser humano, nem tem o poder de entrar nos pensamentos de qualquer um, salvo se esse ser humano já se achava despojado de todos os pensamentos santos, já completamente despido de toda e qualquer contemplação espiritual."

Tal opinião concorda com a de Boécio ao dizer, em *A consolação da filosofia*, livro 1: "Demos a vós armas tais que, se não as tivésseis jogado fora, estaríeis preservados e preservadas da enfermidade."

Conta-nos também Cassiano, na mesma obra, de duas feiticeiras pagãs, que, cada uma à sua maneira, enviaram à cela de Santo Antônio uma sucessão de demônios, pelo ódio que cultivavam contra ele por ser muito procurado por várias pessoas todo dia. E tais demônios o assaltaram com o esporão das mais agudas tentações. Mesmo assim o santo homem resistiu-lhes, fazendo o sinal da cruz na testa e no peito e prostrando-se na mais fervorosa das orações.

Podemos dizer, portanto, que todas as pessoas que são iludidas por demônios, para não falar do padecimento de enfermidades físicas, carecem do dom da graça Divina. Porque está escrito (Tobias, 6:17): "O demônio tem poder sobre os seres humanos que se submetem à luxúria."

O MARTELO DAS FEITICEIRAS

Tal também é consubstanciado pelo que dissemos na primeira parte, na questão (10) "Se as bruxas são capazes de transformar os seres humanos em bestas". Contamos da jovem que fora transformada em égua e de que modo ela e todas as demais pessoas foram persuadidas do fenômeno, exceto São Macário. Pois o diabo é incapaz de iludir os sentidos dos homens santos: quando a jovem foi trazida até ele, o santo viu-a como mulher e não em forma de égua, enquanto todas as pessoas diziam que era com uma égua que ela se parecia. E o santo, através de orações, libertou-a e às outras daquela ilusão, dizendo que aquilo lhe acontecera porque ela não dera a devida atenção ao sagrado, e nem usara como deveria da santa confissão e da eucaristia. Na verdade, fora enfeitiçada por uma judia, também feiticeira, a pedido de um jovem que lhe fizera uma proposta obscena que recusara. A bruxa, pelos poderes do diabo, transformou-a então numa égua.

Agora podemos fazer uma súmula de nossas conclusões. Os demônios são capazes, para o próprio proveito e provação, de prejudicar o ser humano bom nos bens materiais, vale dizer, na fortuna, na fama e na saúde do corpo. Límpida é essa verdade no caso de Jó, afligido por males diabólicos. Os seres humanos bons, embora não possam ser levados ao pecado, podem ser tentados na carne, interior e exteriormente. Os demônios, assim, não são capazes de afligir os seres humanos bons, nem ativa, nem passivamente. Não ativamente, como ao iludirem os seres humanos que não se acham em estado de graça. E não passivamente, como ao removerem os órgãos genitais masculinos por algum encanto. Pois que nesses dois sentidos jamais teriam prejudicado a Jó, mormente por algum encanto passivo sobre o ato venéreo. Porquanto Jó era de uma tal continência que chegou a declarar: "Jurei nunca olhar para uma virgem e muito menos para a mulher de outro homem" (Jó, 31:1). No entanto, o diabo sabe que tem grande poder sobre as pessoas pecadoras (ver Lucas, 11:21: "Quando um homem forte guarda armado a sua casa, estão em segurança os bens que possui").

Cabe, porém, indagar, quanto aos encantos sobre o órgão genital masculino, se o demônio não poderia causá-los de forma ativa. Alega-

SEGUNDA PARTE

-se que o homem em estado de graça se acha iludido porque, em vez de enxergar o membro no seu devido lugar, não o vê junto com as demais pessoas circunstantes; no entanto, ao admitirmos tal enunciado, parece estarmos contradizendo o que foi dito antes. Pode-se dizer que não há tanta força na perda ativa quanto na passiva; entenda-se por perda ativa não a de quem a sofre, mas a de quem a vê de fora, como é evidente por si mesmo. Portanto, embora o homem em estado de graça possa ver a perda sofrida por outro, sendo, nessa medida, iludido pelo demônio, não é capaz de sofrer passivamente tal perda em seu próprio corpo, pois que não está sujeito à luxúria. De forma análoga, o inverso é verdadeiro, conforme disse o anjo a Tobias: "Sobre os que se submetem à luxúria o demônio tem poder."

E o que se há de pensar das bruxas que, vez por outra, reúnem membros masculinos em grande número, num total de vinte ou trinta, e os colocam em ninhos de pássaros ou em caixas, onde se movem como se estivessem vivos e comem grãos de aveia e de trigo? Cumpre entender que tudo isso é feito por obra e ilusão do diabo: os sentidos das pessoas que veem tais coisas se acham iludidos na maneira que indicamos. Pois um certo homem contou-nos que, quando perdeu o seu membro, aproximou-se de uma conhecida bruxa e pediu-lhe que o restituísse. A mulher disse-lhe então para que subisse numa determinada árvore e que, no ninho que lá se encontrava, escolhesse o membro que mais lhe agradasse dentre os muitos que havia. E, quando ele tentou pegar um bem grande, a bruxa disse: "Não deves pegar esse aí, porque era de um pároco."

Todas essas coisas são causadas pelos demônios através de ilusões ou de encantos, que assim confundem o órgão da visão, transmutando imagens mentais na faculdade imaginativa. E é mister que se diga que tais membros são na verdade demônios naquela forma, da mesma maneira que aparecem a bruxas e a seres humanos em substância aeriforme e com eles conversam. Fazem tais prodígios também de uma forma mais simples: retirando certas imagens do repositório da memória e imprimindo-a na imaginação.

O MARTELO DAS FEITICEIRAS

E se alguém disser que poderiam operar de forma análoga à que conversam com bruxas e com outras pessoas em corpos criaturais, ou seja, que poderiam causar tais aparições por alteração das imagens mentais na faculdade imaginativa, de sorte a fazer as pessoas imaginarem que estão a conversar com demônios em forma humana, embora estivessem na realidade sob efeito apenas de uma ilusão causada por alguma alteração das imagens mentais nas percepções interiores.

É preciso que se diga: se o demônio não tivesse qualquer outro propósito que não o de mostrar-se aos seres humanos, não haveria de adquirir feição corporiforme: poderia realizar o seu propósito pela ilusão acima mencionada. Mas ele tem um outro propósito, a saber, o de falar e o de comer com as bruxas e com elas praticar outras abominações. Portanto é necessário que esteja de fato presente, colocando-se à vista, em forma de corpo humano. Pois que, como dizem os doutores, onde se encontra a força de um anjo, lá ele opera.

Poder-se-ia perguntar se o demônio por si só, sem o auxílio de qualquer bruxa, consegue remover o membro viril de algum homem, ou se haveria alguma diferença entre um tipo de privação e o outro. Primeiro, o demônio o remove de fato e o restaura quando é para ser restaurado. Segundo, como o membro não pode ser removido sem lesão, não o há de ser sem dor. Terceiro, o demônio nunca age dessa forma sem ser obrigado por algum anjo bom, pois este, ao assim proceder, retira do demônio grande fonte de satisfação diabólica; porque sabe ser o demônio capaz de realizar mais bruxarias sobre o ato venéreo que sobre qualquer outro ato. Deus assim o permite. Mas nenhum desses pontos se aplica ao caso da sua ação por intermédio das bruxas, com a permissão de Deus.

E ao se indagar se o demônio não seria capaz de causar maiores males aos seres humanos e às criaturas por si mesmo do que pela intermediação das bruxas, cabe responder que não há termo de comparação entre os dois casos. Pois que ele é muito mais capaz de causar males por meio das bruxas. Primeiro, porque assim mais ofende a Deus, ao usurpar-Lhe criaturas que a Deus eram dedicadas. Segundo, porque

SEGUNDA PARTE

quanto mais a Deus ofende, mais poder lhe é concedido para prejudicar as criaturas. E terceiro, para o seu próprio proveito, ou seja, para a perdição das almas.

CAPÍTULO VIII

De como os seres humanos são transformados em bestas: a metamorfose

As bruxas, pelos poderes do diabo, transformam os seres humanos em feras — sendo essa a sua principal forma de transmutação. E embora o assunto tenha sido desenvolvido pormenorizadamente na primeira parte do livro, na questão 10, pode ser que ainda não esteja perfeitamente esclarecido para alguns leitores, sobretudo por não se ter aditado exemplos para provar os argumentos expostos. Nem tampouco o método usado na metamorfose foi explicado. Passemos pois ao esclarecimento das diversas dúvidas.

Para começar, tornamos a reprisar aquela passagem canônica já mencionada, 26, questão 5, *Episcopi*, que não há de ser interpretada como querem alguns. Esses doutores equivocados não hesitam em afirmar publicamente, em seus sermões, que tais transmutações prestidigitatórias não existem e nem são possíveis mesmo pelos poderes do demônio. Declaramos que tal doutrina muito contribui para a detração da fé, fortalecendo as bruxas, que muito se regozijam ao ouvirem tais palavras.

Esses pregadores, na verdade, passam por alto sobre a questão e não penetram no significado profundo e verdadeiro do Cânon. O texto diz, literalmente: "Aquelas pessoas que acreditam ser possível criar ou transformar as criaturas em seres melhores ou piores, ou as transformar em outras, de outra espécie ou aspecto, salvo por determinação do Criador, que fez todas as coisas e de Quem tudo foi feito, revelam-se piores que quem é herege."

333

Pois bem, a leitora e o leitor devem atentar para dois trechos: primeiro, o que diz que é possível "criar"; segundo, o que diz "ser possível [...] transformar em outras de outra espécie ou aspecto". "Criar" é expressão que pode ser entendida de duas maneiras: ou no sentido de "serem criadas" ou no sentido da produção natural de qualquer coisa. Ora, no primeiro caso, temos que o criar pertence tão somente a Deus, como bem se sabe, pois só Deus é capaz de, na Sua onipotência, criar algo do nada.

No segundo sentido, porém, é preciso que se faça uma distinção entre as criaturas. Algumas são perfeitas, como os seres humanos, os jumentos e assim consecutivamente. Outras são imperfeitas, como as serpentes, as rãs, os ratos e assim consecutivamente, porque também podem ser geradas por putrefação. Ora, o Cânon só se refere ao primeiro sentido, não ao segundo. Nesse último caso, se pode ter a prova no que diz Santo Alberto no livro *De animalibus*, ao indagar: "Podem os demônios gerar animais verdadeiros?" O autor declara que sim, mas só os animais imperfeitos, e ainda com uma diferença: não conseguem gerá-los instantaneamente, como Deus é capaz, mas através de algum movimento, por mais breve que seja, como se mostrou no caso dos magos do Faraó (Êxodo, 7:11). A leitora e o leitor podem consultar os apontamentos feitos na questão já mencionada da primeira parte e a solução do primeiro argumento.

Em segundo lugar, diz-se não serem eles capazes de transmutar qualquer criatura. Podemos afirmar que as transmutações são de dois tipos. Ora são substanciais, ora acidentais. As transmutações acidentais também se subdividem em dois grupos: as que se processam de forma natural e que pertencem à coisa que é vista e as que não pertencem à coisa que é vista. O Cânon fala da primeira, mormente da transmutação real e formal, em que uma substância é transmutada em outra. Trata-se de efeito que só Deus pode realizar, por ser o Criador de todas as substâncias reais. E fala também da segunda, não obstante possa o demônio operá-las, com a permissão de Deus, já que é capaz de causar doenças e de induzir certas transformações nos corpos

SEGUNDA PARTE

acidentais. Como ao fazer com que um rosto normal pareça leproso e coisas semelhantes.

Ora, na verdade não são esses temas que estão em questão, e sim as aparições e os encantos através dos quais as coisas parecem ser transmutadas em outras, de outra aparência; afirmamos que as palavras do Cânon não excluem tais transmutações: sua existência é provada pela razão, pela autoridade e pela experiência. Ou seja, por certas experiências relatadas por Santo Agostinho no livro 18, capítulo 17, de *A cidade de Deus*, e pelos argumentos empregados em sua explicação. Pois, entre outras transformações prestidigitatórias, faz menção à famosa bruxa Circe, que transformou em bestas os companheiros de Ulisses, e às esposas dos estalajadeiros, que transformaram seus hóspedes em bestas de carga. Faz menção também aos companheiros de Diomedes transformados em pássaros e que por muito tempo sobrevoaram o seu templo; e ao pai de Praestantius que, julgando-se um burro de carga, passou, com outros animais, a transportar trigo.

Ora, quando os companheiros de Ulisses foram transformados em bestas, isso só se deu na aparência, por alguma ilusão. Pois que as formas dos animais foram retiradas da memória, do repositório de imagens, e impressas na faculdade da imaginação. Gerou-se assim a visão imaginária: pela forte impressão sobre os outros sentidos e órgãos, o observador pensou ver animais, do modo como contamos. Mas de que modo tais prodígios são executados pelos demônios sem qualquer prejuízo ou lesão para a vítima será mostrado mais adiante.

Quando, no entanto, as pessoas convidadas foram transformadas em bestas de carga pelas mulheres dos estalajadeiros; e quando o pai de Praestantius teve a impressão de estar transformado num burro de carga e de ter transportado trigo, havemos de reparar que nesses casos foram três as ilusões.

Primeiro, há de ter sido por encanto que as pessoas foram transformadas em bestas de carga exatamente do modo como explicamos. Segundo, os demônios, invisivelmente, hão de ter suspendido as cargas quando muito pesadas para serem transportadas. Terceiro, hão de ter

O MARTELO DAS FEITICEIRAS

sido transformadas em bestas aos olhos de todas as pessoas e a seus próprios; como aconteceu a Nabucodonosor, que durante sete anos ficou a pastar ervas como um boi (Daniel, 4:29).

Quanto aos companheiros de Diomedes, que foram transformados em pássaros e que ficaram a sobrevoar-lhe o templo, cabe dizer o seguinte: Diomedes fora um dos gregos a participar do cerco de Troia. Ao desejar retornar para casa, acabou morrendo afogado junto com seus companheiros. Depois, por sugestão de algum ídolo, foi construído um templo em sua homenagem para que pudesse ser contado entre os deuses. E então, por muito tempo, para que se mantivesse aquele mito herege vivo, os demônios, em forma de pássaros, ficaram a sobrevoar o templo, em lugar de seus companheiros. Vemos assim que se trata de uma superstição do tipo da que antes falávamos. Não era causada pela impressão de imagens mentais sobre a faculdade da imaginação, mas pelo seu voo, à vista dos homens em corpos de pássaros.

Mas ao perguntarmos se os demônios poderiam iludir as pessoas circunstantes por mera operação sobre as imagens mentais e não por corporificação, de substância aeriforme à semelhança de pássaros voadores, vale responder que sim.

Pois segundo a opinião de alguns (como revela São Tomás no segundo livro do *Comentário sobre as sentenças,* dist. 8, artigo 2), nenhum anjo, bom ou mau, jamais assumiu a forma de um corpo: tudo o que lemos nas Escrituras a esse respeito ou foi causado por encanto, ou por alguma visão imaginária.

E aqui o santo doutor faz notar uma diferença entre encanto e visão imaginária. No encanto pode haver um objeto exterior para ser visto, embora pareça o que não é. Já a visão imaginária não requer a presença do objeto; pode ser causada sem ele e só pela imagem interior registrada na imaginação.

Assim, seguindo essa opinião, os companheiros de Diomedes não foram representados por demônios nos corpos de pássaros, mas só o foram por uma visão fantástica e imaginária na mente das pessoas que os viam.

SEGUNDA PARTE

O santo doutor, contudo, condena essa opinião como errônea, embora não realmente herética, pois que os anjos bons e maus muitas vezes apareceram na imaginação das pessoas, sem corpo real, mas noutras apareceram de fato, em corpo assumido. E é a estes que os textos escriturísticos mais se reportam, não aos imaginários. Portanto, o melhor a presumir da história de Diomedes é que o que as pessoas circunstantes viam eram na verdade demônios em forma de pássaros ou pássaros naturais usados pelos demônios para representá-los.

CAPÍTULO IX

De como os demônios penetram no corpo e na cabeça do ser humano sem o ferir, ao realizarem as transformações por prestidigitação

A respeito do método usado para causar tais transmutações ilusivas cabe perguntar: se os demônios haviam de estar dentro de corpos e cabeças das pessoas iludidas, e, se estas haviam de estar possuídas pelos demô-nios, de que modo pode ocorrer sem qualquer ferimento a transferência de certas imagens de uma faculdade interior para outra; e se tais obras devem ser consideradas miraculosas.

Antes é necessário distinguir entre encanto e visão imaginária. No primeiro, só a percepção exterior é afetada, mas na segunda, as per-cepções interiores o são, e é através delas que se alteram as percepções externas.

No primeiro caso, o encanto pode ser causado sem que os demônios tenham de penetrar nas percepções externas — trata-se de mera ilusão exterior. É o que ocorre quando o demônio quer ocultar um corpo pela interposição de outro quando assume a forma de determinado corpo e se impõe ao sentido da visão. No último caso é necessário que ocupe primei-ro a cabeça e as faculdades. O que se prova pela autoridade e pela razão.

Não é objeção válida afirmar que dois espíritos criados não podem estar num mesmo lugar e que a alma impregna a totalidade do corpo.

O MARTELO DAS FEITICEIRAS

Pois que a respeito dessa questão contamos com a autoridade de São João Damasceno ao dizer: "Onde um anjo está, lá ele opera." E São Tomás, no segundo livro do *Comentário sobre as sentenças*, dist. 7, artigo 5, ao declarar: "Todos os anjos, bons ou maus, pelo seu poder natural, que é superior a todos os poderes corpóreos, são capazes de transmutar o nosso corpo."

Pois que isso é preclara verdade, não só por causa da excelsa nobreza de sua natureza superior, mas também pelo fato de todos os mecanismos do mundo e todos os corpos criaturais serem administrados por anjos; como diz São Gregório no quarto *Diálogo*: "No mundo visível nada é por ninguém disposto exceto pelas criaturas invisíveis." Portanto, todos os corpos materiais são governados pelos anjos, que são denominados, não só pelos santos doutores, mas também por todos os filósofos, de forças que movem os astros. Claro está também pelo fato de que todos os corpos humanos são movidos pela alma, assim como toda matéria é movida pelos astros luminosos e pelas forças que os movem. O leitor pode consultar o que diz São Tomás na primeira parte, questão 90, artigo 1. Do que se conclui que os demônios hão de encontrar-se na fantasia e nas percepções internas que confundem, já que sempre operam onde se encontram.

Há de dizer-se que, uma vez mais (embora penetrar na alma seja só a Deus permitido), os demônios são capazes, com a permissão divina, de penetrar nos corpos, onde podem causar impressões sobre as faculdades internas correspondentes aos órgãos internos. E, através de tais impressões, afetá-los na proporção em que as percepções o são, da forma como já demonstramos: transpondo as imagens retidas nas faculdades correspondentes a um ou mais sentidos, assim como transfere da memória, que se localiza na região posterior da cabeça, a imagem de um cavalo para o meio da cabeça, onde se encontram as células da força imaginativa, e daí, enfim, para o sentido da razão, que se situa na parte frontal da cabeça. Causam assim tal alteração e confusão que tais imagens são percebidas como se fossem objetos ou coisas reais diante de nossa vista. Tal fenômeno é claramente exemplificado pelos defeitos naturais das pessoas loucas e de outras maníacas.

SEGUNDA PARTE

É, ademais, simples explicar o modo pelo qual realizam tal prodígio sem causar dor na cabeça. Em primeiro lugar, não causam qualquer alteração física nos órgãos; o que fazem é apenas mover as imagens mentais. Em segundo lugar, não promovem tal fenômeno injetando qualquer princípio ativo, que causaria dor necessariamente, já que os demônios não têm em si qualquer princípio material. Tudo o que produzem, fazem-no sem usar qualquer princípio dessa natureza. Em terceiro lugar, conforme já dissemos, os efeitos dessas transmutações são produzidos tão somente pelo movimento local de um órgão para outro, e não por outros movimentos através dos quais se determinam, muitas vezes, certas transformações dolorosas.

A objeção de que dois espíritos não são capazes de ocupar a um só tempo o mesmo lugar (porque, sendo a cabeça habitada pela alma, como lá caberia também o demônio?), pode-se responder dizendo que a alma, acredita-se, reside no centro do coração, de onde se comunica com todos os membros por verdadeira efusão de vida. Exemplo é dado pela aranha que, do meio de sua teia, percebe quando qualquer parte dela é tocada.

Entretanto, Santo Agostinho diz em seu tratado *De Natura et Origine Animae* que "o todo está no todo, e o todo está em todas as partes do corpo". Mesmo considerando que a alma esteja na cabeça, o diabo é capaz de lá operar, pois que sua operação é diversa da operação da alma. A alma atua sobre o corpo, dá-lhe a sua forma e o enche de vida. Logo, habita não só um determinado local, mas se estende ao corpo inteiro. O diabo, sim, é que opera em determinado lugar no corpo, promovendo as alterações com relação às imagens mentais. Portanto, como não há confusão entre as suas operações respectivas, podem ambos coexistir numa mesma parte do corpo.

À questão da possessão dos seres humanos pelo demônio convém responder considerando-a em duas partes. Primeiro, se é possível que um ser humano seja possuído pelo demônio por intermediação das bruxas. Se as bruxarias de fato fazem com que um ser humano seja possuído é problema a ser analisado no capítulo seguinte.

O MARTELO DAS FEITICEIRAS

À questão de as obras das bruxas e dos demônios serem consideradas milagres ou de natureza miraculosa convém responder que sim, uma vez que se acham além da ordem da natureza criada, conforme nos é dado conhecê-la, e uma vez que são executados por criaturas desconhecidas por nós. Mas não são milagres no sentido daqueles feitos fora da totalidade da natureza criada. Como o são os milagres de Deus e os dos santos. (Ver o que dissemos a respeito na primeira parte desta obra, na quinta questão, e na refutação do terceiro erro.)

Ora, existem aquelas pessoas que objetam que essa espécie de obra não deva ser considerada milagre, e sim meras obras do demônio; já que a finalidade dos milagres é o fortalecimento da fé, não devem ser atribuídos a quem é adversário desta. E também porque os sinais do Anticristo são chamados de sinais enganadores pelo apóstolo Paulo (II Tessalonicenses, 2:9).

Sobre o primeiro há de dizer-se que para operar milagres é mister que o dom da graça seja recebido livremente. Destarte só podem ser feitos pelos seres humanos bons ou maus no limite dos seus poderes. Pelo que os milagres operados pelas pessoas boas são distinguidos dos realizados pelas perversas pelo menos em três aspectos. Primeiro, as pessoas boas operam milagres pela própria força Divina, que se acha acima de sua capacidade natural — é assim que ressuscitam pessoas mortas, e coisas semelhantes, que os demônios só conseguem realizar por ilusão. Foi assim que Simão Mago moveu a cabeça da pessoa morta. Mas tais manifestações não duram muito tempo. Segundo, são distinguidos pela sua utilidade. Os milagres das pessoas boas são de natureza útil, como a cura de doentes e atos semelhantes. Mas os milagres realizados pelas bruxas relacionam-se a coisas prejudiciais e hereges, como ao voarem, ao paralisarem os membros dos homens e assim consecutivamente. E São Pedro indica tais diferenças no *Itinerário de Clemente*.

A terceira diferença diz respeito à fé. Pois os milagres das pessoas boas são operados para a edificação da fé e das boas almas. Já os milagres das perversas são manifestamente prejudiciais à fé e à retidão das almas.

SEGUNDA PARTE

São distinguidos também pelo modo como são operados. Pois que as pessoas boas fazem milagres pela invocação piedosa e reverente do nome Divino. As bruxas, porém, e as pessoas perversas operam-nos através de certos frenesis e pela invocação dos demônios.

Não admira que o apóstolo tenha se referido às obras dos demônios e do Anticristo como prodígios enganadores, pois que os portentos assim feitos pela permissão Divina são verdadeiros em certos aspectos, mas falsos em outros. São verdadeiros enquanto se encontram nos limites do poder de Satanás, mas falsos quando estão além desse poder, como, por exemplo, na ressuscitação de pessoas mortas e na cura da cegueira. Pois, na ressuscitação de uma pessoa morta, ou Satanás penetra no corpo da pessoa morta, ou remove e toma seu lugar com outro corpo criatural de substância aeriforme. No outro exemplo, ele retira a visão da pessoa por algum encanto e, repentinamente, a restitui, eliminando a incapacidade que ele mesmo causara. E sempre sem trazer à luz as percepções internas, como é contado na lenda de São Bartolomeu. Com efeito, todas as obras maravilhosas do Anticristo e das bruxas podem ser consideradas prodígios enganadores ou falsos, uma vez que sua única finalidade é nos enganar. Consultar São Tomás, *Summa Theologiae*, dist. 8, *"De Daemonibus"*.

Podemos aqui também mencionar a distinção feita entre prodígio e milagre, colhida no *Compêndio de Teologia*. Para se falar em milagre, quatro condições são necessárias: que tenha sido feito por Deus; que tenha ultrapassado a ordem natural existente; que seja manifesto; e que seja para a corroboração da fé. No entanto, como as obras das bruxas não atentam ao menos a primeira e a quarta condições, não podem ser chamadas de milagres, e sim de prodígios apenas.

Essa distinção pode ainda ser apresentada de outra forma. Embora as obras das bruxas sejam, num certo sentido, miraculosas, cumpre entender que existem milagres sobrenaturais, milagres que violam a natureza e milagres que contradizem a natureza. São sobrenaturais quando a nada se comparam na natureza, ou superam as força naturais — por exemplo, a concepção numa virgem etc. São milagres que violam a natureza quando vão contra seu curso normal, embora não ultrapassem os seus

O MARTELO DAS FEITICEIRAS

limites — por exemplo, quando uma pessoa cega passa a enxergar etc. E são milagres que contradizem a natureza quando são feitos de maneira similar à ordem natural, mas não de uma origem natural — por exemplo, quando bastões são transformados em serpentes, já que tal fenômeno pode dar-se naturalmente também, através de longo processo de putrefação em virtude de razões seminais. E destarte as obras dos magos podem ser consideradas miraculosas.

É oportuno trazer aqui um exemplo real e então explicá-lo passo a passo. Certo dia, numa cidade da diocese de Estrasburgo, cujo nome não convém mencionar, um trabalhador cortava lenha nas proximidades de sua casa quando, repentinamente, apareceu-lhe à frente um enorme gato e o atacou. Enquanto tentava afastar de si o animal, apareceu-lhe outro ainda maior, e também o atacou ainda mais furiosamente. Antes mesmo que os afugentasse, foi atacado por um terceiro. Os três então saltaram por sobre o seu rosto, e o morderam e o arranharam nas pernas. Tomado de grande pavor, como nunca sentira antes, o homem fez o sinal da cruz e, abandonando o que fazia, atirou-se sobre os gatos que, trepados na lenha empilhada, tentavam, com as unhas, arranhar sua garganta e seu rosto. Só com muita dificuldade o homem conseguiu enxotá-los, acertando um na cabeça, outro nas pernas e outro nas costas. Depois de uma hora, ainda a cortar lenha para o fogo, aproximaram-se dois funcionários da corte de justiça local e, acusando-o de malfeitor, prenderam-no e o levaram à presença do juiz. O juiz, olhando-o a distância, recusou-se a ouvi-lo e ordenou que o jogasse na mais funda das masmorras de uma das torres da prisão, onde ficavam presas as pessoas condenadas à morte. Durante três dias o homem ficou a reclamar e protestar junto aos guardas, perguntando-lhes que crime cometera para sofrer daquele jeito. Porém, quanto mais os guardas procuravam arranjar-lhe uma audiência, mais furioso ficava o juiz, exprimindo a sua indignação nos termos mais ásperos — como um criminoso daqueles não reconhecia o seu crime? Como ousava proclamar a sua inocência, quando a evidência dos fatos denunciava o seu horrendo crime? No entanto, embora a opinião dos guardas não pudesse prevalecer sobre a

SEGUNDA PARTE

do juiz, acabaram eles por convencê-lo, graças ao conselho de outros magistrados, a conceder ao pobre homem uma audiência. Quando, ao ser trazido ao tribunal, o juiz recusou-se a olhá-lo, o pobre homem atirou-se ao chão de joelhos diante dos outros magistrados e suplicou-lhe para saber a razão da sua desgraça. O juiz, então, explodiu: "Como te atreves, tu, o mais perverso dos homens, a não reconhecer o teu crime? Em tal dia e a tal hora atacaste e bateste em três matronas respeitadas desta cidade, a tal ponto que hoje se acham acamadas, impossibilitadas de levantar-se e até mesmo de se mover."

O infeliz homem tentou lembrar-se do que acontecera naquele dia e retorquiu: "Nunca em toda minha vida ataquei ou bati numa mulher, e posso provar, com testemunhas de confiança, que àquela hora, no dia a que o juiz se refere, eu estava ocupado cortando lenha. Quando os oficiais de justiça lá chegaram, eu ainda estava ocupado em minha tarefa." O juiz exclamou, furioso: "Vejam como ele tenta ocultar o seu crime! As mulheres lastimam-se dos socos, mostram as marcas e publicamente atestam que foram atacadas." O pobre homem, então, considerando com mais atenção o que lhe acontecera, relembrou: "De fato, naquele dia, cheguei a atacar certas criaturas mas que, com certeza, não eram mulheres." Os magistrados, estarrecidos, pediram-lhe para explicar que espécie de criaturas ele agredira. Narrou-lhes então o homem, para o seu assombro, o que lhe acontecera. Assim, compreendendo que tudo aquilo fora obra de Satanás, libertaram-no e o deixaram sair ileso, pedindo--lhe para que não comentasse o assunto com ninguém. Não obstante, o assunto ficou conhecido das pessoas devotas zelosas da fé.

Ora, cabe agora perguntar se os demônios lhe apareceram naque-las formas criaturais sem a presença das bruxas ou se elas estiveram de fato presentes, convertidas, por algum encanto, na forma daqueles animais. Cabe ressaltar que, embora os demônios possam ter agido dos dois modos, há de presumir-se que, nesse caso, tenham optado pelo segundo deles. Pois ao atacarem o homem em forma de gatos, podiam, repentinamente, por algum movimento local através do ar, transportar as mulheres de volta para casa quando a vítima revidasse ao seu ataque

O MARTELO DAS FEITICEIRAS

(como gatos). Ninguém duvida de que isso seja possível pelo mútuo pacto firmado entre ambos. De forma análoga, seriam capazes de ferir a vítima perfurando com agulhas a sua imagem, pintada ou esculpida em chumbo derretido. Muitos exemplos aqui poderiam ser aduzidos.

Não há de ser objeção válida o argumento de que talvez as mulheres fossem inocentes, pois, segundo os exemplos antes mencionados, os malefícios podem recair mesmo sobre pessoas inocentes, quando alguém é sem saber ferido por uma bruxa por meio de uma imagem artificial. O exemplo não é conveniente. Pois uma coisa é uma pessoa ser molestada por algum demônio através de uma bruxa, outra coisa é ser molestada sem a participação dela. O diabo recebe golpes na forma de um animal e os transfere a quem a ele está unido por pacto, quando age na forma daquele animal com o consentimento da pessoa envolvida. Dessa forma, portanto, ele é capaz de ferir só a pessoa culpada que com ele pactua, e não a inocente. Mas quando os demônios visam a causar males por meio de bruxas, são capazes então de, com a permissão de Deus, infligir tais crimes mesmo contra inocentes.

Entretanto, os demônios, às vezes, com a permissão de Deus, em sua própria pessoa, atacam mesmo pessoas inocentes. E chegaram a atacar Jó, embora não estivessem no caso presentes. No exemplo que mencionamos, usaram do espectro de gatos, animal que, segundo as Escrituras, é símbolo apropriado da perfídia, assim como o cão é o símbolo dos pregadores. Pois os gatos ficam sempre a engordarem-se uns aos outros. E a Ordem dos Freis Pregadores foi representada, pelo seu primeiro fundador, por um cão a ladrar contra a heresia.

Logo, há de presumir-se que aquelas três bruxas atacaram o trabalhador do segundo modo, seja porque não lhes agradasse atacá-lo do primeiro, seja porque o segundo fosse mais adequado à sua curiosidade.

E eis a ordem que observaram. Primeiro, foram instadas pelos demônios a assim proceder, não o contrário. Porquanto muitas vezes assim nos têm revelado em suas confissões, que são pelos demônios incitadas a perpetrarem o mal, às vezes mais do que deveriam. É provável que as bruxas, por sua própria vontade, não teriam atacado o pobre homem. Não

SEGUNDA PARTE

há dúvida de que o motivo para os demônios instarem-nas a agir daquela maneira foi porque sabiam perfeitamente bem que, quando um crime manifesto fica sem punição, Deus é ainda mais ofendido, a fé católica é detratada e o número de bruxas mais cresce. Em segundo lugar, tendo recebido o seu consentimento, os demônios transportaram o corpo delas com muita facilidade, a revelar o seu poder espiritual sobre os poderes corporais. Em terceiro lugar, transformadas em gatos por algum encanto, foram obrigadas a atacar o trabalhador. Veja-se que os demônios não as defenderam dos golpes do pobre homem, embora pudessem tê-lo feito com a mesma facilidade com que as transportaram. E permitiram que elas apanhassem e que o seu agressor fosse conhecido, para que tais crimes, pelas razões já mencionadas, continuassem o castigo devido que deveria ter sido ministrado pelos pusilânimes que mostraram não ter o menor zelo pela fé.

Sabemos também do caso de um santo homem que, certa vez, deparou-se com o diabo na forma de um devoto sacerdote a pregar numa igreja. Sabendo em seu espírito que se tratava do demônio, prestou atenção em suas palavras para verificar se bem ensinava à comunidade de fiéis. E vendo que sua atitude era irrepreensível e que combatia o pecado com o seu discurso, dele aproximou-se ao término do sermão e perguntou-lhe por que agia assim. Ao que o diabo respondeu: "Prego a verdade porque sei que os meus ouvintes só ouvem as minhas palavras mas não as seguem. Assim, mais ofendem a Deus e mais cresce o meu regozijo."

CAPÍTULO X

Do método pelo qual os demônios, por intermédio das operações de bruxaria, às vezes possuem os seres humanos

Já demonstramos no capítulo precedente de que modo os demônios conseguem penetrar no corpo humano e de que modo transportam as imagens mentais de um lugar para outro. Alguém, no entanto, poderá

O MARTELO DAS FEITICEIRAS

duvidar da sua capacidade de, à solicitação das bruxas, obsediar os seres humanos inteiramente; ou desconhecer os vários modos de que dispõem para causar tal obsessão sem a interferência das bruxas. Para dirimir tais dúvidas, cabe-nos dar três explicações. Primeiro, quanto aos vários modos de possessão. Segundo, quanto às solicitações das bruxas e à permissão de Deus para tal. Terceiro, quanto à comprovação dos argumentos com fatos e exemplos.

Para começar, devemos lembrar de uma forma de possessão diabólica geral, que deve ser excluída das nossas considerações e que é a do pecado mortal. São Tomás, no *Quaestiones de quodlibet* [Questões diversas] 3, questão 3, fala desse modo de possessão demoníaca ao tentar esclarecer se o diabo sempre possui o ser humano substancialmente através dessa espécie de pecado. Pois que no ser humano sempre habita o Espírito Santo, que lhe confere a graça, conforme se diz em I Coríntios, 3:16: "Não sabeis que sois o templo de Deus, e que o Espírito de Deus habita em vós?" E, como a culpa se opõe à graça, pareceria que forças opostas estão a habitar o mesmo lugar.

Nessa passagem de São Tomás fica provado que a possessão diabólica de um ser humano pode se dar de duas formas; ora com relação à alma, ora com relação ao corpo. Mas não é possível ao demônio possuir a alma, porque nela só Deus pode entrar. Logo, o diabo não é a causa do pecado que o Espírito Santo permite que a alma cometa. Destarte não há similitude entre os dois métodos de possessão.

Quanto ao corpo, porém, vemos que o diabo é capaz de possuir o ser humano de dois modos, uma vez que existem duas classes de seres humanos: a dos que se encontram no pecado e a dos que se encontram na graça. Primeiro, que o ser humano que se acha em pecado mortal se vê a serviço do demônio. Este, a seu turno, na medida em que sugere o pecado, seja através dos sentidos, seja através da imaginação, habita o caráter do ser humano, que erra ao sabor das tentações, qual barco no mar sem timoneiro.

O diabo, ademais, é capaz de possuir o ser humano na sua essência corpórea, como fica claro no caso das pessoas loucas. Essa questão, entre-

SEGUNDA PARTE

tanto, pertence mais ao âmbito do castigo que do pecado propriamente. Os castigos corpóreos nem sempre são consequência do pecado, e sim são infligidos ora sobre quem peca, ora sobre inocentes. Portanto, tanto as pessoas que não se encontram no estado de graça quanto as que nele se encontram podem ser essencialmente possuídas pelo demônio, de acordo com o julgamento incompreensível de Deus. E embora tal modo de possessão fuja um pouco a nossos propósitos, trataremos dele aqui para que fique a todas as pessoas esclarecido que, com a permissão de Deus, os seres humanos por vezes são substancialmente possuídos por demônios a pedido das bruxas.

Seja por solicitação das bruxas ou não, os demônios são capazes de possuir e ferir os seres humanos de cinco modos diferentes. Quando o fazem por insistência das bruxas, maior a ofensa a Deus e maior seu poder para molestar os seres humanos. Excetuando o fato de, por vezes, molestarem os as pessoas através de seus haveres materiais, temos os cinco seguintes métodos de possessão: pelo seu próprio corpo; pelo seu corpo e pelas suas faculdades interiores; por tentação interior e exterior tão somente; por privar-lhes do uso da razão; por metamorfose, transformando-as em bestas irracionais. Devemos considerar cada um desses métodos separadamente.

Antes, no entanto, convém enumerarmos as cinco razões por que Deus permite que as pessoas sejam possuídas, por mera questão de ordem expositiva. Às vezes, os seres humanos são possuídos em seu próprio interesse; outras o são por algum pecado menor de outra pessoa; algumas por causa de algum pecado venial que tenham cometido; às vezes, ainda por causa de grave pecado de outra pessoa; noutras, enfim, por causa de seus próprios pecados graves. Por todas as razões, que ninguém duvide que Deus permite a possessão pelos demônios a pedido das bruxas. Convém provarmos cada uma dessas razões pelas Escrituras, e não por exemplos recentes, já que os fatos novos são sempre reforçados pelos exemplos antigos.

Exemplo da primeira razão temos no *Diálogo* 1 de Sulpício Severo, grande discípulo de São Martinho, onde nos conta do padre cujo dom

O MARTELO DAS FEITICEIRAS

da graça era tão imenso e cujo poder de exorcizar demônios era tão grande que os afastava não só com as suas palavras, mas, por vezes, com suas cartas, e até com seu cilício. E por ter ficado mundialmente famoso, sentia-se tentado pela vanglória, embora virilmente resistisse àquele vício. Mas, para que pudesse ser mais humilhado, rogou a Deus com todo seu coração que durante cinco meses fosse possuído por um demônio. E assim aconteceu. Ele foi de imediato possuído e teve de ser colocado a ferros, e tudo que se aplica a endemoniados lhe foi aplicado. Mas, ao final do quinto mês, viu-se imediatamente livre do espírito maligno e também da vanglória. Mas não sabemos de nenhum caso de alguém que tenha sido possuído, por esse motivo, através de bruxaria humana, embora, como dissemos antes, os critérios de Deus sejam, por vezes, incompreensíveis.

Como exemplo da segunda razão, quando alguém é possuído por algum pecado venial cometido por outra pessoa, temos o caso relatado por São Gregório (*Diálogo* 1). O abade Eleutério, homem devotíssimo, passava uma noite próximo a um convento de virgens. Sem que ele soubesse, foi dormir em sua cela também um menino que todas as noites costumava ser perturbado pelo demônio. Pois naquela mesma noite o menino viu-se livre do espírito demoníaco só pela presença do padre. Quando o abade soube da história, levou o menino para um mosteiro de homens santos. Depois de alguns dias, começou a regozijar-se um tanto exageradamente da libertação do menino, dizendo a seus irmãos monges: "O diabo estava fazendo das suas com aquelas irmãs, mas não se atreveu a aproximar-se do menino desde que ele se aproximou dos servos de Deus!" Pois eis que de imediato o diabo voltou a atormentar o menino. E pelas lágrimas e pelo jejum do santo homem e de seus companheiros é que conseguiram, com dificuldade, libertar o menino do demônio, ainda no mesmo dia. E embora surpreenda que um inocente seja possuído por causa de uma leve falta cometida por outra pessoa, não admira quando pessoas são possuídas por seus próprios pecados veniais, ou por causa de grave pecado de outra pessoa, ou de seu próprio pecado grave, às vezes também a pedido de bruxas.

SEGUNDA PARTE

Cassiano, na primeira *Conferência* sobre o abade Sereno, dá um exemplo de como um tal Moisés foi possuído por causa de seu próprio pecado venial. Esse Moisés era um eremita de vida reta e piedosa. Mas por ter em certa ocasião discutido com o abade Macário e por ter ido longe demais ao expressar certa opinião, foi de imediato atacado por um demônio terrível que o fez expelir seus próprios excrementos pela boca. Pois esse castigo foi infligido por Deus para a sua purgação, para que nenhuma mácula de sua momentânea falta nele permanecesse. Tratou-se de uma cura miraculosa. Pois através de orações contínuas e pela submissão ao abade Macário, o espírito maligno foi rapidamente afastado e nunca mais o atormentou.

Caso semelhante é relatado por São Gregório no seu *Diálogo* (livro 1) — o da freira que comeu alface sem ter feito o sinal da cruz e que foi livrada do espírito do mal pelo bem-aventurado padre Equitius.

No mesmo *Diálogo*, São Gregório conta o caso de alguém possuído por grave pecado de outra pessoa. O bispo Fortunato afastou o demônio de uma pessoa possuída e o demônio passou a perambular pelas ruas da cidade, sob o disfarce de peregrino, a reclamar: "Ó! santo bispo Fortunato! Vejam o que me fez: expulsou-me da minha morada, a mim, um peregrino, e agora não encontro descanso em lugar algum." Um homem sentado ali perto com sua mulher e seu filho a tudo ouviu e acabou convidando o peregrino a ir morar com eles. Ao perguntar-lhe por que fora posto na rua, o peregrino contou-lhe uma história sobre o bispo absolutamente caluniosa, na qual o homem acreditou. E, logo a seguir, o demônio possuiu o seu filho, e, fazendo-o jogar-se no fogo, matou-o. E assim o infeliz pai entendeu a quem recebera como hóspede.

E, por fim, em quinto lugar, muitos são também os exemplos de pessoas possuídas por causa de seus próprios pecados graves, encontrados não só nas Sagradas Escrituras, como também nas paixões dos santos. Pois que em I Samuel, 16:14, Saul foi possuído por desobediência a Deus. E, como dissemos, mencionamos todos esses exemplos para que a ninguém pareça impossível que pessoas sejam possuídas por causa dos

O MARTELO DAS FEITICEIRAS

crimes das bruxas, ou por sua vontade. Havemos de explicar os vários métodos dessa possessão apresentando exemplos reais.

Na época do papa Pio II, eu próprio, que agora escrevo estas linhas, antes de ingressar no santo ofício da Inquisição, passei pela seguinte experiência. Certo boêmio da cidade de Tachov trouxe seu único filho, sacerdote do clero secular, a Roma para ser exorcizado, pois o rapaz estava possuído por um demônio. Foi-me ele apresentado no refeitório. Ali sentamo-nos os três; ele rogava a Deus que a viagem empreendida não viesse a ser esforço em vão. Compadecido, perguntei-lhe qual o motivo da viagem e de sua tristeza. E ele então explicou-me o que se passava, às vistas do próprio filho, sentado ao seu lado: "Ai de mim! Tenho um filho possuído pelo demônio. Foi com muita dificuldade e com muitos gastos que consegui trazê-lo até aqui para ser curado." "E onde está o teu filho possuído?" "Aqui ao meu lado." Assustei-me um pouco. Olhei-o com atenção. O rapaz comia com recato e respondia diligentemente a todas as minhas perguntas. Comecei a duvidar de que estivesse possuído: talvez estivesse acometido de alguma outra enfermidade. Contou-se então de que modo e desde quando ele fora possuído.

"Foi uma feiticeira que lançou esse mal sobre mim. Havia eu discutido com ela a respeito de um problema de disciplina da igreja. E a repreendi com veemência pela sua obstinação. Respondeu-me ela então antecipando o que iria acontecer comigo dentro de alguns dias. E de fato aconteceu. O demônio que me possuiu contou-me que o feitiço foi por ela escondido numa árvore. Enquanto de lá não for removido, não me verei livre do mal. Mas não soube me dizer onde fica a tal árvore."

Não teria eu acreditado numa só palavra se o rapaz não me tivesse contado os pormenores do caso. Ao mostrar-lhe que as pessoas possuídas em geral não conseguem fazer uso de seu juízo normal por tanto tempo como ele o fazia, explicou-me: "Vejo-me privado do uso da razão só ao contemplar coisas sagradas ou ao visitar lugares santos. Disse-me o demônio, através de minha própria boca, que não mais me permitiria pregar à comunidade de fiéis, por tê-lo ofendido muito com meus sermões."

SEGUNDA PARTE

Segundo o pai, o rapaz era um pregador cheio de fé e querido de todas as pessoas. Eu, no entanto, como inquisidor à busca de provas, levei-o a percorrer comigo, por mais de quinze dias, vários lugares santos. Um dia fomos à igreja de Santa Praxedes, a Virgem, onde se acha um fragmento do pilar de mármore no qual ficou preso o Nosso Salvador durante a Paixão, e também ao local onde São Pedro foi crucificado. Nesses dois lugares o padre soltava gritos horríveis enquanto era exorcizado, ora dizendo que queria sair dali, ora dizendo o contrário. Pelo resto do tempo, porém, seu comportamento era o mais sóbrio possível, sem qualquer excentricidade. Ao cabo de cada exorcismo, quando lhe era retirada a estola do pescoço, não apresentava qualquer sinal de loucura e nem agia com despropósito. Porém, sempre que passava por qualquer igreja e se ajoelhava em honra da Gloriosa Virgem, o demônio o fazia botar a língua de fora, bem estendida. Perguntando se não seria capaz de refrear tal atitude, respondeu: "Não consigo de jeito algum. Ele se utiliza de todos os meus membros e de todos os meus órgãos como bem lhe apraz, do meu pescoço, da minha língua, dos meus pulmões. Obriga-me a falar e a reclamar. Ouço as palavras que saem de minha boca mas não posso impedi-las. E sempre que procuro entregar-me às orações, ele me ataca ainda com mais violência e me bota de língua de fora."

Pois bem, havia na igreja de São Pedro uma coluna trazida do Templo de Salomão, por virtude da qual muitas pessoas obcecadas por demônios eram livradas do mal, porque Cristo, ao pregar naquele Templo, postou-se junto à coluna. Mesmo ali, porém, o nosso pregador não pôde ser livrado do mal, pois que Deus já lhe reservara outro expediente para a libertação. Depois de, junto à coluna, ter permanecido calado por um dia e uma noite, já com uma pequena multidão reunida à sua volta, foi-lhe perguntado de que lado da coluna Cristo pregara. Ele então, mordendo a coluna com os dentes e esbravejando, acabou indicando o lugar. "Foi aqui! Foi aqui que Ele pregou!", e ao fim acrescentou: "Não posso prosseguir." "Por que não?", perguntei-lhe. "Por causa do povo lombardo." "Por causa do povo lombardo?" "Sim...", e prosseguiu com uma explicação em italiano, embora nunca tivesse falado essa língua. Ao cabo da explicação, me perguntou: "Padre, o que significam as palavras que acabaram de sair da minha boca?" Expliquei-lhe que dissera ter o povo lombardo praticado tais e tais coisas, todas as piores obscenidades. "Eu ouvia o que falava, padre, mas não compreendia."

Por fim, acabou-se provando que a sua possessão demoníaca era daquela espécie mencionada pelo Salvador no Evangelho (Mateus, 17:21): "Ele só será livrado por oração e por jejum." Foi então que um venerável bispo, que fora privado da visão pelos povos turcos, compadeceu-se do pobre rapaz e, jejuando a pão e água durante quarenta dias e quarenta noites, conseguiu livrá-lo do espírito mau com muitas orações e exorcismos, pela graça de Deus. E foi em grande regozijo que o padre voltou para casa.

Ora, seria um verdadeiro milagre se alguém nessa vida conseguisse explicar as formas variadíssimas pelas quais Satanás possui ou se incorpora nos seres humanos. No entanto, deixando de lado o prejuízo que lhes causa nas suas fortunas temporais, pode-se considerar tais expedientes em cinco tipos principais. Alguns são atingidos no próprio corpo; outros, no corpo e nas percepções interiores; outros, ainda, só nas percepções interiores; alguns só o são temporariamente, na razão; e, por fim, há os que são transformados em animais irracionais. O tipo de possessão que se abateu sobre o padre há pouco mencionado foi o quarto. Ele não foi prejudicado nos seus haveres e nem em seu corpo, como aconteceu a Jó, a respeito de quem declaram as Escrituras claramente que Deus concedeu poderes a Satanás, dizendo-lhe (Jó, 1:12): "Pois bem! Tudo o que ele tem está em teu poder; mas não estendas a tua mão contra a sua pessoa." Deus referia-se às coisas exteriores. Mas depois Deus concedeu a Satanás o poder sobre o seu corpo (Jó, 2:6): "Pois bem, ele está em teu poder, poupa-lhe apenas a vida."

Jó foi ainda atormentado de outra forma, qual seja, pelas percepções interiores de sua alma e pelo seu corpo (Jó, 7:13-14): "Se é dito ao Senhor 'meu leito me consolará, eu me confortarei na minha cama',

SEGUNDA PARTE

então Vós me aterrareis com sonhos e me sacudireis com o horror das visões." Não obstante, tais sonhos eram causados pelo demônio, segundo Nicolau de Lira (*Postillae perpetuae*): "pelo incentivo do demônio" e São Tomás (*Comentário* sobre Jó): "vós me aterrareis com sonhos", que aparecem durante o sono e com visões que ocorrem durante a vigília, por distorções das percepções interiores. Porquanto os espectros que invadem os pensamentos durante o dia podem se transformar no terror das pessoas que dormem, à semelhança dos que visitaram Jó através da enfermidade em seu corpo. Porquanto, ao dizer que fora sacudido pelo terror, o fez por sentir-se de tal modo afastado de qualquer consolo que não via remédio ou forma de escapar daquela desgraça, salvo pela morte, com o que viu-se tremer de pavor. E ninguém duvida serem as bruxas capazes de afligir as pessoas dessa forma através de demônios, como se há de mostrar a seguir. Veremos de que modo são capazes de prejudicar os bens materiais das pessoas, além de prejudicar as próprias pessoas e os animais através de tempestades.

Há ainda uma terceira forma de afligir o corpo e as percepções interiores, sem privar a pessoa de seu juízo, que é quando as bruxas inflamam de tal modo o intelecto humano pelas tentações das obscenidades ilícitas que a vítima se vê compelida a percorrer grandes distâncias à noite para ir ao encontro de sua amante, tal o seu aprisionamento na rede do desejo carnal.

Podemos contar o caso que parece ter acontecido em Hesse, na diocese de Marburgo. Um padre fora possuído por Satanás. Durante uma sessão de exorcismo, perguntou-se ao demônio: "Há quanto tempo habitas este corpo?" "Há sete anos", respondeu. "Como é possível se nele só te manifestas há menos de três anos?" "Porque nele me achava escondido", explicou o demônio. "Mas como te escondias durante a celebração do sagrado sacramento?" "Debaixo da sua língua", esclareceu. "Desgraçado!", exclamou outro inquisidor. "Como te atreveste a não fugir da presença do Criador?" Ao que ele respondeu: "Qualquer um pode esconder-se debaixo de uma ponte enquanto um santo homem

O MARTELO DAS FEITICEIRAS

a cruza, desde que não faça uma pausa em sua marcha." Todavia, com auxílio da graça Divina, o padre foi livrado do espírito do mal, tenha ou não contado a verdade. Pois sabemos que tanto ele quanto seu pai eram mentirosos.

O quarto tipo de possessão mencionada aplica-se ao caso do padre que foi livrado do espírito maligno em Roma, sob o pressuposto de que o diabo só pode penetrar no corpo, mas não na alma: nela só Deus pode ingressar. Quando, porém, digo que o diabo é capaz de penetrar no corpo não quero afirmar que o ocupe em seus limites essenciais.

Eles suspendem o uso da razão apenas temporariamente. Vou mostrar de que modo um demônio consegue ocupar substancialmente o corpo de um ser humano e como é capaz de privá-lo de seu juízo. Havemos de considerar os limites do corpo de duas maneiras: os limites físicos e os essenciais. Sempre que um anjo, seja bom ou mau, opera nos limites físicos do corpo, penetra-o de tal sorte a influenciar-lhe as capacidades físicas. E dessa forma os anjos do bem provocam visões imaginárias nas pessoas boas. Mas nunca se há de dizer que penetrem na essência do corpo, por não serem capazes disso, nem numa de suas partes, nem numa de suas qualidades. Não numa de suas partes porque a essência humana e a angelical são absolutamente distintas. Não numa de suas qualidades, como a determinar-lhe o caráter anímico, porque estas são obra de Deus. E só a Deus cabe exercer qualquer influência em sua essência profunda. E a preservá-la, quando em Sua misericórdia se vê inclinado a preservá-la.

Sejam quais forem as perfeições das pessoas justas ou as falhas das injustas, quando são causadas por operação de algum espírito na cabeça ou em seus atributos, tal espírito invade a cabeça em seus limites físicos — nos limites físicos das capacidades físicas do corpo.

Mas quando o espírito opera sobre a alma, há de fazê-lo pelo seu exterior, e de várias maneiras. Diz-se que tais espíritos atuam sobre a alma quando imprimem no intelecto representações ou formas fantasmagóricas, não só ao entendimento comum como também às percepções exteriores. E quando assim operam os anjos do mal, sur-

SEGUNDA PARTE

gem tentações e pensamentos maléficos causados pela sua influência indireta sobre o intelecto. No entanto, os anjos do bem fazem surgir representações fantásticas da revelação, que iluminam o entendimento. E essa é a diferença entre ambos. Os anjos do bem são capazes de imprimir até fantasias iluminadoras no intelecto, ao passo que os anjos do mal ensombrecem, com os seus espectros e fantasmas, o entendimento humano, embora só o façam indiretamente, na medida em que o intelecto se vê forçado a levar em conta tais representações fantasmagóricas.

Mesmo que os anjos do bem não sejam capazes de penetrar na alma, são capazes de iluminá-la. De forma semelhante, diz-se que um anjo superior não há de penetrar num anjo inferior: o que faz é iluminá-lo. Contudo, é da esfera exterior que operam, contribuindo para a iluminação do espírito. Já os anjos do mal bem menos conseguem fazer.

Destarte o diabo veio a ocupar o corpo do sacerdote de três modos. Primeiro, como era capaz de ocupar-lhe o corpo em seus limites físicos, passou a habitar, de fato, substancialmente, a sua cabeça. Segundo, por ser capaz de atuar por caminhos extrínsecos sobre a sua alma, passou a obscurecer o seu entendimento e a privá-lo do uso da razão. Era, em princípio, capaz até de assim atormentá-lo ininterruptamente, mas, como vimos, por uma dádiva de Deus, o sacerdote só era incomodado de espaço a espaço. Terceiro, embora o sacerdote ainda tivesse consciência de proferir palavras, privou-o do poder de fazer bom uso delas, impedindo-o de compreender o seu significado. Eis aí uma diferença dos demais métodos de obsessão. Em geral, as pessoas possuídas por espíritos diabólicos são-no ininterruptamente, como é o caso do lunático, referido no Evangelho (Mateus, 17:15), cujo pai diz a Jesus: "Senhor, tende piedade de meu filho, porque é lunático e sofre muito: ora cai no fogo, ora na água..." E também o da mulher que, havia dezoito anos, era possessa de um espírito que a detinha doente: andava curvada e não podia absolutamente erguer-se (Lucas, 13:11). E dessa forma os demônios são, sem dúvida, capazes de, a pedido das bruxas e com a permissão de Deus, infligir tormentos.

CAPÍTULO XI

De como são capazes de infligir toda sorte de enfermidades, pelos comuns males da maior gravidade

Ora, não há enfermidade do corpo, nem mesmo qualquer tipo de lepra ou de epilepsia, que não possa ser causada pelas bruxas, com a permissão de Deus.

Prova-o o fato de que não há uma enfermidade que seja, nesse aspecto, isentada pelos médicos. Basta a consideração diligente do que já dissemos a respeito dos poderes diabólicos e da perversidade das bruxas para que não encontremos qualquer dificuldade neste enunciado. Nider também trata do assunto tanto em seu *Praeceptorum Divinae Legis* [Preceito da Lei Divina] quanto em seu *Formicarius*. Indaga nessas obras se as bruxas seriam de fato capazes de prejudicar as pessoas através de bruxarias. Pois o autor não exclui nenhuma das enfermidades, mesmo as incuráveis. E explica, depois, de que modo e por que meios são capazes de causar tais males.

O que este autor diz já foi mostrado na primeira questão da primeira parte deste tratado. Outros autores atestam essa sua capacidade mórbida. Santo Isidoro, ao descrever as operações de bruxaria *(Etymologiae,* livro 8, capítulo 9), afirma serem chamadas bruxas por causa da magnitude de seus crimes: com a ajuda dos demônios, conseguem perturbar os elementos e causar tempestades, conseguem confundir o pensamento humano da forma já explicada, seja obstruindo inteiramente, seja impedindo seriamente o uso do seu juízo. E acrescenta que sem fazer uso de qualquer peçonha, pela mera virulência de seus encantos, conseguem tirar das pessoas sua própria vida.

São Tomás, no segundo livro do *Comentário sobre as sentenças*, dist. 7 e 8, e no livro 4, dist. 34, junto com quase todos os outros teólogos, declara serem as bruxas capazes de, com o auxílio diabólico, prejudicar as pessoas em todas as suas atividades, de todas as formas imagináveis, como se o próprio Satanás estivesse a agir: desgraçando-as em seu ofí-

SEGUNDA PARTE

cio, em sua reputação, em seu corpo, em sua razão e em sua vida. Em outras palavras: todos os males causados tão só pelos demônios podem também ser causados pelas bruxas. E com muito mais facilidade, por muito maior ser a ofensa assim praticada contra a Majestade Divina, conforme mostramos antes.

Em Jó, 1 e 2 encontramos exemplo da desgraça causada através de bens temporais. O prejuízo da reputação é encontrado na história de São Jerônimo, como relata Giovanni D'Andrea em seu *Hieronymianum*. O diabo transfigurou-lhe as feições, tornando-o muito parecido a São Silvano, bispo de Nazaré, amigo seu. Durante a noite, assim endemoniado, aproximou-se da cama de uma dama de boa casta. Primeiro, provocou-a e instigou-a com palavras obscenas, depois, convidou-a a praticar o ato pecaminoso. Quando a mulher gritou, o demônio com os traços do santo bispo escondeu-se debaixo de sua cama e, com a voz lúbrica, declarou mentirosamente que era o bispo Silvano. No dia seguinte, tendo o demônio desaparecido, o santo homem viu-se escandalosamente difamado. Seu nome só ficou limpo quando o próprio demônio confessou, no túmulo de São Jerônimo, que fizera aquilo em um corpo possuído.

A desgraça através do corpo é exemplificada pelo caso de Jó, que por alguma força diabólica foi acometido de terríveis feridas, que eram lepra numa de suas formas. Sigeberto e Vicente de Beauvais (*Speculum Histiale*, livro 25, capítulo 37) contam-nos que no tempo do imperador Luís II, na diocese de Mainz, um demônio passou a jogar pedras e a bater nas casas como se tivesse um martelo. Depois, com declarações públicas e insinuações sigilosas, passou a disseminar a discórdia e a criar muitos problemas entre as pessoas que moravam no lugar. Por fim, instigou todas contra um único homem. Sempre que o homem se encontrava repousando, ateava fogo em sua casa, alegando que todos ali sofriam por causa de seus pecados. O homem acabou tendo de mudar-se para o campo. Reuniram-se os sacerdotes para rezar uma ladainha pelo pobre homem. Enquanto rezavam, o demônio começou a atirar pedras contra a comunidade de fiéis, ferindo essas pessoas até sangrar. E ora calmo,

O MARTELO DAS FEITICEIRAS

ora encolerizado, ficou a perseguir quem ali morava durante três anos, até que todas as casas tivessem sido queimadas.

Exemplo de malefício contra o uso da razão e das percepções interiores nos são dados pelas pessoas possuídas e loucas de que nos fala o Evangelho. Exemplos de malefício mortal são dados também em Tobias, 6:14, onde é relatado o caso dos sete maridos da virgem Sara, que foram mortos pelo desmedido desejo lúbrico que por ela cultivavam, revelando-se indignos daquele matrimônio. Concluímos, portanto, que, seja por conta própria, seja com o auxílio das bruxas, os demônios são capazes de prejudicar os seres humanos de todas as formas, sem nenhuma exceção.

Mas a quem atribuir tais desgraças? Mais aos demônios do que às bruxas? Ora, decerto, quando os demônios causam males por sua ação direta, se lhes há de atribuir os resultados. Mas quando operam por intermediação de bruxas para a detração do Senhor Deus e para a perdição das almas, sabendo que assim estão a levantar ainda mais a ira de Deus e a adquirir maior poder para perpetrar o mal, as desgraças hão de ser atribuídas justamente às bruxas, por causa de sua perfídia e abjuração da fé católica, embora muitas vezes o diabo possa ser o ator principal.

Logo, quando uma mulher mergulha um ramo de folhas na água e depois borrifa a água no ar para fazer chover, não se há de culpá-la pelo ato em si, já que é o demônio quem faz chover: se há de culpá-la por firmar um pacto com ele, por ser uma infiel, por fazer o trabalho do demônio e por colocar-se a seu serviço.

De forma análoga, há de culpar-se uma bruxa por enfeitiçar alguém através de uma imagem de cera; ou quando a imagem de alguém aparece ao derramar-se chumbo derretido na água e sobre ela se faz o malefício, perfurando-a, ou ferindo-a de algum outro modo. Pois embora o mal tenha sido perpetrado pela bruxa sobre a imagem, se a pessoa a quem se destinava for assim lesada, há de atribuir-se à bruxa a causa do mal. Pois sem a sua presença, nunca Deus teria permitido a sua concretização, tão somente por obra e graça do diabo.

SEGUNDA PARTE

Surge aqui, porém, uma séria dúvida. Como são os demônios capazes de perpetrar os maiores males aos seres humanos por contra própria, sem a cooperação das bruxas, não seriam também capazes de difamar mulheres honestas para que fossem castigadas como bruxas, sem serem na realidade?

Antes de responder à pergunta, é mister atentar para alguns pontos. Primeiro, o diabo nada poder fazer sem a permissão Divina, conforme demonstramos na primeira parte desta obra, na última questão. Mostramos também que Deus não confere tanto poder aos anjos do mal contra as pessoas justas e as que vivem na graça como concede contra as pecadoras. Ademais, segundo a Sagrada Escritura, os demônios (Lucas, 11:21) têm poderes maiores sobre os seres humanos pecadores e Deus lhes permite mais afligirem estes do que os justos. Por fim, embora sejam capazes de afligir os justos, nas suas atividades, na sua reputação e no seu corpo, sabem que este poder lhes é concedido sobretudo para fomentar os méritos desses. Assim, mostram-se menos ávidos de os molestar.

Há ainda outras dificuldades a serem ponderadas para podermos responder à pergunta. Primeiro, a permissão Divina. Segundo, a consideração da pessoa hipócrita e da mentirosa, que fingem viver em estado de graça, o que nem sempre é verdade. Terceiro, é preciso também levar em conta o crime de que é suspeita a pessoa inocente. Já que o crime de bruxaria excede em perversidade todos nas suas atividades ou na sua reputação. No entanto, com relação ao crime de bruxaria em particular, dada a gravidade da acusação, não parece realmente possível que o diabo consiga difamá-la de forma indicada. E por várias razões.

Em primeiro lugar, uma coisa é a pessoa ser difamada pela prática dos vícios cometidos sem que tenha feito qualquer pacto tácito ou explícito com os demônios — entre esses crimes estão os furtos, os assaltos, a fornicação. Outra coisa é difamar uma pessoa por crimes que jamais poderia cometer sem que tivesse firmado pacto com o demônio — e aí estão os crimes das bruxas: os encantamentos perpetrados contra as pessoas, contra os animais e contra os frutos da terra. Portanto, embora

O MARTELO DAS FEITICEIRAS

os demônios possam manchar a reputação de uma pessoa por causa de vários vícios aos quais seja dada, não parece possível difamá-la por crimes que não poderiam ter sido praticados sem a sua cooperação.

A par disso, até o momento não sabemos de um só caso de pessoa que tenha sido difamada pelo diabo em tal medida que fosse condenada à morte por qualquer crime em particular. Ademais, quando a pessoa se acha sob suspeita, não sofre qualquer punição, salvo a que o Cânon prescreve para a sua purgação, como ainda mostraremos na terceira parte desta obra, no segundo método de condenação das bruxas.

Lá fica estabelecido que, se a pessoa acusada falhar na sua purgação, há de ser considerada culpada, mas antes de prosseguir-se na sua condenação e de lhe ser imposto o castigo, para que seja solenemente adjurada. Ora, estamos aqui a nos referir a fatos reais: não é de nosso conhecimento que alguma pessoa inocente já tenha sido punida por mera suspeita de bruxaria: Deus nunca há de permitir que isso aconteça.

Ademais, Deus não permite que pessoas inocentes, sob proteção angelical, sejam consideradas suspeitas de crimes menores — furtos etc. Por isso, há de preservar com muito maior zelo as que se acham sob Sua proteção da suspeita do crime de bruxaria.

Não é válido aqui recorrer à lenda de São Germano, à guisa de objeção (segundo tal lenda, os demônios, assumindo corpo de mulheres, sentaram-se à mesa com seus respectivos maridos, com os quais os demônios dormiram, iludindo-os, pois pensavam que estavam a comer e a beber com as próprias mulheres). As mulheres desse caso não devem ser consideradas sem culpa. Porquanto o Cânon (*Episcopi*, 26, questão 5) as condena, já que julgavam de fato terem sido transportadas, quando na realidade só o foram na imaginação. Contudo, conforme já explicamos, elas são, às vezes, transportadas corporalmente por demônios.

Nossa atual proposição, porém, é a de que são capazes, com a permissão Divina, de causar toda sorte de enfermidades, sem qualquer exceção. Do que dissemos, é essa a conclusão a ser tirada. Os doutores não apontam nenhuma exceção e não há razão para que tal exceção houvesse, pois, como afirmamos, o poder natural dos demônios é superior

SEGUNDA PARTE

a todos os poderes corpóreos. Constatamos, em nossa experiência, que isso é verdade. Pois que, embora se possa duvidar de que bruxas sejam capazes de causar lepra ou epilepsia, já que tais doenças, pelo comum, surgem de alguma predisposição física crônica ou de algum defeito físico prolongado, há de ficar claro que, por vezes, alguns desses casos são causados por bruxaria.

Vivia na diocese da Basileia, mais precisamente entre os distritos de Alsácia e Lorena, um honesto trabalhador. Certo dia, travou o homem forte discussão com uma mulher irascível e desbocada. Envilecida pelas ásperas palavras que ouvira, a mulher advertiu-lhe de que sua vingança não tardaria. Pouca importância o homem deu àquela ameaça. Na mesma noite, porém, viu brotar uma pústula em seu pescoço que, pelo simples coçar, acabou alastrando-se ao rosto, deixando-o inchado e deformado, e daí para o resto do corpo, a configurar uma forma pavorosa de lepra. Estarrecido, foi imediatamente procurar o conselho de amigos e de magistrados. Contou-lhes então da ameaça da mulher e apostou a vida como aquilo era uma bruxaria que ela lhe lançara. A mulher, logo capturada e interrogada, acabou confessando o crime. O juiz indagou-lhe então da razão por que o cometera e de que modo.

"Depois daquela discussão", explicou a mulher, "fiquei muito aborrecida e fui para casa. Lá chegando, meu mestre perguntou-me qual o motivo de meu mau humor. Contei-lhe e supliquei para que se vingasse por mim daquelas ofensas. Perguntou-me então o que eu queria que fizesse, ao que eu disse querer ver o homem com o rosto inchado. Mas o demônio saiu e o atingiu com mal bem maior do que o que pedi. Não imaginava que ele fosse contaminá-lo com aquela forma tão horrível de lepra." E por essa razão a mulher foi queimada.

Na diocese de Constança, entre Breisach e Freiburg, há uma mulher com lepra (a menos que tenha pago toda sua dívida na carne nesses últimos dois anos) que costumava contar a muitas pessoas o que lhe acontecera por ter travado discussão semelhante com outra mulher. Naquela noite, após a discussão, teve de ir à frente da casa por algum motivo. No mesmo instante, veio da casa da tal mulher, oposta à sua,

O MARTELO DAS FEITICEIRAS

um vento quente que a atingiu no rosto e a contaminou com lepra, mal de que padece desde então.

Por fim, na mesma diocese, no território da Floresta Negra, uma bruxa estava sendo suspensa pelo carcereiro sobre a pilha de lenha da fogueira onde seria queimada, quando então lhe disse: "Eu te pagarei!", e em seguida soprou no rosto do homem. Instantaneamente, viu-se o miserável afligido por horrível forma de lepra que lhe cobriu o corpo e não o deixou viver por mais muitos dias. Por concisão, os muitos e tenebrosos crimes dessa bruxa e tantos outros casos semelhantes são aqui omitidos. Basta mencionar os muitos casos que ouvimos de pessoas acometidas de epilepsia ou de mal caduco que o foram por meio de ritos mágicos: por meio de ovos enterrados junto a certos cadáveres, normalmente com os cadáveres de bruxas, a par de outras cerimônias das quais não podemos falar, em que tais ovos eram dados às vítimas junto com alimento ou bebida.

CAPÍTULO XII

Do modo particular pelo qual afligem as pessoas com outras enfermidades semelhantes

Ora, quem seria capaz de enumerar todos os outros males que as bruxas infligem às pessoas — cegueira, dores excruciantes, deformidades corporais? Havemos porém de citar alguns exemplos que testemunhamos com nossos próprios olhos ou que nos foram relatados, como inquisidores.

Há algum tempo era instituída uma inquisição na cidade de Innsbruck. Àquela época veio à luz, entre outros, o seguinte caso. Uma mulher honesta, casada legalmente com um membro da família do arquiduque, prestou formalmente o seguinte depoimento:

"Antes de me casar, quando ainda virgem, fiquei a serviço de certo cidadão cuja esposa veio a ser afligida por terríveis dores na cabeça. Apareceu então uma mulher dizendo-se capaz de curá-la, dando início

SEGUNDA PARTE

a uma série de ritos e de encantamentos que, segundo ela, haveriam de mitigar suas dores. Eu a tudo observava com muita atenção. Vi, entre outras cerimônias, a mulher fazer a água ascender de um vaso, fenômeno contrário ao movimento da água natural. Vendo que as dores na cabeça de minha patroa não estavam sendo aplacadas, senti-me indignada e disse à bruxa: 'Não sei o que estás fazendo, mas, seja o que for, é bruxaria, e parece-me que fazes só em teu próprio benefício e não no de minha patroa.' Ao que a bruxa retrucou: 'Saberás em três dias se sou ou se não sou uma bruxa.'

"E assim sucedeu, no terceiro dia, sentada junto à roda de fiar, fui repentinamente acometida por uma dor terrível pelo corpo. Primeiro era dentro de mim: não havia parte de meu corpo onde não sentisse horríveis picadas; depois, era como se estivessem sendo amontoadas brasas vivas sobre a minha cabeça; a seguir, me vi coberta da cabeça aos pés de pústulas brancas. E assim fiquei até o dia seguinte, a gritar e só a desejar a morte. Por fim, o marido de minha patroa recomendou que fosse até certa taverna. Fui, com grande dificuldade, levada por ele. Lá chegando, ele me disse: 'Olhe! Veja aquele pão de farinha branca sobre a mesa. Tente comê-lo. Vai lhe fazer bem.'

"Segurando-me com uma das mãos à porta, peguei o pão com a outra. 'Abra-o', disse-me o meu patrão. 'Veja com atenção o que há dentro dele.' E assim, ao abrir o pão, reparei que nele havia muitas coisas. Chamaram-me atenção uns grãos brancos muito semelhantes às pústulas que recobriam meu corpo. Além disso ali se viam sementes, ervas, ossos de serpentes e de outros animais. Não conseguia nem olhar para aquilo, e muito menos comê-lo. Estarrecida, perguntei a meu amo o que devia fazer. 'Jogue tudo no fogo', disse-me ele. Assim o fiz e, para meu espanto, subitamente, não em uma hora ou em alguns minutos, mas no exato momento em que atirei aquilo tudo no fogo, readquiri toda a minha saúde."

Muito maior foi o depoimento contra a mulher a cujos serviços estava a depoente. Dada a familiaridade que tinha com bruxas conhecidas, recaiu sobre si forte suspeita de bruxaria. Presume-se que, sabendo do

O MARTELO DAS FEITICEIRAS

feitiço colocado naquele pão, tenha contado tudo ao marido. De qualquer modo, foi assim que a criada se recuperou.

Para que se traga tão hediondo crime à execração pública, convém contar outro caso, também de uma mulher, que se deu na mesma cidade. Essa mulher, casada, honesta, deu o seguinte depoimento:

"Atrás da minha casa tenho uma estufa de plantas, e o jardim de minha vizinha é pegado ao meu. Certo dia percebi que fora feita uma passagem do jardim da casa dela para a minha estufa, não sem estragos. Postei-me então à porta da estufa e fiquei a lamentar o estrago feito às minhas plantas. Apareceu-me de repente uma vizinha e me perguntou se eu suspeitava dela. Receosa, porém, de sua má reputação, limitei-me a responder: 'As pegadas na grama são a prova do estrago.'

"A mulher ficou indignada por eu não a ter xingado como ela esperava e se afastou resmungando. Embora tivesse ouvido o que ela dizia, não pude entender o que era. Depois de alguns dias adoeci com dores no estômago. Ferroadas terríveis me atravessavam de um lado a outro, como se duas facas tivessem sido enfiadas em meu peito. E fiquei dia e noite a perturbar a vizinhança com meus gritos. Entre as pessoas que me acudiram havia um oleiro que estava envolvido com aquela bruxa, a minha vizinha, num caso de adultério. Visitou-me, compadeceu-se de minha enfermidade e, depois de algumas palavras de conforto, foi-se embora. Mas no dia seguinte retornou apressado e, depois de me consolar, acrescentou: 'Vou verificar se a sua doença se deve à bruxaria. Se o for, hei de restituir-lhe a saúde.' Colocou então sobre o meu corpo, estirado à cama, um jarro d'água. E no jarro despejou um pouco de chumbo derretido. Quando viu-se que o chumbo se solidificou numa certa imagem em várias formas, exclamou. 'Vê, tua enfermidade é causada por bruxaria, e um dos instrumentos desse malefício acha-se escondido debaixo da soleira da porta da tua casa. Vamos retirá-lo de lá. Vais te sentir melhor.'

"Foram, assim, meu marido e ele, remover o feitiço. O oleiro, erguendo a soleira, pediu a meu marido que metesse a mão ali e tirasse tudo que fosse encontrado. E assim ele o fez. Retirou primeiro uma imagem

SEGUNDA PARTE

de cera, de cerca de um palmo de comprimento, toda perfurada e atravessada de um lado a outro por duas agulhas, no mesmo local onde eu sentira as dores agudas. Depois, dali recolheu dois saquinhos com vários objetos, grãos, sementes e ossos. Tudo queimamos. Eu melhorei, mas não fiquei inteiramente boa. Embora tenham acabado as pontadas de dor e eu tenha recuperado quase todo o meu apetite, não me acho ainda completamente restabelecida."

Perguntamos a ela por que não se curara de todo, e ela respondeu: "Há ainda outros objetos de bruxaria escondidos que não sei como encontrar. Perguntei ao homem como ele descobrira os primeiros instrumentos e ele explicou." "Fiquei de tudo sabendo através do amor pelo qual um amigo tudo conta a outro amigo. A tua vizinha tudo me revelou enquanto me persuadia a cometer adultério com ela." E essa é a história de nossa mulher doente.

Mas se fôssemos contar os casos semelhantes a esse que descobrimos naquela cidade, teríamos de escrever outro livro. Um número incontável de homens e mulheres — pessoas cegas, coxas, debilitadas, acometidas dos mais variados males — não raro chegam a jurar que têm forte suspeita de que sua doença, em geral ou em particular, foi causada por bruxaria e que terão de suportar aquele sofrimento, ora por um prazo de tempo definido, ora até a morte. E tudo o que disseram e testemunharam foi verdade, quer a respeito dessa ou daquela doença, quer a respeito da morte de outras pessoas. Pois naquela cidade há em grande número cavaleiros e seus homens de confiança que têm tempo para o vício e que seduzem mulheres e depois as repudiam para se casarem com mulheres honestas. E tais mulheres, vendo-se rejeitadas, persistem em atormentar não tanto os homens, mas a esposa de cada um deles, na esperança de que, morrendo essas, eles retornem às antigas amantes.

Houve o caso de um cozinheiro do arquiduque que desposou uma jovem honesta de um país distante. A mulher que fora sua amante, uma conhecida bruxa, contudo, encontrou-os certa vez na estrada e estendendo a mão em direção à jovem, vaticinou-lhe a morte: "Não te hás de regozijar

O MARTELO DAS FEITICEIRAS

ao lado de teu marido por muito tempo!", disse, à frente de várias pessoas honestas que por ali passavam.

No dia seguinte, a jovem caiu de cama e, depois de alguns dias, pagou o seu tributo à natureza, exclamando enquanto expirava: "Vejam, estou morrendo porque aquela mulher, com a permissão de Deus, matou-me com a sua bruxaria. Mas logo, logo vou para outro e melhor casamento: vou me casar com Deus."

De forma similar, segundo o relatório público, um soldado foi assassinado por bruxaria, e também muitas outras pessoas que deixo aqui de mencionar.

Há, entre esses casos, o de um bem-sucedido cavalheiro cuja amante desejava ardentemente que ele viesse passar uma noite com ela. O homem àquela noite não podia e mandou um de seus serviçais avisar a mulher que não iria visitá-la. A mulher enraiveceu-se imediatamente e disse ao servo: "Vai e diz a teu amo que ele não mais me importunará por muito tempo." No dia seguinte, o homem adoeceu. Na semana seguinte, estava enterrado.

Há bruxas que são capazes de enfeitiçar os seus juízes por mau olhado: gabam-se publicamente de que não podem ser condenadas. Quando certos malfeitores são aprisionados por seus crimes e submetidos às mais severas torturas para confessá-los, essas bruxas são capazes de dotá-los de uma tal obstinação que preservam o mais absoluto silêncio e não revelam seus crimes.

E há bruxas que, para realizar malefícios, batem e apunhalam o crucifixo e pronunciam as piores palavras contra a pureza da gloriosíssima Virgem Maria, lançando as mais torpes injúrias sobre a natividade de Nosso Salvador em Seu útero inviolado. Não convém aqui transcrever tais palavras e nem descrever os seus crimes detestáveis para não ofender os ouvidos do leitor e da leitora piedosos. Não obstante, todos esses casos se acham devidamente arquivados. Entre eles, há o de uma judia batizada que dava instruções a outras meninas. Uma delas, chamada Walpurgis, condenada no mesmo ano à morte, foi exortada pelos que se achavam reunidos à sua volta a confessar seus pecados. Então ela excla-

SEGUNDA PARTE

mou: "Entreguei-me de corpo e alma ao demônio. Não há possibilidade de perdão para mim." E, dizendo isso, morreu.

Esses pormenores não foram aqui transcritos para vergonha do arquiduque, mas para sua honra e glória. O ilustríssimo arquiduque era um verdadeiro príncipe católico e laborou zelosamente junto à Igreja, em Brixen, para exterminar as bruxas. São aqui transcritos também para que se venha a odiar e a abominar tão execráveis crimes e para que as pessoas não cessem de vingar os insultos e as ofensas dessas miseráveis ao Criador e à santa fé. Sem falarmos da vingança pelas perdas temporais que causam, não obstante resida na abjuração da fé o seu mais grave e mais terrível crime.

CAPÍTULO XIII

De que modo as parteiras cometem o mais hórrido dos crimes: o de matar e oferecer aos demônios crianças da forma mais execrável

Não podemos deixar de mencionar os males infligidos a crianças recém--nascidas pelas bruxas parteiras, que primeiro as matam e depois as oferecem, em blasfemo rito, aos demônios. Na cidade de Saverne, da diocese de Estrasburgo, vive uma boa mulher, muito devota da abençoada Virgem Maria, que conta a todos os que frequentam a sua taverna — conhecida pelo sinal da águia negra — o caso que lhe sucedeu.

"Estava grávida", conta ela, "de meu marido legítimo, hoje falecido, e, ao se aproximar o dia do parto, fui procurada insistentemente por uma parteira que me queria ajudar. Conhecia a sua má reputação, e, embora já tivesse decidido contratar outra parteira, fingi concordar com o seu pedido. Mas quando as dores começaram, recorri à parteira que de fato iria me ajudar. A primeira, vendo, ao chegar, que eu já estava sendo atendida por outra, saiu dali profundamente irritada. Uma semana depois veio ao meu quarto, à noite, acompanhada de outras duas mulheres. Aproximaram-se as três de minha cama e quando tentei me levantar e chamar por meu marido, que dormia em outro quarto, percebi que não conseguia mover nem minha língua e nem meu corpo: não conseguia mover um músculo sequer, só via e ouvia o que falavam. A bruxa então, de pé entre as outras duas, disse: 'Vejam! Já que esta vil mulher não me quis como parteira, não há de ficar sem castigo.' As outras duas então tentaram me defender. 'Pois ela nunca nos fez qualquer mal.' 'Mas a mim ofendeu', disse a bruxa parteira, 'e por isso vou colocar uma coisa nas suas entranhas. Contudo, em consideração ao seu pedido, ela não há de sentir qualquer dor durante seis meses. Só a partir de então será torturada o suficiente.'

"Aproximou-se de mim, a seguir, e tocou em meu ventre com as duas mãos. Pareceu-me que ela arrancara as minhas entranhas e nelas colocara alguma coisa que não consegui ver o que era. No que as bruxas se foram, recuperei a força da minha voz e chamei logo por meu marido. Contei-lhe o que se passara, mas ele atribuiu tudo à gravidez recente: 'Ora, as mulheres grávidas! Estão sempre a sofrer de fantasias e ilusões', disse-me, sem acreditar na verdade do que eu lhe contara. E retruquei: 'Pois bem, me foi dada a graça de seis meses. Se, depois desse tempo, não me acontecer nenhum tormento, hei de acreditar em ti.'

"Naquele mesmo dia fui visitada por meu outro filho, um clérigo que se encontrava então na arquidiocese do distrito, a quem tudo contei também. E o que aconteceu? Passados exatamente seis meses, fui acometida repentinamente por dores excruciantes na barriga que me faziam gritar e atormentar a vizinhança dia e noite. Mas, como sou devota da Virgem Santíssima, a Rainha da Misericórdia, pedi a ela que intercedesse em meu favor, e passei a jejuar, só a pão e água, todos os sábados. Certo dia, ao fazer minhas necessidades, vi todas aquelas coisas impuras saírem do meu corpo. Chamei logo meu marido e meu filho e lhes disse: 'São essas as minhas fantasias? Ou alguém aqui já me viu comer espinhos, ossos e até pedaços de madeira?' Pois ali se encontravam sarças com um palmo de comprimento e uma série de outros objetos."

Ora, conforme afirmamos na primeira parte desta obra, os maiores males são perpetrados pelas parteiras, são elas as que mais ofendem a fé

SEGUNDA PARTE

na sua heresia diabólica. Essa verdade foi confirmada pela confissão do servo que veio a julgamento em Breisach e pelas confissões de algumas das bruxas que acabaram na fogueira.

Na diocese da Basileia, na cidade de Dann, foi queimada uma bruxa que confessou ter matado mais de quarenta crianças, enfiando uma agulha em seu cérebro pelo alto da cabeça, assim que saíram do útero.

Outra mulher da diocese de Estrasburgo confessou que já perdera a conta de quantas crianças matara. Foi ela capturada da seguinte forma. Chamada por uma mulher de outra cidade para atuar como parteira, decidiu acudir ao pedido. Depois de praticar o crime, retornou para casa. Mas, ao atravessar o portão da cidade, o braço da criança recém-nascida caiu do manto que ela usava para ocultá-la. As pessoas que se achavam sentadas junto ao portão viram o que acontecera e, no que a mulher se afastou, foram até lá para pegar o que julgaram ser um pedaço de carne. Mas, ao reconhecerem pelos dedos que era o braço de uma criança, foram correndo avisar as autoridades. Verificou-se então que uma criança sem um braço morrera antes do batismo. Logo a bruxa foi capturada e interrogada, confessando o crime, e numerosos outros semelhantes, dos quais já perdera a conta.

Ora, qual o motivo desse crime infame? Presume-se que as bruxas sejam compelidas a cometê-lo a comando de espíritos do mal, às vezes contra a sua vontade. Pois o demônio sabe que, por causa do sofrimento da perda ou do pecado original, essas crianças são privadas de entrar no Reino dos Céus. E dessa forma é adiado o Juízo Final, quando os demônios serão condenados à tortura eterna, porquanto o número das pessoas eleitas é mais lentamente completado (quando esse número for atingido, o mundo há de ser consumido). Ademais, conforme já dissemos, dos membros dessas crianças as bruxas fazem uma pomada cuja fórmula lhes foi dada pelos demônios, que lhes é de grande utilidade em seus malefícios.

Mas, para que coloquemos tais pecados hediondos na devida perspectiva (para execração pública), não podemos deixar de mencionar o seguinte crime. Quando as bruxas parteiras não matam a criança recém-

O MARTELO DAS FEITICEIRAS

-nascida, ainda assim oferecem-na ao diabo em blasfemo ritual. Assim que a criança nasce, a parteira, quando a mãe não é ela própria uma bruxa, pega a criança e, sob o pretexto de aquecê-la, leva-a até junto ao fogo da cozinha. Lá então, erguendo-a nos braços, oferece-a a Lúcifer, o Príncipe dos Demônios, e a todos os outros demônios.

Contou-nos um homem a seguinte história. Quando se aproximou a hora de sua mulher dar à luz, ele percebeu que ela não deixara nenhuma outra mulher se aproximar da cama, exceto a própria filha, que atuaria como parteira. Por ser atitude contrária ao costume habitual das mulheres na hora do parto, resolveu descobrir por si mesmo qual o motivo. Ficou assim escondido na casa e teve a oportunidade de ver com os próprios olhos toda a cerimônia sacrílega, tal como a descrevemos. Mas viu também que, sem qualquer apoio de outro ser humano, só pela força do diabo, a criança recém-nascida conseguiu subir pelos ferros que sustentavam as vasilhas da cozinha. Em grande consternação, não só pelas palavras terríveis usadas para invocar os demônios, mas também pelas cerimônias iníquas, insistiu o homem em que a criança fosse batizada imediatamente. A igreja mais próxima ficava num vilarejo vizinho. Para lá chegar, porém, tinham de atravessar uma ponte. Quando nela chegaram, o homem sacou de sua espada e, voltando-se para a filha, que carregava a criança, lhe disse, na frente de outras pessoas que os acompanhavam: "Tu não vais atravessar a ponte com a criança no colo. Ou a deixas atravessar essa ponte sozinha ou te afogo no rio." "Ficastes louco, meu pai?", perguntou-lhe a filha aterrorizada, mas o homem retorquiu: "Criatura miserável! Com a tua magia fizeste a criança galgar os suportes de ferro da cozinha. Pois agora trata de fazer com que ela atravesse essa ponte sem a ajuda de ninguém ou eu te afogo neste rio!"

Restou à moça obedecer à ordem. Colocou a criança sobre a ponte e, num rito mágico, invocou os demônios. Subitamente, a criança já era vista do outro lado da ponte. Depois de batizada, retornaram à casa. Embora o homem não pudesse provar o primeiro crime de adoração ao diabo, pois que fora a única testemunha do ritual sacrílego, conseguiu, com o auxílio das duas testemunhas que o acompanharam, acusar a esposa e a

SEGUNDA PARTE

filha de bruxaria perante o juiz, após o seu período de purgação. Foram, depois, ambas queimadas. E assim descobriu-se o crime sacrílego das parteiras: o de oferenda de crianças recém-nascidas ao diabo.

Surge, porém, uma dúvida a essa altura: qual a finalidade de tal hedionda oferenda e de que modo beneficia os demônios? Pode-se dizer que os demônios assim procedem por três razões, que servem a três propósitos os mais perversos. A primeira razão é que assim aumentam o seu orgulho. Está escrito: "Porque eis que se tumultuam vossos inimigos, levantam a cabeça aqueles que vos odeiam." (Salmos, 73:23). Pois que os demônios tentam, ao extremo, harmonizar-se aos ritos e cerimônias Divinos. A segunda razão é que, sob a máscara de uma ação aparentemente piedosa, lhes é mais fácil enganar os seres humanos. De forma análoga, enfeitiçam as virgens e os jovens castos com o seu poder. Embora possam fazê-lo através do mal e da corrupção dos seres humanos, preferem enganá-los através de espelhos mágicos e de seus reflexos nas unhas das bruxas, seduzindo-os ao fingirem que adoram a castidade, quando na realidade a odeiam. Pois que o diabo odeia, acima de tudo, a Virgem Maria, "porque esta te ferirá a cabeça" (Gênesis, 3:15). Assim, nessa oblação de crianças, iludem as bruxas, no vício da infidelidade, sob a aparência de um ato virtuoso. E a terceira razão é que fazem assim crescer a perfídia das bruxas, para seu próprio proveito, já que passam a contar com bruxas que lhes são dedicadas desde o berço.

Este sacrilégio, por outro lado, afeta a criança de três formas. Primeiro, é preciso notar que as oferendas externas a Deus se fazem de forma visível — através do vinho, do pão, dos frutos da terra — como sinal de submissão e de honra a Ele, conforme está escrito (Eclesiástico, 35:6): "Não te apresentarás diante do Senhor com as mãos vazias." Tais oferendas não devem ser, pois, destinadas a usos profanos. O santo padre São João Damasceno esclareceu (*Decretum* 10, questão 1): "As oblações oferecidas na igreja pertencem aos sacerdotes, mas não para uso próprio: hão de distribuí-las fielmente, em parte na observação da adoração Divina, em parte para o uso das pessoas pobres." Pelo que se conclui: à criança oferecida ao diabo, em sinal de submissão e de adoração a ele, não mais é permitida a vida fora do pecado, com dedicação católica, a serviço de Deus para o benefício de si própria e de outras pessoas.

Quem pode afirmar que os pecados das mães e das outras pessoas não redundam sobre as suas crianças? Seria possível objetar citando a passagem em que diz o profeta (Ezequiel, 18:20): "O filho não há de pagar pela iniquidade do pai." Mas há aquela outra passagem do Êxodo, 20:5, que diz: "Eu sou o Senhor, teu Deus, um Deus zeloso que vingo a iniquidade dos pais nos filhos, nos netos e nos bisnetos daqueles que me odeiam." O significado dessas duas passagens é o seguinte. A primeira fala do castigo espiritual no julgamento dos céus ou de Deus: não no julgamento dos seres humanos. Esse é o castigo da alma, ou seja, do afastamento da glória, ou o castigo do sofrimento, vale dizer, do tormento no fogo eterno. E com tais punições ninguém há de ser castigado exceto pelos seus próprios pecados, sejam os herdados, pelo pecado original, sejam os cometidos, pelos pecados reais.

A segunda passagem fala das pessoas que imitam os pecados da própria mãe e do próprio pai, conforme explicou Graciano (*Decretum* 1, questão 4 e seguintes); aí explica o autor de que modo Deus permite o castigo de um ser humano, não pelos seus próprios pecados — que tenha cometido ou que venha a cometer (sendo neste último caso impedido pelo castigo de cometê-lo) —, mas sim pelo pecado de outras pessoas.

Não se há de dizer, porém, que uma pessoa é castigada sem causa e sem pecado. Pois segundo diz a lei, nenhuma pessoa há de ser castigada sem que tenha pecado: só o é quando há uma causa para o castigo. Podemos afirmar que há sempre uma causa justíssima, embora possa ser desconhecida por nós: ver Santo Agostinho, 24, questão 4. E se não conseguimos penetrar na profundidade do julgamento de Deus, mesmo assim sabemos que o que Ele sentenciou é verdadeiro e o que Ele fez é justo.

Mas há uma distinção a ser observada. Algumas crianças inocentes são oferecidas aos demônios não pela mãe, mas pela parteira, que secretamente as tiram do abraço materno, depois de as haverem retirado do

SEGUNDA PARTE

útero da mãe honesta. Tais crianças não são por completo afastadas da graça e talvez nem venham a ter propensão para tais crimes. Talvez, isso sim, possam vir a cultivar as virtudes de suas mães.

A segunda forma pela qual este ato sacrílego afeta as crianças é diversa. Quando um ser humano se entrega a Deus, em sacrifício, reconhece no Criador o seu princípio e o seu fim. Este é o sacrifício mais digno de todos os sacrifícios que faz, tendo o seu princípio na sua criação e o seu fim na sua glorificação, conforme está escrito (Salmos, 50:19): "Meu sacrifício, ó Senhor, é um espírito contrito; um coração arrependido e humilhado, ó Deus, não haveis de desprezar." Da mesma maneira, quando uma bruxa oferece uma criança recém-nascida ao diabo, confia a sua alma e seu corpo a ele, como seu princípio e seu fim na danação eterna; pelo que, não sem algum milagre, será capaz a criança de livrar-se do pagamento de débito tão pesado.

Não raro, sabemos dos casos de crianças cuja mãe, por causa de algum distúrbio passional ou mental, oferece a criança irrefletidamente desde o útero ao diabo. E que só com extrema dificuldade é que conseguem livrar-se daquele elo, depois de já terem chegado à maturidade, que o diabo, com a permissão de Deus, usurpou para si. A respeito disso o *Livro dos exemplos da Santíssima Virgem Maria* dá muitas ilustrações. Caso notável é o de um homem que o sumo pontífice foi incapaz de livrar dos tormentos diabólicos. Acabou encaminhado a um santo homem que vivia no Oriente e, enfim, com enorme dificuldade, foi libertado daquele laço demoníaco, por intercessão da gloriosíssima Virgem.

E se Deus já pune tão severamente a, digamos, condenação irrefletida de certas mães (quando o marido, depois de copular com ela, diz: "Oxalá tenhamos conseguido uma criança" — ao que ela responde: "Pois que a criança vá para o diabo!"), muito maior há de ser o castigo quando a Majestade Divina é ofendida da forma como descrevemos!

O terceiro efeito dessa oblação sacrílega está em inculcar na criança, e depois na pessoa adulta, uma inclinação habitual para a bruxaria, a ser infligida sobre as pessoas, sobre os animais e os frutos da terra. Isso é mostrado por São Tomás na *Secunda Secundae*, questão 108, onde fala do

O MARTELO DAS FEITICEIRAS

castigo temporal, de como algumas pessoas são castigadas pelo pecado de outras. Afirma que, do prisma corpóreo, são as crianças parte das posses das mães e dos pais, assim como as servas, os servos e os animais pertencem à sua ama e a seu amo e dona e dono; portanto, quando uma pessoa é punida em todos os seus bens, sói acontecer que, não raro, as crianças também sofram pelas mães e pelos pais.

Isso, porém, é bem diverso do que se acha declarado na passagem em que o Deus zeloso diz que há de vingar-se das iniquidades da mãe e do pai nas netas, nos netos e nas bisnetas e nos bisnetos. Reside aí a questão das pessoas que imitam a mães e o pai no pecado. Falamos aqui, porém, das pessoas que sofrem em lugar das mães e dos pais: não os imitam no pecado, cometendo-o de fato, apenas herdam as consequências dos pecados daquelas e daqueles. Por esse motivo o filho de Davi nascido de um adultério morreu cedo. E por isso os animais do povo amalequita vieram a morrer também. No entanto, grande é o mistério em tudo isso.

Levando em conta tudo o que dissemos, havemos de concluir que tais crianças são sempre, até o fim da vida, predispostas à perpetração de bruxaria. Pois assim como Deus santifica o que Lhe é dedicado, conforme se prova pelos atos das santas e dos santos, pelas mães e pelos pais que oferecem a Deus o fruto que geraram; assim também o diabo não cessa de contaminar com o mal as pessoas que lhe foram oferendadas. Muitos são os exemplos encontrados no Antigo e no Novo Testamento. Assim se deu com muitos dos patriarcas e dos profetas, como Isaías, Samuel e Sansão; assim se deu com Santo Aleixo e com São Nicolau de Tolentino, e com muitos mais, guiados pela graça Divina a uma vida santificada.

Por fim, sabemos dos casos das filhas das bruxas que sempre são suspeitas de práticas semelhantes, como imitadoras dos crimes de suas mães; de fato, toda a prole de uma bruxa já é contaminada. A razão disso e de tudo o que se disse antes é que, em virtude do pacto firmado com o diabo, sempre têm elas que deixar atrás de si uma pessoa sobrevivente, que será devidamente instruída para que preencha as

SEGUNDA PARTE

condições impostas pelo seu voto de que farão tudo o que estiver ao seu alcance para aumentar o número de bruxas. De que outro modo seria possível, como se tem constatado tantas vezes, meninas de 8 ou 10 anos causarem tempestades e chuvas violentas de granizo, sem que tivessem sido dedicadas ao diabo através de pacto dessa natureza pela mãe? Tais crianças não teriam a capacidade de fazer operar tais prodígios por terem abjurado a fé, já que não conhecem um só artigo de nossa fé. Vejamos um exemplo de um desses casos.

No ducado de Suábia, um agricultor foi até o campo com sua filhinha, que mal completara 8 anos, olhar as plantações. Lá chegando, começou a queixar-se da seca, dizendo: "Pobres de nós! Quando será que vai chover?" A menina, ouvindo aquilo, falou ao pai com toda a simplicidade de seu coração: "Pai, se quiseres eu posso fazer chover agora mesmo." "Que dizes? Sabes como fazer chover?" "Não só fazer chover. Sei causar chuvas de granizo e tempestades." "E quem te ensinou isso, minha filha?" "Minha mãe me ensinou, mas me disse para não contar a ninguém." "Mas de que modo ela te ensinou?", insistiu o pai. "Ela me levou a um mestre que é capaz de fazer tudo o que eu quiser na hora em que eu pedir." "Tu já o viste, filha?" "Bem, de vez em quando eu vejo homens que vêm até minha mãe e depois vão embora. Quando eu lhe perguntei quem eram, ela me disse que eram os mestres a quem ela me dera. Disse que eram patrões poderosos e ricos."

O pai, aterrado com o que ouvira, pediu a filha para causar uma chuva de granizo, se pudesse, ao que a filha respondeu: "Posso meu pai, mas preciso de um pouco d'água." Levou-a então, pela mão, até um córrego próximo e disse: "Faça chover agora, filhinha, mas só na nossa terra."

E então a menina colocou a mão dentro da água e, invocando o nome de seu mestre, começou a revolvê-la, da forma como a mãe a ensinara. E para espanto do pobre homem, desabou uma chuva de granizo só nas suas terras. Ainda não totalmente convencido, pediu à filha que fizesse então chover só num de seus campos. E a menina o fez. Diante das evidências, viu-se o homem obrigado a levar sua mulher perante o juiz, sob a acusação de bruxaria. A mulher foi presa, condenada e queimada na fogueira. A filha, porém, foi absolvida e, em solene cerimônia, oferecida a Deus. Desde então nunca mais foi capaz de operar prodígios e de fazer bruxarias.

CAPÍTULO XIV

Eis aqui as várias maneiras pelas quais as bruxas infligem males ao gado

Quando diz São Paulo (I Coríntios, 9:9): "Acaso Deus tem dó dos bois?", está a indicar que, embora tudo se ache subordinado à Providência Divina, os seres humanos e os animais o são cada um na sua medida. Como se lê em Salmos, 35:7-8: "Vós protegeis, Senhor, os seres humanos como os animais" e "Como é preciosa a vossa bondade, ó Deus! À sombra de vossas asas se refugiam os filhos dos seres humanos." Ora, se os seres humanos, pela permissão de Deus, são prejudicados pelas bruxas, sejam inocentes e justos, sejam pecadores, e se as mães e os pais são enfeitiçados em seus filhos e em suas filhas por serem parte de suas possessões, quem haveria de duvidar de que vários males não são causados pelas bruxas aos animais — sobretudo ao gado — e aos frutos da terra que também são parte dos bens da humanidade? Vejam o leitor e a leitora: Jó, por obra do diabo, perdeu todo o seu gado. Pois de modo semelhante não há uma só casa de pessoas que lavram a terra, por menor que seja, em que as mulheres não fiquem a prejudicar as vacas umas das outras, ora as deixando sem leite, ora as matando.

Mas consideremos primeiro o menor desses males, que é o de secar o leite das vacas. De que modo fazem isso? Segundo Santo Alberto, em seu *De Animalibus*, em qualquer animal o leite ocorre em um ciclo mensal, como qualquer outro fluxo das mulheres, e quando não cessa por alguma enfermidade natural, cessa por causa de bruxaria. Ora, o fluxo de leite cessa naturalmente quando o animal come alguma erva cuja propriedade seja a de secar-lhe o leite e de deixá-lo doente.

SEGUNDA PARTE

Por bruxaria, contudo, são várias as maneiras de perpetrar esse mal. Nas noites mais sagradas, seguindo as instruções do diabo, e para maior ofensa da Divina Majestade de Deus, a bruxa, sentada a um canto de sua casa com um balde entre as pernas, finca uma faca na parede ou numa estaca e a ordenha com as mãos. Reúne então familiares, que com ela em tudo colaboram, e diz que deseja o leite em abundância. Repentinamente, o diabo retira o leite do úbere de uma vaca daquela casa e o faz sair pela faca que a bruxa está a ordenhar.

Não há por que temer a pregação de tais prodígios em público. Embora quem quiser possa invocar o diabo e achar que, procedendo da forma descrita, vai obter o mesmo resultado, há de ficar muito desapontado. Há necessidade de, para tal, render homenagem ao diabo ou de abjurar a fé, dentro da prática da bruxaria. Esclareço esse particular aqui porque algumas pessoas acham que o que estou a escrever não deveria ser usado na pregação à comunidade de fiéis, pelo risco de lhes conferir um certo conhecimento maléfico. No entanto, é impossível a qualquer um aprender bruxaria através das palavras de um pregador. Conto aqui tais casos para trazer esse crime à execração pública e para que sejam usados na pregação feita ao púlpito, para que os juízes sejam motivados a punirem esse crime horrendo que é o da negação da fé. Contudo, nem sempre tal se há de pregar dessa forma. Pois a mente secular presta mais atenção às perdas temporais, está mais preocupada com os assuntos terrenos que com os espirituais. Portanto, quando as bruxas são acusadas de perdas temporais, vemos os juízes mais zelosos em puni-las. Mas quem há de ser capaz de entender a astúcia do diabo?

Fiquei sabendo da história de uns homens de certa cidade que, chegada a primavera, ficaram desejosos de comer da manteiga especial produzida àquela época. Passeavam pelo prado quando se aproximaram de um córrego. Um deles, então, que fizera formalmente um pacto com o demônio, disse: "Vou conseguir para nós a melhor manteiga de maio."

Tirando as roupas, foi até o córrego, sentando-se de costas para a água. Enquanto os outros o observavam, murmurou algumas palavras e, com

O MARTELO DAS FEITICEIRAS

as mãos às costas, pôs-se a revolver a água do riacho. Em pouco tempo trouxe uma grande quantidade de manteiga, dessa que as mulheres do campo vendem no mercado no mês de maio. Os outros a provaram e disseram ser a melhor manteiga que já haviam comido.

Desses episódios podemos tirar algumas conclusões a respeito dessa prática. Ou são essas pessoas bruxas verdadeiras, por pacto expresso com o diabo, ou através de algum entendimento tácito entre si e o diabo conseguem fazer o que querem. No primeiro caso não há necessidade de maior argumentação: trata-se da operação de bruxas verdadeiras. No segundo, porém, obtêm o auxílio do diabo porque a ele foram oferecidas, ou pela parteira que lhes atendeu ao nascimento, ou pela própria mãe.

Seria possível objetar que talvez o demônio tenha trazido a manteiga sem que antes houvesse sido firmado qualquer pacto, expresso ou tácito, e mesmo sem que a pessoa tivesse, ao nascer, sido a ele oferecida. Cumpre entender que ninguém é capaz de recorrer à ajuda do demônio sem o invocar. E que pelo simples fato de pedir ajuda ao diabo a pessoa já se torna um apóstata da fé. Esta é a decisão de São Tomás no segundo livro do *Comentário sobre as sentenças*, dist. 8, sobre a questão: "Se é apostasia recorrer ao auxílio do diabo." E não obstante Santo Alberto, o Grande, concorde com os demais doutores da Igreja, mesmo assim afirma que nesses casos sempre há apostasia, ou nas palavras, ou nos atos. Pois se empregavam-se invocações, conjurações, fumigações ou adorações, então está formalizado o pacto com o diabo, mesmo que a pessoa não se tenha a ele entregue de corpo e alma, junto com a abjuração explícita da fé, seja no todo, seja em parte. Pois pela simples invocação do diabo o ser humano comete o crime da apostasia verbal. Se, porém, não houver invocação proferida verbalmente, mas tão somente o ato do qual decorre alguma coisa que não poderia ser conseguida sem o auxílio do diabo, se o ser humano o faz começando por dizer as palavras "em nome do diabo", ou dizendo palavras desconhecidas, ou mesmo sem nada dizer, mas só com aquela intenção, nesse caso, diz Santo Alberto, temos a apostasia pelo ato, pois

SEGUNDA PARTE

que o ato é realizado sob os auspícios do demônio. Trata-se, contudo, de apostasia de fato, pois tudo o que se recebe por obra do demônio acarreta a detratação da fé.

Concluímos, portanto, dizendo que não importa como aquele feiticeiro fez para conseguir a manteiga, o que fez foi por meio de pacto explícito com o diabo, ou foi por algum pacto tácito. Não há de ter sido explícito porque sua conduta foi diversa da conduta das bruxas quando assim procedem. Logo, o pacto era tácito, secreto, feito em sigilo por ele próprio, ou por sua mãe, ou por sua parteira. Ouso afirmar que o fez por si próprio, já que agiu só através de movimentos, e esperou que o diabo produzisse o efeito.

Uma segunda conclusão pode ser tirada desse exemplo e de outros semelhantes. O diabo não é capaz de criar elementos ou coisas de espécie nova. Portanto, quando a manteiga natural repentinamente saiu da água, não ocorreu ter o diabo transformado a água em leite: o que fez foi trazer a manteiga de algum lugar onde estivesse guardada e colocá-la na mão do homem. Ou então tomou o leite natural de alguma vaca e repentinamente o bateu e dele fez a manteiga. Pois que embora essa arte praticada pelas mulheres leve algum tempo para gerar a manteiga, o diabo é capaz de fazê-lo em mais exíguo espaço de tempo e de trazê-la para o homem.

Da mesma forma que fazem certos taverneiros: quando se veem com necessidade de vinho ou de algum outro produto, simplesmente saem para a vila à noite com seus frascos ou vasos e o trazem cheio de vinho ou do produto de que necessitavam. O diabo retira o vinho de outro lugar e enche os recipientes.

Resta-nos explicar que as bruxas matam animais, principalmente gado, da mesma forma que matam seres humanos. São capazes de enfeitiçá-los com o toque de suas mãos ou com seu olhar. Ou colocando sob a soleira da porta do estábulo, ou junto à cocheira onde bebem água, algum feitiço ou amuleto de bruxaria.

Era essa a maneira que as bruxas queimadas em Ravensburg usavam, por influência do diabo, para matar os melhores cavalos e as vacas mais

O MARTELO DAS FEITICEIRAS

gordas. Uma delas, Agnes, explicou-nos como procedia. "Colocamos debaixo da soleira do estábulo diferentes tipos de ossos de animais e assim procedemos em nome de Satanás e de todos os outros demônios."

Outra, chamada Anna, chegou a matar sucessivamente 23 cavalos de um cidadão que deles dependia para transportar carga. Ao comprar o 24º cavalo, já reduzido à mais extrema pobreza, aproximou-se da bruxa postada à frente de sua casa e lhe disse: "Prestai atenção! Acabo de adquirir mais um cavalo. Juro por Deus e pela Sua Santa Mãe que se este cavalo morrer eu hei de te matar com as minhas próprias mãos." A bruxa ficou assustada e deixou o cavalo em paz. Mas, quando capturada, perguntamos a ela como fizera aquilo, ao que ela respondeu: "Não fiz nada além de cavar um buraco e nele o demônio colocou uns objetos que eu não sei quais foram."

De tal evento depreende-se que basta tocar ou olhar para que a bruxa já tenha cooperado suficientemente com o diabo. Ao diabo não é permitido infligir males às criaturas sem alguma cooperação por parte das bruxas, conforme já se mostrou antes. E isso para maior ofensa à Majestade Divina.

Pastores já viram animais nos pastos darem três ou quatro saltos no ar e depois caírem repentinamente mortos no chão. Esse fenômeno é causado pelo poder das bruxas à solicitação dos demônios.

Na diocese de Augsburgo, entre a cidade de Füssen e o monte Ferrer, um homem muito rico afirmou que mais de quarenta cabeças de gado que pertenciam a ele e a outros amigos seus foram enfeitiçadas nos Alpes, no espaço de um ano. Não ocorreu nenhuma peste ou doença natural que pudesse explicar o fenômeno. Para prová-lo, declarou que quando o gado morre por causa natural em geral não é de repente: a morte se dá gradualmente. O que lá ocorreu, porém, foi bem diverso: o gado repentinamente via-se privado de toda a sua força, e por isso todos começaram a achar que era por causa de bruxaria. Eu mencionei quarenta cabeças de gado, mas acho que ele citou cifra mais elevada. Contudo, é bem verdade que muitas cabeças de gado têm sido perdidas por bruxaria em alguns distritos, sobretudo nos Alpes. Sabemos

SEGUNDA PARTE

ser essa uma das formas de bruxaria mais generalizadas. Havemos de, ulteriormente, considerar alguns casos semelhantes, no capítulo onde discutimos os remédios para o gado que foi enfeitiçado.

CAPÍTULO XV

De como as bruxas desencadeiam tempestades comuns e de granizo e de como fulminam pessoas e animais com raios

Que os demônios e seus discípulos são capazes de, por bruxaria, causar raios, tempestades comuns e tempestades de granizo e que com a permissão de Deus têm poder para tal está provado pelas Sagradas Escrituras em Jó, 1 e 2. Pois que o diabo recebeu de Deus o poder e imediatamente fez com que viesse o povo sabeu e levasse de Jó quinhentas cabeças de gado e quinhentos jumentos. Depois fez vir o fogo dos céus e consumir 7 mil camelos, e um vendaval que lhe derrubou a casa e matou seus sete filhos e suas três filhas, e todos os servos mais jovens, exceto o que lhe trouxe a notícia. Por fim, o diabo acabou por afligir o santo homem com as mais terríveis feridas e fez com que sua esposa e seus três amigos lhe causassem o mais profundo sofrimento.

São Tomás, em seu comentário sobre essa passagem de Jó, afirma: "É preciso confessar que, com a permissão de Deus, os demônios são capazes de perturbar o elemento ar, causar ventos e fazer o fogo cair dos céus. Pois, embora no que se refere à sua forma, a natureza corpórea se acha fora do comando de qualquer anjo, seja bom ou mau, a natureza corpórea do movimento localizado se encontra subordinada às forças espirituais. E essa verdade é claramente exemplificada no próprio ser humano. Pois ao mero comando de sua vontade, que existe subjetivamente em sua alma, os seus membros se movem. Portanto, tudo o que pode ser conseguido pelo movimento local pode também ser feito pelos bons e pelos maus espíritos, graças aos seus poderes naturais, salvo se Deus o proibir. Mas os ventos, as chuvas e

O MARTELO DAS FEITICEIRAS

outras perturbações atmosféricas semelhantes podem ser causados pelos simples movimento dos vapores oriundos da terra ou da água. Portanto, o poder natural desses elementos dos demônios é suficiente para provocar tais fenômenos."

Porque Deus, na Sua justiça, usando os demônios como Seus agentes para a punição dos seres humanos, faz recair sobre nós muitos males. Assim é que, naquela passagem dos Salmos: 104:16, "Ele fez vir a fome sobre a Terra, e fez desaparecer toda a substância do pão". A referência, segundo a glosa, é feita aos anjos. "Deus encarregou os anjos do mal de infligirem a fome sobre a Terra." A fome se refere ao anjo encarregado de provocá-la.

Remetemos o leitor aqui ao que escrevemos antes sobre a questão de as bruxas sempre contarem com o auxílio do demônio em suas operações e dos três tipos de males que os demônios, vez ou outra, infligem sem a agência das bruxas. Não obstante, são eles mais ávidos por prejudicar os seres humanos com o auxílio das bruxas, já que, dessa forma, a ofensa a Deus é mais grave e maior poder lhes é conferido para atormentá-los e castigá-los.

É relevante a esse respeito o que dizem os doutores no segundo livro do *Comentário sobre as sentenças*, dist. 6, na questão que trata da existência ou não de um lugar especial destinado aos anjos do mal nas nuvens do ar. Nos demônios existem três propriedades a serem consideradas — a sua natureza, a sua tarefa e o seu pecado. Pela sua natureza, pertencem ao empíreo, nos céus; pelo seu pecado, pertencem ao mais profundo dos infernos, mas pela tarefa que lhes é outorgada — como ministros do castigo para as pessoas perversas e da tentação para as boas —, o seu devido lugar está no ar enevoado. Não habitam conosco a Terra para que não nos aflijam em demasia. Contudo, no céu e ao redor da esfera de fogo são capazes de congregar os agentes passivos e ativos, quando Deus o permite, para lançarem o fogo e os raios dos céus.

No *Formicarius*, conta-se a história de um homem que, depois de capturado, já no tribunal, revelou de que modo eram capazes de causar tempestades e chuvas de granizo.

SEGUNDA PARTE

"Embora nos seja fácil causar tempestades de granizo, não somos capazes de causar toda a destruição que gostaríamos, pois há a intervenção dos anjos do bem. Só nos é dado afligir as pessoas que se acham privadas da ajuda de Deus. Não somos capazes de prejudicar as que fazem o sinal da cruz. Fazemos nossos trabalhos nos campos. Primeiro, invocamos o grande chefe dos demônios e pedimos-lhe que nos envie um de seus servos para que, por intermediário dele, possamos prejudicar a pessoa por nós indicada pelo nome. Então, ao chegar o demônio, fazemos o sacrifício de um galo negro, em sua homenagem, em duas encruzilhadas, atirando-o para o alto. Tendo recebido nossa oferenda, o demônio atende o nosso pedido e passa a revolver os ares, embora nem sempre nos lugares em que indicamos. E assim, com a permissão de Deus, desencadeia tempestades comuns e de granizo."

Na mesma obra encontra-se a história de um grande heresiarca das bruxas, chamado Stafus, que ora vivia em Berna, ora num país vizinho, e que, publicamente, gabava-se de ser capaz de, sempre que quisesse, transformar-se num camundongo na frente de seus inimigos e deles escapar por entre as mãos. Dizia que sempre assim escapara de seus adversários de morte. Mas a justiça Divina resolveu pôr fim à sua perversidade. Alguns de seus inimigos armaram-lhe uma emboscada e pegaram-no sentado numa cesta junto a uma janela: trespassaram-no com suas lanças e espadas, fazendo-o pagar com a morte por todos os seus crimes. Entretanto, o líder das bruxas deixou um discípulo, chamado Hoppo, que teve por mestre o bruxo Stadlin de quem falamos no sexto capítulo.

Esses dois feiticeiros conseguiam, sempre que quisessem, passar invisivelmente para os seus campos um terço de todo o estrume, de toda a palha ou de todo o trigo da sua vizinhança. Eram ademais capazes de provocar as mais violentas tempestades de granizo, de desencadear os mais destrutivos vendavais, e de atingir o que bem desejassem com raios de fogo. Mais ainda: eram capazes de jogar na água, à vista das mães e dos pais, crianças que caminhavam pelas ribanceiras; de causar a esterilidade em pessoas e em animais; de revelar segredos a outras pessoas; de prejudicar, das mais variadas formas, as pessoas nos ne-

O MARTELO DAS FEITICEIRAS

gócios ou no próprio corpo; de fulminar a quem quisessem com raios; e de provocar muitos outros flagelos, quando e onde a justiça Divina o permitisse.

Convém aqui relatar um caso que chegou aos nossos ouvidos. Na diocese de Constança, a 28 milhas alemãs da cidade de Ravensburg, na direção de Salzburg, uma violenta tempestade de granizo destruiu todas as plantações e parreiras num cinturão com raio de uma milha, a tal ponto que as vinhas deixaram de dar uvas durante três anos. O fato chegou ao conhecimento da Inquisição, já que o povo exigia que se investigasse o ocorrido. Muitas das pessoas que moravam no local eram da opinião de que a tempestade fora causada por bruxaria. Consequentemente, depois de quinze dias de deliberação formal, chegamos à conclusão de que era um caso de bruxaria a ser investigado. Entre um grande número de pessoas suspeitas, examinamos com particular atenção duas mulheres, uma de nome Agnes Bernauer, e outra de nome Anna von Mindelheim. As duas foram capturadas e trancafiadas em prisões separadas, para que uma não tivesse a menor ideia do que acontecia à outra. No dia seguinte, Agnes foi interrogada pelo magistrado principal, um juiz chamado Geldrich, muito zeloso da fé, e por outros magistrados também. Todo o interrogatório foi conduzido na presença de um escrivão. No primeiro julgamento a moça afirmou ser inocente de qualquer crime contra homem ou mulher, embora tivesse indubitavelmente o dom maligno do silêncio, a maldição constante dos juízes. Contudo, graças à misericórdia Divina, para que tão monstruoso crime não ficasse sem punição, Agnes, depois de uma sessão na câmara de tortura e de haver sido libertada dos grilhões, repentinamente confessou todos os crimes que cometera. Embora não houvesse testemunha para provar que ela abjurara a fé ou praticara o coito com algum íncubo — dado o extremo sigilo em que cometera tais crimes —, depois de ter admitido que causara mal a pessoas e a animais, também confirmou que praticara esses dois outros crimes. Contou que há dezoito anos se entregava em corpo a um íncubo, na mais completa negação da fé.

SEGUNDA PARTE

Quando perguntada sobre o que sabia a respeito da tempestade de granizo que ocorrera na região, ela confessou então tudo o que fizera.

"Eu estava em minha casa, e ao meio-dia veio até a mim um demônio. Disse-me para acompanhá-lo até a planície de Kuppel, trazendo comigo um pouco de água. E quando lhe perguntei o que ele queria que eu fizesse, disse-me que queria fazer chover. Fui assim até os portões da cidade e encontrei o demônio postado de pé debaixo de uma árvore. "Debaixo de que árvore?", indagou-lhe o juiz. "Daquela ali, defronte da torre", respondeu-lhe, apontando para a árvore. "E o que fizeste lá?", prosseguiu o juiz. "O demônio me disse para cavar um buraco pequeno e despejar a água dentro dele." "Sentaram-se tu e ele juntos para cavar?" "Não. Só eu. Ele permaneceu de pé." "E depois?", insistiu o magistrado. "Depois despejei a água no buraco e comecei a revolvê-la com o dedo enquanto invocava o próprio Satanás e todos os outros demônios." "E o que aconteceu à água?" "O demônio a fez subir pelos ares e desaparecer."

Interrogada a seguir se tinha alguma companheira em suas atividades, respondeu: "Na outra árvore, oposta à que eu me encontrava, ficou a minha companheira Anna [Anna von Mindelheim, a outra prisioneira], mas não sei o que ela fez."

Por fim, perguntou-se a Agnes quanto tempo decorrera da ascensão da água até o cair da tempestade, e ela explicou: "Tempo suficiente para eu voltar para casa."

Porém, quando no dia seguinte a outra bruxa foi com toda a delicadeza interrogada, mal tendo sido suspensa do chão pelos polegares, após ter sido solta dos grilhões que a prendiam, ocorreu algo extraordinário: contou-nos história idêntica à de Agnes, sem a menor discrepância em qualquer aspecto: quanto às árvores em que cada uma delas ficou; quanto à hora do ocorrido; quanto ao método, ou seja, quanto ao revolver da água com o dedo em nome de Satanás e de todos os demônios; quanto ao intervalo de tempo transcorrido entre o desaparecimento da água, por obra do demônio, e o desencadeamento da tempestade, tendo tido também ela tempo de voltar para casa. Logo, no terceiro dia foram ambas queimadas. Agnes, contrita e confessa, com a alma confiada a

O MARTELO DAS FEITICEIRAS

Deus, a dizer que morreria com o coração elevado se pudesse escapar das torturas do inferno, beijando a cruz que trazia em suas mãos. Anna von Mindelheim, todavia, viu no comportamento de Agnes objeto de escárnio. Pois há mais de vinte anos mantinha relações com um íncubo, na mais completa abjuração da fé. Os males que já perpetrara contra as pessoas, os animais e os frutos da terra eram bem piores que os de Agnes, conforme se depreende da leitura dos autos do processo.

Devem bastar esses exemplos a nosso propósito, embora houvesse muitos e muitos outros casos dessa espécie de maldade ainda por serem narrados. Ora, muitos são os seres humanos, os animais e os depósitos de víveres atingidos por raios por obra dos demônios, não obstante a sua causa seja, não raro, oculta e ambígua, já que parecem ocorrer amiúde pela permissão Divina mas sem a cooperação de qualquer bruxa. Contudo, as bruxas têm confessado espontaneamente que fazem tais coisas. E são vários os exemplos que poderiam ser aditados aos que já mencionamos. É razoável concluir, portanto, que com a mesma facilidade com que causam tempestades de granizo são também capazes de causar tempestades com raios e trovões no mar. E assim parece já não pairar qualquer dúvida a respeito dessa questão.

CAPÍTULO XVI

Dos três modos pelos quais se descobre que os homens, e não as mulheres, são dados à bruxaria: sob três rubricas, sendo a primeira a que trata da bruxaria dos arqueiros

Interessa-nos agora considerar a última categoria das bruxarias: a que, de três formas, é praticada por homens. E havemos de levar em conta, primeiramente, os sete mortais e horríveis crimes cometidos pelos bruxos arqueiros. O primeiro é o que praticam no dia consagrado à Paixão de Nosso Senhor — na Sexta-Feira Santa. Nesse dia, durante a solenidade da missa dos pré-santificados, atiram flechas tendo por alvo a santíssima

SEGUNDA PARTE

imagem do crucifixo. Ó que crueldade para com o Salvador! Que terrível ofensa! O segundo advém da sua detração à fé católica. Embora persista a dúvida quanto à forma de apostasia perpetrada, se por palavras, se tão somente por atos, não há ofensa maior à fé que possa ser praticada por uma pessoa cristã. Pois é certo que se tais coisas fossem praticadas por alguém infiel não haviam de surtir qualquer efeito maior, já que não é outorgado a essa pessoa método fácil de gratificação da sua hostilidade para com a fé cristã. Portanto, aquelas pessoas miseráveis deveriam considerar a verdade e o poder da fé católica, pois que é para a confirmação mesma desta fé que Deus, na Sua justiça, permite tais crimes.

O terceiro crime está em que o arqueiro não lança apenas uma flecha sobre o crucifixo: tem que atirar três ou quatro para que no mesmo dia seja capaz de matar o mesmo número de pessoas. O seu quarto crime advém da garantia que recebem do diabo para a consecução de seus objetivos: não obstante terem de fixar com o olhar a sua vítima e de concentrar-se, num supremo esforço de vontade, para matá-la, não importa onde se esconda: não há como se proteger: a flecha desferida será até ela conduzida pelo demônio e a atingirá mortalmente.

O quinto crime está em que atiram flechas com tal precisão que são capazes de acertar uma moeda colocada sobre a cabeça de uma pessoa sem feri-la, ademais, são capazes de repetir esse prodígio indefinidamente. O sexto crime decorre de que para adquirirem esse poder são obrigados a prestar homenagem de corpo e alma ao diabo. Damos a seguir alguns exemplos de práticas dessa espécie.

Um príncipe da Renânia, chamado de Barbudo, em razão de sua longa barba, cerca de sessenta anos atrás, adquiriu boa parte do território imperial. Porém, como passasse a sofrer ataques de surpresa dos homens de um certo castelo da região, o castelo de Lendelbrunn, resolveu sitiá-lo e tomá-lo. Contava em sua companhia com um arqueiro, também bruxo, chamado Puncker, tão prodigioso que foi capaz de matar todos os homens do castelo, sucessivamente, exceto um. Seu proceder foi muito simples. Bastava-lhe apontar para a vítima e desferir a flechada: não importa onde o alvo visado se escondesse:

O MARTELO DAS FEITICEIRAS

acabava sempre ferido mortalmente. Mas como só atirasse três flechas contra o Salvador num mesmo dia, só lhe era permitido matar com tal precisão três homens naquele dia. É bem provável que talvez o diabo favoreça o número três mais do que qualquer outro número por representar, destarte, efetiva negação da Santíssima Trindade. Assim é que, depois de ter lançado aquelas três flechas, Puncker só conseguia acertar as suas vítimas com a mesma incerteza dos outros arqueiros. Por fim, um dos homens do castelo gritou-lhe, em tom de zombaria: "Puncker! Não vais ao menos poupar o anel que se acha pendurado ao portão do Castelo?" "Decerto que não!", retorquiu-lhe Puncker, da escuridão da noite. "Eu o levarei comigo no dia em que tomarmos este castelo!"

E o arqueiro cumpriu sua promessa. Pois quando só restava um homem no interior do castelo, a companhia de Barbudo o invadiu e Puncker tomou para si o tal anel e o pendurou na porta de sua casa, em Rohrbach, na diocese de Worms, onde se encontra até hoje. Numa certa noite, contudo, algum tempo depois, foi morto a golpes de pás por uns camponeses que molestara. E assim sucumbiu em seus pecados.

Conta-se também desse homem uma outra história. O príncipe, desejando provar a sua habilidade, propôs-lhe usar o seu próprio filhinho como alvo. Ordenou-lhe então que tentasse acertar uma moeda colocada sobre a cabeça do menino, mas sem arrancar-lhe o capuz. Embora a princípio relutasse, acabou acedendo. Não sabia se o diabo não estava assim tentando seduzi-lo para levá-lo à morte. Contudo, cedendo à insistência do príncipe, assim procedeu: deixando uma flecha de prontidão na aljava pendente ao ombro, colocou outra no arco e lançou-a, acertando na moeda sobre o capuz, sem ferir o menino. O príncipe perguntou-lhe então por que preparara uma flecha a mais. Puncker explicou: "Se o diabo me tivesse enganado e eu houvesse matado meu filho, também eu teria de morrer. Assim rapidamente eu o matava também, príncipe Barbudo, para vingar antecipadamente a minha morte."

E embora tais perversidades sejam permitidas por Deus para provação e castigo das pessoas fiéis, mesmo assim milagres mais grandiosos

SEGUNDA PARTE

são operados pela misericórdia do Salvador, para o fortalecimento e a glória da fé católica.

Na diocese de Constança, próximo ao castelo de Hohenzorn e de um convento de freiras, há uma igreja recém-construída em que se pode ver a imagem de Nosso Salvador transpassada por uma flecha e a sangrar. A verdade desse milagre é assim atestada. Um pobre miserável queria ter a garantia diabólica de poder matar com três ou quatro flechadas igual número de homens. Para tal, desferiu uma flechada contra um crucifixo numa determinada encruzilhada. Milagrosamente, porém, começou a verter sangue da imagem atingida, e o bruxo viu-se paralisado repentinamente pelo poder Divino. Indagado por uma pessoa que por lá passava por que estava ali parado, sem se mover, balançou indefinidamente a cabeça e com o corpo a tremer nada conseguiu responder. Outro curioso dele aproximou-se, porém, e, vendo o sangue e o crucifixo atravessado pela flecha, exclamou: "Seu vilão infame! Perfuraste a imagem do Nosso Senhor!" E, chamando outras pessoas para que não o deixassem fugir, embora não pudesse se mover realmente, foi correndo até o castelo mais próximo e contou o que acontecera. Os homens do castelo vieram e encontraram o bruxo ainda parado no mesmo lugar. Mais tarde, depois de interrogado no tribunal, confessou o crime, e depois de removido daquele distrito pela justiça pública, sofreu uma morte miserável por merecida expiação de seu ato.

Mas como é horrível pensar que a perversidade humana não hesita em aprovar tais crimes. Pois diz-se que nos salões dos poderosos transitam esses homens, para a glória de seus crimes, em franca detração da fé, para a grave ofensa da Majestade Divina e em desprezo de Nosso Redentor; e ali se lhes permite vangloriarem-se de seus feitos.

Pelo que tais protetores, defensores e patronos hão de ser julgados não só como hereges mas também como apóstatas da fé, e hão de ser punidos da maneira como explicaremos adiante. É este o sétimo pecado mortal desses bruxos. Pois primeiro hão de ser, dentro da lei, excomungados; e se tais protetores forem clérigos, hão de ser rebaixados e destituídos de todas as suas funções e privados de todos os privilégios legais, o que não

O MARTELO DAS FEITICEIRAS

lhes poderá ser restituído, salvo por alguma indulgência especial da Sé Apostólica. Ademais, se após a proscrição persistirem obstinadamente a defender suas ideias durante o período de um ano após a excomunhão, hão de ser condenados como hereges.

Assim prescreve a Lei Canônica; no livro seis, capítulo "*Ut inquisitionis*", parágrafo "*Prohibemus*" aborda a questão da interferência direta ou indireta nos processos de diocesanos e de inquisidores à causa da fé e faz menção à pena aludida anteriormente, a ser cominada depois de um ano. Porque está escrito: "Fica vedada qualquer interferência de potentados, de senhores e de legisladores temporais, e de seus subordinados" etc. Qualquer leitor pode consultar o capítulo em pauta.

E que os bruxos e seus protetores hão de ser excomungados segundo os ditames da lei é indicado pelo Cânon onde trata da repressão da heresia de bruxaria; sobretudo no capítulo "*Ad abolendam*" e, especificamente, no segundo capítulo, "*Excommunicamus*", na passagem: "Havemos de excomungar e de anatematizar todos os hereges, os cátaros, os cismáticos... e outros, seja qual for a sua denominação..." afirmando, mais adiante: "E havemos de excomungar também todos os seus seguidores, protetores, defensores e patronos."

A Lei Canônica prescreve também várias penas a que se acham sujeitos todos os hereges, sejam leigos ou clérigos, pelo prazo de um ano. Assim reza o Cânon (no segundo capítulo): "Submetemos à pena da excomunhão todos os seus protetores, os seus patronos e defensores, de forma que os assim sentenciados e que não se dignarem a retratar-se de uma heresia no espaço de um ano hão de ser considerados criminosos, não serão admitidos nos ofícios e nos concílios, perderão o direito a voto em qualquer assembleia eclesiástica, nem poderão prestar testemunho ou servir de testemunha, e não lhe será dada a oportunidade de darem livre testemunho; hão de perder o direito de herança e não ficarão livres de responsabilidade os que com eles realizarem transações comerciais. No caso de o acusado ser juiz, o seu julgamento não terá validade: caso algum poderá julgar; no caso de ser advogado, não poderá advogar. Em caso de ser notário, nenhum documento por ele redigido há de ter

SEGUNDA PARTE

qualquer valor, e há de ser condenado junto com o autor do documento; penas semelhantes são decretadas para os que ocupam os demais cargos. Mas no caso do clérigo, há este de ser rebaixado de posto, sendo afastado de todos os ofícios e perdendo todos os privilégios; pois, sendo maior a sua culpa, maior há de ser a sua pena. E se qualquer um desses acusados, depois de banido da Igreja, ignorar insolentemente a sua punição, se lhe há de aplicar a sentença da excomunhão nos limites extremos da vingança. E o clero não lhe há de ministrar os sacramentos da Igreja nem há de tentar dar-lhe sepultamento cristão, nem tampouco aceitar sua alma e oblações, sob pena de ser também excomungado. Pois que a restituição de sua função só poderá ser feita por indulgência especial da Sé Apostólica."

Por fim, tais hereges incorrem em muitas outras penas, mesmo quando não persistem na sua obstinação durante um ano, e às quais ficam sujeitos também seus filhos e netos: podem ser destituídos de sua função por bispo ou por inquisidor e privados de todos os seus títulos, bens, privilégios honoríficos e eclesiásticos, e, enfim, de todos os seus cargos públicos, de acordo com o capítulo *"Ut commisi"*, parágrafo *"Privandi"* da Lei Canônica (livro 6). Seus filhos e netos poderão também ser considerados desqualificados e impossibilitados de obterem nomeação eclesiástica ou pública; embora tal se deva entender só para os filhos e netos por parte de pai, não por parte de mãe, e só para os impenitentes (capítulo *"Quicumque"*, parágrafo *"Heretici"*, do livro 6). Também a todos os seus seguidores, protetores, fautores e patronos será negado o direito de apelação ou de rogo; isso significa que, depois de confirmado o veredicto pelo qual são considerados hereges, não mais poderão apelar de sua sentença, mesmo que lhes tenha sido mal aplicada ou que tenham sido tratados com demasiada severidade (capítulo *"Ut inquisitionis"*). Muito mais poderíamos aditar em apoio a nosso ponto de vista, mas por ora isso é suficiente.

No entanto, para melhor entendimento do que dissemos, convém analisar alguns pontos. Em primeiro lugar, quando um príncipe ou potentado secular emprega um tal bruxo para a destruição de algum

O MARTELO DAS FEITICEIRAS

castelo numa guerra justa, e com a sua ajuda esmaga a tirania de homens perversos, haveria de se considerar todo o seu exército como protetor ou fautor do feiticeiro, devendo ser submetido, na sua totalidade, às penas mencionadas? A resposta parece estar na temperança: o rigor da justiça deve levar em conta o seu número. Será considerado que o líder e seus conselheiros acumpliciaram-se com tal bruxaria e a favoreceram e, por isso, estão implicados legalmente nas penas mencionadas quando, depois de haverem sido admoestados por seus conselheiros espirituais, tiverem persistido no mau caminho; nesse caso, serão julgados como protetores ou patronos e assim punidos. Mas o restante do exército, como não toma parte do conselho deliberativo dos líderes, como simplesmente são preparados para arriscar a vida em defesa de seu país, embora possam ver com aprovação os feitos do bruxo, escapam mesmo assim da sentença da excomunhão; entretanto, em confissão, deverão admitir a culpabilidade do bruxo e para a sua absolvição pelo confessor deverão aceitar o solene aviso de que devem abominar tais atos e afastar de suas terras tais bruxos.

Cabe perguntar quem há de dar a absolvição para tais príncipes quando caem em si, seus próprios conselheiros espirituais ou os inquisidores? Caso se mostrem arrependidos, podem ser absolvidos quer pelos seus conselheiros, quer pelos inquisidores. Isso é assegurado pela Lei Canônica ao tratar dos procedimentos cabíveis a serem tomados contra os hereges e seus seguidores, protetores, patronos e fautores, no temor de Deus e como advertência à humanidade. Mas se qualquer um desses, renegando seu lapso herético, desejar retornar à unidade da Igreja, poderá receber o privilégio da absolvição, que será dado pela Santa Igreja (de acordo com o capítulo "*Ut officium*" do sexto livro).

Um príncipe, ou qualquer outro líder, pode ser considerado arrependido se entregar o bruxo para ser punido pelas ofensas contra o Criador; quando tiver banido de seus domínios todas as pessoas consideradas culpadas de bruxaria ou de heresia; quando tiver revelado, pelo seu passado, ser verdadeiro penitente; e quando, ao tornar-se príncipe católico, demonstrar ter firme vontade de não mais favorecer qualquer outro bruxo.

SEGUNDA PARTE

Mas pode-se perguntar ainda quem esse homem deve entregar para julgamento. Em que corte deve ser julgado e se deve ser considerado franco suspeito de heresia. A primeira pergunta é respondida diretamente no início da terceira parte: se cabe a um juiz secular ou eclesiástico julgar e punir esse homem. Segundo a Lei Canônica (capítulo *"Ut inquisitionis"*, parágrafo *"Prohibemus"*, do sexto livro), nenhum magistrado ou juiz secular é competente para julgar um caso de heresia sem permissão dos bispos e dos inquisidores, ou pelo menos de alguém que tenha por um desses sido autorizado a tal. Mas quando o Cânon afirma que as cortes seculares não têm jurisdição nesse assunto em virtude de o crime de heresia ser exclusivamente eclesiástico, parece que tal assertiva não se aplica ao caso das bruxas. Os crimes das bruxas não são exclusivamente eclesiásticos, são também civis em decorrência do prejuízo temporal que causam. Entretanto, como será mostrado adiante, embora o juiz eclesiástico deva submeter a processo e julgar o caso, cabe ao juiz secular executar a sentença e cominar a pena, segundo mostrado nos capítulos do Cânon sobre a anulação da heresia e sobre a excomunhão (como se explica no *Liber Extra*, "Hereges", nos capítulos *"Ad abolendam"*, *"Vergentis"* e *"Excommunicamus"*). Pelo que, mesmo que o bruxo tenha sido julgado pelo Ordinário, o juiz secular ainda terá o poder de puni-lo depois de ele ser entregue pelo bispo; entretanto, com o consentimento do bispo, o juiz secular pode ainda atuar em ambas as instâncias, ou seja, pode julgá-lo e puni-lo.

E não é objeção válida alegar que tais bruxos são muito mais apóstatas que hereges; porque tanto uns quanto outros são detratores da fé; no entanto, embora o herege apenas duvide parcial ou completamente da fé, o bruxo, na sua mais profunda essência, é um apóstata que intencionalmente se afasta da fé. E o pecado mais grave está em corromper a fé, que é o sustentáculo da alma, do que no falsificar dinheiro, que é o arrimo da vida material, do corpo. E se os falsários e outros malfeitores são imediatamente condenados à morte pelos tribunais seculares, muito mais hão de merecer os hereges e apóstatas: deverão ser imediatamente punidos com a morte tão logo sejam considerados culpados.

O MARTELO DAS FEITICEIRAS

Assim acabamos de resolver a segunda dificuldade, qual seja, a quem entregar para punição esse homens, vale dizer, a que tribunal e que juiz. De qualquer modo, a questão ainda será considerada com maiores detalhes na terceira parte desta obra, onde tratamos dos métodos de condenação desses detratores e de que modo a pessoa capturada em franca heresia deve ser julgada (ver, entre os métodos, sobretudo o oitavo e o décimo segundo) e da questão dos penitentes, ou seja, se os que se arrependem devem ainda ser condenados à morte.

Pois se um herege reincide constantemente em seu crime, tanto quanto se arrepende, há de ser condenado à morte segundo a Lei Canônica (capítulo *"Ad abolendam"*). Porque, para a felicidade geral, segundo São Tomás (*Summa*, livro 2), essa é uma conduta razoável. Ora, se os hereges reincidentes repetidas vezes voltam às barras do tribunal — permitindo-se-lhes viver e conservar seus bens temporais —, eles poderão prejudicar a salvação de outras pessoas, não só por serem capazes de contaminá-las ao reincidirem em seus crimes, mas também por darem mau exemplo a outros — ao escaparem sem punição, estariam a mitigar o medo das pessoas de se contaminarem pelo crime da heresia. Além do mais, exatamente a sua reincidência denuncia a sua inconstância na fé, e, portanto, devem merecidamente ser condenados à morte. E cumpre declararmos aqui: se a mera suspeita de inconstância é justificativa suficiente para um juiz eclesiástico entregar o reincidente à corte secular — para condenação à morte —, muito mais há de fazer no caso do que se recusa a provar sua penitência e a demonstrar seu arrependimento: deverá entregá-lo à corte secular para que investigue a sua culpabilidade nos crimes perpetrados contra vítimas em seus bens temporais e para que o condene à morte. Contudo, se o bruxo é penitente, o juiz eclesiástico deve primeiro absolvê-lo, livrando-o da pena de excomunhão em que incorreu pelo crime herético de bruxaria. Além disso, quando o herege é penitente, é-lhe permitido retornar ao recesso da Igreja para a salvação de sua alma. Esse assunto é discutido na primeira questão da terceira parte, sendo demasiadamente amplo

SEGUNDA PARTE

para ser aqui analisado. Basta que todos os soberanos saibam das contas que terão de prestar ao terrível Juiz; porque de fato será muito severo o julgamento das autoridades que permitem que os bruxos vivam e perpetrem seus crimes contra o Criador.

As outras duas classes de bruxos pertencem à categoria geral dos que são capazes de usar de certos encantamentos sacrílegos que tornam determinadas armas inócuas contra si próprios; dividem-se em dois tipos. A primeira categoria lembra a dos bruxos arqueiros de quem acabamos de falar, porque também mutilam a imagem de Cristo crucificado. Por exemplo, se desejam a imunidade contra qualquer ferimento em sua cabeça, por qualquer arma ou por qualquer golpe pessoal, arrancam fora a cabeça de Cristo do crucifixo; se desejam tornar invulnerável o seu pescoço, arrancam fora o pescoço; se o braço, arrancam fora o braço, e assim por diante. Às vezes, arrancam metade do corpo, ora da cintura para cima, ora da cintura para baixo. A prova disso é que, dos crucifixos encontrados nas encruzilhadas ou nos campos, apenas um em dez se acha completamente preservado. Há quem carregue consigo os membros assim arrancados. Já outros procuram a invulnerabilidade através de palavras sagradas ou desconhecidas: pouca, portanto, é a diferença entre eles. Os primeiros lembram os arqueiros bruxos na detração da fé e na mutilação da imagem do Salvador e, por isso, devem ser considerados verdadeiros apóstatas, e julgados pelo crime de apostasia quando capturados; embora não na mesma medida em que os arqueiros, pois que a estes não se igualam em perversidade. Pois só agem assim para a proteção de seus corpos, na totalidade ou em parte, seja acima, seja abaixo da cintura. Hão de ser julgados, portanto, como hereges penitentes, não reincidentes quando condenados como bruxos e demonstram arrependimento; a pena merecida é a do oitavo tipo: com adjuração solene e encarceramento, conforme será mostrado na terceira parte deste livro.

Os segundos são capazes de encantar com a sua magia as armas, mostrando-se capazes de caminhar sobre elas de pés descalços: estranhas proezas são capazes de fazer (pois que, segundo Santo Isidoro, *Etymo-*

O MARTELO DAS FEITICEIRAS

logiae, 8, os encantadores são os que possuem a habilidade de realizar prodígios mediante palavras). Há de fazer-se uma distinção entre eles: alguns realizam encantamentos através de palavras sagradas, ou de fórmulas mágicas que inscrevem sobre pessoas enfermas, práticas tidas como ilícitas desde que se observem sete condições, conforme havemos de revelar mais adiante ao tratarmos dos métodos de cura dos enfeitiçados. Por outro lado, os encantamentos lançados sobre armas por meio de palavras secretas, ou no caso de os encantamentos prescritos às pessoas doentes serem anotados por escrito, cumpre chamar a sua atenção para o juiz. Pois quando usam palavras que nem mesmo eles sabem o significado, ou quando usam sinais ou caracteres que não representam o sinal da cruz, cumpre repudiá-los nessas práticas: os homens de bem precisam ter ciência da arte cruel desses feiticeiros. E caso não desistam de tais atos, devem ser considerados suspeitos e sentenciados de acordo com a pena do segundo tipo, conforme mostraremos depois. Pois não se acham livres do pecado de heresia; feitos dessa espécie só podem ser realizados com a assistência do demônio e, conforme demonstramos, o que faz uso dessa assistência há de ser condenado como apóstata da fé. No entanto, sob a alegação de ignorância ou pela retratação de sua conduta, podem ser tratados de forma mais condescendente do que os magos arqueiros.

É comum ver que comerciantes e mercadores têm por hábito fazerem-se acompanhar de amuletos e runas; como tais elementos partilham da natureza dos encantamentos maléficos, é preciso que se despojem de tais objetos e de tais signos, seja por intermédio do confessor no confessionário, seja por intermédio do juiz eclesiástico no tribunal público. Pois que tais palavras e letras desconhecidas implicam pacto tácito com o demônio, que faz uso desses expedientes em sigilo para o seu próprio benefício, atendendo os usuários nos seus desejos para que depois possa induzi-los a cometerem os piores crimes. Logo, no tribunal esses homens devem ser julgados e advertidos conforme se indica no segundo método. No confessionário, cabe ao confessor examinar o amuleto e, se não desejar jogá-lo fora, há o penitente de apagar

SEGUNDA PARTE

as palavras e signos ali inscritos, embora possa preservar palavras do Evangelho ou o sinal da cruz.

Ora, com relação a todas essas classes de magos, e sobretudo a dos arqueiros, cumpre notar que, conforme declaramos antes, hão de ser julgados como hereges capturados em flagrante crime de heresia; e tocamos nesse assunto ainda antes, na primeira questão da primeira parte. Lá mostramos o que diz São Bernardo a respeito (capítulo "*Ad abolendam*", parágrafo "*Praesenti*"): três são as maneiras pelas quais um homem pode ser acusado de heresia: ou pela evidência dos fatos, quando publicamente professa o seu erro, ou pela evidência crível de testemunhas, ou pela própria confissão. São Bernardo também explica o significado de algumas das palavras da Lei Canônica a esse propósito ("capítulo "*Excommunicamus*" e capítulo "*Super quibusdam*"), conforme revelamos na primeira questão da primeira parte desta obra.

Claro está, portanto, que os magos arqueiros e os magos que enfeitiçam outras armas hão de ser considerados manifestamente culpados de flagrante heresia, através de pacto explícito com o diabo, porquanto óbvio está que os prodígios que realizam só poderiam ser concretizados com a ajuda de demônios.

Em segundo lugar, está igualmente claro que os patronos, os protetores e os defensores desses homens hão de ser acusados do mesmo crime e de ser submetidos aos castigos prescritos. Pois não há no seu caso, como pode haver no de diversos outros criminosos, qualquer dúvida quanto a suspeita que sobre eles cai, se leve, se forte ou se grave; são, não há dúvida, graves detratores da fé e hão de receber como castigo de Deus uma morte miserável.

Conta-se que certo príncipe costumava proteger tais magos e, com o seu auxílio, veio a oprimir desmedidamente uma determinada cidade em questões de comércio. E quando um de seus dependentes advertiu-lhe a conduta, ele rejeitou todo o temor a Deus e exclamou: "Que Deus me fulmine agora se os estou oprimindo injustamente!"

Pois às suas palavras seguiu-se a vingança Divina: o príncipe imediatamente caiu no chão, vítima de morte súbita. E a vingança Divina

O MARTELO DAS FEITICEIRAS

veio não tanto por causa de sua injusta opressão, mas sim por causa de sua cobertura à heresia.

Em terceiro lugar, claro está que todos os bispos e soberanos que não se empenhem ao extremo em reprimir os crimes dessa natureza hão de ser julgados como professos defensores desses mesmos crimes, e hão de ser punidos da maneira prescrita.

QUESTÃO II

Dos métodos para destruir e curar a bruxaria. Introdução, na qual se estabelece a dificuldade desta questão

Será lícito remover a bruxaria através de outra bruxaria, ou através de outros meios proibidos?

Professa-se que não; já mostramos que no segundo livro do *Comentário sobre as sentenças*, dist. 7, é consensual a opinião de todos os doutores: é ilícito usar da ajuda de demônios, porque por esse expediente se incorre em crime de apostasia. Mas, defende-se, não há bruxaria que possa ser removida sem tal auxílio diabólico. Alega-se que poderia ser o malefício curado ou pelo poder humano, ou pelo poder diabólico, ou ainda pelo poder Divino. Não há de ser pelo primeiro: os poderes inferiores não se contrapõem aos superiores, não exercem controle sobre os que se acham fora de sua própria capacidade natural. Nem há de ser pelo poder Divino; pois que assim se configuraria um milagre, que Deus só opera à Sua própria vontade, e não à solicitação dos seres humanos. Pois quando a Virgem Maria implorou a Cristo que operasse um milagre para atender à necessidade de vinho, Ele respondeu: "Mulher, que tenho Eu de fazer contigo?" (João, 2:4). E os doutores elucidam o significado da passagem: "Que vínculo há entre nós dois para a operação de um milagre?" Parece também que só muito raramente são as pessoas libertas de encantamentos pelas orações aos santos ou pelas súplicas ao Senhor. Logo, só lhes resta serem livrados pela ajuda dos demônios; mas é ilícito recorrer a tal expediente.

Cabe ressaltar, uma vez mais, que método comum para desenfeitiçar as pessoas, embora manifestamente ilícito, está em recorrer à ajuda de mulheres

O MARTELO DAS FEITICEIRAS

sábias, pelas quais são amiúde curadas, e não a padres ou exorcistas. Assim, revelamos a experiência de que tais curas só são efetuadas pela ajuda dos demônios, a quem é ilícito recorrer. Portanto, não há de ser lícito curar dessa forma a pessoa enfeitiçada, que deverá suportar pacientemente o malefício.

Alega-se ainda que São Tomás e São Boaventura, no livro 4, dist. 34, do *Comentário sobre as sentenças*, afirmam que os encantamentos devem ser permanentes por não existir contra eles remédio humano; e se houver algum remédio, ou é desconhecido ou é ilícito. E essas palavras significam que a enfermidade dessa espécie é incurável e deve ser considerada permanente; e aduzem ainda que, mesmo quando Deus providenciasse um remédio, por ação coercitiva sobre o diabo, e viesse esse a remover o mal da pessoa atingida, e a curasse, tal cura não poderia ser considerada humana. Portanto, salvo que Deus a cure, não é lícito à pessoa tentar, de qualquer forma, encontrar uma cura.

Na mesma obra esses dois doutores acrescentam também que é ilícito até mesmo procurar remédio através da superposição de outro encantamento. Pois afirmam que, para que tal seja possível, e para que se remova o feitiço original, a outra bruxaria também há de ser considerada de efeito permanente; já que não é de forma alguma lícito evocar o auxílio do diabo através da bruxaria.

E mais, alega-se que os exorcismos da Igreja nem sempre se revelam eficazes na repressão dos demônios no caso das aflições corporais, porque estas só são curadas pelo arbítrio de Deus; mas sempre são eficazes contra as moléstias diabólicas para as quais foram instituídos, como, por exemplo, no caso de pessoas possuídas pelo diabo, ou no caso de crianças que necessitam de exorcismo.

Uma vez mais não se há de concluir que, porque o diabo recebeu poderes sobre determinada pessoa por causa de seus pecados, deixará de ter tais poderes à cessação desses mesmos pecados. Pois muitas vezes uma pessoa deixa de pecar mas seus pecados ainda permanecem. Parece, portanto, pelo que declaram esses dois doutores, que é ilícito remover encantamentos e sim que estes deverão ser suportados, uma vez que só a Deus cabe eliminá-los, quando Lhe aprouver.

SEGUNDA PARTE

Contra essa opinião argumenta-se que, assim como Deus e a natureza não abundam em superfluidades, também não carecem em termos de necessidades; e é uma necessidade que se dê à comunidade de fiéis contra as obras do diabo não só algum meio de proteção (de que tratamos no começo desta segunda parte), mas também remédios curativos. Caso contrário, seria possível ver a pessoa fiel desatendida plenamente por Deus, e as obras do diabo pareceriam mais fortes do que as do próprio Criador.

Contra tal opinião há também a glosa sobre a passagem de Jó, 41:24: "Não há poder maior que o Dele na Terra..." Diz a glosa que, embora o diabo tenha poderes sobre todas as coisas humanas, acha-se sujeito aos méritos dos santos e mesmo aos méritos dos santos homens nesta vida.

Mais uma vez, diz Santo Agostinho (*De Moribus Ecclesiae* [Sobre a moral da Igreja católica]): "Não há anjo mais poderoso do que nosso intelecto, quando nos prendemos firmemente a Deus. Pois, se neste mundo o poder está na virtude, então o intelecto que se mantém junto a Deus é mais sublime do que o mundo inteiro. Portanto, esse intelecto é capaz de desfazer as obras do diabo."

Resposta: Acham-se expostas duas opiniões poderosas que, parece, são absolutamente contrárias entre si.

Pois que há teólogos e doutores em Direito Canônico que concordam ser lícito remover as bruxarias por meios vãos e supersticiosos. São dessa opinião Escoto, Hostiensis, Godofredo e todos os canonistas. Mas, na opinião de outros teólogos, especialmente a dos mais antigos, e na de alguns dos modernos, como São Tomás, São Boaventura, Santo Alberto e Pedro de Palude, além na de muitos outros, em nenhum caso se há de fazer o mal para que dele resulte o bem, e que é preferível a pessoa morrer a consentir em ser curada por meios vãos e supersticiosos.

Examinemos agora suas opiniões, com vistas a trazê-las, na medida do possível, a um ponto consensual. Escoto, no quarto livro do *Comentário sobre as sentenças*, dist. 34, sobre as obstruções e a impotência causada pelas bruxarias, diz ser tolice defender que é ilícito remover os encantamentos mesmo por superstições e por meios vãos, e que assim proceder

O MARTELO DAS FEITICEIRAS

não é contrário à fé; pois aquele que destrói a obra do diabo não há de ser partícipe dessa mesma obra, e crê que o diabo tem o poder de ajudar (e o pendor para tal) a infligir males enquanto o sinal ou símbolo dos males persistir: uma vez destruído o símbolo, põe fim ao mal que infligiu. Aduz esse autor ainda que é meritório destruir as obras do demônio. Mas, falando em sinais e em símbolos, ocorre-nos um exemplo.

Há mulheres que descobrem bruxas através de certos sinais. Quando o suprimento de leite de uma vaca é reduzido por bruxaria, penduram um balde de leite sobre o fogo e, pronunciando palavras mágicas, batem no balde com uma vara. E embora as mulheres batam no balde, o demônio transfere os golpes de vara para as costas da bruxa. E dessa forma, tanto a bruxa quanto o demônio são fustigados. No entanto, o diabo assim procede para que consiga conduzir as mulheres que batem no balde a práticas mais perversas. Assim, não fosse o risco que acarreta, não haveria qualquer dificuldade em aceitar a opinião do conceituado doutor. Poderíamos aqui acrescentar muitos outros exemplos.

Hostiensis, em sua eloquente *Summa* sobre a impotência genital causada pela bruxaria (capítulo *"Littere"*, parágrafo *"Mulierem autem"*), diz que nesses casos pode-se recorrer aos remédios dos médicos; e não obstante alguns desses remédios não se pareçam mais do que poções inúteis e mágicas, mesmo assim deve-se dar um crédito de confiança a cada pessoa na sua profissão, e a Igreja pode perfeitamente tolerar a supressão de futilidades através de outras futilidades.

Ubertino também, no quarto livro, usa estas palavras: "Os encantamentos podem ser neutralizados ou por oração ou pela mesma arte pela qual foram infligidos."

Godofredo afirma na sua *Summa*: os encantamentos nem sempre podem ser neutralizados por quem os causou, ora porque quem os causou morreu, ora porque não sabe como neutralizá-los, ora ainda porque foi perdida a fórmula mágica neutralizadora. Mas se souber como promover o alívio, é lícito que o promova. O autor se refere às pessoas que afirmam que o impedimento ao ato carnal não poderia ser causado por bruxaria e que nunca poderia ser permanente e que, assim,

SEGUNDA PARTE

não poderia anular casamento já consumado. O autor está a defender posição contrária.

Ademais, as pessoas que defendem não haver magia maléfica de efeito permanente são movidas a assim afirmarem por duas razões: julgam ser possível remover qualquer encantamento por outras fórmulas mágicas ou por exorcismos da Igreja ordenados para a supressão do poder do diabo, ou por penitência verdadeira, já que o diabo só tem o poder sobre pessoas pecadoras. Assim, na primeira questão, concordam com aqueles que afirmam ser possível eliminar o efeito da magia maléfica por meios supersticiosos.

Mas São Tomás é de opinião contrária ao declarar (na obra citada): "Se o encantamento não puder ser removido, salvo por algum meio ilícito, seja mediante o auxílio do diabo, seja mediante qualquer outro expediente mesmo quando se sabe ser neutralizado daquela forma, há de ser considerado permanente, pois que o seu remédio não é considerado lícito."

Mesma opinião defendem São Boaventura, Pedro de Palude, Santo Alberto e todos os teólogos. Pois, aludindo brevemente à questão da evocação do auxílio diabólico, tácita ou explicitamente, parecem sustentar que tais fórmulas mágicas só podem ser neutralizadas pelo exorcismo lícito ou pela verdadeira penitência (conforme estabelecido pela Lei Canônica a respeito do sortilégio), movidos, ao que parece, pelas considerações feitas ao princípio dessa questão.

Mas convém trazer essas várias opiniões dos doutores da Igreja a um consenso. Isso consegue-se num certo aspecto. Convém reparar que os métodos pelos quais se removem os efeitos da magia maléfica são os seguintes: ou pela mediação de outra bruxa e de outra magia; ou sem a mediação de outra bruxa, mas através de magia e de outras cerimônias ilícitas. E este último método pode ser subdividido noutros dois: o emprego de cerimônias que são ilícitas e vãs, ou o emprego de cerimônias que são vãs, mas não ilícitas.

O primeiro remédio é absolutamente ilícito, quanto ao agente e quanto à sua natureza em si. Pode ser realizado de duas formas. Ou através de

O MARTELO DAS FEITICEIRAS

algum malefício sobre quem operou a primeira bruxaria, ou sem qualquer malefício, mas através de cerimônias mágicas e ilícitas. No último caso pode ser incluído o segundo método, qual seja, aquele através do qual o malefício é neutralizado não pela mediação de uma bruxa, mas apenas por magia e por cerimônias ilícitas; e nesse caso continuará sendo considerado ilícito, embora não na mesma proporção que o primeiro método.

Podemos sintetizar a posição exposta do seguinte modo. Existem três condições pelas quais um remédio se torna ilícito. Primeira, quando o feitiço é removido pela mediação de outra bruxa e por outra bruxaria, ou seja, pelo poder de algum demônio. Segunda, quando, embora não seja removido por outra bruxa, é transferido de uma pessoa a outra, por algum ser humano honesto, mediante alguma espécie de remédio mágico. Nesse caso também é ilícito. Terceira, quando o malefício, embora não seja transferido a outra pessoa, é removido pela invocação tácita ou explícita de demônios. Também aí é considerado ilícito.

E é com referência a esses métodos que os teólogos dizem ser melhor morrer do que consenti-los. Mas existem outros dois métodos que, de acordo com os canonistas, permitem remover malefícios de forma lícita. E tais remédios podem ser usados quando todos os remédios da Igreja — como os exorcismos, as orações dos santos e a penitência genuína — foram tentados e falharam. Mas, para que os entendamos com maior clareza, convém contarmos alguns exemplos de que tivemos conhecimento.

No tempo do papa Nicolau V, veio a Roma, a negócios, certo bispo da Alemanha cujo nome não convém mencionar, embora já tenha pago o seu tributo com a própria vida. Em Roma, apaixonou-se por uma jovem e a enviou para a sua diocese através de dois de seus servos. Com eles, seguiu uma parte de seus bens, na qual se incluíam joias de grande valor. Durante a viagem, a jovem, manifestando a cobiça pelos objetos de valor própria das mulheres, começou a pensar consigo mesma que se o bispo morresse por causa de alguma bruxaria ela poderia ficar com os anéis, os colares e os brincos, todos muito valiosos. Pois na noite seguinte o bispo adoeceu. Os médicos e os criados logo suspeitaram de que fora envenenado. Pois que em seu peito ardia um fogo que o obrigava a to-

SEGUNDA PARTE

mar contínuos goles de água fria para aliviá-lo. No terceiro dia, quando já não mais parecia haver qualquer esperança para o pobre homem, foi ter até ele uma anciã pedindo para vê-lo, pois que viera para curá-lo. Deixaram-na entrar e a velha prometeu-lhe que o curaria se ele concordasse com o que ela lhe propusesse. O bispo perguntou-lhe então com o que havia de concordar para que tivesse restituída a saúde que tanto desejava. A anciã respondeu-lhe: "Sua doença foi causada por um ato de bruxaria. Vossa Excelência Reverendíssima só será curada por outro ato de bruxaria, que irá transferir a enfermidade para a bruxa que a causou, para que então ela morra."

O bispo ficou estarrecido. Vendo que não poderia ser curado de outra forma e precisando tomar uma decisão rápida, resolveu consultar o papa. Ora, o sumo pontífice tinha-o como dileto irmão, e quando soube que aquela seria a única maneira de o pobre homem ser curado, concordou em permitir dos males o menor e deu-lhe o consentimento. Tornaram a chamar a velha bruxa e disseram-lhe que tanto o bispo quanto o papa haviam consentido e concordado com a morte da bruxa, sob a condição de que o bispo haveria de ter a saúde plenamente restituída. A bruxa foi-se embora, assegurando-lhe de que estaria curado na noite seguinte. Dito e feito. No meio da noite seguinte, vendo-se completamente curado, enviou um mensageiro até a sua terra para saber o que acontecera à jovem. O mensageiro, ao retornar, contou-lhe que, no meio daquela noite, a jovem caíra doente enquanto dormia ao lado da mãe.

Convém entender que exatamente na mesma hora, no mesmo momento, a enfermidade foi transferida do bispo para a jovem bruxa, pela mediação de uma velha bruxa; assim, o espírito maligno, ao deixar de molestar o bispo, pareceu restaurar-lhe a saúde como que por acaso, embora tenha sido Deus que o permitisse e foi Deus quem na verdade lhe restituiu a saúde. O diabo, em vista do pacto com a segunda bruxa, que invejava a fortuna conseguida pela jovem, passou a afligir então a amante do bispo. É preciso entender que esses dois males causados por bruxaria não foram determinados por um mesmo demônio que serviu a duas pessoas, mas por dois demônios que serviram a duas bruxas diversas. Pois que os demônios não operam contra si próprios, mas trabalham o quanto podem em conjunto para a perdição das almas.

Por fim, tomado de compaixão, o bispo foi visitar a jovem; mas, ao entrar no recinto em que ela se encontrava, foi recebido com as maiores execrações por parte dela: "Que tu e aquela que te curou tenham a danação eterna!"

Mas o bispo tentou exortá-la à penitência e disse-lhe que a perdoava pelos seus erros. A jovem, no entanto, virou-lhe o rosto e disse: "Não tenho qualquer esperança de perdão. E encomendo minha alma para todos os demônios no inferno.", E, assim, morreu miseravelmente. O bispo, porém, retornou para casa cheio de alegria e de gratidão.

Cumpre aqui ressaltar que o privilégio recebido por uma pessoa não constitui precedente para todas, e a decisão do papa nesse caso não significa que servirá para todos os casos, tornando-os lícitos.

Nider, em seu *Formicarius*, refere-se ao mesmo assunto ao declarar: "O seguinte método é, por vezes, empregado para remover ou vingar os efeitos da magia maléfica. A pessoa prejudicada, em seu corpo ou em seus bens, recorre a uma bruxa para saber quem lhe fez a bruxaria. A bruxa então derrama chumbo derretido numa vasilha com água até que, por obra do diabo, alguma imagem se forma ao solidificar-se o metal. A seguir, pergunta-lhe a bruxa que parte do inimigo a pessoa deseja que sofra dano físico. Escolhida a região, imediatamente perfura naquela parte a imagem com uma faca e lhe mostra o lugar que vai permitir identificar o culpado. E verifica-se que, da mesma forma que se feriu a imagem de chumbo, assim também é ferida a bruxa que causou o malefício."

Mas cabe declarar que essa espécie de remédio, bem como outros semelhantes, é, pelo geral, ilícita; embora a perversidade humana, na esperança de obter o perdão de Deus, seja apanhada em armadilha através dessas práticas, ao dar mais atenção à saúde do corpo que à da alma.

O segundo tipo de cura proporcionada pelas bruxas também requer pacto explícito com o diabo, mas não se acompanha de lesão corporal em outra pessoa. E em que contexto se deve considerar tais bruxas e de que modo podem ser identificadas são temas tratados no 15º método de

SEGUNDA PARTE

condenação, mais adiante. São muitíssimo numerosas as bruxas dessa espécie, e são sempre encontradas num raio de uma a duas milhas alemãs de qualquer distrito, sempre prontas para desenfeitiçarem qualquer pessoa que a elas recorra. Algumas alegam ser capazes de realizar curas a qualquer momento; outras só curam os que foram enfeitiçados até o dia de jejum mais recente; outras ainda só o fazem com o consentimento da bruxa que causou o dano físico original.

E é consabido que essas mulheres firmaram pacto explícito com o diabo por serem capazes de revelar segredos àqueles que as procuram. Pois que subitamente põem a descoberto a causa de seu sofrimento, dizendo--lhe que foram atingidas pela magia em seu corpo ou em suas posses por causa de alguma discussão ora travada com alguém da vizinhança, ora com outro homem ou mulher. E, às vezes, para manter em sigilo a prática criminosa, impõem a seus clientes uma romaria ou outra ação devota. Mas recorrer a essas mulheres para receber a cura parece causar maior detração à fé do que recorrer a outras que fazem curas mediante apenas um pacto tácito com o diabo. Pois as pessoas que a elas recorrem estão a pensar mais no próprio corpo do que em Deus e, além disso, Deus há de encurtar a vida delas para puni-las por tomarem nas próprias mãos a vingança de seus males. Pois foi assim que a vingança Divina surpreendeu Saul, porque primeiro ele expulsou da Terra todos os magos e adivinhos, mas depois consultou-se com uma bruxa; pelo que foi assassinado em batalha junto com seus filhos (I Samuel, 31:6, e I Crônicas, 10:13). E pela mesma razão, Ocosias, doente, teve de morrer (II Reis, 1).

Também as pessoas que consultam tais bruxas são consideradas difamadas e não lhes é permitido fazer acusação, conforme se mostrará na terceira parte; e, segundo a lei, devem ser punidas com a pena capital, conforme estabelecido na primeira questão desta obra.

Mas, Ó Senhor Deus!, que sois justo em todos os Vossos julgamentos, quem haverá de livrar essas pobres criaturas do malefício e de suas dores intermináveis? Pois os nossos pecados são tão grandes, e o inimigo é tão forte; onde estão as pessoas capazes de desfazer as obras diabólicas através de lícitos exorcismos? Esse remédio parece ser deixado de lado; pois os

O MARTELO DAS FEITICEIRAS

juízes, mediante penas várias, deveriam averiguar na medida do possível tal perversidade, punindo as bruxas que a causam; para que privem as pessoas enfermas da oportunidade de consultá-las. Porque, ai de nós!, ninguém entende isso do fundo do coração; todas as pessoas procuram alívio por conta própria e se esquecem de recorrer a Jesus Cristo.

Muitas pessoas costumavam procurar, para serem libertas da magia, aquela bruxa de Reichshoffen, que já mencionamos. Tantas, na verdade, que o conde do castelo resolveu colocar uma cabine de posto de portagem e todas as que a ela recorriam tinham, para ir até a sua casa, de pagar uma pequena quantia; e gabava-se ele de haver conseguido lucro substancial dessa forma.

Sabemos da existência de muitas bruxas na diocese de Constança. Não que essa diocese esteja mais contaminada do que as demais, mas é uma das que mais foi esquadrinhada. Sabemos que essa forma de infidelidade é geral em todas as dioceses. Descobriu-se lá que diariamente um homem chamado Hengst vinha sendo consultado por um grande contingente de pessoas vítimas de malefício, e vimos com nossos próprios olhos essa multidão na vila de Eningen. Pois que nunca tanta gente iria assim a um santuário da Santíssima Virgem, ou a uma fonte santa ou a um eremitério, nunca na mesma proporção que recorreria a um bruxo. Pois que no mais rigoroso frio do inverno, com todas as passagens e caminhos recobertos de neve, vinham procurá-lo, mesmo as pessoas que moravam mais longe, num raio de duas ou três milhas, apesar de todas as dificuldades; algumas eram curadas, outras não. Suponho que os malefícios não sejam removidos igualmente com a mesma facilidade, em virtude de vários obstáculos, conforme se disse antes. E tais bruxas e bruxos os neutralizam mediante invocação explícita de demônios, como fazem as pessoas que se utilizam dos remédios do segundo tipo mencionado, que são ilícitos, mas não na mesma medida do primeiro.

O terceiro tipo de remédio é o conquistado através de certas cerimônias mágicas, sem que se cause dano físico a qualquer pessoa e também sem a participação declarada de uma bruxa. Damos um exemplo desse expediente.

SEGUNDA PARTE

Na cidade de Espira, um mercador deu o seguinte depoimento: "Encontrava-me na Suábia, no castelo de um conhecido nobre. Certo dia, depois do jantar, saí a perambular despreocupadamente com dois dos servos pelos campos, quando avistamos uma mulher. Embora ainda estivéssemos a uma boa distância dela, meus companheiros a reconheceram, e um deles me disse: 'Benze-te, depressa', e outro me exortou a fazer o mesmo. 'Mas por quê? O que receiam?', perguntei-lhes. 'Vamos encontrar a mais perigosa bruxa da província. Ela é capaz de enfeitiçar uma pessoa só pelo olhar.' Disse-lhes, então, vangloriando-me, que nunca tivera medo dessas coisas. Pois que mal acabara de pronunciar essas palavras, senti que machucara seriamente o pé esquerdo, não conseguia levantá-lo do chão ou dar um passo sem sentir imensa dor. Foram os dois então rapidamente até o castelo e trouxeram-me um cavalo para que eu pudesse retornar. As dores, porém, continuaram a se agravar nos três dias seguintes.

"As pessoas do castelo, percebendo que eu fora enfeitiçado, contaram o acontecido a um camponês que vivia a uma milha dali e, segundo se contava, tinha o poder de curar malefícios. O homem veio me ver logo e, depois de examinar o meu pé, disse: 'Vamos ver se as dores são por causa natural. Se forem por causa de bruxaria, hei de curá-lo com a ajuda de Deus; se não forem, deverás recorrer a remédios naturais.' 'Se eu puder ser curado sem qualquer magia, mas com a ajuda de Deus, estou de pleno acordo; mas com o diabo nada quero, nem mesmo a sua ajuda', retruquei-lhe. E o camponês prometeu-me que só usaria de meios lícitos e que me curaria com a ajuda de Deus, desde que tivesse certeza serem as minhas dores causadas por bruxaria. Assim, consenti. O homem então encheu uma concha com chumbo derretido [da mesma forma que outra bruxa que já mencionamos] e, segurando-a sobre o meu pé, derramou-o numa tigela com água. De imediato apareceram imagens de formas variadas, como se espinhos, cabelos e ossos tivessem sido colocados na tigela. 'Vejo', falou ele, 'que essa enfermidade não é natural, e sim causada por bruxaria.' 'Como podes saber?', indaguei-lhe. 'Há sete metais. Cada um deles pertence a um dos sete planetas; e como Saturno é o

O MARTELO DAS FEITICEIRAS

senhor do chumbo, quando se derrama chumbo sobre qualquer pessoa que tenha sido enfeitiçada, é por esta propriedade que, com o seu poder, se descobre a bruxaria. Que é bruxaria fica assim plenamente provado. Logo estarás curado. Mas preciso vir visitá-lo por tantos dias quantos tens estado doente.'

"Disse-lhe então que estava doente já há três dias. Assim, ele veio me visitar durante os três dias seguintes. A cada visita examinava meu pé, tocava-o e murmurava certas palavras. Pois foi assim que dissolveu o malefício e restituiu-me a saúde plena."

Está claro nesse caso que o curandeiro não era um mago, embora o seu método fosse um tanto supersticioso. Pois prometeu curá-lo com a ajuda de Deus e não por obra do diabo. Ademais, alegou a influência de Saturno sobre o chumbo e por isso teve conduta irrepreensível e até bastante recomendável. Mas permanece alguma dúvida quanto ao poder usado para a remoção do malefício e quanto às figuras que apareceram no chumbo. Pois nenhuma bruxaria pode ser removida por forças naturais, embora possa ser mitigada, como ficará provado mais adiante, ao falarmos dos remédios para as pessoas possuídas; portanto, parece que o homem efetuou a cura mediante um pacto tácito com o diabo. E chamamos pacto tácito aquele em que a pessoa concorda, implicitamente, em qualquer medida, em contar com a ajuda do diabo. Dessa forma, muitas obras de bruxaria são realizadas, mas com ofensa ao Criador em grau variável, pois que pode ser bem maior essa ofensa numa operação do que em outra.

Contudo, esse camponês estava certo de realizar uma cura e, tendo visitado o paciente por tantos dias quantos estivera doente, e mesmo sem usar remédios naturais, conseguiu curá-lo, cumprindo a promessa feita; por essas razões, embora não tenha firmado pacto explícito com o diabo, ele há de ser julgado não apenas como suspeito, mas também como plenamente culpado de heresia e terá de ser condenado e submetido, pelo menos, às penas estabelecidas adiante, no segundo método de condenação das bruxas; sua punição, no entanto, há de acompanhar-se de uma adjuração solene, salvo se ele estiver protegido por outras leis que

SEGUNDA PARTE

parecem ser de intenção contrária; e o que o ordinário há de fazer nesses casos é mostrado mais adiante, na solução dos argumentos.

A quarta classe de remédios, a cujo respeito vê-se que há consenso parcial entre os canonistas e alguns dos teólogos, é considerada fútil ou vã, por ser tão somente de natureza supersticiosa e por não haver pacto explícito ou tácito com o demônio, no propósito ou na intenção de quem a executa. E digo que se há de tolerar essa classe de remédios desde que haja consenso parcial entre os canonistas e teólogos a respeito. Pois o seu consenso ou dissenso vai depender de como classificam essa categoria de remédios, se junto com a terceira, a anterior, ou não. Essa espécie de remédio está exemplificada anteriormente no caso das mulheres que batem no balde pendurado sobre o fogo para que seja espancada assim a bruxa que fez com que a sua vaca leiteira deixasse de dar leite em abundância. No entanto, esse ritual pode ser feito em nome do diabo ou sem qualquer referência a ele.

Podemos aduzir outros exemplos do mesmo tipo. No caso das vacas atingidas por esse malefício, às vezes, quando se quer descobrir quem o causou, faz-se o seguinte. Coloca-se sobre a cabeça da vaca, ou sobre o seu dorso, as calças de um homem, ou algum outro objeto impuro. Conduz-se assim a vaca até o pasto. Isso é feito sobretudo em dias santos ou de festa de guarda, possivelmente com a invocação do diabo. A seguir, bate-se na vaca com uma vara e se a solta. Pois a vaca vai a galope diretamente em direção à casa da bruxa que proferiu o malefício, e, mugindo incessantemente, dá violentamente com os chifres na porta da casa. E o diabo faz com que ela não pare de dar com os chifres na casa e de mugir enquanto não for acalmada por alguma bruxaria.

Na realidade, segundo os doutores mencionados, esses remédios podem ser tolerados, embora não sejam meritórios, como alguns tentam professar. Pois São Paulo diz que tudo o que fazemos, em palavras ou em atos, deve ser feito em nome de Nosso Senhor Jesus Cristo. Ora, nessa espécie de remédio pode não haver invocação direta do diabo, mas o seu nome pode ser mencionado: e pode não haver qualquer intenção nesse sentido, seja através de pacto explícito ou tácito com o diabo. Mesmo

O MARTELO DAS FEITICEIRAS

assim, alguém pode dizer: "Desejo fazer isso e mais isso, participe ou não o diabo." E essa temeridade, por desprezar o temor de Deus, a Ele ofende, pois é Ele quem confere ao diabo o poder de realizar tais curas. Portanto, as pessoas que usam de tais práticas devem ser conduzidas aos caminhos da penitência e exortadas a abandonarem tais práticas e a voltarem-se para os remédios dos quais havemos de falar depois, quais sejam, a água benta, o sal consagrado, entre outros.

Sob a mesma luz devem ser consideradas as pessoas que fazem uso do seguinte expediente. Quando um animal foi morto por bruxaria, e desejam saber qual foi a bruxa que o matou, ou quando querem ter certeza de que a morte foi natural e não causada por bruxaria, vão até o lugar onde se arranca o couro dos animais, pegam os intestinos do animal morto e o levam para casa. Evidentemente não o levam para dentro pela porta da frente. Fazem o seu ritual junto à soleira da porta dos fundos. Acendem uma fogueira e, com os intestinos colocados numa armação sobre a fogueira, queimam-nos. E, segundo o que muitas vezes já nos contaram, assim como os intestinos se aquecem e queimam, de forma análoga os intestinos da bruxa que perpetrou o malefício padece de dores urentes. Mas, ao assim proceder, é preciso ter certeza de que a porta esteja bem trancada. Pois a bruxa é compelida pelas dores a tentar entrar na casa e, se conseguir pegar uma brasa que seja do fogo, todas as dores desaparecerão. Muitas vezes já contaram que, quando não consegue entrar no domicílio, envolve-o por dentro e por fora na mais densa bruma, com gritos tão agudos e com uma agitação tão violenta que todas as pessoas que estão dentro da casa acabam achando que o teto vai desabar e esmagá-las, a menos que abram a porta.

Outros expedientes semelhantes são também dignos de nota. Às vezes as pessoas distinguem as bruxas entre numerosas mulheres na igreja e deixam-nas impossibilitadas de saírem da igreja sem a sua permissão, mesmo depois de terminado o ofício Divino. Eis como conseguem fazer isso. Num domingo, untam os sapatos de jovens com graxa ou com banha de porco antes de irem à igreja — exatamente como se faz quando se quer

SEGUNDA PARTE

restaurar o brilho do couro dos sapatos —, pelo que impedem qualquer bruxa de sair da igreja, até que as pessoas que quiseram descobri-las tenham ido embora ou as tenham deixado ir.

Algo semelhante se dá com certas palavras, que não convém aqui mencionar, para que a ninguém o diabo seduza e as faça empregar. Os juízes e magistrados não devem dar muita relevância às provas das pessoas que fingem assim descobrir bruxas, para que o diabo, esse astuto inimigo, não as induza, assim, a difamarem mulheres inocentes. Essas pessoas, portanto, devem ser exortadas a buscarem o remédio da penitência. Contudo, práticas dessa espécie são, por vezes, toleradas e permitidas.

Pois bem: respondemos através de nossos argumentos que nenhum malefício deve ser removido dessa forma. Os dois primeiros remédios são absolutamente ilícitos. O terceiro é tolerado pela lei, mas merece o mais cuidadoso exame por parte do juiz eclesiástico. E o que a lei civil tolera é indicado no capítulo "Bruxas" do *Código de Justiniano*, onde se diz que aquelas que têm a habilidade de evitar que o labor do ser humano seja destruído por tempestades comuns ou de granizo são merecedoras de recompensa, e não de castigo. Santo Antonino também salienta, na sua *Summa*, a discrepância nesse ponto entre a lei canônica e a lei civil. Parece, portanto, que a legislação civil concede a legalidade às práticas mágicas para a preservação das colheitas e do gado e que, em certos casos, as pessoas que operam essas artes não só devem ser toleradas mas recompensadas. Pelo que o juiz eclesiástico deve particularmente atentar para os métodos empregados no combate de tempestades comuns ou de granizo, para ver se se acham dentro do espírito da lei, ou se são de alguma forma de natureza meramente supersticiosa; e então, se não houver envolvimento de qualquer detração à fé, hão de ser toleradas. Na realidade, porém, tais práticas não pertencem ao terceiro método, mas ao quarto e também ao quinto, dos quais falaremos nos capítulos seguintes, onde tratamos dos remédios lícitos e eclesiásticos, com os quais por vezes se incluem certas práticas supersticiosas pertencentes ao quarto método.

CAPÍTULO I

Dos remédios prescritos pela Santa Igreja contra os íncubos e súcubos

Nos capítulos precedentes, incluídos sob a primeira questão, tratamos dos métodos de causar malefícios aos seres humanos, aos animais e aos frutos da terra, e, especialmente, do comportamento pessoal das bruxas; de que modo seduzem meninas para engrossar as suas hostes; do seu método de afirmação sacrílega e para render homenagem ao diabo; e de que modo oferecem ao diabo as suas crianças e as crianças de outras pessoas; e de que modo são transportadas de um lugar a outro. Afirmamos, agora, que não há remédio contra tais práticas, a menos que os juízes erradiquem todas as bruxas ou, pelo menos, as castiguem como exemplo para todas as outras que, porventura, desejem imitá-las; mas não trataremos imediatamente desse ponto, deixando-o para a última parte da obra, onde descrevemos as vinte maneiras pelas quais se processam e se condenam as bruxas.

Por ora, estamos preocupados tão só com os remédios contra os danos por elas infligidos; em primeiro lugar, de que forma podem as pessoas enfeitiçadas serem curadas da bruxaria; em segundo lugar, de que modo curar os animais; em terceiro, como proteger os frutos da terra das pragas e das filoxeras.

Com relação ao encantamento dos seres humanos por meio de íncubos e de súcubos, convém notar que tal pode ocorrer de três modos. Primeiro, como no caso das próprias bruxas, quando as mulheres se prostituem voluntariamente e se entregam aos íncubos. Segundo, quando os homens mantêm relações com súcubos, embora não pareça que os homens forniquem assim diabolicamente com o mesmo grau de culpabilidade, porque sendo intelectualmente mais fortes que as mulheres, são mais capazes de abominar tais atos. Terceiro, pode acontecer de homens e mulheres, através de bruxaria, verem-se envolvidos com íncubos e súcubos contra a sua vontade. Isso acontece principalmente com certas virgens que são molestadas por íncubos inteiramente contra a vontade; parece

SEGUNDA PARTE

que são enfeitiçadas por bruxas que, assim como muitas vezes causam outros males, fazem com que os demônios as molestem, sob a forma de íncubos, a fim de seduzi-las e de fazê-las juntarem-se à sua companhia vil. Vejamos um exemplo.

Vive na cidade de Coblença um pobre homem que foi enfeitiçado dessa forma. Na presença da esposa, tem o hábito de agir como os homens agem com as mulheres, ou seja, de praticar o coito, mas só que contínua e repetidamente, não desistindo nem com os gritos e apelos insistentes da mulher. E depois de ter fornicado dessa forma duas ou três vezes, proclama em altas vozes: "Vamos começar outra vez" e na realidade não há nenhum mortal visível deitado junto a ele. Então, depois de um incrível número de surtos semelhantes, o pobre homem enfim estira-se no assoalho, completamente exausto. Depois de ter recuperado um pouco as forças, pergunta-se-lhe se tinha qualquer mulher junto com ele, ao que explica que nada viu, mas que foi de alguma forma possuído e que não consegue de modo algum conter tal priapismo. De fato, alimenta forte suspeita de que certa mulher o tenha enfeitiçado, pois que ela o amaldiçoou com palavras terríveis, dizendo-lhe o que gostaria que lhe acontecesse.

Mas não há leis ou ministros da justiça que possam processar alguém por tão enorme crime sem que haja base num vago gravame ou numa grave suspeita; pois defende-se que ninguém há de ser condenado salvo pela própria confissão, ou pela evidência fornecida por três testemunhas dignas de fé; pois que o mero fato do crime acoplado a uma suspeita, por mais grave que seja, contra determinada pessoa, não é suficiente para justificar-lhe a punição. Essa questão, porém, será tratada mais adiante.

Exemplos de jovens donzelas molestadas por íncubos dessa forma existem em grande número e bem documentados, mas levaríamos muito tempo contando mesmo os que sabidamente têm acontecido em nossa época. Entretanto, a enorme dificuldade para encontrarmos remédio contra essas aflições pode ser bem ilustrada pelo caso contado por Tomás de Brabante em seu livro *Sobre Besa*.

"Vi e ouvi", conta ele, "a confissão de uma virgem que vestia hábito religioso, em que me disse que nunca consentira em fornicação mas

O MARTELO DAS FEITICEIRAS

ao mesmo tempo deu-me a entender que a conhecera de certa forma. Não pude acreditar de que modo conhecia a fornicação se dela nunca participara. Assim, exortei-a a contar-me a verdade com as mais solenes adjurações, tendo em vista o risco que corria em sua alma. Por fim, chorando amargamente, contou-me que fora corrompida mais na mente que no corpo; e que embora ela se entristecesse e se mortificasse com isso, e se confessasse quase que diariamente às lágrimas, mesmo assim não havia meio ou recurso ou arte que a livrasse de um íncubo, nem pelo sinal da cruz, nem por água benta, que é especialmente recomendada para a expulsão de demônios, nem mesmo pelo sacramento do Corpo de Nosso Senhor, que até mesmo os anjos temem. Só ao cabo de muitos anos de oração e de jejum foi que ela viu-se livre do íncubo."

Pode-se acreditar que (com o devido respeito a um melhor julgamento), depois de haver se arrependido e confessado o seu pecado, o íncubo deva ser considerado mais à luz de uma punição do que de um pecado propriamente.

Uma freira devota, chamada Cristina, no país baixo do ducado de Brabante, contou a seguinte história a respeito dessa mesma mulher. Na vigília de Pentecostes, a pobre mulher veio queixar-se a ela de que não ousaria receber o sacramento por causa da importuna moléstia do demônio. Cristina, compadecida, disse-lhe: "Vai-te e descansa tranquila, pois que amanhã hás de receber o Corpo do Senhor; eu mesma hei de receber em teu lugar o castigo."

Assim, a mulher afastou-se mais aliviada e, depois de rezar aquela noite, conseguiu dormir em paz. Pela manhã, levantou-se e comungou com a alma tranquila. Cristina, porém, sem pensar no castigo que tomara para si, ao chegar a noite recolheu-se; ao deitar-se, viu-se, por assim dizer, violentamente atacada; e, agarrando o que quer que fosse pela garganta, tentou se desvencilhar. Tornou a deitar, mas foi molestada novamente, e assim levantou-se aterrorizada; e o fenômeno repetiu-se várias vezes, fazendo com que toda a palha do colchão de seu catre fosse revirada, ficando espalhada por todo o quarto. Ao cabo, ela percebeu que estava sendo perseguida pela malícia do diabo. Finalmente, decidiu sair do ca-

SEGUNDA PARTE

tre e passou a noite inteira sem dormir. E sempre que desejava rezar era tão atormentada pelo demônio que disse nunca ter sofrido tanto antes. Na manhã seguinte, aproximou-se da outra freira e disse: "Renuncio ao teu castigo, mal estou viva para poder renunciar a ele." E foi assim que escapou da violência daquela perversa tentação. Por aí se vê como é difícil curar essa espécie de mal, seja ou não causado por bruxaria.

No entanto, há alguns meios pelos quais esses demônios podem ser afastados, a respeito de que nos fala Nider em seu *Formicarius*. Afirma esse autor que são cinco os modos pelos quais as mulheres ou os homens podem ser livrados desse mal: primeiro, pela confissão sacramental; segundo, pelo sagrado sinal da cruz ou pela recitação da saudação angelical; terceiro, pelo uso de exorcismos; quarto, pela mudança de residência; e quinto, por intermédio da excomunhão, prudentemente empregada pelos santos homens. É evidente pelo nosso relato que os dois primeiros expedientes não aliviaram a freira; embora não devam ser negligenciados, pois o que cura uma pessoa não necessariamente cura outra, e vice-versa. E é fato registrado que os íncubos não raro são afastados pela Oração do Senhor, ou pela aspersão de água benta e sobretudo pela saudação angelical.

Pois São Cesário afirma em seu *Dialogus* que, depois de um certo sacerdote ter-se enforcado, a sua concubina entrou para um convento, onde foi carnalmente solicitada por um íncubo. Afastou-o com o sinal da cruz e com água benta, embora ele retornasse imediatamente. Ela então recitou a saudação angelical e ele desapareceu como a flecha disparada de um arco; mas voltou, embora não ousasse aproximar-se dela, por causa daquela ave-maria.

São Cesário também faz menção do remédio que é a confissão sacramental. Pois conta que a concubina foi completamente abandonada pelo íncubo depois de ter-se confessado. Conta-nos também de um homem de Liège que era atormentado por um súcubo, mas que se viu inteiramente livre do demônio depois da confissão sacramental.

Aduz ainda outro exemplo, de uma freira enclausurada, contemplativa, cujo íncubo não a deixava em paz, apesar das orações, da confissão

O MARTELO DAS FEITICEIRAS

e de outros exercícios religiosos. Ele insistia em procurá-la na cama. Porém, seguindo o conselho de um homem muito religioso, viu-se completamente livre do demônio ao pronunciar a palavra *"Benedicite"* [Deus te abençoe].

Do quarto método, o de mudar de residência, conta-nos São Cesário da filha de um sacerdote que era atormentada insistentemente por um íncubo que a estava deixando desvairada de pesar; só se viu livre quando se mudou para bem longe, do outro lado do Reno. Seu pai, contudo, por tê-la mandado embora, foi de tal forma afligido pelo demônio que morreu em três dias.

Faz também menção a uma mulher que era muitas vezes molestada por um íncubo na própria cama. Assim, resolveu pedir a uma amiga devota que viesse passar a noite com ela. A amiga consentiu e foi perturbada a noite inteira pela inquietação mais extrema, pelo maior desassossego. Mas a mulher conseguiu assim ser deixada em paz. Guilherme de Paris (*De universo*, livro 2) ressalta que os íncubos parecem molestar sobretudo as mulheres e meninas de lindos cabelos; ou porque muito se dedicam ao cuidado dos cabelos, ou porque assim pretendem excitar e instigar os homens, ou ainda porque gostam de se vangloriar futilmente a respeito, ou mesmo porque Deus na Sua bondade permite que assim seja para que as mulheres passem a ter medo de instigar os homens exatamente pelo meio que os demônios gostariam que elas os instigassem.

O quinto método, o da excomunhão, talvez o mesmo do exorcismo, é exemplificado pela história de São Bernardo (São Cesário, *Diálogo* 3). Na Aquitânia, uma mulher já há seis anos era molestada por um íncubo com incrível abuso carnal e devassidão; e ouviu o íncubo ameaçá-la para não se aproximar do homem santo que seguia pelo mesmo caminho: "De nada te adiantará: quando ele se for, eu, que até agora tenho sido o teu amante, me tornarei o teu pior tirano, o tirano mais cruel." Mesmo assim a mulher foi falar com São Bernardo e ele lhe disse: "Toma o meu báculo, coloca-o na tua cama e deixa o demônio fazer o que quiser." Ao fazer o que o santo lhe indicou, o demônio nem sequer ousou entrar no quarto, mas do lado de fora ficou a ameaçá-la dizendo que a perseguiria

SEGUNDA PARTE

quando São Bernardo se fosse. Quando São Bernardo soube do ocorrido, reuniu diversas pessoas que nas mãos traziam velas acesas e, depois de todos reunidos em assembleia, exorcizou o demônio, proibindo-o de se aproximar da mulher ou de qualquer outra. E assim a mulher viu-se livre daquele tormento.

Cabe aqui salientar que o Poder das Chaves dado a São Pedro e a seus sucessores, que repercute por toda a Terra, é realmente um poder de cura concedido à Igreja em benefício de viajantes que se acham subordinados à jurisdição do poder papal; portanto, é extraordinário que mesmo os poderes do ar possam ser afastados por essa virtude. Mas deve ser lembrado que as pessoas molestadas por demônios acham-se sob a jurisdição do papa e de suas Chaves; logo, não surpreende que tais poderes sejam indiretamente afastados pela virtude das Chaves, exatamente como, pela mesma virtude, as almas no purgatório podem indiretamente ser livradas das dores do fogo eterno; assim como esse poder é válido sobre a Terra, também é válido para o alívio das almas que estão sob ela.

Mas não parece conveniente discutir aqui o Poder das Chaves conferido ao sumo pontífice como vigário de Cristo; como se sabe, para o uso da Igreja, Cristo outorgou a Ela e a Seu Vigário tanto poder quanto é possível dar a um simples mortal.

E se há de acreditar piamente que, quando as enfermidades infligidas pelas bruxas através do poder dos demônios, quando estas, junto com as bruxas e com os próprios demônios, são exorcizadas, as pessoas afligidas deixam de ser atormentadas; e, ademais, serão livradas bem mais rapidamente quando se lança mão de alguns outros exorcismos.

Há uma história conhecida que ocorreu nos distritos do rio Ádige, e também em outros lugares. Por permissão de Deus, um enxame de gafanhotos atacou e destruiu todas as vinhas, todas as verduras e todas as colheitas da região. No entanto, graças a essa espécie de excomunhão ou exorcismo, a nuvem foi repentinamente dispersa e afastou-se das plantações. Ora, se alguém desejar atribuir o fenômeno a algum santo homem, e não às Chaves da Igreja, que o faça, em nome do Senhor; mas de uma coisa temos certeza, tanto o poder para operar milagres quanto o poder das Chaves necessariamente pressupõem uma condição de graça em quem executa tal ato (ato de graça), já que ambos os poderes são outorgados ao ser humano em estado de graça e da graça promanam.

Uma vez mais, há de se reparar que se nenhum dos remédios mencionados é de benefício, há de se recorrer então aos exorcismos habituais, dos quais trataremos mais adiante. E mesmo quando estes não são suficientes para banir a iniquidade do demônio, há de se considerar aquela aflição como punição expiatória do pecado, que deve ser suportada com humildade, assim como a outros males dessa espécie que nos oprimem para que possamos, por assim dizer, tornar a procurar por Deus.

Mas também deve ser ressaltado que, às vezes, pensam tão somente que estão sendo molestados por íncubos, quando na realidade não o estão; e isso é mais frequente com mulheres do que com homens, por sentirem mais medo e serem mais propensas a imaginarem coisas extraordinárias.

A esse propósito Guilherme de Paris é muitas vezes citado. Afirma-nos esse autor (*Sobre Besa*, livro 2): "Muitas aparições fantásticas ocorrem a pessoas que padecem do mal da melancolia, especialmente mulheres, conforme é demonstrado por seus sonhos e por suas visões. A razão disso, como sabem os médicos, é que a alma da mulher é, por natureza, muito mais fácil e rapidamente impressionável que a do homem."

E acrescenta: "Conheci uma mulher que acreditava que um demônio a conhecia internamente e disse ela ainda que sentia outras coisas inacreditáveis. Às vezes, as mulheres acham que ficaram grávidas por haverem copulado com um íncubo e o ventre cresce e fica de um tamanho enorme; mas, ao chegar a hora do parto, o seu inchaço é aliviado por não mais do que a expulsão de uma enorme quantidade de vento. Pois colocando ovos de formiga na bebida (ou semente de eufórbia ou de pinho negro), forma-se no estômago humano um volume impressionante de vento ou de flatulência. E para o diabo é muito fácil provocar esse fenômeno e mesmo outras perturbações maiores do estômago."

Tratamos desse assunto aqui para que não se dê crédito com muita facilidade às mulheres, só às que por nossa experiência vemos que são

SEGUNDA PARTE

dignas de confiança e àquelas que, por dormirmos em sua cama ou próximo dela, sabem de fato que tais coisas de que falamos são mesmo verdadeiras.

CAPÍTULO II

Dos remédios prescritos para os que são enfeitiçados com a limitação da força procriadora

Não obstante seja muito maior o número de mulheres bruxas do que o de homens, como mostramos na primeira parte deste livro, são os homens os que padecem com os malefícios, bem mais que as mulheres. E o porquê se há de encontrar no fato de que Deus outorga ao diabo poderes muito maiores sobre o ato venéreo — pelo qual se transmite o pecado original — do que sobre os outros atos humanos. De forma análoga, permite Ele que um número muito maior de atos de bruxaria seja praticado por intermédio de serpentes — que se sujeitam mais aos encantamentos do que os outros animais —, por terem se constituído no primeiro instrumento do diabo. Assim é que o ato venéreo se vê, pelas bruxarias, muito mais comprometido nos homens que nas mulheres, conforme deixamos bem claro. E são cinco as maneiras pelas quais o diabo consegue impedir o ato procriador, todas perpetradas mais facilmente contra os homens.

Na medida do possível, havemos de especificar os remédios a serem aplicados contra cada tipo de malefício obstrutor; e que o enfeitiçado em suas faculdades procriadoras aponte a que classe de obstrução pertence. Pois são em número de cinco, de acordo com Pedro de Palude no quarto livro do *Comentário sobre as sentenças*, dist. 34, que trata do julgamento dessa espécie de bruxaria.

Por ser o diabo um espírito, possui, por sua própria natureza e com a permissão de Deus, poderes sobre as criaturas corpóreas, sobretudo o de promover ou impedir o movimento local. Mediante esse poder, é capaz, juntamente com todos os demônios, de impedir a aproximação

O MARTELO DAS FEITICEIRAS

do corpo de homens e mulheres entre si, ora direta, ora indiretamente. Diretamente, quando afastam um corpo do outro e não lhes permitem aproximarem-se. Indiretamente, quando causam alguma espécie de obstrução, ou quando, ao assumirem determinada forma corpórea, se interpõem entre os corpos humanos. Foi o que ocorreu àquele jovem pagão que, embora já casado com um ídolo, veio a contrair casamento com uma jovem, com quem, por esse motivo, não conseguia copular, conforme mostramos anteriormente.

Em segundo lugar, o diabo é capaz de inflamar os desejos de um homem para com uma mulher e de torná-lo impotente para com outra; e isso é capaz de fazer sigilosamente, pela aplicação de certas ervas ou de outras substâncias cujas propriedades, para atingir esse propósito, ele conhece perfeitamente bem.

Em terceiro lugar, é capaz de perturbar a percepção de um homem ou de uma mulher, fazendo com que um pareça repelente ou horrendo ao outro, graças, conforme demonstramos, ao seu poder de influenciar a imaginação.

Em quarto lugar, é capaz de suprimir o vigor do membro viril tão necessário à procriação, exatamente como é capaz de privar qualquer órgão do poder de moção local.

Em quinto e último lugar, é capaz de impedir o fluxo de sêmen para o membro (onde age como força motriz), ocluindo, por assim dizer, os ductos seminais, a impedir que tal fluxo desça aos vasos genitais, ou a impedir que deles não torne a fluir, ou que não possa ser expelido, ou que o seja em vão.

Mas, ao homem que diz não saber por qual dessas formas foi enfeitiçado a não ser que nada consegue fazer com sua esposa, há de se responder da seguinte maneira. Se for ativo e capaz com relação a outras mulheres mas não o for apenas com a esposa, há de estar padecendo de mal do segundo tipo; pois pode ter certeza (quanto ao primeiro) que está sendo iludido por demônios súcubos ou íncubos. Além do mais, se não achar repelente a própria mulher e, mesmo assim, não conseguir manter relação carnal com ela, salvo com outras mulheres, uma vez

SEGUNDA PARTE

mais o malefício que sobre ele se abate é do segundo tipo; no entanto, se além de não conseguir copular com sua mulher, ainda a considerar repelente, tratar-se-á de malefício do segundo e do terceiro tipos. Se não a julgar repelente e desejar com ela copular, mas não tiver potência no membro, teremos um malefício do quarto tipo. Mas se, embora potente, não conseguir a emissão de sêmen, tratar-se-á de bruxaria do quinto tipo. Para curar-lhes a todos esses malefícios são vários os recursos, que serão indicados ao considerarmos se os que vivem nesse estado e os que não vivem nesse estado são igualmente propensos a essas bruxarias. Havemos de responder que não são, com exceção feita ao quarto tipo, mas mesmo assim muito raramente. Pois que uma aflição dessa natureza pode ocorrer ao que vive na graça e na probidade, embora seja mister que o leitor entenda estarmos falando do ato conjugal entre pessoas casadas; já que em qualquer outra situação todos estão igualmente sujeitos a essas bruxarias; pois o ato venéreo fora do matrimônio é pecado mortal, cometido apenas pelas pessoas que não se encontram em estado de graça.

Temos, na realidade, a apoiar nossa opinião, a autoridade de todo o texto escriturístico, onde ensina-se que Deus permite ao diabo mais afligir às pessoas pecadoras do que às justas. Pois que, embora Jó, homem justíssimo, tenha sido atingido pelo malefício, não o foi direta ou particularmente com relação à função procriadora. É possível afirmar que, quando um casal é afligido por esse mal, um dos cônjuges, ou ambos, não deve estar vivendo em estado de graça; opinião, aliás, consubstanciada nas Escrituras pela autoridade e pela razão. Pois que o anjo disse a Tobias (Tobias, 6:17): "Ouve-me, e eu te mostrarei sobre quem o demônio tem poder: são os que se casam, banindo Deus de seu coração e de seu pensamento, se entregam à sua paixão." Isso foi provado pelo assassínio dos sete maridos da virgem Sara (Tobias, 3:8).

Cassiano, em sua obra *Conferência dos padres*, cita Santo Antônio, que diz não ser o demônio capaz de adentrar em nosso intelecto ou em nosso corpo se esses não se acharem privados de todos os pensamentos virtuosos e despidos da contemplação espiritual. Tais palavras não devem ser aplicadas às aflições demoníacas sobre a totalidade do corpo, pois quando Jó foi afligido pelo mal não se havia despido da graça Divina. Tais palavras dizem respeito, sobretudo, a certas enfermidades particulares que se abatem sobre o corpo em razão de algum pecado. E a enfermidade que estamos a considerar só pode ser atribuída ao pecado da incontinência. Porque, como dissemos, Deus concede mais poderes ao diabo sobre esse ato humano, o venéreo, do que sobre quaisquer outros, em virtude de sua obscenidade inerente e de ter sido por meio dele que se transmitiu o pecado original à posteridade. Portanto, quando as pessoas unidas pelo matrimônio são, por algum pecado, privadas do amparo Divino, Deus permite que sejam enfeitiçadas, mormente em suas atividades de procriação.

Mas a quem indagar de que espécie são esses pecados há de se responder, com São Jerônimo (em *Adversus Jovinianus*), que mesmo dentro do estado matrimonial é possível cometer o pecado da incontinência de várias maneiras. Vide o texto: "O que ama em excesso a sua esposa é adúltero." E os que assim amam, mais propensos estão às bruxarias de que falamos.

Pois bem: os remédios oferecidos pela Igreja são de natureza dúplice: há os que se aplicam aos tribunais públicos e há os que se aplicam aos tribunais eclesiásticos.

Sob o primeiro aspecto, quando se descobriu publicamente ser a impotência causada por bruxaria, cabe fazer distinção entre a impotência temporária e a permanente. Em sendo apenas temporária, não anula o contrato matrimonial. É considerada temporária quando, no prazo de três anos, mediante todos os expedientes possíveis dos sacramentos da Igreja e mediante outros remédios, consegue-se a cura. Se, no entanto, transcorrido esse tempo, a cura não for conseguida, presume-se que seja permanente.

Ora, essa incapacidade pode ser precedente ao contrato e à consumação do matrimônio — caso em que impossibilita o contrato —, ou pode ser ulterior ao contrato matrimonial, mas lhe precedendo a consumação — caso em que o anula. Não raro são os homens enfeitiçados dessa forma por terem repudiado as antigas amantes. Frustradas em seu desejo de casamento, fazem alguma bruxaria para que não consigam

SEGUNDA PARTE

copular com outra mulher. E nessa eventualidade, segundo a opinião de muitos, o matrimônio já contraído é anulado, salvo quando, a exemplo da Virgem Santíssima e de São José, o casal se mostre disposto a conviver em sagrada continência. Tal opinião é corroborada pelo texto canônico (33, questão 1), onde se diz ser o matrimônio confirmado pelo ato carnal. Em passagem mais à frente, é declarado que a impotência antes da confirmação dissolve os laços matrimoniais.

Ou então a incapacidade se segue à consumação do matrimônio, caso em que não lhe dissolve os laços. A esse respeito muito mais falam os doutores da Igreja nos vários textos em que tratam da obstrução matrimonial por bruxaria; como, porém, tais observações não são precisamente relevantes à nossa exposição, serão aqui omitidas.

No entanto, algumas pessoas podem não entender bem de que modo é possível a um homem ser impotente com relação a uma mulher e não com relação a outra. Pois bem, São Boaventura esclarece que isso se dá talvez porque alguma bruxa tenha persuadido o demônio a só causar impotência para com determinada mulher, ou talvez porque Deus tenha permitido que assim o fosse. O julgamento de Deus a esse respeito é um mistério, como no caso da esposa de Tobias. Mas o modo pelo qual o diabo consegue causar esse mal está perfeitamente demonstrado pelo que já dissemos. Acrescenta ainda São Boaventura que ele impede a função procriadora não intrinsecamente, lesando o órgão, mas extrinsecamente, impedindo o seu uso; trata-se de um impedimento artificial, não de uma obstrução natural; e dessa forma lhe é possível fazer com que ocorra no desempenho com uma mulher mas não com outra. Ou então o diabo neutraliza todo o desejo por essa ou por aquela mulher; o que faz por seus próprios poderes, ou por meio de alguma erva, ou de alguma pedra, ou de alguma criatura oculta. Nesse ponto, São Boaventura concorda substancialmente com o que diz Pedro de Palude.

Sob o aspecto eclesiástico, vê-se que o remédio no tribunal de Deus se acha estabelecido no Cânon (33, questão 7, "*Si per sortiarias*"): "Se com a permissão do julgamento secreto e justo de Deus, mediante as artes mágicas dos feiticeiros e das bruxas, forem os homens enfeitiçados em sua função procriadora, hão de ser advertidos para fazerem uma completa confissão a Deus e ao confessor de todos os seus pecados, com contrição em seu coração, e com humildade em seu espírito; e que prestem satisfação a Deus mediante muitas lágrimas, grandes oferendas, repetidas orações e prolongado jejum."

É evidente, por essas palavras, que tais aflições promanam tão somente do pecado e só ocorrem aos que não vivem em estado de graça. O texto canônico prossegue explicando como os ministros da Igreja podem realizar a cura por meio de exorcismos e como se garantem as outras proteções oferecidas pela Igreja. Foi desse modo que, com a ajuda de Deus, Abraão curou, com suas orações, Abimelec, sua mulher e suas servas (Gênesis, 20).

Para concluir, podemos dizer que são em número de cinco os remédios lícitos a serem aplicados aos que padecem dessa espécie de malefício: o da peregrinação ou romaria a algum lugar sagrado, a algum santuário; o da confissão sincera, de todos os pecados, em contrição; o do uso em abundância do sinal da cruz e da oração com devoção; o do exorcismo lícito mediante palavras solenes, cuja natureza será explicada adiante; e, por fim, o da aproximação prudente da bruxa que perpetrou o mal, como mostramos no caso do conde que durante três anos viu-se privado da coabitação carnal com a virgem a quem desposara.

CAPÍTULO III

Dos remédios prescritos às pessoas que, por bruxaria, são inflamadas pelo amor desregrado ou pelo ódio insano

Na mesma medida em que a faculdade procriadora pode ser vítima de magia maléfica, a faculdade anímica do ser humano pode se ver dominada pelo amor ou pelo ódio desmesurados. Havemos, primeiro, de considerar a causa desse mal, para depois, na medida do possível, passarmos aos remédios.

SEGUNDA PARTE

A *philocaptio*, ou o amor desmedido de uma pessoa por outra, pode ser causada de três maneiras. Por vezes se deve simplesmente à falta de controle sobre os olhos; em outras se deve à tentação do demônio; ainda em outras se deve à magia maléfica de necromantes e de bruxas, ajudadas pelos demônios.

Da primeira causa nos fala São Tiago, 1:14, 15: "Todo ser humano é tentado por sua própria concupiscência, sendo por ela carregado e seduzido. Depois de concebida, gera o pecado; mas o pecado, depois de consumado, gera a morte." E foi assim que ocorreu a Siquém: observando Dina, que saía para ver as filhas da região, raptou-a e dormiu com ela, violentando-a. E seu coração a ela prendeu-se (Gênesis, 34). Nesse ponto diz a glosa que tal aconteceu a um espírito enfermo porque ela abandonou suas próprias preocupações para ir tratar de outras pessoas; e alma que assim se porta é seduzida por maus hábitos e levada a consentir em práticas ilícitas.

A segunda causa se acha na tentação dos demônios. Foi assim que Amnon viu-se tomado de amor por sua linda irmã Tamar, e por ela se consumia de tal modo que acabou doente (II Samuel, 13). Ora, Siquém não haveria de ter um intelecto tão corrupto a ponto de cometer crime de incesto tão hediondo sem que não tivesse sido violentamente tentado pelo diabo. O *Livro dos santos padres* faz referência a esse tipo de amor na passagem em que declaram estarem expostos a toda sorte de tentação, inclusive a do desejo carnal, mesmo nos eremitérios. Alguns foram tentados com o amor passional das mulheres mais do que seria possível imaginar. Afirma São Paulo em II Coríntios, 12:7: "Foi-me dado um espinho na carne, um anjo de Satanás, para me esbofetear." A passagem refere-se, segundo a glosa, à tentação pela lascívia. Pois bem, diz-se que quando um homem não cede à tentação, não comete pecado, só faz exercitar a sua virtude; mas que se entenda tal assertiva com respeito à tentação do demônio, não à da carne; pois que esta é pecado venial, mesmo quando o homem a ela não cede. Existem muitos exemplos a esse respeito.

Da terceira causa — quando a *philocaptio* é causada por bruxaria — tratamos exaustivamente nas questões da primeira parte e mostramos, mediante vários exemplos, que isso é possível. Na realidade, essa é a forma mais geral e mais conhecida de bruxaria.

Mas cabe aqui levantarmos uma determinada questão. Pedro foi acometido por uma paixão desenfreada, que corresponde à por nós descrita, mas não sabe a que atribuí-la: se à primeira, à segunda ou à terceira causa. É mister que se diga que, por obra do diabo, o ódio pode ser insuflado entre as pessoas casadas, levando ao crime de adultério. Mas de que nos serviria passar a tratarmos dos remédios para aquelas pessoas cujo desejo lascivo não tem remédio? Para as que se acham tão afeitas à luxúria e ao desejo carnal que nada as faz desistir do pecado? Nem a vergonha, nem as palavras, nem a repreensão violenta? Para os que repudiam a linda esposa e se entregam à mais repelente das mulheres, e que por esta não dormem à noite e vão, por caminhos distantes e tortuosos, na sua demência, à sua procura? E que remédio haveria para os nobres, para os governantes, para os poderosos, que são de todos os miseráveis os que mais miseravelmente se entregam a essa espécie de pecado? (Pois vivemos em uma era dominada pelas mulheres, como foi vaticinado por Santa Hildegarda, conforme nos lembra Vicente de Beauvais em seu *Speculum Historiale* — embora tenha dito que não haveria de perdurar tanto tempo quanto vem perdurando.) E quando vemos o mundo mergulhado no adultério que tem sua hegemonia sobretudo entre os de berço nobre, quando tudo isso é levado em conta, de que nos havia de ajudar falarmos em remédio para o que não tem remédio? Mesmo assim, para a satisfação do leitor piedoso, havemos de descrever, brevemente, alguns dos remédios contra a *philocaptio* quando não causada por bruxaria.

Avicena faz menção a sete remédios que podem ser usados quando um homem adoece fisicamente por causa dessa espécie de amor; embora não sejam diretamente relevantes à nossa investigação, podem ter utilidade contra essa doença da alma. Diz esse autor, no livro 3, que a raiz da doença pode ser descoberta pelo exame do pulso enquanto se pronuncia o nome do objeto do amor ou da paixão do paciente; e então, se a lei permitir, poderá casar-se com ela e assim ser curado, cedendo à

SEGUNDA PARTE

natureza. Outra possibilidade está em fazê-lo usar certos medicamentos, sobre os quais o autor dá várias instruções. Uma terceira possibilidade está em desviar o doente, por meios lícitos, de seu objeto de amor para outro objeto de maior valia. Ou ainda se pode fazê-lo evitar a presença do ente, objeto de amor, afastando-o assim de seus pensamentos. Pode também, se estiver disposto a corrigir-se, ser advertido e admoestado de que o efeito daquele amor será sua maior desgraça. Pode ademais ser orientado por alguém que, dentro da verdade de Deus, venha a difamar o corpo e a índole da pessoa amada, ensombrecendo-lhe o caráter de tal sorte que lhe pareça criatura desprezível e disforme. Ou, por fim, pode-se levá-lo à execução de árduas tarefas que venham a distrair-lhe os pensamentos.

De fato, da mesma maneira que a natureza animal do homem pode ser curada por tais remédios, o seu espírito interior pode ser corrigido por eles. Que o homem obedeça às leis de seu intelecto e não às de sua natureza, que volte o seu sentimento amoroso para os prazeres com prudência, que não se esqueça de quão fugaz é a fruição da luxúria e de quão perene é o castigo, que busque pelo prazer naquele tipo de vida em que as alegrias hão de perdurar para sempre, e que pondere, ao afeiçoar-se a algum amor terreno, que tão só nele estará sua recompensa, pois que perderá a bem-aventurança dos céus e será condenado ao fogo eterno: que não se esqueça jamais das três perdas irreparáveis que promanam da lascívia desenfreada.

Com relação à *philocaptio* causada por bruxaria, os remédios especificados no capítulo precedente podem também ser utilizados convenientemente; sobretudo os exorcismos através das palavras sagradas que o paciente pode empregar por si próprio. Que invoque diariamente o anjo da guarda, o qual lhe é oferecido por Deus, que use da confissão e que frequente os santuários, dos santos e sobretudo os da Virgem Santíssima, pois sem dúvida há de ser livrado do mal.

Mas quão abjetos são aqueles homens vigorosos que, desprezando seus dons naturais e a couraça da virtude, abrem ao mal a guarda, enquanto as moças, na sua invencível fragilidade, fazem uso das armas por eles

O MARTELO DAS FEITICEIRAS

desprezadas para repelir essa espécie de bruxaria. Contaremos em seu louvor um de muitos exemplos existentes.

Havia, num lugarejo do interior, perto de Lindau, na diocese de Constança, uma linda donzela cuja beleza dos traços era ainda mais realçada pela elegância dos gestos, e por quem certo libertino, na verdade um clérigo, embora não sacerdote, viu-se acometido de violentas dores de amor. Não conseguindo mais aplacar o sofrimento causado pela ferida aberta em seu coração, resolveu o homem procurá-la onde trabalhava. Com palavras ternas, acabou por confessar-lhe que caíra numa armadilha do demônio, logo ousando um pouco mais, para ver se ela lhe corresponderia ao arroubo da paixão. Mas a moça, de alma e corpo imaculados, percebendo pelo instinto Divino as suas intenções, respondeu-lhe com firmeza: "Senhor, não me venhas procurar, em minha casa, com tais palavras, pois que o decoro o proíbe de falar assim." Ao que o homem replicou: "Pois saibas que se as minhas palavras não te convencem a me entregares o teu amor, juro-te que logo os meus atos te convencerão."

Ora, sobre aquele homem pairava uma suspeita: a de ser um mago, um encantador. Contudo, a donzela não deu a menor importância às suas palavras e durante algum tempo não sentiu sequer uma centelha de desejo carnal por ele. Porém, num determinado dia, começou a ter pensamentos amorosos. Percebendo o que ocorria, e inspirada por Deus, buscou a proteção da Mãe de Misericórdia e, piedosamente, implorou-lhe que intercedesse com Seu Filho em seu socorro. Ansiosa, ademais, por desfrutar da sociedade dos devotos, juntou-se a uma romaria que se dirigia a um eremitério, onde, naquela diocese, havia uma igreja miraculosamente consagrada à Mãe de Deus. Lá chegando, tratou de confessar os pecados para que nenhum espírito do mal a afligisse. E eis que, depois de muitas orações à Mãe de Misericórdia, todas as maquinações contra ela articuladas pelo diabo acabaram por cessar e, desde então, nunca mais viu-se afligida pelas artimanhas demoníacas.

No entanto, há também homens fortes que são cruelmente enfeitiçados por bruxas com essa espécie de amor, a tal ponto que lhes parece

SEGUNDA PARTE

nunca mais serem capazes de se livrar do desejo lascivo por elas manifestado. Apesar disso, vê-se que virilmente resistem à tentação das seduções lúbricas e obscenas e, mediante as defesas já citadas, suplantam todos os ardis malévolos do diabo.

Temos um exemplo notável desse tipo de luta no caso de um homem jovem e rico da cidade de Innsbruck. Era de tal forma importunado pelas bruxas que é praticamente impossível descrever com a pena suas dificuldades, mas que, perseverando sempre com bravura em seu coração, escapou do mal graças aos remédios de que já falamos. Há de se concluir, portanto, e com justeza, que esses remédios são mesmo infalíveis contra essa doença, e aqueles que os utilizam como armas hão de ser, certamente, curados.

É mister compreender, ademais, que aquilo que acabamos de dizer sobre o amor desregrado também se aplica ao ódio insano, pois a mesma disciplina é benéfica contra esses dois polos opostos. No entanto, embora a bruxaria seja de igual magnitude nos dois casos, há uma diferença: a pessoa que odeia há de buscar também um outro remédio. Porque o homem que odeia a sua mulher e a expulsa de seu coração não retornará para ela, se for um adúltero, com tanta facilidade, mesmo que a muitos se junte numa romaria.

Ora, contam-nos as bruxas que esse malefício de ódio causam por meio de serpentes; pois a serpente foi o primeiro instrumento do diabo e devido à sua maldição é a herdeira do ódio das mulheres; portanto, as bruxas causam tais malefícios colocando a pele ou a cabeça de serpentes debaixo da soleira da porta dos quartos ou das casas. Por essa razão todos os cantos e escaninhos da casa hão de ser minuciosamente examinados e reconstruídos, na medida do possível; ou então a pessoa deverá ser acomodada na casa de outra pessoa.

E quando dizemos que os homens enfeitiçados podem exorcizar-se a si mesmos, referimo-nos aos amuletos e talismãs, com palavras sagradas, bênçãos ou fórmulas inscritas, que podem usar pendurados ao pescoço, quando não as sabem ler ou as pronunciar; mas havemos de mostrar mais adiante como isso deve ser feito.

CAPÍTULO IV

Dos remédios prescritos aos que, por arte prestidigitatória, perderam o membro viril ou às pessoas que, aparentemente, foram transformadas em bestas

Em páginas precedentes já mostramos claramente os remédios existentes para o alívio dos que julgam ter perdido o membro viril e dos que foram transmutados em animais. Pois veem-se esses homens totalmente destituídos da graça Divina e por isso, em conformidade com a condição essencial dos assim enfeitiçados, não é possível aplicar-lhes o bálsamo curativo enquanto o instrumento que fere ainda persistir na ferida. Portanto, antes de mais nada, hão de reconciliar-se com Deus mediante salutar confissão. Tornamos a frisar, conforme demonstramos no sétimo capítulo da primeira questão da segunda parte, que o membro nunca é de fato removido do corpo, e sim é apenas ocultado dos sentidos da visão e do tato. Os que vivem na graça, claro está também, não são assim tão facilmente enganados, seja ativa, seja passivamente — em outras palavras: iludidos de que perderam o próprio membro ou de que outro homem o perdeu. E naquele capítulo explicamos a doença e o seu tratamento, qual seja, que devem entrar em acordo amigável com a própria bruxa para que lhes restitua o membro.

Às pessoas que se julgam transformadas em animais, vale ressaltar que é malefício mais praticado nos reinos do oeste que nos do leste; ou seja, é mais frequente entre nós que as bruxas assim se transformem; quer dizer, transformam-se à vista das pessoas em vários animais, conforme relatamos no oitavo capítulo. Portanto, nesses casos os remédios a serem usados são indicados na terceira parte desta obra, onde tratamos do extermínio das bruxas pelo braço secular da lei.

Contra essa espécie de ilusão, porém, as pessoas do leste usam o seguinte remédio. Muito aprendemos a esse respeito com os cavaleiros da Ordem de São João de Jerusalém, em Rodes; especialmente com o caso ocorrido na cidade de Famagusta, no reino do Chipre, e que passaremos a contar.

SEGUNDA PARTE

Famagusta é um porto marítimo. De lá costumam partir embarcações abarrotadas de mercadorias para terras longínquas. Antes de zarpar, as tripulações tratam de prover-se de todos os víveres e mantimentos necessários para as longas viagens. Aconteceu, então, de um dos homens da companhia, de porte robusto e vigoroso, ir, antes de embarcar com seus companheiros, comprar ovos de uma mulher cuja casa ficava bastante afastada do litoral. Lá chegando, foi logo indagando à mulher se não teria a mercadoria que tanto desejava. A mulher, vendo que se tratava de um jovem e forte mercador vindo de uma terra distante, começou a maquinar um plano diabólico: os moradores da cidade não haveriam de nada suspeitar se, por algum malefício, o levasse à perdição e ao mau caminho

"Espera um pouco que vou arranjar o que queres", disse-lhe então.

E, fechando a porta, deixou-o ali postado, esperando. O homem, com receio de perder o navio, gritou-lhe, lá de fora, para que se apressasse. Por fim, retornou a mulher com os ovos, e ao entregá-los a ele ainda acrescentou: "Vai depressa, para não te perderes de teus companheiros."

O mercador voltou rapidamente ao porto, mas, ao lá chegar, viu que a tripulação ainda não retornara. Parando para descansar, decidiu comer alguns dos ovos frescos que comprara da mulher. Mas eis que uma hora depois de comê-los, percebeu que já não tinha mais forças para falar: ficara completamente mudo. Pôs-se a imaginar, então, o que lhe teria acontecido, sem atinar no que era. Contudo, ao tentar subir a bordo, foi rechaçado a varadas pelos tripulantes que ainda ali se achavam e que o repeliam aos gritos: "Vejam o que esse asno está fazendo! Maldito animal! Não o deixem subir a bordo!"

Foi então que o pobre homem entendeu que o tomavam por um asno. Depois de muito refletir, suspeitou ter sido enfeitiçado pela mulher, sobretudo porque não conseguia dizer palavra, embora compreendesse tudo o que os outros falavam. E quando, ao tentar subir a bordo mais uma vez, viu-se repelido a varadas ainda mais violentas, percebeu, com profunda amargura, que teria de ficar ali, a ver o navio que, já com as velas enfunadas, se afastava da costa. Depois de vagar aqui e acolá, pois

O MARTELO DAS FEITICEIRAS

todos viam nele um asno, foi tomado pela compulsão de voltar à casa da mulher, onde, para manter-se vivo, viu-se forçado a atender aos seus desejos por três anos. Embora não usasse as mãos, era ele quem trazia a lenha e o trigo para casa e que a tudo transportava como besta de carga. Seu único consolo era que, embora todas as pessoas o julgassem um asno, as próprias bruxas que frequentavam a casa, às vezes em grupos, reconheciam-no como homem e com elas podia andar e se comportar como um homem.

Cabe perguntar agora de que modo eram as cargas colocadas sobre ele como se de fato fosse uma besta. É preciso dizer que o caso é análogo ao contado por Santo Agostinho em *A cidade de Deus*, livro 18, capítulo 17, onde fala de uma taverneira que transformou os hóspedes em bestas de carga; e àquele do pai de Prestantius, que também se julgava um burro de carga e transportava trigo junto com outros animais. Pois que é tríplice a ilusão causada por esse encantamento.

Primeiro, por seu efeito sobre os homens, que veem a pessoa não como homem mas como asno; mostramos no capítulo 8 de que forma são capazes os demônios de provocar esse fenômeno. Segundo, porque as cargas carregadas não eram ilusão e, quando em peso ultrapassavam a capacidade do homem, o diabo, invisivelmente, as carregava. Terceiro, porque quando se relacionava com outros, o jovem se julgava um asno, ao menos nas suas faculdades imaginativas e perceptivas, que pertencem a órgãos do corpo, mas não na sua razão; sabia que era um homem, embora por magia se imaginasse uma besta. Nabucodonosor dá um exemplo do mesmo delírio.

Depois de passar três anos dessa forma, já no transcorrer do quarto ano, aconteceu, certa manhã, de o jovem ir até a cidade, seguido de longe pela mulher; ao passar defronte a uma igreja onde estava sendo celebrada a santa missa, ouviu o tocar da sineta à elevação da hóstia (pois naquele reino a missa é celebrada segundo a tradição latina, e não segundo a tradição grega). Voltou-se em direção à igreja e, não ousando nela entrar por receio de ser enxotado a pancadas, ajoelhou-se dobrando suas patas traseiras. Ergueu então, unidas, as patas dianteiras

SEGUNDA PARTE

por sobre a sua cabeça de asno, por assim dizer, e ficou a contemplar a elevação do sacramento. Dois mercadores genoveses viram o prodígio e, atônitos, resolveram seguir o asno, comentando, admirados, aquela maravilha. E vejam!, veio a bruxa e tratou de espancar o asno com a sua vara. Como, dissemos, essa espécie de bruxaria é mais bem conhecida naquelas regiões. Assim, à insistência dos mercadores, o asno e a bruxa foram levados à presença do juiz. No tribunal, depois de interrogada e torturada, a bruxa confessou o crime e prometeu restituir ao jovem a sua verdadeira forma, desde que a deixassem voltar para casa. Foi, por fim, mandada embora para que restituísse ao jovem a sua antiga forma. Mais tarde, tornou a ser capturada e pagou o débito merecido pelos seus crimes. Só então pôde o jovem retornar, feliz, para o seu país de origem.

CAPÍTULO V

Dos remédios prescritos para as pessoas obsedadas por algum malefício

Mostramos no capítulo 10 da questão precedente que, às vezes, os demônios, mediante bruxaria, passam a habitar, em substância, o corpo de algumas pessoas. Por que assim procedem? Ora por algum crime cometido pela própria vítima e para o seu derradeiro benefício; ora por alguma falta leve de alguma outra pessoa; ora por algum pecado venial cometido pela vítima; ora ainda pelo pecado grave cometido por outra pessoa. Por qualquer dessas razões pode o ser humano ser possuído, em grau variável, por algum demônio. Nider, em seu *Formicarius*, afirma não haver motivo de espanto quando os demônios, à solicitação de bruxas e com a permissão de Deus, se apossam de um ser humano.

Clara está também, pelos pormenores apontados naquele capítulo, qual a espécie de remédios a serem usados para livrar esses seres humanos; os exorcismos da Igreja junto com a confissão e a contrição

O MARTELO DAS FEITICEIRAS

sincera quando uma pessoa é possuída por algum pecado mortal que tenha cometido. O exemplo dado foi o da libertação do padre da Boêmia. Mas há também três outros remédios que são de grande valia: a santa comunhão da eucaristia, a visita a santuários com a oração de homens santos e a prescrição da sentença de excomunhão. Desses remédios havemos de falar, pois que, embora estejam perfeitamente estabelecidos nos livros dos doutores, muitos não têm fácil acesso aos tratados necessários.

Cassiano, na primeira *Conferência dos padres*, fala nesses termos da eucaristia: "Não temos lembrança de que nossos antepassados tenham proibido a administração da santa comunhão às pessoas possuídas por espíritos do mal; convém ministrar-lhes a comunhão todo dia, se possível. Pois se há de acreditar que é de grande poder na purgação e proteção da alma e do corpo; e a pessoa que a recebe vê afastada de si, como se queimado pelo fogo, o espírito maligno que aflige seus membros ou neles se esconde. Vemos por fim que o abade Andrônico foi curado dessa forma; e o diabo esbravejará com insana fúria ao sentir-se barrado pelo medicamento celestial e tentará com mais veemência e com mais frequência infligir suas torturas ao sentir-se repelido por esse remédio espiritual."

E acrescenta ainda: "Em duas coisas se deve acreditar firmemente. Primeiro, que sem a permissão de Deus ninguém é possuído por esses espíritos. Segundo, que tudo o que Deus permite acontecer a nós, pareça-nos motivo de pesar ou de alegria, é-nos enviado para nosso próprio bem, como se fosse o gesto de um pai piedoso, ou de um médico misericordioso. Pois que, como entregues a professores da humildade, essas pessoas são humilhadas para que quando deixarem este mundo sejam purgadas para a vida eterna ou sentenciadas com o sofrimento para seu castigo e essas pessoas, segundo São Paulo, são entregues a Satanás na vida presente para que seu espírito possa ser salvo no dia do Advento de Nosso Senhor Jesus Cristo (I Coríntios, 5:4-5)."

Mas surge então uma dúvida, pois diz São Paulo: "Que uma pessoa se examine para que possa comer do pão" (I Coríntios, 11:28). Assim,

SEGUNDA PARTE

como pode uma pessoa possuída comungar, já que não está no uso de sua razão? São Tomás responde a essa pergunta na terceira parte, questão 80, da *Summa*, ao afirmar que existem os seguintes tipos de loucura. Porquanto declara que quando uma pessoa não faz uso de seu juízo pode significar duas coisas: ou apresenta alguma debilidade em seu juízo intelectual, como ocorre quando alguém se julga cego quando, no entanto, é capaz de enxergar perfeitamente (e como essa pessoa é capaz, em certa medida, de se juntar às demais na devoção aos sacramentos, não se há de negá-los a ela); ou é louca desde o nascimento, caso em que não poderá receber o sacramento, já que não há como a preparar para tal. Pode ocorrer, no entanto, que a pessoa não tenha estado sempre fora de seu juízo. Nessa eventualidade, se quando sã demonstrava gostar da devoção ao sacramento, poderá recebê-lo na hora da morte, salvo se houver receio de que venha a vomitá-lo ou cuspi-lo.

A seguinte decisão foi adotada pelo Concílio de Cartago (26, questão 6). Quando uma pessoa doente desejar se confessar, e à chegada do sacerdote já estiver muda em virtude de sua enfermidade, ou entrar em frenesi, as pessoas que a ouviram antes devem dar seu testemunho. Se estiver à beira da morte, que seja a pessoa moribunda reconciliada com Deus, juntando-se lhe as mãos estendidas e colocando-se o sacramento em sua boca. São Tomás diz também que o mesmo procedimento pode ser usado em pessoas batizadas que se veem corporalmente atormentadas por espíritos impuros, e também em pessoas mentalmente desequilibradas. Acrescenta ainda, no livro 4, dist. 9, do *Comentário sobre as sentenças*, que a comunhão não deve ser negada às pessoas possuídas, a menos que se tenha certeza de que estejam sendo torturadas pelo demônio por algum crime cometido. A isso aduz Pedro de Palude, na mesma obra: "Nesse caso são pessoas que merecem ser excomungadas e entregues a Satanás."

De que forma as pessoas possuídas podem ser livradas do mal pelas intercessões e orações dos santos é mostrado nas legendas dos santos. Pois que, pelos méritos dos santos, dos mártires, dos confessores e das virgens, os espíritos do mal são subjugados pelas orações na região

O MARTELO DAS FEITICEIRAS

em que habitam, assim como os santos em sua jornada terrena os subjugaram.

Do mesmo modo, lemos que as orações piedosas de viajantes, não raro, conseguem livrar do mal as pessoas possuídas. Pois Cassiano exorta-as a orarem por elas, dizendo: "Se acreditarmos ou, ainda melhor, se tivermos fé no que acabei de declarar — que tudo nos é enviado pelo Senhor para o bem de nossas almas e o aperfeiçoamento do universo —, havemos de não desdenhar das pessoas possuídas; pelo contrário, por elas havemos de orar incessantemente como se o fizéssemos por nós próprios e de apiedarmo-nos delas com todo o nosso coração."

Quanto ao último recurso, o de livrar a pessoa sofredora por meio da excomunhão, cumpre fazer saber que se trata de condição rara, e só há de ser praticada pelos que têm autoridade para tal e que estejam informados, pela revelação, de que a pessoa está possuída em virtude da excomunhão da Igreja: tal foi o caso do fornicador em I Coríntios, 5, excomungado por São Paulo e pela Igreja e entregue a Satanás para destruição de sua carne, para que seu espírito pudesse ser salvo no Dia de Nosso Senhor Jesus Cristo; como diz a glosa, seja para a iluminação da graça pela contrição, seja para julgamento.

E ele entregou a Satanás falsos mestres que haviam perdido a fé, como Himeneu e Alexandre, para que aprendessem a não blasfemar (I Timóteo, 1:20). Pois tão grandiosos eram o poder e a graça de São Paulo, diz a glosa, que por meras palavras conseguia entregar a Satanás as pessoas que decaíam da fé.

São Tomás (*Comentário sobre as sentenças*, livro 4, dist. 18), a respeito dos três efeitos da excomunhão, dá a seguinte explicação. Se uma pessoa, diz ele, é privada das orações da Igreja, sofre de uma tríplice perda que corresponde aos benefícios que advêm da comunhão com a Igreja.

As pessoas excomungadas são despojadas da fonte de onde mana um fluxo crescente de graça para as que a possuem, e de um meio para obter a graça para as que não a possuem; e, despojadas da graça, perdem também o poder de preservar a honestidade; embora não se vá afirmar que estejam absolutamente proibidas de aproximarem-se da Providên-

SEGUNDA PARTE

cia Divina; veem-se privadas apenas daquela providência especial que tão somente zela pelas filhas e pelos filhos da Igreja; perdem, ademais, um manancial poderoso de proteção contra o inimigo, pois que este recebe maiores poderes para afligir essas pessoas, em corpo e em alma.

Pois na Igreja primitiva, quando as pessoas tinham de ser trazidas à fé por sinais, o Espírito Santo se fez manifestar mediante um sinal visível, da mesma forma que a aflição corporal era o sinal visível da pessoa que fora excomungada. E não é sem propósito que um ser humano cujo caso não seja dos mais desesperadores deva ser entregue a Satanás; pois que é ao demônio entregue não para a danação eterna, mas para a sua correção, já que está nas mãos da Igreja o poder de, quando lhe aprouver, tornar a livrá-lo das mãos do diabo. É isso o que diz São Tomás.

Portanto, a excomunhão, quando usada como exorcismo à parte, é excelente remédio para as pessoas possuídas. Mas Nider insiste em que o exorcista deve ter particular cuidado para não usar de seus poderes com excessiva presunção e para não misturar com a séria obra de Deus certas irreverências ou certos gestos, ou quaisquer elementos de superstição ou de bruxaria; caso contrário, dificilmente escapará da punição, conforme nos mostra o seguinte exemplo.

São Gregório, no seu primeiro *Diálogo*, conta o caso de uma mulher que, contra a sua consciência, cedeu a persuasões do marido para participar das cerimônias da vigília da consagração da Igreja de São Sebastião. E por ter se juntado à procissão da Igreja contra a sua consciência, ficou possuída e começou a esbravejar em público. Quando o sacerdote a viu naquele estado, tomou da toalha do altar e com ela cobriu-a; então, repentinamente, viu-se o sacerdote apossado pelo demônio. E por ter se atrevido a ir além de suas forças, achou-se constrangido pelos seus tormentos para que visse revelado quem era de fato.

E para mostrar que nenhum espírito obsedado se há de permitir ingressar no santo ofício do exorcismo, Nider conta ter visto, num mosteiro de Colônia, um irmão que era dado à galhofa, mas que era um famoso exorcista. Achava-se o frade a expulsar o espírito demoníaco de um pos-

O MARTELO DAS FEITICEIRAS

suído, no mosteiro, quando o demônio pediu-lhe que indicasse um lugar para onde ir. O irmão, divertido com a pergunta, respondeu-lhe, brincando: "Vá para a minha latrina." E assim o demônio saiu. Mas quando, à noite, quis o irmão ir à latrina aliviar a barriga, o diabo o atacou tão violentamente que foi com dificuldade que escapou com vida.

Ora, as pessoas obsedadas hão de ter o devido cuidado para não recorrerem às bruxas para que as curem. São Gregório prossegue contando da mulher de quem há pouco falávamos: "Seus parentes e as pessoas que a amavam na carne levaram-na a certas bruxas para que fosse curada. As bruxas levaram-na a um rio e a mergulharam na água com muitos encantamentos; ao fazerem isso, viu-se a mulher violentamente sacudida e, em vez da expulsão de um demônio, foi tomada por grande legião deles, ao mesmo tempo em que gritava com suas diversas vozes. Depois, seus parentes contaram o que haviam feito e, desolados, trouxeram-na para o santo bispo Fortunato, que, mediante orações diárias e jejum, restituiu-lhe completamente a saúde."

Mas como já foi dito que os exorcistas devem cuidar para não fazerem uso de nada que tenha ressaibo de superstição ou de bruxaria, talvez o leitor possa ter dúvida quanto à licitude do uso de certas ervas ou de certas pedras consagradas. Em resposta, afirmamos que há de ser tanto melhor se forem as ervas consagradas; caso contrário, no entanto, não é conduta supersticiosa usar uma determinada erva chamada Demonífuga, nem tampouco usar das propriedades naturais das pedras. Mas não há de pensar que esteja expulsando demônios graças aos poderes desses elementos; pois assim incorreria no erro de achar que talvez pudesse usar outras ervas e outros encantamentos de forma idêntica; esse é o erro de necromantes, que se julgam capazes de realizar essa espécie de obra mediante as virtudes naturais e desconhecidas desses objetos.

Portanto, São Tomás declara, no *Comentário sobre as sentenças*, livro 4, dist. 7, último artigo: "Não se há de acreditar que os demônios estejam subordinados a quaisquer poderes corpóreos; por isso mesmo não sofrem qualquer influência de invocações ou de quaisquer atos de feitiçaria,

SEGUNDA PARTE

salvo quando entraram em pacto com alguma bruxa." Disso fala Isaías, 28:15: "Fizemos um pacto com a morte, dizeis vós, uma convenção com a morada das pessoas mortas." E em Jó, 40:25: "Poderás tu fisgar Leviatã com um anzol?" E ao explicar Jó, diz o autor: "Se tomarmos como certo tudo o que foi dito antes, vai parecer que cabe à presunção herética de necromantes tentar um pacto com demônios, ou submetê-los de qualquer forma à sua vontade."

Tendo, portanto, mostrado que o ser humano nada pode fazer, pelos seus próprios poderes, para suplantar o diabo, conclui dizendo: "Coloca a tua mão sobre ele; mas entende: não é através de teus poderes que o vences, mas sim pela virtude Divina." E aduz: "Lembra-te da batalha que travei contra ela; ou seja, colocando no futuro o presente, hei de lutar contra ele sobre a cruz, onde Leviatã há de ser fisgado com um anzol, ou seja, pela divindade oculta sob a isca da humanidade, pois que pensará [ele] ser o Nosso Salvador apenas um homem." E acrescenta depois: "Não há poder na Terra que ao dele se equipare." Quer dizer, não há poder corpóreo que possa ser igualado ao poder do diabo.

Ora, um ser humano possuído por um demônio pode ser indiretamente aliviado pelo poder da música, como foi Saul pela harpa de Davi, ou pelo poder de uma erva, ou pelo de qualquer outra substância material em que exista alguma virtude natural. Portanto, tais remédios podem ser usados, a favor de que se pode argumentar com esteio na autoridade e na razão. Pois na Lei Canônica, 26, questão 7, *"Demonium sustienti"*, diz-se que as pedras e as ervas podem ser usadas para o alívio do ser humano possuído por um demônio.

Além disso, a *Historia Scholastica* de Pedro Comestor trata da passagem Tobias, 6:8-9, onde o anjo diz: "Se puseres um pedaço do coração [do peixe que ele fisgara] sobre brasas, a sua fumaça expulsará toda a espécie de mau espírito, tanto do homem como da mulher, e impedirá que eles voltem de novo a ambos [...]. Abre-o, e guarda o coração, o fel e o fígado, que servirão para remédios mui eficazes."

Diz o autor: "Não nos devemos surpreender com isso, pois a fumaça de uma certa árvore, ao ser queimada, possui a mesma virtude, como se em si possuísse algum senso espiritual, ou o poder da oração espiritual para o futuro."

Da mesma opinião são Santo Alberto sobre Lucas, 9 (*Comentário sobre Lucas*) e Nicolau de Lira (em *Postilla Literallis*) e Paulo de Burgos (*Additions*), ao comentarem sobre I Samuel, 16. O último homiliasta chega à seguinte conclusão: que seja permitido às pessoas possuídas pelo diabo que possam não só serem livradas, mas completamente libertadas através de elementos materiais, entendendo que no último caso não estejam molestadas com muita fúria. E prova o que diz pelo discurso.

"Os demônios não são capazes de alterar as substâncias materiais de acordo com a sua vontade, apenas congregando agentes complementares ativos e passivos", como diz Nicolau. "De forma análoga, certos objetos materiais são capazes de causar no corpo humano uma disposição que os torna suscetíveis à operação dos demônios. Segundo a opinião dos médicos, por exemplo, a mania amiúde predispõe a pessoa à demência, e, consequentemente, à obsessão demoníaca. Portanto, se, nesse caso, for removido o agente passivo predisponente, será eliminada a aflição diabólica ativa.

"Sob esse ângulo, podemos considerar o fígado do peixe; e a música de Davi pela qual Saul foi, primeiramente, aliviado de seu sofrimento e depois totalmente livrado do espírito mau (I Samuel, 16:23); pois está escrito: 'e o espírito mau o deixou'. Mas não está consoante ao significado das Escrituras dizer que tal tenha ocorrido pelos méritos ou pelas orações de Davi; as Escrituras nada falam a esse respeito e, sem dúvida, falariam caso o fenômeno tivesse ocorrido por esse motivo."

Há também o motivo que alegamos na questão 5 da primeira parte: que Saul foi libertado porque a harpa configurava a virtude da cruz em que se achavam estendidos os Membros Sagrados do Corpo de Cristo. E mais ainda lá se fala a esse respeito e que pode ser considerado com a presente indagação. Concluiremos, porém, dizendo que o uso de objetos materiais nos exorcismos lícitos não é prática supersticiosa. E convém agora que passemos a tratar dos próprios exorcismos.

SEGUNDA PARTE

CAPÍTULO VI

Dos remédios prescritos; ou seja, dos exorcismos lícitos da Igreja, para todos os tipos de enfermidades e males causados por bruxaria; e do método de exorcizar as pessoas obsedadas

Já foi dito que as bruxas são capazes de afligir as pessoas com toda a sorte de enfermidades físicas; pode-se, por conseguinte, considerar como regra geral que os vários remédios verbais ou práticos a serem aplicados contra essas enfermidades são igualmente aplicáveis a todas as demais, como contra a epilepsia, a lepra, entre outras. E como os exorcismos lícitos são contados junto com os remédios verbais e os que mais consideramos, na maioria dos casos, podem ser tomados como um tipo geral dessa espécie de remédios; a seu respeito há três elementos a serem ponderados.

Em primeiro lugar, devemos julgar se a pessoa que não foi ordenada como exorcista — uma leiga, um clérigo secular — pode exorcizar licitamente os demônios e as suas obras. Vinculadas a essa questão acham-se outras três: primeira, em que constitui a legalidade ou licitude dessa prática; segunda, quais as sete condições a serem observadas quando se deseja fazer uso em particular, privado, de encantamentos e de bênçãos; terceira, de que modo há de ser a doença exorcizada e o demônio esconjurado.

Em segundo lugar, devemos considerar o que há para fazer quando pelo exorcismo não se obtém qualquer graça salutar que cure o mal.

Em terceiro lugar, devemos considerar os remédios práticos e não os verbais; a par da solução de certos argumentos.

Tratemos do primeiro elemento a ser ponderado. Contamos com a opinião de São Tomás no *Comentário sobre as sentenças*, livro 4, dist. 23, que afirma: "Quando um homem é ordenado exorcista, ou em qualquer outra das Ordens menores, tem em si outorgado o poder do exorcismo em sua capacidade oficial; e esse poder pode inclusive ser usado licitamente pelos que não o exercem na Ordem, embora não o exerçam em

443

O MARTELO DAS FEITICEIRAS

sua capacidade oficial. De modo semelhante, a missa pode ser rezada numa casa não consagrada, embora o exato propósito da consagração de uma igreja seja para que a missa possa ser lá realizada; mas isso é mais em virtude da graça existente na honestidade dos homens que aquela do sacramento."

Por essas palavras havemos de concluir que, embora seja bom que na libertação de uma pessoa enfeitiçada recurso tenha havido para que um exorcista oficial a executasse, em certas ocasiões, outras pessoas devotas podem, com ou sem qualquer espécie de exorcismo, livrá-la da enfermidade.

Sabemos da história de uma pobre virgem muito devota que tinha um amigo que foi gravemente enfeitiçado no pé, de modo que ficou claro para os médicos que não poderia o rapaz ser curado através de medicamentos. Contudo, aconteceu de a virgem ir visitar o amigo doente e ele, imediatamente, pediu-lhe que benzesse o pé enfermo. Ela consentiu e, silenciosamente, rezou um pai-nosso e o credo, ao mesmo tempo em que fazia o sinal revigorante da cruz. O homem viu-se curado de imediato e, para que tivesse um remédio no futuro, perguntou à virgem qual o encantamento que usara. Ela, contudo, respondeu: "Tu tens pouca fé e não segues as práticas santas e lícitas da Igreja e muitas vezes fazes uso de encantamentos e de remédios proibidos contra tuas doenças; por esse motivo é que raramente tens saúde em teu corpo: porque está sempre doente da alma. Mas se depositares tua confiança nas orações e na eficácia dos símbolos lícitos, verás que a cura te chegará com facilidade. Pois eu nada fiz senão repetir o pai-nosso e o credo apostólico, e agora estás curado."

Esse exemplo traz à baila a questão da existência de eficácia em outras bênçãos e em outros encantamentos, e mesmo em conjuros por meio de exorcismo; pois que, por essa história, parecem condenados. Cabe explicar que a virgem condenou apenas os encantamentos ilícitos e os conjuros e exorcismos proibidos.

Para entendermos essa última questão é preciso considerarmos de que modo os exorcismos se originaram e como passou-se ao seu abuso. Em sua origem eram absolutamente sagrados; porém, assim como

SEGUNDA PARTE

todas as coisas podem ser profanadas por intermédio de demônios e de pessoas perversas, também são profanadas as palavras sagradas. Pois está na passagem: "Expulsarão os demônios em meu nome, falarão novas línguas, manusearão serpentes e, se beberem algum veneno mortal, não lhes fará mal; imporão as mãos às pessoas enfermas, e elas ficarão curadas" (Marcos, 16:17-18). E, em épocas ulteriores, os padres passaram a usar de ritos semelhantes; portanto, são encontrados hoje em dia em antigas igrejas orações piedosas e santos exorcismos que as pessoas podem usar e a elas se submeter, quando tais pessoas se mostrarem piedosas como costumavam ser em época remota, sem qualquer superstição; e hoje existem homens instruídos e doutores em Teologia que visitam as pessoas doentes e usam tais palavras para curar não só as enfermidades demoníacas mas outras doenças também.

Mas vejam que certas pessoas supersticiosas descobriram, inspiradas nesses exemplos, por si próprias, muitos remédios vãos e ilícitos que atualmente empregam para tratar das pessoas e dos animais doentes; os clérigos têm se mostrado muito indolentes no uso das palavras lícitas ao visitarem as pessoas doentes. A esse respeito, Guilherme Durando, o comentarista de São Raimundo, declara que tais exorcismos lícitos podem ser usados por padres religiosos e judiciosos, ou por pessoas leigas, ou até mesmo por mulheres de vida correta e de comprovado juízo ou circunspecção; pelo oferecimento das orações lícitas às pessoas doentes; não as pregando sobre os frutos ou os animais, mas sobre as pessoas doentes. Porque diz o Evangelho: "imporão as mãos às pessoas enfermas" (Marcos, 16:18); a menos que se tenha receio de que, seguindo o seu exemplo, outras pessoas não tão circunspectas e supersticiosas resolvam fazer uso indevido de encantamentos com o mesmo fim. São esses adivinhos supersticiosos que a virgem de quem falávamos condenou, ao afirmar que as pessoas que a eles recorriam revelavam a debilidade de sua fé.

Ora, para a elucidação dessa matéria pergunta-se de que modo é possível saber se as palavras usadas nesses encantamentos e nessas bênçãos são lícitas ou supersticiosas, e de que modo devem ser usadas; e também se o diabo pode ser esconjurado e as doenças exorcizadas.

O MARTELO DAS FEITICEIRAS

Pois bem: em primeiro lugar, o que é lícito na religião cristã é o que não é supersticioso; e o que é supersticioso é o que está além da forma prescrita de religião. Basta ver o texto bíblico Colossenses, 2:23: "Elas podem, sem dúvida, dar a impressão de sabedoria, mas só servem para satisfazer a carne [na superstição]." Sobre o que diz a glosa: "A superstição é a religião sem disciplina, ou seja, a religião observada através de métodos falhos em circunstâncias malévolas."

Tudo o que a tradição humana, sem qualquer autoridade, usurpa com o nome de religião não passa de superstição — como a interpolação dos hinos na santa missa, a alteração do prefácio dos réquiens, a abreviação do credo que é cantado na missa, o maior apoio no órgão que no coro para a execução da música, a negligência com relação à presença de um sacristão no altar, e outras atitudes. Mas, voltando a nosso ponto, quando um trabalho é realizado por intermédio da religião cristã, como quando alguém deseja curar uma pessoa doente por meio de orações e de bênçãos e de palavras sagradas (que compõem o assunto de que estamos tratando), essa pessoa deve observar sete condições pelas quais essas bênçãos são tornadas lícitas. E mesmo que faça uso de súplicas, por meio do nome de Deus, e por meio das obras de Cristo, de Seu Nascimento, de Sua Paixão e de Sua preciosa Morte, pela qual o demônio foi derrotado e expulsado; tais bênçãos, encantamentos e exorcismos hão de ser considerados lícitos, e as pessoas que os praticam são exorcistas que agem dentro da maior licitude. Ver Santo Isidoro, *Etymologiae*, 8: "Encantadores são os indivíduos cuja arte e cuja habilidade são encontradas no uso das palavras."

E a primeira dessas condições, conforme nos ensina São Tomás (*Secunda Secundae*, questão 93), é que nada há nas palavras que insinue qualquer invocação tácita ou explícita de demônios. Se tal invocação se manifestasse, obviamente o exorcismo seria ilícito. Se fosse tácita, ou implícita, poderia ser considerada ou sob o ângulo da intenção, ou sob o ângulo de fato; sob o primeiro, quando o operador não cuida se é a Deus ou ao demônio que o esteja ajudando, conquanto atinja o seu objetivo; sob o segundo, quando a pessoa não tem aptidão natural para

SEGUNDA PARTE

tal operação, mas a cria por algum meio artificial. E desses não só os médicos e os astrônomos devem ser os juízes, mas sobretudo os teólogos. Pois desse modo necromantes trabalham, construindo imagens, anéis e pedras por meios artificiais; que não possuem qualquer virtude natural para operar os resultados esperados: portanto, o demônio há de estar envolvido nessas operações.

Em segundo lugar, as bênçãos ou os encantamentos não devem conter nomes desconhecidos; pois segundo São João Crisóstomo (na obra não concluída sobre Mateus, 43), tais nomes devem ser olhados com desconfiança, para que não estejam a ocultar alguma crença supersticiosa.

Em terceiro lugar, nada deve haver nas palavras que não seja verdadeiro; pois se houver, o seu efeito não há de proceder de Deus, que não é testemunha de mentiras. Mas algumas velhas bruxas nos seus encantamentos usam alguns desses versos mancos, burlescos, como o seguinte:

"Santa Maria vai a andar
Sobre o rio Jordão.
Ao dar com Estêvão, põe-se a falar..."

Em quarto lugar, não deve haver futilidades ou outros caracteres e sinais além do sinal da cruz. Portanto, os amuletos que os soldados costumam trazer consigo devem ser condenados.

Em quinto lugar, não se há de pôr fé no método de escrever ou de ler ou de prender o amuleto à pessoa que o vai usar, nem em qualquer dessas futilidades, que nada têm a ver com a reverência ao Senhor Deus, sem a qual o encantamento se revela absolutamente supersticioso.

Em sexto lugar, ao citar e ao pronunciar as palavras Divinas e a Sagrada Escritura, há de se prestar atenção ao seu significado próprio, e à reverência a Deus; busquem-se os efeitos pela virtude Divina ou pelas relíquias dos santos, que são de poder secundário, já que todas as virtudes promanam originalmente de Deus.

Em sétimo lugar, o efeito almejado deve ser entregue à Vontade de Deus; porque Ele sabe se é melhor para a pessoa ser curada ou ser atri-

O MARTELO DAS FEITICEIRAS

bulada, ou mesmo se lhe convém morrer. Essa questão é esclarecida por São Tomás (*Prima Secundae, Comentário sobre as sentenças*, dist. 15).

Podemos assim concluir que, se nenhuma dessas condições for rompida, o encantamento há de ser lícito. E São Tomás escreve a esse respeito ao tratar do último capítulo de Marcos, 16: "Esses milagres acompanharão as pessoas que crerem: expulsarão os demônios em meu nome, falarão novas línguas, manusearão serpentes..." Dessa passagem fica claro que, conquanto sejam observadas as condições acima, é lícito por meio de palavras sagradas afastar as serpentes.

Diz ainda São Tomás: "As palavras de Deus não são menos sagradas que os despojos dos santos." Como diz Santo Agostinho (*Sermão* 300.2): "A palavra de Deus não é menos do que o próprio Corpo de Cristo." Mas todos concordam ser lícito reverenciar os despojos dos santos: portanto invoquemos de todos os modos o nome do Senhor mediante o uso devido do pai-nosso e da saudação angelical, pelo de Seu Nascimento e de Sua Paixão, e pelas Suas cinco feridas, e pelas sete palavras que proferiu na cruz, pela inscrição triunfante, e pelos três pregos, e pelas outras armas do exército de Cristo contra o diabo e suas obras. Por todos esses meios é lícito operar exorcismos, e neles havemos de depositar nossa confiança, entregando a questão à vontade de Deus.

E o que dissemos a respeito do afastamento das serpentes também se aplica a outros animais, conquanto a atenção se fixe tão somente nas sagradas palavras e na virtude Divina. Mas grande cautela se há de ter ao empregar-se tais palavras em encantamentos dessa natureza. Pois nos diz São Tomás que esses adivinhos muitas vezes fazem uso de observações ilícitas, e obtêm efeitos mágicos por meio de demônios, sobretudo no caso das serpentes; porque a serpente foi o primeiro instrumento do diabo pelo qual ele enganou a humanidade.

Na cidade de Salzburgo havia um mago que certo dia, à vista de todas as pessoas, resolveu encantar as cobras numa cova particular e matou-as a todas num raio de uma milha. Depois reuniu-as e se encontrava ele próprio diante da cova quando a última delas, uma serpente enorme e pavorosa, negou-se a entrar nela. A serpente ficava-lhe fazendo sinais para

SEGUNDA PARTE

que a deixasse ir embora, a rastejar para onde desejasse; mas o mago não desistiu de seu encantamento e insistiu que ela entrasse na cova, assim como todas as outras que ali entravam e morriam. Mas a serpente postou--se do lado oposto ao do feiticeiro e subitamente saltou sobre a cova e caiu sobre o homem, enrolando-se ao redor de seu ventre, arrastando-o consigo para dentro da cova, onde os dois morreram. Desse relato se pode ver que só para uma finalidade útil, como a de afastá-las das casas das pessoas, devem ser praticados tais encantamentos, e devem ademais ser feitos pela virtude Divina, no temor de Deus, e com reverência.

Em segundo lugar, devemos considerar de que modo os exorcismos ou encantamentos dessa espécie devem ser usados e se os amuletos devem ser pendurados ao pescoço ou costurados à roupa. Talvez pareça que tais práticas sejam ilícitas; pois Santo Agostinho diz, no segundo livro de *A doutrina cristã*: "Há milhares de amuletos, de objetos mágicos e de encantamentos que são, todos, de natureza supersticiosa, e a Escola de Medicina os condena a todos, sejam de que tipo forem — encantamentos, marcas (chamadas caracteres), amuletos com inscrições (para serem usados ao pescoço)."

Também diz São João Crisóstomo, ao comentar certa passagem em Mateus: "Algumas pessoas usam no pescoço, como amuleto, algum trecho do Evangelho; mas não é o Evangelho lido diariamente na igreja e ouvido por todos? Como então há de ser uma pessoa ajudada por usar em seu pescoço um fragmento da Sagrada Escritura quando não obteve qualquer benefício ao escutá-lo com seus ouvidos? Pois em que consiste a virtude do Evangelho; nos caracteres de suas letras, ou no significado de suas palavras? Se nos caracteres, faz bem a pessoa que o usa pendurado ao pescoço; mas se em seu significado, decerto muito maior benefício há de provir quando a palavra se achar implantada em seu coração e não pendurada ao redor do pescoço."

Por outro lado, se é ilícito ou não pendurar palavras sagradas ao pescoço, respondem os doutores da Igreja — especialmente São Tomás: que em todos os encantamentos e inscrições assim usados há duas coisas a serem evitadas. Em primeiro lugar, seja o que for que esteja escrito,

O MARTELO DAS FEITICEIRAS

não deve ter o menor ressaibo de invocação diabólica; pois então será manifestamente supersticiosa e ilícita, e deverá ser julgada como prova de apostasia da fé, conforme tantas vezes já dissemos antes.

De forma análoga, de acordo com as sete condições anteriores, não deve conter qualquer nome ou palavra desconhecidos. Mas para que sejam evitadas essas duas armadilhas, é lícito colocar tais encantamentos nos lábios da pessoa doente, para que ela os carregue consigo. No entanto, os doutores condenam o seu uso num aspecto, qual seja, quando a pessoa dá mais atenção e tem mais confiança em meros sinais de palavras escritas do que em seu significado.

Pode ser dito que a pessoa leiga que não entende as palavras não pode prestar atenção ao seu significado. Basta porém que essa pessoa fixe seus pensamentos na virtude Divina e que deixe a Ela que faça o que parecer bom para a Sua misericórdia.

Em terceiro lugar, temos de considerar se o diabo deve ser esconjurado e a doença exorcizada ao mesmo tempo, ou se se deve observar uma ordem diversa, ou se uma dessas operações pode ocorrer sem a outra. Existem aqui diversos pontos a serem considerados. Primeiro, se o diabo está sempre presente quando a pessoa doente é afligida. Segundo, que tipo de coisas podem ser exorcizadas ou remediadas. Terceiro, qual o método do exorcismo.

Parece, quanto ao primeiro ponto, segundo o pronunciamento de São João Damasceno, que onde o diabo opera lá ele está, sendo assim que o diabo há de estar sempre presente na pessoa doente quando a aflige. Ademais, na história de São Bartolomeu parece que um ser humano só é livrado do demônio quando é curado de sua enfermidade.

Mas isso pode ser respondido da seguinte maneira. Quando se afirma que o diabo está presente numa pessoa doente, há de se entender isso de duas maneiras: ou ele está pessoalmente presente, ou está presente no efeito que provocou. No primeiro sentido, o demônio está presente quando primeiro causou a doença; no segundo, diz-se que está presente não em pessoa, mas no efeito. Dessa forma, quando os doutores indagam se o demônio substancialmente habita um ser humano que comete pecado

SEGUNDA PARTE

mortal, dizem que não está presente em pessoa, mas só em efeito; assim como o amo se diz habitar em seus servos com relação a seu domínio. Mas bem diverso é o caso de pessoas possuídas pelo diabo.

Quanto ao segundo ponto, a respeito de que espécie de coisas podem ser exorcizadas, temos a opinião de São Tomás, *Comentário sobre as sentenças*, livro 4, dist. 6, que deve ser observada: por causa do pecado do ser humano o demônio recebe poderes sobre ele e sobre tudo o que usa, para com tais objetos feri-lo; e como não pode haver qualquer compromisso entre Cristo e o Belial, portanto, sempre que qualquer coisa for santificada para adoração Divina, há de primeiro ser exorcizada para que possa ser consagrada a Deus já livre dos poderes do diabo, pelos quais poderia se voltar contra os seres humanos, ferindo-os. Isso é demonstrado pela bênção da água, pela consagração de uma igreja, e por todos os atos dessa natureza. Portanto, como o primeiro ato de reconciliação de um ser humano com Deus é o do batismo, é preciso que o ser humano seja exorcizado antes do batizado; de fato, o exorcismo nessa circunstância é mais imperioso do que em qualquer outra. Porque no próprio ser humano se acha a causa pela qual o diabo recebe seus poderes sobre os elementos que vão recair sobre os seres humanos, ou seja, sobre o pecado, seja o original, sejam os atuais. Esse é então o significado das palavras usadas no exorcismo, como ao se dizer: "Afastai-vos desse ser humano, ó Satanás!" E esse é o significado de tantas outras coisas assim feitas.

Voltando, porém, ao nosso ponto principal. Quando se indaga se a doença deve ser exorcizada e o demônio adjurado, e qual dessas duas operações se deve realizar primeiro, cumpre declarar que não é a doença, e sim a pessoa doente que se acha possuída quem deve ser exorcizada; exatamente como no caso da criança em que não é a contaminação da *fomes* que é exorcizada, mas a própria criança. Ademais, assim como a criança é primeiro exorcizada, só depois é o demônio adjurado a afastar--se dela, também é a pessoa possuída a primeira a ser exorcizada, para depois o demônio e as suas obras serem afastados. Uma vez mais, assim como o sal e a água são exorcizados, também todas as coisas que podem ser usadas pela pessoa doente devem sê-lo, de sorte que convém exorcizar

O MARTELO DAS FEITICEIRAS

e abençoar sobretudo o seu alimento e a sua bebida. No caso do batismo, a seguinte cerimônia de exorcismo é observada: a insuflação em direção ao ocidente e a renúncia ao demônio; em segundo lugar, o soerguimento das mãos junto à confissão solene da fé na religião cristã; em terceiro lugar, a oração, a bênção e o abaixar das mãos; em quarto lugar, a unção e a sagração com os santos óleos: e por fim o batismo, a comunhão e a colocação na mortalha. Mas tudo isso não é necessário no exorcismo de uma pessoa possuída; primeiro, basta que faça uma boa confissão, e, se possível, deverá segurar uma vela acesa, e receber a Santa Comunhão; em lugar de vestir a mortalha branca, deverá permanecer nu, amarrado a uma santa vela do comprimento do Corpo de Cristo ou da cruz. Então se poderá dizer-lhe o seguinte:

"Eu te exorcizo, Pedro (ou a ti, Bárbara), que te achas debilitado mas renovado no santo batismo, pelo Deus vivo, pelo Deus verdadeiro, pelo Deus que te redimiu com o Seu sangue precioso, para que sejas exorcizado, para que todas as ilusões e perversidades das falácias do demônio possam de ti se afastar e desaparecer, junto com todos os espíritos impuros, adjurados por Ele que há de vir para julgar as pessoas vivas e as mortas, e que há de purgar a Terra com o fogo. Amém."

"Oremos. Ó Deus de misericórdia e piedade, Que pela Vossa zelosa benevolência purificais as pessoas por Vós acalentadas, e que conduzis as por Vós acolhidas a uma transformação em seu coração, é a Vós que invocamos, ó Senhor, para que concedais a graça aos Vossos servos que padecem de uma fraqueza nos membros de seu corpo, para que tudo o que tiver sido corrompido pela fragilidade terrena, tudo o que tiver sido violado pelo caráter falacioso do demônio, possa encontrar a redenção na unidade do corpo da Igreja. Tende misericórdia, ó Senhor, de seu sofrimento, tende misericórdia de suas lágrimas, pois que estão a depositar toda a sua confiança na Vossa misericórdia. Acolhei-os, pois, no sacramento da Vossa reconciliação, por Jesus Cristo Nosso Senhor. Amém."

"E assim, demônio amaldiçoado, atentai para a vossa sina, e honrai o Deus vivo e verdadeiro, honrai o Senhor Jesus Cristo, para que vos

SEGUNDA PARTE

afasteis com as vossas obras deste servo que Nosso Senhor Jesus Cristo redimiu com o Seu precioso sangue."

Prossegue-se então com o exorcismo repetindo-se as orações acima mais uma vez e uma terceira vez.

"Oremos. Deus que governais misericordiosamente todas as coisas por Vós criadas, inclinai Vosso ouvido para as nossas preces e olhai com misericórdia para o(a) Vosso(a) servo(a) que padece pela enfermidade em seu corpo; visitai-o(a) e concedei-lhe a salvação e a virtude curativa de Vossa graça celestial, por Cristo Nosso Senhor. Amém."

Portanto, demônio amaldiçoado e assim sucessivamente.

Eis a oração para o terceiro exorcismo:

"Ó Deus, única proteção da fragilidade humana, mostrai a força poderosa de Vosso auxílio revigorante em nosso irmão (ou irmã) doente, para que, ajudado(a) pela Vossa misericórdia, possa ser digno(a) de entrar em Vossa Santa Igreja em segurança, por Cristo Nosso Senhor. Amém."

E que o exorcista fique a aspergir, continuamente, a água benta.

Cumpre atentar que esse método é recomendado não porque deva ser rigidamente observado ou porque os outros não tenham a mesma eficácia, mas para que haja um sistema regular de exorcismo e de adjuração. Pois na antiguidade e nos livros da Igreja encontram-se, por vezes, exorcismos mais consagrados e mais poderosos; mas, como antes de tudo se faz mister a reverência de Deus, que cada um proceda da forma que julgar melhor.

Em conclusão, e para maior clareza, podemos recomendar essa forma de exorcismo para a pessoa possuída. Que ela primeiro faça uma boa confissão (de acordo com a passagem canônica, tantas vezes citada: "*Si per sortiarias*" e assim sucessivamente.). Então, que uma busca diligente seja feita em todos os cantos, em todas as camas, em todos os escaninhos, até sob a soleira da porta, para que se encontre, talvez, algum instrumento de bruxaria. O corpo dos animais enfeitiçados e mortos deve ser queimado de imediato. E convém trocar todas as roupas de cama e todas as roupas, e conviria inclusive que a pessoa mudasse de casa. Mas no caso de nada se encontrar, o que vai ser exorcizado deverá ir à igreja, se possível

O MARTELO DAS FEITICEIRAS

na parte da manhã, de preferência num dia santo, como nas festas de Nossa Senhora ou em alguma vigília; e o melhor é que o padre também se confesse e esteja em estado de graça, para que mais força adquira. A pessoa exorcizada há de segurar, então, uma vela benta nas mãos, sentada ou de joelhos, como for possível. E que as pessoas presentes ofereçam a Deus orações para a sua libertação. E que ela comece a ladainha dizendo: "Nossa fonte de ajuda é em nome do Senhor", e que alguém seja indicado para recitar as respostas. Então a água benta lhe é aspergida, seu pescoço é envolto em uma estola e o Salmo é recitado, 69: "Vinde logo, Ó Deus, livrar-me." Continue-se então a ladainha pela pessoa doente, dizendo à invocação dos santos: "Orai por ele e sede favorável; livrai-o, Ó Senhor." Prossegue-se assim até o final. Mas no momento em que as preces devem ser proferidas, em seu lugar deve ter início o exorcismo, que prosseguirá da forma como indicamos, ou de alguma outra forma, como melhor convier ao caso. Esse tipo de exorcismo pode ser continuado, ao menos, três vezes por semana, para que muitas intercessões mediante a graça da saúde possam ser conseguidas.

Por fim, a pessoa possuída deverá receber o sacramento da eucaristia; embora alguns achem que este deva ser ministrado antes do exorcismo. E à confissão o confessor deve perguntar se a pessoa se acha em vias de excomunhão. Em caso afirmativo, se apressadamente omitiu a tentativa de absolvição pelo seu juiz; embora possa o exorcista absolvê-la, deverá, ao readquirir sua saúde, procurar o juiz que a excomungou para obter a absolvição.

Convém observar que, quando o exorcista não foi ordenado pela Ordem dos Exorcistas, poderá exorcizar mediante orações; e se for capaz de ler as Escrituras, que leia o princípio do texto bíblico dos primeiros quatro Evangelistas, começando por "Eis que envio o meu anjo diante de ti" (Lucas, 1:26). Prosseguirá com a Paixão de Cristo, que tem enorme valor em expulsar as obras do demônio. Convém ademais que o Evangelho segundo São João (1:1), "No princípio era o Verbo", seja escrito e pendurado ao pescoço da pessoa doente, para que a graça da cura promane do Senhor.

SEGUNDA PARTE

Ora, se alguém indagar qual a diferença entre a aspersão de água benta e o exorcismo, já que ambos se destinam a combater os males causados pelo diabo, convém explicar-lhe segundo São Tomás (obra citada, dist. 6): "O demônio nos ataca por dentro e por fora. Logo, a água benta é prescrita contra os seus ataques vindos de fora; e o exorcismo o é contra os vindos de dentro." Por essa razão, as pessoas possessas, para quem os exorcismos são necessários, são chamados de *energumeni*, de *"en"*, que significa dentro, e de *"ergon"*, que significa trabalho, já que trabalham (operam) no seu interior. Mas ao exorcizar uma pessoa possessa, ambos os métodos devem ser usados, porque ela é atormentada por dentro e por fora.

Nossa segunda consideração principal é quanto ao que deve ser feito quando os exorcismos não conferem a graça almejada. Isso pode ocorrer por seis razões, embora haja uma sétima sobre a qual suspendemos qualquer julgamento definitivo.

Quando a pessoa não é curada, ou se deve à falta de fé pelas pessoas que assistem ao exorcismo ou pelas que trazem a pessoa possessa, ou pela falta de maior confiança nos poderes de outro exorcista, ou ainda pela necessidade de purgação e para maior mérito da pessoa possuída.

A respeito das quatro primeiras, o Evangelho nos ensina naquele incidente do filho único, que era louco, em que estavam presentes os discípulos de Cristo (Mateus, 17:14-20, e Marcos, 9:13-28). Em primeiro lugar, ele disse que a multidão não tinha fé; com o que o pai suplicou-lhe, dizendo: "Creio! Vem em socorro à minha falta de fé!" Pois Jesus dissera à multidão: "Ó geração incrédula, até quando estarei convosco?"

Em segundo lugar, com relação ao possesso, Jesus o repreendeu, ou seja, ao filho (Mateus, 17:17); pois, como diz São Jerônimo (*Comentário sobre Mateus*), ele foi atormentado pelo demônio por causa de seus pecados.

Em terceiro lugar, o caso ilustra a negligência para com os remédios corretos, porque homens bons e perfeitos não se achavam a princípio presentes. Porque diz São João Crisóstomo: "Os pilares da fé, quais sejam, Pedro, Tiago e João, não estavam presentes, porque estiveram na Transfiguração de Cristo: nem lá se faziam presentes a oração e o jejum,

O MARTELO DAS FEITICEIRAS

sem o que Cristo declarou que essa espécie de demônio não é expulsa" (Mateus, 17:20; Marcos, 9:28). Assim é que Orígenes (*Comentário sobre Mateus*), ao escrever a respeito, afirma: "Se em qualquer época o ser humano não for curado depois da oração, não fiquem a imaginar o que teria acontecido, ou a falar e a fazer perguntas, como se o espírito impuro estivesse a escutá-los; expulsemos os espíritos do mal através do jejum e da oração." Diz a glosa: "Esse tipo de demônio, ou seja, a variabilidade dos desejos carnais induzidos por aquele espírito, não há de ser derrotado, salvo pelo revigoramento da alma através da oração e da subjugação da carne pelo jejum."

Em quarto lugar, a falta de fé do exorcista é exemplificada pelos discípulos de Cristo que se achavam presentes. Pois quando Lhe perguntaram, depois, da causa de seu fracasso em exorcizar o menino, Jesus lhes respondeu: "Por causa da vossa falta de fé. Em verdade vos digo, se tiverdes fé, como um grão de mostarda, direis a esta montanha: transporta-te daqui para lá, e ela irá, e nada vos será impossível" (Mateus, 17:20).

Pois que nos diz Santo Hilário (*Comentário sobre Mateus*): "Embora cressem, os apóstolos ainda não eram perfeitos na sua fé: enquanto o Senhor se achava distante, na montanha com os outros três, eles ficaram com a multidão, e sua fé revelou-se tíbia."

A quinta razão é ilustrada por *A vida dos padres*, onde lemos que certas pessoas possessas não puderam ser livradas por Santo Antônio, embora o fossem por um seu discípulo, Paulo.

A sexta razão já foi elucidada; porque nem sempre que o ser humano é livrado do pecado é também livrado do castigo: às vezes este permanece como punição e expiação pelo pecado prévio.

Há ainda outro remédio pelo qual muitas pessoas têm sido livradas, qual seja, o do novo batismo da pessoa possuída. Mas a esse respeito, como dissemos, não é possível que nos pronunciemos em definitivo. Contudo, é bem verdade que quando uma pessoa não foi devidamente exorcizada antes do batismo, o diabo, com a permissão de Deus, terá sempre maiores poderes contra ela. E fica patentemente demonstrado, sem sombra de dúvida, que muita negligência é cometida por padres

SEGUNDA PARTE

indevidamente instruídos (caso em que o problema se reporta à quarta causa mencionada, qual seja, a falha está no exorcista). Ou então a causa estará na atitude de mulheres velhas que não observam no momento oportuno o método apropriado do batismo.

No entanto, me é proibido por Deus sustentar que os sacramentos não possam ser administrados por homens perversos, ou que quando o batismo é ministrado por um tal homem não tem validade, conquanto observe o rito e as palavras corretas. De forma análoga, que o homem proceda ao exorcismo com a mesma diligência, sem timidez e sem pressa. E que ninguém interfira nesses santos ofícios por omissão acidental ou habitual; eis portanto quatro elementos a serem observados para a execução correta do exorcismo, a saber, a matéria, a forma, a intenção e a ordem, conforme estabelecemos acima; e quando for omitido um desses elementos, o exorcismo não terá sido completo.

Não é válido objetar que na Igreja primitiva as pessoas eram batizadas sem exorcismo, e que mesmo hoje em dia uma pessoa possa ser batizada sem ele; pois nesse caso São Gregório teria instituído o exorcismo em vão, e a Igreja estaria a cometer um erro no que se refere às suas cerimônias. Portanto, não ouso condenar o novo batismo em certas condições de possessão, para que tais pessoas possam recuperar o que foi a princípio omitido.

Diz-se também que aquelas pessoas que caminham durante o sono sobre altos prédios sem que nada lhes aconteça o fazem por obra de espíritos maus que as conduzem; e muitas pessoas afirmam que quando elas são novamente batizadas muito se beneficiam. É de causar espanto que, quando são chamadas pelo nome, caem repentinamente ao solo, como se aquele nome não lhes tivesse sido confirmado de forma apropriada no batismo.

Que o leitor preste atenção aos seis impedimentos mencionados, embora se refiram a *energumeni*, ou a pessoas possessas, e não a pessoas meramente enfeitiçadas; porque embora igual virtude se faça necessária em ambos os casos, pode-se dizer que é mais difícil curar uma pessoa enfeitiçada que uma possuída. Portanto, tais impedimentos aplicam-se de

O MARTELO DAS FEITICEIRAS

modo ainda mais pertinente ao caso das pessoas enfeitiçadas; conforme é provado pelo seguinte raciocínio.

Foi demonstrado no capítulo X da primeira questão da segunda parte que algumas pessoas são, por vezes, possuídas não por seus próprios pecados, mas pelo pecado venial cometido por outra pessoa, e também por várias outras causas. Mas, na bruxaria, quando as pessoas adultas são enfeitiçadas, em geral acontece de o demônio as possuir violentamente, em seu próprio interior, para a destruição da alma delas. Logo, duplo é o trabalho necessário nesses casos de bruxaria, ao contrário do exigido nos casos de possessão diabólica. A respeito dessa gravíssima possessão nos fala João Cassiano na sua *Conferência sobre o abade Sereno*. Hão de ser verdadeiramente julgadas desgraçadas e miseráveis as pessoas que, embora se obscureçam em toda a sorte de crimes e perversidades, não revelam qualquer sinal exterior de estarem tomadas pelo demônio, nem pareçam sofrer de qualquer tentação proporcional a seus atos, nem de qualquer punição suficiente para os coibir. Pois que não merecem nem mesmo o bálsamo salutar do purgatório, já que na rigidez de seu coração e na sua impenitência se acham além do alcance de qualquer correção terrena, e guardam para si o ódio e a vingança que há de vir da ira e da revelação no Juízo Final, quando suas misérias hão de permanecer.

E um pouco antes, ao comparar a possessão do corpo com a amalgamação da alma no pecado, diz: "Bem mais tenebroso e violento é o tormento das pessoas que não mostram sinais de possessão corporal pelos demônios, embora sejam ainda mais horrorosamente possuídas em sua alma, achando-se atadas em seus pecados e seus vícios. Pois, segundo o apóstolo (Romanos, 6:16), o ser humano se torna escravo de quem o derrota. E nesse sentido o seu caso é o mais desesperador, já que se revelam nos servos do diabo e nem resistem e nem toleram aquela dominação. Claro está então que não são as pessoas possuídas externamente pelo demônio, mas aquelas possuídas no corpo e no interior para a perdição da sua alma, as que, por causa dos muitos impedimentos, são as de mais difícil cura."

SEGUNDA PARTE

Nossa terceira consideração principal é quanto aos encantamentos curativos que, cumpre reparar, são de dois tipos. São absolutamente lícitos e livres de suspeita, ou, pelo contrário, hão de ser considerados suspeitos e totalmente ilícitos. Do primeiro tipo tratamos no capítulo V, ao fim, onde consideramos as dúvidas a respeito da legitimidade do uso de ervas e de pedras para afastar os malefícios.

Vamos agora tratar da segunda espécie: daqueles que se suspeita não serem lícitos. Precisamos para tal chamar a atenção para a introdução da segunda questão da segunda parte deste livro, a respeito dos quatro remédios, dos quais três foram considerados ilícitos, e o quarto, embora não completamente ilícito, foi tido como inútil — por ser do tipo que os canonistas consideram lícito, quando uma futilidade é combatida com outra futilidade. Nós, inquisidores, somos da mesma opinião dos santos doutores: quando, devido aos seis ou sete impedimentos que já particularizamos, os remédios propiciados pelas palavras sagradas e pelos exorcismos lícitos não se revelam suficientes, então a pessoa possuída deve ser exortada a suportar com paciência os males de que está a padecer, nesta vida terrena, para a purgação de seus crimes, sem recorrer mais a qualquer forma de crença supersticiosa ou de remédios inúteis. Portanto, se não forem suficientes os exorcismos lícitos arrolados, e houver desejo de recorrer aos remédios que acabamos de mencionar, saiba a pessoa sofredora que não faz isso com nosso consentimento ou com nossa permissão. O motivo por que explicamos tão detalhadamente tais remédios é para que cheguemos a uma espécie de consenso no que diz respeito às opiniões de doutores como Escoto e Hostiensis, por um lado, e a dos outros teólogos, por outro. Contudo, estamos de acordo com Santo Agostinho em seu sermão contra os vaticinadores e adivinhos, chamado *De Auguriis*, onde afirma: "Irmãos, sabeis que vos tenho suplicado para que não sigais o costume dos pagãos e dos feiticeiros, embora minhas súplicas tenham surtido pouco efeito em alguns de vós. Contudo, se não vos falo, haverei de responder por vós no Dia do Juízo, e eu e vós sofreremos a danação eterna. Assim, absolvo-me, a mim, perante Deus, e exorto-vos e vos conclamo, uma vez mais, para que não busqueis por

O MARTELO DAS FEITICEIRAS

vaticinadores e adivinhos, e para que não consulteis com eles por causa alguma, ou por qualquer que seja a enfermidade; pois aquele que comete esse pecado se vê imediatamente despojado do sacramento do batismo, e de imediato se torna sacrílego e pagão, e, caso não venha a se arrepender, há de perecer na eternidade."

E depois acrescenta: "Que a ninguém seja permitido observar certos dias para ir e retornar; pois Deus fez a tudo com justiça e se ordenou um dia, há de ter ordenado também o seguinte. Porém, sempre que tiverdes de sair para fazer qualquer coisa, fazei o sinal da cruz, em nome de Cristo, e rezando fervorosamente o credo ou o pai-nosso podereis então ir fazer os vossos afazeres, na segurança do Senhor Deus."

Mas certos filhos supersticiosos da nossa época, não satisfeitos com os preceitos seguros traçados acima, a acumular erro sobre erro, e transgredindo o significado da intenção de Escoto e dos canonistas, tentam se justificar com os seguintes argumentos. Que os objetos naturais possuem certas virtudes ocultas cuja causa não pode ser explicada pelas pessoas; pois a pedra-ímã atrai o ferro, e muitas outras coisas que poderiam aqui ser arroladas (e que não são explicadas). Como o faz Santo Agostinho em *A cidade de Deus*, livro 21. Portanto, dizem, buscar pela recuperação da saúde através desses elementos, quando os exorcismos e os medicamentos falharam, não há de ser ilícito, mesmo que possa parecer inútil. Seria esse o caso da pessoa que tenta restabelecer a própria saúde mediante imagens, não de natureza necromântica ou astrológica, ou mediante anéis e outros expedientes. Argumentam também que assim como a substância natural é sujeita à influência dos astros, de idêntica forma o são os objetos artificiais como as imagens, que recebem certas virtudes ocultas das estrelas pelo que são capazes de causar certos efeitos: portanto, não há de ser ilícito fazer uso dessas coisas.

A par disso, os demônios são capazes de transformar os corpos, de várias maneiras, como declara Santo Agostinho em *De Trinitate*, livro 3, e como é evidente no caso das pessoas que são enfeitiçadas: portanto, é lícito usar as virtudes desses corpos para remoção dos malefícios.

SEGUNDA PARTE

Na realidade, porém, os santos doutores são de opinião inteiramente diversa, como mostramos aqui e acolá durante esta obra. Assim, podemos responder ao seu primeiro argumento da seguinte forma: que se usem os objetos naturais de forma singela para que produzam certos efeitos para os quais parecem possuir algum poder natural não é conduta ilícita. Mas se a eles se juntam certos caracteres e sinais desconhecidos e certas observações inúteis e vãs que manifestamente não haverão de ter qualquer eficácia natural, tem-se com tal conduta uma atitude ilícita e supersticiosa. Pelo que São Tomás (*Secunda Secundae*, questão 96, ao final do artigo 2), tratando desse assunto, diz que quando qualquer objeto é usado com o propósito de causar algum efeito corporal — como o de curar uma pessoa doente —, há de atentar-se para ver se tais objetos parecem ter qualquer qualidade natural que pudesse gerar o efeito esperado; em caso afirmativo, não há de ser ilícito, já que é lícito fazer uso de causas naturais para que produzam os seus efeitos (naturais). Mas se parecer que o efeito não poderá ser causado naturalmente, segue-se que não estão sendo aplicados para causá-los, estão apenas sendo usados como sinais ou símbolos; e pertencem assim ao âmbito diabólico: há de ter sido firmado algum pacto com o demônio para que agissem dessa forma. Diz também Santo Agostinho; em seu *A cidade de Deus* (livro 21): "Os demônios armam-nos armadilhas mediante criaturas que foram criadas não por eles, mas por Deus, e com vários encantos consoantes à sua própria versatilidade; não como animais com alimento, mas como espíritos com sinais, por vários tipos de pedras, de ervas e de árvores, de animais, de encantamentos e de cerimônias."

Em segundo lugar, declara São Tomás: "As virtudes naturais dos objetos naturais acompanham-lhes as formas materiais obtidas pela influência dos astros — e pela mesma influência adquirem certos princípios ativos." As formas dos objetos artificiais, contudo, promanam da concepção dos artífices; e pois, conforme diz Aristóteles na sua *Física*, livro 1, nada mais são do que uma composição artificial, por isso não possuem qualquer virtude natural capaz de determinar

O MARTELO DAS FEITICEIRAS

qualquer efeito. Conclui-se então que a virtude recebida pela influência dos astros só há de residir nos objetos naturais, e não nos artificiais. Assim, conforme assevera Santo Agostinho em *A cidade de Deus*, livro 10, errava Porfírio ao julgar que, das ervas, das pedras e dos animais, e de certos sons, de certas vozes e de certas figuras, e de determinadas configurações na revolução dos astros e seu movimento, conseguissem os seres humanos fabricar, na Terra, alguns poderes ou forças correspondentes aos vários efeitos dos astros; como se os efeitos da magia proviessem da força das estrelas. Ora, conforme aduz Santo Agostinho, tudo isso pertence aos demônios, os enganadores das almas que a eles se submetem. De forma análoga, assim são as imagens ditas astronômicas, obra de demônios, cuja indicação é que sobre elas inscreveram certos caracteres que não possuem o poder para promover qualquer efeito; porque uma figura ou um sinal não é causa de qualquer efeito ou ação natural. Mas há uma diferença entre as imagens dos astrônomos e as de necromantes: nas imagens destes há uma invocação explícita e, portanto, um pacto aberto e explícito com os demônios, ao passo que os sinais e os caracteres nas imagens astronômicas só denunciam um pacto tácito ou implícito.

Em terceiro lugar, não há qualquer poder, por parte dos seres humanos, sobre os demônios, de sorte que seja possível a um ser humano usar de tal poder, licitamente, para seus próprios propósitos; o que há é uma guerra declarada entre os seres humanos e os demônios, a impedir que os primeiros usem do auxílio dos segundos, seja por pacto tácito, seja por pacto explícito. Assim diz São Tomás.

Retornando, porém, ao cerne da questão, diz esse autor: "de forma alguma"; portanto, nem mesmo por meio de qualquer elemento vão poderá ser envolvido o diabo. No entanto, se vãos parecem ser tais expedientes, e se o ser humano, na sua fragilidade, a eles recorrer para recuperar a saúde, que se arrependa do passado e se volte para o futuro, e que ore para que seus pecados sejam perdoados e para que não mais seja levado à tentação; conforme diz Santo Agostinho ao fim das suas Regras ("Regra para os servos de Deus", *Carta* 211).

SEGUNDA PARTE

CAPÍTULO VII

Dos remédios prescritos contra as tempestades e para os
animais atingidos por bruxaria

Com relação aos remédios para os animais atingidos por bruxaria e
contra as tempestades, havemos de notar, primeiro, alguns dos remédios ilícitos de que fazem uso certas pessoas. Esse tratamento ilícito
é feito através de palavras ou de atos supersticiosos; como quando a
pessoa cura o seu sofrimento nos dedos ou nos membros mediante
certas palavras ou encantamentos, cujo método para decidir sobre a
legalidade foi explicado no capítulo precedente. Há também as pessoas que não aspergem a água benta sobre o gado enfeitiçado, mas
derramam-na na boca dos animais.

A par das provas que já trouxemos à baila sobre a ilegitimidade do
remédio das palavras, Guilherme de Paris, que muito já citamos, aponta
uma outra razão. Se qualquer virtude houvesse nas palavras enquanto
palavras, teria ela de ser decorrência de um de três motivos: ou da matéria que as compõe, qual seja, o ar; ou da sua forma, qual seja, o som;
ou do seu significado; ou então dos três motivos juntos. Pois bem: não
há de ser por causa do ar, que não tem o poder de matar, salvo quando
é venenoso; nem há de ser por causa do som, cujo poder é destruído
pelo de objetos mais sólidos; nem há de ser por seu significado, pois
nesse caso as palavras "diabo", "morte" ou "inferno" seriam sempre
prejudiciais e as palavras "saúde" e "bondade" seriam sempre benéficas.
Não há de ser, ademais, por causa dos três juntos; porque, quando as
partes do todo não são válidas, o todo também não o é.

Não há de ser válido também objetar que Deus outorga às palavras
certas virtudes como o faz com as ervas e as pedras. Pois qualquer que
seja a virtude existente em certas palavras sacramentais, em certas bênçãos e nos encantamentos lícitos, há de ser não por causa das palavras
em si, mas por causa de uma instituição Divina e por desígnio de um
compromisso Divino. É, por assim dizer, por promessa de Deus que tal

O MARTELO DAS FEITICEIRAS

e tal coisa há de receber tal e tal graça. E logo as palavras sacramentais são eficazes em virtude de seu significado, embora alguns defendam não possuírem virtude intrínseca; mas essas opiniões não são mutuamente excludentes. O caso das demais palavras e encantamentos, contudo, é elucidado pelo que já dissemos; a mera inscrição ou o simples pronunciar dessas palavras, como tais, não podem ter qualquer efeito; no entanto, a invocação do Nome de Deus e a oração pública, que consistem na afirmação solene da confiança em Deus para que Ele promova o efeito almejado, são benéficas.

Tratamos antes dos remédios obtidos pelas ações que parecem ilícitas. Consideremos uma prática comum em certas partes da Suábia. No dia 1° de maio, antes do nascer do sol, as mulheres da região saem aos bosques para juntar folhas e ramos de salgueiro. Formam com esse material uma espécie de coroa que penduram à porta dos estábulos, afirmando que o gado fica assim a salvo de qualquer bruxaria durante um ano. Na opinião dos que defendem que uma futilidade pode ser combatida com outra, tal remédio não há de ser considerado ilícito; e nem seria afastar as doenças por feitiços e por encantos desconhecidos. Mas sem pretendermos a ninguém ofender, afirmamos que uma mulher ou qualquer outra pessoa pode sair no dia 1° ou em qualquer outro dia do mês, sem levar em consideração o nascer ou o morrer do sol, e juntar ervas, folhas ou ramos, rezando o pai-nosso ou o credo, e pendurá-las sobre a porta do estábulo com toda a fé, confiando na vontade de Deus para que adquiram a eficácia protetora; mesmo assim a prática não se acha isenta de reprovação, conforme foi mostrado no capítulo precedente pelas palavras de São Jerônimo; porque mesmo quando não é invocado, o diabo desempenha algum papel na eficácia de ervas e de pedras.

O mesmo se dá com os que fazem o sinal da cruz com folhas e com flores consagradas no Domingo de Ramos, e as colocam entre as vinhas ou nas próprias colheitas, afirmando que, mesmo que todas as demais vinhas ou plantações venham a ser destruídas na região, a sua não será atingida pelas tempestades. Essas questões devem ser decididas segundo a distinção de que já tratamos.

SEGUNDA PARTE

De forma similar, há mulheres que, para a preservação do leite e para que as vacas não sejam privadas de leite por bruxaria, dão às pessoas pobres todo o leite tirado num dia de domingo, em nome do Senhor; e declaram que, através dessa espécie de donativo, as vacas dão ainda mais leite e são preservadas das bruxarias. Essa prática não há de ser considerada supersticiosa, conquanto seja praticada por piedade para com as pessoas pobres, e conquanto implorem pela misericórdia Divina para a proteção de seu gado, entregando o resultado à boa vontade da Divina Providência.

Uma vez mais, Nider, no segundo capítulo do primeiro preceito de seu *Praeceptorum Divinae Legis*, diz que é lícito benzer o gado, da mesma forma que o é às pessoas doentes, por meio de fórmulas inscritas e de palavras sagradas, mesmo que tenham o aspecto de encantamentos, desde que sejam observadas as sete condições que mencionamos. Pois diz que quando uma pessoa ou uma virgem devota benze uma vaca com o sinal da cruz, rezando um pai-nosso e a saudação angelical, toda a obra demoníaca que sobre ela se abate é afastada, se tiver sido causada por bruxaria.

E em seu *Formicarius* relata que as bruxas confessam que as bruxarias são dificultadas pelas cerimônias solenes da Igreja; como pela aspersão de água benta, ou pelo consumo de sal consagrado, pelo uso lícito de velas no Dia da Purificação e de ramos bentos, entre outras coisas. Por essa razão a Igreja faz uso desses elementos em seus exorcismos, para que possam arrefecer o poder do diabo.

Além disso, como as bruxas, para privarem uma vaca de seu leite, têm o hábito de pedirem um pouco de leite ou da manteiga oriundos daquela vaca, para que depois sejam capazes de enfeitiçá-la, é preciso que as mulheres tenham cuidado, quando são solicitadas por pessoas suspeitas desse crime, de nada lhes cederem.

Ademais, há mulheres que, depois de ficarem a bater manteiga por algum tempo sem obter nenhum sucesso em seu endurecimento, tentam arranjar um pouco de manteiga da casa daquela de quem suspeitam ser bruxa. Dividem então a manteiga em três pedaços e os jogam em uma

O MARTELO DAS FEITICEIRAS

vasilha, invocando a Santíssima Trindade (o Pai, o Filho e o Espírito Santo); e assim afastam toda e qualquer bruxaria. Uma vez mais é o caso de estarem a combater uma futilidade com outra futilidade, pela simples razão de que a manteiga tem de ser tomada da bruxa suspeita. Mas se não fosse o caso, se a mulher só invocasse a Santíssima Trindade e rezasse um pai-nosso e jogasse na vasilha três pedaços da sua própria manteiga ou da manteiga de outra pessoa que lhe é desconhecida, e entregasse o efeito à Providência Divina, não haveria de merecer qualquer reprovação. Contudo, não é recomendável jogar os três pedaços de manteiga; melhor seria eliminar a bruxaria pela aspersão de água benta ou colocando uma porção de sal exorcizado, sempre recitando as orações que mencionamos.

Ora, como muitas vezes todo o gado de determinada pessoa é destruído por bruxaria, as que sofrem desse problema devem ter o cuidado de remover a terra debaixo da soleira da porta do estábulo ou da cocheira, substituindo-a por terra fresca, aspergida com água benta. Pois as bruxas muitas vezes confessam colocarem aí certos instrumentos de bruxaria; e que, às vezes, à solicitação dos demônios, só têm de cavar um buraco no qual os demônios colocam os instrumentos de bruxaria; tais instrumentos são, em geral, um objeto visível — uma pedra, um pedaço de madeira, um camundongo, uma serpente. Pois se sabe ser o demônio capaz de realizar essas coisas por si próprio sem qualquer ajuda; mas, via de regra, para a perdição da sua alma, o diabo compele a bruxa a cooperar com ele.

Além da execução do sinal da cruz, o seguinte procedimento é praticado contra tempestades comuns e de granizo. Três granizos são lançados ao fogo com a invocação da Santíssima Trindade, rezando-se um pai-nosso e a saudação angélica, por duas ou três vezes. Ademais lê-se a passagem do Evangelho de São João: "No princípio era o Verbo." Em seguida, o sinal da cruz é feito em direção aos quatro cantos do mundo. Por fim, repete-se três vezes a sentença "O Verbo se fez carne", e três vezes "Que pelas palavras do Evangelho seja dispersada esta tempestade". Se a tempestade tiver sido causada por bruxaria, cessará repentinamente.

SEGUNDA PARTE

Essa é a mais absoluta verdade e não há de ser considerada com a menor suspeita. Porque se os granizos fossem atirados ao fogo sem a invocação do Nome de Deus, então sim seria um ato supersticioso.

Caberia indagar se a tempestade não poderia ser dispersada sem que se lançassem ao fogo os granizos. Afirmamos que o elemento eficaz acha-se sobretudo nas palavras sagradas; mas, ao lançar os granizos, o ser humano pretende atormentar o demônio e tenta destruir a sua obra pela invocação da Santíssima Trindade. E as lança no fogo e não na água porque quanto mais rapidamente se dissolverem, mais rapidamente será destruída a obra do demônio. Apesar disso, devemos entregar à Vontade de Deus o efeito almejado.

É relevante a esse respeito a resposta dada por uma bruxa a um juiz que lhe perguntou se havia algum meio de deter uma tempestade causada por bruxaria. Ela respondeu: "Sim. Basta proferir o seguinte: 'Eu vos adjuro, ventos e tempestades, pelas cinco chagas de Cristo, e pelos três pregos que Lhe perfuraram as mãos e os pés, e pelos quatro santos evangelistas, Mateus, Marcos, Lucas e João, que os vossos granizos se dissolverão e vão transformar em chuva.'"

Muitas outras confessam, algumas espontaneamente, outras sob a força da tortura, existirem cinco elementos que as atrapalham nas suas bruxarias, às vezes inteiramente, às vezes parcialmente, em algumas, de modo que não conseguem ferir a pessoa visada, em outras, não conseguem atingir seus amigos. E em que consistiriam tais elementos? Primeiro, quando a pessoa tem a mais pura fé e segue os mandamentos de Deus; segundo, quando se protege com o sinal da cruz e com oração; terceiro, quando presta reverência aos ritos e cerimônias da Igreja; quarto, quando é diligente no desempenho da justiça pública; e quinto, quando medita, em voz alta ou no seu coração, sobre a Paixão de Cristo. E disso tudo também nos fala Nider (citado anteriormente), que por esse motivo é prática geral da Igreja tocar sinos como forma de proteção contra as tempestades, para que os demônios se afastem dali, porque os sinos são consagrados a Deus e refreiam a sua perversidade e para que as pessoas sejam despertadas e invoquem a Deus para que Ele aplaque a tempes-

O MARTELO DAS FEITICEIRAS

tade. E pela mesma razão é comum proferir o sacramento do altar e as palavras sagradas contra as tempestades, seguindo um costume muito antigo da Igreja na França e na Alemanha.

Mas como esse método de realizar o sacramento para deter uma tempestade parece a muitas pessoas prática supersticiosa, por não entenderem as regras pelas quais é possível distinguir o que é supersticioso do que não é, faz-se mister considerar as cinco normas pelas quais é dado à pessoa saber se determinado ato é ou não supersticioso, ou seja, se está fora ou não da observância à religião cristã, ou se está de acordo com a devida adoração e honra do Senhor Deus, promanando da verdadeira virtude da religião, tanto nos pensamentos do coração quanto nas ações do corpo. Essas normas são explicadas na glosa sobre Colossenses, 2:23 (em que São Paulo diz: "Elas podem, sem dúvida, dar a impressão de sabedoria..."): "a impressão de sabedoria na superstição que é a religião observada sem a devida disciplina"; conforme já dissemos antes.

A primeira dessas normas, portanto, é a de que em todas as nossas obras a glória de Deus deve ser nossa principal meta; porque está escrito (I Coríntios, 10:31): "Portanto, quer comais, quer bebais ou façais qualquer outra coisa, fazei tudo para a glória de Deus." Assim sendo, em todas as obras relacionadas à religião cristã, que se cuide para que sejam feitas para a glória de Deus, e para que nelas o ser humano glorifique sobretudo a Deus, para que em todas as obras o intelecto humano seja posto a serviço de Deus. E não obstante, segundo esse preceito, as cerimônias e os procedimentos legais prescritos no Antigo Testamento não sejam de todo observados, por serem entendidos figuradamente, enquanto a verdade seja dada a conhecer pelo Novo Testamento; apesar disso, a realização do sacramento e o uso das Sagradas Relíquias para deter uma tempestade não militam contra tal norma.

A segunda norma é a de que deve-se cuidar para que a obra seja feita com disciplina para restringir a concupiscência, ou para fomentar a abstinência carnal, para fomentar a virtude, ou seja, segundo os ritos da Igreja e a doutrina moral. Pois São Paulo diz (Romanos, 12:1): "Não relaxeis o vosso zelo. Servi ao Senhor." E por causa dessa norma, tolas

SEGUNDA PARTE

são as pessoas que fazem o voto de não pentear o cabelo no sábado, ou que jejuam no domingo seguinte: "Quanto melhor o dia, melhor o ato", entre outras coisas. Mas uma vez mais não parece que seja supersticioso executar o sacramento e assim sucessivamente.

A terceira norma é a de ter certeza de que o que é feito o seja de acordo com os estatutos da Igreja Católica, ou com o testemunho da Sagrada Escritura, ou pelo menos de acordo com os ritos de alguma Igreja determinada, ou segundo o preceito universal, que, de acordo com Santo Agostinho, pode ser considerado lei. Consequentemente, quando os bispos ingleses estavam em dúvida porque a missa era celebrada de maneira diferente em diferentes Igrejas, São Gregório escreveu-lhes dizendo que poderiam usar do método que melhor julgassem que fosse do agrado de Deus, seguissem os ritos da Igreja Romana, da Galicana ou de qualquer outra Igreja. Porque o fato de diferentes Igrejas terem diferentes ritos para a adoração de Deus não milita contra a verdade, e portanto esses costumes devem ser preservados, sendo ilícito negligenciá-los. Assim, conforme dissemos ao começo, é um costume muito antigo nas igrejas da França e de algumas partes da Alemanha, depois da consagração da eucaristia, levar o Corpo de Cristo para a rua, a céu aberto; não se trata de ato ilícito, conquanto as hóstias não sejam expostas ao ar e sim guardadas numa píxide.

A quarta norma é a de zelar para que o que seja feito guarde alguma relação natural com o efeito a ser esperado; pois, caso contrário, é julgada supersticiosa. A esse respeito, caracteres desconhecidos e nomes suspeitos, e as imagens ou cartas de necromantes e de astrônomos devem ser todos condenados como suspeitos. Mas não havemos de dizer, a esse respeito, que sejam supersticiosas as santas relíquias ou a eucaristia como proteção contra as tribulações do diabo; porque é prática das mais religiosas e salutares, já que naquele sacramento encontra-se todo o auxílio contra o adversário.

A quinta regra é a de ter cautela para que o que for feito não o seja como ocasião para deslizes ou escândalos; pois nesse caso, embora não seja supersticioso, em virtude do escândalo, deveria ser adiada ou feita em sigilo, sem qualquer escândalo. Portanto, se a celebração do sacramento puder ser feita sem escândalo, ou em sigilo, não há por que deixar de ser celebrada. Porque, em virtude dessa norma, muitos frades seculares negligenciam o uso de bênçãos por intermédio de palavras de devoção, sejam elas pronunciadas sobre as pessoas doentes, sejam penduradas ao pescoço delas. Afirmo que nada há de ser feito, ao menos em público, se criar oportunidade para escandalizar as outras pessoas mais simples.

Que isso baste a respeito dos remédios contra as tempestades de granizo, seja por intermédio de palavras ou de atos lícitos.

CAPÍTULO VIII

Dos remédios secretos prescritos contra os males secretos com que os demônios afligem os seres humanos

Uma vez mais, reservamos nosso julgamento ao discutirmos os remédios contra certos males que atingem os frutos da terra causados por lagartas daninhas, ou por enormes nuvens de gafanhotos e por outros insetos que vêm recobrir vastas extensões de terra, parecendo encobrir a superfície do solo, a devorar até as raízes das vinhas e de outras plantações já maduradas. Sob o mesmo ângulo consideramos os remédios contra a troca de crianças pelas obras dos demônios.

Com relação ao primeiro tipo de malefício, podemos citar São Tomás, na *Secunda Secundae*, questão 90, ao indagar se é lícito adjurar as criaturas irracionais. Responde que sim, mas só de forma coercitiva, para que o malefício volte para o demônio que se serve das criaturas irracionais para nos prejudicar. Tal é o método de adjuração nos exorcismos da Igreja, pelos quais o poder do diabo é afastado das criaturas irracionais. Ora, se a adjuração é endereçada à criatura irracional, que nada entende, então seria inoperante e vã. Donde é possível entender que podem tais malefícios ser afastados por exorcismos lícitos e por lícitas adjurações, contando-se para tal com o auxílio Divino. Porém,

SEGUNDA PARTE

primeiramente se deveria exortar as pessoas a jejuar e a sair em procissão, e a praticar outros atos de devoção. Porque essa espécie de malefício nos é mandada em virtude dos adultérios e da multiplicação dos crimes; pelo que as pessoas devem ser advertidas a confessarem os seus pecados. Em algumas províncias são pronunciadas até mesmo excomunhões em cerimônias solenes para que através delas se obtenha o poder de adjuração sobre os demônios.

Outra coisa terrível que Deus permite acontecer às pessoas é o roubo de suas crianças, que são tomadas das mulheres, e estranhas crianças são colocadas em seu lugar pelos demônios. E essas crianças, que em alemão são chamadas de *"Wechselkinder"* [crianças trocadas], são de três tipos. Algumas estão sempre doentes e choram muito, e até mesmo o leite de quatro mulheres não é suficiente para satisfazê-las. Outras são geradas pela operação de demônios íncubos, dos quais, contudo, não são filhas, e sim do homem de quem o demônio recebeu o sêmen, sob a forma de súcubo, ou do homem cujo sêmen foi colhido durante o sono, durante alguma polução noturna. E as crianças verdadeiras dessas mães e desses pais são às vezes trocadas, mediante permissão Divina, por essas crianças. Há ainda outro tipo, quando os demônios se mostram às vezes na forma de crianças pequenas e se apegam à ama de leite. Mas os três tipos de criança apresentam um traço em comum: embora sejam muito pesadas, estão sempre adoentadas e não crescem, não há leite suficiente que as satisfaça, e muitas vezes desaparecem de fato.

Pode-se dizer que a piedade Divina permite essas coisas por dois motivos. Primeiro, quando as mães e os pais idolatram e anseiam demais pela criança, ocorre como castigo para seu próprio bem. Segundo, presume-se serem as mulheres a que tais coisas muito supersticiosas acontecem e assim são em muitos outros aspectos seduzidas pelos demônios. Deus, porém, é verdadeiramente ciumento no exato sentido da palavra, que significa um forte amor pela própria esposa. E como um marido ciumento não suportará a ameaça ou a suspeita de adultério, Deus, ciumento da mesma maneira, só que com relação à alma, que foi comprada através de Seu precioso sangue e desposada na fé, não suporta que se aproxime, ou que

O MARTELO DAS FEITICEIRAS

se converta ou que tenha relações com o diabo, o inimigo e adversário da salvação. E se um marido ciumento não suporta nem mesmo a suspeita de adultério, muito mais será perturbado quando o adultério for de fato cometido! Portanto, não é de causar espanto se as suas próprias crianças forem levadas e trocadas por crianças geradas no adultério.

E com efeito pode-se ter uma impressão mais vívida do modo pelo qual Deus revela o Seu ciúme da alma, e de como não suportará nem mesmo a mais leve suspeita, em certas passagens do Antigo Testamento onde, para que pudesse demover o Seu povo da idolatria, não só a proibiu, como também proibiu tudo o que desse ensejo para a adoração dessa natureza, parecendo que tal adoração não teria utilidade em si mesma, embora de algum modo fantástico conservasse uma certa utilidade num sentido místico. Pois Ele declara (Êxodo, 22:17): "Não deixarás viver uma feiticeira." E depois acrescenta (Êxodo, 23:33): "Eles não residirão na tua terra, para que não te façam pecar contra mim." De forma semelhante, prostitutas e outras mulheres são levadas à morte para que não gozem da companhia dos homens.

Reparar no ciúme de Deus ao dizer o seguinte em Deuteronômio, 22:6-7: "Se encontrares no caminho, sobre uma árvore ou na terra, o ninho de uma ave, e a mãe posta sobre os filhotes ou sobre os ovos, não a apanharás com os filhotes. Deixarás partir a mãe e só tomarás os filhotes, para que se prolonguem os teus dias felizes." Porque os povos gentios consideravam um sinal de fertilidade ou simplicidade. O Deus ciumento não suportará em seu povo esse sinal de adultério. De forma semelhante, em nossos dias, quando certas anciãs encontram uma moedinha, acreditam terem esbarrado com um sinal de sorte e de grande fortuna; ao contrário, quando sonham com dinheiro, veem o sonho como sinal de desgraça. Também Deus ensinou que todos os vasos devem ser cobertos e que quando um vaso não tiver sido coberto deve ser considerado impuro (Números, 19:15).

Havia uma crença errônea de que quando os demônios vinham à noite (ou quando vinham as "boas fadas", como as anciãs as chamavam, embora fossem bruxas ou demônios naquelas formas), devoravam tudo

SEGUNDA PARTE

o que viam pela frente para que depois tivessem víveres em grande abundância de reserva. Algumas pessoas gostam de embelezar essa história e chamam-nas de Corujas das Torres; mas tal versão é contrária à opinião dos doutores, que afirmam não existirem outras criaturas racionais exceto seres humanos e anjos; portanto, só podem ser demônios.

E assim está escrito no Levítico, 19:27: "Não cortareis o cabelo em redondo, nem rapareis a barba pelos lados." Porque é costume impregnado de superstições e usado para a adoração de ídolos.

E também no Deuteronômio, 22:5: "A mulher não se vestirá de homem, nem o homem se vestirá de mulher." Porque assim procedem em louvor da deusa Vênus, e outros em louvor de Marte ou de Príapo.

E pela mesma razão ordenou que os altares erguidos aos ídolos fossem destruídos. Assim, Ezequias (II Reis, 18:4) destruiu a serpente de bronze quando o povo queria sacrificá-la, dizendo: "É de bronze." Pela mesma razão, Deus proibiu a observância de visões e de augúrios, e ordenou que os homens e as mulheres em quem havia um espírito atrevido fossem levados à morte. E esses são hoje os chamados videntes. Todas essas coisas, por darem margem à suspeita de adultério espiritual, em virtude do ciúme que Deus manifesta para com as almas que desposa, foram por Ele proibidas.

E assim, nós, pregadores, devemos também ter em mente que não há sacrifício mais aceitável a Deus do que o ciúme das almas, conforme diz São Jerônimo em seu *Comentário* sobre Ezequiel.

Portanto, na terceira parte desta obra havemos de tratar do extermínio das bruxas, que é o remédio derradeiro. Por ser esse o último recurso da Igreja a que se acha amalgamada pela Determinação Divina. Pois está escrito: "Não deixarás viver uma feiticeira" (Êxodo, 22:17). E entre elas havemos de incluir os magos arqueiros; já que estes só podem ser exterminados pelas leis seculares.

Um remédio: Quando certas pessoas, para a preservação de certos ganhos temporais, se devotaram inteiramente ao demônio, verificou-se muitas vezes que, embora pudessem ser livradas da possessão diabólica pela

O MARTELO DAS FEITICEIRAS

confissão sincera, continuaram a ser atormentadas por muito tempo e seriamente, sobretudo à noite. E Deus assim permite para o seu próprio castigo. Mas um sinal de que foram livradas é que, depois da confissão, todo o dinheiro de seus bolsos e de seus cofres desaparece. Muitos exemplos dessa natureza poderiam ser aqui relatados, mas, por concisão, os omitiremos e daremos prosseguimento aos nossos objetivos.

TERCEIRA PARTE

Que trata das medidas judiciais no Tribunal Eclesiástico e no Civil a serem tomadas contra as bruxas e também contra todas as pessoas hereges

Que contém trinta e cinco questões nas quais são clarissimamente definidas as normas para a instauração dos processos e onde são explicados os modos pelos quais devem ser conduzidos, e os métodos para lavrar as sentenças

CONSIDERAÇÕES GERAIS:
À GUISA DE INTRODUÇÃO

*Dos juízes justa e propriamente indicados para
o julgamento das bruxas*

A questão é saber se as bruxas, junto aos patronos, aos defensores e aos protetores, se acham completamente subordinadas à jurisdição do Tribunal Eclesiástico Diocesano e do Tribunal Civil, de modo tal que os inquisidores do crime de heresia pudessem se livrar da responsabilidade de prosseguir com os julgamentos. Professa-se que sim. Pois diz o Cânon (capítulo *"Accusatus"*, parágrafo *"Sane"*, livro sexto): "Decerto aqueles cujo sumo privilégio é o de julgar as questões de fé não devem ser distraídos por outros afazeres; e os inquisidores designados pela Sé Apostólica para investigar a peste da heresia não devem ter, manifestamente, qualquer outra preocupação com videntes e adivinhos, salvo quando esses forem também hereges, e nem há de ser sua tarefa a de puni-los, podendo entregá-los para punição a seus próprios juízes."

Nem parece surgir qualquer dificuldade pelo fato de a heresia das bruxas não ser mencionada no texto canônico. Porque estas estão sujeitas ao mesmo castigo que os outros no tribunal da consciência, como prossegue o Cânon a dizer (dist. 2, *"Pro Dilectione"*): "Se o pecado dos videntes e das bruxas é secreto, há de se lhes impor uma pena de quarenta dias; se for notório, há de se lhes recusar a eucaristia." E aquelas pessoas cuja punição é idêntica devem recebê-la da mesma corte. Assim, uma vez mais, sendo a mesma a culpa de ambos, já que, assim como os videntes obtêm seus resultados por meios curiosos, as bruxas os conseguem por meio dos demônios e tais resultados consistem nos males que causam às criaturas, ilicitamente requestando das Suas criaturas aquilo que só deveria ser procurado em Deus, assim, ambos são culpados do pecado da idolatria.

Esse é o sentido de Ezequiel, 21:26: "Porque o rei da Babilônia se detém na encruzilhada do caminho, à frente dos dois caminhos, para consultar a sorte: ele agita as flechas, interroga os ídolos domésticos, examina o fígado das vítimas."

Também pode ser dito que, quando diz o Cânon, "salvo se forem também hereges", implica serem hereges alguns adivinhos e videntes, e por isso devem ser submetidos ao julgamento pelos inquisidores; mas nesse caso os falsos adivinhos também estariam sujeitos à pena e nenhuma autoridade erudita se manifesta a respeito.

Ademais, se as bruxas devem ser julgadas pelos inquisidores, hão de ser pelo crime de heresia, embora claro esteja que os seus atos podem ser cometidos sem que haja heresia. Pois quando no lodo pisoteiam o Corpo de Cristo, embora seja crime tenebroso, pode ser cometido sem qualquer erro no entendimento e, portanto, sem que haja heresia. É perfeitamente verossímil que uma pessoa julgue que tal imagem seja o Corpo de Cristo e contudo o jogue no lodo para satisfazer ao diabo – em virtude de um pacto com ele firmado – para que assim venha a encontrar um tesouro ou algo semelhante. Os atos das bruxas, portanto, não envolvem necessariamente o erro herético, por mais vultoso que seja o pecado; e nesse caso não estão sujeitos ao Tribunal da Inquisição: devem ser entregues a seus próprios juízes.

Salomão revelou atitude reverente para com os deuses de suas esposas sem condescendência e nem por isso foi culpado de apostasia da fé; porque em seu coração era fervoroso e preservava a fé verdadeira. Assim como quando as bruxas homenageiam o diabo por causa do pacto com ele firmado, mas preservam a fé no coração, não devem ser nesse caso consideradas hereges.

TERCEIRA PARTE

Mas pode-se dizer que todas as bruxas têm de negar a fé e, portanto têm de ser julgadas como hereges. Ao contrário, mesmo que negassem a fé no coração, não poderiam ser consideradas hereges, mas sim apóstatas. E a pessoa herege é diferente da apóstata, e só as hereges são submetidas ao Tribunal da Inquisição. Portanto, as bruxas não devem ser submetidas a esse Tribunal.

Também está escrito no Cânon (26, questão 5): "Que os bispos e seus representantes se empenhem ao extremo para livrar as suas paróquias, por completo, da arte da vidência e da magia oriunda de Zoroastro; e se encontrarem qualquer homem ou mulher entregue a esse crime, que os expulse de suas paróquias, por indignos e para a sua desgraça." Assim, quando se diz, ao fim do capítulo "Que sejam entregues a seus próprios juízes", vê-se que o termo "juízes" está no plural, e devem, portanto, ser entregues não só ao Tribunal Diocesano, mas também ao Tribunal Civil, ou seja, devem ser entregues a ambos.

Mas se, exatamente como esses argumentos parecem mostrar no caso dos inquisidores, os diocesanos também desejarem ser livrados da responsabilidade, e deixarem o castigo das bruxas para os Tribunais seculares, tal reivindicação poderá ser aceita mediante os seguintes argumentos. Diz o Cânon, capítulo "*Ut inquisitionis*", parágrafo "*Prohibemus*": "Proibimos especificamente os senhores e legisladores seculares e seus oficiais de julgarem, seja de que modo for, as pessoas por esse crime, já que é da esfera puramente eclesiástica." Refere-se aí ao crime de heresia. Conclui-se, portanto que quando o crime não é puramente eclesiástico, como é o caso das bruxas, em virtude das tribulações de ordem temporal que causam, deve ser punido por Tribunal Civil, e não pelo Tribunal Eclesiástico.

Ademais, na última lei canônica sobre o povo judeu, está escrito: "Os seus bens hão de ser confiscados, e eles hão de ser condenados à morte, em virtude da perversa doutrina com que fazem oposição à fé de Cristo." Ora, caso venha a dizer-se que essa lei se refere ao povo judeu convertido e que, depois da conversão, retornaram à religião judaica, não se tem aí uma objeção válida. Pelo contrário, o argumento é por ela reforçado, porque os juízes civis terão de punir esses judeus como

O MARTELO DAS FEITICEIRAS

apóstatas; e, portanto, as bruxas que abjuram a fé devem ser tratadas da mesma maneira; porque a abjuração da fé, seja em todo ou em parte, é o princípio essencial da bruxaria.

E embora o texto declare que a apostasia e a heresia devem ser julgadas da mesma maneira, não cabe ao Tribunal Eclesiástico e sim ao Civil processar as bruxas. Porque ninguém deve causar uma comoção entre as pessoas em razão de um julgamento por heresia: o próprio governador deve tomar as providências cabíveis nesses casos.

O *Authenticus* de Justiniano, que trata dos príncipes legisladores, diz: "Não permitireis que ninguém venha a instigar o povo de vossas províncias em virtude de processos judiciais por motivo de natureza religiosa ou herética, nem permitireis que nenhuma injunção seja imposta às vossas províncias. Haveis de providenciar todos os meios e recursos cabíveis para a investigação do caso e não permitireis que nada seja feito em assuntos religiosos que não esteja de acordo com os vossos preceitos." Claro está, segundo essa declaração, que ninguém deve interferir numa rebelião contra a fé, salvo o próprio governador.

Além disso, se o julgamento e a punição dessas bruxas não fossem de alçada do juiz civil, qual seria a finalidade das leis que prescrevem a pena de morte para todas as pessoas consideradas bruxas? Ou a da que prescreve que todas aquelas pessoas que prejudicam a vida de inocentes sejam lançadas às feras? Pois se acha estabelecido que devem ser submetidas a interrogatório e a tortura. E que ninguém da comunidade de fiéis se deve a tais pessoas associar, sob pena de exílio e de confisco de todos os seus bens. A par de muitas outras penas que podem ser lidas a quem aprouver no código penal.

Mas, em contraposição a tais argumentos, a verdade é que as bruxas podem ser julgadas e punidas conjuntamente pelos Tribunais Eclesiástico e Civil. Porque o crime canônico deve ser julgado pelo governador e pelo bispo metropolitano; não só pelos últimos, mas em conjunto com o primeiro. Clara fica essa questão no *Authenticus*, em que se determina aos príncipes legisladores: "Se o crime a ser julgado é de natureza canônica, haveis de proceder à sua investigação junto com o metropolitano

TERCEIRA PARTE

da província." E para dirimir qualquer dúvida a respeito, diz a glosa: "Se o caso é de simples observância da fé, tão somente o governador poderá julgá-lo; mas se for mais complicado, então há de ser julgado pelo bispo e pelo governador; e o caso haverá de ser mantido dentro de limites toleráveis por alguém que tenha recebido os favores de Deus, e que há de proteger a fé ortodoxa, e há de impor indenizações convenientes em dinheiro, e há de preservar da violação os nossos súditos, ou seja, não há de se lhes corromper a fé."

Embora um príncipe secular possa lavrar a sentença capital, não por isso fica excluído o julgamento da Igreja, cuja responsabilidade é a de submeter à prova e julgar o caso. Essa questão é perfeitamente elucidada pela lei canônica nos capítulos *"Summa Trinitate"* e *"Fidem Catholica"* e também na lei sobre a heresia, capítulos *"Ad abolendam"*, *"Vergentis"* e *"Excommunicamus"* 1 e 2. Pois as mesmas penas são prescritas pelas Leis civil e Canônica, conforme se mostra nas Leis Canônicas, no capítulo "Hereges", leis *"Manichaeos"* e *"Ariani"* (*Código de Justiniano*). Portanto, a punição das bruxas é da competência de ambos os tribunais, e não de um deles separadamente.

A lei prescreve que os clérigos sejam punidos pelos seus próprios juízes, e não pelos tribunais temporais ou seculares, porque os seus crimes são considerados puramente eclesiásticos. Mas o crime de bruxaria é em parte civil e em parte eclesiástico, porque perpetram por ele males temporais e porque violam a fé; portanto, cabe aos juízes de ambas as cortes julgá-las, sentenciá-las e puni-las.

Essa opinião é consubstanciada pelo *Authenticus*, conferência 6, parágrafo *"Si vero"*, no qual está escrito: "Se é crime eclesiástico o que está a reclamar punição e multa, há de ser julgado por um bispo que se poste em favor de Deus, e nem mesmo pelo mais ilustre prelado da província. E não queremos que os juízes civis tenham qualquer conhecimento desses processos; porque tais assuntos são da esfera eclesiástica, e as almas das pessoas detratoras devem ser corrigidas por penas eclesiásticas, segundo a legislação sagrada e divina que as nossas leis seguem com todo o rigor."

O MARTELO DAS FEITICEIRAS

Assim está escrito. Portanto, um crime que é de natureza mista deve ser julgado e punido por ambos os Tribunais.

Resposta: Nosso principal objetivo aqui é o de mostrar de que modo, com o prazer de Deus, nós, inquisidores da Alta Alemanha, podemos ser aliviados da obrigação de julgar as bruxas e deixá-las para serem punidas pelos seus próprios juízes provinciais; e isso em virtude da extrema dificuldade da tarefa, desde que nesse percurso não se ponha em risco a preservação da fé e a salvação das almas. Portanto, desenvolvemos essa obra para que possa ficar a cargo dos juízes os métodos de processar, julgar e sentenciar nesses casos.

Portanto, para mostrar que os bispos podem em muitos casos instaurar processos contra as bruxas sem a presença dos inquisidores (embora não o possam sem a presença dos juízes civis e temporais nos casos que envolvem a sentença capital), convém que estabeleçamos a opinião de alguns outros inquisidores de certas regiões da Península Ibérica e que a refutemos (sem que faltemos em nossa consideração por eles), já que pertencemos a uma mesma Ordem Eclesiástica, para que assim se elucidem todos os detalhes pertinentes.

Na opinião deles, todas as bruxas, todos os videntes, todos os necromantes e todas as pessoas que praticam qualquer espécie de arte divinatória, desde que uma vez tenham abraçado e professado a santa fé, devem ser submetidas ao Tribunal Inquisitorial, como nos três casos anotados ao princípio do capítulo *"Multorum querela"*, nas decretais do papa Clemente sobre a heresia; onde afirma que nem o inquisidor deve processar sem o bispo e nem o bispo sem o inquisidor, embora existam cinco outros casos em que um pode agir sem a presença do outro. Porém, em um caso é afirmado categoricamente que um não deve agir sem o outro, ou seja, quando os adivinhos acima devem ser considerados hereges.

Na mesma categoria colocam quem blasfema e aquelas pessoas que de uma forma ou de outra invocam demônios, e aquelas que de forma contumaz permanecem sob a pena de excomunhão durante todo um ano, seja por caso referente à fé, seja, em certas circunstâncias, por outro

TERCEIRA PARTE

motivo; e ainda incluem aí diversas outras ofensas. Por essa razão a autoridade do bispo é enfraquecida, já que muitas outras responsabilidades vão recair sobre nós, inquisidores, que não podemos suportar, à vista do terrível juiz, que irá cobrar de nós a estrita prestação de contas das tarefas que nos foram impostas.

E como a sua opinião não pode ser refutada a menos que a tese fundamental em que se esteia seja demonstrada inconsistente, cumpre ressaltar que se baseia nos comentaristas do Cânon, especialmente no capítulo *"Accusatus"*, parágrafo *"Sane"*, e nas palavras *"heresim sapiant manifeste"* [manifestamente cheiram a heresia]. Também se baseiam nos textos dos teólogos São Tomás, Santo Alberto Magno e São Boaventura, no segundo livro do *Comentário sobre as sentenças*, dist. 7.

Convém considerarmos alguns desses argumentos pormenorizadamente. Quando o Cânon afirma, como foi mostrado no primeiro argumento, que os inquisidores de heresia não devem se preocupar com os videntes e com os adivinhos, salvo se exibem manifestamente um ressaibo de heresia, entenda-se que essas pessoas são de dois tipos: algumas usam de artifícios, outras são hereges. As primeiras são chamadas de adivinhos pura e simplesmente, já que operam tão somente pela sua própria habilidade; são mencionados no capítulo *"Ex Tenore"* (*Liber Extra*, título "Adivinhos"), onde está escrito que o presbítero Uldaricus foi a um lugar secreto com uma certa pessoa abominável – um vidente –, não com a intenção de invocar o diabo, o que teria sido uma heresia, mas com a intenção de apenas consultar o astrolábio, por meio do qual é capaz de descobrir coisas ocultas. A isso designam pura adivinhação ou sortilégio.

Mas no segundo tipo temos os videntes hereges, cuja arte envolve alguma forma de adoração ou de sujeição aos demônios, e que buscam, por adivinhação, predizer o futuro ou algum fenômeno da natureza, que manifestamente guarda o ressaibo de heresia; essas são, como os demais hereges, sujeitas ao Tribunal Inquisitorial.

E esse é o significado do Cânon, conforme se depreende dos comentários dos canonistas sobre a palavra *"saperent"* ou "ressaibo". Porque

O MARTELO DAS FEITICEIRAS

Giovanni d'Andrea, no capítulo "*Accusatus*", e sobre a palavra "*saperent*", declara: "O ressaibo de heresia assoma ao proferirem orações nefandas e ao oferecerem sacrifícios em altares de ídolos, ou ao consultarem demônios e ao receberem seus conselhos; ou ainda ao se reunirem para a prática de atos hereges, ou ao fazerem predições por meio do sangue ou do Corpo do Senhor; ou, nas suas bruxarias, ao rebatizarem uma criança, para que assim obtenham alguma resposta, e ao praticarem outros atos semelhantes."

Muitos outros citam, ademais, em suporte à sua opinião, João Modestus, São Raimundo e Guilherme de Montlezun. E reportam-se à decisão da Igreja no Concílio da Aquitânia (26, questão 5, *Episcopi)*, no qual tais mulheres supersticiosas são chamadas de infiéis. Diz o texto: "Que venham a perecer sozinhas na sua perfídia." Porque perfídia, na linguagem cristã, significa heresia; portanto, tais mulheres devem ser submetidas ao Tribunal dos Inquisidores de heresia.

Citam também os teólogos, sobretudo São Tomás, no segundo livro do *Comentário sobre as sentenças*, dist. 7, em que considera se é pecado usar do auxílio de demônios. Ao falar daquela passagem em Isaías, 8:19: "Porventura um povo não deve consultar os seus deuses?", diz ele, entre outras coisas: "Em tudo aquilo que para o atendimento se procura o poder do demônio, por pacto com ele firmado, há apostasia da fé, seja em palavras, se tiver sido feita uma invocação, seja em atos, mesmo quando não se ofereça sacrifício."

Com a mesma finalidade citam Santo Alberto, Pedro de Tarentaise (que mais tarde foi canonizado, não sob o nome de Pedro, embora fosse esse o seu verdadeiro nome), Alexandre de Hales e Guido da Ordem dos Carmelitas. Todos afirmam que aquelas pessoas que invocam demônios são apóstatas e, portanto, hereges a serem submetidas à corte dos inquisidores da heresia.

Mas os ditos inquisidores ibéricos não deram a devida importância nos seus argumentos para provar que os videntes, entre outros, não podem ser julgados pelos arcebispos ou pelos bispos sem a presença dos inquisidores; e que os inquisidores não podem ser isentados da respon-

TERCEIRA PARTE

sabilidade de julgar tais videntes, necromantes e até mesmo bruxas. Não que os inquisidores venham a sentir-se mais orgulhosos do que envergonhados quando os bispos falham nesses casos. E essa é a razão por que não provaram o seu caso. Os inquisidores só devem preocupar-se com os assuntos de heresia ou de heresia manifesta, conforme demonstrado pelo frequentemente citado capítulo *"Accusatus"*, parágrafo *"Sane"*, do Cânon.

Sendo esse o caso, conclui-se que, embora grave possa ser o pecado que a pessoa comete, se não implicar necessariamente heresia, não há de ser julgado como herege, não obstante deva ser punido. Consequentemente, o inquisidor não há de interferir no caso da pessoa que deve ser punida como malfeitora, mas no da herege, não obstante possa entregá-la aos juízes de sua própria província.

Segue-se que todos os crimes de invocação dos demônios e de sacrifícios a eles oferecidos, dos quais falam os comentaristas, os canonistas e os teólogos, não são preocupação para os inquisidores, e podem ser deixados para os Tribunais seculares ou episcopais, salvo quando houver crime implícito de heresia. Assim, e no caso de os crimes que estamos a comentar serem muitas vezes cometidos sem qualquer heresia, os culpados desses crimes não devem ser julgados ou condenados como hereges, conforme provado pelas seguintes autoridades e argumentos.

Pois para que uma pessoa seja corretamente julgada como herege, há de preencher cinco condições. Primeiro, há de estar em erro de julgamento ou de raciocínio. Segundo, o erro há de tratar de assuntos pertinentes à fé, seja contrário ao ensinamento da Igreja como a fé verdadeira, ou contrário à sã moralidade e, portanto, não conduzindo a alma da pessoa à vida eterna. Terceiro, o erro há de encontrar-se naquela pessoa que professou a fé católica, caso contrário seria um judeu ou pagão, e não um herege. Quarto, o erro há de ser de tal natureza que aquela pessoa que o defenda ainda preserve alguma verdade no Cristo, no que se refere à Sua Majestade ou à Sua Humanidade; porque se uma pessoa nega inteiramente a fé, é, na verdade, uma apóstata. Quinto, há de ser pertinaz e obstinada na defesa de seu erro. Pois que esse sentido do Cânon onde trata da heresia e das pessoas hereges é provado

O MARTELO DAS FEITICEIRAS

da seguinte maneira (não com o pretexto de refutação, mas com o de consubstanciar a glosa dos canonistas). É de todas as pessoas consabido, através do conhecimento comum, que o primeiro erro essencial do herege é o do entendimento; mas duas são as condições necessárias antes de chamar-se uma pessoa de herege. A primeira é material, ou seja, deverá ter ocorrido um erro de raciocínio; a segunda é formal, ou seja, o intelecto deverá revelar obstinação. Santo Agostinho mostra isso ao declarar: "Herege é o que ora dá origem a novas opiniões, ora as segue" (*De utilitate credendi*).

Pode-se também provar pelo seguinte raciocínio: a heresia é uma forma de infidelidade, e a infidelidade existe subjetivamente no intelecto, de tal forma que a pessoa acredita em algo absolutamente contrário à fé verdadeira.

Assim, qualquer que seja o crime cometido por alguma pessoa, se tiver agido sem erro de entendimento, não será considerada herege. Se a pessoa cometer fornicação ou adultério, por exemplo, não obstante esteja a desobedecer ao mandamento "Não cometerás adultério" (Êxodo, 20:14), não é herege, salvo se sustentar a opinião de que é lícito cometer adultério. A questão pode ser colocada da seguinte forma: quando a natureza de uma determinada coisa é tal que as duas partes constituintes são necessárias para a sua existência, se estiver faltando uma das partes, a coisa em si não poderá existir; pois se pudesse, não seria verdade que aquela parte se faz necessária para a sua existência. Porque para a constituição de uma casa é necessário que se faça a fundação, que se ergam as paredes e que se construa o teto; se uma dessas partes estiver faltando, não se terá uma casa. De forma análoga, como o erro no entendimento é condição necessária para a heresia, qualquer ato feito inteiramente sem a presença dessa espécie de erro não tornará uma pessoa herege.

Portanto, nós, inquisidores da Alemanha, concordamos com Santo Antonino ao tratar dessa matéria na segunda parte de sua *Summa*; lá declara que batizar imagens, adorar demônios, sacrificar-se por eles, pisar no Corpo de Cristo e todos os demais crimes semelhantes e horrendos não tornam uma pessoa herege, salvo se houver erro em seu entendimento.

TERCEIRA PARTE

Portanto, não é herege aquela pessoa que, por exemplo, batiza imagens, desde que não professe nenhuma crença errônea a respeito do sacramento do batismo ou de seu efeito, nem que julgue que o batismo da imagem possa ter qualquer efeito por virtude própria; e que assim procedem para que possam obter com maior facilidade a satisfação de algum desejo pelo demônio, a quem, dessa forma, procuram agradar, agindo por pacto implícito ou explícito de que o demônio atenderá ao pedido, próprio ou de outra pessoa. Dessa forma, as pessoas que, mediante pacto implícito ou expresso, invocam os demônios com sinais ou figuras cabalísticas de acordo com as regras da magia para alcançar os seus desejos não são necessariamente hereges. Mas não podem solicitar ao demônio qualquer coisa que esteja além dos poderes ou do conhecimento diabólicos, revelando um falso entendimento de seus poderes e de seu conhecimento. Seria esse o caso de quem acreditasse ser o demônio capaz de coagir o livre-arbítrio do ser humano; ou que, por causa do pacto firmado, o diabo fosse capaz de realizar qualquer coisa desejada, não obstante proibida por Deus; ou que o demônio fosse capaz de conhecer todo o futuro; ou que fosse capaz de realizar o que só Deus pode fazer. Pois não há dúvida que as pessoas que sustentam essas crenças apresentam um erro em seu entendimento; e, portanto, presentes as demais condições necessárias para a heresia, seriam hereges e estariam sujeitas imediatamente ao ordinário e à corte inquisitorial.

Mas se agirem pelas razões que apontamos, não por qualquer crença errada a respeito do batismo ou dos demais assuntos mencionados – já que as bruxas e as necromantes sabem que o demônio é o inimigo da fé e o adversário da salvação, conclui-se que são compelidas a acreditarem em seus corações que há grande poder na fé e que não há falsa doutrina cuja origem não esteja consabidamente no pai das mentiras – embora pequem da forma mais grave, não são apesar disso hereges. O motivo é que não abrigam falsas crenças a respeito dos sacramentos, não obstante utilizem-nos de forma equivocada e sacrílega. Portanto são meras adivinhas e não hereges, e classificadas junto às que o capítulo *"Accusatus"* do Cânon declara não estarem propriamente sujeitas à corte inquisitorial,

O MARTELO DAS FEITICEIRAS

por não manifestarem indícios de heresia; a sua heresia se acha oculta, se é que de fato existe.

O mesmo se dá com aquelas pessoas que adoram ao demônio e lhe prestam sacrifícios. Pois se assim procedem na crença de que haja qualquer divindade nos demônios, ou que devem ser adorados e que, em virtude da adoração, podem deles obter o que desejarem não obstante a proibição ou a permissão de Deus, esses sim são hereges. Mas se assim agirem, não por qualquer crença a respeito do diabo, mas só para que consigam mais prontamente realizar os desejos, em virtude de algum pacto firmado com ele, não são necessariamente hereges, embora estejam em pecado gravíssimo.

Para maior clareza, cumpre colocar e refutar algumas objeções. Parece que contra o nosso argumento, segundo as leis, as pessoas simoníacas não são hereges (1, questão 1 "*Quisquis per pecuniam*": "Quem quer que, mediante dinheiro, mas sem erro no entendimento"). A pessoa simoníaca não se mostra no sentido estrito e exato da palavra herege; entretanto, em sentido amplo e por comparação, é de fato herege, segundo São Tomás (*Summa*, livro 2), ao comprar ou vender objetos sagrados na crença de que a dádiva da graça possa ser obtida por dinheiro. Mas se, como é muitas vezes o caso, não agir nessa crença, não é herege. Só o seria se acreditasse que o dom da graça pode ser comprado com dinheiro.

Uma vez mais estamos aparentemente em contradição com o que é dito a respeito de hereges no Cânon (capítulos "*Quicumque*" e "*Accusatus*"), a saber, que aquela pessoa que presta reverência a um herege também o é, mas aquela que adora o demônio peca ainda mais do que a que presta reverência à herege, portanto, entre outras coisas.

Ademais, uma pessoa precisa obviamente ser herege para ser julgada como tal. À Igreja cabe julgar tão somente aquelas coisas que são óbvias, só Deus tendo o conhecimento e sendo o Juiz daquilo que se acha oculto (dist. 33, "*Erubescant*"). Mas a compreensão interior só se torna aparente pelas ações intrínsecas, sejam observadas, sejam provadas; portanto, a pessoa que comete tais ações conforme as consideramos há de ser julgada como herege.

TERCEIRA PARTE

Além disso, parece impossível que alguém deva cometer um ato como o de pisotear no Corpo de Cristo salvo se abrigasse opinião errônea a respeito; pois é impossível que o mal exista na vontade, a menos que haja erro de entendimento. Segundo Aristóteles (*Ética a Nicômaco*), toda pessoa perversa ou é ignorante ou se acha em erro. Portanto, como as que praticam tais atos apresentam o mal na própria vontade, ou no próprio arbítrio, hão de ter um erro de entendimento.

Resposta: A essas três objeções respondemos do seguinte modo, considerando-se conjuntamente a primeira e a terceira. Há duas espécies de julgamento, o de Deus e o das pessoas. Deus julga o ser humano interiormente; ao passo que o ser humano só é capaz de julgar os pensamentos interiores à medida que se reflitam nos atos exteriores, conforme é admitido pelo terceiro desses argumentos. Ora, aquela pessoa que é herege no julgamento de Deus é de fato e verdadeiramente um herege; pois Deus a ninguém julga como herege, a menos que a pessoa abrigue alguma crença errônea a respeito da fé em seu entendimento. Quando, porém, uma pessoa é considerada herege pelo julgamento das pessoas, não necessariamente é na realidade uma herege; mas como seus atos lhe conferem a aparência de entendimento equivocado da fé, ela há de ser, pela premissa legal, considerada herege.

E ao se indagar se a Igreja deve de pronto estigmatizar como hereges as pessoas que adoram demônios ou que batizam imagens, cumpre atentar para tais respostas. Em primeiro lugar, cabe mais aos canonistas do que aos teólogos discriminar esse assunto. Os canonistas dirão que pela premissa legal tais pessoas devem ser consideradas hereges, e punidas como tal. O teólogo dirá que em primeira instância é assunto pertinente à Sé Apostólica julgar se existe realmente heresia ou se esta só é presumida pela lei. E isso porque sempre que um efeito pode decorrer de uma dupla causa, não se pode formular um julgamento preciso da natureza real da causa simplesmente com base no efeito.

Portanto, em virtude de efeitos tais como o da adoração do diabo ou o de solicitar-lhe auxílio nos trabalhos de bruxaria, ou o de batizar

O MARTELO DAS FEITICEIRAS

imagens, de oferecer-lhe uma criança viva, ou ainda o de matar uma criança recém-nascida, e outras questões dessa natureza, poderem proceder de duas causas distintas – quer a da crença de que está correto adorar e oferecer sacrifícios ao demônio e de que as imagens podem receber os Sacramentos, quer a de que uma pessoa, mediante pacto com o demônio, pode obter mais facilmente o que deseja em questões que não se acham além da capacidade do próprio demônio, conforme antes explicamos –, conclui-se que ninguém deve apressadamente formular um julgamento definitivo com base em seu efeito quanto à sua causa, qual seja, de que a pessoa praticou tais atos por abrigar opinião contrária no concernente à fé. Assim, quando não há dúvida quanto ao efeito, ainda é mister investigar mais profundamente a causa; e caso se descubra que a pessoa agiu por sustentar opinião perversa e contrária à fé, aí sim há de ser julgada como herege e estará sujeita a julgamento e processo pelos inquisidores junto com o ordinário. Mas caso não tenha agido por tais motivos, há de ser considerado simples adivinho e uma pessoa pecadora muito vil.

Outra resposta que tangencia a questão é que, o que quer que possa ser dito e alegado, concorda-se que todos os adivinhos e todas as bruxas julgados como hereges pela premissa legal e não por fato real estão sujeitos à corte do ordinário, não dos inquisidores. E os já mencionados inquisidores de outros países não podem defender as próprias opiniões citando o Cânon e seus comentadores, porque as pessoas que perpetram sacrifícios e adoram ao demônio são julgadas hereges pela premissa legal, e não porque os fatos demonstram claramente que o sejam. Pois o texto afirma que precisam exprimir o ressaibo da heresia manifestamente, ou seja, intrinsecamente e pela sua própria natureza. E basta a nós, inquisidores, nos preocuparmos com as pessoas que são manifestamente hereges pela natureza intrínseca do caso, entregando as outras aos seus próprios juízes.

Foi dito que a causa deve ser perquirida para sabermos se uma pessoa está agindo por erro ou não nas questões da fé, o que é fácil. Pois se conhece o espírito da fé pelo ato de fé, que consiste em acreditar e professar

TERCEIRA PARTE

a fé, assim como o espírito da castidade é revelado pela vida casta, de forma análoga a Igreja deve julgar uma pessoa como herege se suas ações mostram que ela detrata qualquer artigo da fé. Dessa forma, até mesmo uma bruxa, que completa ou parcialmente negou a fé, ou se utilizou de forma vil do Corpo de Cristo, e prestou homenagem ao demônio, pode ter assim procedido simplesmente para agradar ao diabo; e mesmo que tenha negado completamente a fé em seu coração, há de ser julgada como apóstata, em virtude de a quarta condição, que é necessária para que se afirme ser uma pessoa corretamente considerada herege, estar ausente.

Mas se contra essa conclusão for mencionada a Bula e a incumbência que a nós foi conferida pelo santo padre Inocêncio VIII, de que as bruxas sejam julgadas pelos inquisidores, cumpre responder da seguinte maneira. Não quer isso dizer que os diocesanos não possam também lavrar uma sentença definida contra as bruxas, de acordo com as antigas leis, conforme se disse. A Bula nos foi dada em virtude da grande diligência com que temos trabalhado – nos limites de nossa capacidade e com a ajuda de Deus.

Portanto, não podemos concordar com os outros inquisidores em seu primeiro argumento: a verdadeira é a conclusão contrária; as pessoas simoníacas são consideradas hereges tão somente pela premissa legal, e os próprios ordinários, sem a participação dos inquisidores, podem julgá-los. A rigor, os inquisidores não precisam se preocupar com as várias pessoas simoníacas, ou de forma similar com quaisquer outras consideradas heréticas apenas pelas premissas legais. Pois não podem julgar os bispos e outros altos dignitários cismáticos, conforme é demonstrado pelo capítulo "*Inquisitionis*" (livro sexto, "Hereges"), no qual está escrito: "Os inquisidores do pecado de heresia delegados pela Sé Apostólica ou por qualquer outra autoridade não têm poder para julgar as pessoas ofensoras nessa espécie de responsabilidade, ou de agir contra elas com o pretexto do ofício, a menos que expressamente afirmado nas cartas da Sé Apostólica para que assim procedam."

Mas se os inquisidores souberem ou descobrirem que bispos ou outros altos dignitários estão envolvidos em crime de heresia, ou foram

O MARTELO DAS FEITICEIRAS

delatados, ou se acham sob suspeita de heresia, é sua tarefa denunciar o fato à Sé Apostólica.

De forma semelhante, a resposta a seu segundo argumento fica clara pelo que se disse. Pois aquela pessoa que acata e que conforta o herege é em si uma herege, caso assim proceda na crença de que vale a pena acatá--lo ou honrá-lo em virtude de sua doutrina ou opinião. Mas se o honrar por alguma razão temporal, sem erro de fé em seu entendimento, não se trata corretamente falando de um herege, embora o seja por premissa ou por comparação legal, já que age como se defendesse crença errônea a respeito da fé como a outra a quem rende homenagem; destarte nesse caso não se acha sujeito à corte inquisitorial.

Ao terceiro argumento responde-se de forma semelhante. Pois embora uma pessoa deva ser julgada como herege em virtude de suas ações exteriores, visíveis e provadas, nem sempre se pode concluir que seja de fato uma herege, salvo pelas premissas legais. Portanto, nesse caso ela não está sujeita ao julgamento e ao processo pela corte inquisitorial, por não exibir manifestamente indícios de doutrina herética.

Quanto ao quarto argumento, vale dizer que é premissa falsa afirmar que não é possível que alguém pise no Corpo de Cristo a não ser que abrigue alguma crença perversa e errônea a respeito do Corpo de Cristo. Uma pessoa pode assim proceder com pleno conhecimento de seu pecado, e com a firme crença de que ali verdadeiramente se encontre o Corpo de Cristo. Mas o faz para agradar ao demônio, e para que dele mais facilmente consiga o que deseja. E não obstante em todo pecado se encontre erro, tal erro pode não se encontrar no entendimento, o que seria heresia ou crença errônea a respeito da fé; pois pode tratar-se do emprego errôneo de alguma força que se volta para propósitos viciosos; assim, só se constituirá a primeira daquelas cinco condições necessárias para configurar uma heresia, segundo as quais uma pessoa herege está corretamente sujeita à corte inquisitorial.

E não é objeção válida dizer que um inquisidor pode, todavia, julgar as pessoas que são denunciadas como hereges, ou as que se acham sob leve, forte ou grave suspeita de heresia, embora não manifestem abertamente indícios de tal. Respondemos que os inquisidores podem julgar

TERCEIRA PARTE

tais pessoas na medida em que forem denunciadas ou que sobre elas paire suspeita de heresia corretamente assim chamada; e esta é a espécie de heresia de que estamos falando (conforme tantas vezes já dissemos), em que há erro no entendimento, a que se aduzem as outras quatro condições. E a segunda dessas condições é a que diz que esse erro há de consistir em assuntos que dizem respeito à fé, ou caso se mostrem contrários às decisões verdadeiras da Igreja nas matérias de fé e de bom comportamento e naquilo que é necessário para a conquista da vida eterna. Pois se o erro se encontrar em algum tema que não diga respeito à fé, como, por exemplo, a crença de que o Sol não é maior do que a Terra, ou algo dessa espécie, então não é erro perigoso. Mas erro contra as Sagradas Escrituras, contra os artigos da fé ou contra as decisões da Igreja, como se disse antes, são erros heréticos (artigo 24, questão 1, *"Haec est fides"*).

Uma vez mais, o esclarecimento das dúvidas a respeito da fé pertence sobretudo à Igreja, e especialmente ao sumo pontífice, o vigário de Cristo, o sucessor de São Pedro, como se acha declarado expressamente (artigo 24, questão 1, *"Quotiens"*). E contra a determinação da Igreja, como diz São Tomás (*Secunda Secundae, Summa*), nenhum doutor ou santo mantém a opinião própria; nem São Jerônimo, nem Santo Agostinho, nem qualquer outro. Pois assim como quem obstinadamente professa contra a fé é herege, também o é quem persistentemente defende a própria opinião contra a determinação da Igreja em questões de fé e noutras que são necessárias para a salvação. Pois que a Igreja nunca cometeu erros em questões de fé (como está dito no artigo 24, questão 1, do capítulo *"A recta"* e em outros capítulos). E está declarado expressamente que aquela pessoa que sustenta qualquer argumento contra a determinação da Igreja, não de forma franca e honesta, mas em questões que dizem respeito à fé e à salvação, é herege. Pois não necessariamente será herege se discordar em outras questões, como a separabilidade da lei do uso em questões que sofrem interferência do uso: essa questão foi assentada pelo papa João XXII, em seu *Extravagantes*, *"Ad conditorem"*, em que declara que as pessoas que contradizem essa opinião são obstinadas e rebeldes contra a Igreja, mas não hereges.

O MARTELO DAS FEITICEIRAS

A terceira condição necessária é que quem professe o erro seja alguém que tenha professado a fé católica. Pois se uma pessoa nunca professou a fé cristã, não é herege, mas mero infiel, como o povo judeu ou os povos gentios que se encontram excluídos da fé. Portanto, diz Santo Agostinho em *A cidade de Deus*: "O diabo, vendo que a raça humana se livra da adoração de ídolos e de demônios, instigou hereges que, sob a falsa aparência de pessoas cristãs, deveriam se opor à doutrina cristã. Assim, para que uma pessoa seja considerada herege é necessário que tenha recebido a fé cristã no batismo."

Em quarto lugar, é necessário que a pessoa que assim erra conserve alguma da crença verdadeira em Cristo, seja pertencendo à Sua divindade ou à Sua humanidade. Pois se não conservar nenhuma parcela de fé, deverá ser considerada mais corretamente apóstata, e não herege. Nesse sentido, Juliano era um apóstata. Pois as duas coisas são perfeitamente distintas, embora às vezes se confundam. Assim, são encontradas pessoas que, pressionadas pela pobreza e por várias situações aflitivas, entregam-se de corpo e alma ao diabo e negam a fé, na condição de que o demônio os auxilie em suas necessidades de conquistar riquezas e honrarias.

Nós, inquisidores, conhecemos várias pessoas que depois se arrependeram, que se comportaram dessa forma simplesmente para obter lucros temporais, e não através de qualquer erro em seu entendimento; por isso não são chamadas corretamente de hereges, como foi Juliano, embora devam ser taxadas de apóstatas.

As pessoas apóstatas de coração e que se recusam a retornar à fé devem ser entregues, como as hereges impenitentes, à Corte Secular. Mas, caso se mostrem desejosas de reconciliação, são recebidas de volta pela Igreja, como as hereges penitentes. Ver o capítulo *"Ad abolendam"*, parágrafo *"Praesenti"*, livro 5, "Hereges". Da mesma opinião é São Raimundo, título "Apóstatas", capítulo *"Revertentes"*, de sua *Summa*, em que diz que as pessoas que retornam da perfídia da apostasia, embora fossem heréticas, devem ser recebidas novamente como hereges penitentes. E aí as duas condições são confundidas, conforme dissemos. E então o autor acrescenta: "As pessoas que negam a fé por receio da morte (ou seja, as que

TERCEIRA PARTE

negam a fé para obterem lucros temporais mediante o demônio, mas não creem no erro cometido) são hereges às vistas da lei, embora não sejam, propriamente falando, hereges." E prossegue: "Embora não professem crença errônea, como a Igreja precisa julgar pelos sinais externos, há de considerar essas pessoas hereges [repare-se nessa ficção da lei] e, se retornarem, serão recebidas como hereges penitentes. Pois o medo da morte ou o desejo de ganhos temporais basta para fazer com que uma pessoa negue a fé de Cristo." Pelo que conclui ele que é mais santo morrer do que negar a fé ou ser alimentado por meios idolátricos, como diz Santo Agostinho (citado em 32, questão 4, *Decretum*).

O julgamento das bruxas que negam a fé deveria ser o mesmo: quando desejam retornar, devem ser recebidas como penitentes; caso contrário, devem ser entregues à Corte Secular. Mas quando arrependidas, devem ser de todas as formas recebidas no seio da Igreja, e entregues à Corte Secular apenas se não retornarem; e isso em virtude das ofensas temporais que perpetram, como se há de mostrar nos métodos para se lavrar a sentença. E tudo isso pode ser feito pelo ordinário, de forma que o inquisidor possa entregar-lhe as próprias incumbências, ao menos no caso da apostasia; pois se dá o contrário nos outros casos de feitiçaria.

A quinta condição necessária para que uma pessoa seja corretamente considerada herege é que ela há de persistir obstinadamente no erro. Daí que, segundo São Jerônimo (*Comentário sobre Tito*), o significado etimológico de heresia é "escolha". E uma vez mais de acordo com Santo Agostinho, não é aquela pessoa que se inicia em falsas doutrinas ou as segue, mas a que obstinadamente as defende que deve ser considerada herege. Portanto, se qualquer pessoa sem malevolência persistir na crença de falsas doutrinas, mas errar por ignorância e estiver preparada para ser corrigida e passar a considerar tal opinião falsa e contrária à das Sagradas Escrituras e às determinações da Igreja, não será herege. São Paulo também confirma essa opinião (24, questão 3, "*Dixit Apostolus*"). E o próprio Santo Agostinho costumava dizer: "Posso errar, mas não hei de ser um herege." Pois mostrava-se pronto para ser corrigido quando se lhe apontassem os erros. E há consenso quanto ao fato de que os

O MARTELO DAS FEITICEIRAS

doutores todos os dias têm opiniões diversas sobre as questões divinas, e às vezes se mostram contraditórios, de forma que uma dessas opiniões há de ser falsa, mas nenhuma delas há de ser assim considerada até que a Igreja chegue a uma decisão a respeito (ver artigo 24, questão 3, "*Qui in ecclesia*").

De tudo isso se conclui que os dizeres dos canonistas sobre as palavras "que manifestamente cheiram a heresia" no capítulo "*Accusatus*" não provam de forma suficiente que as bruxas e outras pessoas que de uma forma ou outra invocam demônios estejam sujeitas a julgamento pela Corte Inquisitorial; pois só por uma ficção de direito que são julgadas como hereges. Nem está isso provado pelas palavras dos teólogos; porque chamam a tais pessoas apóstatas, por palavras ou por atos, mas não em seus pensamentos ou em seu coração, e é a respeito desse erro que se referem as palavras "cheiram a heresia".

E não obstante tais pessoas devam ser julgadas como hereges, não se há de concluir que um bispo não as possa julgar sem a presença de um inquisidor para definir a sentença, ou puni-las com a prisão ou com a tortura. Mais do que isso, mesmo quando essa decisão não parece suficiente para justificar a isenção de nós, inquisidores, da incumbência de julgá-las, ainda podemos isentarmo-nos pessoalmente da execução de tal tarefa, delegando-a para os diocesanos, pelo menos com relação à conclusão de um julgamento.

Essa medida se acha explícita na lei canônica (capítulo "*Multorum*"). Lá está escrito: "Em decorrência de uma queixa geral, e para que essa espécie de Inquisição possa prosseguir mais facilmente e a investigação do crime seja conduzida de forma mais hábil, mais diligente e mais atenta, declaramos que esse tipo de caso pode ser julgado pelos bispos diocesanos assim como pelos inquisidores comissionados pela Sé Apostólica, deixando-se de lado todo e qualquer ódio ou receio carnal ou qualquer afecção temporal; e assim qualquer um dos acima indicados poderá agir sem a presença do outro, e aprisionar ou eliminar a bruxa, colocando--a sob custódia segura em grilhões e barras de ferro, se lhe parecer por bem; e nessa questão deixamos a conduta aos critérios de sua consciên-

TERCEIRA PARTE

cia, embora não deva haver negligência na investigação desses assuntos quanto aos modos de proceder, que hão de ser concordes com Deus e com a justiça, embora tais bruxas devam ser colocadas na prisão mais como forma de punição do que de custódia, ou devam ser submetidas à tortura, ou sentenciadas a alguma outra punição. E um bispo pode agir sem a presença de um inquisidor, e o inquisidor sem a presença de um bispo; ou, na impossibilidade de um e de outro, os seus delegados podem agir independentemente entre si, conquanto lhes seja impossível reunirem-se para uma ação conjunta no prazo de oito dias quando o inquérito deverá ter início; mas se não houver justificativa válida para que não se retinam, a ação há de ser considerada nula e vaga perante a lei."

O capítulo continua a apoiar nossa observação da seguinte maneira: "Mas se o bispo ou o inquisidor, ou qualquer de seus delegados, se virem impossibilitados ou pouco dispostos a darem prosseguimento ao julgamento, por qualquer das razões que já mencionamos, a se encontrarem pessoalmente, podem delegar as suas obrigações de um para outro, ou expressar o seu conselho e aprovação por carta."

Dessa passagem fica claro que mesmo nos casos em que o bispo não se acha totalmente independente do inquisidor, o inquisidor pode designar o bispo para que aja em seu lugar, especialmente na questão de lavrar a sentença: portanto, nós mesmos decidimos agir de acordo com essa opção, deixando aos demais inquisidores de outros distritos que ajam de acordo com o que lhes parecer conveniente.

Resposta: Assim, em resposta aos argumentos, claro está que as bruxas e os magos e os adivinhos não necessariamente precisam ser julgados pelos inquisidores. Mas quanto ao outro argumento, que busca tornar possível aos bispos por seu turno se desincumbirem do julgamento de bruxas, deixando-o a cargo da Corte Civil, já evidente está que isso não é tão simples quanto no caso dos inquisidores. Pois a lei canônica (capítulos *"Ad abolendam"*, *"Vergentis"* e *"Excommunicamus"* 1 e 2, *Liber Extra*, "Hereges") diz que num caso de heresia cabe ao juiz eclesiástico proceder ao inquérito e julgar, mas ao juiz secular executar a sentença

O MARTELO DAS FEITICEIRAS

e punir; ou seja, quando uma pena capital está em questão, embora seja ao contrário com as outras punições penitenciais.

Parece também que na heresia das bruxas, embora não no caso das outras heresias, os diocesanos podem entregar à Corte Civil a incumbência de processar e julgar, e isso por duas razões: em primeiro lugar, porque, conforme já mencionamos em nossos argumentos, o crime de bruxaria não é puramente eclesiástico, mas também de natureza civil em virtude dos danos temporais cometidos através dele. Em segundo lugar, porque existem leis especiais destinadas especificamente a ele.

Por fim, parece que dessa forma é mais fácil proceder ao extermínio das bruxas, e que o maior auxílio seja dado ao ordinário à vista daquele terrível juiz que, como atestam as Escrituras, vai exigir a mais estrita prestação de contas por parte daqueles colocados em posição de autoridade e os julgará com o maior rigor. Consequentemente, prosseguiremos nessa linha de raciocínio, qual seja, que o juiz secular pode processar e julgar tais casos, ele próprio lavrando a pena capital, mas deixando a imposição de qualquer outra punição penitencial para o ordinário.

Súmula ou classificação das matérias tratadas nesta terceira parte

Para que, então, possam os juízes eclesiásticos e civis ter o imediato conhecimento dos métodos de processar, julgar e sentenciar esses casos, havemos de proceder mediante três rubricas ou tópicos principais.

Em primeiro lugar, o método de dar início a um processo a respeito das questões de fé; em segundo lugar, o método de proceder ao julgamento; em terceiro lugar, o método de concluí-lo e de lavrar a sentença às bruxas.

A primeira rubrica trata de cinco dificuldades. Na primeira, são abordados os três métodos de procedimento prescritos pela lei e qual o mais adequado. Na segunda, são consideradas as testemunhas, em número. Na terceira, se estas podem prestar juramento. Na quarta, da condição das testemunhas. Na quinta, se inimigos mortais podem fornecer provas para o crime.

TERCEIRA PARTE

A segunda rubrica contém onze questões, listadas a seguir. A primeira, de como se deve examinar as testemunhas, quando deverão estar presentes sempre cinco pessoas. E também como as bruxas devem ser interrogadas, em geral e em particular. (Essa será a sexta questão de toda a terceira parte, embora tenhamos alterado a numeração aqui para facilitar a referência pelo leitor e pela leitora.) Na segunda, várias dúvidas são esclarecidas quanto às respostas negativas, e quando uma bruxa deve ser presa, e quando deve ser considerada manifestamente culpada da heresia de bruxaria. A terceira trata do método de prender as bruxas. A quarta, das duas obrigações do juiz depois da prisão e se os nomes das pessoas depoentes devem ser revelados às acusadas. A quinta, das condições sob as quais se há de permitir a presença de um advogado para a defesa. A sexta elabora sobre quais medidas o advogado deve tomar quando os nomes das testemunhas não lhe são dados a conhecer, ou quando deseja informar o juiz de que as testemunhas são inimigas mortais de quem está preso. A sétima trata do modo como o juiz deve investigar a suspeita dessa inimizade mortal. A oitava, dos pontos que o juiz deve considerar antes de consignar a prisioneira à tortura. A nona, do método para condenar a prisioneira à tortura. A décima, do método para proceder com a tortura, e de como devem ser torturadas; e das provisões contra o silêncio por parte da bruxa. A décima primeira, do interrogatório final e das precauções a serem observadas pelo juiz.

A terceira rubrica contém as três questões que tratam dos assuntos que o juiz deve levar em consideração, sobre o que depende todo o método de lavrar a sentença. Primeiro, se a prisioneira pode ser condenada pelo julgamento de ferro em brasa. Segundo, do método pelo qual todas as sentenças devem ser prescritas. Terceiro, quais os graus de suspeita que podem justificar o julgamento e que espécie de sentença deve ser prescrita com relação a cada grau de suspeita. Por fim, tratamos dos vinte métodos de pronunciar as sentenças, dos quais treze são comuns a todos os tipos de heresia, e o restante, próprio à heresia das bruxas. Mas esses aparecerão em seus devidos lugares, e, por concisão, não são esmiuçados aqui.

O PRIMEIRO TÓPICO

PRIMERO TOMO

QUESTÃO I

Do método para dar início a um processo

A primeira questão, pois, consiste em saber qual o método correto para a instauração de um processo contra o crime de bruxaria, em nome da fé. Para respondê-la, é mister entender que, segundo o texto canônico (*Liber Extra*, "Acusações"), três são os métodos permitidos.

No primeiro, tem-se a acusação de uma pessoa por outra perante o juiz, seja do crime de heresia, seja do de dar proteção a algum outro herege, sendo que, quem acusa, se oferece para prová-lo e se submete à lei de talião caso não o consiga.

No segundo, tem-se a denúncia de uma pessoa por outra que não se propõe, contudo, a prová-lo e se recusa a envolver-se diretamente na acusação, mas alega que presta informação para o zelo da fé, ou em virtude de uma sentença de excomunhão prescrita pelo ordinário ou pelo vigário, ou em virtude do castigo temporal requerido pelo juiz secular para aquelas pessoas que deixam de prestar tal informação.

No terceiro, tem-se a inquisição propriamente, ou seja, não se tem a presença de alguém que acuse ou informe – apenas uma denúncia geral de que há bruxas em determinado lugar ou em determinada cidade. O juiz, portanto, deverá proceder não por solicitação de qualquer das partes, mas apenas pela obrigação que lhe é imposta pelo seu ofício.

Insista-se aqui que o juiz não deverá aceitar de pronto o procedimento do primeiro tipo. Em primeiro lugar, o procedimento não é acionado por razão de fé, e nem é aplicável no caso das bruxas, por cometerem seus crimes em segredo. Mais ainda: é procedimento cheio de riscos para quem

503

O MARTELO DAS FEITICEIRAS

acusa, em virtude da pena de talião em que incorrerá se não vier a provar a causa. Uma vez mais, portanto, o primeiro procedimento é muito litigioso.

Que o processo legal tenha início com uma citação geral afixada às paredes da igreja paroquial ou da entrada da cidade, nos seguintes termos.

"Porquanto nós, representantes do bispo tal (ou o juiz do senhor tal), empenhamo-nos com toda a nossa força e poder e com todo o nosso coração em preservar o povo cristão a nós confiado na unidade e na felicidade da fé católica e em mantê-lo afastado da peste de heresia abominável, viemos, por intermédio deste aviso, para a glória e a honra do venerável nome de Jesus Cristo e para a exaltação da santa fé ortodoxa, e para a eliminação da abominação da heresia, especialmente da professada por todas as bruxas em geral e por cada uma de qualquer condição ou estado [e aqui, em se tratando de juiz eclesiástico, deverá conclamar todos os sacerdotes e dignitários da Igreja daquela cidade e dum raio de duas milhas que porventura venham a ter conhecimento dessa notificação, para então prosseguir] pela autoridade que exercemos neste distrito, e em virtude da santa obediência e sob pena de excomunhão, viemos avisar, advertir, requerer e ordenar que no prazo de doze dias [aqui o juiz secular deverá ordenar de acordo com as penalidades prescritas na sua localidade], dos quais os primeiros quatro corresponderão ao primeiro aviso; os segundos, ao segundo; e os terceiros, ao terceiro; e damos esse tríplice aviso canônico para que se alguém souber, tiver visto ou ouvido a respeito de pessoas consideradas hereges ou bruxas, ou de pessoas de que se suspeite terem causado males a seres humanos, ao gado ou aos frutos da terra, em prejuízo do Estado, que nos venha revelar o caso. E aquela pessoa que não obedecer a essa ordem e a esse aviso revelando os casos no prazo mencionado fique sabendo [e aqui o juiz eclesiástico deve acrescentar] que será banida pela espada da excomunhão [e o juiz secular deverá acrescentar as penas temporais]. Porquanto impomos doravante, por este documento, a sentença de excomunhão para todas aquelas pessoas que obstinadamente ignorarem o aviso canônico mencionado, e a nossa ordem de obediência, reservando-nos o direito, a nós tão somente, da absolvição da sentença [o juiz secular deverá concluir à sua maneira]. Considerando entre outras coisas."

TERCEIRA PARTE

Reparar também que no caso do segundo método há de se observar a seguinte precaução. Foi dito que o segundo procedimento de instauração de processo em nome da fé é por meio da denúncia em que a pessoa informante não se oferece para provar a sua declaração e não se dispõe a envolver-se na causa, só delatando por receio da excomunhão ou para o zelo da fé ou para o bem do Estado. O juiz secular, portanto, no aviso geral indicado, deverá especificar que ninguém incorrerá no risco de ser penalizado se não puder provar a denúncia feita, já que se apresenta como informante e não como alguém que acusa.

Assim, como diversas pessoas se apresentarão ao juiz, cumpre que tenha cautela e que proceda da seguinte maneira. Primeiro, que disponha de um escrivão e de duas testemunhas honestas, clérigos ou pessoas leigas; se não houver escrivão, que coloque os dois homens em seu lugar. Esse assunto é tratado no capítulo "*Ut officium*", parágrafo "*Verum*", livro 6, em que está escrito: "Como convém proceder com grande cautela no julgamento de um crime de maior gravidade, para que não se cometa erro na severidade da pena prescrita ao réu, desejamos e ordenamos que, no exame das testemunhas necessárias a esta empresa, sejam incluídas duas pessoas religiosas e prudentes, clérigos ou leigos."

E prossegue: "Na presença dessas pessoas, os depoimentos das testemunhas hão de ser fielmente anotados pelo oficial da justiça pública se disponível ou, caso contrário, por dois homens de bem." Reparar, portanto, que, contando com essas duas pessoas, o juiz deverá ordenar a quem informa que preste as informações por escrito, ou que as dê ao menos verbalmente, com toda a clareza. E então o escrivão ou o juiz dá início ao processo da seguinte maneira.

Em Nome do Senhor. Amém.

No ano de Nosso Senhor de ...., no dia ...... do mês de ...., em minha presença, como escrivão, e na das testemunhas abaixo assinadas, na cidade de ...., da diocese de ...., como acima, apresentaram-

O MARTELO DAS FEITICEIRAS

-se perante o meritíssimo juiz e ofereceram-lhe um depoimento para os seguintes fins.

(E aqui entra o depoimento na sua totalidade. Mas, se não tiver sido redigido por extenso e sim apenas verbalmente, há de prosseguir da maneira indicada adiante.)

Declarou o(a) depoente, perante o juiz da cidade de .... ou da paróquia de ...., na diocese de ...., saber de que modo a pessoa acusada realiza ou na realidade já causou prejuízos a si ou a outras pessoas.

Depois disso, há de fazer-se a pessoa depoente prestar juramento, da forma habitual, seja sobre os quatro Evangelhos do Senhor, seja sobre a cruz, elevando três dedos e abaixando outros dois em confirmação da Santíssima Trindade e da danação de seu corpo e de sua alma, de que falará a verdade em seus depoimentos. Feito o juramento, a pessoa será interrogada para esclarecer de que modo sabe serem verdadeiras as suas declarações, e se viu ou ouviu tudo aquilo que jura. E se disser que viu alguma coisa, como, por exemplo, que a pessoa acusada estava presente em determinado momento de uma tempestade, ou que tocou um animal, ou que entrou no estábulo, o juiz deverá indagar quando a viu, e onde, e quantas vezes e em presença de quem, compondo artigos separados para cada um desses itens. E o escrivão ou notário há de anotar a denúncia imediatamente, da seguinte maneira:

Esta denúncia foi feita, e foi feita sob juramento perante o inquisidor, sobre os quatro Evangelhos e assim sucessivamente, para que a pessoa depoente estivesse falando somente a verdade, havendo sido a ela perguntado de que modo soube ser verdade aquilo que declarou. Pode ter respondido que viu ou que ouviu. O inquisidor então perguntou-lhe onde viu ou ouviu o que declarara; e a depoente declarou que no dia .... do mês ...., no ano .... na cidade ou na paróquia de .... Indagada a respeito do número de vezes em que a pessoa acusada foi vista e assim sucessivamente. E serão redigidos artigos separados para cada item. Há de ser indagado particularmente quem partilhou ou partilha do conhecimento do caso.

Depois disso, a pessoa há de ser indagada se presta o depoimento por ódio, por rancor, ou por malevolência; ou se omitiu qualquer fato por fa-

TERCEIRA PARTE

vor ou por amor; ou se foi solicitada ou subornada para prestar as informações.

Por fim, há de ser avisada, por força de seu juramento, de manter sigilo de tudo o que lá declarou ou de tudo o que o juiz lhe disse; e todo o processo será formulado por escrito. Completado esse estágio, deverá seguir-se a seguinte conclusão. Isso foi feito no dia ...., do mês ...., do ano de ...., na minha presença, como escrivão, ou na das pessoas que a mim se associam na tarefa de redigir o processo, e na de tais testemunhas intimadas e interrogadas.

O terceiro método para dar início ao processo é o mais comum e o mais usual, por ser secreto, e nenhuma pessoa acusadora ou informante precisa aparecer. Mas, quando há um relatório geral de bruxaria em alguma cidade ou paróquia, o juiz poderá proceder sem a citação ou o aviso geral antes mencionado, já que o rumor do aviso chega muitas vezes aos ouvidos das pessoas; e então uma vez mais ele pode dar início ao processo na presença das pessoas conforme antes indicamos.

Em Nome do Senhor. Amém.

No ano de Nosso Senhor de .... no dia ...., do mês ...., ou aos .... meses, chegou ao conhecimento do oficial ou juiz .... o boato persistente, de conhecimento público, de que ...., da cidade ou da paróquia de ...., fez ou disse que .... guarda o ressaibo de bruxaria, violando a fé e o bem comum do Estado.

O caso é então desenvolvido e redigido da forma já indicada. Ao final, acrescentar: Esse caso foi ouvido no dia ...., do mês ...., do ano ...., em minha presença, o notário (ou escrivão) da .... ou do .... e na presença das testemunhas ...., que foram chamadas e interrogadas.

Antes, porém, de adentrarmos o artigo segundo, que trata do método para a condução dessa espécie de processo, cumpre fazer algumas observações acerca do exame das testemunhas, quantas devem ser e qual há de ser a sua condição.

QUESTÃO II

Do número de testemunhas

Já que dissemos que no segundo método há de se registrar, por escrito, a evidência das testemunhas, é mister saber quantas devem ser e de que condição. A questão é saber se o juiz pode condenar licitamente qualquer pessoa por crime de heresia (por bruxaria) com base no depoimento absolutamente concordante de duas testemunhas apenas, ou se são necessárias mais de duas. Cumpre dizer não ser concordante o depoimento das testemunhas quando só o é parcialmente, ou seja, quando as testemunhas divergem no seu relato, mas concordam na sua substância ou no seu efeito. Noutras palavras: uma diz, por exemplo, que a ré "enfeitiçou minha vaca" e a outra diz que "enfeitiçou uma criança" – a concordância se dá quanto ao fato da bruxaria.

Aqui, contudo, estamos interessados no caso de as duas testemunhas revelarem-se totalmente concordantes em seus depoimentos. E nesse caso a resposta é que, não obstante duas testemunhas pareçam ser suficientes para satisfazer o rigor da lei – pois a regra é que aquilo que for deposto sob juramento por duas ou três pessoas será considerado a verdade –, apesar disso, numa acusação desse tipo, duas testemunhas não parecem suficientes para assegurar o julgamento imparcial, levando em conta a atrocidade do crime em questão. Pois que a prova de uma acusação há de ser mais clara que a luz do dia (segundo o *Código de Justiniano*, lei "Provas", "*Si autem*"); e assim há de ser mormente no caso da grave acusação de heresia.

Por outro lado, é possível asseverar que muito pouca evidência se faz necessária numa acusação dessa natureza, visto que com pouquíssimos

O MARTELO DAS FEITICEIRAS

argumentos já se expõe a culpabilidade da pessoa acusada. No capítulo "Hereges" do *Código*, segunda lei, diz-se que a pessoa se faz herege quando na mais insignificante das suas opiniões se desvia dos ensinamentos e do caminho da religião católica. Cumpre responder que tal é suficientemente verdadeiro no caso da presunção de uma pessoa ser herege, mas não no que se refere à sua condenação. Porque, numa acusação dessa espécie, a ordem habitual do procedimento judicial é objetiva, já que o réu ou a ré não vê as testemunhas prestarem juramento, nem sabe quem são, porque estariam assim expostas a grande perigo (capítulo "*Statuta*", livro 6, "Hereges"). Portanto, segundo a lei, não é permitido à pessoa prisioneira saber quem são as que a acusam. Cumpre porém ao juiz, por força do cargo, inquirir sobre qualquer inimizade pessoal manifestada ou sentida pelas testemunhas para com a pessoa prisioneira, e tais testemunhas não poderão ser admitidas ou levadas em conta, como demonstraremos mais adiante. E quando as testemunhas prestam um depoimento confuso por alguma razão que dependa de sua consciência, o juiz poderá submetê-las a um segundo interrogatório (*Liber Extra*, "Testemunhas", "*Per tuas*" e *Pandect*, "Perguntas" e "*Repeti*"). Porque quanto menor a oportunidade que a pessoa prisioneira tem de se defender, com maior diligência e critério há de conduzir o juiz o julgamento.

Portanto, embora haja duas testemunhas legítimas e concordantes em seus depoimentos contra determinada pessoa, mesmo assim não creio haver aí justificativa suficiente para que um juiz a condene por tão grave acusação. No entanto, se a prisioneira é acusada, por rumores, de malefício, há de ser estabelecido um período para a sua purgação. E se a ré se acha sob forte suspeita por causa do depoimento de duas testemunhas, o juiz deve fazê-la retratar-se da heresia, ou interrogá-la ou procrastinar a sentença. Pois não parece justo condenar uma pessoa de boa reputação por uma acusação tão grave com base no depoimento de apenas duas testemunhas, embora seja o contrário no caso de uma com má reputação. Essa matéria é tratada plenamente na lei canônica sobre hereges (capítulo "*Ut officium*", parágrafo "*Verum*", livro 6, "Hereges"), em que se estabelece que o bispo deve fazer com que três ou mais pessoas de boa reputação

TERCEIRA PARTE

prestem o seu depoimento, sob juramento, a respeito da verdade sobre o caso, ou seja, se elas têm ou não conhecimento da existência de hereges em determinada paróquia.

Convém tornar a assinalar se o juiz pode condenar, imparcialmente, uma pessoa pelo crime de heresia com base no depoimento de testemunhas que divergem entre si, ou que simplesmente reforçam uma acusação geral. Cumpre responder que não, em qualquer dessas situações (*Extra*, "Testemunhas", *"Cum litteris"*). Mormente porque, como dissemos, as provas nesses casos devem ser mais claras do que a luz do dia. Portanto, nessa causa em particular, ninguém pode ser condenado com base em evidências meramente de presunção (*Extra*, "Presunções", *"Litteras"*). Logo, no caso da prisioneira que sofre de uma acusação geral, deve-se conceder a ela um período de purgação. E no caso da que se acha sob forte suspeita de heresia, com base no depoimento das testemunhas, deve-se permitir a retratação do crime cometido. Todavia, quando os depoimentos são acordes em muitos fatos, apesar de certas discrepâncias, a matéria deverá ser submetida ao arbítrio do juiz, surgindo aí, de forma indireta, a questão de quantas vezes devem ser inquiridas as testemunhas.

QUESTÃO III

*Do juramento solene e dos interrogatórios subsequentes
das testemunhas*

Pois bem: cabe perguntar se o juiz pode obrigar as testemunhas a declararem a verdade sob juramento num caso relacionado à fé ou à bruxaria, ou se lhe é permitido interrogá-las várias vezes. A resposta é afirmativa, mormente no caso de juiz eclesiástico. Mais ainda: nos casos eclesiásticos, as testemunhas são obrigadas a prestar seus depoimentos sob juramento, caso contrário sua evidência não terá qualquer validade. Prescreve a lei canônica (*Extra*, "Hereges", capítulo "*Excommunicamus itaque*", parágrafo "*Adiicimus*")": "O arcebispo ou o bispo pode fazer a circunscrição da paróquia onde há rumores sobre a existência de hereges e obrigar três ou mais pessoas de boa reputação, ou até mesmo, se bem lhe parecer, obrigar todas as pessoas moradoras, a prestarem depoimento. Se porventura qualquer pessoa, por obstinação condenável e infame, se recusar a depor sob juramento, há de, por esse motivo, ser considerada herege."

E o fato de que as testemunhas podem ser ouvidas várias vezes está indicado pelo texto canônico, onde diz que, quando as testemunhas prestam depoimentos confusos ou contraditórios, ou quando parecem ter ocultado parte do que sabem por alguma razão, o juiz deverá ter o cuidado de examiná-las novamente. Portanto, trata-se de um procedimento legal (*Extra*, "Convencimento de testemunha"; *Pandect*, título "Interrogatório", "*Repeti*").

QUESTÃO IV

Da qualidade e da condição das testemunhas

Reparar que as pessoas sob sentença de excomunhão, sócias e cúmplices no mesmo crime, notórias malfeitoras e criminosas, ou a serventia que presta depoimento contra os seus amos são pessoas aceitas como testemunhas em causas relacionadas à fé. Assim como alguém herege pode depor contra outra pessoa herege, uma bruxa pode depor contra outra bruxa. Isso, porém, só em falta de outras provas, e mais: tais evidências só podem ser usadas pela promotoria, nunca pela defesa. O mesmo se há de dizer do depoimento da esposa, das crianças e de parentes da pessoa acusada (capítulo "*Filii*", livro sexto, "Hereges"). Pois que evidência dessa natureza tem mais valia em provar uma acusação do que em refutá-la.

Evidente fica essa questão na passagem canônica do capítulo "*In fidei*", no qual está escrito: "Para a proteção da fé permitimos que, nos casos de inquirição sobre o pecado da heresia, pessoas sob a pena da excomunhão e pessoas parceiras e cúmplices de quem acusa sejam admitidas como testemunhas, na ausência de outras provas contra hereges e seus defensores, protetores e patronos; conquanto pareça provável não só pelo número de testemunhas, como por aquelas contra as quais dão depoimento, e por outras circunstâncias que não estejam a prestar falso testemunho."

No caso do depoimento prestado por perjuros, quando se presume que estejam falando por zelo da fé, cumpre considerar o que diz o Cânon, capítulo "*Accusatus*", parágrafo "*Licet*": "a evidência de perjuros, depois de seu arrependimento, é admissível." Acrescenta em seguida: "Parece de fato que não falam por leviandade, nem por inimizade, tampouco por

O MARTELO DAS FEITICEIRAS

suborno, e sim pelo mais puro zelo da fé ortodoxa, no desejo de corrigir o que haviam declarado, ou no de revelar alguma coisa que haviam omitido, em defesa da fé, e há de se considerar válido o seu testemunho, tão válido como o de qualquer outra pessoa, conquanto não se criem objeções para tal."

E claro está, segundo o mesmo capítulo do Cânon, que há de se admitir o testemunho de pessoas de má reputação e de pessoas criminosas, e o da serventia contra os seus amos. Pois está escrito: "Tamanho é o flagelo da heresia que, nas causas judiciais que envolvem esse crime, mesmo a serventia é admitida para depor contra seus amos, e qualquer pessoa criminosa poderá prestar depoimento contra qualquer pessoa."

QUESTÃO V

Se pessoas inimigas mortais podem ser admitidas
como testemunhas

Ora, caso se indague se o juiz pode aceitar inimigos mortais da pessoa acusada para prestar depoimento, cumpre responder que não. No mesmo capítulo anteriormente citado do Cânon está dito: "Nessa questão de acusação, entendei, nenhum inimigo mortal da pessoa acusada poderá ser admitida para depor." Hostiensis também ajuda a esclarecer a questão em sua *Summa* (capítulo "Acusações", parágrafo *"Quis posset"*).

Mas quem são as pessoas chamadas inimigas mortais? Não se há de desqualificar uma testemunha por qualquer outra espécie de inimizade. As pessoas inimigas mortais são caracterizadas pelas circunstâncias seguintes: em caso de haver hostilidade mortal ou vendeta entre as partes, ou quando houve tentativa de homicídio, ou quando uma lesão ou ferimento de maior gravidade denota manifestamente a existência de ódio mortal por parte da testemunha contra a pessoa acusada. Nesses casos presume-se que, assim como a testemunha tentou causar a morte temporal de quem está preso, ferindo-o, também tentará conseguir o seu intento acusando-o de heresia. E assim como desejou tirar-lhe a vida, deseja tirar-lhe a boa reputação. Portanto, o testemunho de inimigos mortais dessa natureza é desqualificado com justeza.

Mas existem outros graus sérios de inimizade – porque as mulheres são facilmente impelidas ao ódio – que não desqualificam totalmente uma testemunha, embora tornem o seu depoimento muito duvidoso, de sorte que não se há de dar crédito a suas palavras, salvo quando consubs-

O MARTELO DAS FEITICEIRAS

tanciadas por provas independentes e quando outras testemunhas dão provas indubitáveis sobre o caso. Cabe ao juiz indagar à ré se ela julga ter qualquer pessoa inimiga que seria capaz de acusá-la daquele crime por ódio, para que venha a ser condenada à morte. Em caso afirmativo, é mister que a acusada indique a pessoa. Caberá então ao juiz saber se a pessoa denunciada pela acusada assim já procedeu. Em caso afirmativo, o juiz deverá tomar conhecimento, mediante testemunhas válidas, da causa daquela inimizade e, se a evidência em questão não for consubstanciada por outras provas e pelos depoimentos de outras testemunhas, poderá então rejeitá-la. No entanto, se a acusada diz que espera não ter pessoas inimigas dessa espécie, mas que andou envolvida em intrigas com outras mulheres, ou se diz que tem inimigos, mas dá o nome de alguém que, talvez, nem tenha deposto naquele caso, mesmo que outras testemunhas declarem ter aquela pessoa prestado depoimento por motivo de inimizade, o juiz não rejeitará a evidência e a incluirá junto com outras provas.

Há alguns que não são suficientemente cuidadosos e prudentes e consideram que os depoimentos de mulheres briguentas devem ser rejeitados, já que quase sempre os prestam por ódio contra a acusada. Tais homens revelam-se ignorantes da sutileza e das precauções dos magistrados, a falar e a julgar como daltônicos. Tais precauções, no entanto, serão tratadas nas questões 11 e 12.

O SEGUNDO TÓPICO

QUESTÃO VI

De como se há de proceder ao julgamento e dar-lhe prosseguimento
De como são interrogadas as testemunhas
(em presença de outras quatro pessoas)
E dos dois modos de interrogar a acusada

No que se refere ao método para proceder ao julgamento de bruxas em causas de fé, cumpre observar primeiro: são causas a serem conduzidas da maneira mais simples e mais sumária, sem os argumentos e as contenções dos advogados de defesa (capítulo "*Statuta*", livro sexto).

Essa questão é explicada no Cânon (*Extra*, "Significados das palavras", e nas decretais do papa Clemente, capítulo "*Saepe contingit*") da seguinte maneira: "Acontece amiúde de instaurarmos um processo criminal a ser conduzido de maneira simples e direta, sem os impedimentos e as obstruções legais como sói acontecer com outras causas."

Ora, é grande a dúvida quanto à correta interpretação dessas palavras e quanto ao modo de serem conduzidas tais causas. Nós, porém, com o intuito de dirimir quaisquer dúvidas, sancionamos, de uma vez e por todas, o seguinte procedimento como válido: o juiz encarregado de tais causas não necessitará, para proceder ao julgamento, de nenhuma ordem judicial por escrito, e nem exigirá que a causa seja contestada. Poderá ainda conduzir a causa nos feriados para a conveniência do público. E deverá dar prosseguimento ao julgamento da forma mais sumária possível, desautorizando quaisquer exceções, apelos ou obstruções, quaisquer contenções impertinentes de defensores ou advogados, e discussões entre as testemunhas, e por restrição na superfluidade no número de testemu-

O MARTELO DAS FEITICEIRAS

nhas. Mas sem que com isso venha a negligenciar as provas necessárias. Nem deve omitir a citação das testemunhas e o seu juramento para que digam e para que não ocultem a verdade.

E conforme dissemos, o processo, que há de ser conduzido de maneira simples, é iniciado à instância de quem acusa, ou de um informante motivado pelo zelo à fé, ou por causa de um boato ou rumor de conhecimento geral. O juiz, portanto, tentará evitar o primeiro método, qual seja, o da solicitação por parte de quem acusa. Pois que os atos criminosos das bruxas em conjunto com os demônios são praticados em segredo, e quem acusa, por esse motivo, não pode ter provas conclusivas da veracidade de seu depoimento. Caberá ao juiz, portanto, orientar a testemunha de acusação para que se manifeste e deponha apenas na qualidade de informante, já que em caso contrário corre grande risco de passar de acusador a acusado. Pode, portanto, proceder da segunda maneira, que é a comumente empregada, e também da terceira maneira, caso em que o processo é iniciado sem que haja solicitação de qualquer parte.

Cumpre reparar que já afirmamos que o juiz deve perguntar a quem informa a respeito das pessoas que partilham ou que talvez pudessem partilhar do conhecimento do caso. Assim, o juiz poderá chamar para depor como testemunhas as pessoas apontadas pelo denunciante, as que pareçam ter maior conhecimento do problema, e seu nome deve ser anotados pelo escrivão. Após isso o juiz – ciente do fato de que a supracitada denúncia de heresia acarreta, por sua própria natureza, gravíssima acusação que não pode ser ignorada, já que essa atitude implicaria ofensa à Majestade Divina e detração da fé católica e do Estado – há de tratar de informar-se e de interrogar as testemunhas da seguinte maneira.

Exame das testemunhas

Foi chamado o Sr. (a Sra.) ...., da cidade de ...., na condição de testemunha, para depor sob juramento. Interrogado se conhecia .... (declarado o nome da pessoa acusada), respondeu

TERCEIRA PARTE

afirmativamente. Interrogado de que modo a conhecera, declarou que a vira e com ela conversara em diversas ocasiões, ou que eram amigos (justificando destarte por que a conhece). Indagado há quantos anos a conhecia, respondeu que há dez ou mais anos (ou quantos forem). Ao ser perguntado a respeito da reputação da acusada, sobretudo em assuntos de fé, declarou tratar-se de pessoa de bons (ou de maus) princípios morais, mas que no que concerne à fé ouviu-se em determinado lugar um boato de que fazia uso de certas práticas contrárias à fé, como bruxo ou bruxa. Indagado(a) sobre qual era esse boato, esclareceu que .... E se tinha ouvido ou visto a pessoa praticar tais atos, respondeu que sim. Perguntado onde a acusada faz uso de tais práticas, respondeu ter sido em tal lugar. E perguntado na presença de quem, disse que na presença de tais e tais pessoas.

Foi, ademais, interrogado se parentes da acusada já foram queimados como bruxos(as), ou se eram consideradas suspeitas, respondeu .... Indagado se a acusada se associava a bruxas suspeitas, respondeu que .... Indagado sobre a forma de a acusada praticar tais atos e dos motivos para tal, explicou .... Indagado se achava ter a prisioneira usado de tais e tais palavras impensadamente, irrefletidamente, despropositadamente ou, pelo contrário, com deliberada intenção, respondeu que ....

Perguntado ainda de que modo conseguiu identificar o motivo da acusada, respondeu que o descobriu por ter ela falado rindo.

Essa é uma matéria que precisa ser inquirida muito diligentemente; pois não raro as pessoas usam palavras citando uma outra pessoa, ou por simples irritação, ou para verificar a opinião de outras pessoas. Embora, noutras ocasiões, as utilizem com intenção deliberada.

Foi perguntado ainda se prestava esse depoimento por ódio ou por rancor, ou se omitiu qualquer informação por favor ou por amor, tendo respondido que ..... Após depor, ao depoente foi ordenado que guardasse sigilo. O depoimento foi tomado em tal lugar no dia tal e na presença das seguintes testemunhas, convocadas e interrogadas, e da minha presença, escrivão ou notário.

O MARTELO DAS FEITICEIRAS

Aqui é preciso frisar que nesse interrogatório faz-se mister a presença de pelo menos cinco pessoas: o juiz que o preside, a testemunha ou informante, a ré ou acusada, que será trazida depois, o escrivão ou o notário. Quando não houver notário, o escrivão deverá admitir outro homem honesto, e estes dois farão as vezes do notário. Tal é a conduta prescrita pela autoridade apostólica, conforme já indicamos, ou seja, que nessa espécie de causa dois homens de boa reputação devem desempenhar, por assim dizer, o papel de testemunhas de quem depõe.

Também é preciso atentar que, ao chamar a testemunha para depor, esta deverá prestar juramento da forma antes mencionada, caso contrário, seu depoimento não será válido.

Da mesma forma as demais testemunhas serão interrogadas. Posto o que, o juiz haverá de decidir se o crime se encontra devidamente provado. E se não completamente, se há grande indicação e forte suspeita de sua veracidade. Observe-se que não falamos de suspeita leve, oriunda de conjeturas superficiais, mas de um boato persistente de que a acusada tem praticado bruxaria contra crianças, animais e assim sucessivamente. Então, se o juiz recear pela não condenação da acusada, há de colocá-la sob custódia; caso contrário, poderá chamá-la para o interrogatório. Mas coloque-a ou não sob custódia, deve primeiro ordenar que o domicílio da ré seja vasculhado, em todos os seus recessos, e todos os instrumentos de bruxaria encontrados devem ser afastados. Feito isso, o juiz há de confrontar todas as acusações sobre a acusada bem como todas as provas oferecidas pelas testemunhas e, em presença do notário, conforme antes, fará a ré jurar pelos quatro Evangelhos do Senhor que há de falar a verdade a seu próprio respeito e a respeito de outras pessoas. E seu depoimento será tomado e anotado da seguinte maneira.

Exame geral de uma bruxa ou feiticeira: A primeira ação

A ré ...., da cidade de ...., jura pelos quatro Evangelhos de Deus falar a verdade a seu respeito e a respeito de outras pessoas, e dizer a ver-

TERCEIRA PARTE

dade ao declarar a sua procedência e origem. (De tal cidade, da diocese de ....) Indagada a respeito de sua mãe e de seu pai, declara estarem vivos (ou mortos) e que podem ser encontrados em tal lugar.

Perguntada a respeito da morte de sua mãe e de seu pai, se por causa natural ou pelo fogo, respondeu que .... (Essa questão é aqui formulada porque, conforme indicamos na segunda parte desta obra, as bruxas em geral oferecem as crianças aos demônios e amiúde toda a prole é contaminada; e quando o informante em seu depoimento faz menção a esse fato e a própria bruxa o nega, faz levantar mais as suspeitas a seu respeito.)

Perguntada onde nasceu e onde viveu a maior parte de sua vida, respondeu ter sido em .... E se parecer que mudou de domicílio porque, talvez, sua mãe ou qualquer de seus parentes não era suspeito, e que viveu em distritos distantes, especialmente naqueles mais frequentados por bruxas, deverá ser indagada de acordo.

Perguntada por que se mudou de sua terra natal e foi viver em tal e tal lugar, respondeu que .... Perguntada se nos mencionados lugares ouviu qualquer conversa de bruxas, tais como o desencadeamento de tempestades, ou o enfeitiçamento do gado, ou a privação das vacas de seu leite, ou de qualquer dos atos de que é acusada, respondeu que sim (ou que não). Em caso afirmativo, indagar sobre o que ouviu, sendo anotada toda a sua resposta. Em caso negativo, deve ser perguntada se acredita na existência de bruxas, e se as coisas mencionadas julga poderem ser realizadas, tais como se tempestades podem ser provocadas ou se seres humanos ou animais podem ser enfeitiçados.

Reparar que, na grande maioria, as bruxas negam tais coisas a princípio. Portanto, a negativa gera maior suspeita do que se responderem que preferem deixar para um julgamento superior responder pela existência ou não de tais coisas. Assim, se negarem, deve-se indagar a elas: "Então, ao serem queimadas, são as bruxas inocentemente condenadas?" Ao que a acusada deverá responder necessariamente.

O MARTELO DAS FEITICEIRAS

Do exame particular da acusada

Cuide o juiz para não protelar o interrogatório seguinte, que o faça de imediato. Que pergunte à bruxa por que as pessoas a temem, ou se sabe que é difamada ou odiada, e por que ameaçou determinada pessoa dizendo: "Não hás de cruzar por mim com impunidade." E que se transcreva a sua resposta.

Pergunte-se a elas então que mal aquela pessoa lhe fez para que ela a ameaçasse com malefícios. Cumpre atentar que essa pergunta é importante para chegar-se à determinação da causa da inimizade, porque ao cabo a acusada alegará que o informante a denunciou por inimizade; no entanto, quando esta não for de natureza mortal, só uma intriga entre mulheres, não invalida a acusação. Por ser esse um costume comum entre bruxas, o de fomentar a inimizade entre si por palavras e por atos, como, por exemplo, quando uma pede emprestada determinada coisa a outra, e se não lhe der, destruirá o seu jardim, ou coisa semelhante, a fim de criar uma ocasião para os atos de bruxaria; e se manifestam ora por palavras, ora por atos; já que são compelidas a assim proceder pela solicitação dos demônios, para que assim os pecados dos juízes sejam agravados enquanto a bruxa continua sem punição.

Pois repare-se que não fazem tais coisas na presença de outras pessoas, de sorte que se o informante desejar contar com outras testemunhas não poderá. Reparar também que elas são instigadas pelos demônios, conforme descobrimos pelos depoimentos de muitas bruxas que depois foram queimadas. De sorte que, não raro, veem-se obrigadas a operar bruxarias contra a própria vontade.

Além disso, cumpre indagar à acusada de que modo se pode produzir o efeito a partir daquelas ameaças, de forma que a vítima, uma criança ou um animal, seja rapidamente afetada pela bruxaria. E a essa pergunta a acusada há de responder. Perguntar em seguida: "Por que disseste que a pessoa nunca mais teria um dia sequer com saúde? Foi isso o que ocorreu?" Se a resposta for negativa, que se lhe pergunte a respeito de outras bruxarias, alegadas por outras testemunhas a respeito do gado ou

TERCEIRA PARTE

de crianças. Indagada por que foi vista nos campos ou no estábulo junto ao gado, tocando-os, como às vezes é o seu costume, respondeu ......

Indagada por que tocou numa criança, que depois adoeceu, respondeu .... Foi também perguntada o que fazia nos campos por ocasião de tal tempestade, e assim também no que concerne a outros assuntos. Por que, tendo uma ou duas vacas, obteve mais leite do que sua vizinhança, que tinham quatro ou seis? Uma vez mais, que lhe seja perguntado por que persiste no estado de adultério ou de concubinato. Pois que, embora tal questão não seja pertinente à causa, tais matérias engendram mais suspeita do que no caso de uma mulher casta e honesta que veio ao banco dos réus.

E repare-se que há de ser continuamente interrogada a respeito dos depoimentos contra ela prestados, para ver se sempre retorna às mesmas respostas ou não. E depois de terminado esse interrogatório, que sejam suas respostas, negativas, afirmativas ou ambíguas, registradas de forma antes indicada.

QUESTÃO VII

Em que são dirimidas várias dúvidas a respeito das questões
precedentes e das respostas negativas
Se a acusada deve ficar presa, e quando há de ser considerada mani-
festamente indiciada no crime hediondo de bruxaria e de heresia
A segunda ação

Cumpre indagar primeiro o que se há de fazer quando, como sói acontecer, a acusada nega todas as acusações. O juiz, nessa eventualidade, tem
três pontos a considerar, quais sejam: sua má reputação, a evidência dos
fatos e o depoimento das testemunhas. Cumpre verificar se esses três
elementos são concordantes entre si. E, como muitas vezes é o caso, se
não o são – já que as bruxas são diversamente acusadas de atos diferentes
cometidos em algum povoado ou cidade –, mas as evidências são por
demais notórias, como quando uma criança foi prejudicada por bruxaria,
ou quando um animal foi lesado ou privado de seu leite e as testemunhas
prestaram depoimentos essencialmente coerentes – embora guardas-
sem algumas discrepâncias (quando uma declara que ela enfeitiçou a
sua criança, outra, a sua vaca, uma terceira meramente atesta a sua má
reputação, e assim por diante) – quanto ao fato da bruxaria, e, ademais,
a acusada é suspeita de ser uma bruxa, não obstante tais testemunhas
não serem suficientes para justificar a condenação sem o boato da má
reputação, ou mesmo com ele, conforme foi demonstrado ao fim da
questão 3, mesmo assim, levando em conta as evidências tangíveis e
visíveis dos fatos, o juiz pode, em consideração a esses três pontos em
conjunto, decidir que a acusada incidiu, não sob forte ou grave suspeita

O MARTELO DAS FEITICEIRAS

(a ser elucidada mais adiante) manifestamente na heresia de bruxaria. Conquanto as testemunhas sejam válidas e não tenham prestado depoimento por inimizade, e um número suficiente delas, digamos seis, oito ou dez, tenham prestado depoimentos concordantes sob juramento. Assim, de acordo com a lei canônica (capítulo *"Ad abolendam"*, parágrafo *"Praesenti"* (Hereges) e no segundo capítulo *"Excommunicamus"*), o juiz deverá submeter a acusada ao castigo, tenha ou não confessado o crime, o que é provado da seguinte maneira.

Conforme dissemos, quando todos os três elementos são concordantes entre si, há de se considerar a acusada culpada do crime de heresia, embora para tal não haja necessidade de absoluta concordância entre os três, apenas que nesse caso a prova será mais evidente. Pois basta uma instância das duas circunstâncias seguintes para reputar uma pessoa como herética, quais sejam: a evidência dos fatos e o depoimento de testemunhas legítimas. E muito mais quando essas duas circunstâncias são concordantes.

Quando os juristas perguntam de quantas maneiras pode uma pessoa ser considerada manifestamente herética, respondemos que de três maneiras, conforme explicou São Bernardo na glosa ordinária sobre a palavra *"Deprehensi"*, no capítulo *"Ad abolendam"*, parágrafo *"Praesenti"* (*Extra*, "Hereges"). Esse assunto foi anteriormente tratado, na primeira questão, ao início desta obra, ao tratarmos da evidência do fato quando a pessoa prega publicamente a heresia. Mas aqui consideramos a evidência concreta quando a pessoa acusada declara publicamente: "Hás de perder a saúde", ou frase semelhante, a que se segue o efeito vaticinado. A seguir, o modo da prova legítima do caso por testemunhas, e o terceiro, o da própria confissão. Portanto, se cada uma dessas evidências for suficiente para tornar a pessoa manifestamente suspeita, muito mais há de ser quando a reputação da pessoa acusada, a evidência concreta e os depoimentos das testemunhas apontam todos para a mesma conclusão. Cumpre ressaltar que São Bernardo trata de um fato evidente, enquanto nós aqui tratamos da evidência do fato. Isso se dá, no entanto, porque o diabo não opera abertamente, mas sim em sigilo. Logo, os males e os

TERCEIRA PARTE

instrumentos da bruxaria identificados constituem a evidência do fato. Enquanto noutras heresias basta um fato evidente para provar a culpabilidade da pessoa acusada, aqui reunimos as três provas.

Em segundo lugar, fica dessa forma provado que a pessoa assim incriminada há de ser punida de acordo com a lei, mesmo que negue a acusação. Porque a pessoa indiciada pela evidência do fato, ou pelo depoimento de testemunhas, confessará ou não o seu crime. Se o confessar e se revelar impenitente, será encaminhada ao braço secular para sofrer da penalidade capital de acordo com o capítulo *"Ad abolendam"*, ou será condenada à prisão perpétua, segundo prescreve o capítulo *"Excommunicamus"*. Mas se não o confessar, e se o negar obstinadamente, será entregue ao Tribunal Civil para que seja punida de forma adequada, conforme mostra Hostiensis na sua *Summa* ("Hereges", capítulo *"Qualiter deprehendatur"*), ao tratar de como proceder legalmente com hereges.

Portanto, conclui-se que o mais justo é quando o juiz procede da maneira indicada, por meio dos interrogatórios e dos depoimentos das testemunhas, já que, conforme dissemos, lhe é permitido nessa espécie de causa conduzir o processo de forma abreviada e sumária. E convém confinar a acusada na prisão por algum tempo, ou por alguns anos, caso em que, talvez, depois de padecer por um ano das misérias do cárcere, venha a confessar os crimes cometidos. Porém, para que não pareça que o juiz decretou a sentença precipitadamente, e para demonstrar que procedeu com equidade, indaguemos a respeito do que deve ser feito a seguir.

QUESTÃO VIII

Que decorre da questão precedente
Se deve a bruxa ser aprisionada, e do método para capturá-la
Eis a terceira ação do juiz

O que se pergunta é se, depois de negar a acusação, a bruxa deve ser mantida sob custódia na prisão quando as três condições supracitadas, a saber, sua reputação, a evidência do fato e os depoimentos das testemunhas são concordantes; ou se deve ser dispensada sob custódia para que possa ser novamente chamada e interrogada. Sobre tal questão colocam-se três opiniões.

Em primeiro lugar, segundo alguns, a bruxa deveria ser mandada para a prisão e não deveria de forma alguma ser dispensada sob fiança. Esteia-se essa opinião no raciocínio desenvolvido na questão precedente, a saber, que ela deve ser considerada manifestamente culpada quando os três elementos que a condenam estão em acordo.

Outros são da opinião de que antes de ser aprisionada ela pode ser dispensada sob fiança, de sorte que se vier a fugir poderá ser considerada culpada. No entanto, depois de ser aprisionada em virtude das respostas negativas, não poderá mais ser dispensada sob qualquer condição ou sob fiança, ou seja, quando as três condições antes mencionadas forem concordantes; porque naquele caso não poderia subsequentemente ser sentenciada e punida com a morte. Isso, declaram, é o costume geral.

A terceira opinião é a de que não se pode estabelecer nenhuma regra rígida, e sim se há de deixar ao juiz que aja de acordo com a gravidade da matéria, conforme mostrado pelo depoimento das testemunhas, pela

O MARTELO DAS FEITICEIRAS

reputação da ré, pela evidência dos fatos e pelo grau de concordância desses três elementos entre si; ademais, o juiz há de seguir os costumes do país. E os que sustentam essa opinião concluem dizendo que se não se conseguirem fiadores de boa reputação e confiáveis e se houver suspeita de que a acusada contempla a fuga, há de ser colocada no cárcere. Essa terceira opinião parece ser a mais razoável, desde que para tal se observe o procedimento correto, o qual consiste em três etapas.

Primeiro, a sua casa há de ser vasculhada o mais completamente possível, em todos os buracos, cantos e arcas, em cima e embaixo; e se for bruxa conhecida, então sem dúvida, a menos que os tenha previamente escondido, serão encontrados vários instrumentos de bruxaria, conforme demonstramos anteriormente.

Segundo, se ela tiver serva, criada ou damas de companhia, elas devem ser presas separadamente, pois, embora não sejam acusadas, presume-se que nenhum dos segredos da acusada lhes tenha sido ocultado.

Terceiro, ao ser capturada, se o for em casa, que não se lhe dê tempo para ir ao próprio quarto; pois as bruxas têm o hábito de protegerem-se dessa forma, trazendo consigo algum objeto ou força de magia que lhes confere a faculdade de manterem-se em silêncio durante o interrogatório.

Surge aí a questão do método empregado por alguns para capturar bruxas – se é lícito ou não mantê-la suspensa do chão (o que é feito pelos oficiais de justiça) e carregá-la numa cesta ou numa tábua para que não possa mais pisar no chão. A isso pode-se responder mediante a opinião dos canonistas e de certos teólogos que afirmam ser ilícito por três motivos. Primeiro, porque, conforme se demonstrou na questão introdutória desta terceira parte, claro fica, segundo pensam muitas autoridades, sobretudo certos doutores de quem ninguém ousaria duvidar, como Escoto, Hostiensis e Godofredo de Fontaines, que é lícito combater a futilidade com a futilidade. Também ficamos sabendo pela experiência e pela confissão das bruxas que quando são assim carregadas mais frequentemente perdem o poder de guardar o silêncio sob exame: de fato, muitas que estavam prestes a serem queimadas pediam para que pudessem ao menos encostar um dos pés no chão; e quando isso lhes

TERCEIRA PARTE

era negado e lhes indagava por que queriam fazê-lo, respondiam que se pudessem tocar no chão conseguiriam se libertar, fulminando muitas outras pessoas com raios.

Segundo, demonstrou-se claramente na segunda parte desta obra que as bruxas perdem todo o seu poder quando caem nas mãos da justiça pública, ou seja, com relação ao passado; mas, com relação ao futuro, a menos que recebam do demônio renovados poderes para manterem-se caladas, confessarão todos os crimes cometidos. Portanto, digamos com São Paulo: "O que quer que façamos mediante palavras ou atos, que tudo façamos em nome do Senhor Jesus Cristo" (Colossenses, 3:17). E se a bruxa for inocente, essa forma de captura não a prejudicará.

Terceiro, segundo os doutores, é lícito combater a bruxaria com meios vãos; pois que todos concordam nesse ponto, embora divirjam quanto à questão de quando tais meios vãos podem também ser ilícitos. Portanto, quando Hostiensis afirma ser lícito opor uma futilidade com outra futilidade, está se referindo aos meios vãos, não aos meios ilícitos. Logo, lícito há de ser combater as bruxarias, obstruindo-as; e é a essa obstrução a que a passagem se refere, não a qualquer prática ilícita.

Que o juiz atente também para o fato de haver duas espécies de aprisionamento: um consiste na punição infligida às pessoas criminosas, mas o outro consiste tão somente na custódia em casa de detenção. (Essas duas modalidades são citadas no capítulo *"Multorum querela".*) Portanto, a bruxa deverá ficar ao menos sob custódia na prisão. Mas se estiver sendo acusada de crime de menor gravidade, e se não tiver má reputação, e não houver evidência de obras suas contra crianças ou animais, então poderá ser mandada de volta para casa. Entretanto, como certamente se associava a bruxas e conhece os seus segredos, deverá conseguir testemunhas da verdade; e se assim não proceder, estará obrigada por juramentos e por penas a permanecer em casa, salvo se intimada ao contrário. Entretanto, os ou as serviçais a que nos referimos anteriormente deverão ficar sob custódia, não obstante sem punição.

QUESTÃO IX

Que trata do que há de ser feito depois da captura, e se a acusada
deve ter conhecimento do nome das testemunhas
Eis a quarta ação

Há duas questões a serem consideradas depois da captura, embora caiba
ao juiz decidir qual deverá ser conduzida em primeira instância, quais
sejam: a questão de permitir-se à acusada ser defendida, e se deve ser
examinada na câmara de tortura, embora não necessariamente para
que seja torturada. Só se permite a defesa quando é feita solicitação
direta; quanto à segunda questão, apenas quando a criadagem e as damas de companhia, caso as tenha, tiverem sido primeiro examinadas
na própria casa.

Mas prossigamos na ordem mencionada. Se a acusada alegar inocência e acusação falsa, e se desejar ver e ouvir quem acusa, é então
sinal de que está solicitando defesa. Mas fica em aberto se o juiz é obrigado a apresentar-lhe as pessoas depoentes e colocá-las em confronto
face a face. Saiba o juiz que não é obrigado a tornar conhecidos os
nomes de depoentes, nem a trazê-los perante a acusada, a menos que
os mesmos, por livre e espontânea vontade, se ofereçam para prestar
depoimento em presença da acusada. E é por causa do perigo incorrido por quem depõem que o juiz não está obrigado a assim proceder.
Pois que embora os papas tenham tido diversas opiniões a respeito
do assunto, nenhum deles declarou que em caso dessa natureza o juiz
é obrigado a tornar conhecido da acusada o nome dos acusadores
(embora aqui não estejamos tratando do caso de um acusador). Pelo

O MARTELO DAS FEITICEIRAS

contrário, alguns têm defendido que em nenhum caso ele assim deva proceder, enquanto outros já considerem que assim deveria ser em determinadas circunstâncias.

Mas, por fim, Bonifácio VIII decretou o seguinte (capítulo "*Statuta*", parágrafo "*Iubemus*", livro sexto): "Se em caso de heresia parecer ao bispo ou ao inquisidor que as testemunhas ou pessoas informantes incorreriam em grave perigo em virtude dos poderes das pessoas contra as quais prestam depoimento, caso o seu nome viesse a se tornar público, não deverá publicá-lo. Mas se não houver perigo, os nomes devem ser tornados públicos exatamente como em outros casos."

Cumpre aqui observar que tal não se refere só a um bispo ou a um inquisidor, mas a qualquer juiz que conduza um julgamento de bruxas com o consentimento do inquisidor ou do bispo; pois, conforme se mostrou na questão introdutória, podem esses delegar essa responsabilidade a um juiz. De forma que qualquer juiz que tenha recebido o encargo, mesmo que seja secular, tem a autoridade do papa, e não apenas do imperador.

Ademais, o juiz diligente atentará para os poderes das pessoas acusadas, os quais são de três tipos, a saber: o poder do berço e da família, o poder das riquezas e o poder da malícia. O último há de ser mais temido que os outros dois, já que acarreta maior perigo para os acusadores caso o seu nome se torne conhecido. A razão para isso é que é mais perigoso tornar conhecidos da acusada o nome das testemunhas quando a acusada é pobre, porque é pessoa que tem muitos cúmplices malignos, como bandidos e homicidas, a ela associados, que nada têm a perder, além da própria vida, o que não é o caso com os que são de berço nobre ou ricos, com abundância de posses temporais. E a espécie de perigo que se há de temer é explicada pelo papa João XXII: é o da morte ou supressão, própria ou da prole, ou da família ou o consumo da própria substância, ou algo dessa natureza.

Ademais, que o juiz saiba que, ao agir nessas matérias com a autoridade do Supremo Pontífice e com a permissão do ordinário, tanto ele quanto os que participam dos depoimentos, ou, depois, por ocasião da decretação da sentença, devem manter o nome das testemunhas em sigilo,

TERCEIRA PARTE

sob pena de excomunhão. E cabe ao bispo assim puni-los caso procedam ao contrário. Portanto há este de avisá-los, de forma implícita, para que não sejam revelados os nomes desde o princípio do processo.

E o decreto mencionado do papa Bonifácio VIII prossegue dizendo: "E para que o perigo aos acusadores e às testemunhas possa ser controlado de forma mais eficaz, e para que o inquérito seja conduzido com maior cautela, permitimos, pelas autoridades desse estatuto, que o bispo ou os inquisidores (ou, como já dissemos, o juiz) devem proibir todas as pessoas envolvidas no processo de revelar sem sua permissão quaisquer segredos que tiverem sabido pela boca dos bispos ou dos inquisidores, sob pena de excomunhão em que incorrerão caso violem tais sigilos."

Cumpre ainda notar que assim como é ofensa passível de punição tornar públicos os nomes das testemunhas de acusação, também o é ocultá-los sem um bom motivo, por exemplo, das pessoas que têm o direito de conhecê-los, como os advogados e os assessores cuja opinião há de ser ouvida para que se chegue a uma sentença; da mesma forma os nomes não devem ser ocultados quando é possível publicá-los sem risco ou sem qualquer perigo para as testemunhas. A esse respeito, o decreto mencionado diz o seguinte, mais ao final: "Determinamos que em todos os casos o bispo ou os inquisidores hão de tomar cuidado especial para não suprimirem o nome das testemunhas como se estivessem em grande perigo, quando na verdade estão em perfeita segurança, e nem de proceder ao contrário, tornando-o público quando há tal ameaça, ficando a decisão a respeito a cargo de sua consciência e juízo." E foi escrito em comentário a essas palavras: "Quem quer que seja o juiz nesses casos, que grave bem estas palavras, pois não se referem a pequenos riscos, mas a graves perigos; portanto, que não prive a pessoa presa de seus direitos legais sem causa justa, pois aí se incorreria em nada mais que numa ofensa ao Todo-Poderoso."

O leitor e a leitora precisam reparar que todo o processo que já descrevemos, e tudo o que ainda temos para descrever, até os métodos de lavrar a sentença (salvo a pena de morte), que se acha na província do juiz eclesiástico, pode também, com o consentimento dos diocesanos,

O MARTELO DAS FEITICEIRAS

ser conduzido por um juiz secular. Portanto, o leitor e a leitora não têm por que encontrar dificuldade no fato de que esse Decreto fale de um juiz eclesiástico e não de um juiz secular; pois o último pode adotar o seu método de infligir a sentença de morte daquele do ordinário ao lavrar a sentença penal.

QUESTÃO X

Que trata da espécie de defesa que se pode permitir,
e da indicação de um advogado
Eis a quinta ação

Se, portanto, a acusada solicitar defesa, como se poderá assim proceder quando o nome das testemunhas é mantido em completo sigilo? Cabe declarar que três considerações devem ser observadas ao admitir-se a defesa. Primeiro, que se indique um advogado para a acusada. Segundo, que o nome das testemunhas não venha a ser conhecido pelo advogado, mesmo sob juramento de sigilo, mas que este saiba de tudo o que se acha contido nos depoimentos. Terceiro, a acusada há de receber, na medida do possível, o benefício da dúvida, desde que isso não envolva um escândalo à fé, ou seja, prejudicial à justiça, conforme se mostrará. E de forma semelhante o procurador judicial da prisioneira terá pleno acesso a todo o processo, só sendo suprimido o nome das testemunhas e das pessoas depoentes; e o advogado poderá também agir em nome do procurador.

Quanto ao primeiro desses pontos: deve ser observado que o advogado não é indicado segundo a vontade da acusada de sorte a poder escolher aquele que melhor lhe conviria; o juiz há de ter grande cautela ao indicá-lo: que não seja um homem litigioso ou malévolo, nem que seja facilmente subornado (como muitos o são), mas homem honrado que não se vincule a qualquer tipo de suspeita.

E o juiz há de atentar para quatro pontos, e se o advogado atender a eles lhe será permitido defender, mas não em caso contrário. Em primeiro lugar, o advogado deve examinar a natureza do caso, e então, se achar

O MARTELO DAS FEITICEIRAS

que é conveniente e justo, poderá aceitá-lo, mas se o achar injusto, deverá recusá-lo e deverá ter muita cautela para não aceitar um caso injusto ou desesperado. Mas se inadvertidamente aceitou a causa, e também os honorários, e descobre durante o processo que o caso está perdido, deverá então informar à acusada (ou seja, à cliente) que vai abandonar a causa, e há de devolver os honorários que recebeu. Essa é a opinião de Godofredo de Fontaines, que se acha em absoluta conformidade com o Cânon *"Rem non nova"*, capítulo "Julgamentos" (*Código de Justiniano*). No entanto, Hostiensis (*Summa*, livro 1) defende ponto de vista oposto a respeito da restituição dos honorários nos casos em que o advogado já tenha trabalhado duramente. Consequentemente, se o advogado aceitou deliberadamente defender prisioneira que sabe ser culpada, estará sujeito a pagar os custos e as despesas (capítulo "Gestão de tutores", *"Non est ignotum"*, *Código de Justiniano*).

O segundo ponto a ser observado é que na defesa da acusada deverá conduzir-se convenientemente em três aspectos. Primeiro, seu comportamento deverá ser reservado e desprovido de prolixidades e de oratória pretensiosa. Segundo, deverá ser fiel à verdade, evitando trazer à baila quaisquer argumentos ou raciocínios falaciosos, ou chamando falsas testemunhas, ou apresentando sofismas e evasivas legais se for advogado habilidoso, ou trazendo contra-acusações; especialmente nos casos dessa espécie, que hão de ser conduzidos da forma mais simples e mais sumária possível (3, questão 7, *"Haec tria"*). Terceiro, seus honorários serão determinados pelos costumes do distrito (3, questão 7, parágrafos *"Arcentur"* e *"Tria"*).

Mas retornemos ao ponto. O juiz precisa deixar claras tais condições ao advogado, e por fim adverti-lo para não incorrer na incumbência da defesa de heresia, que o deixaria sujeito à excomunhão (de acordo com o primeiro capítulo *"Excommunicamus"*, parágrafo *"Credentes"*).

E não é argumento válido declarar ao juiz que não está defendendo o erro, mas a pessoa. Pois lhe é vedado, seja de que forma for, conduzir a defesa e impedir a condução simples e sumária do caso, pois assim estará procedendo se introduzir quaisquer complicações ou apelos

TERCEIRA PARTE

dessa natureza; todas são atitudes terminantemente proibidas. Pois é notório que ele não está defendendo o erro; porque nesse caso seria mais gravemente culpado que as próprias bruxas, e mais um heresiarca que um mago herético. Todavia, se indevidamente defende uma pessoa já suspeita de heresia, torna-se a si próprio um defensor daquela heresia, e lança sobre si mesmo não uma suspeita leve, mas uma grave suspeita, segundo a modalidade de sua defesa; e deverá abjurar publicamente a heresia defendida perante o bispo.

Desenvolvemos o assunto com certa extensão, o que não deve ser esquecido pelo juiz, em virtude do grande perigo que pode surgir da condução indevida da defesa por um advogado ou procurador. Portanto, quando houver qualquer objeção ao advogado, o juiz deverá dele prescindir e proceder de acordo com os fatos e as provas. Mas quando o advogado não manifestar qualquer objeção, e for homem zeloso e devoto da justiça, então o juiz poderá revelar-lhe o nome das testemunhas, sob juramento de sigilo.

QUESTÃO XI

*Que procedimentos o advogado deverá adotar quando
o nome das testemunhas não lhe for revelado
A sexta ação*

Cabe indagar: o que, então, há de fazer o advogado, como procurador da acusada, quando nem um nem outro tem acesso ao nome das testemunhas, embora a acusada queira saber quem são? Respondemos que ele deve obter informações do juiz sobre todos os aspectos da acusação, que terão de lhe ser dadas à sua solicitação, sendo apenas omitidos o nome das testemunhas; e com essas informações deverá procurar a acusada e, se a matéria envolver ônus de grande gravidade, deverá exortá-la a ter o máximo de paciência.

E se a acusada tornar a insistir em saber o nome das testemunhas, ele poderá responder-lhe da seguinte maneira: "Podes adivinhar pelas acusações que lhe são feitas quem são as testemunhas. Pois uma criança ou um animal assim e assim foram enfeitiçados"; ou "a tal mulher ou a tal homem, por lhe terem recusado dar o que lhes foi pedido, disseste: 'Saberão que teria sido melhor atenderem a meu pedido', e alegam que, em consequência de tais palavras, um deles repentinamente adoeceu; e fatos são evidências mais fortes que palavras". E "sabes que tens má reputação, e que por muito tempo suspeita-se que venhas fazendo bruxaria contra muitas pessoas". E, ao falar dessa maneira, poderá, por fim, induzi-la a entrar por uma linha de defesa em que alega que fizeram tal acusação por motivo de ódio; ou então poderá dizer: "Confesso que disse isso, mas não com a intenção de prejudicar ninguém."

O MARTELO DAS FEITICEIRAS

Portanto, o advogado deverá primeiro colocar perante o juiz e seus assessores essa alegação de inimizade pessoal, e o juiz há de investigá--la. E se descobrir ser caso de inimizade mortal, por já ter havido tentativa de assassinato ou assassinato de fato pelo marido ou parentes das partes, ou por alguém de uma das partes já ter sido acusado de crime pela outra parte, fazendo-o cair nas mãos da justiça pública, ou que sérios ferimentos já resultaram de brigas e querelas entre ambas, então o juiz correto e prudente consultará com seus assessores quem era das partes a agressora, se a acusada ou os depoentes. Pois se, por exemplo, o marido ou os amigos da acusada denunciaram injustamente os amigos do depoente, se não houver evidências do fato de terem sido enfeitiçados crianças ou animais, ou seres humanos, e se não houver outras testemunhas, e a acusada nem mesmo é costumeiramente suspeita de bruxaria, nesse caso presume-se que os depoimentos lhe foram lançados por motivo de vingança, e ela deverá ser considerada inocente e dispensada livremente, depois de ser devidamente advertida para não tentar vingança, da forma que habitualmente procedem os juízes.

O seguinte caso pode ser relatado. O filho de Catarina, ou ela própria, é enfeitiçado, ou então ela sofre grande perda de cabeças de gado; e ela suspeita da acusada porque o marido ou os irmãos previamente haviam feito uma acusação injusta contra ela ou seu próprio marido, ou irmão. Aqui dupla é a causa da inimizade por parte da depoente, tendo a sua raiz em seu próprio enfeitiçamento e na acusação injusta contra o marido ou o irmão. Seu depoimento deve ou não ser rejeitado? De certo ponto de vista, parece que deveria, pois que a denúncia é feita por inimizade; de outro ponto de vista, não, por haver evidências do fato de bruxaria.

Respondemos que se nesse caso não existem outras pessoas depoentes, e a acusada nem sequer se acha sob suspeita pública, então não se deve aceitar os depoimentos, que deverão ser rejeitados; mas se a acusada é suspeita, e se o mal não decorre de causas naturais e sim de bruxaria (e mostraremos depois como se faz essa distinção), a acusada estará sujeita à purgação canônica.

TERCEIRA PARTE

Outra pergunta cabível: se as outras pessoas que depõem devem prestar testemunho de evidências do fato na condição de o terem experimentado em si próprios ou em outros, ou se basta a reputação pública da acusada. Respondemos que se derem evidências do fato, tanto melhor. Mas se derem evidências tão somente de sua reputação geral, e nada mais, então, embora o juiz deva rejeitar aquele depoente com base em inimizade pessoal, deverá considerar as evidências do fato, e de sua reputação prestada por outras testemunhas, como prova de que a acusada se acha sob forte suspeita, e assim poderá condená-la a uma tríplice punição, a saber: a uma purgação canônica pela má reputação (de acordo com o capítulo "*Inter sollicitudines*", *Extra*, "Purgação canônica"), ou a uma abjuração, em virtude da suspeita que sobre ela recai (existindo várias formas de abjuração para vários graus de suspeita, conforme se mostrará no quarto método de lavrar a sentença) (de acordo com o início do capítulo "*Accusatus*"), ou, em virtude da evidência do fato, e se confessar o crime e for penitente, à sentença de não ser entregue ao braço secular para a pena capital, mas à de ser condenada pelo juiz eclesiástico à prisão perpétua. Não obstante o fato de ter sido condenada à prisão perpétua pelo juiz eclesiástico, o juiz secular pode, em virtude dos prejuízos materiais que causou, condená-la também à fogueira (de acordo com o capítulo "*Ad abolendam*", parágrafo "*Praesenti*" e o segundo capítulo "*Excommunicamus*"). Entretanto, todos esses temas serão esclarecidos mais adiante, quando tratarmos do sexto método para lavrar a sentença.

Em suma: que o juiz primeiro cuide para não se deixar persuadir com facilidade pelo advogado quando este alega inimizade mortal em benefício da acusada, pois nesses casos dificilmente alguém presta depoimento sem que haja inimizade, já que as bruxas são sempre odiadas por todas as pessoas. Em segundo lugar, que saiba serem quatro as formas pelas quais se pode condenar uma bruxa, a saber, pelo depoimento de testemunhas, pelas evidências diretas do fato, pelas evidências indiretas do fato e pela sua própria confissão. E se ela for detida por causa de difamação pública, pode ser condenada pela evidência das testemunhas; se por causa de suspeita definida, as evidências diretas ou indiretas dos fatos

O MARTELO DAS FEITICEIRAS

permitem condená-la, e por isso a suspeita há de ser julgada como leve, forte ou grave. Tudo isso quando a bruxa não confessa o crime; quando o confessa, o caso pode ser conduzido como já se explicou.

Em terceiro lugar, que o juiz utilize todas as circunstâncias precedentes para rebater o apelo do advogado, esteja a acusada implicada só por causa de boatos, esteja implicada também por certas evidências em apoio à causa que a faz incorrer em suspeita leve ou forte; e então será capaz de responder à alegação pelo advogado de inimizade pessoal, que é a primeira linha de defesa que este poderá adotar.

Mas quando o advogado adota a segunda linha de defesa, admitindo que a acusada usou de palavras contra o depoente do tipo: "Logo saberás o que te vai acontecer" ou "Logo desejarás ter me emprestado ou vendido o que te pedi", ou semelhantes; e alega que, embora o depoente depois tenha experimentado prejuízos seja em sua própria pessoa, seja em sua propriedade, não se há de concluir que a acusada tenha sido a causa por uso de bruxaria, pois doenças podem ter várias origens; e também alega que é hábito comum entre as mulheres discutirem com tal palavreado e assim sucessivamente. Nessa eventualidade, o juiz deverá responder da seguinte maneira.

Se a enfermidade se deve a causas naturais, então a alegação é boa. Mas se as evidências indicam o contrário – pois não pode ser curada por qualquer remédio natural, e na opinião dos médicos a enfermidade se deve à bruxaria, ou é o que em linguagem vulgar se chama de "dano noturno". Ademais, talvez outras encantadoras sejam da opinião de que se deva a bruxaria; ou porque se manifestou repentinamente, sem qualquer sintoma prévio, ao passo que as doenças em geral se desenvolvem gradualmente; ou talvez porque o querelante tenha encontrado certos instrumentos de bruxaria sob a cama ou nas suas roupas ou noutro lugar, e quando tais instrumentos foram removidos a saúde foi repentinamente recuperada, como sói acontecer, conforme mostramos na segunda parte desta obra, em que tratamos dos remédios – nesse caso, mediante algumas respostas desse jaez, o juiz poderá facilmente refutar a defesa e demonstrar que a enfermidade foi de fato decorrente

TERCEIRA PARTE

de bruxaria, e não de qualquer causa natural, e que a acusada se acha implicada em suspeita de bruxaria, em virtude das palavras ameaçadoras proferidas. Da mesma maneira, se alguém diz: "Tomara que o teu celeiro pegue fogo", e isso depois acontece, engendra-se uma grave suspeita de que a pessoa que pronunciou a ameaça tenha causado o incêndio do celeiro, mesmo que outra pessoa, e não ela própria, lhe tenha ateado fogo.

QUESTÃO XII

Que trata do mesmo assunto, no qual se especifica de que modo a
questão da inimizade pessoal deve ser investigada
A sétima ação

Cumpre reparar que só as pessoas inimigas mortais são impedidas de prestarem depoimento, conforme mostrado na quinta questão. Mas o juiz pode considerar que para chegar a uma decisão sobre tal inimizade pelos meios que acabamos de explicar talvez fique um tanto dúbio e insatisfatório; e a acusada ou seu procurador podem não estar dispostos a aceitar a decisão apoiada em tais fundamentos, ou seja, em função de possível inimizade mortal ou não. Portanto, o juiz precisa utilizar--se de outros recursos para decidir a respeito da alegada inimizade, de modo que não venha a punir uma inocente, mas arrancar a plena justiça da pessoa culpada. E não obstante tais meios possam guardar certo ressaibo de artimanha ou mesmo de malícia, o juiz pode empregá-los para o bem da fé e do Estado, pois inclusive São Paulo diz: "Mas sendo ardiloso, eu vos apanhei pela malícia" (II Coríntios, 12:16). E tais meios são particularmente úteis no caso de uma prisioneira que não tenha sido publicamente difamada, e não lhe recai suspeita por evidência de qualquer fato; e o juiz também pode empregá-lo contra as prisioneiras que alegam inimizade por parte das pessoas depoentes, e desejam saber o nome das testemunhas.

Eis o primeiro método. A acusada ou o advogado recebe uma cópia do processo com os nomes dos depoentes ou dos informantes, mas não na ordem em que prestaram tais depoimentos; nesse caso, porém, que o

O MARTELO DAS FEITICEIRAS

nome da testemunha a aparecer primeiro na cópia seja o da sexta ou da sétima a depor e que o que venha em segundo seja o último ou penúltimo. Dessa forma a acusada será enganada e não descobrirá qual testemunha declarou isso ou aquilo. Então dirá ou que são todos seus inimigos, ou não; e se disser que são, será mais facilmente descoberta numa mentira quando a causa da inimizade for investigada pelo juiz; e se indicar só algumas pessoas como inimigas, ainda assim a causa da inimizade será mais facilmente investigada.

O segundo método é semelhante. Dá-se ao advogado uma cópia do processo e separadamente uma lista dos nomes dos depoentes; mas são acrescidas outras declarações perpetradas alhures por outras bruxas, mas não declaradas por escrito pelas testemunhas ou por depoentes. E assim a acusada não será capaz de dizer definitivamente que esse ou essa ou aquela são seus inimigos mortais, porque não vai saber o que declararam contra ela.

O terceiro método foi mencionado na quinta questão desta parte. Quando a acusada é interrogada ao fim do segundo exame, antes de solicitar defesa ou de lhe ser designado um advogado, que lhe seja perguntado se supõe ter inimigos mortais que, deixando de lado todo o temor de Deus, falsamente a acusariam do crime de heresia ou de bruxaria. Então, talvez sem pensar, e sem ter visto os depoimentos das testemunhas, responderá que não acha que tenha inimigos dessa espécie. Ou se disser "Acho que tenho", e der o nome de quaisquer testemunhas que tenham dado depoimento, e que o motivo para aquela inimizade é conhecido, então o juiz terá mais facilidade em investigá-la depois, quando a acusada tiver recebido uma cópia do processo e uma cópia do nome das testemunhas separadamente, da maneira que antes explicamos.

Eis o quarto método. Ao fim do segundo exame e da segunda confissão (conforme mostramos na sexta questão), antes de lhe ser concedida qualquer forma de defesa, que seja interrogada a respeito das testemunhas que lhe imputaram o gravame mais sério, da seguinte maneira: "Conhece Fulano de Tal?", dizendo-se o nome da testemunha. A acusada terá de responder "Sim" ou "Não". Se disser "Não", não será capaz, depois

TERCEIRA PARTE

de receber os meios de defesa e um advogado, de alegar que tal ou qual pessoa sejam seus inimigos mortais, já que declarou sob juramento que não as conhece. Mas se disser "Sim", pergunte-lhe se ele ou ela já agiu de maneira contrária à fé cristã feito uma feiticeira. Então, se disser que "Sim, por causa disso e daquilo", pergunte-lhe se eram amigos ou amigas, ou inimigos; ela então responderá imediatamente que eram amigos, porque o testemunho de pessoas amigas não é levado em grande conta; e consequentemente não será capaz, por meio do advogado, de alegar que eram inimigos por já ter dito que eram amigos. Mas se responder que nada sabe sobre aquela pessoa, pergunte-lhe novamente se seria sua amiga ou inimiga, e ela responderá mais uma vez que eram amigos. Pois seria fútil alegar inimizade da parte de alguém que não se conhece. Portanto, dirá: "Sou sua amiga, mas se soubesse de qualquer coisa a seu respeito não deixaria de revelar." Portanto não será mais capaz, posteriormente, de alegar inimizade daquela parte. Talvez, porém, alegue desde o princípio razões para inimizade mortal, e nesse caso algum crédito há de ser colocado na apelação do advogado.

O quinto método consiste em dar ao advogado ou à acusada uma cópia do processo, com o nome das pessoas informantes suprimido. Então a acusada descobrirá, e muitas vezes com acerto, quem depôs isso ou aquilo contra ela. E se então declarar: "Fulano e Sicrano são meus inimigos mortais e gostaria de provar o que digo mediante testemunhas", o juiz deverá considerar se a pessoa indicada é a mesma que prestou o depoimento; e como ela disse que gostaria de provar mediante testemunhas, ele examinará tais testemunhas e averiguará as causas da inimizade, havendo sigilosamente chamado para consulta homens doutos e de mais idade de reconhecida prudência. E se encontrar razões suficientes para inimizade mortal, há de rejeitar as evidências e dispensar a prisioneira, a menos que haja outros gravames contra ela, atestados por outras testemunhas.

E esse quinto método é o habitualmente empregado. Descobre-se, na prática, que as bruxas rapidamente adivinham, pela cópia do processo, quem prestou informações sobre elas. E como nesses casos a inimizade mortal é raramente encontrada, a menos que advenha dos atos perversos

O MARTELO DAS FEITICEIRAS

da bruxa, o juiz poderá chegar facilmente a uma conclusão pelos meios citados. Também convém notar que muitas vezes as pessoas informantes desejam confrontar a bruxa pessoalmente, e denunciá-la frente a frente do feitiço que recai sobre elas.

Há ainda outro método no qual o juiz pode enfim encontrar apoio, quando talvez os outros métodos, sobretudo os quatro primeiros, lhe pareçam demasiadamente ardilosos e enganadores. Consequentemente, para satisfazer e contentar o mais escrupuloso, e para que em nenhuma falha incorra o juiz, que cuide – depois de ter descoberto pelos métodos citados não existir inimizade mortal entre a acusada e as pessoas depoentes – para agir da seguinte forma, se desejar remover todas as bases para a queixa, iluminando a questão finalmente em consulta com outros assessores. Que dê à acusada ou a seu advogado uma cópia do processo, sem o nome de quem depôs ou das testemunhas. Como sua defesa é a alegação de ter inimigos mortais, já tendo talvez indicado várias razões para a inimizade, estejam ou não os outros fatos de acordo com as suas alegações, que o juiz chame para consulta homens letrados de várias categorias (se contar com ajuda desse tipo) ou pelo menos pessoas honestas e respeitáveis (pois esse é o propósito do estatuto que tanto mencionamos); e que faça com que todo o processo seja lido para eles, do princípio ao fim, pelo notário ou escrivão, e que o nome das testemunhas lhe seja mencionado, mas sob juramento de sigilo; e cumpre saber se estão de acordo em fazerem tal juramento, caso contrário o nome não será mencionado.

Então que lhes diga de que modo investigou a alegada inimizade, não tendo sido capaz de encontrar nenhuma testemunha de fato. Mas deverá acrescentar que, se quiserem, será adotado um dos seguintes métodos. Ou decidirão ali mesmo, durante a consulta, se a evidência de qualquer das testemunhas deverá ser rejeitada em função de inimizade pessoal mortal; ou escolherão três, quatro ou cinco pessoas que naquela comunidade têm maior conhecimento de qualquer amizade ou inimizade entre a acusada e as pessoas informantes, que não se acham presentes à consulta, e que sejam informadas apenas do nome da acusada e da testemunha, mas não do conteúdo dos depoimentos, e que toda a questão fique a critério de

TERCEIRA PARTE

tais pessoas. Se seguirem o primeiro método, não poderão rejeitar com muita correção qualquer das testemunhas, pois o juiz já terá empregado os seus próprios métodos de investigação; mas se adotarem o segundo, o juiz se acha perfeitamente protegido, e se livra de toda e qualquer suspeita. E há de observar esse último método quando a acusada tiver sido capturada em cidade ou em país estrangeiro. Bastam esses métodos para examinar a questão da inimizade pessoal.

QUESTÃO XIII

Dos pontos a serem observados pelo juiz antes do
exame formal no local de detenção e de tortura
Eis a oitava ação

A ação seguinte do juiz é bastante clara. Pois a justiça comum exige que a bruxa não seja condenada à morte a menos que tenha sido declarada culpada por própria confissão. Mas aqui estamos considerando o caso de alguém que é capturado em manifesta heresia por uma das duas razões firmadas na primeira questão, a saber, por evidência direta ou indireta do fato, ou pela declaração legítima de testemunhas; e nesse caso há de ser exposta a interrogatórios e a tortura para que seja exortada à confissao do crime.

E para tornar mais claro o assunto citaremos um caso que ocorreu em Espira e chegou ao conhecimento de muitas pessoas. Certo homem honesto barganhava com uma mulher e não conseguia chegar a acordo com ela a respeito do preço de determinado artigo; não tardou muito para que ela, irritada, o ameaçasse: "Logo desejarás teres concordado."

As bruxas em geral usam essa forma de falar, ou alguma semelhante quando desejam enfeitiçar uma pessoa pelo olhar. O homem, então, não sem razão também irritado com a mulher, olhou por sobre os ombros para ver com que intenção ela havia pronunciado aquelas palavras. E, pasmem os leitores e as leitoras, viu-se repentinamente enfeitiçado: a sua boca estirou-se para os lados até as orelhas, numa deformidade monstruosa. Não a conseguia trazer de volta ao normal, e assim ficou, deformado, por muito tempo.

O MARTELO DAS FEITICEIRAS

Essa ocorrência, assim a colocamos, foi trazida ao juiz como evidência direta do fato; e cabe indagar se a mulher deve ser considerada como incorrendo em crime manifesto de heresia por bruxaria. A isso se deve responder com as palavras de São Bernardo que antes citamos (da glosa acerca do capítulo "*Ad abolendam*"). Pois existem três formas pelas quais uma pessoa pode ser julgada dessa maneira, não sendo necessário que as três se conjuguem numa só conclusão: cada uma em si mesma – ou seja, a evidência do fato, o depoimento legítimo de testemunhas ou a própria confissão – é suficiente para provar que uma bruxa foi flagrada em manifesto crime de heresia.

Mas a evidência direta do fato é diferente da evidência indireta; embora não seja tão conclusiva esta última, decorre ainda das palavras e obras das bruxas, conforme demonstramos na sétima questão, e promana da bruxaria que não é tão imediata em seu efeito: transcorre certo lapso de tempo entre o efeito e o pronunciar das palavras ameaçadoras. Pelo que podemos concluir que esse é o caso com bruxas que foram acusadas e que não conseguiram uma boa defesa (ou que não se defenderam por não terem recebido esse privilégio ou este não lhes foi dado porque não o pediram). Mas o que estamos para considerar agora é qual a conduta a ser adotada pelo juiz, e como proceder ao interrogatório da acusada para que professe a verdade por si mesma a fim de que a sentença de morte lhe possa ser prescrita.

E aí, em virtude do grande problema causado pelo silêncio obstinado das bruxas, surgem várias questões que o juiz precisa considerar, as quais serão tratadas em diversos tópicos.

A primeira é que o juiz não deve se apressar em submeter a bruxa a exame, embora deva prestar atenção a certos sinais importantes. Não deve se apressar pela seguinte razão: a menos que Deus, através de um santo anjo, obrigue o demônio a não auxiliar a bruxa, ela se mostrará tão insensível às dores da tortura que logo será dilacerada membro a membro sem confessar a menor parcela da verdade. Mas a tortura não pode ser negligenciada por esse motivo, pois nem todas elas têm esse poder, e também o diabo, às vezes por conta própria, permitirá que confessem

TERCEIRA PARTE

os crimes sem ser compelido por qualquer santo anjo. E para o entendimento disso, o leitor e a leitora devem consultar a segunda parte desta obra a respeito da homenagem que oferecem ao diabo.

Pois algumas conseguem obter do demônio uma trégua de seis, oito ou dez anos antes de terem de lhe prestar homenagem, ou seja, antes de a ele se devotarem de corpo e alma; ao passo que outras, ao professarem pela primeira vez a abjuração da fé, ao mesmo tempo lhe rendem homenagens. E a razão por que o demônio permite o intervalo de tempo estipulado é que, durante aquele período, talvez tenha descoberto que a bruxa só tenha negado a fé com os lábios, mas não com o coração, e, portanto, lhe renderia homenagem do mesmo modo.

Pois o demônio não pode conhecer os pensamentos interiores do coração, exceto por conjeturas e por indicações externas, conforme mostramos na primeira parte desta obra, em que tratamos da questão da capacidade dos demônios de voltarem o pensamento dos seres humanos para o amor ou para o ódio. E muitas mulheres têm sido encontradas que, por necessidade ou pobreza, foram induzidas por outras bruxas, na esperança do perdão derradeiro na confissão, transformando-se em apóstatas, afastando-se total ou parcialmente da fé. E são essas as que o diabo abandona, sem que tenha sido coagido por qualquer santo anjo; portanto prontamente confessam os crimes, enquanto outras, que têm o coração voltado para o demônio, são protegidas pela sua força e guardam obstinado silêncio.

E isso nos dá uma clara resposta à questão de como acontece de algumas bruxas prontamente confessarem, e outras não, de forma alguma. No caso das primeiras, quando o diabo não é compelido por Deus, ele as abandona por sua própria vontade, a fim de que pela infelicidade temporal e por uma morte tenebrosa seja capaz de levar ao desespero aquelas sobre cujos corações ele não conseguiria o domínio. Pois é evidente de suas confissões sacramentais que nunca voluntariamente obedeceram ao demônio, embora tenham sido compelidas por ele a realizar bruxarias.

E algumas são distinguidas pelo fato de que, após terem admitido os crimes, tentam cometer suicídio, estrangulando-se ou enforcando-se. E

O MARTELO DAS FEITICEIRAS

são a isso induzidas pelo Inimigo, para que não possam obter o perdão de Deus pela confissão sacramental. Isso acontece sobretudo no caso daquelas que não foram agentes voluntárias do demônio, embora possa ocorrer também no caso das voluntárias, após terem confessado os crimes; mas, nesse caso, foi porque o diabo foi compelido a abandonar a bruxa.

Em conclusão, podemos dizer que é tão ou mais difícil obrigar uma bruxa a dizer a verdade do que o é exorcizar uma pessoa possuída pelo demônio. Portanto, o juiz não deve se mostrar muito disposto ou pronto para proceder a tal exame, salvo, conforme já dissemos, esteja envolvida pena de morte. E nesse caso há de exercer grande cautela, conforme mostraremos; e, primeiramente, falaremos do método de sentenciar as bruxas à tortura.

QUESTÃO XIV

Do método de sentenciar a acusada ao interrogatório e
como deve ser interrogada no primeiro dia; e se o juiz
pode prometer-lhe a vida
A nona ação

Em segundo lugar, o juiz deve ter grande cautela em formular a sentença, que deve ser nos moldes seguintes. Nós, o juiz e os assessores, tendo acompanhado e considerado os pormenores do processo promulgado por nós contra.............., de tal lugar e de tal diocese, e tendo diligentemente examinado toda a questão, verificamos estar a acusada equivocada em suas confissões; por exemplo, ao declarar que fazia uso de tais ameaças sem a intenção de prejudicar ninguém, pois que existem várias provas que são suficientes para justificar sua exposição ao interrogatório e à tortura. Assim, para que seja a verdade conhecida pela sua própria boca, e que doravante a acusada não mais ofenda os ouvidos dos juízes, declaramos, julgamos e sentenciamos que no presente dia, a tal hora, a acusada seja submetida ao interrogatório e à tortura. Esta sentença foi lavrada e assim sucessivamente.

Por outro lado, conforme se disse, o juiz pode não estar disposto a entregar a acusada para interrogatório, e pode puni-la com a prisão tendo o seguinte objeto em vista. Que lhe reúna as pessoas amigas e lhes diga que ela poderá escapar da pena de morte, embora venha a ser punida de outra forma, se confessar a verdade, exortando-as a persuadi-la a que assim proceda. Pois muitas vezes a meditação, a miséria da prisão e o conselho repetido de homens honestos fazem a acusada ficar disposta a revelar a verdade.

O MARTELO DAS FEITICEIRAS

E encontramos bruxas que foram tão motivadas por esse tipo de conselho que, em sinal de sua rebelião, cuspiam no chão como se o fizessem na cara do demônio, dizendo: "Afaste-se, maldito diabo; hei de fazer o que é justo"; em seguida confessando os crimes.

Mas se, depois de manter a acusada em estado de suspense, e de adiar continuamente o dia do exame, a par de frequentes persuasões verbais, o juiz verdadeiramente acreditar que ela esteja negando a verdade, que proceda ao interrogatório, mas sem derramamento de sangue, sabendo que tal interrogatório será falacioso e muitas vezes, como já se disse, ineficaz.

E deve começar da seguinte forma. Enquanto os oficiais se preparam para o interrogatório, que a acusada seja despida; se for mulher, que primeiro seja levada a uma das células penais e que seja lá despida por mulher honesta de boa reputação. Eis o motivo: cumpre vasculhar suas roupas em busca de instrumentos de bruxaria a elas costurados; pois muitas vezes portam tais instrumentos, por instrução dos demônios, feitos de membros de crianças não batizadas, cuja finalidade é a de que tais crianças se vejam privadas da visão beatífica. E depois de os instrumentos terem sido retirados, o juiz deverá usar de sua capacidade de persuasão e da de outros homens honestos e zelosos da fé para induzi-la a contar a verdade voluntariamente; caso contrário, que ordene aos oficiais que a amarrem com cordas e a coloquem em algum aparelho de tortura; então que o obedeçam de imediato, mas sem que demonstrem satisfação, antes mostrando-se aparentemente perturbados pela tarefa. Em seguida, que ela seja tirada dali à solicitação de algum dos presentes, e levada a um canto, para que seja persuadida novamente; ao persuadi-la, convém dizer-lhe que poderá escapar da pena de morte.

Em caso de prisioneira condenada por má reputação, por testemunhas e pela evidência do fato, só carecendo-se de uma confissão do crime pela própria acusada, cabe indagar se o juiz pode licitamente prometer-lhe a vida, pois caso viesse a confessar o crime, só lhe restaria sofrer a pena capital.

Vemos que diferentes pessoas têm opiniões várias sobre essa questão. Algumas sustentam que se a acusada é de má reputação notória, e paira

TERCEIRA PARTE

sobre ela grave suspeita em virtude de evidência e inequívoca do crime, e se ela própria é grande fonte de perigo, por ser líder de outras bruxas, então pode-se lhe prometer a vida sob as condições seguintes: que seja condenada à prisão perpétua, a pão e água, desde que forneça evidência que leve à condenação de outras bruxas. E não se lhe dirá, ao lhe prometer a vida, que será aprisionada dessa forma; que se deixe a acusada imaginar que alguma outra pena, como o exílio, será imposta a ela como castigo. E, sem dúvida, bruxas notórias, especialmente as que fazem uso de remédios de bruxaria e as que curam as pessoas enfeitiçadas por meios supersticiosos, devem ser mantidas dessa forma, para que possam ajudar as enfeitiçadas e para que possam delatar outras bruxas. Mas tal delação não deve ser considerada em si suficiente para uma condenação, porque o demônio é mentiroso, salvo se consubstanciada pela evidência do fato, e por testemunhas.

Outras pensam que, depois de ter sido condenada à prisão perpétua, a promessa de poupar-lhe a vida deverá ser mantida por algum tempo, mas que depois seja queimada.

Uma terceira opinião é a de que o juiz pode com segurança prometer a vida à acusada, mas de tal forma que depois se descarte da incumbência de prescrever-lhe a sentença, delegando-a a outro juiz.

Parece haver alguma vantagem em seguir a primeira dessas condutas em virtude dos benefícios que possam daí advir às pessoas que se acham enfeitiçadas; embora não seja lícito usar bruxaria para curar bruxaria, não obstante (conforme se mostrou na primeira questão e na questão introdutória desta terceira parte) a opinião geral seja a de que é lícito usar de meios supersticiosos e vãos para remover malefícios. Mas o emprego, a experiência e a variedade desses casos serão de maior valia para os juízes do que qualquer arte ou tratado; portanto, essa é questão a ser deixada a seu próprio critério. Mas se verifica muitas vezes que muitas confessam a verdade quando não são contidas pelo temor da morte.

No entanto, se nem as ameaças nem as promessas a levam a confessar a verdade, então os oficiais devem prosseguir com a sentença, e a bruxa deverá ser examinada, não de alguma forma nova ou estranha, mas da

O MARTELO DAS FEITICEIRAS

maneira habitual, com pouca ou muita violência, de acordo com a natureza dos crimes cometidos. E enquanto estiver sendo interrogada a respeito de cada um dos pontos, que seja submetida à tortura com a devida frequência, começando-se com os meios mais brandos; o juiz não deve se apressar em usar dos meios mais violentos. E enquanto isso é feito, que o notário a tudo anote: de que modo é torturada, quais as perguntas feitas e quais as respostas obtidas.

E notar que, se confessar sob tortura, deverá ser então levada para outro local e interrogada novamente, para que não confesse tão somente sob a pressão da tortura.

Se após a devida sessão de tortura a acusada se recusar a confessar a verdade, caberá ao juiz colocar diante dela outros aparelhos de tortura e dizer-lhe que terá de suportá-los se não confessar. Se então não for induzida pelo terror a confessar, a tortura deverá prosseguir no segundo ou no terceiro dia, mas não naquele mesmo momento, salvo se houver boas indicações de seu provável êxito.

Que a sentença seja pronunciada em presença da acusada da seguinte maneira: "Nós, o supracitado juiz, determinamos que ...., em tal dia, será submetida à continuação do interrogatório, para que confesse a verdade pelas próprias palavras." E o notário colocará tudo nos autos do processo.

Durante o intervalo, antes da sessão de tortura seguinte, o próprio juiz ou outros homens honestos deverão tentar persuadi-la, por todos os meios que estiverem a seu alcance, para que confesse a verdade da forma que dissemos, dando-lhe, se lhes parecer conveniente, a promessa de que sua vida será poupada. O juiz deverá cuidar para que durante esse período guardas permaneçam com ela – que em momento algum fique sozinha –, para evitar que o demônio faça com que ela se mate. Embora o demônio saiba melhor do que ninguém se a deixará ou se será compelido a tal por Deus.

QUESTÃO XV

*Do prosseguimento da tortura e dos meios e sinais pelos quais
o juiz é capaz de identificar uma bruxa; e da maneira pela qual
poderá se proteger de seus malefícios
E também de que modo devem ser raspados os pelos daquelas partes
em que costumam ocultar as máscaras e os símbolos do demônio,
além do devido estabelecimento dos vários meios de vencer-lhes a
obstinação em manter o silêncio e a recusa da confissão
Eis a décima ação*

Ao prosseguimento da tortura, o juiz deverá agir da seguinte maneira. Primeiro, há de ter em mente que, assim como o mesmo remédio
não se aplica a todos os membros, hereges e as pessoas acusadas de
heresia não deverão ser submetidas ao mesmo método de interrogatório, de exame e de tortura quanto aos gravames que pairam sobre
elas; meios variados e diversos hão de ser empregados, segundo as
pessoas e sua variada natureza. Ora, um cirurgião amputa membros
em putrefação; ovelhas sarnentas são afastadas do rebanho; mas o juiz
prudente não há de considerar seguro ater-se a uma só norma invari-
ável no seu método de lidar com uma prisioneira dotada de poderes
maléficos taciturnos, cujo silêncio não consegue superar. Pois se as
filhas e os filhos das trevas se acostumassem a uma só norma geral,
descobririam meios de fugir da bem conhecida armadilha preparada
para a sua destruição.

Portanto, o juiz prudente e zeloso há de aproveitar essa oportunidade
e escolher o método de conduzir o exame de acordo com as respostas

O MARTELO DAS FEITICEIRAS

ou com os depoimentos das testemunhas, ou conforme a sua própria experiência ou sabedoria lhe aponta, usando das seguintes precauções.

Se deseja saber se a acusada tem o poder maléfico de preservar o silêncio, que repare se ela é capaz de soltar lágrimas ao ficar em sua presença ou quando estiver sendo torturada. Pois aprendemos tanto pelas palavras de velhos sábios quanto pela própria experiência que este é sinal quase inequívoco: verifica-se que mesmo quando a acusada é premida e exortada por conjurações solenes a derramar lágrimas, se for de fato uma bruxa não vai chorar, não obstante assuma um aspecto choroso e molhe as bochechas e os olhos com saliva para dar a impressão de lacrimejamento; pelo que deve ser diligentemente observada pelos presentes.

Ao declarar a sentença, o juiz ou o pároco pode usar de alguns meios, como o apontado a seguir, ao conjurá-la para que derrame lágrimas verdadeiras se for inocente, ou para que contenha as lágrimas falsas. Que coloque a mão na cabeça da acusada e diga: Eu te conjuro pelas lágrimas amargas derramadas na cruz por Nosso Salvador, o Senhor Deus Jesus Cristo para a salvação do mundo, e pelas lágrimas ardentes derramadas na hora derradeira sobre as Suas chagas pela gloriosíssima Virgem Maria, Sua Mãe, e por todas as lágrimas que foram derramadas neste mundo pelos santos e pelos eleitos de Deus, de cujos olhos Ele enxugou todas as lágrimas. E se fores inocente, hás de agora derramar lágrimas, mas se fores culpada, não hás de derramá-las, sob forma alguma. Em nome do Pai, do Filho e do Espírito Santo, Amém.

E verifica-se que quanto mais conjuradas são, menos são capazes de chorar, por mais que tentem, ou por mais que molhem as bochechas com saliva. Todavia, é possível que depois, na ausência do juiz e não no momento ou no local da tortura, possam ser capazes de chorar na presença dos carrascos.

O motivo da incapacidade de derramar lágrimas talvez esteja no fato de que a graça das lágrimas é um dos principais dons concedidos à pessoa penitente; pois São Bernardo nos diz que as lágrimas das pessoas humildes podem penetrar nos céus e conquistar o inconquistável.

TERCEIRA PARTE

Portanto, não há dúvida de que estejam desagradando ao demônio e de que ele usa de todos os seus poderes para contê-las, para impedir que a bruxa por fim atinja o estado de penitência.

Mas poderia objetar-se que é possível que convenha à astúcia do demônio, com a permissão de Deus, permitir que uma bruxa chore; já que o luto, as tramas e os engodos chorosos são notoriamente próprios das mulheres. Responderíamos que nesse caso, como os julgamentos de Deus são um mistério – se não houver outra forma de condenar a acusada, pelos testemunhos legítimos ou pelas evidências do fato, e se ela não estiver sob forte ou grave suspeita –, a acusada poderá ser dispensada; mas como se acha sob leve suspeita em virtude da reputação alegada pelas testemunhas, se há de exigir-lhe que abjure a heresia da bruxaria, conforme mostraremos ao tratarmos do segundo método de pronunciar a sentença.

Uma segunda precaução deverá ser observada, não só nesse momento, mas durante todo o processo, pelo juiz e por todos os seus assessores, a saber: que não devem se deixar tocar fisicamente pela bruxa. Devem evitar sobretudo qualquer contato com os braços nus ou com as mãos; devem ademais sempre trazer consigo um pouco de sal consagrado em Domingo de Ramos e algumas ervas consagradas. Podem ser esses envolvidos em cera abençoada e usada em torno do pescoço, conforme mostramos na segunda parte, quando discutimos as enfermidades e as doenças causadas por bruxaria; e que esses têm uma virtude protetora extraordinária é sabido não só pelo testemunho de bruxas, mas pelo uso e pela prática da Igreja, que exorciza e abençoa tais objetos para esse exato propósito, conforme mostramos na cerimônia de exorcismo quando foi dito: "Para a erradicação de todos os poderes do demônio" e assim sucessivamente.

Mas que não se pense que o contato físico com as juntas e com os membros seja a única coisa a ser evitada; às vezes, com a permissão de Deus, e com o auxílio do demônio, elas são capazes de enfeitiçar o juiz ao mero som das palavras que dizem, especialmente no momento em que são submetidas à tortura.

O MARTELO DAS FEITICEIRAS

E sabemos, pela experiência, que algumas bruxas, quando detidas na prisão, têm insistentemente suplicado aos carrascos que lhes seja permitido olhar para o juiz antes que este as olhe; assim, conseguindo lançar primeiro o seu olhar sobre ele, são capazes de modificar-lhe o pensamento (e também o pensamento dos assessores) a ponto de fazer com que ele perca todo o ódio que alimenta contra elas, deixando-as sair em liberdade. Aquele que sabe e que por isso já passou que dê o próprio testemunho da verdade; e que elas não sejam capazes de realizar tais coisas!

Que os juízes não desconsiderem tais precauções e proteções, pois, se não as levarem na devida conta depois dessa advertência, correm o risco da danação eterna. Pois que o nosso Salvador falou: "Se Eu não viesse e não lhes tivesse falado, não teriam pecado; mas agora não há desculpa para o seu pecado" (João, 15:22). Portanto, que os juízes se protejam da maneira indicada, segundo as providências da Igreja.

E se puder ser convenientemente feito, que a bruxa seja conduzida de costas à presença do juiz e de seus assessores. E não só no presente momento, mas em todos os que o precederam ou que o sucederão, que o juiz faça o sinal da cruz e que dela se aproxime corajosamente, pois que com o auxílio de Deus, o poder da velha serpente será destruído. E que ninguém considere atitude supersticiosa conduzi-la de costas à presença do juiz; pois, conforme dissemos muitas vezes, os canonistas permitem até mais do que isso para a proteção contra as bruxarias, ao afirmarem sempre que é lícito opor futilidade contra futilidade.

A terceira precaução a ser observada nesta décima etapa é que os pelos e cabelos devem ser raspados de todo o seu corpo. A razão para isso é a mesma pela qual se deve tirar-lhes as roupas, que já mencionamos; pois para conservarem o poder do silêncio têm o hábito de esconder objetos supersticiosos nas roupas e nos cabelos, até mesmo nas partes mais secretas do corpo, cujo nome não nos atrevemos a mencionar.

Mas caberia objetar que o demônio poderia, sem o uso de tais objetos, endurecer de tal modo o coração de uma bruxa que ela seria incapaz de confessar os crimes; como sói acontecer no caso de outras pessoas criminosas, não importa a tortura a que sejam submetidas, ou a gravidade

TERCEIRA PARTE

da condenação pela evidência dos fatos e das testemunhas. Respondemos ser verdade que o demônio é capaz de assim proceder, ou seja, sem o uso de objetos maléficos; mas prefere usá-los para a perdição das almas e para maior ofensa à Divina Majestade de Deus.

O assunto pode ser elucidado pelo exemplo de uma bruxa na cidade de Haguenau, a que nos referimos na segunda parte desta obra. Ela costumava obter o dom do silêncio da seguinte forma: depois de ter matado uma criança primogênita recém-nascida que não fora batizada, assava-a num forno junto com outras substâncias que não convém aqui mencionar, triturando-a a pó e cinzas; qualquer pessoa criminosa ou bruxa que portasse uma pequena parcela dessa substância final seria incapaz de confessar seus crimes.

Fica claro aí que centenas de milhares de crianças assim utilizadas não poderiam por sua própria virtude dotar uma pessoa do poder de ficar em silêncio; mas qualquer pessoa inteligente há de compreender que tais recursos são utilizados pelo demônio para a perdição das almas e para ofender à Divina Majestade.

Uma vez mais, pode-se objetar que muitas vezes as pessoas criminosas que não são feiticeiras exibem o mesmo poder de guardar silêncio. Para responder a essa objeção, cumpre dizer que esse poder maléfico pode advir de três causas. Primeiro, da dureza natural do coração; pois algumas pessoas, de coração mole ou mesmo com debilidade mental, à menor tortura tudo admitem, até coisas que não são verdadeiras, ao passo que outras são tão duras que, por mais que se as torture, não se consegue delas arrancar a verdade — o que costuma acontecer sobretudo com as pessoas que já foram uma vez torturadas, mesmo quando seus braços são repentinamente estirados e torcidos.

Em segundo lugar, pode advir de algum instrumento de bruxaria trazido pela pessoa, conforme já se disse, seja nas roupas, seja nos pelos do corpo. Em terceiro lugar, mesmo que a pessoa presa não tenha tal objeto escondido no corpo, são às vezes dotadas desse poder por outras bruxas, por mais afastadas que delas estejam. Certa bruxa em Innsbruck costumava gabar-se de que, se tivesse apenas um fiapo da indumentária

O MARTELO DAS FEITICEIRAS

de qualquer prisioneira, era capaz de fazer um malefício que, por mais que se torturasse a pessoa, mesmo até a morte, ela seria incapaz de confessar qualquer coisa. Logo, clara está a resposta à questão levantada.

Mas o que se há de dizer do caso que ocorreu na diocese de Ratisbona? Certos hereges foram condenados pela própria confissão, não só como impenitentes, mas como francos defensores daquela perfídia; no entanto, ao serem condenados à fogueira, aconteceu de permanecerem ilesos sob o fogo. Modificou-se-lhes a sentença: foram condenados à morte por afogamento, o que também de nada adiantou. Todas as pessoas ficaram atônitas, e algumas inclusive começaram a dizer que aquela heresia era de fato verdadeira; e o bispo, ansioso com relação ao destino de sua paróquia, decretou jejum de três dias. Depois do cumprimento do decreto, em grande devoção, chegou ao conhecimento de algumas pessoas que os hereges tinham um objeto mágico costurado entre a pele e a carne debaixo de um dos braços; depois de descoberto e removido tal objeto, foram entregues às chamas e morreram imediatamente. Algumas pessoas dizem que uma necromante aprendera esse segredo durante uma consulta com o diabo, mas que depois confessou a verdade; entretanto, não importa como se tenha ficado sabendo do fato, é provável que o demônio, sempre ardiloso para subverter a fé, tenha sido de alguma forma compelido pela força Divina a revelar o mistério.

Daí se pode perceber o que o juiz deve fazer quando um caso semelhante lhe cair nas mãos: a saber, deve confiar na proteção de Deus e, mediante orações e jejuns de pessoas devotas, remover essa espécie de obra maléfica operada pelas bruxas, nos casos em que não são levadas a confessar os crimes sob tortura, mesmo depois de despidas e de terem todos os pelos e cabelos raspados.

Ora, nos domínios da Alemanha, a raspagem dos pelos, sobretudo das partes íntimas, é conduta considerada indecorosa, e portanto nós, inquisidores, não a empregamos; mas costumamos raspar-lhes os cabelos e também, depois de colocar um pedaço de cera consagrada numa xícara com água benta, invocando a Santíssima Trindade, damos-lhes dessa água para beber três vezes, de estômago vazio, e pela graça de

TERCEIRA PARTE

Deus temos conseguido que muitas rompam o silêncio. Mas em outros países os inquisidores ordenam a raspagem de todos os pelos do corpo. O inquisidor de Como nos informou que no ano passado, ou seja, 1485, mandou 41 bruxas para a fogueira, depois de terem tido todos os pelos completamente raspados. Isso se deu no distrito e condado de Bormio, "Wurmserbad", em língua vernácula, no território do arquiduque da Áustria, em direção a Milão.

Mas caberia indagar se, numa hora de necessidade, quando todos os demais meios para romper o silêncio da bruxa falharam, seria lícito recorrer ao auxílio de feiticeiras capazes de curar as pessoas enfeitiçadas. Respondemos que, o que quer que possa ter sido feito a esse respeito em Ratisbona, é nossa mais firme convicção no Senhor de que ninguém, por maior que possa ser a necessidade, deve recorrer a feiticeiras em favor do Estado; e isso em virtude da grande ofensa que é assim causada à Divina Majestade, quando existem muitos outros meios a nosso alcance que podemos usar, seja na sua própria forma ou em forma equivalente, para que a verdade seja extraída de sua própria boca e para que possam ser condenadas às chamas; pois que, mesmo que tais recursos venham a falhar, Deus há de permitir que a bruxa morra de alguma outra maneira.

Ainda nos restam os seguintes remédios contra o poder de guardar silêncio. Primeiro, que uma pessoa faça tudo o que estiver a seu alcance nos limites de suas próprias qualidades, persistindo muitas vezes com os métodos que já mencionamos, especialmente em certos dias, conforme mostraremos na questão seguinte. Ver II Coríntios, 9:8: "Que vos sobre ainda muito para toda a espécie de boas obras."

Segundo, se isso falhar, que consulte outras pessoas; talvez possam descobrir algum meio que ainda não lhe ocorreu, já que existem vários métodos para combater a bruxaria.

Terceiro, se tudo falhar, que recorra a pessoas devotas, como está escrito no Eclesiástico, 37:15: "Sê, porém, assíduo junto a um santo homem, quando conheceres um que seja fiel ao temor de Deus." Que também sejam invocados os santos padroeiros do país. Mas se tudo isso falhar, que o juiz e todo o povo a um só tempo depositem sua confiança em Deus

O MARTELO DAS FEITICEIRAS

com orações e jejum, para que a bruxaria possa ser removida graças à piedade. Pois assim Josafá orou em II Crônicas, 20:12: "Não sabemos o que fazer e nossos olhos se voltam para Vós." E sem dúvida Deus não nos falhará em nossa necessidade.

Santo Agostinho também se refere a essa questão (livro 26, questão 7, "*Non observabitis*"): "Quem quer que observe quaisquer adivinhos ou áugures ou os presencia ou consente em observá-los, ou lhes dê crédito, seguindo-lhes as obras, ou vá à sua casa, traga-os para a própria casa, ou lhes faça perguntas, que saiba estar pervertendo a fé cristã e o batismo e é um pagão, um apóstata e um inimigo de Deus, e corre grave perigo da ira eterna de Deus, salvo se for corrigido por penas eclesiásticas e se reconciliar com Deus."

Portanto, que o juiz cuide para sempre usar de todos os remédios lícitos, conforme indicamos, ao lado das seguintes precauções finais.

QUESTÃO XVI

Do momento oportuno e do método para o segundo exame
E essa é a décima primeira ação, que trata das precauções finais
a serem observadas pelo juiz

Há um ou dois pontos a serem observados em relação ao que acabamos de escrever. Primeiro, que as bruxas devem ser interrogadas nos dias mais santos e durante a celebração da missa, e que o povo deve ser exortado a orar, implorando o auxílio divino, não de alguma maneira específica, mas invocando as orações dos santos contra todas as pragas do diabo.

Segundo, conforme declaramos antes, deverá ser colocado em volta do pescoço da acusada sal consagrado e outras substâncias, junto às sete palavras que Cristo pronunciou na cruz escritas numa folha de papel, todas unidas. E também cera consagrada do tamanho do Corpo de Cristo (se tal quantidade for convenientemente obtida) deve ser fixada em seu corpo nu. Pois está demonstrado pela experiência que as bruxas encontram grande dificuldade perante tais elementos, e dificilmente deixarão de confessar a verdade. As relíquias dos santos também são de particular virtude.

Tendo tomado tais precauções, e depois de dar à bruxa água benta para beber, que torne a interrogá-la, exortando-a a confessar a verdade o tempo todo, como no interrogatório anterior. E enquanto ela estiver sendo suspensa do chão, caso seja torturada dessa forma, que o juiz leia ou faça ler para ela os depoimentos das testemunhas com o nome, dizendo: "Vê! Foste condenada pelas testemunhas." Além disso, se as testemunhas se mostrarem dispostas a confrontá-la face a face, o juiz deverá perguntar-

O MARTELO DAS FEITICEIRAS

-lhe se irá confessar os crimes caso coloque as testemunhas perante ela. Se consentir, que sejam trazidas as testemunhas e que se postem diante dela, para que seja coagida a confessar alguns dos crimes.

Por fim, se o juiz perceber que a bruxa não vai admitir os crimes, há de perguntar-lhe se, para provar-lhe a inocência, ela está disposta a submeter-se ao ordálio pelo ferro incandescente. E todas vão desejar isso, sabendo que o demônio impedirá os ferimentos; portanto, assim se expõe uma bruxa verdadeira. O juiz há de perguntar-lhe como pode ela ser tão ousada a ponto de correr tão grande risco, e tudo há de ficar registrado nos autos; mas demonstraremos mais adiante que nunca se deve permitir que sejam submetidas ao ordálio pelo ferro em brasa.

Que o juiz observe que quando as bruxas são interrogadas numa sexta-feira, enquanto as pessoas se acham reunidas na santa missa à espera de Nosso Salvador, elas muitas vezes confessam.

Mas devemos prosseguir para o caso extremo, quando depois de todos esses expedientes a bruxa ainda se mantém em silêncio. O juiz deverá então soltá-la e, usando das seguintes precauções, tirá-la do local de tortura e conduzi-la a outro local sob forte vigilância; mas que cuide para não deixá-la sem qualquer espécie de segurança, pois nesse caso nunca confessam a verdade: sempre se tornam mais obstinadas.

Em primeiro lugar, que permita que seja bem tratada em termos de alimentação e de bebida. Enquanto isso, que também permita a pessoas honestas – que não se acham sob suspeita – aproximarem-se dela e com ela conversar sobre assuntos irrelevantes, para que ao fim a aconselhem, em confidência, a confessar a verdade, assegurando-lhe que o juiz será misericordioso e que intercederá em seu favor. E que, por fim, venha o juiz e lhe prometa ser misericordioso, mas com reserva espiritual, o que significa que será misericordioso para consigo ou para com o Estado; pois o que quer que seja feito para a segurança do Estado é misericordioso.

Mas se prometer-lhe a vida, conforme demonstramos na questão 14, o que poderá fazer de três formas, que tudo seja anotado pelo notário nas devidas palavras e com que intenção a misericórdia foi prometida. E se a acusada suplicar por misericórdia nesses termos, e revelar o crime, que

TERCEIRA PARTE

lhe seja prometido em termos vagos e gerais que receberá ainda mais do que solicitou, para que possa falar com maior confiança.

Como uma segunda precaução nesse caso, quando se recusar definitivamente a revelar a verdade, o juiz deverá, conforme dissemos antes, examinar-lhe as pessoas amigas e próximas sem o seu conhecimento; e se estas vierem a depor qualquer coisa que possa levá-la à condenação, cumpre investigar diligentemente o caso de novo. Ademais, se qualquer instrumento, pomada ou unguento, ou caixas forem encontrados na sua casa, devem ser a ela mostrados, perguntando-lhe para que finalidade eram usados.

Uma terceira precaução pode ainda ser tomada quando, apesar de tudo, a bruxa persistir na obstinação mesmo depois de pessoas amigas e conhecidas terem sido examinadas e terem deposto contra ela, e não a seu favor. Se não tiver pessoas amigas, que alguma outra pessoa de confiança, que tenha intimidade com a acusada e que em certa medida tenha sido sua protetora, entre numa noite em sua cela e entabule com ela uma conversa demorada. Então, se não for seu cúmplice, que finja ser muito tarde para retornar, e que permaneça na prisão com ela, para que continuem a conversar durante a noite. E se for cúmplice, que comam e bebam juntos, e que conversem entre si a respeito de tudo o que já fizeram. Mas que do lado de fora da cela, em local propício, sejam colocados observadores, que a tudo escutem e que tomem notas de suas palavras, colocando-se junto a eles um escrivão se necessário.

Como quarta precaução, se então ela começar a contar a verdade, que o juiz não adie por qualquer motivo ouvir-lhe a confissão, mesmo no meio da noite, mas que continue ao extremo de sua capacidade. Se for durante o dia, que cuide para protelar o almoço ou jantar e que persista até que ela tenha revelado a verdade, ao menos em linhas gerais. Pois se verifica em geral que retornarão à sua obstinação depois de adiamentos e interrupções e não revelarão a verdade que começaram a confessar, mudando de ideia a respeito.

E que o juiz observe: depois de ter confessado todos os males causados a seres humanos e animais, há de perguntar-lhe durante quantos anos

O MARTELO DAS FEITICEIRAS

tem se entregado a um íncubo, e por quanto tempo desde que abjurou a fé. Pois nunca confessam esses assuntos, salvo quando primeiro já confessaram outros atos; portanto, cumpre indagar-lhes a esse respeito só no final da confissão.

Como quinta precaução, quando tudo o que mencionamos tiver falhado, que ela, se possível, seja levada a um castelo; depois de lá mantida sob custódia por alguns dias, que o castelão simule sair para uma longa viagem. Então que algumas pessoas de sua família, ou mesmo algumas mulheres honestas, a visitem e prometam deixá-la sair em plena liberdade se ela lhes ensinar como realizar certas práticas maléficas. E que o juiz saiba que mediante esse recurso muitas vezes as bruxas confessaram e foram condenadas.

Há pouco tempo, uma bruxa foi detida no castelo de Königsheim, perto da cidade de Schlettstadt, na diocese de Estrasburgo, mas não confessou os crimes nem por interrogatório, nem por tortura. O castelão usou do método que acabamos de descrever. Embora ele próprio estivesse presente no castelo, a bruxa pensara que tivesse se ausentado. Aproximaram-se dela então três familiares e prometeram-lhe a liberdade se ela lhes contasse como eram feitos certos prodígios. A princípio recusou, dizendo que estavam tentando enganá-la. Mas, por fim, perguntou o que queriam saber. Uma perguntou a respeito de como provocar tempestades, outra perguntou a respeito de certos assuntos carnais. Quando por fim concordou em mostrar-lhes como se causava uma tempestade, foi-lhe trazida uma tigela com água. A bruxa ensinou-lhes a revolver um pouco a água com o dedo, enquanto ela própria pronunciava algumas palavras; e subitamente, no lugar que indicara – um bosque perto do castelo – desabou uma tempestade violenta como há muito não se via.

Resta ainda mostrar como o juiz há de proceder para prescrever a sentença caso todos os meios indicados tenham falhado, ou o que ainda se tem de fazer, mesmo quando ela já confessou os crimes, para que o processo chegue ao fim; completaremos esta última parte da obra com a consideração desses assuntos.

O TERCEIRO TÓPICO

A última parte da obra: de como o processo há de ser concluído com o pronunciamento de uma sentença definitiva e justa

Tendo, pela graça de Deus, examinado os meios próprios de chegarmos a um conhecimento da heresia dos malefícios, e tendo demonstrado como o processo em prol da fé deve ser iniciado e conduzido, resta discutir como tal processo é levado a bom termo com uma sentença apropriada.

Cumpre aqui notar que essa heresia, conforme mostrado no começo desta última parte, não há de ser confundida com outras heresias simples, já que é notório não se tratar de crime puro e simples, mas de crime parcialmente eclesiástico e parcialmente civil. Portanto, ao tratarmos dos métodos para lavrar a sentença, devemos primeiro considerar certa espécie de sentença a que as bruxas têm por hábito recorrer, caso em que o juiz secular pode agir por conta própria, independentemente do ordinário. Em segundo lugar, havemos de considerar aquelas sentenças nas quais o juiz secular não pode agir sem a participação do ordinário. Por fim, em terceiro lugar, veremos como os ordinários podem se desincumbir de suas obrigações.

QUESTÃO XVII

Da purgação comum, e sobretudo da prova
pelo ferro em brasa a que as bruxas apelam

A questão é agora saber se o juiz secular pode permitir que a bruxa seja submetida a uma purgação comum (a cujo respeito consultar o Cânon, 3, questão 4, capítulos *"Consuluisti"* e *"Monomachiam"*) da mesma forma que se permite ao réu civil a prova pelo ordálio, como, por exemplo, pelo ferro incandescente. Pois que parece que pode ser assim.

Pois a prova pelo combate é permissível num caso criminal para a proteção da vida, e num caso civil para a proteção da propriedade; então, por que não a prova pelo ferro em brasa ou pela água fervendo? São Tomás admite que o primeiro seja permissível em alguns casos, ao declarar na *Secunda Secundae*, questão 95, último artigo, que um duelo é lícito quando se mostra consoante o bom senso. Portanto, a prova pelo ferro em brasa também haveria de ser lícita em alguns casos.

Também tem sido empregada por muitos príncipes de vida santa que têm feito bom uso da advertência e do conselho de bons homens; como, por exemplo, o santo imperador Henrique no caso da virgem Cunegunda, com quem se casara e que depois foi suspeita de adultério.

Uma vez mais, o juiz, que é responsável pela segurança da comunidade, pode licitamente permitir um mal menor para que um maior seja evitado; como ao permitir a existência de prostitutas nas cidades a fim de evitar a confusão geral da luxúria. Pois Santo Agostinho, em *De gratia et libero arbitrio*, declara: "Afastai as prostitutas e estareis criando um caos e uma confusão geral pela luxúria." Portanto, quando uma

O MARTELO DAS FEITICEIRAS

pessoa tiver sido agravada com insultos e ofensas por uma comunidade, poderá livrar o seu nome de qualquer ônus criminal ou civil por meio da provação pelo ordálio.

Ademais, como menos mal é causado às mãos pelo ferro em brasa do que o que é causado à vida pelo duelo, se um duelo é permitido onde é costume, muito mais há de ser permitida a prova pelo ferro em brasa.

Mas o ponto de vista contrário avulta no seguinte argumento (2, questão 5, *"Monomachiam"*): "Aquela pessoa que pratica tais coisas e coisas semelhantes parece estar desafiando a Deus." E aqui os doutores afirmam ser mister observar que, segundo São Paulo (I Tessalonicenses, 5:22), precisamos nos abster não só do mal, mas de todas as aparências do mal. Portanto, diz o Cânon naquele capítulo, não é que as pessoas que fazem uso de tais práticas estejam desafiando a Deus, mas que parecem desafiá-lo, podendo-se assim entender que, mesmo quando alguém participa de prova dessa natureza apenas com boas intenções, por apresentar ela uma aparência malévola, deve ser evitada.

Resposta: Tais provas são ilícitas por duas razões. Em primeiro lugar, porque o seu propósito é o de julgar coisas ocultas cujo julgamento só cabe a Deus. Em segundo lugar, por não haver uma autoridade Divina para tais provas e nem serem elas sancionadas nos escritos dos santos padres. E diz o capítulo *"Consuluisti"* (2, questão 5): "O que não se acha sancionado nos textos dos santos padres há de ser considerado supersticioso." E diz o papa Estêvão no mesmo capítulo: "Fica a vosso critério submeter à prova os prisioneiros condenados pela própria confissão ou por provas de evidência; mas deixai o oculto e o desconhecido ao julgamento Dele, o Único a conhecer o coração das pessoas."

Há, todavia, uma diferença entre um duelo e o ordálio pelo ferro em brasa ou por água fervendo. O duelo se afigura mais humanamente razoável – por serem os combatentes de força e de habilidade semelhante – do que a prova pelo ferro em brasa. Pois embora o propósito de ambos seja o de descobrir alguma coisa oculta através de um ato humano, no caso do ordálio pelo ferro em brasa busca-se um efeito miraculoso, o que não

TERCEIRA PARTE

acontece no caso de um duelo, em que o máximo que pode acontecer é a morte de um ou de ambos os combatentes. Portanto, a prova do ferro incandescente é absolutamente ilícita; não obstante o duelo não o seja no mesmo grau. E muito tem sido incidentalmente admitido em relação a duelos, pelos príncipes e pelos juízes seculares.

Há de reparar-se que, em virtude das palavras de São Tomás ao fazer a distinção mencionada, Nicolau de Lira, em seu *Postilla Literalis*, sobre o duelo ou o combate entre Davi e Golias (I Samuel, 17), tenta provar que em alguns casos o duelo é lícito. Mas Paulo de Burgos prova que não foi isso, e sim o contrário, que São Tomás quis dizer; e todos os príncipes e juízes seculares devem prestar atenção particular a essa prova.

Seu primeiro argumento é de que o duelo, como as demais provas pelo ordálio, tem por finalidade o julgamento de algo oculto, que há de ser confiada ao juízo de Deus, como já dissemos. E não se pode dizer que aquele combate de Davi autoriza os duelos; pois lhe foi revelado pelo Senhor, mediante algum instinto interior, que ele deveria combater o filisteu (Golias) e dele se vingar das ofensas contra Deus, como é provado pelas próprias palavras de Davi: "Eu, porém, vou contra ti em nome do Senhor dos exércitos, do Deus das fileiras de Israel, que tu insultaste." (I Samuel, 17:45). Assim, não falava propriamente como quem vai a um simples duelo, mas como um executor da justiça Divina.

Seu segundo argumento é de que os juízes devem especialmente observar que, num duelo, o poder, ou pelo menos uma licença, é dada a cada uma das partes para se matarem. Mas como um dos dois é inocente, tal poder ou licença é dado para que se mate um inocente; e isso é ilícito por ser contrário ao que ditam a lei natural e os ensinamentos de Deus. Portanto, o duelo é absolutamente ilícito, não só por parte de quem a ele apela e por parte de quem lhe responde, mas também por parte do juiz e de seus conselheiros, que passam a ser todos considerados igualmente homicidas culposos.

Em terceiro lugar, acrescenta que o duelo é o combate único entre dois homens, cujo propósito é o de que a justiça do caso se elucide pela vitória de uma das partes, como se fosse por juízo divino, não obstante

O MARTELO DAS FEITICEIRAS

uma dessas partes lutar por causa injusta; e é nesse sentido que se desafia a Deus. Portanto, é ilícito pela parte do apelante e do respondente. Mas ao considerarmos o fato de que o juiz não possui outro meio de chegar a um bom termo na disputa, justo e equânime, caso não se faça uso desse recurso, e recomenda ou mesmo permite o duelo, está a consentir a morte de uma pessoa inocente.

No entanto, por ser improvável que Nicolau, o Comentador, não soubesse ou ignorasse o raciocínio acima, conclui-se que, ao dizer que em alguns casos o duelo pode ser disputado sem que se incorra em pecado mortal, está se referindo no que se refere aos juízes ou conselheiros, a saber, nos casos em que o duelo não é de sua responsabilidade ou conhecimento, mas se faz só por iniciativa do apelante e do próprio respondente.

Mas como não é nosso propósito arrastar o debate a respeito de tais considerações, e sim retornar à questão das bruxas, claro está que, se essa espécie de prova é proibida no caso de outras causas criminais, como nos casos de roubo ou assalto, deve ser ainda mais proibida no caso das bruxas, que, se concorda, obtêm todo o seu poder dos demônios, seja para causarem males, seja para removerem ou prevenirem os efeitos das bruxarias.

E não admira que as bruxas sejam capazes de transpor ilesas a prova pelo ordálio com o auxílio dos demônios; pois aprendemos através dos naturalistas que, se as mãos forem ungidas com o sumo de certas ervas, ficam protegidas de queimaduras. Ora, o demônio possui um conhecimento exato das virtudes de tais ervas; portanto, embora seja capaz de proteger a mão da acusada do ferro em brasa, interpondo entre este e a mão outra substância invisível, é capaz de obter o mesmo efeito pelo uso de objetos naturais. Portanto, não se deve permitir que as bruxas sejam submetidas ao ordálio, e ainda menos que outras pessoas criminosas, em virtude de sua íntima familiaridade com o demônio; e pelo próprio fato de apelarem a essa prova deve-se aumentar a suspeita de que sejam bruxas.

Um incidente ilustrativo de nosso argumento ocorreu há mais ou menos três anos na diocese de Constança. Nos territórios do conde de Fürstenberg, na região da Floresta Negra, vivia uma bruxa que era motivo

TERCEIRA PARTE

de várias queixas públicas. Por fim, em decorrência de diversas exigências judiciais, foi capturada pelo conde e acusada de vários malefícios. Quando estava sendo torturada e interrogada, desejando escapar-lhes das mãos, apelou para o ordálio pelo ferro em brasa; e o conde, jovem e inexperiente, assim permitiu. Foi quando ela conseguiu carregar o ferro incandescente não apenas pelos três passos estipulados, mas por seis, e ainda se ofereceu para segurá-lo por maior distância. Então, embora devessem ter considerado o fenômeno prova manifesta de que era uma bruxa (já que nenhum dos santos ousaria desafiar a ajuda de Deus dessa forma), foi ela libertada dos grilhões e ainda vive até hoje, não sem grave escândalo para a fé naquelas regiões.

QUESTÃO XVIII

Do método de pronunciar a sentença final e definitiva

Em continuidade ao que dissemos a respeito daqueles casos em que o juiz secular pode sozinho julgar e estipular a sentença, sem a cooperação do diocesano e ordinários, necessariamente pressupomos não ser só compatível com a proteção da fé e da justiça que nós, inquisidores, devamos ser desincumbidos da tarefa de lavrar a sentença nesses casos, como também, com mesma sinceridade de espírito, queremos aliviar os diocesanos de tal incumbência. Não no desejo de tirar-lhes a autoridade e jurisdição, pois, se for sua escolha exercitar a autoridade que lhes é conferida, só nos restaria, a nós, inquisidores, concorrer para tal (de acordo com o capítulo *"Multorum querela"*).

Cumpre lembrar, também, que o crime de bruxaria não é meramente eclesiástico. Portanto, os potentados e os castelães não estão impedidos de processarem as bruxas e de julgarem-nas (de acordo com o capítulo *"Ut inquisitionis"*, parágrafo *"Prohibemus"*). Ao mesmo tempo, mostraremos que em alguns casos não devem eles chegar a uma sentença definitiva sem autorização dos diocesanos.

Primeiro, contudo, devemos considerar a sentença em si; em segundo lugar, a natureza de seu pronunciamento; e em terceiro, as várias maneiras de ser pronunciada.

Em relação à primeira dessas questões, Santo Agostinho (*Decretum*, 2, questão 1) diz que não devemos pronunciar a sentença contra qualquer pessoa, salvo que tenha sido comprovada a culpa, ou que a tenha confessado. Ora, existem três espécies de sentença – a interlocutória, a

O MARTELO DAS FEITICEIRAS

definitiva e a preceptiva. Assim são explicadas por São Raimundo: a sentença interlocutória é a que é prescrita não com relação à causa judicial principal, e sim a respeito de questões marginais referentes ao caso, embora sobre assuntos que emerjam durante as audiências; como, por exemplo, sobre a rejeição ou não de alguma testemunha, ou se será admitida ou não alguma digressão, e outras questões afins. Ou talvez possa ser chamada de interlocutória por ser decretada por pronunciamento oral e não mediante a formalidade da sentença lavrada em papel. A sentença definitiva é aquela em que se pronuncia a decisão final referente à causa judicial principal (*Pandect*, "A questão decidida", lei 1). A sentença preceptiva é aquela pronunciada por autoridade inferior à instrução de autoridade superior. Mas só nos ocuparemos das duas primeiras, sobretudo da sentença definitiva.

Pois bem, acha-se agora estabelecido por lei que a sentença definitiva a que se chegou sem a devida observação dos próprios procedimentos legais durante o processo é destituída de validade ou legalmente nula. A conduta legal de determinado caso compõe-se de dois elementos. Um diz respeito aos fundamentos do julgamento. Pois deverão ser tomadas as devidas providências para que se ouçam os argumentos tanto da promotoria quanto da defesa: sentença promulgada sem a devida audiência é improcedente. O outro elemento não diz respeito a tais fundamentos, mas determina que à sentença não seja condicional; por exemplo, a reivindicação de posse não deve ser decidida condicionalmente em função de uma ulterior reivindicação de propriedade; não obstante, quando não houver dúvida a respeito de possível objeção dessa natureza, a sentença será válida.

Entretanto, no caso que estamos considerando, que é o processo em benefício da fé e contra o gravame da heresia (embora este seja de natureza mista), o procedimento é direto e sumário. Vale dizer: o juiz não precisa requerer ordem judicial ou mandado, ou exigir que o caso seja contestado. Há, contudo, de dar oportunidade para que se anexem as provas necessárias, emitir a sua intimação, requerer a declaração solene do juramento sobre a calúnia e assim sucessivamente. Pois que surgiu recentemente nova lei que trata especificamente do método de procedimento em tais casos.

TERCEIRA PARTE

Para prosseguirmos com a nossa segunda consideração, a saber, da natureza do pronunciamento da sentença, cumpre atentar que só deverá ser pronunciada pelo juiz e por ninguém mais, caso contrário não será válida. Também o juiz deverá ficar sentado em local público e respeitável (como estabelecido em 3, questão 3, "*Indutiae*", parágrafo "*Spatium*") e há de pronunciá-la durante o dia e não à noite; ademais, existem outras condições a serem observadas. Por exemplo, a sentença não pode ser promulgada em dias santos, quando nem poderá ser lavrada.

Todavia, é mister observar que, conforme já dissemos, como tais casos são conduzidos de maneira simples e sumária, poderão ser licitamente realizados em dias santos para a conveniência do público, e o juiz poderá eliminar quaisquer digressões. Portanto, o juiz pode, se quiser, agir dessa forma e inclusive emitir a sentença, sem a colocar por escrito. Pois fomos informados por certas autoridades de que há casos em que a sentença é válida sem que seja lavrada, como, por exemplo, quando esse é o costume de qualquer localidade particular ou da corte (dist. 2, capítulo "*Consuetudinis*"). Também há excelente precedente para que um bispo, quando este é o juiz, permitir que a sentença seja pronunciada por alguma outra pessoa.

Convém notar uma vez mais que, embora nas ações criminais a execução da sentença não deva ser protelada, essa norma não serve para quatro casos, dois dos quais nos interessam. Primeiro, quando a prisioneira é mulher grávida, quando então há de ser postergada até que dê à luz (*Pandect*, "Regulação legal", lei "*Pregnantis*"). Segundo, quando a prisioneira confessou o crime, mas depois tornou a negá-lo; ou seja, quando a confissão não foi repetida conforme explicamos na décima quarta questão.

Pois bem, antes que continuemos em nossa terceira consideração, ou seja, os diferentes métodos de protelar a sentença, que nos ocupará até o final desta obra, precisamos insistir a respeito dos vários modos pelos quais uma prisioneira se torna suspeita, donde os vários métodos de declarar a sentença se seguem como corolário.

QUESTÃO XIX

Dos vários graus de suspeita manifesta que tornam a acusada sujeita a pena

Tanto a legislação antiga quanto a atual ajudam a elucidar as seguintes questões: de quantos e de quais modos pode uma pessoa ser considerada suspeita de heresia e se pode ser julgada e condenada por causa de tal suspeita. A glosa sobre o capítulo *"Nos in quemquem"*, que citamos na última questão, diz serem quatro os meios para se condenar uma prisioneira: ora pelo depoimento de testemunhas no Tribunal, ora pela evidência dos fatos (*Extra*, "Clérigos e mulheres que vivem juntos", capítulo *"Tua"*), ora em virtude de prévias condenações (3, questão 9, *"Decrevimus"*), ora ainda em virtude de grave suspeita (32, questão 1, *"Dixit"*).

E os canonistas ressaltam existirem três espécies de suspeita. A primeira, a leve, de que o Cânon declara: "Não haveis de julgar ninguém por ser suspeito segundo vossa própria opinião" (2, questão 1, *"Primo"*). A segunda, a provável, que, contrariamente à primeira, conduz à purgação (2, questão 4, *"Presbyter"*). E a terceira, ou grave, que leva à condenação. E São Jerônimo bem compreende essa espécie de suspeita ao dizer que a esposa poderá ter o divórcio seja por fornicação, seja por forte suspeita de fornicação (32, questão 1, *"Dixit"*).

É preciso ainda observar que a segunda suspeita, altamente provável e circunstancial, é aceita como espécie de semiprova ou prova intermediária (como se declara em muitos capítulos do *Liber Extra*, "Presunções"); ou seja, como elemento que ajuda a consubstanciar as demais provas. Portanto, é capaz também de levar a acusada a julgamento, e não só à

O MARTELO DAS FEITICEIRAS

purgação. E quanto à suspeita grave, que é suficiente para a condenação, cumpre reparar que é de dois tipos. Um é da lei e pela lei, quando esta prescreve e determina algum ponto contra o qual não se há de admitir qualquer prova. Por exemplo, quando um homem promete casar-se com uma mulher e daí sobrevêm a cópula, então presume-se ter havido o matrimônio e não se aceita prova em contrário. O segundo é da lei mas não pela lei, como acontece quando a lei presume ou pressupõe, mas não determina o fato. Por exemplo, se um homem viveu muito tempo com uma mulher, presume-se que ela tenha mantido relações carnais com ele (32, questão 1, "*Dixit*"), embora se aceitem provas em contrário.

Aplicando tais considerações à nossa discussão relativa à heresia das bruxas e às leis modernas, afirmamos que nas leis identificam-se três graus de suspeita: a primeira, a suspeita moderada; a segunda, a grande suspeita; e a terceira, a grave ou gravíssima.

A primeira (moderada) é chamada pela lei de suspeita leve. Desta se diz no capítulo "*Accusatus*", livro 6, "Hereges": "Se o acusado ou a acusada incorreu só em suspeita de pequena monta ou leve, e se reincidir nessa suspeita, embora deva ser severamente castigado por isso, não há de padecer dos castigos destinados às pessoas que reincidem em heresia." E essa suspeita é designada leve ou moderada, seja porque pode ser removida por defesa leve e moderada, seja porque promana de conjeturas do mesmo jaez. Portanto, é chamada de moderada, em virtude das provas moderadas; e leve, em virtude das leves conjeturas.

Como exemplo de heresia simples, vale mencionar aquela em que incorrem pessoas que se reúnem sigilosamente para fins de adoração; ou as que diferem da maneira de viver e do comportamento habituais da comunidade de fiéis; ou aquelas que se reúnem em abrigos, alpendres ou celeiros, ou, nas estações mais sagradas, em campos ou em bosques remotos, de dia ou de noite, ou que são sempre vistas juntas e não comparecem à missa nos horários habituais e da maneira habitual, ou fazem amizade sigilosa com pessoas suspeitas de bruxaria. Tais pessoas incorrem pelo menos em suspeita leve de heresia, porque se prova que hereges agem muitas vezes dessa forma. E a respeito dessa espécie de

TERCEIRA PARTE

suspeita diz o Cânon ("Hereges", final da segunda lei): "Aquelas pessoas que pelo menor argumento mostram-se desviadas dos ensinamentos e dos caminhos da religião católica não devem ser consideradas hereges, nem se lhes dá de pronunciar qualquer sentença."

Hostiensis concorda com isso na *Summa*; título *"Presunções"*, último parágrafo, onde diz: "Há de notar-se que, embora a pessoa herege esteja condenada pelo mais tênue argumento daquilo de que é suspeita, nem por isso há de ser considerada herege." E prova-o pelo raciocínio anteriormente exposto.

A segunda espécie de suspeita, ou suspeita grande, também é designada pela lei de veemente, e desta o capítulo já mencionado (*"Accusatus"*) também fala: "Aquela pessoa que é acusada ou suspeita de heresia, contra quem paira grave ou veemente suspeita desse crime" e assim sucessivamente. E prossegue: "Pois que estas não compõem duas espécies de suspeita, mas uma só." Giovanni d'Andrea também diz: "Veemente é o mesmo que forte, como o arquidiácono a ela se refere ao falar a respeito desse trecho canônico." Da mesma forma Bernardus Papiensis e Huguccio de Pisa declaram que veemente é o mesmo que forte ou grande. Diz também São Gregório, no primeiro livro de seu *Moralia*: "Uma veemente ventania surgiu de repente." E portanto dizemos que qualquer pessoa tem um caso veemente quando ele é de grande vulto. Basta quanto a isso.

Portanto, à grande suspeita se dá o nome veemente ou forte; e assim é chamada por só ser considerada em função de veementes e fortes indícios, e por decorrer de grandes, veementes e fortes conjeturas, argumentos e evidências. Como costuma acontecer, para tomar um exemplo de heresia simples, quando pessoas dão guarida a hereges notórios e demonstram favorecê-los, ou os visitam, lhes dão presentes, ou com eles convivem, recebendo-os em casa e protegendo-os, e assim por diante, tais pessoas são veementemente suspeitas de heresia. E de forma análoga quanto à heresia das bruxas: passam a ser suspeitas quando compartilham dos crimes de bruxaria.

E cumpre aqui insistir particularmente naqueles homens e mulheres que nutrem paixões desregradas ou ódios violentos, mesmo quando não perpetram malefícios contra seres humanos e animais de outras formas. Pois, conforme já declaramos, as pessoas que assim se comportam são sempre suspeitas, seja qual for a sua heresia. Isso é revelado pelo capítulo *"Accusatus"*, parágrafo *"Illo vero"*, que diz não haver dúvida de que tais pessoas assim procedem por simpatizarem com alguma heresia.

A terceira e maior suspeita é pela lei chamada de grave ou extrema (violenta): pois o Cânon e as glosas do arquidiácono e de Giovanni d'Andrea explicam que o vocábulo veemente não tem o mesmo significado que violento ou extremo (capítulos *"Cum contumacia"* e *"Accusatus"*, livro 6, "Hereges"). E a respeito dessa suspeita diz o Cânon (34, *"Quorundam"*): "Essa presunção ou suspeita é chamada violenta porque violentamente coage e compele o juiz a nela acreditar; e também por manar de conjeturas violentas e convincentes."

Por exemplo, na heresia simples, se certas pessoas revelam uma adoração ou amor reverente por hereges, se deles recebem consolo e com eles confraternizam ou deles recebem a comunhão, ou perpetram qualquer outra blasfêmia segundo seus ritos e cerimônias, são pessoas que incidem em violenta suspeita de heresia e de crenças heréticas, e por isso hão de ser condenadas. (Consultar os muitos capítulos do livro sexto do Cânon dedicados ao tema.) Pois que não há dúvida de que tais pessoas ajam dessa forma em virtude da crença em alguma heresia.

O mesmo se dá, no que tange à heresia das bruxas, com as pessoas que realizam e insistem em realizar ações que pertencem ao âmbito dos ritos de bruxaria. Atualmente são estes de vários tipos. Por vezes são cometidos apenas na forma de palavras ameaçadoras, como: "Logo verás o que vai te acontecer", ou algo semelhante. Noutras ocasiões, o gesto maléfico consiste no toque: colocam curiosamente as mãos num ser humano ou num animal. Noutras, ainda, é só questão de serem vistas, ao se mostrarem a outras pessoas que se acham na cama, dormindo, seja de dia, seja à noite; e assim procedem quando desejam enfeitiçar seres humanos ou bestas. No entanto, para desencadear tempestades, observam vários outros métodos e cerimônias, executando rituais diversos perto de rios, conforme mostramos antes ao discutirmos os vários métodos de

TERCEIRA PARTE

operar bruxarias. Quando tais pessoas são descobertas e se tornam conhecidas publicamente, são incriminadas por suspeita violenta e heresia maléfica; sobretudo quando algum efeito maligno seguiu-se a seus atos, seja imediatamente, seja depois de transcorrido algum tempo. Há, nessa eventualidade, evidência direta do fato, ou evidência indireta, quando alguns instrumentos de bruxaria são encontrados em determinado lugar. E embora quando após um intervalo de tempo mais prolongado a evidência do fato não seja tão forte, essa pessoa ainda se acha sob forte suspeita de bruxaria, e, logo, muito mais suspeita de simples heresia.

Quando se pergunta se o demônio seria capaz de infligir males sobre seres humanos e animais, sem o auxílio de uma mulher que vissem numa visão ou que os tocasse, respondemos que sim, desde que Deus permita. Mas a permissão de Deus é mais facilmente concedida no caso de uma criatura que a Ele era dedicada, embora, negando a fé, tenha consentido em praticar crimes tenebrosos; é por isso que o demônio se utiliza desses meios para prejudicar as criaturas. Além disso, podemos dizer que, embora o demônio seja capaz de operar sem a ajuda da bruxa, prefere muitíssimo trabalhar ao lado de uma, pelas várias razões que já revelamos antes neste trabalho.

A fim de resumirmos nossas conclusões sobre o assunto, cumpre dizer que, seguindo as distinções feitas anteriormente, aquelas pessoas que são suspeitas de heresia maléfica dividem-se em três categorias, já que algumas são levemente suspeitas, outras o são fortemente, e outras, ainda, gravemente. Sobre as que recai leve suspeita vê-se que agem de forma a levantarem contra elas uma pequena ou tênue suspeita dessa heresia. E não obstante, como já se disse, a estas não se há de rotular de hereges, embora devam ser submetidas à purgação canônica, ou deverão pronunciar uma abjuração solene no caso de serem condenadas por heresia leve.

Pois o Cânon (primeiro capítulo, "*Excommunicamus*") declara: "As pessoas que se acham sob suspeita provável [que, conforme Hostiensis, é uma suspeita leve], respeitando-se a natureza da suspeita e a qualidade das pessoas, devem provar sua inocência mediante a devida purgação, caso contrário deverão ser estocadas com a espada do anátema como

O MARTELO DAS FEITICEIRAS

reparação válida à vista de todas as pessoas. E se persistirem obstinadamente em sua excomunhão pelo período de um ano, deverão ser completamente condenadas como hereges." Repare-se que, na purgação a que são expostas, consintam-na ou não, e nela falhem ou não, são, em todos os aspectos, consideradas manifestamente hereges sobre as quais se há de impor a purgação canônica.

O fato de que a pessoa sob leve suspeita pode e deve pronunciar uma abjuração solene é demonstrado no capítulo "*Accusatus*", quando esse diz: "A pessoa acusada ou suspeita de heresia, contra quem há uma forte suspeita desse crime, se abjurar a heresia perante o juiz e depois tornar a incidir no mesmo erro, por um tipo de ficção legal, há de ser julgada herege reincidente, embora não se tivesse provado sê-lo antes da abjuração. Se, por outro lado, a suspeita era em primeiro lugar leve ou moderada, ainda que a pessoa acusada não devesse ser punida por ela, ainda será punida com a pena destinada àquelas que reincidiram em heresia."

As pessoas que são fortemente suspeitas, ou seja, as que agiram de tal forma a fazerem recair sobre si grande e forte suspeita, não deverão necessariamente ser consideradas hereges ou condenadas como tal. Pois no *Liber Extra*, "Presunções", capítulo "*Litteras*", parágrafo "*Quocirca*", afirma-se expressamente que nenhuma pessoa deverá ser condenada por crime tão grave com base em forte suspeita. E diz: "Determinamos, portanto, que quando a pessoa acusada se acha apenas sob suspeita, mesmo forte, não seja condenada por tão grave crime; não obstante, nesses casos estará obrigada a abjurar todas as heresias em geral, e em particular a de que se acha sob forte suspeita." Mas se depois a pessoa reincidir nessa ou noutra forma de heresia, ou se vier a se associar a bruxas ou a hereges, ou se os visitar, os receber, ou os consultar, ou os perdoar, ou os favorecer, não há de escapar da punição de reincidentes, segundo o capítulo *Accusatus*. Pois lá está escrito: "A pessoa que cometeu alguma espécie de heresia, sozinha ou junto a uma seita, ou que errou num dos artigos da fé ou num dos Sacramentos da Igreja, tendo, depois de abjurado essa forma de heresia e todas as demais, voltado a incidir em outra espécie de heresia, ou voltado a errar em outro artigo ou Sacramento da Igreja,

TERCEIRA PARTE

será considerada por nós reincidente. Aquela pessoa que, portanto, antes da abjuração, enveredara por seita herética e depois dela recebe hereges, visita-os, ou lhes dá presentes, ou os favorece e assim sucessivamente, é válida e verdadeiramente considerada reincidente. Porquanto mediante essa prova não há dúvida de que era culpada em primeira instância."

Dessas palavras depreende-se claramente existirem três casos em que a pessoa sob veemente suspeita de heresia deverá, depois da abjuração, ser punida como reincidente. O primeiro é quando reincide na mesma heresia da qual era considerada fortemente suspeita. O segundo é quando, depois de ter abjurado todas as formas de heresia em geral, torna a incidir noutro tipo de heresia, mesmo que desta nunca tivesse sido acusada ou estado sob suspeita. O terceiro é quando torna a receber e a favorecer outros hereges. Esta última categoria abrange muitíssimos casos, como está claro no parágrafo citado *"Eum vero"* e no muito frequentemente aqui citado *"Accusatus"*.

Mas se pergunta o que deveria ser feito quando a pessoa sob forte suspeita se recusa a atender a ordem judicial para abjurar a heresia: deverá ser de uma vez entregue à Corte Secular para ser punida? Respondemos que de forma alguma isso deve ser feito. O Cânon (capítulo *"Ad abolendam"*) fala expressamente que tal conduta não serve para quem é suspeito de heresia, mas para quem se manifesta adepto de heresia. A ação mais rigorosa será empregada contra tais pessoas adeptas, e não contra as meramente suspeitas.

Cabe perguntar, então, como se deve proceder nesses casos. Respondemos que o juiz deverá proceder de acordo com o parágrafo *"Qui vero sola suspicione"*, do primeiro capítulo *"Excommunicamus"*, e tais pessoas deverão ser excomungadas. E se persistirem na heresia depois de um ano de excomunhão, aí sim serão condenadas como hereges.

Há ainda outras pessoas que são grave ou gravissimamente suspeitas, ou seja, cujos atos levantam contra si grave suspeita. Tais pessoas deverão ser consideradas hereges e serão completamente tratadas como se fossem adeptas manifestas de heresia, de acordo com a lei canônica (parágrafo *"Qui vero"* do primeiro capítulo *"Excommunicamus"*, *Liber*

O MARTELO DAS FEITICEIRAS

Extra, "Hereges"; capítulo *"Cum contumácia"* e capítulo *"Ut officium"*, livro sexto). Pois que essas ora confessam o crime, ora não o confessam. Se o confessarem, e desejarem retornar à fé e abjurar a heresia, serão recebidas de volta à penitência. Mas caso se recusem a abjurar o crime, serão entregues à Corte Secular para punição.

Porém, se não confessarem o crime depois de serem condenadas, e não consentirem em abjurar a heresia, serão condenadas como hereges impenitentes (de acordo com o capítulo *"Ad abolendam"*). Pois que a suspeita grave é suficiente para justificar a condenação, não se admitindo provas em contrário (segundo o *Liber Extra*, "Presunções", capítulos *"Littera"* e *"Afferte"*).

Pois bem: esta discussão trata das heresias simples, em que não há evidências diretas ou indiretas do fato, como se mostrará no sexto método de prolatar a sentença, em que uma pessoa vai ser condenada como herege, embora possa na realidade não o ser: logo, muito mais se aplicará tal diretriz aos casos de heresia por bruxaria, em que há sempre, além da gravíssima suspeita, as evidências diretas de crianças, seres humanos ou animais enfeitiçados, ou as evidências indiretas configuradas pelos instrumentos de bruxaria encontrados. No caso da heresia simples, aqueles que se mostram penitentes e que a abjuram são, como já se disse, readmitidos à penitência e condenados à prisão perpétua. No caso da heresia das bruxas, entretanto, não obstante o juiz eclesiástico possa receber a prisioneira de volta à penitência, o juiz civil pode, em virtude dos danos temporais – ou seja, dos males causados a seres humanos, ao gado e aos bens e propriedades –, puni-la com a morte. E isso nem o juiz eclesiástico poderá evitar, pois, mesmo que não queira entregar a acusada ao braço secular da justiça, será obrigado a fazê-lo por solicitação do juiz civil.

QUESTÃO XX

Do primeiro método de pronunciar a sentença

Portanto, eis as possibilidades: ou se descobre ser a acusada inocente e deverá ser completamente absolvida; ou se descobre estar difamada, em termos gerais, como herege; ou é pessoa adequada para o interrogatório e para a tortura, em virtude da má reputação; ou se descobre que sobre ela paira apenas leve suspeita de heresia; ou então forte ou grave suspeita de heresia; ou ainda, a um só tempo, possui má reputação e é suspeita de heresia; ou confessou a heresia e é penitente e não reincidiu verdadeiramente; ou confessou e é penitente, mas provavelmente reincidiu; ou confessou a heresia e é impenitente, mas não reincidiu; ou a confessou, é impenitente e certamente reincidiu; ou se descobre que, embora não a tenha confessado, mediante testemunhas e por outros meios foi condenada por heresia; ou se descobre ter sido condenada por heresia, mas que escapou ou se ausentou desafiadoramente; ou então não causou males mediante bruxarias, mas eliminou malefícios por meios impróprios e ilícitos; ou se descobre ser uma enfeitiçadora de arqueiros ou de armas com o propósito de causar a morte; ou se verifica ser uma bruxa parteira que oferece crianças recém-nascidas ao demônio com uma maldição hostil; ou ainda se descobre fazer apelações frívolas e fraudulentas em prol da salvação de sua própria vida.

Portanto, caso se verifique ser absolutamente inocente, a sentença final há de ser pronunciada da seguinte maneira:

Cumpre aqui notar que se verifica ser a acusada inteiramente inocente quando, depois de os fatos do processo terem sido diligentemente

O MARTELO DAS FEITICEIRAS

discutidos em consulta com advogados experientes, ela não poderá ser condenada, seja pela própria confissão, seja pela evidência dos fatos, seja pelos depoimentos de testemunhas legítimas (já que discordaram em relação à causa principal); e quando a acusada nunca foi antes considerada suspeita ou publicamente difamada em relação ao crime (embora o caso seja diverso se já tiver sido difamada pelo cometimento de outros crimes); e quando não houver evidência do fato contra ela. Nesse caso, observa-se o seguinte procedimento: ela será absolvida pelo bispo ou pelo juiz mediante sentença lavrada nos seguintes termos:

Nós (nome), pela misericórdia de Deus, bispo de tal cidade (ou juiz entre outros), considerando que (incluir nome da acusada), de tal lugar e de tal diocese, foi acusada perante nós do crime de heresia e também de bruxaria; e considerando que a acusação era de tal teor que não poderíamos passar-lhe por cima com olhos coniventes, condescendemos em averiguar se a citada acusação poderia ser consubstanciada como verdadeira, chamando testemunhas, examinando a ré e usando de outros meios que são justos segundo as sanções canônicas. Pelo que, tendo visto e examinado tudo o que foi feito e dito neste caso, e tendo ouvido o conselho de doutos advogados e de doutos teólogos, e tendo repetidamente a tudo examinado e perquirido; sentados como juízes neste tribunal e tendo somente Deus perante nossos olhos e a verdade do caso, e com os Sagrados Evangelhos colocados diante de nós para que nosso julgamento seja como que a expressão da vontade de Deus e para que nossos olhos conservem a equidade, prosseguimos com a sentença definitiva desta forma, invocando o nome de Cristo. Pelo que vimos e ouvimos, e pelo que se produziu, se ofereceu, se fez e se executou perante nós no presente caso, nada descobrimos que legalmente provasse a culpa da pessoa acusada naquilo em que foi acusada. Assim, pronunciamos, declaramos e damos como nossa sentença final que nenhum ato foi legalmente provado contra a acusada pelo qual pudesse ser julgada e considerada herege ou bruxa, ou feiticeira, ou considerada de qualquer modo suspeita do pecado de heresia. Pela presente declaração, pelo presente inquérito e pelo presente julgamento, dispensamos a acusada, em liberdade. Esta sentença foi lavrada e assim sucessivamente.

TERCEIRA PARTE

Cuide-se para que não seja declarado em qualquer trecho da sentença que a acusada é inocente ou imune, apenas que nada contra ela foi provado; pois se depois de algum tempo for trazida de novo a julgamento, e a acusação venha a ser legalmente provada, poderá ser condenada, não obstante a prévia sentença de absolvição.

Reparar também que o mesmo método de absolvição pode ser usado no caso de alguém acusado de receber, proteger ou amparar e favorecer hereges, quando nada se prova legalmente contra a pessoa.

O juiz secular comissionado pelo bispo usará de seus próprios métodos de pronunciamento.

QUESTÃO XXI

Do segundo método de pronunciar a sentença,
quando a acusada só é difamada

O segundo método de pronunciar o julgamento deve ser empregado quando a acusada, depois de uma discussão diligente dos méritos do caso em consulta com advogados instruídos, revela-se não mais do que uma herege por difamação em algum lugarejo, em alguma cidade ou alguma província. E isso se dá quando a acusada não é condenada pela própria confissão, ou pela evidência dos fatos, ou pelo depoimento de testemunhas legítimas; nem nada foi provado contra ela, exceto ser objeto de difamação pública. Destarte não pode ser provado nenhum ato de bruxaria que a fizesse incidir em forte ou em grave suspeita, como ocorreria se tivesse pronunciado palavras ameaçadoras, como, por exemplo: "Logo verás o que vai te acontecer", ou algo semelhante, para que em seguida algum mal se abatesse sobre a pessoa ou os animais assim ameaçados.

O seguinte procedimento, portanto, deve ser empregado nesses casos em que nada se prova, salvo a difamação pública. Nesse caso, não se pode emitir julgamento condenatório, nem se pode absolver a ré como no primeiro caso. No entanto, há de se lhe impor a purgação canônica. Portanto, que o bispo ou seu representante, ou o juiz, repare primeiro que, em caso de heresia, a difamação não necessariamente deverá provir de pessoas honestas e respeitáveis; o peso é igual quando a calúnia advém de gente simples e comum.

Eis o motivo: as mesmas pessoas que são admitidas como acusadoras num caso de heresia também o são como detratoras. Ora, qualquer herege pode ser acusado por qualquer pessoa, exceto por seus inimigos mortais; logo, pode também esta ser difamada por qualquer um.

Portanto, que o bispo ou o juiz pronunciem a sentença de purgação canônica dessa maneira ou de alguma outra maneira semelhante.

Nós (nome), pela misericórdia de Deus bispo de tal cidade, ou juiz de tal condado, tendo examinado diligentemente os méritos do processo conduzido por nós contra a acusada (nome) de tal diocese pelo crime de heresia e assim sucessivamente. Descobrimos que a acusada confessou ou que foi condenada pelo supracitado pecado, ou que é apenas levemente suspeita de tal crime, salvo que verificamos ser a acusada verdadeira e legitimamente difamada por pessoas boas e más de tal cidade ou diocese; e para que a acusada readquira boa fama entre a comunidade de fiéis, impomos-lhe, nos ditames da lei, uma purgação canônica, ficando estabelecido que no dia tal de tal mês e a tal hora a acusada deverá comparecer a este tribunal com tantas pessoas de condição igual à sua para que seja purgada da comprovada difamação. Que as responsáveis sejam pessoas fiéis à fé católica e de vida salutar e que conheceram os hábitos e as maneiras de viver da acusada, não só em passado recente mas também em passado remoto. E se a acusada falhar nesta purgação, continuará considerada culpada, e será condenada segundo as sanções canônicas.

Aqui cumpre considerar que quando uma pessoa é de fato publicamente difamada como herege, e nada contra ela se prova, exceto a difamação, ela há de ser condenada à purgação canônica. Ou seja, deverá retornar ao tribunal com sete, dez, vinte ou trinta pessoas, de acordo com a magnitude da difamação e o tamanho e a importância do lugar, e tais pessoas deverão ser de sua mesma posição e condição. Por exemplo, se a pessoa difamada é religiosa, as responsáveis por ela deverão ser religiosas; e se for secular, deverão ser seculares; se for um soldado, deverão ser soldados os que a purgam do crime pelo qual foi difamada. E tais responsáveis deverão ser pessoas que professam a fé católica e que levam vida regrada, e que conhecem os hábitos e a vida da acusada não só em passado recente, mas em passado remoto

TERCEIRA PARTE

(de acordo com o capítulo *"Inter sollicitudines"*, "Purgação canônica", *Liber Extra*).

No entanto, se a pessoa acusada recusar-se a essa purgação, deverá ser excomungada; e se persistir obstinadamente na excomunhão por um ano, deverá ser condenada como herege (de acordo com o capítulo *"Excommunicamus itaque"*, parágrafo *"Qui autem"*).

E se aceitar a purgação e nela falhar, ou seja, se não conseguir encontrar responsáveis em número e nas condições exigidas, também será condenada como herege (segundo o *Liber Extra*, capítulo *"Excommunicamus"* 1, parágrafo *"Adiicimus"* e "Purgação canônica", *"Cum dilectus"*).

Deve aqui ser ressaltado que, quando se diz que deve ser purgada por tantas pessoas de sua própria posição, significa que estamos falando em termos gerais, e não específicos. Assim, se um bispo deve ser purgado, não há necessidade de que todos os responsáveis sejam bispos; abades e outros religiosos também são aceitos; o mesmo serve para os demais casos (título "Purgação canônica", *"Quotiens"*).

E a pessoa difamada deverá ser purgada da seguinte maneira (como se encontra no *Liber Extra*, "Purgação Canônica", *"Quotiens"* e *"Accepimus"*). Na época em que for indicada a purgação canônica, deverá comparecer perante o bispo ou o juiz acompanhada dos afiançadores, no lugar onde foi difamada; e, apoiando a mão sobre o Livro dos Evangelhos colocado à sua frente, dirá as seguintes palavras: "Juro, pelos Quatro Sagrados Evangelhos de Deus, que nunca defendi, acreditei ou ensinei, nem defendo ou creio na heresia (nomeando-a) pela qual fui difamada."

Vale dizer, deverá negar sob juramento o motivo pelo qual, seja o que for, viu-se difamada. Depois disso, todos os fiadores colocarão as mãos nos Evangelhos, e cada um deverá declarar: "E eu juro sobre este Santo Evangelho de Deus que acredito ter ela jurado a verdade." E então o acusado (ou acusada) estará canonicamente purgado (ou purgada).

Cumpre também observar que a pessoa difamada por heresia deve ser purgada no lugar onde o foi. E se o foi em muitos lugares, lhe será exigido e terá de professar a fé católica e terá de negar a heresia em todos

O MARTELO DAS FEITICEIRAS

os lugares em que o foi. E que tal pessoa não leve em baixa conta essa purgação canônica. Pois está provado pela lei canônica que, se tornar a incidir na heresia de que foi purgada, será entregue à Corte Secular como reincidente. Mas o caso é um tanto diverso se incidir noutra forma de heresia de que não tenha sido antes purgada.

QUESTÃO XXII

Do terceiro método de pronunciar a sentença, quando a
acusada foi difamada e deverá ser submetida a interrogatório

O terceiro método para conduzir um processo em prol da fé ao seu desfecho é quando a pessoa acusada de heresia, após diligente consideração dos méritos da causa pelo juiz (ou pelo bispo) junto a advogados cultos, revela inconsistência nos argumentos apresentados, ou quando surgem bases suficientes para que seja encaminhada a interrogatório e tortura, de tal sorte que, depois de assim interrogada, se nada confessar, poderá ser considerada inocente. Tal método é utilizado quando a prisioneira não foi capturada em flagrante crime de heresia, nem foi condenada pela própria confissão, nem por evidência dos fatos, nem por delação legítima de testemunhas, e quando não há indicações de que se encontre sob tal suspeita a ponto de justificar a abjuração de qualquer heresia. Todavia, revela respostas inconsistentes durante o interrogatório. Ou então há outras boas razões para expô-la à tortura. Nesses casos cumpre observar o procedimento seguinte.

Como esses casos envolvem uma sentença interlocutória que deverá ser pronunciada contra e não a favor da prisioneira, o inquisidor não deverá separá-la em duas sentenças e sim colocá-las numa só (de acordo com o capítulo "*Multorum*"). Em primeiro lugar, se a acusada persistir com firmeza em suas negativas e não puder ser induzida por pessoas honestas a confessar a verdade, uma sentença nos seguintes moldes deverá ser lavrada, e que em certos aspectos é definitiva.

Nós (nome), bispo pela misericórdia de Deus de tal cidade, ou juiz do território governado por tal príncipe, tendo considerado os méritos

O MARTELO DAS FEITICEIRAS

do processo por nós conduzido contra (nome da pessoa acusada), de tal lugar, em tal diocese, e após cuidadoso exame, constatamos ter a acusada dado respostas inconsistentes, havendo indicações suficientes ademais para que seja submetida a interrogatório e tortura. Por conseguinte, para que a verdade venha a lume pela sua própria boca e para que não mais venha a ofender os ouvidos dos juízes com tais equívocos, declaramos, pronunciamos e lavramos a seguinte sentença: que neste mesmo dia, a tal hora a acusada seja encaminhada a interrogatório sob tortura. Esta sentença foi lavrada e assim sucessivamente.

Se a pessoa a ser interrogada apresentou argumentos inconsistentes e ao mesmo tempo tem contra si indicações suficientes para justificar a tortura, que ambos os elementos de prova sejam incluídos na sentença, conforme indicado. Mas se tão somente um desses elementos se fizer presente, que só ele seja na sentença apontado. Mas que esta seja logo posta em execução ou que logo se deixe os torturadores executá-la. Porém, que o juiz não se mostre muito disposto a submeter a pessoa a tortura, pois a ela só se deverá recorrer na falta de outras provas. Portanto, que procure por outras provas. Se não as encontrar, e considerar que provavelmente a acusada é culpada mas nega a verdade por medo, que use de outros métodos aprovados pela lei, sempre com as devidas precauções, e fazendo uso de persuasões de pessoas amigas da acusada para que façam tudo o que estiver a seu alcance para extrair-lhe a verdade dos lábios. E que não apresse o andamento do processo. Pois muitas vezes a meditação e o ordálio que é a prisão, a par da repetida persuasão de pessoas probas, farão com que a ré desvele a verdade. No entanto, se depois de mantida a acusada em suspense, e depois dos devidos adiamentos, e das muitas exortações, o bispo e o juiz se sentirem persuadidos de que, consideradas todas as circunstâncias, a ré está negando a verdade, que seja submetida a tortura leve, sem derramamento de sangue, lembrando que a tortura é muitas vezes falaciosa e ineficaz. Pois algumas são tão pouco resistentes e espiritualmente fracas que à menor tortura tudo confessarão, seja ou não a verdade. Outras são tão obstinadas que, por mais que sejam torturadas, nunca se lhes arranca a verdade. Outras, ainda, já tendo sido antes

TERCEIRA PARTE

torturadas, são mais capazes de suportá-la pela segunda vez, já que seus braços se adaptaram aos estiramentos e às torções. Algumas das que já foram torturadas, porém, numa segunda vez sentem-se debilitadas, revelando menor resistência durante a sessão. Outras se acham enfeitiçadas, e disso se utilizam durante a tortura, vindo a morrer antes de confessarem a verdade: pois que se tornaram, por assim dizer, insensíveis à dor. Logo, faz-se mister muita prudência na questão da tortura, e há de se dar maior atenção à condição da pessoa que está sendo torturada.

Depois de pronunciada a sentença, os oficiais de justiça devem, sem demora, preparar a acusada para a sessão de tortura. Durante essa preparação, o bispo e o juiz deverão usar de tcdo o seu poder de persuasão e dos de outras pessoas honestas e zelosas da fé para induzirem a acusada a confessar espontaneamente a verdade, se necessário prometendo-lhe poupar a vida, conforme já indicamos antes.

Mas se dessa forma a acusada não puder ser aterrorizada para confessar a verdade, será possível indicar um segundo ou um terceiro dia para o prosseguimento da tortura; esta não deve ser repetida sem mais demora. Pois tal repetição não é permitida, salvo quando transpirarem outras indicações contra a acusada. Contudo, nada impede o prosseguimento da tortura em outro dia.

Que então se declare:

Nós (nome), bispo e (nome) juiz (quando presente), supracitados determinamos que a tortura de (nome) terá continuação em tal dia, para que venhamos a conhecer a verdade pelos seus próprios lábios. E que tudo seja lavrado no processo.

Durante aquele intervalo, cabe ao juiz e ao bispo fazerem uso de todo o seu poder de persuasão, bem como do de outras pessoas zelosas da fé, para exortarem a acusada a confessar a verdade.

Caso se recuse a confessá-la, a tortura será continuada na data marcada, com mais ou menos intensidade segundo a gravidade das ofensas em pauta. E os juízes serão capazes de observar muitas precauções lícitas, seja por palavras, seja por atos, mediante as quais poderão chegar à verdade: no entanto, tais precauções são mais facilmente aprendidas

O MARTELO DAS FEITICEIRAS

pelo uso e pela experiência numa variedade de diferentes casos do que pelos ensinamentos ou pela arte de qualquer um.

Mas se, após a devida tortura e o devido interrogatório, ainda não tiverem trazido à baila a verdade, que a acusada não seja mais molestada, e que seja colocada em liberdade. Se, contudo, confessar, mantiver-se fiel à confissão e revelar a verdade, admitindo a culpa e pedindo o perdão da Igreja, então, segundo o capítulo "*Ad abolendam*", parágrafo "*Praesenti*", será tratada como pessoa culpada de heresia pela própria confissão, mas penitente, e deverá abjurar a heresia, e a sentença lhe será pronunciada como no caso das pessoas condenadas por confissão própria. Essa é explicada no oitavo método de sentenciamento, a que o leitor e a leitora devem se reportar.

Se, por outro lado, confessar a verdade, mas não for penitente e persistir obstinadamente na heresia, embora não seja nela reincidente, então, de acordo com o capítulo "*Ad abolendam*", parágrafo "*Praesenti*", depois de um intervalo de tempo razoável e da devida advertência, será condenada como herege e entregue à Corte Secular para sofrer a pena capital, conforme mostraremos no décimo método. Se, no entanto, for herege reincidente, há de ser condenada de outra forma, também descrita no décimo método, ao qual o leitor e a leitora devem se reportar.

Cumpre, todavia, aqui observar que em alguns casos a pessoa a ser interrogada nada confessa contra si antes da tortura, nem nada se prova contra ela para que se possa impor a pena de abjurar a heresia ou de ser condenada como herege. Nesses casos, o procedimento mencionado deve ser adotado, conforme já dissemos, imediatamente. Noutros casos, porém, a acusada é capturada em crime flagrante de heresia, ou há outras provas pelas quais deverá abjurar a heresia, ou por elas será considerada leve ou fortemente suspeita; a essa pessoa não se há de torturar por tais motivos. Contudo, se além de tais provas negar alguns pontos que não foram provados, mas dos quais há indicações suficientes para justificar a tortura; e se, tendo sido interrogada quanto a tais questões sob tortura, nada confessar a respeito, não será por esse motivo absolvida de acordo com o primeiro método. Deverá ser condenada de acordo com as provas

608

TERCEIRA PARTE

que tem contra si, deverá abjurar a heresia como se se achasse sob suspeita ou tivesse sido capturada em crime flagrante, de acordo com os méritos exigidos ou requeridos pelo processo. E se, depois da tortura, confessar os motivos pelos quais está sendo torturada, no todo ou em parte, então terá de abjurar esses mesmos motivos e também a heresia de que antes fora acusada: a sentença que lhe caberá há de englobar esses dois elementos.

QUESTÃO XXIII

Do quarto método de pronunciar a sentença, no caso
de acusação por leve suspeita

O quarto método para concluir-se o processo em benefício da fé é utilizado quando, depois de todos os méritos do processo terem sido diligentemente examinados em consulta com advogados experientes, paira ainda sobre a acusada leve suspeita de heresia. Trata-se de caso em que a acusada não foi apanhada em flagrante crime de heresia, nem foi condenada pela própria confissão ou pela evidência dos fatos ou pela denúncia feita por testemunhas legítimas, nem há outros indícios fortes ou veementes de heresia contra ela. Tais indícios são leves, de pequena monta, como costumava acontecer quando, na opinião da Corte, levantam tão somente leve suspeita. Essa pessoa terá de abjurar a heresia de que é acusada. Se tornar a incidir no crime, não estará sujeita à punição como reincidente, embora deva ser mais severamente punida se não tivesse previamente abjurado a heresia (ver o capítulo *"Accusatus"*, livro 6, "Hereges"). Nesses casos se deverá adotar o seguinte procedimento. A acusada, se a questão for de natureza pública, fará a seguinte abjuração em público e na Igreja:

Eu (nome), de tal diocese, cidadã de tal cidade ou tal lugar, presente a meu julgamento, juro perante vós, senhor e bispo de tal cidade, e sobre os Sagrados Evangelhos que se acham diante de mim e sobre os quais coloco minha mão, que creio, com todo o meu coração, e professo com os meus lábios, na santa fé católica e apostólica na qual crê a santa Igreja Romana, e a qual confessa, prega e observa. Juro também crer, com todo

O MARTELO DAS FEITICEIRAS

o meu coração, professando com os meus lábios, que o Senhor Jesus Cristo, em companhia de todos os santos, abomina a perversa heresia de bruxaria; e que todos os que a seguem ou que a ela aderem serão, juntamente com o diabo e todos os seus anjos, punidos no fogo eterno, salvo se modificarem seu coração e se reconciliarem pela penitência com a santa Igreja. E portanto abjuro, renuncio e nego a heresia de que vós, bispo e senhor, e vossos oficiais, me acusais como suspeita: a saber, de que mantenho contatos íntimos e familiares com bruxas, de que por ignorância defendo-lhes os erros, de que tenho abominado seus inquisidores e perseguidores, e de que falhei em trazer-lhes os crimes à luz. Juro também nunca ter acreditado na mencionada heresia, nem nela acredito, nem a ela aderi, nem sou dela adepta, nem nela acreditarei, nem dela me tornarei adepta, nem a ensinarei, e nem pretenderei ensiná-la. E se doravante for culpada de qualquer uma das acusações supracitadas (que Deus me impeça), estarei disposta a me submeter ao castigo prescrito pela lei para aquelas pessoas que assim procedem; e estou pronta a me submeter a qualquer pena que vós vedes como justa para o meu caso, pelas minhas palavras ou pelos meus atos em virtude dos quais vós me considerais merecidamente suspeita; e juro cumprir a pena com todas as minhas forças, sem mostrar omissão em qualquer de suas partes, para o que rogo o auxílio de Deus e destes Sagrados Evangelhos.

A abjuração anterior há de ser pronunciada em discurso em voz alta, normal, para que todas as pessoas o compreendam. Feito isso, o juiz, quando presente, ou seu substituto, fará a seguinte declaração, também em voz alta:

Meu filho (ou minha filha), não foi em vão que abjuraste a suspeita que lançamos sobre ti, nem em vão foi que te purgaste ao fazeres tal abjuração. Cuida pois para que doravante não venhas a incidir na heresia que abjuraste. Pois caso te mostrasses arrependido (ou arrependida), não serias entregue à Corte Secular, já que fizeste a abjuração sob suspeita leve, e não por suspeita forte, serias mesmo assim mais severamente punido (ou punida) caso não a tivesse abjurado, quando então te encontrarias sob forte suspeita e não sob suspeita leve. Se depois de abjurares tal suspeita

TERCEIRA PARTE

tornasses a nela incidir, sofrerias a devida punição como reincidente, e sem misericórdia serias entregue à Corte Secular para que sofresse a pena capital.

Quando a abjuração é feita em sigilo perante o bispo ou o juiz, sempre que o caso não é de conhecimento público, terá de ser feita da mesma maneira. Depois a sentença será pronunciada da seguinte maneira:

Nós, bispo de tal cidade pela misericórdia de Deus, ou (quando presente) juiz do território de domínio de tal príncipe, tendo examinado diligentemente os méritos do processo por nós conduzidos contra ti (nome), acusada perante nós de heresia, descobrimos teres cometido isso e aquilo (indicando-lhe os crimes) que a tornam levemente suspeita de heresia, pelo que julgamos que lhe convém abjurar tal heresia por pairar sobre ti leve suspeita. Mas não para que sejas dispensada sem outra punição. E para que possas ser mais cuidadosa no futuro, depois de consultarmos muitas pessoas instruídas e eminentes e vários religiosos, e tendo diligentemente ponderado e digerido toda a questão, com Deus perante nossos olhos, e a irrefragável verdade dos Sagrados Evangelhos colocados diante de nós para que nossa sentença represente a expressão da vontade de Deus e para que nossos olhos possam ver com equidade, e sentados neste Tribunal na condição de juiz, te condenamos, te sentenciamos e impomos a seguinte pena contra ti, que aqui te encontras de pé, em nossa presença, nos seguintes termos. Que doravante nunca mais venhas a professar, a defender em teu discurso ou a ler (caso o saiba) e assim sucessivamente. E que fique claro o crime que cometeu, pelo que lhe recai a suspeita de crime de heresia. Esta sentença e pena foram pronunciadas e assim sucessivamente.

E que o notário cuide para colocar no processo que essa abjuração foi feita por alguém sob leve, e não forte, suspeita de heresia; caso contrário, em grande perigo poderia incorrer.

QUESTÃO XXIV

Do quinto método de pronunciar a sentença, no caso de forte suspeita de crime de heresia

O quinto método de concluir o processo em benefício da fé é usado quando a pessoa acusada de heresia, depois de minucioso exame dos méritos da questão junto a advogados experientes, é encontrada sob forte suspeita de heresia. E isso se dá quando a pessoa acusada não é legalmente apanhada em heresia, nem foi condenada pela própria confissão ou pela evidência dos fatos ou pelo depoimento legítimo de testemunhas; no entanto, fortes e marcados indícios se veem comprovados contra a acusada que incidiu em forte suspeita de heresia.

O procedimento nesse caso é o seguinte. A pessoa a que se imputa forte suspeita de heresia deverá abjurá-la de tal forma a, caso posteriormente reincida no crime, ser entregue para a Corte Secular a fim de receber a pena máxima (de acordo com o início do capítulo *"Accusatus"*, livro 6, "Hereges"). E fará a abjuração pública ou sigilosamente, sob as mesmas condições especificadas para os casos de suspeita leve, devendo abjurar a heresia específica de que é acusada.

Os preparativos para essa modalidade de abjuração consistem no seguinte: ao chegar o domingo da abjuração e da promulgação da sentença ou da imposição da pena, o pregador deverá pronunciar um sermão geral. Após isso, o notário ou o clérigo lerá em voz alta e publicamente os crimes pelos quais a pessoa acusada foi condenada, e aqueles pelos quais se encontra sob forte suspeita de heresia. Então o juiz ou seu substituto lhe dirá:

O MARTELO DAS FEITICEIRAS

Veja: segundo o que foi lido para ti, podes ver que suspeitamos fortemente de que tenhas incorrido no crime de heresia; pelo que cabe a ti purgar-te a ti mesma e abjurar a mencionada heresia.

Em seguida, o livro dos Evangelhos será colocado diante da ré, que estenderá a mão sobre ele; e se souber ler corretamente, lhe será dada a seguinte abjuração por escrito, que deverá ser lida na presença de toda a congregação. Mas se não souber ler corretamente, o notário a lerá, frase por frase, e a acusada deverá repetir em voz alta e clara da seguinte maneira. O notário dirá: "Eu (nome), de tal lugar", e a acusada há de repetir em seguida as mesmas palavras, embora sempre na linguagem vulgar. E assim por diante até o fim da abjuração, que será nos seguintes termos:

Eu (nome), de tal lugar, de tal diocese, presente pessoalmente a meu julgamento e diante de vós, reverendos senhores, do bispo de tal cidade e do juiz de tal território, sobre os Sagrados Evangelhos colocados diante de mim e com a minha mão sobre eles, juro acreditar com o meu coração e professar com os meus lábios a santa fé católica e apostólica que a santa Igreja Romana ensina, professa, prega e detém. Juro também crer em meu coração e professar com os meus lábios que e assim sucessivamente.

E que ela pronuncie o artigo católico da fé contra a heresia de que é fortemente suspeita.

Por exemplo, se a heresia em questão é a de bruxaria, que diga o seguinte:

Juro crer que não somente simples hereges e pessoas cismáticas serão torturadas pelo fogo eterno, como também serão assim punidas todas aquelas pessoas que se acham contaminadas pela heresia das bruxas, que perante o demônio negam a fé recebida através do sagrado batismo na pia batismal, e que praticam obscenidades demoníacas para atender a seus desejos maléficos, a infligir toda a sorte de males sobre os seres humanos, os animais e os frutos da terra. E por isso abjuro, renuncio e renego tal heresia, ou melhor, tal infidelidade, que falsa e mentirosamente sustenta não existirem bruxas no mundo, e que não se deve acreditar que aqueles males possam ser causados pela ajuda dos demônios; pois tal infidelidade é, e agora eu admito, expressamente contrária à decisão da santa madre

TERCEIRA PARTE

Igreja e à de todos os doutores católicos, como também contrária é às leis imperiais que decretam que as bruxas devem ser queimadas.

Também juro que nunca acreditei de forma obstinada na supracitada heresia, nem nela creio e nem sou-lhe adepta no presente momento, nem a ensinei, nem a pretendo ensinar, nem tampouco a ensinarei no futuro. E também juro e prometo que nunca farei ou provocarei tais e tais coisas (citando-as) pelas quais sou considerada por este tribunal fortemente suspeita do crime de heresia. E se doravante (porque Deus proibiu) eu não cumprir o juramento feito, estou pronta a sofrer o castigo prescrito pela lei para reincidentes; e estou pronta a me submeter a qualquer pena que os senhores decidam me imputar pelos atos e palavras em virtude dos quais incide sobre mim forte suspeita de heresia. Juro ainda e prometo que a tal pena me submeterei com todas as minhas forças, e a cumprirei na íntegra, sem qualquer omissão, portanto que Deus e este Sagrado Evangelho me ajudem.

Essa abjuração deverá ser dita na linguagem vulgar para que possa ser entendida por todas as pessoas, salvo se for prestada só na presença de clérigos com competentes conhecimentos de latim. Entretanto, se a abjuração for feita sigilosamente no palácio do bispo, por não ser de interesse público, deverá ser proferida de forma semelhante. Depois o bispo terá de adverti-la como se explicou, para que não reincida e para que não incorra na pena como reincidente. E que o notário cuide para anotar de que modo foi feita a abjuração, ou seja, por pessoas sob forte suspeita de heresia, para que, caso se torne reincidente, possa ser punida então como tal.

Depois de feito isso, que a sentença ou a pena seja pronunciada da seguinte maneira:

Nós, bispo de tal cidade, e irmão tal (nome, quando presente), inquisidor do pecado de heresia nos domínios de tal príncipe, especialmente designados pela Santa Sé Apostólica, levando em conta que tu (nome), de tal lugar em tal diocese, fizeste tais e tais coisas (citando-as), conforme legalmente se depreende dos méritos do processo criteriosamente analisados, consideramos a ti pessoa fortemente suspeita de tal heresia, e

O MARTELO DAS FEITICEIRAS

determinamos que a abjure, na condição de pessoa sob forte suspeita, pois fomos persuadidos para assim proceder ao considerarmos a justiça e o conselho de experientes homens da lei. Mas para que sejas mais cuidadosa no futuro e para que não mais te inclines a tais atos, e para que os teus crimes não permaneçam sem punição, e também para que possas servir de exemplo a outras pessoas pecadoras, depois de termos consultado muitos e ilustres mestres ou doutores da faculdade de Teologia, depois de termos cuidadosamente assimilado toda a questão, e tendo perante nossos olhos Deus tão somente e a verdade da fé católica e apostólica, tendo à nossa frente o Sagrado Evangelho para que nosso julgamento possa proceder como se da própria vontade de Deus e para que nossos olhos vejam com equidade, nós, sentados no tribunal na condição de juízes, te condenamos, impondo a ti, de pé diante de nós, a seguinte pena nos termos seguintes: que doravante nunca mais ouses fazer, dizer ou ensinar tais e tais coisas (especificá-las). E que fique estabelecido quais as coisas pelas quais a pessoa acusada foi condenada, e também por que foi considerada fortemente suspeita da mencionada heresia, além daquelas que, se viesse a cometê-las, a tornariam culpada de leve reincidência na heresia; no entanto, isso deve ser feito de acordo com as necessidades e exigências de cada caso. Por exemplo, que não deverás seguir tais e tais práticas, ou que não deverás receber em casa pessoas que sabidamente negaram a fé e assim sucessivamente.

Cumpre observar, entretanto, que aquelas pessoas que são suspeitas, mas não apanhadas em heresia, sejam forte ou levemente suspeitas, não devem ser aprisionadas ou confinadas na prisão pelo resto da vida. Essa punição é para hereges que foram condenados e que depois se arrependeram (de acordo com o segundo capítulo "*Excommunicamus*", "Hereges", e capítulo "*Quoniam*", livro 6, "Hereges"). Podem, no entanto, em virtude dos atos que as fizeram ficar sob suspeita, ser mandadas para a prisão durante algum tempo, e depois, conforme se verá, libertadas (capítulo "*Ut commisi*", livro 6, "Hereges"). Nem deverão ser marcadas com o sinal da cruz (pelo ferro em brasa), por ser este o sinal de quem é herege penitente; e não serão condenadas como hereges, mas sim como

TERCEIRA PARTE

suspeitas de heresia, não sendo por isso marcadas dessa forma. É possível ordenar a elas, contudo, que em determinados dias solenes permaneçam dentro das portas da igreja, ou perto do altar, durante a celebração da santa missa, segurando nas mãos uma vela de um certo peso acesa, ou que façam alguma peregrinação, ou algo semelhante, de acordo com a natureza e as exigências do caso.

QUESTÃO XXV

Do sexto método de pronunciar a sentença, nos casos de grave suspeita de heresia

O sexto método para concluir-se um processo em nome da fé é empregado quando se constata que a pessoa acusada de heresia, depois de minucioso exame da causa, em consulta com doutos advogados, incidiu em grave suspeita de heresia. O que se dá quando ela não é condenada de heresia por confissão espontânea ou pela evidência dos fatos ou pelo depoimento legítimo de testemunhas, mas há indícios muito fortes e graves (não apenas leves ou mesmo fortes) que a tornam gravemente suspeita de tal heresia, pelo que deverá ser julgada.

Para melhor entendimento dessa questão, havemos de dar exemplos não só de casos de heresia simples, mas de casos de heresia de bruxaria. Pois o caso incidiria sob esse tópico na heresia simples se a pessoa acusada não fosse legalmente condenada pela própria confissão e assim sucessivamente, conforme citado, mas por algo que disse ou fez. Por exemplo, pode ter se envolvido em caso que não diga respeito à fé e ter sido sentenciada de excomunhão; e se permanecesse obstinadamente na excomunhão por um ano ou mais, incidiria em leve suspeita de heresia, pois tal comportamento não se dá sem alguma suspeita de heresia. Mas se tivesse sido intimada por questão referente à fé, e não comparecesse e se recusasse de forma contumaz a não comparecer, sendo portanto excomungada, seria então pessoa fortemente suspeita de heresia; nesse caso, da leve suspeita passaria à forte suspeita. E se permanecesse obstinadamente em excomunhão por um ano, então

O MARTELO DAS FEITICEIRAS

incidiria em grave suspeita de heresia; logo, de forte suspeita passaria a grave, contra a qual não se admite defesa. A partir de então, a pessoa seria condenada como herege, conforme é mostrado pelo Cânon, capítulo "*Cum contumacia*", livro 6.

Como exemplo de grave suspeita de heresia de bruxaria temos o caso da acusada que declarou ou fez alguma coisa própria do que fazem ou dizem as bruxas quando querem enfeitiçar alguém. Costuma acontecer de serem compelidas a se manifestar mediante palavras ameaçadoras, mediante atos maléficos ou mediante um olhar ou um toque, por três razões. Primeiro, para que seus pecados possam ser agravados e mais manifestos para seus juízes; segundo, para que possam mais facilmente seduzir as pessoas simples; e terceiro, para que maior ofensa seja perpetrada contra Deus e assim aumentem os seus poderes maléficos para prejudicar os seres humanos. Portanto, uma bruxa incide em suspeita grave quando, após ter usado expressões como "Logo, logo te farei sentir", ou outras semelhantes, algum mal ocorre à pessoa ou aos animais ameaçados. Nesse caso a suspeita não é leve, como o é o das pessoas familiarizadas com bruxas, ou o das que desejam provocar em alguma pessoa uma paixão desregrada. Ver o trecho em que tratamos dos três graus de suspeita, a leve, a forte e a grave.

Pois bem, precisamos considerar qual o procedimento a ser adotado nesses casos. Na eventualidade de alguém incidir em grave suspeita de heresia simples, o procedimento é o seguinte. Embora possa a pessoa não ser verdadeiramente herege, já que pode não haver qualquer erro em seu entendimento, ou se houver, talvez não se atenha a ele obstinadamente em sua vontade ou em seu arbítrio, deverá ser condenada como herege em virtude de a dita suspeita grave não admitir prova ou defesa.

Assim é condenada a pessoa herege dessa espécie. Se recusar-se a abjurar a heresia, caso se recuse a voltar atrás e prestar as contas devidas, será entregue à Corte Secular para ser punida (de acordo com o capítulo "*Ad abolendam*", parágrafo "*Praesenti*"). Mas se mostrar-se disposta e

TERCEIRA PARTE

consentir em abjurar a heresia, será condenada à prisão perpétua (de acordo com o segundo capítulo "*Excommunicamus*", "Hereges"). O mesmo se dá no caso de suspeita grave de heresia de bruxaria.

Contudo, embora o mesmo método principal deva ser observado no último caso (de bruxaria), há algumas diferenças. Cumpre notar que se a bruxa insiste em negar o crime, ou alega ter pronunciado tais palavras não com aquela intenção, mas por impulso próprio da impetuosidade feminina, então o juiz não dispõe de justificativa suficiente para condená--la às chamas, não obstante a grave suspeita. Portanto, deverá colocá-la na prisão, e levá-la a interrogatório para que se saiba se já agiu ou não daquela antes. Em caso afirmativo, há de lhe ser inquirido se já houve difamação pública a seu respeito por causa daquela heresia. A partir daí estará em condições de prosseguir e, antes de mais nada, sentenciá-la ao interrogatório e à tortura. Então, se ela revelar sinais de tal heresia ou da taciturnidade das bruxas, ou seja, se é capaz de derramar lágrimas ou se permanece insensível sob tortura e depois rapidamente recupera as forças, então ele terá de proceder com as várias precauções que já explicamos nos capítulos em que tratamos desses casos.

E em caso de tudo falhar, que ele cuide para, se ela tiver perpetrado o mesmo crime antes, que não seja de forma alguma libertada e sim mantida na imundície da prisão por um ano, e que seja torturada, e que seja examinada muitas vezes, especialmente nos dias mais santos. Mas se, além disso, ela tiver sido difamada, então o juiz poderá proceder da forma já indicada no caso da heresia simples e condená-la ao fogo, especialmente se houver uma multidão de testemunhas e ela tiver sido sempre encontrada em atos semelhantes ou em outros atos de bruxaria. Mas se o juiz quiser ser misericordioso, poderá enviá-la para uma purgação canônica: ela deverá conseguir vinte ou trinta fiadores, promulgando--lhe uma sentença de tal forma que, se ela falhar na sua purgação, há de ser condenada às chamas por ser culpada. O juiz poderá proceder da seguinte maneira.

Caso ela aceite a purgação, o juiz deverá decretar-lhe que abjure toda a heresia, por causa do castigo para reincidentes, além de uma pena perpétua, da seguinte maneira. Os preparativos para a abjuração são idênticos aos explicados nas sentenças do quarto e do quinto tipo.

Reparar que em todos os métodos seguintes de condenação, quando o juiz desejar ser misericordioso, poderá agir da forma como já explicamos. Entretanto, como os juízes seculares têm os seus próprios métodos, procedendo com rigor, mas nem sempre com equidade, não há método ou norma definitiva que lhes possa ser recomendado como para um juiz eclesiástico, que pode receber a abjuração e impor a pena perpétua da seguinte maneira:

Eu (nome), de tal lugar em tal diocese, de pé e em pessoa perante vós, meus veneráveis senhores, o bispo de tal cidade e os juízes, tendo tocado com as minhas mãos o Sagrado Evangelho colocado à minha frente, juro crer, no fundo de meu coração, e professar, com os meus lábios, a santa fé católica e apostólica que a santa Igreja Romana detém, professa, crê, prega e ensina. Portanto, abjuro toda a heresia, e renuncio e renego a todas as pessoas que se levantam contra a santa Igreja Apostólica e Romana, qualquer que seja o seu erro ou a sua seita. Também juro e prometo que doravante nunca mais hei de fazer ou de dizer, ou de fazer com que sejam feitas tais e tais coisas (especificá-las), que fiz e disse, e pelas quais, por minha culpa, vós me declarastes gravemente suspeita de tal heresia. Juro também e prometo que cumprirei todas as penas que vós julgueis por bem me imputar, com todas as minhas forças, pelos mencionados crimes, e não hei de ser omissa em seu cumprimento. Que me ajudem Deus e o Sagrado Evangelho. E se doravante (pois que Deus proibiu) agir em contravenção a essa abjuração, aqui e agora obrigo-me a suportar as devidas punições para reincidentes, por mais severas que sejam.

Que o notário cuide para a tudo anotar: a abjuração decorreu de grave suspeita de heresia. Assim, caso a bruxa torne a incidir no mesmo erro, será julgada de acordo e entregue à Corte Secular.

Depois disso feito, que o bispo a absolva da sentença de excomunhão em que incorreu como gravemente suspeita de heresia. Pois quando uma pessoa herege retorna à fé e abjura a heresia, há de ser livrada da sentença de excomunhão que é prescrita para todas as pessoas hereges. De forma

TERCEIRA PARTE

similar, aquela que for condenada como herege, conforme indicamos, e que abjurar a heresia, se vê livre da pena de excomunhão. Depois da absolvição, é então sentenciada da seguinte maneira:

Nós, bispo (nome) de tal cidade, e (quando presente) juiz do território de tal senhor, vendo que tu (nome), de tal lugar e de tal diocese, foste acusada perante nós de tais e tais (especificar) crimes atinentes à fé, e já bem nos informamos a esse respeito conforme determina a lei pelo exame atento dos méritos do processo e de tudo o que foi feito e dito no presente caso, verificamos que tu cometeste tais e tais coisas (indicá-las). Pelo que, e não sem razão apontando-te como gravemente suspeita de tal heresia (citá-la), determinamos que por esse motivo terás de abjurar publicamente todas as heresias em geral, conforme nos prescrevem as sanções canônicas. E como, segundo tais instituições canônicas, todas as pessoas que assim procedem hão de ser condenadas como hereges, não obstante tu ouviste os conselhos mais sábios e retornaste ao seio de nossa santa madre Igreja e abjuraste, conforme declaramos, toda a heresia vil, portanto te absolvemos da sentença de excomunhão pela qual eras considerada pessoa odiosa para a Igreja de Deus. E se com a verdade no coração e com fé retornaste para a unidade da Igreja, hás de ser contada doravante entre as pessoas penitentes, e desde já és recebida de volta ao seio misericordioso da santa Igreja. Mas como seria um gravíssimo escândalo deixar tudo passar com olhos coniventes e deixar sem punição as ofensas que perpetraste contra Deus e os males que fizeste recair sobre as pessoas, pois que é mais grave ofender a Majestade Divina do que a um monarca humano, e para que os teus crimes não sejam um incentivo para outras pecadoras, e para que no futuro tenhas mais cautela e não te mostres tão propensa a cometer os mesmos crimes, e para que possas sofrer menor punição no outro mundo, nós, os supracitados bispo e juiz, tendo-nos valido dos conselhos sábios de doutores no assunto, sentados no Tribunal na condição de juízes, tendo perante nossos olhos só a Deus e a irrefragável verdade da santa fé, com os Sagrados Evangelhos colocados diante de nós para que nosso julgamento conte com a aprovação de Deus e para que nossos olhos vejam com equidade, te sentenciamos e te

O MARTELO DAS FEITICEIRAS

condenamos, impondo-te uma pena, a ti, para que te apresentes neste Tribunal, perante nós, no dia e na hora que antes te foram indicados. Em primeiro lugar, hás de colocar, por sobre a indumentária que usas, uma outra, cinza e azul feito o escapulário de um monge, mas sem capuz, quer na frente, quer atrás. Sobre tal indumentária, terás de afixar cruzes de pano amarelo, com três palmos de comprimento e dois de largura, e hás de usá-la sobre todas as demais durante certo período de tempo (estabelecer um período de um ou de dois anos, mais ou menos conforme requer a culpabilidade da pessoa). E com tal indumentária terás de te postar na porta de tal igreja durante certo período de tempo, ou nas quatro principais Festas da Virgem Gloriosa, ou em tais e em tais cidades nas portas de tais e tais igrejas; e te sentenciamos e condenamos à prisão perpétua, ou por tal período, pena a ser cumprida em tal prisão. (Que isso seja estabelecido conforme melhor parecer à honra da fé, e de acordo com a maior ou menor culpa e obstinação da acusada.) E expressamente, na certeza de que assim está prescrito pela instituição canônica, nos reservamos o direito de mitigar tal sentença, de prolongá-la, de modificá-la ou de removê-la no todo ou em parte, tantas vezes quantas nos parecer conveniente. Esta sentença foi lavrada e assim sucessivamente.

E depois de lida essa passagem, há de ser imediatamente posta em execução, devendo-se vestir a acusada com a indumentária com as cruzes conforme dissemos.

QUESTÃO XXVI

Do método de pronunciar a sentença contra as pessoas
que são tanto suspeitas quanto difamadas

O sétimo método de trazer o processo a uma conclusão em benefício
da fé é empregado quando a pessoa acusada do pecado de heresia, depois de um exame minucioso de todos os seus méritos junto a homens
conhecedores da lei, passa a ser considerada não só suspeita de heresia
mas também difamada por esse crime. E isso se dá quando a acusada
não é legalmente culpada por sua própria confissão, ou pela evidência
dos fatos, ou pelo depoimento legítimo de testemunhas. Descobre-se
que foi publicamente difamada além de existirem também indícios que
a colocam sob leve ou forte suspeita de heresia; por exemplo, quando
tem grande intimidade com hereges. Essa pessoa deverá, em virtude da
difamação, ser submetida a uma purgação canônica, por um lado; por
outro, em virtude da suspeita que sobre ela paira, também deverá abjurar a heresia (de acordo com o citado no capítulo *"Inter sollicitudines"*).

Nesses casos, o procedimento haverá de ser o seguinte. A pessoa –
publicamente difamada de herege, e também suspeita de heresia por
causa de outros indícios – será primeiramente purgada em público da
maneira pela qual explicamos no segundo método. Depois da purgação,
deverá imediatamente, em virtude das outras indicações para a suspeita
de heresia, abjurá-la da seguinte maneira, tendo diante de si, como antes,
o Livro dos Evangelhos:

Eu (nome), de tal lugar e de tal diocese, submetendo-me a meu julgamento em pessoa perante vós, meus senhores, o bispo de tal cidade e

o juiz do território de tal príncipe, tendo tocado com as minhas mãos os Sagrados Evangelhos colocados à minha frente, juro crer com todo o fervor e professar com meus lábios a santa fé apostólica que a Igreja Romana crê, professa, prega e observa. E portanto abjuro, detesto, renuncio e renego todas as heresias que se erguem contra a santa Igreja Apostólica, de qualquer seita ou de qualquer matiz e assim sucessivamente como citado.

Também juro e prometo que doravante não mais farei ou direi ou farei com que sejam feitas tais e tais coisas (citando-as), pelas quais fui justamente difamada e acusada de cometê-las, e das quais me acusais de suspeita. Também juro e prometo que hei de submeter-me com todas as minhas forças a todas as penalidades que me forem prescritas, sem qualquer omissão. E que me ajudem Deus e o Sagrado Evangelho. E se daqui em diante agir de alguma forma contrária a este juramento e a esta abjuração (que Deus o proíba), aqui e agora espontaneamente me submeto, me obrigo e me comprometo à punição legal por tais atos, aos limites do sofrimento, depois de ter sido provado que os tornei a cometer.

Mas cumpre observar que quando os indícios são tão evidentes que tornam a pessoa acusada, tenha ou não sofrido a difamação mencionada, fortemente suspeita de heresia, então ela deverá, como antes, abjurar todas as heresias em geral. E se reincidir em qualquer heresia, há de sofrer o devido castigo como reincidente. Mas se os indícios forem muito tênues e mesmo quando considerados juntos com a citada difamação só a tornarem levemente suspeita de heresia, então será suficiente que faça não uma abjuração de todas as heresias, mas daquela de que é suspeita (como indicado no capítulo "*Inter sollicitudines*", "Purgação canônica", e no capítulo "*Accusatus*", "Hereges", livro 6). Assim, caso venha a incidir noutra forma de heresia, não estará sujeita à penalidade como reincidente. E mesmo que venha a reincidir na heresia de que foi acusada e que abjurou, ainda assim não estará sujeita a tal penalidade, embora deva ser mais severamente punida que no caso de não a ter abjurado.

Mas há uma dúvida se deveria estar sujeita à pena como reincidente se, depois da purgação canônica, reincidir na mesma heresia de que foi canonicamente purgada. Parece que sim, segundo a lei canônica, capí-

TERCEIRA PARTE

tulos *"Excommunicamus"* e *"Ad abolendam"*. Portanto, o notário deve tomar muito cuidado ao declarar que a pessoa fez a abjuração por suspeita leve ou forte de heresia. Pois que, conforme já dissemos, há uma grande diferença entre elas. E feito isso, a sentença e a pena serão pronunciadas da seguinte maneira.

Nós (nome), bispo de tal cidade ou juiz no território de tal soberano, considerando devidamente que tu (nome), de tal lugar em tal diocese, foste acusada perante nós de tal heresia (citá-la), e desejando perquirir judicialmente se incidiste em tal heresia, pelo exame de testemunhas, intimando-te e interrogando-te sob juramento, e por todos os meios convenientes em nosso poder, agimos e procedemos como cabia.

Depois de assimilar, observar e diligentemente inspecionar todos os fatos, e de discutir os méritos do processo neste caso, depois de examinar tudo o que foi dito e feito, e de consultar e obter a opinião sábia de muitos e doutos teólogos e advogados, descobrimos que tu, em tais e tais lugares, foste publicamente difamada por pessoas boas e sóbrias em virtude da mencionada heresia. Pelo que, assim como nos determinam as instituições canônicas, te impomos uma purgação canônica pela qual tu e teus fiadores, aqui e publicamente, te purgaram perante nós. Verificamos também teres cometido tais e tais atos (citá-los), pelo que justamente te acusamos de leve ou forte (que se diga uma ou outra) suspeita de heresia. Portanto, por te achares sob suspeita, estabelecemos que abjurasses a heresia (aqui, se a pessoa acusada abjurou na qualidade de forte suspeita, que se diga "todas as heresias"; se sob leve suspeita, "a supracitada heresia").

Mas como não podemos e não devemos de forma alguma tolerar o que fizeste, e somos pela justiça compelidos a abominá-lo, para que sejas uma pessoa mais cautelosa no futuro, e para que teus crimes não fiquem sem punição, e para que outras pessoas não se vejam encorajadas a cair em pecado semelhante, e para que as ofensas ao Criador não sejam ignoradas facilmente: nós, os supracitados bispo e juiz, na condição de juízes deste Tribunal, tendo perante nós os Sagrados Evangelhos para que nosso julgamento possa ter a aprovação de Deus e para que nossos

O MARTELO DAS FEITICEIRAS

olhos vejam com equidade, contra ti, (nome), já tendo sido purgada e já tendo abjurado, submetida a este julgamento, pessoalmente em nossa presença neste lugar e nesta hora, pronunciamos a sentença ou a pena que te cabe nos seguintes termos: que deverás e assim sucessivamente.

E que pronunciem a sentença da forma que mais convier à honra da fé e para o extermínio do pecado da heresia: que em certos domingos e Festas de Guarda a pessoa condenada deverá postar-se à porta de tal igreja, segurando uma vela de determinado peso, durante a celebração da santa missa, com a cabeça descoberta e os pés nus, e que ofereça a vela ao altar; ademais, deverá jejuar às sextas, e por um certo período de tempo não ousará afastar-se daquele local, devendo apresentar-se perante o bispo ou juiz em certos dias da semana; e que sejam impostas outras penas semelhantes exigidas pela natureza particular do caso e da culpa; pois que para tal não há uma regra simples e única. Esta sentença foi prolatada e assim sucessivamente. E que seja posta em execução logo após ter sido pronunciada; e que seja anulada, mitigada ou modificada conforme exigido pela condição da pessoa penitente e para sua correção e humilhação; pois o bispo tem esse poder pela lei (como explícito no capítulo "*Ut commisi*", "Hereges", livro 6).

QUESTÃO XXVII

Do método de pronunciar a sentença contra as pessoas
que confessaram a heresia, mas que não são penitentes

O oitavo método de concluir um processo em benefício da fé é utilizado quando se verifica que a pessoa acusada de heresia, depois do detido exame dos méritos do processo junto a advogados conhecedores da lei, confessou o crime, mas não é penitente nem reincidiu na heresia. Isso se dá quando a própria pessoa acusada confessou numa Corte da lei sob juramento perante o bispo ou o inquisidor que por tanto tempo viveu e persistiu na heresia de que é acusada, ou em qualquer outra, e nela acreditava e a seguia; mas que depois, persuadida pelo bispo e por outras pessoas, desejou converter-se e retornar ao seio da Igreja, e abjurar àquela e todas as demais heresias, atendendo a tudo que lhe for exigido; descobrindo-se então que nunca fizera abjuração de qualquer outra heresia, mas que agora deseja e está preparada para abjurar.

Nesse caso, o procedimento será o seguinte. Embora tal pessoa tenha persistido por muitos anos em tal heresia e mesmo em outras, e nelas acreditado e praticado, conduzindo muitas outras pessoas ao erro, se por fim consentiu em abjurar todas aquelas heresias e fazer tal reparação conforme o bispo e o juiz eclesiástico decretarem, não será entregue à Corte Secular para sofrer a pena máxima. Nem tampouco, se for clérigo, será rebaixado de posto. A pessoa será admitida à misericórdia, segundo o Cânon, capítulo *"Ad abolendam"*, parágrafo *"Praesenti"*. E depois de ter abjurado a antiga heresia, será confinada à prisão perpétua (ver o Cânon, capítulo *"Excommunicamus"*, parágrafo *"Si quis"*, que dá provi-

O MARTELO DAS FEITICEIRAS

dências para a absolvição de tais pessoas). Mas grande cuidado deverá ser tomado para que não simule falsa penitência a fim de ser recebida de volta à Igreja. Da mesma forma, a Corte Secular não se acha obrigada a protelar sentença dessa natureza.

Ela fará a abjuração da forma já estabelecida, com uma diferença. Terá de confessar com os próprios lábios os crimes perante a congregação da Igreja num dia de festa, da seguinte maneira. O clérigo a indagará: "Persististe por tantos anos na heresia de bruxaria?" e a acusada ou o acusado responderá: "Sim." Depois se lhe perguntará: "Fizeste de fato isso e isso que confessaste?" e a pessoa responderá: "Sim." Assim por diante. Por fim, fará a abjuração de joelhos. Por ter sido excomungada em virtude da culpa de heresia (*"Excommunicamus"* 1 e 2), depois da abjuração retornará ao seio da Igreja, recebendo a graça da absolvição segundo a maneira dos bispos com autoridade apostólica para a absolvição dos casos de excomunhão de maior gravidade (*"Ut officium"*). E a sentença será de imediato pronunciada da seguinte maneira:

Nós, o bispo de tal cidade ou o juiz nos territórios de tal príncipe, vendo que tu (nome), de tal lugar em tal diocese, foste, por difamação pública e por informações de pessoas dignas de confiança, acusada (ou acusado) perante nós do pecado de heresia, e como te contaminaste durante muitos anos com tal heresia para grande prejuízo de tua alma, e por ter esta acusação contra ti ferido profundamente nossos corações, nós, cuja tarefa em decorrência de nosso ofício é a de semear a santa fé católica no coração das pessoas e de seu espírito afastar todas as heresias, desejosos de confirmarmos a verdade das informações que chegaram a nossos ouvidos, procedemos da melhor forma que nos foi possível no interrogatório e no exame das testemunhas de acusação e no teu próprio interrogatório, a que respondeste sob juramento, fazendo tudo o que nos é exigido pela justiça e pelas sanções canônicas.

E por termos desejado conduzir este caso a uma conclusão conveniente, e obter um claro entendimento de tua pregressa condição espiritual – se caminhavas nas trevas ou na luz, e se tinhas ou não incidido no pecado da heresia –, depois de termos conduzido todo o processo,

TERCEIRA PARTE

depois de nos reunirmos em conselho com doutos conhecedores do saber teológico, e também hábeis conhecedores das Leis Canônicas e Civis, sabendo ademais que, segundo a instituição canônica, o julgamento se harmoniza com a opinião de muitos e por ela é confirmado; e tendo, a respeito de todos os pormenores, consultado a tais homens, e tendo também diligente e cuidadosamente examinado todas as circunstâncias do processo, descobrimos que tu és, em virtude de tua própria confissão sob juramento perante nós no Tribunal, pessoa culpada de muitos dos pecados das bruxas. (Que sejam especificados pormenorizadamente.)

No entanto, como o Senhor, em Sua infinita misericórdia, permite, às vezes, aos seres humanos incidirem em erros e em heresias, não só para que pessoas católicas cultas possam se exercitar nos argumentos sagrados, mas para que aquelas que da fé se afastaram possam se tornar mais humildes daí em diante e realizar trabalhos de penitência; tendo cuidadosamente discutido as circunstâncias deste mesmo processo, descobrimos que tu, às nossas frequentes solicitações e seguindo o conselho nosso e de outras pessoas honestas, retornaste com o espírito são à unidade e ao seio da santa madre Igreja, abominando todos os mencionados erros e todas as mencionadas heresias, e aceitando a verdade irrefragável da santa fé católica, depositando-a no mais fundo de teu coração: pelo que, seguindo os passos Daquele que não quer que ninguém pereça, te acolhemos para esta adjuração e abjuração pública das heresias mencionadas e de todas as outras. E tendo feito isso, nós te absolvemos da sentença da magna excomunhão a que estavas fadada em virtude do pecado da heresia, e, reconciliando-te com a santa madre Igreja, te restituímos aos santos sacramentos. Conquanto tenhas retornado à unidade da Igreja de coração e verdadeiramente, e não mediante fé simulada, conforme acreditamos e esperamos que tenhas feito.

Mas como seria algo muito escandaloso vingar as ofensas perpetradas contra os senhores temporais e tolerar as ofensas cometidas contra Deus, o Criador de todos os céus, como a gravidade do pecado é muito maior quando se ofende a Majestade Eterna em comparação a uma majestade temporal, e para que Deus, que se apieda das pessoas pecadoras, possa

O MARTELO DAS FEITICEIRAS

ter piedade de ti, para que tu sirvas de exemplo para outras, e para que os teus pecados não fiquem sem punição, e para que no futuro te acauteles e sejas uma pessoa menos propensa a cometer tais e outros crimes, nós, os mencionados bispos e juiz, ou juízes, em benefício da fé, aqui sentados como juízes e assim sucessivamente, como acima... que te seja colocada uma indumentária cinza azulada etc. Nós também te sentenciamos e te condenamos à prisão perpétua, para que lá sejas punida com o pão da miséria e a água do sofrimento, nos reservando o direito de mitigar, agravar, modificar ou comutar em parte ou no todo a mencionada sentença se e quando por bem acharmos conveniente assim proceder. Esta sentença foi prolatada e assim sucessivamente.

Após isso, o juiz continuará ponto por ponto, pronunciando a sentença da seguinte forma ou de forma semelhante:

Minha filha, a tua sentença ou pena consiste no seguinte: que uses esta cruz pelo resto de tua vida, que a tragas contigo sempre que vieres aos degraus do altar ou que te postares à porta de tais igrejas, e que fiques encarcerada pelo resto de tua vida, a pão e água. Porém, minha filha, para que isso não te pareça fardo muito pesado, asseguro-te que, se pacientemente suportares esta punição, hás de encontrar em nós misericórdia; portanto, não duvides nem te desesperes, que sejas firme na esperança.

Após isso, que a sentença seja devidamente executada, e que se vista a indumentária própria na condenada e que seja colocada nos mais altos degraus do altar para que seja vista por todas as pessoas ao saírem, circundada pelos oficiais da Corte Secular. E à hora do jantar, que seja conduzida pelos oficiais à prisão e que o restante da pena seja executado e devidamente conduzido. E depois que ela sair pela porta da igreja, que o juiz eclesiástico não mais se ocupe do assunto; e se o juiz secular estiver satisfeito, pois bem, mas se não, que seja feita a sua vontade.

QUESTÃO XXVIII

Do método de pronunciar a sentença contra as pessoas que confessaram a heresia, mas que nela reincidiram, não obstante agora penitentes

O nono método para chegar-se a uma sentença conclusiva num processo em prol da fé é empregado quando a pessoa acusada de heresia, depois da diligente investigação das circunstâncias do processo em consulta com homens de criterioso juízo, confessa a heresia e se mostra penitente, embora tenha nela reincidido de fato. Isso se dá quando a própria pessoa acusada confessa no Tribunal, perante o bispo ou os juízes, que noutra ocasião abjurara todas as heresias – o que se acha legalmente provado –, mas que depois tornou a incidir no mesmo erro. Ou então que abjurou alguma heresia em particular, como a de bruxaria, mas depois a ela retornou; no entanto que, seguindo os melhores conselhos, é agora penitente e crê na fé católica, e que retorna à unidade da Igreja. A ela não se há de negar, caso os peça humildemente, os Sacramentos da penitência e da eucaristia; mas, por mais que se mostre arrependida, terá de ser entregue como reincidente à Corte Secular para sofrer a pena capital. Cumpre entender que isso se refere à pessoa que fez a abjuração depois de apanhada manifestamente em heresia, ou depois de ter sido fortemente suspeita de heresia, não depois de ter sido apenas levemente suspeita desse erro.

Neste caso se há de observar o seguinte procedimento. Quando, após diligente e, se necessário, repetida consulta a doutos advogados, concluiu-se que a referida prisioneira de fato e realmente reincidiu no

O MARTELO DAS FEITICEIRAS

crime de heresia, o bispo ou o juiz deverá encaminhar à prisioneira, no local de detenção, duas ou três pessoas honestas, de preferência religiosas ou clérigos, zelosos da fé, de quem a prisioneira não suspeite e sim que neles confie. Irão até lá no momento oportuno e com ela conversarão delicadamente das desgraças deste mundo e das misérias desta vida, e das alegrias e da glória do Paraíso. Então, a partir daí, lhe dirão que vieram por parte do bispo ou do juiz e que ela não poderá escapar da morte temporal, e que portanto deve cuidar para salvar a própria alma, e se preparar, confessando os pecados e recebendo o sacramento da eucaristia. Deverão visitá-la com frequência, persuadindo-a à penitência e à paciência, fortalecendo-a ao extremo na verdade católica, e deverão diligentemente fazê-la confessar-se, para que possa receber o sacramento da eucaristia por solicitação humilde. Porque tais sacramentos não devem ser negados a tais ofensores, de acordo com o capítulo "*Supereo*", livro 6, "Hereges".

E depois de receber os sacramentos e de mostrar-se disposta, graças à intervenção dessas pessoas, para a salvação, após dois ou três dias durante os quais a revigoraram na fé católica e a induziram ao arrependimento, o bispo ou o juiz locais deverá notificar o bailio ou as autoridades do Tribunal Secular que em tal dia e em tal hora (não em dia de festa) deverão estar presentes com seus auxiliares em tal praça ou em tal lugar (obrigatoriamente fora da igreja) para receberem uma pessoa reincidente, que lhes será entregue pelo bispo ou pelo juiz.

E na manhã do dia fixado, ou no dia anterior, deverá ser publicamente proclamado por todos os lugares e partes daquela cidade ou daquelas vilas, onde é costume haver tais proclamações, que em tal dia e em tal hora, e em tal lugar, será pregado um sermão em defesa da fé, e que o bispo e outros juízes condenarão certa pessoa por ter reincidido no pecado de heresia, entregando-a à justiça secular.

Mas aqui deve ser considerado que, se a pessoa reincidente tiver sido ordenada em quaisquer Ordens Sagradas, ou se for padre ou um religioso de qualquer Ordem, antes de ser entregue à justiça secular deverá ser rebaixado e destituído dos privilégios de sua ordem eclesiástica. Só de-

TERCEIRA PARTE

pois disso será entregue à justiça secular para receber o merecido castigo (capítulo *"Ad abolendam"*, parágrafo *"Praesenti"*, "Hereges").

Quando, portanto, se tem que degradar uma pessoa de suas dignidades e entregá-la à Corte Secular, que o bispo conclame todos os prelados e religiosos de sua diocese. Pois neste caso, embora não em outros, só o bispo, junto com os demais prelados e religiosos e doutos da diocese, poderá degradar-lhe das Sagradas Ordens antes de passá-la às mãos da Corte Secular, ou de ser encarcerada, por condenação à prisão perpétua em virtude do pecado da heresia (capítulo *"Quoniam"*, livro 6, "Hereges").

No dia indicado para a degradação da pessoa reincidente e de sua entrega, por deprecação, à Corte Secular, seja clérigo, seja pessoa leiga, para deixá-la ouvir a sentença definitiva, o povo deverá se reunir em alguma praça ou em algum lugar aberto, fora da igreja, e o inquisidor deverá pregar o sermão, e a prisioneira ou o prisioneiro deverá ser colocado em lugar mais elevado na presença das autoridades seculares. Se o prisioneiro for clérigo que terá de ser degradado, o bispo deverá usar a túnica pontifical, junto com os outros prelados da diocese, que deverão usar a indumentária própria com as capas magnas, usando-a também o prisioneiro, como se fosse ministrar seu ofício; o bispo então o degradará de suas ordens, das superiores às inferiores. E assim como ao conferir as ordens sacras, o bispo deverá usar das palavras prescritas pela Igreja, de sorte que, ao degradá-lo, deverá tirar-lhe a casula sacerdotal e a estola, e assim com as demais vestes, empregando palavras de significado diametralmente oposto.

Após a degradação, o procedimento deverá continuar dentro das formalidades legais e habituais. O notário ou algum religioso ou clérigo lerá a sentença, que deverá ser da seguinte forma, seja o prisioneiro leigo, seja clérigo degradado:

Nós (nome), bispo pela misericórdia de Deus de tal cidade, e juiz nos territórios de tal príncipe, estando legitimamente informados que tu (nome), de tal lugar em tal diocese, foste acusado (ou acusada) perante nós (ou perante tal bispo ou tais juízes) de tais heresias (citando-as) de que foste legalmente culpado conforme tua própria confissão e segundo

O MARTELO DAS FEITICEIRAS

o depoimento das testemunhas, e que obstinadamente persististe nelas por tanto tempo, embora depois, ouvindo os melhores conselhos publicamente e em tal lugar, abjuraste, renunciaste e rejeitaste aquelas heresias nos moldes prescritos pela Igreja, em virtude do que o mencionado bispo ou inquisidor, acreditando que havias retornado verdadeiramente ao seio da santa madre Igreja, te absolveu da sentença de excomunhão, exarando para ti uma pena salutar caso permanecesses na unidade da Igreja depois de a ela retornar. Porém, apesar de tudo o que se disse, e do lapso de tantos anos, tornas a ser pessoa acusada perante nós e mais uma vez incidiste nas heresias que abjuraras (citando-as), e não obstante tenha sido um amargo pesar para nós ouvir tais coisas de ti, fomos pela justiça compelidos a investigar a questão, a examinar as testemunhas e a interrogar-te sob juramento, procedendo em todas as instâncias conforme é prescrito pelas instituições canônicas.

E como desejávamos concluir este caso sem nenhuma dúvida, reunimo-nos em conselho solene com profundos conhecedores de Teologia e das Leis Canônicas e Civis, e junto a eles examinamos diligentemente tudo o que foi feito, tudo o que se disse e tudo o que se viu no processo e diligentemente discutimos cada circunstância, pesando a tudo na balança da justiça como nos compete. E verificamos que, tanto em virtude dos depoimentos legítimos de testemunhas quanto pela tua própria confissão ouvida no Tribunal, tornaste a incidir nas heresias que havias abjurado. Pois verificamos que disseste ou fizeste isso e isso (citar o que foi dito ou feito), pelo que, com a concorrência das pessoas mencionadas, julgamos e agora declaramos que és uma pessoa reincidente, de acordo com as instituições canônicas, a que nos referimos com grande lástima e lastimamos referir.

Mas como é de nosso conhecimento e do conhecimento de muitas pessoas católicas de bem que, pela inspiração da graça Divina, retornaste uma vez mais ao seio da Igreja e à verdade da fé, abominando os citados erros e heresias e dentro da verdadeira ortodoxia, acreditando e professando a fé católica, te acolhemos para que recebesses os sacramentos da penitência e da santa eucaristia à tua humilde solicitação. Mas como

TERCEIRA PARTE

nada mais resta fazer à Igreja de Deus a teu respeito, por ter agido da forma misericordiosa conforme indicamos, e como abusaste daquela misericórdia reincidindo nas heresias que tinhas abjurado, portanto nós, os supracitados bispo e juízes, na condição de juízes deste Tribunal, tendo perante nós os Sagrados Evangelhos para que nosso julgamento seja proferido como se viesse da própria aprovação de Deus e para que nossos olhos vejam com equidade, e tendo perante nossos olhos somente Deus e a verdade irrefragável da santa fé e a extirpação da peste da heresia, contra ti (nome), neste local e no dia e na hora que te foram designados para que ouvisses a sentença definitiva, pronunciamos em sentença que de fato reincidiste no pecado da heresia, embora sejas penitente; e por isso te dispensamos desta nossa Corte Eclesiástica e te deixamos entregue ao braço secular. No entanto, fervorosamente oramos para que a Corte Secular saiba temperar a sua justiça com misericórdia, para que não haja derramamento de sangue e nem morte.

E aqui o bispo e seus assessores devem se retirar, cabendo à Corte Secular realizar o seu ofício. Cumpre reparar que, embora o bispo e o inquisidor devam usar de sua extrema diligência, tanto pelos seus próprios esforços quanto pelo de outros, para induzir o prisioneiro a se arrepender e a retornar à fé católica, depois de arrependido e de decidido em conselho que, embora penitente, trata-se na verdade de reincidente e como tal deve ser entregue ao braço secular da Lei, não lhe devem informar a esse respeito, ou seja, a respeito da sentença e do castigo. Pois o rosto do juiz aterroriza o prisioneiro ou a prisioneira, e as suas palavras têm mais chance de fazer a pessoa que vai ser punida renunciar à penitência, e não acatá-la. Portanto, desde aquele momento, nem antes nem depois da sentença devem estes se apresentar perante ele ou ela, para que a pessoa condenada não se indisponha com o bispo ou com os juízes, algo que deve ser cuidadosamente evitado em morte dessa natureza. Porém, conforme já dissemos, que deixem o prisioneiro ser visitado por algum homem de bem, sobretudo os de ordens religiosas, ou clérigos, em quem tenha confiança; e deixem-no informá-lo da sentença e morte vindouras, fortalecendo-o na fé, exortando-o a ter paciência, e que o visitem depois

O MARTELO DAS FEITICEIRAS

de pronunciada a sentença e que o consolem e que orem por ele, e que não o deixem até que tenha entregue o espírito ao Criador.

Que cuidem, portanto, e que fiquem de guarda para nada fazer ou dizer que permita à prisioneira ou ao prisioneiro tomar conhecimento antecipadamente de sua morte, ou para que não se coloquem numa posição irregular. E, por se acharem sobrecarregados com o cuidado de sua alma, que o deixem partilhar também de sua punição e de sua culpa.

Também deve ser ressaltado que a sentença pela qual se entrega uma pessoa à Corte Secular não deve ser pronunciada em dia de festa ou em dia solene, nem numa igreja, mas fora, ao ar livre. Pois é uma sentença que leva a pessoa à morte; e é mais decente exará-la num dia comum, fora da igreja; pois os dias de festa e as igrejas são dedicados a Deus.

QUESTÃO XXIX

Do método de pronunciar a sentença contra as pessoas que confessaram a heresia, mas são impenitentes, embora não reincidentes

O décimo método para se completar um processo em prol da fé pela sentença final é empregado quando a pessoa acusada de heresia, após exame atento das circunstâncias do processo em consulta com conhecedores da lei, confessa a heresia e se mostra impenitente, embora não tenha reincidido na heresia. Esse caso raramente é encontrado, porém já chegaram a nosso conhecimento casos desse tipo como inquisidores. Nessa eventualidade, o bispo e o juiz não devem se apressar em exarar a sentença contra a pessoa prisioneira: devem mantê-la sob tutela e vigilância constante, e induzi-la a se converter, mesmo que isso se prolongue por muitos meses, mostrando-lhe que, se continuar impenitente, irá se danar no corpo e na alma.

Mas se nem pelo alento nem pela opressão, nem pela ameaça nem pela persuasão, a pessoa acusada renunciar a seus erros, e se expira o período da graça determinado, que o bispo e o juiz se preparem para entregá-la ou abandoná-la ao braço secular da Lei; deverão portanto notificar o bailio, ou as autoridades seculares, que em tal dia, não num dia de festa, e em tal hora deverão comparecer em tal lugar com seus auxiliares (em lugar fora da igreja), e que lhes vão entregar uma pessoa herege impenitente. Todavia, deverão fazer a proclamação pública nos lugares costumeiros que em tal dia e em tal hora no lugar indicado será pregado um sermão em defesa da fé, e que entregarão uma herege à justiça secular; e que todas as pessoas venham e que estejam presentes, pois serão outorgadas as indulgências corriqueiras.

O MARTELO DAS FEITICEIRAS

Após isso, a prisioneira será abandonada à justiça secular da seguinte maneira. Que seja primeiro advertida para renunciar à heresia e se arrepender; se mesmo assim se recusar, que lhe seja pronunciada a sentença.

Nós (nome), pela misericórdia de Deus bispo de tal cidade, ou juiz nos territórios de tal príncipe, vendo que tu (nome), de tal lugar em tal diocese, foste acusada perante nós por difamação pública e por informações de pessoas dignas de crédito (citando-as) do crime de heresia, e que durante muitos anos persististe nestas heresias para grande prejuízo de tua alma imortal; e como nós, cuja tarefa é a de exterminar a praga da heresia, desejando investigar mais profundamente este caso e ver se caminhavas nas trevas ou na luz, diligentemente examinamos a mencionada acusação, intimando-te e examinando-te devidamente, para constatarmos que estás de fato contaminada pela mencionada heresia.

Como, porém, o maior desejo de nosso coração é semear a santa fé católica no coração de nosso povo e erradicar a peste da heresia, usamos de vários e diversos métodos adequados, tanto por nós mesmos quanto por outros, para te persuadir a renunciar aos mencionados erros e heresias em que incidiste, e em que ainda incides, agora de forma desafiadora e obstinada com pétreo coração. No entanto, como o inimigo da raça humana está presente em teu coração, enovelando-te e aprisionando-te nos mencionados erros, tu te recusaste e te recusas a abjurar as mencionadas heresias, preferindo escolher a morte da alma no inferno e a do corpo neste mundo a renunciar a tais heresias e retornar ao seio da Igreja para que purificasses a alma, e te mostras uma pessoa determinada a continuar no pecado.

Portanto, como te achas presa pelas correntes da excomunhão da santa Igreja, e te achas definitivamente separada do rebanho do Senhor, e privada dos benefícios da Igreja, a Igreja nada mais pode fazer por ti, tendo já feito tudo o que era possível. Nós, os mencionados bispo e juiz em benefício da fé, aqui a julgar na condição de juízes, e tendo perante nós os Sagrados Evangelhos para que nosso julgamento como que advenha da própria aprovação de Deus e para que nossos olhos vejam com equidade, tendo perante eles apenas Deus e a verdade da santa fé e a extirpação

TERCEIRA PARTE

da praga da heresia, neste dia e lugar e nesta hora, designados para que ouvisses a tua sentença final, determinamos como nosso julgamento e nossa sentença que tu és de fato uma pessoa herege impenitente e, como tal, deves ser entregue e abandonada ao braço secular da justiça, pelo que, mediante esta sentença, te dispensamos e te rejeitamos de nossa Corte Eclesiástica e te abandonamos à Corte Secular, orando para que a mencionada Corte seja tolerante e pondere na sentença de morte contra ti. Esta sentença foi lavrada e assim sucessivamente.

QUESTÃO XXX

Daquela pessoa que confessou a heresia,
é reincidente e também é impenitente

O décimo primeiro modo de concluir um processo em benefício da fé é empregado quando se descobre que a pessoa acusada de heresia, após diligente discussão das circunstâncias do processo em consulta com pessoas ilustres, além de ter confessado a heresia, é impenitente e também reincidente no crime. E isso se dá quando a pessoa acusada confessa pelas próprias palavras, em Tribunal, que acredita e que praticou tais e tais atos. O procedimento nesses casos é o mesmo que no caso anterior. E por ser a pessoa manifestamente herege, a sentença há de ser pronunciada da seguinte maneira na presença do bispo e dos juízes:

Nós (nomes), pela misericórdia de Deus bispo de tal cidade e juiz nos territórios de tal príncipe, vendo que tu (nome), de tal lugar e em tal diocese, foste acusada pregressamente perante nós (ou perante tais e tais juízes, nossos predecessores) do crime de heresia (citar os crimes), e provaste ser legalmente culpada pela tua própria confissão e pelo testemunho de homens de bem, e que neste crime obstinadamente persististe por tantos anos, mas que, depois de ouvir os melhores conselhos, publicamente abjuraste aquelas heresias em tal lugar e dentro daquilo que prescreve a Igreja, pelo que os citados bispo e juiz, acreditando que havia verdadeiramente renunciado aos mencionados erros e que havias retornado à fé católica e ao seio da Igreja, livrando-te da sentença de excomunhão que te fora imposta, e promulgando para ti uma pena salutar se viesses a permanecer na unidade da santa Igreja, com fé e com sinceridade,

O MARTELO DAS FEITICEIRAS

receberam-te de volta com misericórdia. Porque a santa Igreja de Deus não fecha as suas portas às pessoas que lhe retornam ao seio.

Mas depois de tudo o que foi dito e para nosso grande pesar, foste acusada, perante nós, de teres reincidido naquelas heresias malignas que antes havias abjurado em público; ademais, fizeste tais e tais coisas (citá--las) em contravenção à dita abjuração e para a danação da tua alma; e embora estejamos profundamente magoados e feridos por termos ouvido tais coisas de ti, mesmo assim fomos pela justiça compelidos a investigar o assunto, examinar as testemunhas e te intimar e te ouvir sob juramento conforme nos compete, e em todos os particulares agimos conforme nos é prescrito pelas instituições canônicas. E como desejássemos levar a bom termo o caso, sem margem de dúvida, conclamamos um conselho solene de homens letrados, profundamente conhecedores de Teologia e das Leis Canônicas e Civis.

E tendo obtido o julgamento devido e maduro de tais homens sobre cada pormenor referente ao caso, após o exame repetido de todo o processo e da análise criteriosa e diligente de todas as circunstâncias, como requerem a lei e a justiça, comprovamos que és legalmente culpada, não só pela evidência de testemunhas dignas de fé, como pela tua própria confissão, de teres incidido, e de teres reincidido, nas heresias que abjuraras. Pois que verificamos teres dito ou feito tais e tais coisas (citá-las), pelo que com justa razão, na opinião dos mencionados doutores, e compelidos também pelos teus próprios excessos, te julgamos reincidente de acordo com os decretos canônicos. E que digamos isso com pesar, e que lamentemos dizê-lo, pois Ele sabe, Aquele de quem nada se esconde e que perscruta todos os segredos da alma. E, sinceramente, antes e ainda desejamos que retornasses à unidade da santa Igreja e que afastasses de teu coração a pérfida heresia, para que pudesses salvar a tua alma e preservasses o teu corpo e a tua alma da destruição no inferno, e usamos de todo o nosso empenho, mediante vários recursos, para te converter à salvação; mas te entregaste ao teu pecado e foste afastada e seduzida pelo espírito do mal, e preferiste a tortura e o tormento tenebroso e eterno do inferno, e que o teu corpo temporal fosse aqui consumido pelas

TERCEIRA PARTE

chamas, em vez de dares ouvido aos melhores conselhos e renunciares aos teus erros pestilentos e amaldiçoados, em vez de retornares ao seio misericordioso da santa madre Igreja.

Pelo que, como a Igreja de Deus nada mais pode fazer por ti, tendo feito tudo o que estava a seu alcance para converter-te, nós, o bispo e os juízes indicados para esta causa em prol da fé, aqui no Tribunal a julgar na condição mesma de juízes, tendo perante nós os Sagrados Evangelhos para que nosso julgamento seja como que a expressão da vontade de Deus e para que nossos olhos vejam com equidade, e tendo perante eles tão somente a Deus e a honra da santa fé católica, neste dia e lugar e nesta hora, designados para que ouvisses a tua sentença derradeira, pronunciamos o nosso julgamento do caso, perante ti aqui presente perante nós, e te condenamos e te sentenciamos como verdadeira herege reincidente e impenitente, e como tal serás abandonada à justiça secular; e mediante esta sentença definitiva te expulsamos como herege reincidente e impenitente de nossa Corte Eclesiástica e te entregamos e te abandonamos ao poder do braço secular da Lei, orando para que a Corte Secular abrande ou modere a sentença de morte que pronunciará contra ti. Esta sentença foi exarada e assim sucessivamente.

QUESTÃO XXXI

Da pessoa que é apanhada e condenada, mas que a tudo nega

O décimo segundo método para concluir um processo em favor da fé é utilizado quando se descobre que a pessoa acusada de heresia, após diligente exame dos méritos e de consulta com doutos advogados, é culpada do crime pela evidência dos fatos e pelo legítimo depoimento de testemunhas, mas não pela própria confissão. Ou seja, ela pode ser culpada pela evidência dos fatos por ter praticado a heresia publicamente; ou pela evidência das testemunhas, de que não consegue se livrar; mesmo assim, não obstante apanhada e denunciada, firme e constantemente nega a responsabilidade. Ver Hostiensis, *Summa*, título "Hereges", parágrafo *"Qualiter quis in heresim deprehendatur"*, questão 34.

O procedimento nesse caso é o seguinte: a pessoa acusada deverá ser mantida no cárcere, acorrentada e agrilhoada pelo pescoço, devendo ser assiduamente visitada pelos oficiais de justiça, juntos e separadamente, que hão de se empenhar ao extremo para induzi-la a confessar a verdade, dizendo-lhe que se assim proceder e confessar o erro, e abjurar a heresia vil, obterá a misericórdia; mas, caso se recuse e persista na sua negativa, acabará abandonada ao braço secular da Lei, e não poderá escapar da morte temporal.

No entanto, se persistir por muito tempo nas suas negativas, o bispo e os oficiais, ora em conjunto, ora separadamente, ora ainda pessoalmente, ora também com a ajuda de homens de bem, deverão conclamar perante eles ora uma testemunha, ora outra, e adverti-las para aterem-se estritamente ao que foi declarado em depoimento, para

O MARTELO DAS FEITICEIRAS

que se tenha certeza de ter sido declarada a verdade; que cuide, pois quem dana alguém temporariamente, dana a si mesmo eternamente; e que se estiverem receosos, que pelo menos lhe digam a verdade em segredo, para que a acusada não morra injustamente. E que tomem grande cautela para que possam ver claramente se os depoimentos foram ou não verdadeiros.

Mas se as testemunhas, depois dessa advertência, persistirem nas denúncias e a acusada persistir na negação, que o bispo e seus oficiais não se apressem em pronunciar a sentença definitiva e em abandonar a prisioneira para o braço secular da Lei; mas que a detenham ainda por mais tempo, ora a persuadindo a confessar, ora exortando as testemunhas (mas uma de cada vez) a examinarem as consciências. E que o bispo e os oficiais prestem particular atenção àquela testemunha que pareça ter a consciência mais aguçada e que pareça mais predisposta ao bem, e que mais insistentemente instiguem-lhe a consciência para falar a verdade, dizendo se o que depôs é falso ou verdadeiro. E se virem qualquer testemunha vacilar, ou se houver outros indícios de que foi dada falsa evidência, que lhe deem fé de acordo com o conselho de doutos e que procedam como a justiça requer.

Pois descobre-se muito frequentemente que quando a pessoa assim denunciada por testemunhas legítimas persiste por muito tempo na sua negativa, acaba cedendo – especialmente ao ser verdadeiramente informada de que não será entregue ao braço secular da Lei, e que será admitida na misericórdia se confessar o pecado – e espontaneamente confessando a verdade que há tanto tempo negara. Verifica-se também frequentemente que as testemunhas, por malícia e por inimizade, conspiraram para acusar uma pessoa inocente do pecado de heresia; mas depois, em função das solicitações frequentes do bispo e de seus oficiais, as suas consciências foram atingidas pelo remorso e, por inspiração divina, retiraram a sua denúncia e confessaram que por malícia imputaram tal crime à acusada. Portanto, a prisioneira nessa situação não deve ser sentenciada apressadamente; deverá ser mantida no cárcere por um ano ou mais antes de ser entregue ao braço secular da justiça.

TERCEIRA PARTE

Depois de transcorrido tempo suficiente, e tomadas todas as precauções, se a pessoa acusada que assim foi considerada legalmente culpada admitir a culpa e confessar dentro da lei que esteve pelo período indicado envolvida no crime de heresia, e consentir em abjurar todas as heresias, e executar a pena que lhe for prescrita pelo bispo e pelo inquisidor para alguém culpado de heresia pela própria confissão e pela produção legítima de evidências, então que como herege penitente abjure publicamente toda a heresia, da forma como estabelecemos no oitavo método de conclusão do processo em benefício da fé.

Se confessar que incidiu em tal heresia, mas que obstinadamente é adepta a ela, há de ser abandonada à Corte Secular como impenitente, conforme explicamos no décimo método.

No entanto, se a pessoa acusada permanecer firme e inamovível de suas negativas a respeito das acusações que pairam sobre ela, e as testemunhas, ademais, as retirarem, revogando as evidências e admitindo a culpa, confessando que imputaram crime tão hediondo a uma mulher ou a um homem inocente por motivo de rancor e de ódio, ou que foram subornados ou obrigados a isso, então a pessoa acusada será colocada em liberdade, e as testemunhas punidas como falsas testemunhas, ou como falsos acusadores ou informantes. Isso fica claro pelo que diz Paulo de Burgos em seu comentário sobre a palavra "*Illos*", no início do capítulo "*Multorum*", "Hereges", do Cânon. E a sentença e a pena serão pronunciadas contra as testemunhas conforme bem parecer ao bispo e aos juízes; de qualquer maneira, as falsas testemunhas devem ser condenadas à prisão perpétua, em regime de pão e água, e deverão fazer penitência pelo resto de suas vidas, todos os dias, devendo se postar nos degraus da porta de tal igreja e assim sucessivamente. Contudo, os bispos têm o poder para mitigar ou mesmo agravar a sentença após um ano ou após outro período de tempo, da forma habitual.

Mas se a pessoa acusada, após um ano ou o tempo que tiver se mostrado suficiente, persistir nas suas negativas, e as testemunhas legítimas persistirem na sua acusação, o bispo e os juízes deverão se preparar para abandonar a acusada à justiça secular, enviando-lhe pessoas de bem,

O MARTELO DAS FEITICEIRAS

zelosas da fé, sobretudo os religiosos, para lhe dizerem que não poderá escapar da morte temporal se persistir na negativa, e que será entregue à Corte Secular como herege impenitente. E o bispo e seus oficiais notificarão o bailio ou outras autoridades do braço secular da lei que em tal dia, em tal hora e em tal lugar (não dentro de uma igreja) deverão lá comparecer com seus auxiliares para receber uma pessoa herege impenitente que a eles será entregue. E que façam a proclamação pública nos lugares habituais de que todas as pessoas deverão comparecer em tal dia, em tal hora e em tal lugar para ouvir um sermão em prol da fé, e que o bispo e seus oficiais entregarão uma pessoa herege obstinada à justiça secular.

Na data marcada para o pronunciamento da sentença, o bispo e os demais responsáveis deverão estar no lugar indicado, e a prisioneira será colocada no alto, à vista de todas as pessoas, e as autoridades seculares deverão estar presentes diante da prisioneira. Então a sentença será pronunciada da seguinte maneira:

Nós (nome), pela misericórdia de Deus bispo de tal lugar e juiz nos territórios de tal príncipe, vendo que tu (nome), de tal lugar em tal diocese, foste acusada perante nós de tal heresia (citá-la); e desejando obter informações mais corretas das acusações feitas contra ti, e se caminhavas nas trevas ou na luz; assim procedemos, examinando diligentemente as testemunhas, e te intimando e te interrogando sob juramento, tendo também admitido um advogado para tua defesa, e procedendo em todos os aspectos conforme determina a lei canônica.

E desejosos de concluir o teu processo sem deixar margem de dúvida, reunimo-nos em conselho solene com profundos conhecedores de Teologia e das Leis Canônicas e Civis. E tendo diligentemente examinado e analisado cada circunstância do processo, e madura e criteriosamente considerado, junto aos referidos doutores, tudo o que foi dito e feito no presente caso, descobrimos que tu (nome), foste considerada legalmente culpada do crime de heresia por tanto tempo, e que disseste e fizeste tais e tais coisas (citá-las), pelo que manifestamente parece que és culpada, de forma legítima, da mencionada heresia.

TERCEIRA PARTE

Mas como desejávamos, e ainda desejamos, que confessasses a verdade e renunciasses à mencionada heresia, e que fosses conduzida de volta ao seio da santa Igreja e à unidade da santa fé, para que salvasses a tua alma e escapasses da destruição de teu corpo e de tua alma no inferno, tentamos, por nossos próprios esforços e pelos esforços de outras pessoas, e protelando a tua sentença definitiva por longo tempo, induzir-te ao arrependimento; mas como te mostraste obstinada na tua perversidade e não concordaste com nossos conselhos, e persististe e ainda persistes com teu espírito renitente e obstinado nas tuas negativas contumazes; e isso dizemos com pesar, e muito lamentamos dizê-lo. Mas como a Igreja de Deus por tanto tempo esperou pelo teu arrependimento e pela tua admissão de culpa, e tu te recusaste e ainda te recusas, a sua graça e misericórdia não podem mais prosseguir.

Pelo que, para que possas servir de exemplo a outras pessoas e para elas afastem de tais heresias, e para que tais crimes não passem sem punição, nós, o bispo e os juízes nomeados em prol da fé, sentados aqui neste Tribunal na própria condição de juízes, e tendo perante nós os Sagrados Evangelhos para que nosso julgamento como que seja expressão da vontade de Deus e para que nossos olhos vissem com equidade, e tendo perante nossos olhos só a Deus e a glória e a honra da santa fé, julgamos, declaramos e pronunciamos a seguinte sentença: tu (nome), perante nós, neste dia e na hora e lugar que te foram indicados para que ouvisses a sentença final, és uma herege impenitente e como tal deve ser entregue e abandonada à justiça secular; e como herege obstinada e impenitente, mediante esta sentença te expulsamos do Tribunal Eclesiástico e te abandonamos para a justiça secular e para o poder da Corte Secular. E oramos para que a mencionada Corte possa mitigar a sentença de morte contra ti. Esta sentença foi exarada e assim sucessivamente.

O bispo e os juízes podem, ademais, providenciar para que homens zelosos da fé, e conhecidos e de confiança da justiça secular, tenham acesso à prisioneira enquanto realizam o seu ofício, para que a consolem e inclusive a induzam a confessar a verdade, a admitir a culpa e a renunciar aos erros.

O MARTELO DAS FEITICEIRAS

Mas caso aconteça, depois de pronunciada a sentença, quando a prisioneira já estiver no local onde será queimada, de a condenada manifestar confessar a verdade e admitir a culpa e assim o fizer; e se estiver disposta a abjurar aquela e todas as heresias; embora se possa presumir que talvez assim proceda mais por medo da morte do que por amor à verdade, sou, contudo, da opinião de que pode, nesse caso, por misericórdia, ser recebida como penitente e sentenciada à prisão perpétua. Ver a glosa sobre a palavra *"Audientia"*, no parágrafo *"Praesenti"* do capítulo *"Ad abolendam"* e de acordo com o segundo capítulo *"Excommunicamus"*. Todavia, de acordo com o rigor da lei, os juízes não devem colocar muita fé numa confissão dessa espécie; ademais, podem sempre puni-la em virtude dos danos temporais que causou.

QUESTÃO XXXII

*Da pessoa que é culpada, mas que fugiu ou se
ausenta de forma contumaz*

O décimo terceiro e último método para chegar-se a uma sentença definitiva em favor da fé é empregado quando se descobre que a pessoa acusada de heresia, após diligente análise dos méritos do processo em consulta com advogados conhecedores da lei, é culpada de heresia mas conseguiu escapar, ou em flagrante desafio não comparece ao tribunal depois de expirado o prazo previsto. E isso acontece em três casos.

Primeiro, quando a pessoa acusada é culpada de heresia por confissão própria, ou pela evidência dos fatos, ou pela produção legítima de testemunhas, e foge, ou se ausenta e se recusa a comparecer depois de ter sido judicialmente intimada.

Segundo, quando a pessoa foi acusada e foram prestadas certas informações a seu respeito que a colocam sob suspeita, mesmo que seja leve, e é então intimada a responder por sua fé; e como se recusa a comparecer perante o juiz, é excomungada e obstinadamente persiste na excomunhão por um ano, ausentando-se sempre desafiadoramente.

O terceiro caso é quando alguém obstrui diretamente a sentença ou o processo em benefício da fé, ou presta auxílio, ou aconselha, ou dá proteção para aquele propósito, pois tal pessoa é atingida pela espada da excomunhão. E se nela persistir por um ano, será condenada como herege que desafiou a administração da justiça (de acordo com o parágrafo *"Prohibemus"* do capítulo *"Ut inquisitionis"*, livro 6, "Hereges").

O MARTELO DAS FEITICEIRAS

No primeiro caso, tal pessoa é, segundo determina o parágrafo "Praesenti", capítulo *"Ad abolendam"*, para ser condenada como herege impenitente. No segundo e terceiro casos não será julgada como herege impenitente, mas condenada como se fosse herege penitente, de acordo com o capítulo *"Cum contumacia"* e parágrafo *"Prohibemus"* do capítulo *"Ut inquisitionis"*, livro 6, "Hereges". E em qualquer desses casos se há de observar o seguinte procedimento. Quando se aguardou por esta pessoa pelo tempo suficiente, que seja intimada pelo bispo e por seus oficiais na catedral da diocese em que cometeu o pecado, e noutras igrejas daquele lugar onde mora, e especialmente de onde fugiu, e que seja intimada da seguinte maneira:

Nós (nome), pela misericórdia de Deus bispo de tal lugar e assim sucessivamente, ou juiz de tal diocese, tendo a nosso cargo o bem-estar das almas, e tendo acima de tudo o desejo sincero de que em nosso tempo na referida diocese a Igreja floresça e que haja uma colheita fértil e abundante nas vinhas do Senhor das Hostes, que a mão direita do Pai Supremo semeou no seio dos seres humanos de bem, que o Filho do Pai generosamente regou com o Seu sangue vivificante, que o Espírito Santo, o Paracleto, fez frutificar com as Suas dádivas maravilhosas e inefáveis, que a incompreensível e inefável Santíssima Trindade enriqueceu com enormes e sagrados privilégios; mas que o javali, fora da floresta, quer dizer, qualquer espécie de herege, devorou e pilhou, desperdiçando os bons frutos da fé e plantando espinhosas urzes-brancas em meio às vinhas; e que a serpente sinuosa, a inimiga maléfica da raça humana, que é Satanás e o demônio, insuflou veneno nos frutos das vinhas, causando-lhes a peste da heresia: e esse é o campo do Senhor, a Igreja Católica, a ser lavrado e cultivado, que o Filho Primogênito do Deus Pai, após descer das alturas celestiais, semeou com milagres e com a palavra Sagrada, percorrendo cidades e aldeias e ensinando não sem grande esforço, tendo escolhido, como Seus apóstolos, laboriosos e honestos homens e lhes mostrado o caminho, dando-lhes as recompensas eternas; e o próprio Filho de Deus espera conseguir de seus campos semeados, no dia do juízo final, uma colheita abundante; e pelas mãos

TERCEIRA PARTE

de Seus santos anjos espera armazená-la no celeiro sagrado nos céus. Mas as raposas de Sansão, de duas caras, como as pessoas que incidem no pecado da heresia, caras que olham para os dois lados, mas que se acham amarradas pelas caudas flamejantes, correm com muitas tochas pelos campos do Senhor, agora brancos e a reluzir com o esplendor da fé até a hora da colheita, e os destroem sem piedade, e astuciosamente percorrem-lhe todos os recantos, com violentos ataques, a queimar, dissipar e devastar, e a subverter de forma sutil e maldosa a verdade da sagrada fé católica.

Pelo que, como tu (nome), caíste na maléfica heresia das bruxas, praticando atos maléficos publicamente em tal lugar (indicá-lo), e tendo sido, pelo testemunho legítimo, culpada do pecado de heresia, ou pela tua própria confissão no Tribunal; e depois de tua captura fugiste, recusando o remédio da tua salvação; portanto, te intimamos para que respondas pelos mencionados crimes perante nós, não obstante tenhas sido afastada e seduzida pelo espírito do mal, recusando-te a comparecer.

Ou da seguinte maneira:

Pelo que, visto que tu (nome), foste acusada perante nós do pecado da heresia, e, segundo as informações prestadas contra ti, julgamos-te sob leve suspeita de heresia, te intimamos para que te apresentes pessoalmente perante nós para que respondas pela fé católica. E como, depois de intimada, desafiadoramente te recusaste a comparecer no Tribunal, te excomungamos e te declaramos desde então excomungada. E nesta condição permaneceste obstinada por um ano, ou por tantos anos, escondendo-te aqui e acolá, de forma que não sabemos para onde o espírito do mal te levou; e embora te aguardássemos bondosa e misericordiosamente, para que retornasses ao seio e à unidade da sagrada fé, como te achas completamente entregue ao mal, te recusaste a assim proceder. Assim sendo, desejamos e, obrigados pela justiça, damos este caso como concluído fora de qualquer dúvida, não podendo passar com olhos coniventes por sobre teus crimes iníquos.

Nós, bispo e juízes na causa mencionada, em nome da fé, exigimos e ordenamos mediante o presente édito que tu, já mencionada, que ora se

O MARTELO DAS FEITICEIRAS

esconde e se acha na condição de fugitiva, hás de em tal dia de tal mês do ano tal, na catedral de tal diocese, na hora da terça, apresentar-se pessoalmente perante nós para que ouças a tua sentença final, ficando claro que, apareças ou não, terás pronunciada a sentença definitiva contra ti, conforme requerem a lei e a justiça. E para que nossa intimação chegue a teu conhecimento antes da data indicada e que não te venhas proteger com a desculpa da ignorância, é nosso desejo e nossa ordem que as presentes letras e a presente intimação sejam publicamente afixadas nas portas da mencionada catedral. Em testemunho do que, ordenamos que o presente édito seja autorizado com a impressão de nossos selos. Decreto lavrado a e assim sucessivamente.

No dia indicado para a audiência da sentença final, se a fugitiva tiver aparecido e consentido em abjurar todas as heresias publicamente, rogando humildemente para que seja admitida na misericórdia, assim o será, caso não seja reincidente; e se for culpada pela própria confissão ou pela produção legítima de testemunhas, terá de abjurar e se arrepender como herege penitente, conforme explicamos no oitavo método de conclusão dos processos em benefício da fé. Se for considerada gravemente suspeita, e se recusar a aparecer ao ter sido intimada para responder pela fé, e tiver sido depois excomungada, e permanecido na excomunhão obstinadamente por um ano, mas se tornar penitente, que seja admitida, que abjure todas as heresias e que se penitencie como gravemente suspeita de heresia, da forma explicada no sexto método para conclusão do processo. Mas se comparecer e não consentir em abjurar, que seja entregue como verdadeira impenitente e herege ao braço secular da Lei, conforme se explicou no décimo método. No entanto, se mesmo assim se recusar a comparecer, que a sentença seja pronunciada da seguinte forma:

Nós (nomes), pela misericórdia de Deus bispo de tal cidade, vendo que tu, (nome), de tal lugar e de tal diocese, foste acusada perante nós por difamação pública e por informações de pessoas de bem do pecado da heresia; nós, cuja obrigação é examinar e verificar se havia qualquer verdade no que chegou a nosso conhecimento, descobrindo teres sido acusada e considerada culpada de heresia pelo depoimento de várias tes-

TERCEIRA PARTE

temunhas críveis, ordenamos que sejas trazida até nós sob custódia. (Aqui se há de dizer se já compareceu alguma vez e se foi ou não interrogada sob juramento.) Mas vendo que depois foste levada e seduzida pelos conselhos do espírito do mal, temendo teres as tuas chagas completamente curadas com vinho e óleo, e fugiste (ou, se for o caso, fugiste da prisão ou do lugar de detenção), escondendo-te aqui e acolá, desconhecemos em absoluto o lugar para onde o espírito do mal te conduziu.

Ou da seguinte forma:

E constatando que contra ti, acusada, conforme dissemos, perante nós do pecado de heresia, se encontram muitas razões pelas quais te julgamos levemente suspeita do pecado de heresia, te intimamos por este édito em tais e tais igrejas de tal diocese a comparecer, pessoalmente, dentro do prazo estipulado, perante nós para responderes pelas acusações contra ti e sobre as questões que dizem respeito à fé. Mas tu, seguindo conselho insano, obstinadamente te recusaste a aparecer. E quando, obrigados pela justiça, te excomungamos e te declaramos publicamente excomungada, obstinadamente permaneceste no estado de excomunhão por mais de um ano, e te escondeste aqui e acolá, de sorte a não sabermos aonde o espírito do mal te conduzira.

E a santa Igreja de Deus por muito te aguardou até este presente dia na bondade e na misericórdia, para que pudesses regressar ao seio da misericórdia, renunciando os teus erros e professando a fé católica, e para que fosses nutrida pela generosidade da sua misericórdia; tu te recusaste a consentir, persistindo na tua obstinação; e como desejávamos e ainda desejamos, conforme a nós cabe proceder e conforme nos compele a justiça, trazer este caso a uma conclusão justa, te intimamos a que comparecesses perante nós neste dia e nesta hora e neste lugar, para que ouvisses a sentença final. Mas como te recusaste a comparecer, provaste manifestamente que persistes de forma permanente nos teus erros e nas tuas heresias; e isso dizemos com pesar, e muito lamentamos dizê-lo.

Como, porém, não podemos protelar e não protelaremos a aplicação da justiça, nem podemos tolerar tamanha desobediência e tão grande desafio à Igreja de Deus, para a exaltação da fé católica e para a extir-

O MARTELO DAS FEITICEIRAS

pação de todas as heresias vis, atendendo ao chamado da justiça, e em virtude de tua desobediência e obstinação, neste dia e lugar, e nesta hora, que doravante é designada para a audiência de tua sentença final, tendo diligente e cuidadosamente analisado todas as circunstâncias do processo com homens de grande saber, conhecedores de Teologia e das Leis Canônicas e Civis, sentados no Tribunal na condição de juízes, tendo perante nós os Sagrados Evangelhos para que nosso julgamento possa provir como que da vontade de Deus e para que nossos olhos vejam com equidade, e tendo perante eles apenas Deus e a verdade irrefragável da sagrada fé, seguindo os passos do bem-aventurado apóstolo Paulo, aqui pronunciamos a sentença final contra ti (nome), ausente ou presente, nos seguintes termos, invocando o Nome de Cristo.

Nós, o bispo e os juízes nomeados em benefício da fé, vendo que o processo desta causa em prol da fé foi conduzido em todos os seus termos conforme manda a lei; e não tendo tu, após intimação legal, comparecido, não tendo sido justificada a tua ausência por ti mesma ou por qualquer outra pessoa; e vendo que tu persististe e ainda persistes nas mencionadas heresias e na excomunhão, pela causa da fé, por tantos e tantos anos; e nada mais podendo a santa Igreja de Deus fazer por ti, por teres persistido e por ainda pretenderes persistir na tua excomunhão e nas alegadas heresias, por tudo isso, seguindo os passos do bem-aventurado apóstolo Paulo, declaramos, julgamos e sentenciamos seres tu, (nome), ausente ou presente, uma pessoa herege obstinada, e como tal te abandonamos à justiça secular. E mediante esta sentença definitiva te expulsamos do Tribunal Eclesiástico e te abandonamos aos poderes do Tribunal Secular; sinceramente orando para que este mencionado Tribunal, caso venha a ter-te em seu poder, pondere a sentença de morte contra ti. Esta sentença foi lavrada e assim sucessivamente.

Cumpre aqui considerar que, se a obstinada fugitiva tiver sido condenada por heresia, seja pela própria confissão, seja pelo depoimento de testemunhas críveis, e se tiver fugido antes da abjuração, será, pela sentença, considerada herege impenitente, o que é preciso ser colocado na sentença. Mas se, por outro lado, não tiver sido considerada culpada

660

TERCEIRA PARTE

e sim apenas intimada por se achar sob suspeita para prestar contas de sua fé, mas, tendo se recusado a comparecer ao tribunal, tiver sido excomungada e obstinadamente persistido na excomunhão, e por fim se recusando novamente a comparecer, então não será julgada como herege impenitente, mas como simples herege, e deverá ser condenada como tal; e assim se há de expressar na sentença, conforme antes indicamos.

QUESTÃO XXXIII

Do método de pronunciar a sentença para as pessoas que foram
acusadas por outra bruxa, que foi ou que será queimada na estaca

O décimo quarto método para concluir-se um processo em prol da fé é usado quando a pessoa acusada de heresia, após minudente análise das circunstâncias do processo com referência às pessoas informantes, junto a advogados conhecedores da matéria, assim o foi por outra bruxa que já foi ou será queimada. E isso acontece de treze maneiras em treze casos. Pois a pessoa assim acusada ou é inocente e será livremente dispensada; ou terá sido difamada em público por causa daquela heresia; ou verifica-se que ela, além da difamação, deve ser exposta de algum modo à tortura; ou então se trata de pessoa gravemente suspeita de heresia, ou é pessoa que incorreu em suspeita grave de heresia; ou verifica-se que é, a um só tempo, difamada e suspeita; e assim por diante em treze casos diferentes, conforme mostramos na décima segunda questão.

O primeiro caso é quando é acusada apenas por uma bruxa sob custódia, e não é condenada pela própria confissão nem por testemunhas legítimas, e não há outras indicações pelas quais possa ser considerada suspeita. Nessa eventualidade, há de ser inteiramente absolvida, mesmo pelo próprio juiz secular que já tiver queimado a depoente ou está em vias de queimá-la, seja por sua própria autoridade, seja pela autoridade que lhe foi delegada pelo bispo ou pelo juiz da Corte Ordinária; e há de ser absolvida da forma como foi explicado na vigésima questão.

O segundo caso é quando, além de acusada por bruxa sob custódia, ela também foi publicamente difamada por toda a aldeia ou por toda a

O MARTELO DAS FEITICEIRAS

cidade; de tal sorte que, embora sempre tivesse sofrido de tal difamação particular, viu-se a suspeita agravada depois do depoimento de outra bruxa.

Nesse caso, o procedimento deverá ser o seguinte: o juiz há de considerar que, independentemente das informações de caráter geral, nada em particular foi provado contra ela por outras testemunhas legítimas da aldeia ou da cidade; e, não obstante, talvez, a bruxa lhe tenha feito sérias acusações. Mesmo assim, como perdeu a fé por negá-la perante o diabo, o juiz não deverá dar o devido crédito a suas palavras, a menos que existam outras circunstâncias a agravarem o caso, quando então este passaria à terceira categoria, descrita a seguir. Portanto, ela deverá ter como pena uma purgação canônica, e a sentença deverá ser pronunciada como mostramos na vigésima primeira questão.

E se o juiz civil ordenar que a purgação seja feita perante o bispo, e terminar com uma declaração solene de que, se vier a falhar, então, como exemplo para outras, deverá ser gravemente condenada por ambos os juízes, o civil e o eclesiástico, que assim seja. Mas se o juiz desejar conduzir pessoalmente o caso, que a ordene encontrar dez ou vinte testemunhas que deponham a favor de sua inocência, todas de sua mesma condição social, e proceda com o segundo método para a sentença, com uma exceção: se ela for excomungada, então ele deverá recorrer ao ordinário, que seria o caso se ela se recusasse a fazer a purgação.

O terceiro caso, então, é quando a pessoa acusada não é condenada pela própria confissão, nem pela evidência dos fatos, nem por testemunhas legítimas, nem existem outras indicações de que de fato já tivesse sido estigmatizada por outras pessoas da aldeia ou da cidade, exceto em virtude de sua reputação geral entre tais pessoas. No entanto, os boatos de suspeita foram intensificados pela prisão da bruxa que se acha sob custódia, ao declarar que a acusada por ela fora sua companheira em todos os crimes e que deles participara. Mesmo assim, porém, a acusada firmemente a tudo nega, e nada disso é sabido pelos outros moradores, ou nada além de seu bom comportamento, embora se admita o companheirismo com a bruxa presa.

TERCEIRA PARTE

Nesse caso, o procedimento é o seguinte: primeiro, devem ser colocadas frente a frente, observando-se suas mútuas respostas e recriminações, para ver se há qualquer inconsistência nas suas palavras, pelo que o juiz será capaz de decidir pelas afirmações e negações se ele ou se ela deverá ser submetido a tortura; em caso afirmativo, poderá proceder como na terceira forma de pronunciar a sentença, explicada na vigésima segunda questão, submetendo-a a torturas leves. Ao mesmo tempo, deverá tomar todo o cuidado possível, conforme explicamos extensamente ao iniciarmos esta terceira parte, para descobrir se ela é culpada ou inocente.

O quarto caso é quando se verifica que a pessoa acusada dessa forma é levemente suspeita, ou pela própria confissão, ou pelo depoimento de outra bruxa sob custódia. Há quem inclua, entre as assim consideradas levemente suspeitas, as pessoas que procuram e consultam bruxas por qualquer motivo, ou as que tentaram conseguir um amante inspirando o ódio entre casais, ou que se juntaram a bruxas para a obtenção de alguma vantagem temporal. Mas essas pessoas devem ser excomungadas como seguidoras de hereges, segundo o parágrafo *"Credentes"*, primeiro capítulo *"Excommunicamus"*, que diz: "Semelhantemente julgamos como hereges as pessoas que acreditam em seus erros." Pois o efeito é presumido pelos fatos. Portanto, parece que essas pessoas devem ser mais severamente punidas do que aquelas que se acham sob leve suspeita de heresia e que vão a julgamento por conjeturas leves. Por exemplo, se executaram um serviço para bruxas ou lhes levaram cartas, não por isso se deve considerar que incidam nos mesmos erros. Todavia, não depuseram contra elas e delas receberam pagamentos. Quanto a dever-se ou não incluir tais pessoas neste caso, segundo a opinião de conhecedores das leis, o procedimento deverá ser como o dos casos de suspeita leve, e o juiz agirá da seguinte maneira: essas pessoas deverão ou abjurar a heresia ou submeter-se a uma purgação canônica, conforme explicado no quarto método de pronunciar as sentenças na vigésima terceira questão.

Contudo, parece que o melhor a fazer é determinar a abjuração da heresia, porque assim se estará mais de acordo com o sentido do Cânon,

O MARTELO DAS FEITICEIRAS

parágrafo *"Qui vero inventi fuerinti sola suspicione notabili"*, do citado primeiro capítulo *"Excommunicamus"*, que trata daquelas pessoas que se encontram apenas sob alguma suspeita notável. E se reincidirem, não incorrerão na punição contra reincidentes. O procedimento será como o explicado no quarto método de conclusão do processo.

O quinto caso é quando a pessoa é considerada sob forte suspeita, em virtude, como antes, da própria confissão ou do depoimento de outra bruxa sob custódia. Nessa categoria alguns incluem quem direta ou indiretamente obstrui o processo em pauta, desde que o faça propositadamente (capítulo *"Ut inquisitionis negocium"*, livro 6, "Hereges").

Também incluem as pessoas que ajudam, aconselham ou protegem as que causam tais obstruções. Também as que instruem hereges intimados ou capturados a ocultar a verdade ou a falsificá-la de alguma forma (parágrafo final do capítulo *"Accusatus"*). Também todas aquelas pessoas que conscientemente recebem ou visitam notórios hereges, ou com eles se associam, lhes mandam presentes, ou mostram favorecê-los; pois todas essas ações, quando feitas com pleno conhecimento, falam a favor do pecado, e não da pessoa. E por isso dizem que, quando a pessoa acusada é culpada de qualquer uma das ações citadas, deverá ser sentenciada pelo quinto método, explicado na vigésima quarta questão; assim deverá abjurar todas as heresias, sob pena de ser castigada como reincidente.

Quanto a essas contenções, podemos dizer que o juiz deve levar em consideração o domicílio e a família de cada bruxa que tiver sido queimada ou que se acha detida; pois esses costumam ter sido contaminados. Pois as bruxas são instruídas pelos demônios para lhes oferecerem inclusive as próprias crianças; portanto, não há dúvida de que tais crianças são instruídas em toda a sorte de crimes, conforme mostramos na primeira parte desta obra.

Uma vez mais, num caso de simples heresia, acontece, em virtude da proximidade entre hereges parentes, que, quando alguém é condenado pelo crime de heresia, segue-se que a parentela também é considerada fortemente suspeita. O mesmo serve para o crime da heresia de bruxaria. Mas este presente caso é esclarecido no capítulo do Cânon *"Inter sollicitu-*

TERCEIRA PARTE

dines" (*Extra*, "Purgação canônica"). Certo deão, devido à sua reputação como herege, foi condenado a uma purgação canônica. Em virtude de sua familiaridade com hereges, teve também de fazer uma abjuração pública, e por causa do escândalo, viu-se privado de seus privilégios, portanto o escândalo poderia ser mitigado.

O sexto caso é quando a pessoa acusada se acha sob grave suspeita. Mas nenhum depoimento pura e simplesmente por outra bruxa em custódia tem esse efeito, pois deverá também existir alguma indicação dos fatos, oriunda de certas palavras ou de certos atos por parte da bruxa em custódia, em que declara ter a acusada ao menos tomado parte dos atos malévolos da depoente.

Para entender essa questão, o leitor ou a leitora deve consultar o que escrevemos na décima nona questão, especialmente a respeito da suspeita grave, de que modo surge de conjeturas graves e convincentes; e de que modo o juiz é forçado a acreditar, sob mera suspeita, que a pessoa é herege, embora talvez seja uma católica verdadeira. Os canonistas dão um exemplo disso com o caso de simples heresia de um homem intimado a responder a uma causa de fé e que se recusou, desafiadoramente, a comparecer para dar seu depoimento. Por esse motivo, foi excomungado, e, se persistir naquele estado por um ano, será considerado gravemente suspeito de heresia.

De maneira análoga é o caso da pessoa acusada da forma que ora estamos considerando: as indicações dos fatos devem ser examinadas – as indicações pelas quais se torna gravemente suspeita. Coloquemos a situação da bruxa em custódia que declarou ter a acusada participado de suas obras maléficas de bruxaria, não obstante a última negue terminantemente. O que fazer? Será necessário considerar se há quaisquer fatos a colocarem-na sob forte suspeita de bruxaria e se tal suspeita poderia se tornar suspeita grave. Assim, se uma pessoa foi intimada a responder a tal acusação, e obstinadamente se recusa a comparecer ao tribunal, incorreria em suspeita leve de heresia mesmo quando não intimada por causa concernente à fé. Mas, caso se recusasse em causa dessa natureza e fosse excomungada pela obstinação, então incorreria em forte

O MARTELO DAS FEITICEIRAS

suspeita de heresia. A suspeita leve se tornaria forte suspeita. E se então permanecesse obstinada em suas posições por um ano, a forte suspeita se transformaria em suspeita grave. Portanto, o juiz deve considerar se, em virtude da familiaridade com a bruxa sob custódia, o acusado (ou a acusada) se acha sob forte suspeita, da forma mostrada no quinto caso. Em seguida, há de considerar se existe algo que seja capaz de transformar a suspeita forte em suspeita grave. Pois presume-se que seja possível ser esse o caso, pelo fato de a pessoa acusada, talvez, ter participado dos crimes da bruxa detida, caso tenha mantido relações frequentes com ela. Logo, o juiz deverá proceder como no sexto método de condenação explicado na vigésima quinta questão. Mas seria possível perguntar o que o juiz deve fazer se a pessoa acusada por uma bruxa sob custódia ainda persistir nas negativas, não obstante todas as indicações contra ela. Respondemos da seguinte maneira: em primeiro lugar, o juiz deve considerar se as negativas decorrem ou não do vício ou da bruxaria da taciturnidade: ademais, conforme mostramos na décima quinta e na décima sexta questões desta terceira parte, o juiz poderá isso descobrir da sua capacidade ou incapacidade de derramar lágrimas, ou de sua insensibilidade sob tortura e da rápida recuperação das forças depois. Neste caso, a suspeita grave seria ainda mais agravada. Não poderia ela, nessas circunstâncias, ser dispensada em absolvição de forma alguma; pelo contrário, de acordo com o sexto método, ela deverá ser condenada à prisão e ao castigo perpétuos.

Mas caso não se mostre contaminada pela taciturnidade das bruxas e revele sentir as dores mais agudas sob tortura (enquanto outras, conforme se disse, se tornam insensíveis à dor devido à bruxaria da taciturnidade), então o juiz deverá retornar ao seu último expediente de purgação canônica. E se tal purgação for determinada por juiz secular, é chamada de purgação vulgar lícita, já que não pode ser classificada com as outras purgações vulgares (2, questão 4, "*Consultisti*" e "*Monomachiam*"). E se a pessoa acusada falhar na sua purgação, será considerada culpada.

O sétimo caso é quando a pessoa acusada não é culpada pela própria confissão, nem pela evidência dos fatos, e tampouco pelo depoimento de

TERCEIRA PARTE

testemunhas legítimas, mas só se verifica que ela é acusada por uma bruxa sob custódia, e descobrem-se também algumas indicações que apontam para a leve ou a forte suspeita. Quando, por exemplo, a pessoa acusada mantinha grande familiaridade ou convívio com bruxas, o caso em que deveria, segundo o Cânon, capítulo *"Inter sollicitudines"*, ser submetida a uma purgação canônica em virtude de sua má reputação; já por causa da suspeita que lhe recai, deveria abjurar a heresia, sob pena de tornar-se reincidente em caso de forte suspeita, mas não em caso de leve suspeita.

O oitavo caso se dá quando a pessoa acusada confessou a heresia, mas é penitente, e nunca reincidiu. Cumpre, entretanto, aqui observar que neste e noutros casos, em que se põe a questão da reincidência ou não da acusada, e se são ou não penitentes, tais distinções são feitas tão somente para o benefício dos juízes que não estejam interessados em infligir a pena capital. Portanto, o juiz civil poderá proceder de acordo com as Leis Civis e Imperiais, conforme determinar a justiça, no caso da pessoa que confessou, independentemente de ser ou não penitente, ou de ter ou não reincidido. Bastará recorrer aos treze métodos de pronunciar a sentença, e agir de acordo com eles, caso surja qualquer dúvida.

QUESTÃO XXXIV

Do método de pronunciar a sentença contra bruxas que anulam malefícios causados por bruxaria; e contra as bruxas parteiras e os magos arqueiros

O décimo quinto método de concluir um processo em benefício da fé é empregado quando a pessoa acusada de heresia não é das que perpetra malefícios contra outras, mas das que os remove. Em tal caso, o procedimento será o seguinte: os remédios que utiliza serão lícitos ou ilícitos; se forem lícitos, ela não será julgada como bruxa, mas como boa cristã. No entanto, já mostramos suficientemente que espécie de remédios são lícitos.

Os remédios ilícitos, por outro lado, devem ser distinguidos, quer como absolutamente ilícitos, quer como ilícitos em certos aspectos. Se forem absolutamente ilícitos, ainda poderão ser subdivididos em outras duas categorias, conforme envolvam ou não alguma lesão ou mal a outra parte; contudo, em ambos esses casos sempre se acompanham da invocação expressa de demônios. Se só forem ilícitos em certos aspectos, ou seja, são praticados tão somente com a invocação tácita, e não expressa, de demônios, devem ser considerados mais como vãos ou fúteis do que como ilícitos, de acordo com os canonistas e com alguns teólogos, conforme já demonstramos.

Portanto o juiz, seja eclesiástico ou civil, não deverá punir nem a primeira nem as últimas práticas mencionadas, devendo pelo contrário louvar as primeiras e tolerar as últimas, já que os canonistas sustentam ser lícito combater futilidade com futilidade. Mas não deve de forma alguma tolerar as que removem malefícios por uma invocação expressa de demônios, especialmente as que ao assim procederem acabam por causar algum mal

O MARTELO DAS FEITICEIRAS

a uma terceira parte. E esse fenômeno diz-se ocorrer quando o malefício é retirado de uma pessoa e transferido para outra. E já deixamos esclarecido numa parte anterior desta obra não fazer diferença se o malefício é transferido para uma bruxa ou não, seja ela ou não a pessoa que perpetrou o malefício original, ou seja, ser humano ou qualquer outra criatura.

Caberia indagar o que deve fazer o juiz quando tal pessoa alega remover malefícios por meios lícitos e não lícitos. E de que modo poderia chegar à verdade nesses casos? Respondemos que deve intimá-la e indagar-lhe que remédios utiliza. Mas não poderá basear-se exclusivamente na sua palavra, pois o juiz eclesiástico incumbido dessa tarefa deverá fazer investigação diligente, seja pessoalmente ou através de algum padre da paróquia que deverá interrogar todas as pessoas de sua paróquia sob juramento a respeito dos remédios que a acusada emprega. E, como costuma acontecer, se descobrir que são remédios de natureza supersticiosa, não poderão de forma alguma ser tolerados, em virtude das penas terríveis prescritas pelas Leis Canônicas, conforme mostraremos.

Uma vez mais, caberia indagar como se pode distinguir os remédios lícitos dos ilícitos, já que sempre afirmam que removem malefícios mediante certas orações e pelo uso de ervas. Respondemos que essa questão é fácil, conquanto se faça inquérito diligente. Pois embora devam necessariamente ocultar os remédios de caráter supersticioso, seja para não irem à prisão, seja para que mais facilmente armem ciladas contra pessoas mais simples e possam assim fazer uma grande exibição do uso de suas orações e de suas ervas. Todavia, essas pessoas podem ser manifestamente culpadas e condenadas por quatro ações supersticiosas na condição de magos ou de bruxas.

Existem algumas pessoas que adivinham segredos e são capazes de dizer coisas de que só poderiam saber através da revelação de espíritos do mal. Por exemplo: quando as pessoas enfermas lhes procuram para serem curadas, são capazes de descobrir e tornar conhecida a causa de sua enfermidade. Como em decorrência de uma intriga com alguém da vizinhança ou alguma outra causa. E são capazes de ter perfeitamente um conhecimento disso e dizê-lo a quem as consulta.

672

TERCEIRA PARTE

Em segundo lugar, às vezes curam a enfermidade ou o malefício de determinada pessoa, mas nada conseguem fazer com a doença ou malefício que se abateu sobre outra. Pois, na diocese de Espira, em um lugar chamado Zun Hofen, há uma bruxa que, embora pareça curar muitas pessoas, confessa ser incapaz de curar outras. E isso tão somente pelo motivo de que, conforme declaram habitantes do lugar, os malefícios que se abateram sobre essas pessoas são de tal força e de tal forma causados por outras bruxas com a ajuda dos demônios que os próprios demônios não os conseguem remover. Pois um demônio nem sempre consegue ceder à ação de outro.

Em terceiro lugar, às vezes elas sabem que têm de fazer alguma reserva ou exceção na cura de tais malefícios. Um caso desse tipo aconteceu na própria cidade de Espira. Uma mulher de bem que fora enfeitiçada nas canelas procurou por uma adivinha desse tipo para que a curasse. A bruxa veio à sua casa. Ao entrar, olhou-a e fez uma exceção desse tipo. Pois lhe disse: "Se não houvesse crostas e cabelos na ferida, eu seria capaz de retirar dela toda a matéria maligna."

Em seguida, revelou-lhe a causa do mal, embora a enferma tivesse vindo de país a mais de duas milhas dali: "Discutiste com a tua vizinha em tal dia e foi por isso que passaste a padecer desse mal." Depois, extraindo da ferida muitas outras substâncias de vários tipos, que não eram crostas nem cabelos, restituiu-lhe a saúde.

Em quarto lugar, elas próprias observam ou fazem com que sejam observadas certas cerimônias supersticiosas. Por exemplo, estabelecem certa hora – antes do nascer do sol etc. – para que as pessoas as visitem. Ou dizem não serem capazes de curar males que foram causados fora dos limites do estado em que habitam; ou que só conseguem curar duas ou três pessoas por ano. No entanto, não curam ninguém, embora pareçam curar por simplesmente deixarem de lhes fazer mal.

Poderíamos acrescentar muitas outras considerações a respeito da condição de tais pessoas. Por exemplo, quando depois de um certo período de tempo ganharam a reputação de levarem vida desregrada e pecaminosa, ou de que são adúlteras, ou sobreviventes dos covis de

O MARTELO DAS FEITICEIRAS

outras bruxas. Portanto, o seu dom de curar não proveio de Deus em virtude da santidade de suas vidas.

Aqui devemos nos reportar incidentalmente às bruxas parteiras, que a todas as demais ultrapassam com a sua malevolência, conforme mostramos na primeira parte desta obra. E são em tão grande número que, conforme se descobriu por suas confissões, acredita-se que dificilmente exista alguma aldeia em que pelo menos uma não seja encontrada. E para que os magistrados possam enfrentar esse perigo em certa medida, não devem permitir que nenhuma parteira pratique o ofício sem antes prestarem juramento como boas católicas. Ao mesmo tempo, devem observar as precauções mencionadas na segunda parte desta obra.

Aqui também devemos considerar os magos arqueiros, que constituem o maior perigo para a religião cristã por terem obtido a proteção nos estados de nobres e de príncipes que os acolhem, prestigiam e defendem. Mas que tais protetores são mais condenáveis do que todas as bruxas, especialmente em certos casos, é mostrado da seguinte maneira. Os canonistas e os teólogos dividem em duas classes os protetores de tais arqueiros, conforme defendam o erro ou a pessoa. Os que defendem o erro são mais condenáveis do que os próprios arqueiros, já que não devem ser julgados como hereges, mas como heresiarcas (24, questão 3, "*Qui illorum*"). Mas as leis não fazem menção especial a tais protetores, por não os distinguir de hereges.

Existem outros, no entanto, que, embora não perdoem o pecado, mesmo assim defendem quem peca (citados no capítulo "*Ad abolendam*", parágrafo "*Praesenti*"). Estes, por exemplo, farão tudo o que estiver a seu alcance para proteger tais magos (ou outros hereges) do julgamento e do castigo pelas mãos do Juiz que age em prol da Fé.

De forma similar, há certas autoridades públicas, ou seja, pessoas públicas como senhores temporais, e também senhores espirituais, que têm jurisdição temporal e que, seja por omissão, seja por comissão, protegem tais hereges e arqueiros.

São seus defensores por omissão quando negligenciam a sua tarefa com relação aos magos, aos mágicos e às pessoas suspeitas, ou com re-

TERCEIRA PARTE

lação aos seus seguidores, seus acolhedores, seus defensores, quando são solicitados pelos bispos ou pelos inquisidores para que assim procedam. Ou seja, ao deixar de lhes prender, ao não os guardar devidamente depois de presos, ao não os levar ao local indicado em sua jurisdição para o qual foram intimados a comparecer, ao não executarem prontamente a sentença que lhes foi pronunciada e por outras omissões de seus encargos (como se explica no início do capítulo *"Ut inquisitionis"*, livro 6, "Hereges").

São seus defensores por comissão quando, depois de tais hereges terem sido presos, livram-nos da prisão sem a licença ou a ordem do bispo ou do juiz; ou quando obstruem, direta ou indiretamente, o processo, o julgamento ou a sentença deles, ou agem de forma semelhante (citados no capítulo *"Ut inquisitionis"*). As penas por tais atos foram discriminadas na segunda parte desta obra, em que tratamos dos magos arqueiros e de outros encantadores de armas.

Basta por ora dizer que todos esses são por lei excomungados, e incorrem em doze penas graves. E, se continuarem obstinados na excomunhão por um ano, serão condenados como hereges.

Quem, portanto, será chamado de protetor de tais hereges? Deverão ser condenados como hereges? Todos eles, respondemos, os que os acolhem, os que os protegem – aos magos arqueiros, aos enfeitiçadores de armas, às necromantes, às bruxas hereges –, são o motivo de toda esta obra. E tais protetores cabem em duas categorias, como foi o caso dos defensores e dos patronos de tais criaturas.

Pois que há alguns que não os recebem ou os acolhem só por uma ou duas vezes, mas por muitas vezes e frequentemente. E a estes denominamos justamente, em latim, *"receptatores"*, em decorrência de *"receptare"*, forma frequentativa do verbo (que, por sua vez, deriva de *"recipere"*, ou seja, "receber"). E os receptadores dessa classe são por vezes inocentes, por agirem na ignorância, por não haver suspeita sinistra que sobre eles recaia. Já noutras ocasiões são culpados por terem perfeita ciência dos pecados dos que acolhem, porquanto a Igreja sempre denuncia tais feiticeiros como os inimigos mais cruéis da fé. E se, no entanto, os

O MARTELO DAS FEITICEIRAS

senhores temporais os acolhem, sustentam e defendem etc., hão de ser corretamente chamados de receptadores de hereges. E a respeito destes diz a lei que hão de ser excomungados (de acordo com o primeiro capítulo *"Excommunicamus"*, parágrafo *"Credentes"*).

Há outros, porém, que não acolhem magos ou hereges com frequência ou muitas vezes, e sim apenas uma ou duas vezes; e estes não são propriamente denominados *receptatores*, e sim *receptores*, já que não os acolhem com frequência. (Não obstante, o arquidiácono não concorda com esse ponto de vista expresso no capítulo *"Quicumque"*, embora tal não seja questão muito importante, pois estamos tratando de atos, e não de palavras.)

Há ainda uma diferença entre *receptatores* e *receptores*: os soberanos temporais que simplesmente não podem ou não querem expulsar hereges são sempre *receptatores*. Já os *receptores* podem ser bem mais inocentes.

Por fim, cabe indagar quem seriam os que obstruem as ações dos inquisidores e dos bispos contra hereges. E se devem ser tais pessoas tachadas de hereges. Admitimos a existência de dois tipos de obstrutores. Há os que causam obstrução direta, ao temerariamente, por sua própria conta, libertarem do cárcere os que foram detidos por causa de heresia, ou ao interferirem no processo inquisitorial, causando danos às testemunhas em benefício da fé em razão de seus depoimentos. Ou então o senhor temporal decreta uma ordem de que ninguém, só ele próprio, poderá julgar o caso, e que ninguém acusado desse crime seja levado a julgamento por qualquer outra pessoa exceto por ele próprio, e que as evidências sejam apresentadas só em sua presença, ou alguma ordem semelhante. Agindo assim, segundo Giovanni d'Andrea (nos comentários sobre a palavra *"directe"*, no capítulo *"Statutum"*, livro 6, "Hereges"), são eles obstrutores diretos. Os que diretamente obstruem o processo, o julgamento ou a sentença em prol da fé, ou que auxiliam, aconselham ou favorecem outras pessoas para que assim procedam, embora culpados de grande pecado, não serão por esse motivo julgados como hereges, salvo se outras evidências indicarem que estão obstinada e voluntariamente envolvidos com heresias maléficas. Devem ser castigados com a espada da excomunhão; e se obstinadamente

TERCEIRA PARTE

persistirem na excomunhão por um ano, serão então condenados como hereges (capítulo "*Ut inquisitionis*", parágrafo "*Prohibemus*").

Outros, porém, são os obstrutores indiretos. Estes, conforme explica Giovanni d'Andrea (em seus comentários sobre a palavra "*indirecte*", no capítulo "*Statutum*"), são os que dão ordens tais como ninguém há de levantar armas para a captura de hereges exceto os servos do mencionado senhor temporal. São estes menos culpados do que os primeiros, e não são hereges. Mas devem, assim como qualquer pessoa que aconselhe, auxilie ou proteja hereges com tais atos, ser excomungados (de acordo com o capítulo "*Ut inquisitionis*"). E se obstinadamente permanecerem na excomunhão por um ano, serão condenados como se fossem hereges (de acordo com o capítulo citado, parágrafo "*Prohibemus*"). E cumpre aqui entender que essa condenação como hereges se há de fazer nos seguintes termos: caso se mostrem dispostos a retornar ao seio da Igreja, serão recebidos de volta à misericórdia, depois de abjurarem o erro. Caso contrário, serão entregues à Corte Secular como impenitentes (como explicitado no capítulo "*Ad abolendam*", parágrafo "*Praesenti*").

Em suma, as bruxas parteiras, como as demais bruxas, devem ser condenadas e sentenciadas de acordo com a natureza de seus crimes. Isso vale também para as que, como dissemos antes, removem malefícios de forma supersticiosa e com o auxílio de demônios. Pois seria difícil duvidar de que, assim como são capazes de removê-los, são também capazes de causá-los. E o fato é que as bruxas e os demônios fazem um acordo definido entre si pelo qual algumas são capazes de causar males e outras o são de removê-los, para que assim possam mais facilmente enganar o pensamento das pessoas simples e aumentar as hostes de sua sociedade abandonada e odiosa. Os magos arqueiros e os encantadores de armas, que são apenas protegidos pelo acolhimento que recebem dos senhores temporais, estão sujeitos às mesmas penas. E aqueles que os protegem e assim sucessivamente, ou que obstruem os oficiais de justiça no seu mister, estão sujeitos a todas as penalidades a que estão sujeitos os protetores de hereges e devem ser excomungados. E se depois de terem permanecido por um ano na sua obstinação mostrarem-se desejosos de

O MARTELO DAS FEITICEIRAS

se arrepender, que abjurem a obstrução e o amparo, e que sejam readmitidos à misericórdia. Caso contrário, deverão ser entregues ao braço secular da justiça na condição de impenitentes. Porém, mesmo quando persistirem na excomunhão por um ano, ainda poderão ser processados como patronos ou protetores de hereges (o que é discutido no último parágrafo do capítulo "*Accusatus*").

E tudo o que se disse a respeito dos patronos, dos protetores, dos acolhedores e dos obstrutores no caso dos magos arqueiros e assim sucessivamente também se aplica a todas as demais bruxas que operam vários malefícios contra os seres humanos, ou animais e os frutos da terra. Mas mesmo as próprias bruxas, quando pelo juízo da própria consciência e com espírito humilde e contrito lamentam os pecados cometidos e, pela confissão sincera, pedem o perdão, são admitidas de volta à misericórdia. Mas quando são conhecidas, aqueles cuja obrigação é processá-las, intimá--las, examiná-las e detê-las devem em todos os aspectos agir de acordo com a natureza dos crimes cometidos para que se chegue a uma sentença definitiva e conclusiva, se quiserem evitar a armadilha da danação eterna em razão da excomunhão que lhes será pronunciada pela Igreja quando falham deliberadamente nas suas obrigações.

QUESTÃO XXXV

Finalmente, do método para pronunciar a sentença contra as bruxas que entram ou fazem com que se entre com apelação ou recurso, seja frívolo ou legítimo e justo

Se o juiz perceber que a acusada está determinada a obter recurso ou apelação, deverá observar que, por vezes, tais recursos são válidos e legítimos, enquanto noutras são inteiramente frívolos. Ora, já explicamos que as causas a respeito da fé devem ser conduzidas de forma simples e sumária e que não se admite apelação em tais casos. Todavia, às vezes acontece de os juízes, tendo em vista a dificuldade do caso, com satisfação prorrogarem-no e adiarem-no; portanto, talvez considerem justo permitir uma apelação quando a acusada percebe que o juiz agiu, real e de fato, de forma contrária à lei e à justiça. Como ao não lhe permitir que se defendesse, ou quando pronunciou uma sentença contra a pessoa acusada por conta própria, sem ter ouvido o conselho de outros, ou mesmo sem o consentimento do bispo ou do vigário, quando então poderia ter levado em consideração muitas outras evidências, sejam contra a acusada, sejam a seu favor. Por tais motivos se pode permitir a apelação, mas não em caso contrário.

Em segundo lugar, cumpre observar que, quando for feita petição de apelação, o juiz deverá, sem qualquer dificuldade, solicitar uma cópia da apelação, assegurando que o assunto não será adiado. Depois de a pessoa dar-lhe a mencionada cópia, o juiz a notificará de que dispõe de dois dias para respondê-la e após aqueles dois dias terá ainda mais trinta antes de ter de apostilar o recurso. E embora possa dar a resposta de imediato, e

O MARTELO DAS FEITICEIRAS

proceder às apostilas se for muito experiente, é mais conveniente agir com cautela e fixar um prazo de dez, vinte ou 25 dias, reservando-se o direito de prorrogar a audiência para a apelação até o limite legal de tempo.

Em terceiro lugar, que o juiz cuide para que durante o intervalo apontado e legal examine e analise diligentemente as razões da apelação e os fundamentos alegados da objeção. E se depois de devidamente aconselhado perceber que procedeu indevida e injustamente contra a pessoa acusada, ao ter-lhe recusado a permissão para a defesa, ou ao expô-la a interrogatório em momento indevido, ou por qualquer outra razão, quando chegar o prazo estipulado que corrija o erro, trazendo o processo ao estágio em que se encontrava quando a acusada solicitou defesa, ou quando pôs termo a seu exame e assim sucessivamente, para que assim remova a objeção; em seguida, que proceda conforme indicamos. Pois pela remoção das razões da objeção, a apelação, que era legítima, perde o seu peso, de acordo com o capítulo *"Cessante"*, *Liber Extra*, "Apelações".

Mas aqui o juiz circunspecto e previdente notará cuidadosamente que alguns dos fundamentos da objeção são reparáveis. São estes da espécie que antes mencionamos e devem ser tratados da forma indicada. Outros, porém, são irreparáveis: quando a pessoa acusada foi real e de fato interrogada, mas depois escapou e entrou com o recurso indicado; ou quando alguma caixa ou jarro ou algum outro instrumento usado pelas bruxas foi destruído e queimado; ou quando é cometida alguma outra ação irreparável e irrevogavel. Nesse caso, o procedimento acima não deve ser feito, ou seja, não se deve recuar o processo ao ponto em que foi feita a apelação.

Em quarto lugar, o juiz deve atentar que, embora possam decorrer trinta dias entre o recebimento da apelação e a redação das apostilas ao caso (de acordo com o capítulo *"Ab eo"*, "Apelações", livro sexto), e ele possa determinar à pessoa apelante para ouvir a apelação no último dia, mesmo assim, para que não pareça estar querendo molestar a pessoa acusada ou ficar sob suspeita de lhe conceder tratamento excessivamente duro – e também para que seu comportamento não venha em apoio às razões da apelação –, o melhor é determinar um dia para a audiência dentro dos limites do prazo, digamos o décimo ou o vigésimo Poderá

TERCEIRA PARTE

depois, se não quiser se apressar, adiá-lo até o último dia, alegando estar ocupado com outros problemas.

Em quinto lugar, o juiz há de cuidar que, ao afixar o prazo para a acusada que apela e que peticiona pelas apostilas, não só o fixará para a entrega, mas para a entrega e o recebimento das apostilas. Pois, caso contrário, o juiz a quem se faz a apelação teria de dispensar a pessoa apelante. Portanto, que lhe determine um prazo, ou seja, tal dia de tal ano, para dar e receber do juiz tais apostilas conforme ele terá decidido submeter.

Em sexto lugar, há de cuidar para que, ao afixar esse prazo, não deverá dizer em sua resposta que concederá apostilas negativas ou afirmativas. Para que tenha melhor oportunidade para reflexão, que diga que as dará conforme tiver decidido no prazo indicado.

Que cuide também para que, ao atribuir o prazo para a pessoa apelante, não lhe dê oportunidade para o exercício de quaisquer precauções maliciosas e astutas, especificando o lugar, o dia e a hora. Por exemplo, que determina para entrega da apelação (e para a averbação) o vigésimo dia de agosto, no presente ano, à hora das vésperas, e na sala de audiências do próprio juiz em tal casa, em tal cidade, para a entrega e o recebimento da averbação, conforme terá sido decidido para tal apelante.

Em sétimo lugar, que observe que, se tiver decidido consigo mesmo que a acusação contra a acusada (ou o acusado) justifica a sua detenção, ao assinar o termo ele deverá esclarecer que o assina para a entrega e o recebimento das apostilas pela própria pessoa apelante e que para isso determina tal lugar. Assim, o juiz terá plenos poderes para deter a pessoa apelante, desde que tenha primeiro dado apostilas negativas. Caso contrário, não poderá assim proceder.

Em oitavo lugar, que o juiz cuide para não proceder com nenhuma outra ação contra quem apela – prender, interrogar ou libertar da prisão, desde o momento em que lhe é apresentada a apelação até o momento em que são entregues as apostilas negativas.

Em suma, cumpre observar que muitas vezes acontece de a pessoa acusada, por estar em dúvida quanto à sentença que irá receber – já que

O MARTELO DAS FEITICEIRAS

tem consciência da própria culpa –, frequentemente lançar mão de uma apelação para que possa escapar da sentença do juiz. Portanto, apela ao juiz alegando razões frívolas, afirmando que o juiz a manteve sob custódia sem lhe permitir a defesa de praxe, ou afirmando algo semelhante, com matiz diverso, em sua frívola apelação. Nesse caso, o juiz solicitará uma cópia da apelação e, tendo-a recebido, ou de imediato, ou depois de dois dias, dará a resposta e marcará a data para a entrega e o recebimento das apostilas, conforme já terá decidido – em tal dia, em tal hora e em tal lugar, dentro do prazo legal, como, por exemplo, no vigésimo quinto, vigésimo sexto ou trigésimo dia de tal mês. E durante esse período o juiz examinará diligentemente a cópia da apelação, e as razões ou objeções em que se baseia, e há de consultar com advogados conhecedores da lei se deverá dar resposta negativa, ou seja, se irá apostilar negativamente, anulando assim a apelação, ou se irá averbá-la positiva ou afirmativamente ao juiz a quem a apelação é feita.

Mas se achar serem frívolas e inválidas as razões da apelação, e que a pessoa apelante só quer escapar ou adiar a sentença, que as apostilas sejam negativas e refutatórias. Se, todavia, achar que as objeções são verdadeiras e justas e não irreparáveis, ou se estiver em dúvida quanto à malícia da acusada, e desejar esclarecer todas as suspeitas, que dê à apelante apostilas apropriadas e afirmativas. E ao chegar o prazo para a apelante, se o juiz não tiver preparado suas respostas, ou de alguma forma ainda não estiver pronto para tal, a apelante poderá de uma vez exigir que sua apelação seja ouvida, e poderá continuar assim sucessivamente até o trigésimo dia, que é o último dia legalmente permitido para a subscrição das respostas.

Mas se as tiver já preparando, poderá de uma vez dar a resposta à apelante. Se então tiver optado por resposta negativa e refutatória, deverá, ao expirar o prazo fixado, redigi-la da seguinte maneira:

E o dito juiz, respondendo à mencionada apelação, se é que possa chamar-se de apelação, declara que ele, juiz, procedeu e teve a intenção de proceder de acordo com os decretos canônicos e com os estatutos e as leis imperiais, e não se afastou da trilha da lei nem pretendeu se afastar, e de forma alguma agiu ou pretendeu agir injustamente para com a pessoa

TERCEIRA PARTE

apelante, conforme se depreende do exame das razões desta apelação. Porquanto, não agiu injustamente contra essa pessoa ao detê-la e ao mantê-la sob custódia; por ser a pessoa apelante acusada de tal heresia, e havia tais e tais evidências contra ela pelas quais era de fato culpada de tal crime, ou era fortemente suspeita, e por tudo isso era e é justo que seja mantida sob custódia. Nem tampouco agiu injustamente ao recusar as garantias de praxe, já que o crime de heresia é um dos mais graves crimes, e a pessoa apelante foi condenada, mas persistiu na negativa da culpa, e portanto nem mesmo as mínimas garantias seriam admissíveis, pois que devia e deve ficar detida na prisão.

E assim há de prosseguir refutando as demais objeções. Feito isso, que declare o seguinte:

Pelo que fica aparente que o juiz procedeu devida e justamente, e que não se desviou do caminho da justiça, e de forma alguma molestou indevidamente a pessoa apelante. Todavia, a pessoa apelante, alegando objeções mentirosas e falsas, tentou, mediante uma apelação indevida e injusta, escapar da sentença. Pelo que sua apelação é frívola e inválida, sem qualquer fundamento, e errada no conteúdo e na forma. E como as leis não reconhecem apelações frívolas, nem são estas reconhecidas pelo juiz, declara este, portanto, que não admite e nem pretende admitir a mencionada apelação, nem a reconhece e nem mesmo se propõe a reconhecê-la. E dá esta resposta ao acusado ou à acusada que faz tal indevida apelação na forma de averbação negativa e determina que esta lhe seja entregue imediatamente após a mencionada apelação.

E assim a entregue ao notário que lhe apresentou a referida apelação. Depois disso, o juiz há de proceder imediatamente com a sua obrigação, ordenando o aprisionamento ou a detenção da pessoa acusada, ou determinando um dia para que compareça perante ele, conforme melhor lhe convier. Pois que não deixa de ser o juiz e há de continuar o processo contra a pessoa apelante até que o juiz a quem foi feita a apelação lhe ordene cessar.

Mas que o juiz cuide para não dar início a quaisquer novos procedimentos contra a acusada, prendendo-a, ou, se estiver sob custódia,

O MARTELO DAS FEITICEIRAS

liberando-a, desde o momento da apresentação da apelação até o momento da resposta negativa. No entanto, transcorrido esse período de tempo, conforme dissemos, poderá assim fazer, se a justiça o requerer, até que seja impedido pelo juiz a quem foi feita a apelação. Então, com o processo selado em envelope, e com uma escolta segura, que a mande para o mencionado juiz.

Mas se o juiz tiver decidido dar averbação afirmativa, que a apresente por escrito da seguinte maneira, ao chegar a data marcada:

E o mencionado juiz, respondendo à referida apelação, se pode ser chamada de apelação, diz que procedeu na presente causa de forma justa e como devia e não ao contrário, e que tampouco molestou ou pretendeu molestar a pessoa apelante, conforme se depreende da leitura cuidadosa das objeções alegadas. Pois não a molestou e assim sucessivamente. (Aqui há de responder a cada uma das objeções na apelação, da melhor e da mais fiel forma que puder.)

Pelo que fica evidenciado que o referido juiz de forma alguma tratou injustamente a pessoa apelante e nem lhe deu razões para a apelação, mas que a pessoa apelante teme que a justiça proceda contra ela de acordo com os seus crimes. Portanto, a apelação é frívola e inválida, não tem fundamento, e não é admissível pelas leis ou pelo juiz. Mas em reverência à Sé Apostólica, a quem é feita a apelação, o mencionado juiz declara que admite a apelação e pretende reconhecê-la, submetendo toda a questão ao nosso santo padre, o papa, e deixando-a a cargo da Santa Sé apostólica. Fica assim determinado que daqui a tantos meses a mencionada pessoa apelante, com o processo lacrado que lhe foi entregue pelo mencionado juiz, ou tendo dado as devidas garantias de que se apresentará no tribunal de Roma, ou sob uma escolta segura que lhe será indicada pelo mencionado juiz, terá de apresentar-se ao tribunal de Roma perante nosso senhor, o papa.

E essa resposta o mencionado juiz dá à pessoa apelante sob a forma de averbação positiva, e ordena que lhe seja entregue imediatamente depois de lhe ter sido apresentada a apelação. E assim a entregará ao notário que lhe apresentou a apelação.

TERCEIRA PARTE

O juiz prudente deve aqui observar que, tão logo tiver entregue essa resposta à pessoa apelante, de imediato deixa de ser o juiz naquela causa em que foi feita a apelação, e não poderá mais prosseguir nela, a menos que lhe seja tal incumbência novamente delegada pelo santo padre, o papa. Portanto, que não se detenha mais no caso, exceto no fato de enviar a pessoa apelante ao papa da maneira indicada, determinando para isso um momento oportuno, digamos, no prazo de um, dois ou três meses, quando então terá de preparar-se para apresentar-se no Tribunal de Roma, dando a devida garantia. Ou então, se não puder fazer isso, que a pessoa seja enviada sob a devida escolta. Pois terá de fazer tudo o que estiver a seu alcance para se apresentar ao santo padre na Corte de Roma no prazo de tempo indicado, ou então terá sua apelação necessariamente invalidada.

Mas se o juiz tiver outra causa, e proceder contra a acusada em outra causa em que não há qualquer apelação, nela permanecerá, como antes, na condição de juiz. E mesmo se, após a apelação ter sido admitida, e ter-lhe dado resposta afirmativa, a pessoa apelante for acusada e denunciada ao juiz de outras heresias que não entraram na causa em que houve a apelação, não cessa de ser o juiz, e poderá proceder com o interrogatório e o exame das testemunhas como antes. E quando o primeiro caso tiver sido encerrado pela Corte de Roma, ou após lhe terem mandado de volta a acusada, estará ele livre para proceder com o segundo.

Que também os juízes cuidem para enviar o processo à corte de Roma, selado e lacrado, aos juízes apontados para executar a justiça, junto com um resumo dos méritos do processo. E os inquisidores não devem ter a preocupação de aparecerem em Roma contra as pessoas apelantes. Devem deixá-las com os seus próprios juízes, que, se os inquisidores não se mostrarem dispostos a aparecer contra as pessoas apelantes, devem providenciar seus próprios advogados para a pessoa apelante, se quiserem acelerar o caso.

Que os juízes observem também que, se forem pessoalmente intimados pela pessoa apelante, e comparecerem, devem evitar a todo custo entrar em litígio, deixando todo o processo e a causa àqueles juízes para que

O MARTELO DAS FEITICEIRAS

possam retornar o mais breve possível, de modo que não venham encontrar dificuldades amargas – fadiga, miséria, trabalho e gastos – em Roma. Pois que dessa forma grandes males são causados à Igreja, e hereges são grandemente estimulados. E por isso os juízes não receberão o devido respeito e a reverência que lhes é devida, nem serão tão temidos quanto antes. Outras pessoas hereges, ademais, vendo os juízes fatigados e detidos na corte de Roma, irão se vangloriar e desprezá-los e amaldiçoá-los, e ainda mais fortemente proclamarão as suas heresias; e, quando forem acusadas, apelarão da mesma forma. Outros juízes, ademais, terão a sua autoridade debilitada quando procedem em nome da fé e se mostram zelosos na extirpação de hereges, já que receiam serem importunados pelas misérias e fadigas que surgem de apelações semelhantes. Tudo isso é prejudicial para a fé da santa Igreja de Deus. Pelo que, possa o Esposo desta Igreja preservá-la na misericórdia de todos esses males. Louvado seja Deus, exterminados sejam quem é herege, paz às pessoas vivas e eterno descanso às mortas. Amém.

CERTIFICADO DE APROVAÇÃO DO *MALLEUS MALEFICARUM* PELA FACULDADE DE TEOLOGIA DA UNIVERSIDADE DE COLÔNIA

O certificado oficial de aprovação do tratado Malleus maleficarum, *com a subscrição dos doutores da honorabilíssima Universidade de Colônia, devidamente lavrado e registrado como documento e depoimento público*

Em nome de nosso Senhor Jesus Cristo, amém. Saibam todos as pessoas pelo presente e todas as que o venham ler, ver ou que venham a tomar conhecimento do teor deste documento público e oficial que no ano do Senhor de 1487, num sábado, aos dezenove dias do mês de maio, por volta de cinco horas da tarde, no terceiro ano do pontificado de nosso santíssimo padre e senhor, o Inocente, pela divina providência papal, oitavo com o nome de Inocêncio, na minha presença, Arnold Kolich, escriturário público, e na presença das testemunhas cujo nome se encontra adiante indicados e que foram convocadas e especialmente intimadas para esse propósito, que o venerável e reverendíssimo padre Henry Kramer, professor de Teologia Sagrada, da Ordem dos Pregadores, inquisidor da depravação herética – diretamente nomeado para esse fim pela Santa Sé, ao lado do venerável e reverendíssimo padre James Sprenger, professor de Teologia Sagrada e prior do convento dominicano de Colônia, que é especialmente apontado como colaborador do primeiro – trouxe-nos ao conhecimento, em seu nome e no de seu colaborador, e declarou-nos

MARTELO DAS FEITICEIRAS

que o sumo pontífice outorgou, por meio de uma bula devidamente assinada e selada, destinada aos supracitados inquisidores Henry e James, membros da Ordem dos Pregadores e professores de Teologia Sagrada, mediante a sua suprema autoridade apostólica, o poder de investigar e inquirir todas as heresias, particularmente a heresia das feiticeiras, uma abominação que cresce e se fortalece nestes dias infelizes, e solicitou-lhes que executassem essa tarefa diligentemente, em todas as cinco arquidioceses das cinco Igrejas Metropolitanas, ou seja, de Mainz, de Colônia, de Trèves, de Salzburgo e de Bremen, outorgando-lhes todos os poderes para julgar e processar tais pessoas, inclusive o poder de levar tais pessoas malfeitoras à morte, segundo o teor da bula apostólica, que está em suas mãos e que agora exibem para nós; um documento que se acha íntegro e inviolado, que de forma alguma foi alterado ou rasurado, em suma, cuja integridade se encontra acima de qualquer suspeita. E o teor da referida bula assim tem início: "Inocente, bispo, servo dos servos de Deus, para a lembrança eterna. Desejando com a mais sincera ansiedade, como bem requer o nosso apostolado, que a fé católica, especialmente em nossa época, cresça e floresça por todas as partes..." e assim conclui: "Exarada em Roma, na Basílica de São Pedro, a nove de dezembro do ano da Encarnação de Nosso Senhor de mil quatrocentos e oitenta e quatro, no primeiro ano de nosso pontificado."

Como alguns dos que têm a seu cargo o cuidado das almas e que são pregadores da palavra de Deus têm se mostrado tão atrevidos que asseveram e declaram publicamente em sermões no púlpito, às pessoas em geral, que não existem bruxas, ou que estas não são capazes de forma alguma de molestar ou de prejudicar a humanidade ou os animais – e como em resultado de tais sermões, que devem ser em grande medida reprovados e condenados, o poder do braço secular vem deixando sem a devida punição tais ofensores –, e também como esse fato provou ser grande fonte de estímulo às pessoas que seguem a horrível heresia da feitiçaria, que vem aumentando notavelmente as suas hostes, por tudo isso os supracitados inquisidores, desejosos com toda a sinceridade e força de seus corações de combater tais abominações e de guerrear tais perigos,

CERTIFICADO DE APROVAÇÃO

escreveram com muito estudo, com muita pesquisa e com muito trabalho um tratado em que muito se empenharam para preservar a integridade da fé católica, com o fim de refutar a ignorância dos que pregam tão crassos erros. Ademais ali definiram, com grande esforço, a forma lícita e própria pela qual tais bruxas pestilentas podem ser trazidas a julgamento, podem ser sentenciadas e condenadas, segundo o teor da supracitada bula e segundo o que determina a lei canônica. Porém, por ser corretíssimo e também sensato que a obra, por eles elaborada para o bem comum de todas e todos nós, seja sancionada e confirmada pela aprovação unânime dos veneráveis doutores da universidade – para que nunca, por algum acaso infeliz, alguma pessoa ignorante e mal-intencionada venha supor que os mencionados reitores da faculdade e os professores da Ordem dos Pregadores não estão em completo acordo a respeito –, os autores do mencionado tratado, que já se encontra na sua versão definitiva para ser impresso e depois recomendado e aprovado pela opinião balizada e pelo julgamento maduro de muitos veneráveis doutores, entregaram-no em mãos aos professores de Teologia Sagrada da Universidade de Colônia que, como representantes da honorabilíssima universidade, pesquisaram, examinaram e discutiram o mencionado tratado, para que pudessem, de acordo com o seu critério, corrigir e emendar pontos que de alguma forma fossem dúbios ou que não estivessem de acordo com os ensinamentos da fé católica. Ademais, coube-lhes aprovar oficialmente e louvar tudo o que no tratado estivesse de acordo com tais ensinamentos. E assim foi feito, conforme mencionamos.

Em primeiro lugar, o venerável senhor Lambertus de Monte subscreveu o seu julgamento e sua opinião da seguinte maneira: "Eu, Lambertus de Monte, professor (embora imerecidamente) de Teologia Sagrada e hoje deão da faculdade de Teologia Sagrada da Universidade de Colônia, declaro aqui, solenemente, e confirmo esta minha declaração subscrevendo-a, que li e diligentemente pesquisei e considerei este tratado, que se divide em três partes e que, em meu humilde julgamento, nas duas primeiras partes nada contém em absoluto que seja de alguma forma contrário às doutrinas da sã Filosofia ou contrário à verdade da santa fé católica e apostólica, ou

MARTELO DAS FEITICEIRAS

contrário às opiniões dos doutores cujos escritos se acham aprovados e que são considerados lícitos pela Santa Igreja. Ademais, na minha opinião, a terceira parte há de ser inteiramente aprovada, e há de ser colocada em prática, já que no julgamento e na punição de tais hereges, matéria de que trata, nada é recomendado que possa infringir a lei canônica. E uma vez mais, em virtude dos valiosíssimos e salutares assuntos que se acham ali contidos, mesmo que só em razão do grande conhecimento e da boa reputação desses valorosos e honrados inquisidores, poderia a obra ser vista como necessária e de grande utilidade, e haveremos de ter o diligente cuidado de distribuí-la entre homens eruditos e zelosos, que com grande vantagem nela encontrarão variadas e ponderadas orientações para o extermínio das bruxas. Além disso, haveremos de levá-la às mãos de todos os reitores das igrejas, particularmente às mãos daqueles que são honestos, ativos e que temem a Deus, e que poderão, lendo o livro, sentir-se encorajados para despertar o ódio no coração das pessoas contra esta pestilenta heresia maléfica e contra todos os atos hediondos de bruxaria, para que todas as pessoas de bem possam ser advertidas e salvaguardadas e para que todas as pessoas malfeitoras possam ser descobertas e punidas. Assim, à plena luz do dia, a misericórdia e a graça hão de recair sobre os justos e a justiça há de recair sobre os que fazem o mal, e todas as coisas de Deus hão de ser glorificadas, a quem cumpre destinar toda a honra, todo o louvor e toda a glória."

Em seguida, foi a vez do venerável mestre Jacobus de Stralen subscrever seu julgamento e sua opinião balizada: "Eu, Jacobus de Stralen, professor de Teologia Sagrada, depois de ter lido com grande atenção o supracitado tratado, declaro que minha opinião está em inteiro e absoluto acordo com o juízo emitido pelo nosso venerável mestre Lambertus de Monte, deão de Teologia Sagrada, cuja opinião foi transcrita acima, e isso eu atesto e testemunho com a minha própria assinatura para a glória de Deus."

De forma semelhante, o venerável mestre Andreas de Ochsenfurt escreveu de próprio punho o seguinte: "Da mesma maneira eu, Andreas de Ochsenfurt, professor auxiliar de Teologia Sagrada, declaro que minha

CERTIFICADO DE APROVAÇÃO

balizada opinião sobre as matérias contidas neste tratado concorda inteira e completamente com o julgamento acima exposto, e em testemunho desta verdade subscrevo-a."

Em seguida, de forma semelhante, o honrado mestre Thomas de Scotia subscreveu a mesma opinião: "Eu, Thomas de Scotia, doutor em Teologia Sagrada (não obstante não mereça o título), estou de pleno acordo com tudo o que os veneráveis mestres escreveram a respeito dos assuntos contidos no mencionado tratado, que também cuidadosamente li e examinei, e por ser verdade o que testemunho, esta declaração vai por mim assinada."

Eis agora a segunda subscrição a respeito dos discursos pronunciados do púlpito por pregadores blasfemos e ignorantes. E, em primeiro lugar, convém estabelecer os seguintes artigos:

Artigo primeiro. Os mestres de Teologia Sagrada, abaixo assinados, muito louvam os inquisidores da depravação herética, que, segundo os cânones, foram enviados como delegados pela autoridade suprema da Sé Apostólica, que humildemente os exorta a cumprirem seu honrado ofício com todo o zelo e com toda a diligência.

Artigo segundo. A doutrina que afirma ser a bruxaria passível de ser perpetrada pela Permissão Divina em virtude da cooperação do demônio com magos e feiticeiras não é contrária à fé católica e, sim, está em absoluto acordo com os ensinamentos das Sagradas Escrituras. Mais ainda: segundo a opinião dos doutores da Igreja, é uma doutrina que deve ser defendida e firmemente sustentada.

Artigo terceiro. Portanto, é erro grave pregar que a bruxaria não existe, e os que publicamente pregam esse erro vil notadamente prejudicam o santo ofício dos inquisidores para o amargo prejuízo da segurança de muitas almas. Não é conveniente que os segredos da magia, que muitas vezes são revelados aos inquisidores, sejam indiscriminadamente revelados a todas as pessoas.

Artigo último. Todos os príncipes e todas as pessoas católicas piedosas são exortados e exortadas a usarem de todo o seu empenho para que sempre auxiliem os inquisidores na sua boa obra em defesa da fé católica.

MARTELO DAS FEITICEIRAS

Pelo que os mencionados doutores da Faculdade de Teologia, que já subscreveram este certificado, acima e abaixo, também subscrevem os supracitados artigos, bem como eu, Arnold Kolich, escriturário público, que também aqui subscrevo, por ser verdade, conforme verifiquei pela declaração, feita perante mim sob juramento, de João Vörde de Mechlin, homem de bem e sincero, bedel da honorabilíssima Universidade de Colônia, e conforme vi, por bem conhecer as mãos dos que antes assinaram, acima e abaixo, e que agora subscrevem o que ficou estabelecido, nos seguintes termos: "Eu, Lambertus de Monte, professor de Teologia Sagrada, deão da Faculdade, firmemente sustento e aprovo, inteiramente, os artigos acima enumerados, e, como testemunho da verdade desta declaração, aqui deixo a minha assinatura. Eu, Jacobus de Stralen, professor de Teologia Sagrada, da mesma maneira, sustento e aprovo inteiramente os artigos enumerados acima, e, em testemunho da verdade, subscrevo este parecer. Eu, Udalricus Kridwiss von Esslingen, professor de Teologia Sagrada, da mesma forma sustento e aprovo inteiramente os artigos arrolados acima, e, por ser verdade o que declaro, aqui me subscrevo. Eu, Contadus von Campen, professor efetivo de Teologia Sagrada, declaro estar em absoluto acordo com o julgamento dos veneráveis professores citados. Eu, Cornelius de Breda, professor auxiliar, sustento e inteiramente aprovo os artigos acima enumerados, e, em nome da verdade, subscrevo esta declaração. Eu, Thomas de Scotia, professor de Teologia Sagrada (não obstante não o mereça), concordo inteiramente, sustento e aprovo a opinião dos veneráveis professores que assinaram, e, para a verdade de minha declaração, aqui a subscrevo. Eu, Theodorich de Bummel, professor auxiliar de Teologia Sagrada, concordo integralmente com o que os honoráveis mestres escreveram e, para a verdade do que digo, subscrevo esta declaração. Em confirmação aos artigos enumerados, declaro estar inteiramente de acordo com a opinião dos honradíssimos mestres e professores, eu, Andreas de Ochsenfurt, professor da Faculdade de Teologia Sagrada, membro da junta de teólogos da honorabilíssima Universidade de Colônia."

Por fim, o supracitado venerável e reverendíssimo padre Henry Kramer, inquisidor, estava na posse de uma carta, que nos mostrou, escrita em

CERTIFICADO DE APROVAÇÃO

pergaminho virgem, que lhe foi endereçada e entregue pelo sereníssimo e nobre monarca, o rei dos romanos, cujo pergaminho ostentava o selo real oficial, em cores vermelhas, impresso sobre um fundo de cera azul e que pendia da parte inferior do pergaminho. A cera estava íntegra e inteira, inviolada, sem rasuras ou qualquer outro indício suspeito, e não se mostrava lacerada ou danificada, e, pelo teor da missiva, o supracitado nobre rei dos romanos, para que em benefício da nossa santa fé o assunto pudesse ser despachado com toda a presteza, em seu ofício real como rei supremo das pessoas cristãs, desejava e deseja que a mesma bula apostólica a que nos referimos seja de todas as formas respeitada, honrada e defendida, e as providências de que trata sejam cumpridas, colocando os inquisidores sob sua própria e augusta proteção, ordenando e exigindo que todas as pessoas que pertencem ao Império Romano favoreçam e ajudem os mencionados inquisidores em tudo o que puderem para a boa consecução de seu mister, e que lhes prestem toda a ajuda de acordo com as providências definidas mais pormenorizadamente e enumeradas na citada carta. E eis como se inicia e como termina a carta do rei, na ordem aqui indicada: "Maximiliano, pelo favor divino e pela graça de Deus, augusto rei dos romanos, arquiduque da Áustria, duque de Burgundy, de Lorrainde, de Brabante, de Limburgo, de Luxemburgo, de Guelderland, conde de Flanders..."; e assim conclui: "Lavrada em nossa boa cidade de Bruxelas, sob nossa própria mão e nosso selo, aos seis dias de novembro, no ano de Nosso Senhor de mil quatrocentos e oitenta e seis, no primeiro ano de nosso reinado." Pelo que, com relação a tudo o que foi enumerado e estabelecido aqui, nas partes e no todo, o supracitado venerável e reverendíssimo padre Henry, inquisidor, em seu nome e no de seu supracitado colaborador, solicitou a mim como escriturário público, cujo nome se acha escrito acima e cuja assinatura se encontra abaixo, que todos estes documentos fossem coligidos, redigidos e remetidos na forma de instrumento ou de instrumentos públicos, e isso foi feito em Colônia, na residência e moradia do venerável mestre Lambertus de Monte, que se situa dentro da igreja de Santo André e que goza das imunidades desta, na sala onde o próprio mestre Lambertus faz seus estudos e despacha, no ano do Senhor,

MARTELO DAS FEITICEIRAS

no mês, no dia, na hora, e durante o pontificado já especificado, tendo ali comparecido o supracitado mestre Lambertus, o bedel João, e também Nicolas Cuper von Venroid, escriturário juramentado da venerável cúria de Colônia, e Christian Wintzen von Eusskirchen, clérigo da diocese de Colônia, ambos honestos homens de bem que testemunham que a referida solicitação foi formalmente feita e formalmente atendida.

E eu, Arnold Kolich von Eusskirchen, clérigo da diocese de Colônia, escriturário juramentado, estive também presente durante a realização de toda a sessão e disso dou fé com as supracitadas testemunhas; e de acordo com o que vi e com o que, conforme declarei aqui, ouvi sobre o testemunho sob juramento do mencionado bedel, homem honesto e de bem, lavrei com meu próprio punho o presente instrumento público, que subscrevo. E tendo sido assim solicitado e intimado a proceder, o assino e o selo de acordo com o que determina a lei, com meu próprio nome e meu próprio selo, para que possa ser oficialmente aprovado e para que sirva como testemunho legal e suficiente e como prova de tudo o que aqui se acha estabelecido, enumerado e contido.

NOTAS SOBRE A BIBLIOGRAFIA DE
O MARTELO DAS FEITICEIRAS:
MALLEUS MALEFICARUM

A bibliografia do *Malleus maleficarum* é extremamente complexa e difícil, já que muitas das primeiras edições, não só in-fólio como também in-quarto, não têm indicação da procedência e nem da data de publicação. Assim, o Museu Britânico possui uma cópia (Press-Mark IB, 1606), in-fólio, que no catálogo consta da data "1485?", embora esteja provavelmente incorreta. O mesmo museu tem cinco edições do século XV: in-quarto, 1490? (IA 8634); in-fólio, 1490 (IB 8615); in-quarto, 1494 (IA 7468); in-fólio, 1494 (IB 5064); e in-quarto, 1496 (IA 7503).

Graesse, na *Bibliotheca Magica*, Leipzig, 1843, indica a procedência e a data das edições do século XV: Nuremberg, in-quarto e in-fólio, 1494 e 1496. Também faz menção a duas edições, uma in-fólio e outra in-quarto, sem indicação de data ou lugar. Aponta também uma edição in-quarto publicada em Colônia no ano de 1489 e outra, in-fólio, também publicada no mesmo lugar no ano de 1494.

Há também as seguintes edições:

Malleus maleficarum, in-oitavo, Paris, edição a que o Museu Britânico atribuiu a data de "1510?"

Malleus maleficarum, in-oitavo, Colônia, J. Gymnicus, 1520. Cópias dessas duas edições de Colônia se acham no Museu Britânico.

Malleus maleficarum... per F. Raffaelem Maffeum Venetum et D. Jacobi a Judeca instituti Seruorum summo studio illustratus et a multis erroribus vindicatus... Venetiis Ad Candentis Salamandrae insigne. MD. LXXVI,

O MARTELO DAS FEITICEIRAS

in-oitavo. A edição decepciona a pessoa estudiosa. É difícil ver em que consistiu o cuidado editorial de Raffaelo Maffei, que pode ou não ter algum parentesco com o famoso humanista do mesmo nome (d. 25 de janeiro, 1522) e que era do mosteiro de San Giacomo delia Guidecca. Talvez tenha produzido uma edição crítica do maior valor, mas não há comentários nem digressões ou apêndices e, além disso, o texto é fraco. Na dificílima passagem da *Principalis Quaestio II*, Pars II, na qual se lê nos primeiros textos *"die dominico sotularia iuut num fungia... perungunt"*, Veneza, 1576, ali se tem *"die dominica a lutaria iuuenum fungia... perungunt."*

Malleus maleficarum, Impressum Francofurti ad Moenum apn Nicolaum Bassaeum... in-oitavo, 1580.

Malleus maleficarum... Francofurti... *apud* Nicolaum Bassaeum, in-oitavo, 1582.

Malleus maleficarum... Francofurti... *apud* Nicolaum Bassaeum, volumes, in-oitavo, 1588. Essa edição também contém no volume I trechos do *Formicarius* de Nider. O volume II, que é dedicado a John Mündzenben, prior da Casa Carmelita de Frankfurt, contém os nove seguintes tratados.

Bernard Basin, *De Artibus Magicis*. (1482)

Ulrich Molitor, *De Lamiis*. (1489)

Girolamo Menghi, O.S.F.C., *Flagellum Daemonum*. (1578)

John Gerson, *De Probatione Spirituum*. (circa 1404)

Thomas Murner, O.M., *De Pythonico Contractu*. (1499)

Felix Hemmerlin, *De Exorcismis*. *(circa* 1445)

Eiusdem, *De Credulitate Daemonibus Adhibenda*. (1454)

Bartolomeo Spina, O.P., *De Strigibus*. (1523)

Eiusdem, *Apologiae III Adversus Ioann. Franc. Ponzinibium*. (1525)

A página de rosto anuncia que essas obras são *"Omnes de integro nunc demun in ordinem congestos, notis & explicationibus illustratos atque ab innumeris quibus ad nauseam usquescatebant mendis in usun communem uindicatos."* É verdade que as primeiras edições apresentam uma abundância de erros que foram devidamente corrigidos, embora ainda restasse muita coisa por emendar. É de esperar-se que o mesmo

NOTAS SOBRE A BIBLIOGRAFIA

pouco cuidado dispensado ao volume II tenha sido dado ao texto do *Malleus maleficarum* no volume I, ao ver-se que é muito fraco e errôneo.

Malleus maleficarum, Lyon, in-oitavo, 1595. (Graesse.)

Malleus maleficarum, Friburg, 1598.

Malleus maleficarum, Lyon, in-oitavo, 1600.

Malleus maleficarum, Lyon, *multo auctior,* in-oitavo, 1620.

Malleus maleficarum, Friburg, in-oitavo, 1660.

Malleus maleficarum, in-quarto, Lyon, 1666. (Graesse.)

Malleus maleficarum, 4 vols. "sumptibus Claudii Bourgeat," in-quarto, Lyon, 1669. Essa edição, em que o texto recebeu aqui e acolá alguma revisão, parece ser a última. Na passagem a que antes se fez referência, *Principalis Quaestio II, Pars II,* por exemplo, onde se lê; *"sotularia iuuenum fungia... perungunt"* encontra-se o termo correto *"axungia"* (*axis-ungo*) em vez de *"fungia".*

Quétif-Echard, em *Scriptores Ordinis Praedicatorum* (2 vols. Paris, 1719), faz menção, no volume I à p. 881, a uma tradução francesa do *Malleus maleficarum, Le Maillet des Sorcières,* que teria sido publicada, in-quarto, em Lyon por Stephanus Gueynard. Não faz menção a qualquer data, entretanto, e por isso é bastante provável que uma das muitas reimpressões do *Malleus maleficarum* tenha sido considerada uma versão francesa do original. Eis o que me declarou generosamente M. le directeur da Bibliothèque Nationale: *"L'ouvrage de Sprenger,* Le Maillet des Sorcières, *édition de Lyon, ne se trouve point à la Bibliothèque Nationale. Mais, de plus, je me suis reporté à l'excellente* bibliographie lyonnaise *de Baudrier, XI? série, 1914, et là non plus, l'edition de Stephanus Gueynard ne se trouve point"* [O trabalho de Sprenger, *Le Maillet des Sorcières,* edição de Lyon, não está na Biblioteca Nacional. Mas, contudo, referi-me à excelente bibliografia de Lyon, de Baudrier, XI? 1914, e a edição de Stephanus Gueynard não foi encontrada]. *Le Maillet des Sorcières,* in-quarto, Lyon, por Stephanus Gueynard, não aparece no valioso *Essai d'une Bibliographie Française méthodique et raisonnée de la Sorcellerie,* de R. Yve-Plessis, Paris, 1900.

Há uma tradução alemã moderna do *Malleus maleficarum* feita por J. W. R. Schmidt, *Der Hexenhammer,* 3 vols. Berlim, 1906; segunda edição, 1922-3.

O MARTELO DAS FEITICEIRAS

Em 1912, Oswald Weigel, do famoso Antiquariat & Auktions-Institut, de Leipzig, vendeu uma coleção extraordinariamente fina, e talvez única, de livros sobre bruxaria. Essa livraria possuía nada menos que vinte e nove exemplares do *Malleus maleficarum*, cujas datas se achavam catalogadas da seguinte maneira: (1) Argentorati (Strasbourg), J. Prüss, *ca.* 1487. (2) Spirae, Peter Drach, *ca.* 1487. (3) Spirae, Peter Drach, *ca.* 1490; ou Basle, J. von Amorbach, *ca.* 1490?. (4) Sem procedência, sem data. Com a inscrição "Codex moasterij scti Martini prope Treuirim." (5) Köln, J. Koelhoff, 1494. (6) Nürnberg, Anton Koberger, 1494. (7) Nürnberg, Anton Koberg, 1496. (8) [Paris] Jehan Petit, *ca.* 1497. (9) Cöln, Henricus de Nussia, 1511. (10) [Paris] Jehan Petit, sem data] (11) Lyon, J. Marion, 1519. (12) Nürnberg, Frederick Peypus, 1519. (13) Köln, J. Gymnicus, 1520. (14) Venetiis, Io. Antonius Bertanus, 1574. (15) Venetiis, *ibid.*, 1576. (16) Francofurti, *apud* Nicolaum Bassaeum, 1580. (17) Francofurti, *ibid.*, 1582. (18) Lugduni, Ioannam Iacobi Iuntae, 2 tomi, 1584. Nessa edição houve erro de impressão no título: *Malleus maleficarum.* (19) Francofurti, Sumptibus Nicolai Bassaei, 1588. (20) Cópia do (19). (21) Lugduni, Petri Landry, 2 tomi, 1595. (22) Francofurti, Sumptibus Nicolai Bassaer, 2 tomi, 1600. (23) Lugduni, Sumptibus Petri Landry, 3 tomi, 1604. (24) Lugduni, *ibid.*, 1614. (25) Lugduni, *ibid.*, 1615. (26) Lugduni, Sumptibus Clavdii Landry, 3 tomi, 1620. (27) Lugduni, 3 tomi, 1620-21. (28) Lugduni, 4 tomi, 1669. (29) A tradução alemã moderna do *Malleus maleficarum* por J. W. R. Schmidt, *Der Hexenhammer*, 3 vols. Berlim, 1906.

A edição revista deste livro foi publicada em 2020,
ano em que se comemora o 90º aniversário da
Patrona do Feminismo Brasileiro, Rose Marie
Muraro, fundadora da primeira editora feminista
do Brasil, a Rosa dos Tempos.

O texto foi composto em Minion Pro, corpo 11/15.
A impressão se deu sobre papel off-white pelo Sistema
Cameron da Divisão Gráfica da Distribuidora Record.